आदान-प्रदान पुस्तकमाला

पंजाबी प्रवासियों की कहानियाँ

संपादक

जिंदर

डॉ. बलदेव सिंह 'बद्दन'

अनुवाद

डॉ. शशि सहगल

nbt.india

राष्ट्रीय पुस्तक न्यास, भारत

NATIONAL BOOK TRUST, INDIA

ISBN 978-81-237-7957-7

पहला संस्करण : 2017 (शक 1938)

Punjabi Prawasiyon ki kahaniyan (Hindi)

निदेशक, राष्ट्रीय पुस्तक न्यास, भारत
नेहरू भवन, 5 इंस्टीटयूशनल एरिया, फेज-II,
वसंत कुंज, नई दिल्ली-110070 द्वारा प्रकाशित।
Website : www.nbtindia.gov.in

अनुक्रम

भूमिका

रोटी-रोज़ी की तलाश में अपना घर छोड़ना, देश छोड़ना पुरानी कहावत है। आर्य लोग हज़ारों वर्ष पूर्व भारत में आ कर बस गये थे। सिंधु दरिया पर उनके रहने की बात उससे पूर्व की है। भारत से इंग्लैंड कूच करने की कहानी भी सदियों पहले शुरू हो जाती है। अंग्रेज़ जब हिन्दुस्तान में आये तो उन्हें यहाँ के कच्चे माल के साथ-साथ यहाँ की मानव-शक्ति की ज़रूरत भी महसूस हुई। उन्हें मल्लाह, जहाज़ी और मज़दूर भी चाहिए थे। इधर से माल भरा हुआ जहाज़ जाता, जिसमें सौ से अधिक कामगारों की ज़रूरत होती, लेकिन लौटने के समय जहाज़ खाली होने से आधे से ज़्यादा कामगार बेकार हो जाते। इन खाली और बेकार कामगारों का वेतन बचाने के लिए उन्हें इंग्लैंड में ही छोड़ दिया जाता। यह बातें सोलहवीं सदी की हैं। यहीं से शुरू होती है हिन्दुस्तानियों के प्रवास की कहानी। इंग्लैंड में रह गये ये कामगार जीविका के लिए मारे-मारे फिरने लगे। इन्हें लौटने के लिए किराए की आवश्यकता भी होती। यह अलग बात थी कि इनमें से बहुत ही कम लोग वहाँ पक्के तौर पर रह पाते। यह सिलसिला सैकड़ों साल चलता रहा। इन कामगारों के बाद घरों में काम करने वाले नौकर भी आने लगे। जैस-जैसे अंग्रेज़ों के राज्य का भारत में विस्तार होता गया, वैसे-वैसे इंग्लैंड आने वालों में अलग अलग तबकों के लोगों की संख्या में वृद्धि होती गई। कलाकार भी आ गये थे, विशेष रूप से संगीत के क्षेत्र में। अन्य भाषाओं को सिखाने वाले अध्यापक भी आने लगे। फिर कुछ सैर-सपाटे वाले लोग भी आये, जो यह देखना चाहते थे कि उन पर राज्य करने वालों का देश कैसा है। चाहे हिन्दुस्तान से इंग्लैंड आने का समुद्री मार्ग बहुत मुश्किलों से भरा हुआ था, पर लोग फिर भी सफर करते थे। जल्दी ही जब स्टीमर ईजाद हो गया तो यात्रा थोड़ी सुखद हो गईं। स्वेज नहर के निकलने से यह सफर महीनों से घटकर कुछ हफ्तों का ही रह गया था। इस समय तक भारी संख्या में विद्यार्थी इंग्लैंड आने शुरू हो चुके थे।

फिर ऐसा समय भी आया, जब कुछ हिन्दुस्तानी मज़दूरी की तहद या स्वेच्छा से लम्बे समय के लिए इंग्लैंड में रहने के लिए आने लगे। इन्होंने वहाँ अपने घर भी बना लिए। वास्तव में यह पहले भारतीय प्रवासी थे। प्रवास का यह लम्बा सिलसिला उस समय से शुरू होकर आज तक चल रहा है। उन्नीसवीं सदी के अंत

में या बीसवीं शताब्दी के आरम्भ में मस्जिदों और गुरुद्वारों का निर्माण इस बात का प्रमाण है कि उस समय एशियन लोग यहाँ बस चुके थे। बीसवीं शताब्दी के आरम्भ में बड़ी संख्या में पंजाबी लोग इंग्लैंड आने शुरू हो गये थे। पैर टिकाने के लिए उन्हें गुरुद्वारा जगह दे देता। सन् 1950 तक का समय पंजाबियों के प्रवास का प्रथम चरण कहला सकता है। इसके बाद पंजाबी लोगों का इंग्लैंड आने का रुझान बढ़ने लगा था। यह वह समय था जब मशीनों का आधुनिकीकरण हो रहा था। द्वितीय विश्वयुद्ध में ब्रिटेन की मानव-शक्ति काफी व्यर्थ जा चुकी थी, इस कारण वहाँ के कारखानों को चलते रहने के लिए कामगारों की आवश्यकता थी। सन् 1962 के करीब ब्रिटेन सरकार ने वाउचर सिस्टम शुरू कर दिया। इस से भारत से, खास कर पंजाब से पढ़ा-लिखा वर्ग इंग्लैंड पहुँचना शुरू हो गया।

इस पढ़े-लिखे वर्ग में कुछ लेखक भी आ गये, जिन्होंने वहाँ के माहौल को सामने रख कर साहित्य-सृजन आरम्भ कर दिया। उन्हीं के साहित्य को समय के अन्तराल के बाद प्रवासी साहित्य कहा जाने लगा।

इस काल के पूर्व भी इंग्लैंड की धरती पर कुछ एशियन लोगों ने साहित्य रचा था। 18 वीं और 19 वीं शताब्दी में भी वहाँ के जीवन, तौर-तरीकों के बारे में लिखित सामग्री पढ़ने को मिल जाती है। एक बंगाली, मुहम्मद दीन जिसकी मृत्यु सन् 1861 में इंग्लैंड में ही होती है, उसने वहाँ रहते हुए अपनी आत्मकथा लिखी। सन् 1815 के लगभग लाहौर से एक पंजाबी लंदन आ कर वहाँ के लोगों के जीवन के बारे में एक अर्थपूर्ण पुस्तक लिखता है। इससे भी पहले की हिन्दुस्तानी सैनानियों द्वारा लिखी पुस्तकें मिलती हैं। बीसवीं शताब्दी में लाल सिंह कमला जैसे अकालियों ने भी अपनी कृतियों में वहाँ के जीवन को चित्रित किया है, लेकिन इन सभी पुस्तकों को कभी भी प्रवासी साहित्य नहीं कहा गया। प्रवासी साहित्य सत्रहवीं सदी के बाद लिखा जाने वाला साहित्य ही कहलाया।

अंग्रेज़ों के साथ भारतीयों का कुछ ऐसा मेल-जोल हुआ कि वे जहाँ भी जाते, इन्हें साथ ले जाते। उत्तरी अमेरिका महाद्वीप, आस्ट्रेलिया महाद्वीप और अफ्रीका में भारतीयों के बसने का मुख्य कारण वहाँ पर अंग्रेज लोगों का होना ही था। अंग्रेज़ वहीं रहते थे। इन देशों के नव-निर्माण के लिए भारतीय कारीगरों और मज़दूरों की अंग्रेज़ी को बड़ी ज़रूरत रहती थी। 19 वीं सदी के अंत में और 20 वीं सदी के आरम्भ में भारतीयों ने इन देशों में बसना शुरू कर दिया था।

उत्तरी अमेरिका के देशों की स्वतंत्रता और लोकतंत्र देख कर वहाँ पर बसने वाले भारतीयों के मन में अपने देश को आज़ाद कराने का सपना जाग उठा। उन्होंने शीघ्र ही गदर पार्टी बना कर अंग्रेज़ों से लोहा लेना शुरू कर दिया। इस गदर लहर ने अपना समृद्ध इतिहास आने वाली पीढ़ियों को सौंपा, जिसने हिन्दुस्तानी लोगों को

अपना देश को आज़ाद कराने का एक नया जज़्बा दिया। इसके बाद लम्बे समय तक उत्तरी अमेरिका में प्रवासी भारतीयों की संख्या बहुत कम रही। ब्रिटेन में जिस तरह वहाँ बसने के लिए वाउचर सिस्टम शुरू कर दिया गया था, वैसा उत्तरी अमेरिका में कुछ भी नहीं हुआ। अब लोगों ने दोबारा उत्तरी अमेरिका की ओर रुख़ करना शुरू कर दिया था।

ब्रिटेन में जैसे-जैसे हिन्दुस्तानी लोग आ कर बसने लगे, वहीं उनकी जड़ें भी जमने लगीं। उत्तरी अमेरिका की तुलना में ब्रिटेन बहुत छोटा देश था, लोगों का परस्पर सम्पर्क भी आसानी से हो जाता था। यह एक बड़ा कारण था। पंजाबियों ने यहाँ आते ही कुछ पत्रिकाएँ प्रकाशित कीं।

सन् 1965 में पंजाबी के दो प्रसिद्ध और प्रमुख साप्ताहिक समाचार पत्र शुरू हो चुके थे। इन पत्रों में खबरें भी होती और साहित्य भी। फिर भी शुद्ध साहित्यिक पत्रिकाएँ भी निकलीं। इन सभी पत्रिकाओं में खूब सारा साहित्य समाने लगा। जैसा कि पहले भी कहा गया है, पढ़े-लिखे लोग वाउचर सिस्टम में आये, उनमें पंजाबी के लेखक भी आये थे। जैसे कि कैलाशपुरी, रधुबीर ढंड, सुरजीत विरदी, निरंजन नूर, ईश्वर चित्रकार, अवतार जंडियालवी, विशम्भर साकी आदि। फिर इनमें साहित्यिक शौक रखने वाले लोग भी जुड़ने लगे जो शीघ्र लेखकों के रूप में स्थापित भी हो गये, जैसे--साथी लुधियानवी, तरसेम नीलगिरी, स्वर्ण चंदन, रणजीत धीर, संतोख सिंह, संतोख शिवचरण, प्रीतम सिद्धू, शेर जंग जंगली, दर्शन धीर, मुश्ताक, गुरनाम ढ़िल्लों, हरबख्श मकसूद पुरी, सुरजीत हांस आदि। शीघ्र ही लेखक सभाएँ बन गईं। धीरे-धीरे ये लेखक सभाएँ ब्रिटेन के प्रत्येक प्रमुख शहर में, जहाँ भी पंजाबी रहते थे वहीं पर स्थापित हो गईं। एक लेखक-सभा तो ऐसी बनी, जिसकी शाखाएँ ब्रिटेन के सभी शहरों में संगठित कर दी गईं। शीघ्र ही ब्रिटेन में पंजाबी साहित्य एक लहर की तरह उभरने, उठने लगा। ब्रिटेन में लिखा पंजाबी साहित्य अपनी एक अलग पहचान बना रहा था। इसकी चर्चा विशेष रूप से होने लगी। अस्सी का दशक ब्रिटेन में पंजाबी साहित्य के विकास का समय था। ब्रिटेन में हर मैंगज़ीन में, हर अखबार में, वहाँ लिखी जा रही कविताएँ, कहानियाँ और लेख छपते। पाठक उन्हें बड़े चाव से पढ़ते। कविता और कहानी के साथ पंजाबी के लेखकों ने नॉवल में भी हाथ आज़माया। मनजीत राणे का नॉवल ''अंग्रेज़ कुड़ियाँ'' (अंग्रेज़ लड़कियाँ) और स्वर्ण चंदन का नावल 'नवें रिश्ते'(नये रिते) पंजाबी साहित्य जगत में बहुत प्रसिद्ध हुए।

बर्तानवी पंजाबी कहानी के मूर्धन्य कहानीकार कैलाशपुरी, सुरजीत विरदी, रघुबीर ढंड, साथी लुधियानवी आदि को कहा जा सकता है। श्रीमती कैलाशपुरी चाहे मुख्य रूप से कहानीकार नहीं थीं पर ब्रिटेन के लेखकों में उन्हीं की कहानियों की पुस्तक सन् 1964 में पहली बार छपी। इनके अतिरिक्त उस समय शिवचरण सिंह

गिल, बलदेव सिंह लंडन, तरसेम निलगिरि, स्वर्ण चंदन, साथी लुधियानवी, प्रीतम सिद्धू, मुश्ताक आदि ब्रिटेन में कहानी के मंच पर उभर कर आये। इनके साथ-साथ और कुछ पीछे बलबीर कौर संघेड़ा, गुरनाम गिल, सुरेन्द्र देहलवी, गुरपाल सिंह, के. सी. मोहन आदि कहानीकार के रूप में उभरने शुरू हो गये। इन सभी लेखकों की कहानियाँ इंग्लैंड की पत्रिकाओं और हिन्दुस्तान के अखबारों और पत्रिकाओं में छपती थीं और प्रकाशित होती थीं। इन्हीं दिनों हिन्दुस्तान से पंजाबी के लेखक घूमने-फिरने आने लगे थे जिससे वहाँ के लेखकों को पंजाबी साहित्यिक मंच पर और भी उच्च स्थान मिलने लगा। वहाँ के लेखकों का हिन्दुस्तान आने पर विशेष सत्कार/व्यवहार किया जाता। इस तालमेल का यह प्रभाव हुआ कि बर्तानिया भर के लेखकों ने मिल कर 1980 में विश्व पंजाबी कॉन्फ्रैंस कराई। पूरा एक महीना ब्रिटेन में साहित्यिक महफिलें जमीं। अलग-अलग विषयों पर विचार-विमर्श हुआ। वहाँ के लेखकों को और कुछ प्रबंधक किस्म के लेखकों को इन कॉन्फ्रैंस से बहुत लाभ हुआ। उनके नाम बड़े हो गये। प्रवासी साहित्य में पुरस्कार पर विचार होने लगा जो शीघ्र ही निर्णय पर पहुँच गया। इस शोर में एक शब्द बार-बार ध्वनित होता था, वह था, 'प्रवासी साहित्य'। ब्रिटेन में लिखा जा रहा साहित्य प्रवासी साहित्य कहलाने लगा या यों भी कह लीजिये कि ब्रिटेन के लेखकों ने अपने लिए विशेष लाभ पाने के लिए खुद पर प्रवासी साहित्यकार होने का ठप्पा लगा लिया।

उस समय इंग्लैंड में ही नहीं, दुनिया भर में जहाँ-जहाँ पंजाबी लेखक जा कर बस गये थे, वे कहीं किसी न किसी विधा में साहित्य-सृजन कर रहे थे। कैनेडा और अमेरिका में भी कहानीकार व्यस्त थे। उत्तरी अमेरिका और कैनेडा में चाहे लेखक उतनी बड़ी संख्या में नहीं गये थे, जितने कि इंग्लैंड में आ कर बस गये थे। कारण वही था—ब्रिटेन में ये वाउचर सिस्टम शुरू होने से अध्यापक वर्ग बड़ी संख्या में आ कर बस गया था और यही वर्ग था जिसमें अधिकतर लेखक थे। इसकी तुलना में उत्तरी अमेरिका में बसने वाले मिश्रित किस्म के लोग थे जिनमें लेखक वर्ग अपेक्षाकृत कम संख्या में था। फिर भी अगर पिछले पचास साल के समग्रता में देखा जाये तो ब्रिटेन में कहानी लेखन में प्रमुख लेखकों की संख्या बीस-बाईस के लगभग है, जैसे कि सुरजीत विरदी, रघुबीर ढंड, तरसेम नीलगिरि, स्वर्ण चंदन, शिवचरण गिल, प्रीतम सिद्धू, साथी लुधियानवी, दर्शन धीर कैलाशपुरी, बलदेव सिंह लंडन, गुरपाल सिंह लंडन, के.सी. मोहन, हरजीत अटवाल, सुरिन्द्र देहलवी, गुरनाम गिल, अवतार सादिक, मुश्ताक, कर्नल शेरगिल, संतोख पालीवाल, महिन्दरपाल पालीवाल, और वीना वर्मा। इस संख्या का ग्राफ पहले बहुत ऊपर था फिर धीरे-धीरे एकदम नीचे आ गया। पिछले बीस वर्षों में कोई भी कहानीकार इंग्लैंड आ कर नहीं बसा। इसकी तुलना में उत्तरी अमेरिका में शुद्ध-शुद्ध में पंजाबी लेखक अधिक संख्या में नहीं

गये, पर फिर भी कहानी लिखी जा रही थी। मिनी गेरेवाल की कहानियों की पुस्तक सन् 1973 में छपी थी इस कारण इसे उत्तरी अमेरिका की पहली कहानी लेखिका कहा जा सकता है। चाहे पहले इस क्षेत्र में कहानी लेखक की गति कुछ धीमी थी पर अब वहाँ पर बर्तानिया की तुलना में अधिक कहानीकार रहते हैं और कहानियों की रचना भी अधिक ही होती है। कैनेडा-अमेरिका में रविन्द्र रवि, जगजीत बराड़, रानी नगेन्द्र, मिनी गेरेवाल और साधु बिनिंग जैसे लेखक कहानी लिख रहे थे। यह संख्या बर्तानिया के पंजाबी लेखकों की तुलना में चाहे कम थी, पर काम हो रहा था। इनसे अगली पीढ़ी में उत्तरी अमेरिका में पंजाबी साहित्य-लेखन में बहुत वृद्धि हुई। बलबीर कौर संधेड़ा इंग्लैंड से कैनेडा में आ बसी और उसके साथ-साथ अमनपाल सारा, जरनैल सिंह, हरभजन सिंह, परवेज़ संधू, हरमहिन्दर चहल और गुरप्रीत पालीवाल जैसे लेखकों ने उत्तरी अमरीका की पंजाबी कहानी को अपने पाँवों पर खड़ा कर दिया और उसे बर्तानिया की पंजाबी कहानी के समकक्ष ला खड़ा किया। बाद में इमीग्रेशन कानून की पेचीदगियाँ बढ़ जाने से ब्रिटेन में बसने वालों की संख्या बहुत कम हो गई और उत्तरी अमेरिका में जा कर बसने का सिलसिला जारी रहा। उस ओर लेखकों का अनुपात बढ़ने लगा।

पहले विश्व पंजाबी कॉन्फ्रैंस के दौरान कुछ विरोधी स्वर भी उभरने लगे थे। बर्तानिया में या भारत से बाहर लिखे जा रहे साहित्य को प्रवासी साहित्य तो कहा जा रहा था पर आखिर यह प्रवासी साहित्य क्या होता है? क्या ब्रिटेन में लिखे गये सारे साहित्य को प्रवासी साहित्य कह देंगे? लंडन में या जालंधर में बैठकर लिखी गई कहानी में क्या अन्तर हो सकता है? ब्रिटेन में जा कर लिखने वाले साहित्यकार हिन्दुस्तान से ही लिखते आये थे, इस कारण वे वहीं की संवेदना से ग्रस्त थे। कुछ दृश्यों और घटनाओं के परिवर्तन के साथ वैसा ही सब लिखा जा रहा था–ऐसे मुद्दों पर नित्य ही बहसें होने लगीं। पंजाबी चेतना, पंजाबी संवेदना और प्रवासी चेतना में अन्तर देखा जाने लगा। जो पंजाबी ब्रिटेन में आकर लेखन का हिस्सा बना रहे थे, उस लेखन की पहचान होने लगी। नई परिस्थितियों के प्रभाव को चित्रित करती कुछ कहानियाँ उनके सामने थीं, जैसे कि शिवचरण गिल की पुस्तक–"गो-हत्या" की कहानियाँ, रघुबीर ढंड की पुस्तक–"उस-पार" और "काया-कल्प" की कहानियाँ बलदेव सिंह लंडन की पुस्तक–"सानू कौन पुछदाऐ" (हमें कौन पूछता है) की कहानियाँ, सुरजीत बिरदी की पुस्तक–"कैंसर और 'फूल' की कहानियाँ आदि। उस दौर में लिखी गई ऐसी अनेक कहानियों को उदाहरण स्वरूप देखा जा सकता है। जैसे-जैसे पंजाबी लोग इस नये समाज में रमते जा रहे थे, उनकी चेतना यह सब कुछ ग्रहण करती जा रही थी। इस कारण इसका संवेदनात्मक प्रभाव भी बदलता जा रहा था और साहित्य में इसका प्रभाव सहज ही देखा जा सकता था। स्वर्ण चंदन ने

प्रवासी साहित्य की पहचान कराने के लिए कुछ विशेष तत्व खोजे, जिनमें बताया गया कि पंजाबी चेतना प्रवासी चेतना कैसे बनती हैं और इस संवेदना की राह पर चलते हुए साहित्य में कौन-कौन से प्रभाव देखने को मिलते हैं। इसे प्रवासी साहित्य की पहचान भी कहा गया। प्रवासी साहित्य का सर्वप्रमुख प्रथम तत्व (हेरवा) मोह (Nostalgia) को माना गया। यह भी देखा गया कि नौसटेलजिया अनेकार्थी शब्द है, इसका अर्थ मोह में नहीं समा सकता। पंजाबी में इसका सही शब्द न भिन्न पाने के कारण स्वर्ण चंदन ने इसका नया ही शब्द ईजाद किया–''अतीत मोह'' (भूहंखा) अर्थात भूत काल का मोह। इस शब्द का पंजाबी साहित्य में बहुत स्वागत हुआ, विश्वविद्यालयों में भी यह अर्थ स्वीकारा गया। अतः अतीत-मोह प्रवासी साहित्य भी विशिष्ट पहचान बना। ब्रिटेन में आकर बसने वाले अपने पंजाब को याद करते हुए कविताएँ और कहानियाँ लिख रहे थे। पंजाब की परम्पराओं को, ऋतुओं को, वहाँ के माहौल को हर समय याद करते रहते। अपने पंजाब में सरदार कहलाने वाले ये लोग ब्रिटेन में आकर मज़दूर बन गये। उनकी सोच में गुस्सा और खीझ का भर जाना बड़ा स्वाभाविक था। उन्हें पुराने वक्त की सराहना भी करनी थी और नये हालात से समझौता भी। ऐसी परिस्थिति में बहुत कुछ निकलता है। सुरजीत बिरदी की कहानी ''मक्खियाँ'' इस विषय पर लिखी बहुत सुंदर कहानी है। अतीत स्मृतियों को उसने मक्खियों की उपमा देते हुए कहानी लिखी है। सुरजीत विरदी की कहानी ''कैंसर और फूल'' भी खूब चर्चित हुई। वास्तव में सुरजीत विरदी अतीत मोह का सर्वोत्तम चितेश था।

इसी तरह तरसेम नीलगिरि की कहानी ''दो किनारे'' भी ऐसी ही रचना थी जिसमें अतीत मोह से ग्रस्त व्यक्ति सब कुछ छोड़-छाड़ कर इंडिया में आ बैठता है। ''कैंसर और फूल'' भी खूब चर्चित हुई। वास्तव में सुरजीत विरदी अतीत मोह का सर्वोतम चितेश था। चाहे वह इंडिया आ कर भी खुश नहीं है। वह दो किनारों के बीच ही फँसा रहता है। 'हरजीत अटवाल' की एक कहानी–''टायरों के नीचे सड़क''। इस विषय को दर्शाती है कि कैसे नये देश में आ कर सैटल होने पर अतीत की कद्र-कीमत कैसे परेशान करती है। ऐसे ही बलदेव सिंह लंडन की कहानी है ''कुआँ''। इस कहानी का मुख्य पात्र प्यारा सिंह को 'कुएँ' पर खाना लेकर आती पत्नी दिखाई देती रहती है। दर्शन धीर की कहानी ''मिट्टी'' का मुख्य पात्र राज, नये देश में चाहे सभी सुख भोग रहा है, पर वह गाँव की मिट्टी के लिए तरसता है। धीर की एक अन्य कहानी ''धूल'' भी इसी विषय को चित्रित करती है। रघुबीर ढंड की कहानी ''किरण'' में फज़ल इलाही को पन्द्रह साल इंग्लैंड में रह-रह कर भी अपनी धरती का अतीत-मोह सताता है। उसकी ''बौछार'', ''पुनर्जन्म'' और ''दलदल'' भी ऐसी ही कहानियाँ हैं। रघुबीर ढंड चाहे मार्क्सवादी लेखक था पर उसने

अतीत-मोह विषय पर विशद साहित्य लिखा। शिवचरण गिल की कहानी ''अवासी'' भी ऐसी ही है। इसके प्रमुख पात्र को जीवन की सभी सुख-सुविधाएँ प्राप्त हो जाती हैं पर वह अतीत में उड़ान भरने को व्याकुल है। लगभग सभी ही कहानीकारों ने अतीत-मोह विषय पर अपने हाथ आज़माये हैं। फिर भी कविता में इसका कहानी से ज़्यादा प्रयोग हुआ है। अतीत-मोह का रुझान लंबे समय तक प्रबल न रह सका। शीध्र ही यह रुझान को पीछे खींचने ''पीछे-खेंचू'' कह कर नकारा जाने लगा। धीरे-धीरे पंजाबी साहित्य में इसका स्वर इतना धीमा हो गया कि किसी को सुनाई ही न देता।

प्रवासी पंजाबी कहानी का जो सबसे सबल पक्ष रहा है, वह है—नस्लवाद! ब्रिटेन में पचास साठ साल पहले भी नस्लवाद था और आज भी है और रहेगा भी। हालाँकि नस्लवाद के रूप बदल गये हैं। उत्तरी अमेरिका में संस्थागत नस्लवाद का बहुत बोलबाला रहा है और आज भी है। उदार दृष्टि वाले लेखक इसे पकड़ने में असमर्थ रहे हैं। ब्रिटेन में तो सीधे ही, सदा से संस्थागत नस्लवाद का हमेशा बोलबाला रहा है। नस्लवाद के विरुद्ध बड़े झगड़े भी हुए लेकिन फिर भी यह किसी न किसी रूप में अपना फन खड़ा ही रखता है। पंजाबी साहित्य में पूरी शिद्दत के साथ नस्लवाद के खिलाफ आवाज़ उठाई गई है। नस्लवाद शब्द को भिन्न-भिन्न तरीकों से परिभाषित किया गया है। वास्तव में खुद को बढ़िया नस्ल का समझना और दूसरे को घटिया नस्ल में रखना ही नस्लवाद है। प्रवासी पंजाबी कहानी में नस्लवाद के विरुद्ध रघुबीर ढंड ने सबसे अधिक लिखा है। उनके प्रवासी जीवन काल का नस्लवाद ज़ोरों पर था। रघुबीर ढंड ने अपनी कई कहानियों में लिखा है कि अंग्रेज़ केवल भारतीयों के लिए ही नस्लवादी नहीं थे अपितु वे दूसरी जातियों को भी घटिया नज़र से ही देखते थे। इनके निशाने पर आयरिश लोग सहज ही इस घृणा के शिकार हो जाते थे। इस संबंध में ''किरण'' कहानी, एक उत्कृष्ट उदाहरण कहा जा सकता है। ''टेवे'' कहानियों में मास्टर नाथ बच्चों को इंडियन कहानियाँ सुनाने लगता है। इस बात पर हेडमास्टर भड़क उठता है। 'उस पार' कहानी में काले-गोरे मिल कर नस्लवाद के खिलाफ जलूस निकाल रहे हैं पर गोरों के अन्दर नस्लवाद वैसे ही फन उठाए खड़ा है। जलूस में गोरे काले यों चल रहे हैं मानों उनका परस्पर कोई संबंध ही न हो। ऐसी ही कहानी ''लाल-लकीर'', ''डर्टी क्लब'', ''नई किस्म का नाग'', ''बदबू से खुशबू तक'', ''मुँह पर हाथ'', जैसी अनेक कहानियों में नस्लवाद के विरोध में रघुबीर ढंड ने अपना मन्तव्य स्पष्ट किया है। रघुबीर ढंड प्रत्यक्ष नस्लवाद के साथ-साथ, परोक्ष नस्लवाद के बारे में भी बात करता है। दर्शन धीर ने अपनी कहानियाँ जैसे—''रिश्ते'', ''आस'',''अजगर'', आदि में नस्लवाद के बारे में भी बात करता है। दर्शन धीर मिडलैंड की फाऊँड्रियों के दृश्यों का वर्णन करते हुए इन

फाऊँड्रियों में पनपते हुए नस्लवाद के दर्शन पाठक को करवाता है। बलदेव सिंह लंडन ने आस-पास फैले नस्लवाद का भरपूर चित्रण किया है। ऐसे ही स्वर्ण चंदन अपनी कहानियों में यह कहने की चेष्टा करता है कि नस्लवाद की जड़ें मनुष्य की मातृभूमि में होती हैं। उनके अनुसार जब अरब देश का कोई धनाढ्य व्यक्ति हीथ्रो ऐयरपोर्ट पर उतरता है तो गोरा अंग्रेज़ उससे अलग बर्ताव करता और जब उसी रंग का भारतीय या पाकिस्तानी हीथ्रो पर लैंड करता है तो वह उससे अलग तरीके से पेश आता है। कारण यह है कि अरबी धनी देशों से आया है और हिन्दुस्तानी या पाकिस्तानी गरीब मुल्क से। हरजीत अटवाल अपनी बहु-चर्तित कहानी–''काला-लहू'' में नस्लवाद के एक अन्य पक्ष को छूता है। वह यह कि गोरे रक्त-दान की बातें करते हैं और जब कोई काले रंग का बंदा खून देता है तो उस खून को प्रयोग में ही नहीं लाया जाता। यह कहानी जिन दिनों की है, तब यह बात खूब प्रचारित की जाती थी कि तीसरी दुनिया के लोगों के रक्त में कई प्रकार की बिमारियाँ होती हैं। ऐसे ही हरजीत अटवाल ने पहेलियों में सीधे नस्लवाद पर कहानियाँ भी लिखी हैं और बाद में संस्थागत नस्लवाद पर भी लिखा। हरजीत अटवाल की कहानी ''काला आदमी'' भी इसी विषय पर बुनी हुई कहानी है। इस कहानी में एक गोरी, एक पंजाबी को वेश्यावृति के धंधे में अपना भागीदार बनाना चाहती है, पर जब वह नहीं बनता तो उसे काला आदमी कह कर गाली देती है। उसकी एक कहानी ''फ़र्क'' नस्लवाद को एक नये तर्क के साथ पेश करती है। इसका मुख्य पात्र इंग्लैंड में अंग्रेजों के नस्लवाद का शिकार है और उसके खिलाफ लड़ भी रहा है पर साथ ही साथ पंजाब में अपने भाइयों के साथ वैसा ही नस्लवाद निभा रहा है। यह कहानी हमारे भीतर के द्वंद्व को बखूबी दर्शाती है। तरसेम नीलगिरि ने अपनी दो कहानियाँ ''उस्तरे'' व ''दो किनारे'' में नस्लवाद के विषय को ही चुना है। ''दो किनारे'' में पाखर सिंह को स्किन हैड इतना मारते हैं कि वह इंडिया आकर भी सपनों में बड़बड़ाता हुआ जाग जाता है। उसकी कहानी ''उस्तरे'' में गोरा फोरमैन भारतीय औरतों को कई तरह से शोषण केवल इसलिए करता है कि उनका रंग काला है। इन औरतों के पति भी यही चाहते हैं कि किसी भी तरह से उनकी पत्नियों की नौकरियाँ बनी रहें।

शिवचरण सिंह गिल ने भी ऐसी ही कहानी ''चाचा खैरु'' में इसी मानसिकता की ओर दृष्टिपात किया है कि आम तौर पर गोरी औरतें कालियों से नफ़रत ही करती हैं। अगर कभी गोरी औरत किसी भारतीय से शादी करती है तो वह आर्थिक रूप से समृद्ध होने के लिए ही। या फिर जब कोई सहारा उन्हें नहीं मिलता। उनकी कहानियाँ ''खुशफ़हमी'', ''समय का संकट'', ''कमाई'', ''अंतिम मिलन'' और ''पाखण्ड'' जैसी कहानियाँ भी किसी-न-किसी रूप में नस्लवाद की समस्या को ही उभारती है। शिवचरण गिल ने नस्लवाद के साथ-साथ जाति-पाति को भी कहानियों

का विषय बनाया है। साथी लुधियानवी ने अपनी कहानी ''हवा में लटकता मनुष्य'' में कौंसिल की स्टेट्स में होने वाले नस्लवादी भेद-भाव को विषय बनाया है। इनकी कहानी ''डरा हुआ मनुष्य'' न्यूयार्क के नस्लवाद का चित्र प्रस्तुत करती है। यह कहानी बताती है कि अमेरिका में इंग्लैंड से भी नस्लवाद–कई कदम आगे हैं।

प्रीतम सिद्धू ने 'बर्तानवी' पंजाबी कहानी में अच्छा योगदान किया है। चाहे उसकी लिखी कहानी लेख के निकट लगती है, पर भी उसने कई अनछुए विषयों को छुआ है। ''लहू में भीगी दस्तार'' (पगड़ी) ''लाल कफन'', 'फौजी भगवान सिंह', ''मिस्टर बख्शी'' जैसी कहानियाँ नस्लवाद दृष्टिकोण दर्शाता है।

4 जून 1976 को गुरदीप सिंह चध्धर का नस्लवादी कत्ल हो गया था, इससे पूरा मीडिया भी हिल गया था। लेखक वर्ग भी इस घटना से अछूता नहीं रहा। सुरेन्द्र सिंह देहलवी नामक कहानीकार ने चाहे ज़्यादा कहानियाँ नहीं लिखीं पर उसने जितनी भी लिखी, बढ़िया विषयों पर आधारित थीं। चध्धर के कत्ल पर केंन्द्रित उसकी कहानी–''बर्फ़ तले दबी लाश'' थी। इसी प्रकार के.सी.मोहन की कहानी- ''काला बंदा'' एक व्यक्ति पब में बैठा टाइम पास करने के लिए एक इंडियन से बातें करता रहता है। उसके लिए सिर्फ़ वह एक इंडियन है, यह सोच कर वह उसका नाम भी पूछने की ज़रूरत नहीं समझता। अवतार सादिक ने भी नस्लवाद पर कुछ कहानियाँ लिखीं हैं। अवतार सादिक इंडियन वरकर्स ऐसोसिएशन में काम करता रहा। इस कारण उसकी लड़ाई का मुख्य फ्रन्ट राजनीति ही थी पर उसने साहित्य सृजन भी किया। ''कुत्ते वाला गोरा'', ''तुझे अक्ल न आई'', चमड़ी जैसी कहानियाँ अपने समय के नस्लवादी विषयों को स्पर्श करने के कारण चर्चा का विषय बनीं। गुरनाम गिल ने भी नस्लवाद को आधार बना कर कहानियाँ लिखी हैं। कहानी ''डंडा पीर'' में वह वहाँ की अदालतों पर कटाक्ष करता है और कहता है कि नस्लवादी जज काले रंग के लोगों को साधारण केस की सज़ा ऐसे सुनाते हैं जैसे उन्होंने कोई कत्ल किया हो। उसकी कहानी ''किऊ गार्डन के पेड़'' भी नस्लवाद की ही बात करती है। इसमें दो भारतीयों को पब में जाने पर उन पर नस्लवादी आवाज़ें कसी जाती हैं।

इनके अतिरिक्त कुछ और लेखक भी नस्लवाद को लेकर साहित्य के चित्रपट पर थोड़े समय के लिए आये और गायब हो गये। उत्तरी अमेरिका में भी नस्लवाद पर कुछ कहानियाँ लिखी गईं पर वे बर्तानियाँ में लिखी गईं कहानियों की तरह चर्चित न हो सकी।

नस्लवाद के बाद स्वर्ण चंदन लंदन के प्रवासी साहित्य में सांस्कृतिक तनाव को केन्द्र बिन्दु बनाते हैं। सांस्कृतिक तनाव को हम परम्परा के परिवर्तन और विरोध भी कह सकते हैं। तनाव के ये हालात वास्तव में समाजिक विरोध के ही प्रतिबिम्ब होते हैं। गाँव से जा कर शहर में बस जाने से ही संस्कृति बदल जाती है तो फिर

पंजाब से उठ कर बर्तानिया जैसे अत्याधुनिक देश में पहुँच कर संस्कृति रातों-रात तबदीली हो जाने से समस्याएँ तो बढ़ेंगी ही। नयी संस्कृति से उत्पन्न विरोधों से भी साहित्य का उद्‌भव होता है। सांस्कृतिक तनाव रिश्तों में अजनबीपन पैदा करता है। रिश्तों में अलगाव की भावना उभर कर सामने आने लगती है।

बर्तानिया और उत्तरी अमेरिका में जाकर बसने वाले लोग अधिकतर गँवारू से ही थे। इन लोगों के लिए नये देश में पहुँच कर सब से नई चीज़ भी—वहाँ का पहनावा। लोगों का पहनावा उनकी सामाजिक बनावट के हिसाब से ही होता हैं। नये लोगों से सम्पर्क होने पर सब से पहले पहनावा ही नोट किया जाता है। नये और उन्मुक्त समाज का पहनावा हमारी रूढ़िवादी सोच को पसन्द आना कठिन था। इस कारण कई प्रकार के तनाव पैदा हुए। फिर यहाँ के खान-पान में अन्तर ने भी तनाव उत्पन्न करने ही थे। मांस, खास कर गो-मांस इन की रसोई में खास जगह पाता था और हम इससे दूर भागते थे। इस देश के खान-पान के कारण भी हमारे लोग तनाव ग्रस्त रहने लगे। फिर इनकी भाषा भी हमसे अलग थी। इस देश की अंग्रेज़ी भाषा तो हमारे देशवासियों को पचास साल बाद भी बोलनी नहीं आई। चाहे अब पहले सा तनाव नहीं है फिर भी इस समय नये समाज से रिश्ता बनाने की राह में भाषा बहुत बड़ी बाधा बनती थी। वहाँ के रस्मों-रिवाज़ भी हमारे से भिन्न थे। हमसे विपरीत वह समाज बहुत खुला था। हमारे लोगों के खुल कर सांस लेने से वहाँ के लोगों का दम घुटने लगता था। यह सब, तनाव का बहुत बड़ा कारण बना। हमारे लोग चाहे एक समूह आये थे पर मेहमान-नवाज़ समाज के सामने हमारा समाज बहुत छोटा था। इसलिए छोटे समाज ने बड़े समाज में ही समा जाना ही होता है—जैसे दरिया सागर में घुल-मिल जाता है। इस तनाव को कहानीकारों ने शुरू में ही पकड़ना आरम्भ कर दिया था। नये समाज में आकर बसने से पंजाबियों और एशियावासियों को परस्पर निकट ला खड़ा किया था। वे इक्ट्ठे होकर रहने को प्राथमिकता देने लगे। इस की मिसाल साऊथहॉल, ब्रेडफोर्ड, ब्रैम्प्टन, माल्टन, यूबा सिटी जैसे कई शहर हैं।

कहानीकार बलदेव सिंह लंडन ने बदलती हुई स्थिति को अपनी कहानी ''चुड़ैल'' में बखूबी पकड़ा है। इसमें प्रीतम सिंह चाहता है कि उस की पत्नी गोरियों की तरह उस के साथ बैठकर बियर पिये। वह ऐसे ही नये मुल्क के समाज जैसा बनना चाहता है। पर जब उसकी पत्नी पीने लग जाती है तो उसके भीतर का प्रीतम सिंह जाग उठता है और वह पत्नी को चुड़ैल कहने लगता है। ऐसी ही उसकी कहानी ''मर्द-ज़ात'' में पति घर से बाहर गोरियों से संबंध रख रहा है और उसकी पत्नी शांता उसे सबक सिखाने के लिए किसी बाहर वाले मर्द से नाता जोड़ लेती है। एक अन्य कहानी—''शाम से सवेर तक'', में पंजाबी लड़की, जो शराब की आदी हो चुकी है।

बलात्कार का शिकार हो जाती है। यह कहानी नई पीढ़ी के तनाव की बात करती है। नई पीढ़ी, शराब, सिगरेट और घर से भागने की ओर आकर्षित हो रही है। यहाँ एक बात का ध्यान भी रखना होगा कि उस समय के पंजाबी के कहानीकार भी बदलती हुई इस स्थिति को नकारात्मक रूप में ही स्वीकार करते रहे, जब कि वे जानते भी थे कि सांस्कृतिक परिवर्तन तो आवश्यक होता ही है। यही कारण है कि पाश्चात्य संस्कृति को एक बुरे मुआशरे के रूप में ही चित्रित किया जाता रहा है और गोरे पात्रों को खल-नायक के रूप में प्रयोग किया गया है। बलदेव सिंह लंडन की एक कहानी का पात्र कहता है कि विलायती जीवन की सेक्स और काम—ये दो धुरियाँ होती हैं। पंजाबियों के पास काम तो है पर सेक्स की आदत नहीं। इसी का परिणाम है—असंतुलन और आत्मिक तनाव।

दर्शन धीर की कहानी "पुस्तक" में बूढ़े से ब्याही लड़की, बाहर गिरती हुई बर्फ़ में खुद को बड़ा अकेला पाती है। घर से बाहर का समाज उसके लिए बिल्कुल अपरिचित है। घर के भीतर का एक भी कण उसे माफिक नहीं आ रहा। उनकी एक और कहानी 'आँख' की पात्र रछपाल भी ऐसा ही तनाव भोग रही है। रघुबीर ढंड की कहानी। "मोर मनी मोर फ्रीडम" में पंजाबी पात्र गोरियों द्वारा खुले सेक्स को हैरानी से देखे जा रहा है। इसी लेखक की कहानी "मुँह पर हाथ" में किराये पर रहते हुए परिवारों में तनाव की बात है। कहानी "दलदल" का मुख्य पात्र भी सांस्कृतिक दलदल के तनाव में फँसा हुआ है। वह जीवन के इस मोड़ पा आ खड़ा हुआ है जहाँ वर्तमान में अतीत की राख भी नहीं मिल पा रही। शिवचरण गिल अपनी कहानी "निरोध" में एक भिन्न प्रकार का सांस्कृतिक तनाव पेश करता है। वह बताता है कि निरोध या कंडोम भौतिक उन्नति का प्रतीक है जिसके द्वारा गर्भ-सुरक्षा मिलती है, पर इससे मनुष्य सांस्कृतिक तनाव की सीमा को भुगतता है। निरोध के प्रयोग से सेक्स और आसान हो जाता है। ऐसे ही उसकी कहानियाँ "कन्ना", "घर न घाट", "आखिरी मेल", "बन-घुब" भी सामाजिक तनाव को प्रस्तुत करती है। शिवचरण गिल ने सामाजिक विरोधों को अपनी अन्य कहानियों से ज़्यादा चित्रित किया है। उस ने स्कूलों में अध्यापकों के सामने उभरते हुए तनाव को भी दिखाया है।

हरजीत अटवाल अपनी कहानी "तीसरा बेटा" के द्वारा अंग्रेज़ पात्र को लाकर अपने समाज की पश्चिमी समाज से तुलना करने की चेष्टा करता है। कोई भी समाज से बुरा नहीं होता, केवल नई परिस्थितियों को समझने की ज़रूरत होती है। उस की एक कहानी में टैरी नाम का एक सहकर्मी अपनी बेटी की नग्न तस्वीर बड़ी शान से सब को दिखाता फिरता है, जो 'सन' अखबार के तीसरे पृष्ठ पर छपी है। पश्चिमी समाज में किसी औरत के अलग-अलग पुरुषों से बच्चे होना साधारण-सी बात है।

ऐसे ही एक पात्र कहता है कि उसे सोलह साल की उम्र तक पाँच डैडी बदलने पड़े और पिछले पाँच सालों में उसके पास सातवीं गर्ल-फ्रैन्ड है। इस प्रकार की बातें पश्चिमी समाज में सहज बाते हैं और पूर्वी समाज में ये बातें भूचाल ले आती हैं। हरजीत अटवाल की एक और कहानी—"मकान" वहाँ के समाज में किश्तों और बिलों से पैदा हुए तनाव की बात करती है।

साथी लुधियानवी की कहानी—"मौसम खराब है" में पंजाबी लड़कियों की वेश्यावृति में शामिल होने की बात की गई है। "बुज़दिल" में मुख्य पात्र अपने मित्र की लड़की पर फ़िदा हो जाता है। लड़की पाश्चात्य संस्कृति से संबंधित है और इस बात का बुरा नहीं मानती और उसके साथ हमबिस्तर होने को तैयार हैं पर मित्र में पोर्वात्म संस्कृति साँस ले रही है। उसे यह सब पसंद नहीं—उसे बुज़दिल बनना अधिक अच्छा लगता है। उसकी कहानी "आतिशबाज़ी" में इंग्लैंड के लालच में बड़ी उम्र के आदमी से शादी करने पर उससे पैदा हुए तनाव का वर्णन किया है। कहानीकार के. सी. मोहन की कहानी—"पारी" भी एक अकेली औरत की दास्तान है जो उसके भीतर के तनाव की बात करती है। उसकी कहानी 'अंदरवाली औरत' में यही बात उभरती है कि लोग इस समाज में आते ही बदल जाते हैं। ऐसे ही प्रीतम सिद्धू भी अपनी कहानियों में इस तनाव की बात करते हैं। वे तो इस समाज में आती हुई नयी समस्याओं के बारे में अखबारों में भी लगातार लिखते रहे हैं। स्वर्ण चंदन की पुस्तक—"फ्री सोसाइटी" की अधिकतर कहानियाँ इन्हीं विषयों पर लिखी गईं हैं। समय के साथ-साथ प्रवासियों के बच्चे बड़े हुए तो अपने बच्चों को लेकर उन्होंने दोहरे माप दंड अपना लिए। जगीरू समाज में आया व्यक्ति, चाहे कितना ही पढ़ा-लिखा हो, पूंजीवादी समाज में जीवित रहने के लिए वह इतिहास को बाँधे रखना चाहता है। कैनेडा के कहानीकार साधुसिंह की कहानी "पुरसलात" में यह बात उभर कर सामने आती है कि आपसी रिश्तों का मोह-प्यार अभी ख़त्म नहीं हुआ।

सांस्कृतिक तनाव ने पति-पत्नी के संबंधों पर भी दबाव डालना शुरू कर दिया था। अब पत्नी पति के बराबर कमाने लगी थी, इसलिए वह अधिकार भी बराबर के ही माँगती थी। यह बात सामन्ती परिवार से आये पति को हरगिज़ पसंद नहीं थी। अब पति के सामने दो विकल्प थे—एक तो बेलगाम होती पत्नी और दूसरा पत्नी की तनख्वाह का लिफाफा। ऐसे हालात में मर्द लचीला होने लगा। पत्नी से समझौते भी करने लगा। रघुबीर ढंड की कहानी—"साँप की आँख" ऐसी ही कहानी है। पति की आँख वेतन वाले लिफाफे पर टिकी हुई है जिस में पत्नी के सभी ऐब छिप जाते हैं। हरजीत अटवाल की कहानी—"बोला खून" ऐसी ही कहानी है। इसमें पति-पत्नी एक ही छत के नीचे रहते हुए एक दूजे के लिए अजनबी बन जाते हैं और एक दिन चुपचाप अलग हो जाते हैं। कैनेडा के कहानीकार जरनैल सिंह की कहानी "दो

टापू'' इसका बड़ा अच्छा उदहारण है। के.सी. मोहन की कहानी ''रेप'' में पति-पत्नी को रेप शब्द का अर्थ समझाता है तो पत्नी कहती है आप तो रोज़ ही रेप करते हो, मेरी मर्ज़ी तो कभी भी नहीं होती। बलबीर कौर संघेड़ा ने अपनी कहानी ''कंधा''(दीवारें) में जसदेव और मीती के वैवाहिक जीवन को किसी नर्क के समान दिखाया है। मीती जसदेव के विवाह के आधार पर देकर बुलाती है और ताउम्र ताने मारती रहती है।

स्वर्ण चंदन की सांस्कृतिक तनाव और अजनबीपन वाली दलील एक पीढ़ी तक ही सीमित नहीं रही अपितु भावी पीढ़ियाँ भी ऐसे विरोधों का सामना कर रही हैं। वे चाह कर नये समाज में पूरी तरह विलीन नहीं हो पाईं। वास्तव में नये स्थानों पर बसने वाले लोगों की दो-तीन पीढ़ियाँ प्रवासी होने की पीड़ा भोगती ही हैं।

स्वर्ण चंदन ने प्रवासी साहित्य का अध्ययन करते हुए इसका चौथा लक्षण माना—पीढ़ियों का अन्तराल मोटे तौर पर दो पीढ़ियों के बीच विचारों के अन्तर/मतभेद को कहा जा सकता है। प्रकृति का कानून है—परिवर्तन। दस-बारह साल में सब कुछ बदल जाता है, वैज्ञानिक खोज, पढ़ाई-लिखाई, जीवन-मूल्य, कद्र-कीमत, सामाजिक यथार्थ और सोच में भी बदलाव आ जाता है। नई पीढ़ी को पुरानी पीढ़ी के सोचने का ढंग नहीं भाता। पीढ़ियों का अन्तराल सभी समाजों की भयानक घटना है। मानव में इसके प्रति विशेष उत्साह नहीं है। यह पीड़ादायक भी नहीं होता। यूँ कहा जाये कि इसे सहज रूप में ही स्वीकार कर लिया जाता है। वैसे तो पीढ़ियों का टकराव विकासोन्मुख सिद्ध हो जाता है। लेकिन किसी दूसरे समाज में जाकर बसने के समय परिस्थितियाँ कुछ अलग होती हैं। विशेषकर जब पश्चिम के अत्याधुनिक समाज में बसना हो। पंजाबी लोगों का जागीरों के समाज से आकर अति-पूंजीवादी समाज में बसना कोई साधारण बात नहीं थी। दो ऐसे समाजों का परस्पर निकट आना ही विस्फोटक बन जाता है। जब लोग खुद को नई परिस्थिति के अनुकूल नहीं बना पाते तो पीढ़ियों का यह अन्तर बड़ा तीखा होकर सामने आता है। असंतुलन पैदा होता है और यह असंतुलन सांस्कृतिक सदमें से होता हुआ सांस्कृतिक तनाव का कारण बनता है। पीढ़ियों का यह असाधारण/अन्तराल परिवारों को भी तोड़ जाता है।

सो ऐसा ही हुआ। पश्चिमी समाज के नये नैतिक मूल्यों ने नई युवा पीढ़ी को अपनी गिरफ़्त में ले लिया। माता-पिता की रोक-टोक उन्हें पसन्द नहीं थी। प्रवासी पंजाबी नवयुवकों, विशेषकर युवतियों ने पाश्चात्य संस्कृति में खुद को डुबोना शुरू कर दिया। इस कारण पहली पीढ़ी या माता-पिता के विरुद्ध बगावत का बिगुल बज गया। लड़के-लड़कियाँ अपने पसन्द के जीवन साथी ढूँढ़ने के लिए घरों से भागने लगे और माता-पिता हार्ट-अटैक हो जाने से अस्पतालों में पहुँचने लगे। दर्शन धीर

की कहानी 'रिश्ते' का केन्द्रीय पात्र अपने भतीजे को बेटा बना कर इंग्लैंड बुलाता है और यह अपेक्षा करता है कि लड़का पंजाबी तरीके से शादी करके, पर वह लिंडे नामक लड़की के इश्क में जा फँसता है। कहानी "वेटिंग-रूम" में एक माँ अपनी बेटी को तरह-तरह के उदाहरणों द्वारा समझा रही है कि अंग्रेज़ों की संस्कृति बहुत बुरी है। इसकी तुलना में पंजाबी संस्कृति बहुत अच्छी है। "सरमाया" कहानी में नई पीढ़ी के युवक गुरुओं की तस्वीरें उतार कर गोरे एक्टरों की तस्वीरें टाँग लेते हैं। "घाव नहीं भरते" का डाक्टर माता-पिता को बिना बताए गोरी से शादी कर लेता है। पीढ़ियों के अन्तराल के कारण ही कहानी "लड़के का पिता" में बेमेल रिश्ते के कारण एक दम्पति को नर्क भोगते हुए दिखाया गया है। उसकी कहानी "सोच के पार" में हरकेवल नई सोच वाला नवयुवक है जो विवाह न करने में विश्वास रखता है। रघुबीर ढंड की कहानी–"दलदल" का नौजवान अपने माता-पिता के घुटनों की तीव्र पीड़ा को अनदेखा कर पूरी रात पाश्चात्य संगीत सुनता रहता है। कहानी "टेवे" की मुख्य नारी पात्र, पति की मृत्यु के बाद अगर बाल भी सँवार लेती है तो लोग उस पर उँगली उठाते हैं। वे अभी भी औरत में सती-सावित्री ही ढूँढ रहे हैं। उस समय के सभी व्यस्त कहानीकारों ने (शिवचरण गिल से लेकर के.सी. मोहन तक और फिर गुरप्रीत पालीवाल और हरमहिन्दर चाहिल तक) इस विषय पर अपनी रचनाएँ लिखीं। के.सी. मोहन के मुख्य पात्र को अपने बुढ़ापे की चिंता है। वह सोचता है कि यह नई पीढ़ी कभी भी उसका ध्यान नहीं रखेगी। अवतार सादिक की कहानी–"मेरे पात्र मेरे नींद" में स्त्रियाँ बातें करती हैं कि आजकल की लड़कियाँ बाल काटने लगी हैं और तलवार-सी उधड़ी टाँगें लिए घूमती हैं। ऐसी ही बलबीर कौर संघेड़ा की कहानी "अपनी ही ओट में" उसे एक नस्लवादी गोरी और अपनी माँ में कोई फ़र्क नज़र नहीं आता। गोरी को रंग के दौरे पड़ते हैं तो माँ को जाति-पाति के। स्वर्ण चंदन की कहानी "सुलगती आग" में एक पिता लड़की के मना करने पर भी उसे काम पर छोड़ने और लेने जाता है। "फ्री सोसाइटी" कहानी में सीमा अपने माता-पिता को बहुत ही पिछड़ा हुआ बताती है और अपने जीवन की गोरी सहेलियों के नज़रिये से देखने लगती है। ऐसे ही नई पीढ़ी की लड़कियाँ घर से भाग कर शोषित भी हुई हैं। स्वर्ण चंदन की कहानी "अगला कदम" और मेजर सांगट की कहानी "सुर्खरू" इसी विषय से सम्बंधित हैं।

पीढ़ियों के अन्तराल के इस तीखेपन ने कई कत्ल तक करवाए हैं। सिख और मुस्लिम लोगों ने अपने धर्म के विरुद्ध विवाह करने वाली लड़कियों के कत्ल भी किये। इन घटनाओं को पंजाबी लेखकों ने अपने लेखन का हिस्सा बनाया। अपनी इज़्ज़त की ख़ातिर ऑनर किलिंग को लेकर भी कहानियाँ और उपन्यास लिखे गये।

स्वर्ण चंदन द्वारा स्थापित पंजाबी कहानी की या पंजाबी साहित्य की यह

पहचान उस समय एकदम सही सिद्ध हुई। बर्तानिया ही नहीं, उत्तरी अमेरिका में लिखी हुई प्रवासी पंजाबी साहित्य, पंजाबी कहानी की पहचान भी यही थी। इस बार एक और बात देखने में आयी कि वहाँ पर लेखक जो भी कहानी लिखते, इस बात का ध्यान रखते हुए लिखते कि उनकी रचना में प्रवासी कहानी के गुण होने चाहिए।

अस्सी के दशक में बर्तानवी पंजाबी कहानी में हरजीत अटवाल का नाम जुड़ने से इसमें एक नया मोड़ आता है। वह भावी पीढ़ी का कहानीकार था और इसके अनुभव अपने से पहले के लेखकों से अलग थे। उसकी कहानियों में साफ़ नज़र आता है कि होस्ट–समाज से उसका अपना सीधा अनुभव अंकित हुआ है। उसकी कहानियों में अंग्रेज़ और अफ्रीकी पात्र आम मिलते हैं। इससे पूर्व अगर कोई कहानीकार अंग्रेज़ पात्रों को लेता था तो वह नकारात्मक रूप में ही वर्णन करता था। चाहे हरजीत अटवाल की कुछ कहानियों को स्वर्ण चंदन ने अपने अध्ययन में शामिल किया था पर उसकी कहानियाँ, स्वर्ण चंदन की प्रवासी कहानियों के फ्रेम में फिट न हो सकीं। नस्लवाद के विषय पर उसकी कहानी ''साँपों का डर बर्तानिया'' बिल्कुल अलग तरह की है। इसमें लेखक यह बताने की कोशिश करता है कि गोरी औरत आपकी पत्नी या दोस्त तो हो सकती है, पर जब उससे आपकी लड़ाई होगी तो वह सबसे पहले आपके रंग को गाली देगी। उसकी कहानियाँ ''ज़हर'' और ''फ़र्क''-एक ही समय दो धरातलों पर बसते हुए इंसान की कहानियाँ हैं। ''तपती रेत'' और ''अड़ियल घोड़ा'' में व्यक्ति गोरा बनने के चाव में अपनों को ही छोड़ने की कोशिश कर रहा है। ''मकान'' और ''मछलियाँ'' कहानियों में शादी के लिए बर्तानिया आई हुई लड़कियों की त्रासदी है। उस की कहानी ''नये गीत का मुखड़ा'' में बर्तानिया में सेटल होने के संघर्ष की बात है। इनमें बुढ़ापे में सरकार की ओर से मिलने वाली सहूलतें और इन सुविधाओं को भोगते हुए उनके रिश्तेदारों के दुःख-सुख की बात की गई है। हरजीत अटवाल ने ग़ैर-कानूनी निवासियों का अपने द्वारा ही शोषित होते हुए व्यक्तियों पर भी कहानियाँ लिखीं हैं। उसने बर्तानवी समाज के अन्य अंधेरे कोनों तक भी पहुँचने की कोशिश की है। हरजीत अटवाल के बाद वीना वर्मा का नाता बर्तानवी पंजाबी कहानी में जुड़ता है। उसके अनुभव भी अपने पूर्ववर्ती कहानीकारों से एकदम मित्र हैं। वीना वर्मा ने अपनी कहानियों में नये-नये और अछूते विषयों को लिया है जो पूववर्ती प्रवासी कहानियों में नहीं मिलते। उसकी कहानी ''मरा हुआ चूहा'', बड़ी उम्र के मर्द से शारीरिक संबंधों के समय उपजी उकताहट का वर्णन है। ''पिछला दरवाज़ा'' एक ही समय माँ-बेटी के साथ संबंध बनाने वाले पुरुष की कहानी है। ''सूखा कुआँ'' एक ऐसी औरत की कहानी है जो उसके वर्तमान के प्रेशर से माँ बनने में असमर्थ है। ''फिरंगियों की बहू'' एक ऐसी औरत है जो बर्तानवी समाज को नगण्य समझ रही है। ''गुलबानो'' की मुख्य

पात्र इंग्लैंड जैसे मुक्त समाज में भी पुरुष की ज़्यादतियों की शिकार बनती है। वीना वर्मा की कहानियों में चाहे काम की पृष्ठभूमि होती है, पर वे सामाजिक समस्याओं से भी दो-चार होती कहानियाँ हैं।

इनके अतिरिक्त कुछ अन्य लेखकों ने भी कहानियाँ लिखी जो स्वर्ण चंदन के स्थापित मानदंडों पर फिट नहीं बैठती। स्वर्ण चंदन की अपनी ही ''चर्च फॉर सेल'' एक ऐसी कहानी है जिसमें एक चर्च बिकाऊ है जिसे खरीदने के लिए सिख, मुसलमानों और हिन्दुओं में होड़ लगी हुई है। गुरपाल सिंह लंडन की कहानी ''माज़ी'' लंडन के उच्च वर्ग की त्रासदी की कहानी है। गुरपाल ने अपनी कहानियों में लंडन की संस्कृति की खूब आलोचना की है। तरसेम नीलगिरि की कहानी ''लंगड़ा कबूतर'' बर्तानवी संस्कृति में फैली अराजकता पर निशाना साधती है। वहाँ के लोग कैसे अकेले रहते हुए नीम पागल हो रहे हैं। इसके सभी पात्र बर्तानवी समाज के लिए हुए हैं। पंजाबी प्रवासी कहानी की यहाँ तक की यात्रा में अब अनेक अंग्रेज़ पात्र आने शुरू हो गये थे। जैसा कि पहले भी बताया गया है, हरजीत अटवाल ने अपने लेखन में अंग्रेज़ पात्रों को साकारात्मक रूप में पेश किया है।

हरजीत अटवाल और वीना वर्मा के बाद बर्तानिया में कुछ और नाम जुड़ते हैं जैसे कि संतोख पालीवाल और महिंदरपाल पालीवाल। ये दोनों लेखक बर्तानिया की पहली पीढ़ी के ही प्रवासी हैं, चाहे इन्होंने अधेड़ उम्र में अधिक लिखा। संतोख पालीवाल ने अपनी कहानियों में अन्तर्राष्ट्रीय विषयों पर लिखने की चेष्टा की। जैसे उसकी कहानी–''क्यों मर गया'', अफ्रीका में फैली भुखमरी की बात करती है। इसमें नई तकनीकी प्रगति का सहारा लेकर दुनिया को एक ग्लोबल गाँव बनाने का भाव चित्रित किया गया, पर उसने पिछले कुछ समय में ही साहित्यिक हल्कों में अपनी पहचान बना ली है। उस ने भी नई संवेदना को अपनी कहानियों का विषय बनाया है। उसकी कहानी ''खोए हुए पल'' मानव रिश्तों पर लिखी गई है कि बीमारियाँ कैसे रिश्तों को बदल कर रख देती हैं। साथी लुधियानवी ने चाहे लगातार कहानी नहीं लिखी, पर जब भी लिखी, सभी का ध्यान अपनी ओर आकर्षित किया। साथी लुधियानवी ने समय की ज्वलंत समस्याओं पर कहानी लिखी। उसकी कहानी ''सस्ता बंदा'' इस मुल्क में ग़ैर कानूनी रूप से बसते हुए लोगों के शोषण का निर्वाह करती है। पुराने कहानीकारों में, जो अब भी लिख रहे हैं, उनमें शिवचरण गिल का सबसे प्रमुख है। वे रोज़मर्रा की समस्याओं पर लगातार कहानी लिख रहे हैं। उनकी कहानियाँ ''सबका'', ''असली रिश्ता'' और ''रंग का पत्ता'' इस बात का प्रमाण है। कहानी ''रंग का पत्ता'' में उसने आजकल पढ़ाई के लिए आने वाले लड़के-लड़कियों की कठिनाइयों का वर्णन किया है कि किस प्रकार सही और गलत ढंग से लोग इंग्लैंड पहुँचने की कोशिश करते हैं और वहाँ तक पहुँचते हैं। बर्तानिया में रची जा

रही कहानी में कुछ और नाम भी समय-समय पर जुड़ते रहे हैं, चाहे वे निरंतर कहानी न लिखने के कारण अधिक चर्चित नहीं हुए जैसे—रतन रीगल, प्रीतम सिंह कैथों, मुश्ताक, सुरजीत सिंह कालरा, गुरदयाल सिंह राय आदि। इस समय नये नाम न जुड़ पाने से बर्तानिया में लिखी जा रही प्रवासी कहानी का भविष्य बहुत उज्ज्वल नज़र नहीं आता पर जो भी कहानी है, उसका पंजाबी साहित्य में विशेष स्थान बना रहेगा।

बर्तानिया के सख्त इमीग्रेशन कानूनों ने यहाँ पर नये पंजाबियों को आने में एक प्रकार की रोक सी लगा दी थी। इस कारण पंजाबियों ने अपना रुख़ उत्तरी अमेरिका की ओर कर लिया। जैसा कि पहले कहा जा चुका है कि कहानी तो वहाँ पर लिखी जा ही रही थी, पर नब्बे के वर्षों में कहानी रचना का यह मुख्य स्थान बनने लगा। इस समय संख्या और गुण—दोनों ही दृष्टियों से समर्थ कहानी लिखी गई है। यहाँ पर कहानी का दौर एक लहर के समान उठा, जिसके अग्रणी थे—बलबीर कौर संघेड़ा, अमनपाल सारा, जरनैल सिंह, मेजर मांगट, हरप्रीत सेखा, कुलजीत मान, परवेज़ संधु। इन लेखकों की कहानियों ने ही पाठकों और आलोचकों का ध्यान अपनी ओर खींचा था। अमनपाल सारा की कहानी—''खूँटे बंधी गाय'' एकदम नये विषय को छूती है, जिसमें बच्चों के शारीरिक शोषण की बात है। ''बीस का नोट'' समाज द्वारा तिरस्कृत मनुष्य के अहम् की बात करती है। ''गुड-डील'' नई व्यापारिक परिस्थितियों के बारे में है। ऐसे ही जरनैल सिंह की कहानियाँ—जैसे ''दो टापू'', ''पानी'', ''टावर्ज़'', ''पत्तों से ढके जिस्म'' आदि नये-नये विषयों को स्पर्श करती हैं। ये कहानियाँ प्रवासी कहानी की सफलता को इंगित करती है। परवेज़ संधु की कहानियाँ—''मेरी लोमड़ी'' और ''सौत'' नितान्त अलग प्रकार की समस्याओं को पकड़ती हैं। इनके बाद आने वाले लेखकों में—प्रो. हरभजन सिंह, चरनजीत पन्नु, सुरिन्दर सोहल, हरमहिन्दर चाहिल, गुरप्रीत पालीवाल आदि के नाम आते हैं। जरनैल सिंह की कहानी—''मुहाज़ पर ही नहीं लड़ी जाती, लड़ाई सामाजिक मोर्चों पर भी लड़ी जा रही है और मनुष्यों के अन्तस में भी। मेजर मांगट ने अपनी कहानियों में कैनेडा के नये माहौल 122 को चित्रित किया है। उसने इंडिया से असामाजिक हथकंडे अपना कर कैनेडा पहुँचने वाले लोगों की मानसिकता को बखूबी पकड़ा है। अपनी ''सुर्खरू'' कहानी के द्वारा लेखक यह कहने का यत्न करता है कि अब देसी लोगों को नये मुल्क के माहौल को अपना कर पारिवारिक चिंताओं से मुक्त हो जाना चाहिए। कहानी के कुछ किरदार अपने-अपने घरों की बातें करते इस नतीजे पर ही पहुँचते हैं कि जब बसने के लिए हमने यह मुल्क चुना है तो हमें इसी के अनुसार खुद को ढाल लेना चाहिए। प्रो. हरभजन सिंह की कहानी ''बिन माँगे मान'' में समूची अमेरिकी व्यवस्था में विवश भारतीयों के जाकर वहाँ बसने की दुःखद बातों-सा

सफल चित्रण किया है। इसके पात्र बिंदा, जिंदर, मिंदर को अमेरिका में स्थाई रूप से रहने के लिए तरह-तरह के कष्टों से गुज़रना पड़ता है। परवेज़ संधु की कहानी ''मेरी लोमड़ी'' की विषयवस्तु ज़रा हट कर है। यह एक माता की अमेरिका की सभ्यता में बड़े होते हुए बच्चे की आपसी रिश्ते की कहानी है। अपने निजी अनुभवों से परिपक्व संवेदना को लेखक ने पूरी ईमानदारी के साथ चित्रित किया है। एक बच्चे के मन की कई परतों को खोल कर उन्हें पाठक के सामने रखा है। कुलजीत मान मनोवैज्ञानिक कहानियाँ लिखते हैं। उनकी कई कहानियाँ व्यंग्य लेख की ओर मुड़ जाती है। उनकी कहानी ''सिक्युरिटी गार्ड'' सिक्युरिटी की नौकरी करने वाले एक व्यक्ति की दास्तान है, पर इस बहाने कैनेडा में बसने वाले लोगों की जीवन में आई तबदीलियों का वर्णन हुआ है। वह बताता है कि नये माहौल में देसी व्यक्ति कैसे खुद को फिट कर लेता है। हरमहिन्दर चहल की कहानी ''खोज'' एक ऐसी लड़की की कहानी है जिसका जन्म स्पर्म बैंक की सहायता से हुआ है और लड़की अब अपने भारतीय पिता की तलाश में निकली हुई है। अमेरिका में बसे नये कहानीकारों में चरनजीत सिंह पन्नु ने भी वहाँ की संवेदना को पकड़ते हुए कहानियों की रचना की। उसकी कहानी ''सूली टंगे पल'' इसके उदाहरण हैं। इस कहानी का मुख्य पात्र मसाज कराने के लिए मसाज पार्लर जाता है। इस कहानी में लेखक ने पात्र की दुविधा को पकड़ने का यत्न किया है। सुरिन्दर सोहल चाहे मुख्य रूप से कवि है उस ने कहानी में भी हाथ आज़माया है। ''प्यासी किश्ती'' कहानी में सेवा सिंह पैसा कमाने के लालच में अपने स्वास्थ्य को भी दाँव पर लगा देता है। गुरमेल बीरोके की कहानी ''बंदा'' के अनुसार नक्सलबाड़ी लहर जैसी प्रगतिशील लहर में भी जात-पात का बोलबाला था तो खालिस्तानी पिछड़ी हुई लहर में तो होना ही था। इसकी तुलना में उत्तरी अमेरिका में जात-पात की समस्या इतनी तीखी नहीं है। साधु बिनिंग अपनी कहानी ''बर्फ़ का गीत'' में लम्बी कहानी द्वारा चरन सिंह के पुत्र जसवंत की पैसा कमाने की होड़ की बात करता है, जिस कारण पूरे परिवार का जीवन नर्कमय हो जाता है। हरप्रीत सेखा की कहानी ''संदूक'' में कैनेडा का जीवन, कैसे रिश्तों में अजनबीपन भर देता है—बताती है। जहाँ बाहर बर्फ़बारी हो रही है, वहीं रिश्तों में भी भारी बर्फ़बारी हो रही है। दविन्दर सिंह मलहांस की कहानी 'सेम' जात-पात के दुःख से ग्रसित सेम नामक व्यक्ति की दास्तान है जो कैनेडा में हाड़-मास गला कर पैसे कमा रहा है और अपने शरीफ़-जाट से उसकी ज़मीन खरीद कर बदला लेना चाहता है। जगजीत बराड़ की कहानी ''नादिरशाह'' नारी-पुरुष के रिश्ते की कहानी है। इसमें अमेरिका जैसे देशों में किसी पराई औरत से संबंध बना लेना थोड़ा आसान होता है और भारतीय पुरुष इसके लिए सदा तैयार रहता है। रानी नागिन्दर की कहानी ''पालना'' बच्चे के लिए तरसते एक जोड़े की कहानी है,

जिसमें पत्नी की माँ ही अपनी बेटी के बच्चे के लिए 'सैरोगेट माँ' बनने को तैयार हो जाती है। रविन्दर रवि उत्तरी अमेरिका की पहली पीढ़ी का सर्वाधिक चर्चित लेखक है, जिसने साहित्य की हर विधा पर अपनी कलम आज़मायी है। उसकी कहानी "हम क्षण" मनुष्य के भीतर के खालीपन की बात करती है।

इनके अतिरिक्त और भी कहानीकार हैं जो गाहे-बगाहे लिखते और छापते रहते हैं, जैसे कि कैनेडा में सुरजीत कलसी, जरनैल सेखा, इकबाल रामूवालिया, हरभजन पवार, तेज संधू समाधवी, जगदेव जटाणा, जोगिन्दर समशेर, कशमीरा सिंह चमन, सतवंत दीपक, जोगन्दर सिंह संघा, अवतार रोडे, बलबीर मोमी नदीम परमार, युवराज रतन, अमरजीत सूफी, सुशील कौर, इन्दरजीत सिद्धू, अमरजीत सिंह, पाली सिंह, हरचंद सिंह बागड़ी, सुखवंत हुंदल, ओंकार प्रीत, कुलविंदर खहिरा, हरभजन हांस, परमजीत मोमी, बलजिंदर ढ़िलो, सुखजीत लहिल, रछपाल कौर गिल, बलजिंदर गुलाटी, सतपाल कौर गिल और अनमोल कौर। अमेरिका में भी कुछ अन्य कहानीकार व्यस्त हैं जैसे नीलम सैनी, कर्मसिंह मान, अमरजीत दर्दी, राठी सूरापुरी, मनजीत कौर सेखों, राबिन्दर सिंह अटवाल, गुरदयाल संघा और प्यारा सिंह कुदोवाल।

प्रवासी होने का रुझान पंजाबी लोगों में दिन-प्रति-दिन बढ़ता जा रहा है। इस कारण प्रवासी साहित्य का क्षेत्र अभी और विस्तृत होने की सम्भावना है। अब प्रवासी लोगों के मसले पहले से अधिक पेचीदा हो चुके हैं। नस्लवाद के रूप में भी बदल गये हैं। पीढ़ियों का अन्तराल भी नई दिशाओं की ओर जाता नज़र आता है। विश्व के एक ग्लोबल गाँव बन जाने के कारण आपसी रिश्ते कुछ और के और हो रहे हैं, इसलिए प्रवासी साहित्य के विषयों का और अधिक विस्तार होगा। आज तक की प्रवासी कहानी में चाहे बर्तानिया में लिखी गईं प्रवासी कहानियों का कैनवस ज़्यादा बड़ा है। वहाँ पर प्रवास काल बहुत पीछे, दूर तक फैलता जाता है पर जल्दी ही उत्तरी अमेरिका में रची जा रही कहानी और नये नये विषयों को अपनायेगी और आशा है कि साहित्य की कहानी विधा में नये-नये प्रयोग होंगे।

अब तक प्रवासी साहित्य ने सम्पूर्ण पंजाबी साहित्य में अपनी एक अलग और नयी पहचान बना ली है। प्रवासी साहित्य, साहित्य की हर विधा को अपने आगोश में ले रहा है-कविता, कहानी, उपन्यास, जीवनी सफरनामा आदि। प्रवासी साहित्य की विशेषता यह है कि इसमें नये-नये विषय, नई-नई समस्याएँ सामने आ रही हैं, इससे पंजाबी साहित्य समृद्ध हो रहा है। भारत के कई विश्वविद्यालयों के पाठ्यक्रम में प्रवासी साहित्य एक विषय के रूप में पढ़ाया जाने लगा है। हम उन कहानीकारों का धन्यवाद करते हैं, जिन्होंने इस कहानी संग्रह में सम्मिलित करने के लिए अपनी कहानियाँ भेजी हैं। हरजीत अटवाल, हरप्रीत सेखा, बलबीर कौर संघेड़ा, कुलजीत

मान और डा. हरचंद सिंह बेदी आदि को धन्यवाद करना बनता है, जिन्होंने इन कहानियों के चुनाव में अपना सहयोग दिया।

—जिंदर, बलदेव सिंह 'बद्दन'

इंग्लैंड

कैंसर और फूल

सुरजीत बिरदी

(1934-1975)

बाथरूम ठंडा है, अभी गर्म हो जायेगा, गर्म पानी के चलते ही। गैस कई काम कर देती है। गैस के मीटर में सिक्का डाल कर मैं पानी खोलता हूँ। गर्म पानी फर-फर बाथरूम में गिर रहा है। हवा में उड़ते बर्फ़ के फाहे खिड़की के धुँधले शीशे पर थपकियाँ दे रहे हैं। हवा भीतर नहीं आ सकेगी, खिड़की अच्छी तरह से बंद है। ...दरवाज़ा भी। पानी से निकलती हुई भाप से मेरे चारों ओर धुआँ-सा है। दरवाज़ा खटकता है। औरत की घरेलू आवाज़, जैसे किसी दुष्ट बच्चे को कहती है–

"साबुन ले लिया जी?"

"हाँ।"

"तौलिया, शैम्पू, ब्रश...।"

" हाँ, हाँ सब कुछ है।"

"मैंने कहा, पी तो नहीं रहे?"

"नहीं", छोटी बोतल से घूँट भरते हुए मैं कहता हूँ।

"जल्दी बाहर निकलो, पता नहीं इतनी देर तक बाथरूम में क्या करते रहते हो। मुझे तो आपसे डर लगता है," उसके आखिरी बोल धीमे थे। अपने दिल की बात कह कर वह बच्चों के पास चली गई है।

नहाते समय मुझे पीने की आदत है, सिगरेट पीने की भी। बहुत कुछ याद आ जाता है, बहुत कुछ भूल जाता है। यह औरत हर रात मेरे साथ सोती है। लहरें तो रोज़ ही उठती हैं पर तूफ़ान आ जाता है और तूफ़ान के बाद सोये हुए किनारों पर, फायरप्लेस से निकलते हुए शोलों पर नज़र टिकाए मैं सोचता हूँ। पता नहीं यह सो रही है या यों ही आँखें बंद करके सोचती है, मेरे साथ लेटी औरत क्या सोचती है? काश मैं उन चोरों को पकड़ पाता जो उसके भीतर छिपे बैठे हैं।

फायर को देखते हुए मुझे अपने गाँव के घर की छत याद आ जाती है। गर्मियों की किरचों से चुभती रातें, छत पर सोना, जब गाँव में कोई मर जाता, कितनी रात तक हमारी छत से नज़र आते चिता के शोले को मैं देखता रहता। मेरे पास वाली

चारपाइयों पर सोए हुए लोगों के सांसों की आवाज़ मुझे अपनी दुनिया से बाहर निकाल लेती। मैं अपना संसार बसा लेता, जलती हुई चिता का ताप, ठंडे तारों की चमक, बादलों के अलग-अलग रूप, जो मेरी सोच में बनते। बचपन के दिनों की याद, बचपन जो सीधेपन में गुज़रा।

तब मैं चौथी कक्षा में पढ़ता था। हम लोग बस में बैठ कर स्कूल की ओर से कोई पुराना किला देखने जा रहे थे। रास्ते में पीले रंग का तूफान आ गया जो लाल होकर तेज़ चलने लगा। बस उलट गई, खड्डे में गिरा हुआ मैं रेत से चुभती आँखों को मल रहा हूँ, डरे जा रहा हूँ। मरी हुई भैंस की तरह बस की परछाइयाँ भूतों की चक्कर काट रही हैं, कई आवाज़ें। मैं डर कर चीख उठा, किसी ने मुझे उठा लिया। घर आते ही मैं माँ से लिपट गया। एक ही साँस में उसे सब कुछ बताता गया। माँ ने मुझे गोद में लेकर अपनी ओढ़ी हुई शाल में मुझे लपेट-सा लिया। सामने पड़ी अँगीठी पर मैंनें अपने छोटे-छोटे ठिठुरते हुए हाथ सेके। माँ के पेट की गर्माहट, मेरी पीठ के रास्ते से निकलती हुई पूरे शरीर में बस गई। माँ कितनी बड़ी है, मैं कितना छोटा हूँ...सोचते हुए मेरी आँखें नींद से भर गई...पर नहीं मुझे सोना नहीं चाहिए, जागना चाहिए, शायद ज़्यादा पी गया हूँ, बाथ अभी भरा नहीं, भरने वाला है।

अब माँ से मैं कितना बड़ा हो गया हूँ, माँ को उम्र ने सिकोड़ दिया है। अस्पताल के बेड पर बैठी, वह कितनी छोटी लग रही है, किसी बच्ची के पुरानी गुड़िया की तरह जिसके मुँह से धागे उधड़ने शुरू हो गये हों। डॉक्टर ने मुझे अकेले में ले जाकर कहा था—"इन्हें कैंसर है, जो शरीर के हर हिस्से में फैल चुका है, पर मरीज़ को पता नहीं लगना चाहिए।" और माँ ने कहा था—"बेटा, अपने बाप को मत बताना कि उसे क्या बीमारी है, डॉक्टर ऐसा ही कहता था। तुम लोग मेरी चिंता मत करो, मैं जल्दी ही तंदरुस्त हो जाऊँगी। तुम लोग परदेस में बच्चों के साथ अकेले हो, एक दो साल और रह कर सभी लौट आओ, चिट्ठी लिखते रहना। मुझे बच्चों की चिंता है। मैंने ठीक हो जाना है।" मैंने सोचा अगर मौत सबसे बड़ी सच्चाई है तो सब से बड़ा झूठ भी है...झूठ, जो मैंने और माँ ने बापू से बोला था, झूठ जो बापू ने माँ को बताया था। "तूने तो बीबी बड़ी जल्दी ठीक हो जाना है।" उसके कमज़ोर कंधों पर रखा हुआ मेरा हाथ काँप गया था...नहीं नहीं मेरी आँखें नहीं भरनी चाहिए, नहीं तो माँ को इस मौत का पता चल जायेगा जो दबे पाँव चली आ रही है, सब दरवाज़े बंद पाकर, सेंध लगा रही है। तीन महीने बाद बड़ा कैंसर अपने अंदर लिए मैं औरत और बच्चों के पास इंग्लैंड आ गया हूँ।

दरवाज़ा खटकता है। औरत का स्वर खीझी हुई माँ जैसा तल्ख़ है।

"नहा लिया जी?"

"नहीं, अभी तो बाथ ही नहीं भरा।"

"भरा नहीं या भर कर उंडेल दिया?"

"पानी कम आ रहा है, वह साला अच्छे से ठीक करके नहीं गया, तू फायर में कोयले डाल, मैं नहा कर अभी आया। मैं पूछता हूँ तू सीढ़ियाँ उतरी थी, कोई आया था?"

"नहीं, चिट्ठी आई थी।"

"कहाँ से?"

"इंडिया से।"

"किसकी?"

"पता नहीं, पीछे कुछ लिखा नहीं है। आपसे डर कर मैंने खोली नहीं, अच्छा जल्दी से नहा लो।"

बाथ का पानी बंद कर मैं और पी लेता हूँ और नई सिगरेट सुलगाता हूँ। सर्दी के कारण मुझे कंपकंपी हो रही है, घबराहट से मस्ती से या वैसे ही, किस की चिट्ठी को सकती है? उसकी तो नहीं। जेब से एक और सिक्का निकाल कर मीटर में डाल दिया है, पानी तो अभी ठंडा है। बाथ के कोने पर बैठा मैं कम पानी खोलता हूँ। खटाक की आवाज़ होती है। औरत शायद बंकर से कोयला निकाल रही है। भाप से भरे शीशे में मेरा अक्स कितना अजीब लग रहा है। छोटी बोतल से मैं एक और घूँट भरता हूँ।

हम दोनों पहाड़ी पर चढ़ रहे हैं, एक दूजे का हाथ पकड़े, उसे पहाड़ी पर चढ़ने का बड़ा शौक है। वह हर शाम को चढ़ती है, चोटी पर बने मकबरे के चबूतरे पर बैठ कर ढलान की ओर देखती है, कभी अंतरिक्ष में कुछ ढूँढ़ती हैं, फिर घुटनों में सिर दे कर कुछ देर तक सोचती रहती है। सूर्य डूबने पर घर आ जाती है। देर रात तक मोटी-मोटी किताबें पढ़ती रहती है। घरवालों की लाडली है, वे कुछ नहीं कहते।

हवा ठंडी और नशीली है। मेरा हाथ पकड़े परिचित राहों पर चलती जाती है, बड़ी खुश है। न तो ढलान देखती है और ना ही चढ़ाई। मेरी आँखों में आँखें डाले ओस भीगी पत्ती-सी मेरी ओर झुक-झुक जाती है— शहज़ादी जो किसी राजकुमार को अपनी राजधानी दिखा रही है।

इस पहाड़ी के पीछे बड़े-बड़े पहाड़ हैं जो पश्चिम की ओर सरकते सूर्य के प्रकाश में पेस्टल कलर के लैंड-स्केप से लगते हैं। शाम खूबसूरत है, खूबसूरती मेरे साथ है। हवा से उठते मेरे पैरों अब थकावट का सिक्का भरता जाता है। मैं चढ़ाइयों का आदी नहीं, वह रुक जाती है, मेरा दूसरा हाथ भी पकड़ कर मेरी आँखों में देखती है, हैरान हो कर पूछती है।

"क्या बात है? इतना उदास क्यों हो गया है? मैं तो बहुत खुश हूँ। बता ना, अपनी सीमा को बता।" वह उस पहाड़ी की तरह भारी, भरी-भरी और स्वप्न-देश की

परी है। मैं हँस देता हूँ। मेरी थकावट जो मेरे चेहरे पर जम गई है, वह उसे उदासी समझ रही है...पगली कहीं की।

"तेरा महल अभी कितनी दूर है राजकुमारी?" हाथ दबाने का शहद मेरी ज़ुबान से टपकता है।

"अब थोड़ी दूर है राजकुमार।"

मैं बाकी बची ऊँचाई को थकी नज़रों से देखता हूँ।

"अच्छा रोजे, तू मुझे छू।" अचानक मेरा हाथ छोड़ कर वह छलाँगे लगाती हुई तेज़ तेज़ चढ़ रही है। हिरनी, मृगनयनी।

मेरी टांगों की अब बस है, पर मर्द हूँ, आखिर उसे छूने के लिए तेज़-तेज़ कदम भरता हूँ पैर टिकते नहीं, फिसल जाता हूँ, दूर तक ढलान पर घिसटता जाता हूँ। वह लंबे डग भरती ऊपर से आती है, मुझे उठने नहीं देती। अपनी दूध-सी सफेद पोशाक की चिंता किये बिना मेरे पास लेट गई है।

"तू थक गया?"

"नहीं, नहीं थका नहीं, ऐसे ही तबियत ठीक नहीं। वैसे मैंने इससे ऊँचे-ऊँचे पहाड़ चढ़े हैं।"

"बड़ी स्निग्ध मुस्कान में लपेटते हुए मुझे कहती है:—

"राजे, मैं जानती हूँ, तू थक गया है, सच क्यों नहीं कह देता। खैर कोई बात नहीं। मुझे छू कर घबरा मत, हम दोनों के बिना यहाँ हमें कोई नहीं देखता, चुपचाप ऐसे ही लेटा रह, ऐसे लेटे मर ही तो जायेंगे। मुझे सपने देख लेने दे मेरे राज।"

"सीमा" मैं अपने ख्वाब में से उसे पुकारता हूँ।

"हाँ राज!"

"तू मेरी है।"

"जन्म-जन्म के लिए।"

अचानक आँखें खोल कर वह मुझ पर झुक गई है। सहसा वह पूछती है-

"राज, तुम्हें कौन-सा रंग पसंद है?"

"लाल और काला।"

"क्यों?"

"लाल रंग कैंसर का, काला रंग मौत का।"

"लाल रंग गुलाब का, काला लैला का।"

"तुम्हें कौन-सा रंग पसंद हैं सीमा?"

"अब तक सफेद और हल्का गुलाबी।"

"आज के बाद?"

" लाल और काला।"

"अगले जन्म का रंग...सफेद और हल्का गुलाबी, अब मैंने तेरे रंग अपना लिए, अगले जन्म में तू मेरे रंग अपनाएगा।"

"राज, तू उदास क्यों हो गया है? तेरे अंदर क्या दुःख है?"

"कैंसर-माँ का, बापू का और मेरा अपना।"

"फूलों की बात कर राज।"

"मैं अगले इतवार वापिस इंग्लैंड चला जाऊँगा।"

"रंगों की बात कर राज।"

"सूर्य डूब गया अंधेरा हो गया, घर के लोग क्या कहेंगे सीमा।"

"जो कहेंगे, कह लें।"

"फिर क्या होगा?"

"जो होगा, होने दे।"

"तुझे पता है सीमा? जब मैं तेरे पास से जाता हूँ, तो मुझे अपना शहर मुर्दों का शहर लगता है, कितनी रात तक मैं दोस्तों के साथ पीता रहता हूँ, सड़कों पर घूमता रहता हूँ, दोस्त न मिलें तो अकेले ही।"

"सड़कों पर रात में क्या देखता है राजे, क्या ढूँढ़ता है?"

"सड़कों पर देखता हूँ—उनींदी रोशनियाँ, चुप इमारतें, उदास-सी धुँध, ट्रकों के नीचे आये मरे कुत्ते, उनकी हड्डियों का गूदा, पिसे हुए जबड़े, सड़क की सतह पर गोंद से चिपके होते हैं। इग्लैंड में कोई कुत्ता ऐसे नहीं मरता।"

"राजे।"

"हाँ सीमा।"

"तू बीमार है, मेरे और पास आ जा।"

"मैं पूरे ज़ोर से उसे दबाता हूँ, मेरी बाँहों में उसका जिस्म खुलता और बंद होता है। वह दबी आवाज़ में बहुत कुछ कह रही है, मुझे कुछ सुनाई नहीं देता। चाँदी की सैकड़ों घंटियाँ मेरे ज़हन में लगातार बज रही हैं।"

"राजे, तू ना जा।"

"मुझे जाना होगा।"

"हाँ, तुझे जाना है, मैं तुझे ख़त लिखूँगी।"

मैं उसके हर अंग को प्यार से दबाता हूँ।

"सीमा, तू माँ है।"

"मेरा छोटा-सा क्राईष्ट।" कहते हुए उसने मेरा बीमार सिर अपनी कुँवारी छातियों में दबा लिया है। कितनी शांति है, कितना आराम...। खत्म होती सिगरेट ने मेरी उँगलियाँ जला दीं हैं, दरवाज़ा खटकता है, औरत की आवाज़ अब बहुत तल्ख़ है।

''मैंने कहा, नहा लिया जी? मैंने तो फायर भी डाल दी थी।''

''मैंने तुझे कहा था, मैं कुछ सोच रहा था, नॉवल का अगला चैप्टर, अब मुझे मत बुलाना, तू खाना बना, मैं नहा कर अभी आता हूँ, अब मत बुलाना, अच्छा!''

''बच्चे इंतज़ार करते-करते बाहर खेलने चले गये, अच्छा आप जब मर्ज़ी हो तब आओ, मैं खाना बना कर सोने चली जाऊँगी, रात को भी आपने सोने नहीं दिया। औरत चली गई है।

मैं उठ कर बोतल से बची हुई शराब पी लेता हूँ और बाथ के किनारे पर बैठा नई सिगरेट सुलगाता हूँ। मेरा सिर घूम रहा है, जिस्म बेजान-सा हो रहा है, पता नहीं मुझे क्या हो रहा है? बाथरूम में भाप कम है, मेरी सिगरेटों का धुआँ ज़्यादा है। शीशे पर पानी की बूंदें काँप रही हैं। औरत कितनी अच्छी है। मैंने उसे उसकी अच्छाई का क्या दिया? मैंने किसी को भी क्या दिया? मैं तो शीशा हूँ, हर किसी को उसका अक्स ही दे सकता हूँ, अक्स देखकर जब कोई चला जाता है, मैं फिर खाली का खाली रह जाता हूँ। पानी का पानी, शीशे का पानी।

अब मैं और न लूँ तो अच्छा है, सोचें तो मुझे भूतों-सी चिपक गईं हैं। आखिर जल्दी भी क्या है? घर के बाकी लोग बाहर गये हुए हैं, आज इतवार है। कल काम पर जाना है, फिर सोचने का मौका कहाँ मिलेगा? बाथ का पानी अभी भी ठंडा है। दीवार पर आई सीलन मेरी कमीज़ के रास्ते मेरे जिस्म में सरक रही है। मुझे नींद क्यों आ रही है? मुझे जागना चाहिए। रसोई में बर्तनों की खट-खट हो रही है, औरत शायद खाना बना रही है। शायद कुछ सोच भी रही है। मुझे रोज़ पूछती है।

''अब दोबारा कब जायेंगे? उनका बाद में क्या होगा? उनका बाद में कौन है? अगर आपके यही काम रहे तो हमारा क्या होगा?''

मेरे अंदर कैंसर की टाँगे हिलने लगती हैं, मैं चुप हो जाता हूँ, औरत रोने लगती है, उसके कैंसर को रोने की आदत है। मेरा कैंसर भी तो पत्थर का नहीं, लहू-माँस का है। उसके रोते कैंसर को सहलाता है।

बर्फ़ ज़्यादा गिरने लगी होगी, खिड़की का शीशा दूध-सा सफेद हो गया है, बर्फ़ है, धुंध है या बरसात कुछ पता नहीं चलता। कुछ सुनाई नहीं देता, इतना सन्नाटा, इतनी शांति क्यों? शांति नहीं, चुप है, चुप जिसके अंदर कई आवाज़ें, आवाज़ें चलते हुए ट्रक की, दबते लहू-माँस की, पिसते जबड़ों की आवाज़ें ही आवाज़ें, शक्लें कहाँ गईं? सड़क के किनारे मैं और मेरा दोस्त मरे हुए कुत्ते को देख रहे हैं। दोस्त चला गया है, अब मैं अकेला हूँ, मरे कुत्ते की पीसी हुई मज्जा में उसके पिसे हुए जबड़े का रंग, आधी रात की रोशिनियों में सड़क का मुर्दा सलेटी रंग, रंगों की अजीब मिलावट...भारतीय मार्डन पेंटिंग का शाहकार! मरे कुत्ते का पेट चीर कर कैंसर बाहर निकल आया और बड़ी बड़ी टाँगों से काली-पीली मैली सड़क की सतह का खुरचता

मेरी ओर बढ़ रहा है। मेरे चारों ओर दीवारें हैं। कैंसर का एक पैर मेरे पैर के ऊपर है, डर से मेरी साँस रुक गई है। सीमा झुक कर कैंसर को उठा लेती है और मेरे कोट पर टाँगते हुए कहती है–"फूलों से डरते नहीं राजे।"

मैं अपने कोट पर टंगे गुलाब की ओर, फिर सीमा की ओर देखता हूँ। उसकी उँगलियों से खून टपक रहा है। औरत कहाँ चली गई? मैं औरत को ढूँढ़ता हूँ। माँ का पेट कितना स्निग्ध है। हम दोनों पर लपेटी हुए शॉल का कोना अँगीठी में पड़ कर सुलग रहा है। छोटे-छोटे ठिठरते हाथों को अँगीठी पर सेकते हुए मुझे नींद आ रही है...।

लंदन–2 जनवरी।

32 साल का एक भारतीय, दो बच्चों का पिता, बाथरूम में, गैस के कारण मर गया। बताया जाता है कि मरने वाले को भयानक शारीरिक तकलीफ थी। उसकी पत्नी के कथानुसार वह बहुत दिनों से चुप और उदास रहता था। उसकी मौत को खुदकुशी नहीं कहा जा सकता।

साँप की आँख

रघुबीर ढंड

(01.11.1934-27.12.1990)

उसने पहले एक ही साँस में बियर का गिलास अंदर उंडेला फिर एक, दो, तीन व्हिस्कियाँ।

पर दिल की तपिश थी कि जंगल की आग-सी लगातार बढ़ती ही जा रही थी।

चौथी व्हिस्की लेते समय उसने काउंटर-लेडी के सफेद नर्म दस्तानों की ओर देखा—फिर उसकी लम्बी गोरी गर्दन में लटकती मोटे गुलाबी मनकों की माला को—और फिर अपनी लाल आँखें उसकी नकली पलकों में गड़ाते हुए बोला—

"जू-मी फैव पौंड-औरेट?"

और उसके उत्तर की प्रतीक्षा करने लगा।

वह मुस्कराई। तस्वीर जैसी खूबसूरत पर जड़ मुस्कान। फिर रुक-रुक कर कहने लगी—"ओ नो नो!! आई मैरिड-यू अंडरस्टैंड?" वह ज़रा रुका-वाक्य ढूँढ़ने के लिए, फिर बोला—

"नो मैटर! जू, मी-फैव मिंट।"

काउंटर लेडी दूसरे ग्राहक भुगताने लगी। उसे जयसिंह पकड़कर ले गया।

उसने जय सिंह से बाँह न छुड़ाई, पर वह उसके साथ थोड़ा तन कर गया—तन कर ही कुर्सी पर बैठ गया। फिर उसने अपनी लाल, बड़ी-बड़ी आँखों को और भी गहरा करते हुए सामने बैठे चन्ने को घूरा। उसकी पत्थर फाड़ नज़र से चन्ना थोड़ा डर गया। फिर गर्दन घुमा कर माहौल बदलने के लिए बोला—"क्यों तारे, गोरी हाथ नहीं आई? मैं चलूँ सिफारिश करने?"

सभी एकदम हँसने लगे, पर तारे की पत्थर-चुप को देख एकदम गंभीर हो गये। कई बार प्रभाव भी गहरा होता है। बाद वाला प्रभाव पहले प्रभाव को निगल जाता है—जैसे तलवार की चमक को खून की सोच मार देती है।

तारे ने काट खाने जैसी नज़र चन्ने के चेहरे पर डाली। आँखों की लाली और गहरी हो गई, तारे की तपिश और बढ़ गई। बीयर का मग माथे से लगाते ही चन्ना लुढ़क गया। "साले, छींबे, बास्टर, कुछ मत कह।" तारा गरजा। फिर वह हैट और

ओवर कोट उठा कर पब से यूँ निकला जैसे उसने दोबारा यहाँ आना ही न हो। लेकिन वह यह भी न जानता हो कि उसे जाना कहाँ है। मंजिल के निशान ढूँढ़ने आसान कहाँ होते हैं।

तारे के सामने रोही के रास्ते जेड़ी वाली स्ट्रीट बर्फ़ में दबी सड़क रही थी। बर्फ़, जो बरसात न होने से पत्थर बन गई थी। हवा बिल्कुल चुप। आसमान से ठंड झर रही थी—चुपचाप! सिर्फ़ खम्भों की रोशनियाँ जाग रहीं थीं। पब से कोई कोई धुंधला आकार बाहर निकलता। पल भर को बूटों की एड़ियाँ पत्थर-सी बर्फ़ पर ठक-ठक कर के दाँयें-बाँयें गायब हो जाता। ठंड के कारण तारे की आँखों की पलकें, नाक की नोक और कानों का मांस बर्फ़-सा ठंडा होता लगने लगा।

लीड्स रोड वाले चर्च के घंटे ने एक-एक करके दस टन-टन उसके सिर पर दे मारे। दूर से परछाईं उसकी ओर बढ़ती हुई आई और पास आकर ज़रा रुकी, "कौन तार? जल्दी ही लौट आया है। वहाँ चन्ना पब में है क्या?"

"हाँ।" बिना रुके तारे ने रूखा-सा जवाब दिया।

जग्गा उन्हीं पैरों आगे बढ़ गया।

चन्ने का नाम सुनते ही तारा अपनी व्हिस्की बिखरने लगा।

"बास्टर छींबा! कहने लगाः ले भाई तारा सिंह करना तो दस्तखत साले, डायन भी चार घर छोड़ देती है—फुट जैसी गोरियाँ कहाँ थी यहाँ? ला कर बाँध दी रीछ-सी औरत, घर में...तेरा खून पी जाऊँगा मैं साले...।

चिनगारियाँ-सी छोड़ता हुआ तारा सीधा कमरे में जा घुसा। रजाई में घुस कर टेक लगा कर बैठ गया और कमरे की हर चीज़ को यों घूरने लगा, मानो खा ही जायेगा।

कुछ देर इंतज़ार करने के बाद बचनी गुड़िया के कमरे में गई। रोशनी बंद थी और गुड़िया गहरी नींद में सो रही थी। क्यों न वह खुद ही जाये, वह कैरीडोर में आ गई, पर पूरी काँप गई। दिल तेज़-तेज़ धड़कने लगा—पाँव जैसे जम गये हों। लेकिन कोई खड़ा भी हो तो नहीं रह सकता था। वापिस अपने कमरे में आ गई-दबे पाँव, कहीं गुड़िया जाग न जाये। कोट को जेब से लिफ़ाफा निकाला और तारे के कमरे के बाहर खड़ी हुई। दस्तक देने को हाथ बढ़ाया, पर खींच लिया जैसे बिजली का झटका लगा हो। उसकी सोच कितनी बार जमी और पिघली। आखिर उसने दस्तक दे ही दी। "जैस"? यैस, नो थैंक्यू, सॉरी-इंग्लैंड के चार तकनीकी शब्दों में से एक तारे के मुँह से फिसला।

काँपती टाँगों और खुश्क जीभ से बचनी ने बड़ी मुश्किल से एक वाक्य बोला—"तुम्हें जी रोटी...यही लाऊँ?"

जला भुना तारा फिर फट पड़ा, "जाती है कि नहीं नीच औरत! टाँगें तोड़ दूँगा,

जो दोबारा मेरे कमरे में आई तो—साली चू...! अपनी सूरत तो देख।"

तारा अपनी भड़ास निकालता रहा। पता नहीं बचनी कब मेज़ पर लिफाफा रख अपनी जान बचा कर भाग गई।

सामने वाली दीवार की बाईं ओर कोने में मेज़ पर जीन की रंगीन फोटो पड़ी थी—एक पकी हुई, खाई-खेली, आज़ाद औरत, जिसने ताउम्र इंग्लैंड की स्वतंत्र दुनिया की सर्वोत्तम देन निजी स्वतंत्रता को जी भर कर भोगा था...।

सोलह साल की उम्र में, सेकन्डेरी स्कूल में पढ़ते हुए उसने बच्चा पैदा किया। पैदा करते ही, बच्चे को अपनी निजी स्वतंत्रता में बाधक। ज़ंजीर समझा। उसे अस्पताल में ही छोड़ कर पुनः मिस बन गई। जब वह अमेरिकन फौजियों की छत्र-छाया में आने लगी तो उसकी शौप-स्टुअर्ड माँ ने समझाया—"जीन बेटा, अमरीकन अड्डे तो वैसे ही हमारे स्वाभिमान पर पड़े हुए धब्बे हैं, इन्होंने तुझे किसी लायक नहीं छोड़ना-ये तो वहशी है वहशी।"

जीन का लचकीला बदन पूरा का पूरा काँप गया—"तू कौन है मुझे रोकने वाली? तू मेरी निजी स्वतंत्रता छीनना चाहती है। मैं एक पल के लिए भी तेरे घर नहीं रहूँगी"। अमेरिकनों ने जीन तथा दो और लड़कियों को तारे, चन्ने और जय सिंह के शेयरर्ड घर में किरायेदार रख लिया। तारा पब में अमेरिकनों की उदारता के पुल बांधता थकता नहीं था—"यार कोई मुकाबला नहीं अमेरिकनों का। कहने लगे—सिंहों पाँच दिन आंनद लो—हमें तो वीक ऐंड पर ही ज़रूरत होती है।" और अमेरिकन चले गये। संयोग बड़े बलवान होते हैं। ऐमी ने चन्ना चुन लिया—डोरोथी ने जय सिंह-और जीन ने तारा। एकदम स्वतंत्र चुनाव।

पर इस कलमुँही बचनी ने सारी ज़िंदगी ही खराब कर दी। पता चलते ही जीन की निजी स्वतंत्रता को डस लिया—"यू ब्लैक बास्टर्ड! यू मैरिड?"

अपना ओवरकोट उठा कर दरवाज़े से बाहर हो गई। जाते-जाते उसने इतनी ज़ोर से दरवाज़ा बंद किया कि आज तक तारे की आत्मा तीर-बिंधे पंछी-सी तड़प रही है।

जीन के जाने के बाद तारा एक हफ़्ते तक काम पर न गया। उसे पबों और पार्कों में ढूँढता फिरा—अपने कमरे में पड़ा रहता—उसके साथ बिताये वक्त की यादों, कल्पनाओं में खोया रहता—वैराग्य का मारा तारा, किसी धुँधले तारे-सा कभी टिमटिमाता, कभी बुझता, खुद ही वैराग्य बन गया था।

वैराग्य-जाट के स्वभाव ये नहीं होते। जाट का स्वभाव क्रोध के निकट होता है। तारा भी चमक उठा। बचनी के लिए अति घृणा और क्रोध, जो वह दस साल के बाद आ धमकी और जीन के विछोह का कारण बनी थी। चन्ना, उसके क्रोध का सीधा निशाना, जिसने उसके हस्ताक्षर करवा कर बचनी को राहदारी

भिजवाई थी। चन्ने का सिर फोड़ कर भी उसका क्रोध शांत नहीं हुआ था।

एकदम से आई बरसात की बूँदें काँच वाली खिड़की पर ऐसे गिरी जैसे गुरिल्लों ने गोली मारी हो। तारे ने पर्दा हटा कर बाहर झाँका। आकाश से उतरते पानी से खम्बों की पीली रोशनी टकरा रही थी और पीला धुआँ उड़ रहा था। कितना रोमैंटिक दृश्य था। लेकिन खिड़की पर पड़ती हर बूँद तारे के दिल पर हथौड़े-सी लग रही थी। वह और भी जल गया। यह कैसी स्वतंत्र दुनिया है, जहाँ पर एक आम अदमी एक निश्चित सीमा से आगे नहीं जाने दिया जाता। उसकी तपिश की लगामें फौरन घोड़ों पर पैसे लगाने वाली दुकानों की ओर मोड़ दी जाती है।

पर तारा क्या करे?

पब रो तो वह आया ही था, जीन की उसे बियाबान जंगल का पेड़ बना कर चली गई थी। पर बचनी तो थी?...थू, थू, थू।" जैसे उसके मुँह में जिमीकंद का छिलका आ गया हो। "इंडिया मैन, औरत भी कोई औरत होती है? धुंआखी हुई सरकंडे-सी, इससे तो कुतिया भी अच्छी होती है...साली को हाथ लगाओ, कम-से-कम जीभ तो निकालती है—कुछ लाड़ करो! पर हमारी औरत? बड़ी आली आण है, सौ मिन्नते करवाती है—हुँ!"

मज़ाकिये जय सिंह के शब्द उसके कानों में गूँज गये। वह उठा। अलमारी से जॉनीवाकर की बोतल उठाकर पैग डालने ही लगा था कि नज़र मेंज़ पर पड़े लिफ़ाफे पर जा पड़ी। नज़र-जिसने पहली नज़र से दिमाग पर कोई प्रभाव न बनाया, हाँ दिलचस्पी ज़रूर बढ़ाई। फिर नज़र टिकी पंद्रह पौंड तीन शिलिंग! उसके दिमाग में भारतीय करेंसी में नोट छपने लगे—लगभग साढ़े चार सौ रुपये।

तारे ने बोतल और गिलास वैसे ही अलमारी में रख दिए, लिफ़ाफा उठाने को हाथ बढ़ाया! पर काँप गया। हाथ खींच कर एकदम खड़ा हो गया। दिल में तपिश ने फिर अँगड़ाई ली—"हूँ, आयी बड़ी लिफ़ाफों वाली।"

नफ़रत से भरी आँखों से वह अलमारी की ओर मुड़ा। एक ही साँस में पैग अंदर डाला, बिस्तर पर जाने लगा—पर लिफ़ाफा था कि साँप की आँख बना, जैसे पैरों में झुकने लगा। लिफ़ाफा उठाने के लिए फिर से हाथ बढ़ाया। लेकिन पूरी कोठी हिल गई—पर्दा ज़रा-सा सरका हुआ था। उलट कर उसने पर्दा अच्छी तरह मिला दिया। फिर खड़ा रह कर देखता रहा-ठीक से पर्दा लग गया है ना।

अब फिर लिफ़ाफे को देखा। फिर काँपा! साँकल तो खुली ही थी। साँकल लगाकर फिर से लिफ़ाफे के पास आ खड़ा हुआ। उठाने से पहले पर्दों और साँकल को नज़रों से टटोल कर देखा।

लिफ़ाफा उठाया। नोट गिने-पचास के तीन नोट! फिर लिफ़ाफा खड़का-नोटों की गोदी में मचल हुए तीन शिलिंगों के सिक्के टकराये। संतोष से तृप्त हुआ तारा

पत्थर-सा जड़ हो गया, लेकिन उसी पल वह तप गया—पत्थर के सीने में कितनी आग छिपी होती है। गुस्से में भर कर उसने लिफ़ाफा मेज़ पर दे मारा।

"हूँ! साली नोट ला-ला कर दिखाती है। ऐसे तो बड़ी हूर-परी बन जायेगी? साली कलमुँही! जब से आई है, बीमार बना कर रख दिया है।"

तारे ने अलमारी बंद की, बत्ती बुझाई और सोने की कोशिश करने लगा, जिससे कुछ घंटे नींद आ जाये और अगला दिन अच्छा निकल सके—नहीं तो साला फोरमैन चीख कर कहेगा—"सिंह, हमें स्लीपिंग डॉग्स नहीं चाहिए।" पर नींद कहाँ? उसे न तो नींद आ रही थी और न ही वह जाग रहा था। ये दोनों तो निश्चल मन की अवस्थाएँ होती हैं। वह तो पुलसरात (मुसलमानों के विश्वास के अनुसार कयामत के दिन बाल से बारीक और तलवार की धार से तीक्ष्ण पुल) पर डोल रहा था।

"चन्ना, साला छींबा।" चन्ना पूरा का पूरा उसके सामने नंगी तलवार-सा लटकने लगा... ।"

चन्ना, तारे का लंगोटिया यार-हमउम्र और सहपाठी। तारे को उसके बापू ने पाँचवी कक्षा से ही हटा लिया था। चन्ने का तो कलेजा ही मुँह को आ गया था। वह बोला—"ताया जी तारे को पढ़ने देते तो?"

तारे के बापू ने उसके पुष्ट हाथों पैरों को देखते हुए उत्तर दिया—"चन्ने, यह अक्षर की तुलना में हल अच्छा जोतेगा।"

और तारे ने बहुत अच्छा हल चलाया था। धरती को जोत कर शक्कर जैसी कर देता और उसमें तीर-सी लकीरें बिछा देता। लेकिन खूब ज़ोर लगा जोत और तसल्ली से खाने की बात तारे को सदा पाखण्ड लगती थी। वह ताउम्र लस्सी के घूँट के साथ दाल की सूखी रोटी निगलता रहा। वही मोटा खद्दर का कुर्त्ता-खद्दर का कच्छा और खद्दर का अँगोछा। पाँच सात दिन के बाद बासी लस्सी से धुले कुछ क्षण चमकते, फिर लटों के रूप में अँगोछे से निकल कर गर्दन पर फैले रहते।

बचनी आई तो वह भी इस नीरसता का अंग बन गई। पहले तीन सालों में दो लड़कियाँ पैदा हो गई। तारे की माँ ने नश्तर मार-मार कर उसे छील डाला—"हाँ पेट दुःखता है! बड़े लाल पैदा किये हैं ना? मैं तो लड़का फिर से ब्याहुँगी।"

रूह और शरीर की तंगी ने बचनी की सारी कालिख धो दी। चौथे बरस बेटा पैदा हुआ। बचनी कुछ चमकी-पर आँसू की एक बूँद के समान जो पलकों पर एक तारे-सी चमक जाती है और अंत में गिर कर मिट्टी में जज़्ब हो जाती है। वैसे भी खंडहरों ने क्या चमकना था—बचनी सदा के लिए सूखी हरड़े बन कर रह गई।

समय कैसे धीरे-धीरे बहता है, पता ही नहीं चलता। तारे की आँखों के सामने वह दृश्य साकार हो गया—वैसा ही ताज़ा! वह माघ की आधी रात को चन्द्रमा की रोशनी में रात के पहले पहर गेहूँ की क्यारियों में पानी लगा रहा था। चारों ओर

एकदम सन्नाटा। केवल हल के चलने की ठक-ठक थी—जिसे सुनते-सुनते, सुनना ही बंद हो जाता है। हल्की-सी हवा से केलों के पत्तियों की झालरें-सी दम ले रही थी।

उसकी ओर एक परछाईं चली आ रही थी—पास और पास। तारा थोड़ा डरा, क्या पता कोई गलत आदमी हो,—"कौन है भाई?"

परछाई आगे बढ़ती रही। तारे ने दरांती को ज़रा कस के पकड़ा और ललकारा,—"कौन है भाई? सुना नहीं? खड़ा हो कर बात कर।"

दूसरे ही पल चन्ने ने उसे बाँहों में जकड़ लिया। तारे ने चन्ने को और भी कस लिया,—"यार चन्ने, तू तो पूरा अंग्रेज़ बन गया है"

"आ दो घड़ी बैठते हैं। दो-तीन क्यारियों में एक साथ पानी छोड़ दे।" चन्ने बीच की पगडंडी पर बैठते हुए बोला। तारे ने जल्दी से अपनी चादर उतारी और उसके नीचे बिछाने लगा—"ले यहाँ बैठ। तेरे कपड़े मैले हो जायेंगे।"

चन्ने की ओवर कोट की जेब से अध्धा और गिलासी निकाल एक पैग डाला और तारे को बोला—"ले पी विलायती व्हिस्की—अगर स्वर्ग के झूले न आये तो"

पैग अंदर डालते ही तारा चमक पड़ा—"यह क्या है। साली बारियों की इन्दर कौर-सी काटती जाती है।"

क्या हाल है रेशम के टुकड़े का? दर्शन करता है कि नहीं? चन्ने ने भी इन्दर कौर में दिलचस्पी दिखाई। गिलासी से एक घूँट भर कर तारे ने उदास आशिक-सा ठंडी साँस भरी और बड़ी दर्द भरी आवाज़ में बोला—"बस यार कभी रास्ते में मिल जाती है, आँख बचा कर देख लेते हैं"—इस मुल्क में मेरे साले की बात करनी कौन-सी आसान है? लोग ऐसे आँख फाड़-फाड़ कर देखते हैं, जैसे माँस ही नोच कर ले लेंगे...और यार चन्ने! अब तो रात दिन मर-खप के दो जून की रोटी मुश्किल से मिलती है। ये तो भरे पेटवालों की बातें हैं।"

"अरे साले क्यों रोये जा रहा हैं? अब तो जाट बहुत सुखी है।" चन्ने ने तारे को ठीक करना चाहा।

"तुझे कैसे पता?" दारू का घूँट तारे के गले में लग गया था। चन्ने ने कुछ विलायती अंदाज़ में कहा—"ले मैं कहाँ भूला हूँ? इधर से आये अपने लीडर बताते हैं कि अब हमारे मुल्क में हरा-इन्कलाब आ गया है"

तारे ने चन्ने की बात बीच में ही काट दी

"आ गया इनकी माँ का सिर। ज़ैलदारों और नंबरदारों के दो घर छोड़ कर सारा गाँव क़र्ज़े में डूबा है—सारा गाँव! सभी ने चानण बनिये से ब्याज़ पर रुपये लिए हैं —एक रुपया सैंकड़े पर। इस साल चौबीस सौ की गेहूँ बेची थी। सभी ब्याज में चले गये हैं। सच कहता हूँ—कहे तो ग्रंथसाहब हाथ में ले लूँ।"

यह सम्मान हमारे देश को ही मिला हुआ है कि यहाँ गरीब आदमी को सच साबित करने के लिए ग्रंथ साहिब की मुहर लगानी पड़ती है।

रहट का चक्र चलना बंद हो गया।

"मैं ज़रा ऊँटनी के बच्चे को बंद कर आऊँ। बापू की कहीं आँख ही न लग गई हो।"

चन्ने ने चारों ओर देखा। टोकरे जितना चाँद आसमान की छत से लटक रहा था–पूरी वनस्पति चाँदनी पी-पी कर ऊँघ रही थी। चन्ने को नशा-सा हो गया। सुबह तारे को कहने लगा–"तारे, अपना मुल्क, यार स्वर्ग है। देख चाँद कितना सुंदर है –जी करता है, उसके गले में बाँहें डाल दूँ।"

"चल छोड़ यार! चाँद साल की दाल पकानी है? तू कोई विलायत की बात सुना।"

चन्ने ने कुदरत की खूबसूरती से नज़र घुमा अपने सामने बैठे तारे पर डाली। उसके सामने तारे नहीं चिंताओं का खाया हुआ सिर था–खद्दर के मैले अँगोछे में लिपटा हुआ। वक्त से पहले बूढ़ा हो चुका चेहरा और अधूरी ज़रूरतों को पूरा करता, घिसा हुआ, खेस में लिपटा हुआ शरीर।

और चन्ना पसीज गया। बचपन का मोह बड़े हो जाने पर चाहे कितना ही हास्यास्पद न हो जाये–उसका मूल्य सदा ही बहुत होता है। चन्ने ने तारे के हाथ को पकड़ कर दबाया और बड़े मोह में पड़ कर कहने लगा–"तारे, मेरे साथ विलायत चल।"

अब बूँदें भी थम गईं थीं। तारे ने पर्दा हटा कर बाहर देखा। पीली बत्तियों की रोशनी अब कुछ तेज़ लग रही थी। पत्थर बनी बर्फ़ अब गल रही थी। सड़क पर कहीं-कहीं, छींट-छींट खड़ा पानी दाल पर तैरते घी-सा लग रहा था।

उसने टाइम देखने के लिए बैड-स्विच दबाया। पौने बारह बज रहे थे।

बत्ती बुझाते समय उसकी नज़र अपने आप मेज़ पर पड़े लिफ़ाफे की ओर चली गई।

वह उठ खड़ा हुआ। एक पल रुका। फिर चल पड़ा। लिफ़ाफे की ओर हाथ बढ़ाने से पहले, बाकी के पर्दों की ओर देखा। बंद थे। दरवाज़े की ओर देखा। बंद था। लिफ़ाफा उठा बेड पर आ बैठा...पंद्रह पौंड और तीन शिलिंग। तीस के भाव से साढ़े चार सौ, यह एक हफ़्ते का। क्या होता है साला वीक? बैठते ही सोलह सौ हो गया। एक बीघा ज़मीन आ जायेगी। साल की बारह बीघे, कुआँ तो पंजाब में पहले से ही है–और चार सालों में सौ बीघे का इकट्ठा टक।

तारे की आँखों के आगे सौ बीघे का इकट्ठा मुरब्बा कुएँ की जगत-सा घूमने लगा। सोने-रंगी गेहूँ की बालियाँ! दूध से सफेद नर्म ट्रालियाँ। बच्चे के कोमल गालों

से बरसन की बड़ी क्यारियाँ!

तारा उठा। लिफ़ाफा मेज़ पर रख कर उसने दरवाज़ा खोला। वह बाहर निकला। कोरीडोर में ज़रा-सा रुका। फिर साथ वाला कमरा खोल, बत्ती जलाई और इधर-उधर देखा, हैरान परेशान-सी बचनी के बेड पर बैठते ही बस इतना ही कहा, तू जी...अगले पल तारा उसकी बाँह खींच रहा था।

"बचन कौरे! चल उठ। तुझे क्या पता, इस मुल्क में औरत-आदमी अलग कमरों में सोया नहीं करते।"

सोच के पर

दर्शन धीर

(10.02.1935)

हरकेवल ने पिता को यों देखा जैसे उसने कोई अद्‌भुत बात कही हो, जिसकी उसे आशा नहीं थी। कुछ संभला और कहने लगा–

''अभी?''

''और बड़ा होकर करना है?'' माँ बोली।

''अब बड़ा भी हो गया हूँ मैं?''

''इक्कीस साल का होने लगा है, और कब करेगा?''

''इस उम्र तक तो हम बच्चों वाले भी हो गये थे।'' बाप ने पत्नी का पक्ष लिया।

''इंडियन का क्या है?''

''क्यों उन्हें क्या है?'' माँ ने पूछा।

हरकेवल को कोई सही जवाब न सूझा। टालने के लिए वह कहने लगा–''जब कोई सूटेबल लड़की मिलेगी, बता दूँगा।''

''तेरी इतनी गर्ल-फ्रेंड हैं, कोई भी सूटेबल नहीं।'' बाप फिर सामने आ गया।

''वे शादी नहीं करवाना चाहती।''

''क्यों नहीं?''

''शादी करा के वे कैद नहीं होना चाहतीं।''

''हाय रे! ब्याह कैद है क्या?'' माँ चीख पड़ी।

''और क्या है?''

माँ गुस्से में कुछ कहने लगी। सुदागर सिंह डिलण बात को अपने हाथ में लेते हुए बोला–''और क्या चाहती है?''

''ब्याह से बिना ही...।'' और वह बात बदल कर कहने लगा, ''कहती हैं, ऐसे न प्यार रहता है न ही आज़ादी।''

''अच्छा ज़माना आ गया है।'' माँ ने ठंडी साँस भरी।

''सभी तो इस विचार की नहीं हो सकतीं?''

"हो सकता है, कुछ ना हों।"

"फिर कोई ऐसी ही ढूँढ़ ले जो शादी में भरोसा रखती हो। हम तुझे ऐसे फंडर गाय (जो दूध न देती हो) की तरह घूमता नहीं देख सकते।"

"इसमें क्या हर्ज़ है?"

"लोग हमें क्या कहेंगे?"

"लोगों ने क्या कहना है। यह लोगों की सोच भी तो, नहीं।"

"यह गोरियों की सोच है। हमारी नहीं।"

"हम गोरे नहीं क्या?"

"नहीं।"

"और हम कौन हैं?"

"इंडियन"

"पहले कहा करते थे कि अगर जीवन में सफल होना है तो गोरियों जैसे रहना चाहिये। अब ख़्याल कैसे बदल गये?"

वे बातें कर ही रहे थे कि हरकेवल डिलन का एक दोस्त हरवर्ट किंग उसे बुलाने आ गया और वह उठ कर उसके साथ चला गया।

चार-पाँच महीने उसने टाल-मटोल में बिता दिये। सुदागर सिंह को जब विश्वास हो गया कि वह कोई गेम खेल रहा है तो एक दिन उसने सख़्ती से कहा—"महीने के अन्दर-अन्दर अपनी पसंद की लड़की ढूँढ़ ले, नहीं तो हमने खुद ढूँढ़ लेनी है। फिर कुछ मत कहना।"

पिता का फैसला सुन कर वह बड़ा छटपटाया, उसने बहुत सोचा। एक बार तो घर से भागने का भी मन बना लिया। गुस्से में आकर उसने अपनी ज़रूरत का सामान भी बैग में रख लिया। लेकिन जब चलने लगा तो न जाने कैसे घर से निकले बच्चों पर बनी फिल्म, जो कुछ दिन पहले ही टी.वी. पर देखी थी—आगे आ कर खड़ी हो गई। बच्चे कैसे हवा के परों पर चढ़े घरों से भागे थे और कैसे इधर-उधर रुलते अंत में गलियों और बाज़ारों के होकर रह गये। वे पुलों के नीचे, रेलवे-स्टेशनों, बस अड्डों या बाज़ारों के कोनों में खड़े लोगों से पैनी-पैनी माँगते और ड्रग सेलरों से ड्रग लेकर खाते। न तो वे खाने के परवाह करते, न कपड़ों की और न शरीर की। मैल से भरे कपड़े बदबूदार हो चुके हैं, हुए रहें। फट गये हैं, फटे रहें। बालों की जटायें-सी बन गई हैं, बनी रहे। तन पर मैल की तह जम रही है, जमती जाये लेकिन ड्रग खाना या उसका टीका लगाना ज़रूरी है।

ड्रग के बिना जान टूटती थी। रक्त में चिंटियाँ चलतीं थीं। अब उनके प्राण ड्रग में थे। ड्रग से ही मिट्टी की दो देहों से लहू-माँस के बनते थे। शरीर में लहू दौड़ता तो साँस चलता। ड्रग के आसरे दुनिया-दुनिया लगती। रोशनी-रोशनी। नहीं

तो चारों ओर अंधकार ही घेरता हुआ नज़र आता। अगर माँगने से काम न चलता तो बुजुर्ग औरतों-आदमियों से छीन लेते या चोरी करते और या फिर तन बेचते और अपना काम चलाते।

सिरिंजों से शरीर गल रहे थे तो गले जाये। मक्खियाँ भिनभिनाती हैं तो क्या? क्या फ़र्क पड़ता है। वे सोचते इस मिट्टी में अगर मैंने मिट्टी ही होना है तो क्या? क्या फ़र्क पड़ता है कि आज बन गई या कल। कहीं अनेक तन ऐसा कर रहे थे तो अन्य किसी दूसरी तरह गल रहे थे। कोई एड्स की बीमारी से गल रहा था और कोई किसी दूसरी भयानक बीमारी से।

फिल्म में घर से भागे हुए बच्चों की हालत देखकर हरकेवल ढिलन चौंक गया। खड़ा होकर, पल दो पल बाहर वाले दरवाज़े को घूरता रहा, फिर कंधे से बैग उतारा और सोफे पर दे मारा। साथ खुद भी गिर गया। सिर पकड़े वह कितनी देर तक सोचता रहा। जब कोई राह न दिखी तो उठ कर अपने मित्र हैरी टामस की सलाह लेने चला गया। उसने हैरी टामस को अपनी कहानी सुनाई तो वह कहने लगा—"लगता है तेरा दिमाग खराब हो गया है।"

"मेरा तो ठीक है, पर घरवालों का क्या करूँ?"

"तू टाल नहीं सकता?"

"बहुत कोशिश की। पर वे मेरी बात सुनने को तैयार नहीं। बता मैं क्या करूँ।"

"करवा ले फिर। शादी के तीसरे-चौथे दिन अगली तलाक के लिए अप्लाइ कर देगी।"

"तेरी यह बात तो ठीक है।"

"यह बात तू उन्हें क्यों नहीं समझाता?"

"बड़ा माथा मारा, पर उनके खाने में बात नहीं घुसती, मैं क्या करूँ?"

हैरी टामस दो मिनट तक हैरान-सा हरकेवल की आँखों में देखता रहा, फिर कहने लगा—"आजकल तो औरतों ने शादी को बिजनेस बना लिया है, नहीं? रूथ जैक्सन ने क्या किया? नहीं तो कैथलीन की ओर देख ले। शादी के कपड़े अभी मैले भी नहीं हुए थे, तलाक के लिए अप्लाई कर दिया। तेरे घर वालों को तो तब पता चलेगा जब अगली आधी प्रापर्टी की मालिक बन जायेगी।"

कुछ दिन बाद एक दिन पिता ने फिर पूछा—"मिली कोई सुटेबल लड़की?"

हरकेवल ने पहले तो अनसुना करने में ही समझदारी समझी। जब पानी सिर के ऊपर से निकलने लगा, हल्की-सी बात कह कर टालने लगा, अगर कल को डायवोर्स हो गया तो आप ही रिस्पांसिबल होगे। फिर मुझे ब्लेम मत करना।"

"नहीं करेंगे।" बाप उसकी नब्ज पहचानता था।

वह कई दिन तक सोचता रहा। तंग आकर उसने एक दिन अपने दोस्त हैरी टामस को फोन पर अपनी हालत बताते हुए कहा–"हैरी, बता अब मैं क्या करूँ?"

"अगर जान नहीं छोड़ते तो उन्हें गैट-लॉस्ट कह दे।"

"फिर रहूँगा कहाँ?" हैरी टामस के कुछ कहने से पहले ही वह कहने लगा–"क्या कुछ वक्त तेरे पास रह सकता हूँ?"

उसने हाँ कर दी, खास कर ब्याह वाली बात सुन कर।

यह बात उसकी व्यक्तिगत स्वतंत्रता को चैलेंज थी। ऐसी बेगार वह कैसे सह सकता था।

एक दिन जब माँ-बाप दुकान पर थे, हरकेवल अपना सामान ले कर हैरी टामस के फ्लैट पर चला गया।

वह उनके शहर से काफी दूर एक केमीकल फ़र्म में काम करता था जो पानी के पाइपों के अन्दर जमे हुए जाले को साफ करने के काम में माहिर थी। कंपनी अपने कर्मचारियों के द्वारा पानी साफ करने की रैसिपी भी बेचती थी। कंपनी की अनेक शाखाएँ थीं। हैरी टामस ने हरकेवल ढिलन को अपने साथ रैसिपी बेचने के लिए सहायक कर्मचारी लगवा लिया।

हरकेवल ने थोड़े समय में ही काम के दाँव-पेच सीख लिये। दिल में अपने पाँवों पर खड़ा होने की इच्छा बड़ी बलवती थी। ऐसे, एक तो वह मनमर्ज़ी की ज़िंदगी जी सकता था, दूसरा घरवालों को बता सकता था कि वह उनके भरोसे नहीं जीता।

जब वह ट्रेंड हो गया तो कंपनी ने उसे एक इलाके का नुमाइन्दा बना दिया। उसने न समय देखा न ही कुसमय खुद को पूरी तरह काम को समर्पित कर दिया। साल पूरा होने पर कंपनी ने प्रत्येक नुमाइंदे के काम से हुई आमदनी का हिसाब किताब किया। हरकेवल की सबसे ज़्यादा निकली थी। कंपनी ने खुश होकर उसे उस साल का "बेस्ट रेप्रिजेनटिव अवार्ड" भी दिया और उसके काम करने की लगन की मैनेजिंग डायरेक्टर ने भरपूर प्रशंसा करते हुए भाषण दिया। दूसरे कर्मचारियों को उसके पद-चिन्हों पर चलने के लिए प्रेरित किया। दूसरे साल भी वह कंपनी की रैसिपी बेचने में सभी कर्मचारियों को पछाड़ गया। कंपनी के मैंनेजिंग डायरेक्टर ने खुश होकर उसे एरिया मैनेजर बना दिया।

मैंनेजर बनते ही उसने एक मरम्मत करने वाले घर का सौदा कर लिया। मरम्मत करवा कर उसे बेच दिया। इस घर से उसे आठ हज़ार पौंड का लाभ हुआ। उत्साहित होकर उसने दो और रिपेयर वाले घर खरीद लिये। तैयार हुए तो बेच दिये। उन घरों से ग्यारह हज़ार पौंड का मुनाफा हुआ। उसने नौकरी के साथ-साथ घर मरम्मत करवा कर बेचने का पार्ट-टाइम व्यापार जारी रखा।

कुछ समय बाद रहने के लिए उसने कंट्रीसाइड में एक बढ़िया-सा घर ले लिया

और अमीरज़ादों की तरह ठाठ से रहने लगा। उसे अब अमीर कहा जा सकता था। रहने को बढ़िया घर था। अच्छी नौकरी थी, बिज़नैस भी चल रहा था और बैंक में पैसे भी अच्छे थे।

उसके घर के आगे दो बढ़िया कारे खड़ी रहतीं। लिश-लिश करती नयी पॉश कार अक्सर गैरेज का शृंगार बनी रहती थी। उसे वीक-एण्ड पर इधर-उधर जाने के लिए ही निकाला जाता। आम दिनों में वह बी.एम.डब्ल्यू कार को ही चलाता। वही काम पर ले जाता और उसे ही छोटे-मोटे कामों के लिए प्रयोग में लाता।

रंग वाले आदमी को पॉश जैसी अति कीमती कार में घूमते और काम पर जाते देख बस्तीवादी (नस्लवादी) सोच वाले अंग्रेज़ों की मानसिकता लहू-लुहान हो जाती थी। ईर्ष्यावश कइयों ने उसकी पॉश कार को चाकू जैसी किसी तीखी चीज़ से खरोंच दिया था और पेंट से—''पाकी गो गेम'' जैसे वाक्य भी लिखे थे। उसकी कार पर कूड़ा तो कई बार फेंका गया था। वैसे वे उसे बी.एम.डब्ल्यू. में काम पर जाता और घूमता देख कर भी जलते थे पर पॉश कार में उसे देख कर उनके सीने पर साँप लोट जाते थे।

नस्लवादी सोच वाले अंग्रेज़ नारी-पुरुषों के लिए वह आँख की किरकिरी था। लेकिन वीक-एण्ड पर उसे पॉश कार में घूमता देख उनकी बेटियाँ और बहनें उस पर मक्खियों की तरह गिरती थीं। सुन्दर से सुन्दर युवती उस का साथ चाहती थी।

हर वीक-एण्ड पर उसके साथ नयी युवती होती। दिन में वह उसके साथ इधर-उधर घूमती, रात को नाइट-क्लब का जलवा देखती। क्लब बंद होने पर उसके साथ घर आ जाती।

हरकेवल अपनी इस ज़िंदगी से पूरी तरह खुश था। धीरे-धीरे वह सोचने लग गया, जब फोन घुमाने से जैसा चाहूँ, खाना घर आ जाता है। घर की सफाई और कपड़े की धुलाई, प्रेस के लिए मन मर्ज़ी की नौकरानी रखी जा सकती है, सोने के लिए हसीन से हसीन लड़की मिल सकती है, तो शादी करने की क्या ज़रूरत है। काहे को गले में फंदा डालना और अपनी निजी स्वतंत्रता को खोना है? लोग तो मूर्ख हैं जो शादी के चक्कर में पड़ते हैं। वास्तव में कुछ लोग मानसिक रूप से गुलाम होते हैं। उन्हें स्लेवरी से ही सुख मिलता है। तभी तो टके-टके की बीवी के सामने मिन-मिन करते रहते हैं।

इस सप्ताहांत पर उसके साथ यह लड़की होती तो दूसरे सप्ताह कोई और। भांति-भांति के खाने के चस्के की तरह हर हफ्ते के अंत में उसे लड़की भी नयी चाहिये थी। वह किसी के साथ भी एक वीक-एण्ड से ज़्यादा न गुजारता।

लेकिन एक शुक्रवार शाम उसे एक ऐसी लड़की मिली, जिसके साथ दूसरे वीक-एण्ड मिलने का भी इकरार हो गया। दूसरा वीक-एण्ड गुज़ारने के बाद जब

सोमवार सुबह जाने लगी तो हरकेवल कहने लगा–"अनीता! क्या तेरा अगला वीक-एण्ड खाली है?"

"आई हैव टू गो समवेयर, मिस्टर ढिलन," उस युवती ने कहा।

"ओ.के." हरकेवल ने ज़रा उदासी से कहा।

"अगर तुम चाहते हो तो मैं नहीं जाती?"

"नहीं ऐसी कोई बात नहीं।"

"लगता है तू हैप्पी नहीं।" उसे बाज़ी उल्टी पड़ती दिखी।

"हैप्पी तो नहीं, पर तुझे ज़रूरी काम होगा।"

"काम तो ज़रूरी है, पर मैं तुझे उदास नहीं देख सकती।"

"ऐसी कोई बात नहीं, तुम जा सकती हो।" हरकेवल फिर मिस्टर ढिलन बन गया।

माँ को उसके कारनामों का पता लगा तो सीना पकड़े पति को कहने लगी–"लड़का तो पूरी तरह बिगड़ गया है।"

"फिर?"

"कोई रास्ता निकालो।"

"उसे शादी के लिए कहो और क्या करना है?"

"पहले कोशिश कर के नहीं देखी क्या?"

"कर तो रहे हैं"

"फिर?"

"अगर कमबख़्त को कोई अनहोनी बीमारी लग गई तो कहाँ जायेंगे?" ज्ञानो को अपने वंश की जड़ सूखती लगी।

इकलौता बेटा था। बाप को भी चिंता का कीड़ा काटने लगा। आखिर शुक्रवार दोपहर को उन्होंने बेटे के मोबाइल का नम्बर घुमा दिया। जब आगे से उसने हैलो कहा तो सुदागर सिंह ढिलन कहने लगा–"हम दोनों शाम को तेरे पास आ रहे हैं हरकेवल।"

सुन कर वह सुन्न हो गया। संभला तो बोला–"कोई काम है?"

"बिना काम के नहीं आ सकते?"

"आ तो सकत हो।"

"फिर?"

" मुझे इस वीक-एण्ड पर कहीं बाहर जाना था।"

" बाहर किसी दूसरे वीक-एण्ड पर चले जाना।"

"आप किसी और विक-एण्ड पर नहीं आ सकते?"

"नहीं।"

चाय-पानी पीने के बाद वे बेटे से साधारण बातें करते रहे। जब पिता ने देखा कि बात उस नुक़्ते तक जा पहुँची है, जहाँ वे पहुँचाना चाहते थे तो कहने लगे—"हमें राम-दिन तेरी चिंता सताती रहती है, हरकेवल।"

"कैसी चिंता?"

"तेरी शादी की। और किसकी होनी है?" माँ बोली।

"शादी के लिए भी कहीं चिंता की ज़रूरत होती है।" वह हँस कर कहने लगा—"हो जायेगी शादी भी किसी दिन। आप ऐसे ही चिंता मत करो।"

"है कोई लड़की नज़र में?" माँ की आँखों में चमक आ गई।

"है तो बता दे, हम भी चिंता मुक्त हों।" पिता उसे चुप देखकर बोला।

"है तो नहीं, पर मिल जायेगी।"

"कब मिलेगी?"

"इस बारे में मैं क्या कह सकता हूँ।"

"अगर तुझे नहीं मिलती तो हम ढूँढ़ें?"

"आप कहाँ से लाओगे?"

"क्यों, अपने यहाँ लड़कियों का आकाल पड़ गया है क्या?" माँ बोली।

"मैंने इंडियन लड़की से शादी नहीं करानी।"

"क्यों?"

"बस नहीं करानी?"

"तू गोरा है क्या?" बापू बोला।

"हाँ।"

"अपने रंग पर भी एक नज़र डाल लेता।" बाप ने कहा।

"रंग से क्या फ़र्क पड़ता है।"

"और किससे पड़ता है।?"

"सोच से।"

"क्या मतलब!?"

"मैं बाहर से ही इंडियन लगता हूँ।"

"और अंदर से?"

"पूरा अंग्रेज़।"

"तू केवल अकेले ही इस नाव का यात्री नहीं है। तुझसे पहले भी बहुतेरे इंडियन अंग्रेज़ बनने की कोशिश में असफल हुए हैं। जब तक पैसा और जवानी का नशा रहता है, तब तक गोरी किसी-न-किसी तरह उस अंग्रेज़ के साथ रह जाती है। जब बच्चे हो जाते हैं और जवानी का जोश घट जाता है तो उसके अन्तस के गहरे में धंसी नस्लवादी गोरी आँख खोल लेती है। तब उसे वह इंडियन अपना पति

नहीं, ब्लैकी लगने लगता है और जब उसकी यह सोच ज़ुबान पर चढ़ कर ब्लैक बास्टर्ड कहती है तब अंग्रेज़ बनने का पता लगता है। लेकिन उस वक्त तक बहुत देर हो चुकी होती है।"

"अगर कोई शादी कराये, तभी तो यह बात सुनेगा।"

इस बात पर बड़ी देर तक बहस होती रही और धीर-धीरे तू-तू, मैं-मैं में बदल गई। अंत में हरकेवल खीझ गया। उसने गुस्से से कहा—

"निकलो मेरे घर से। मैंने आपको बुलाया नहीं था।"

माँ-बाप सुन कर सन्न हो गये। कितनी देर बाद सुदागर सिंह की चेतना लौटी तो पत्नी को कहने लगा—"उठ, चलें अब क्या धक्के खाकर जाने की सलाह है?"

माँ की आँखों में आँसू आ गये। वह कितनी देर तक रोती रही। दिल हल्का हुआ तो आँखें पोंछते हुए कहने लगी।

"हरकेवल, हमें तुझसे ऐसी उम्मीद नहीं थी।"

"सॉरी मॉम! गुस्से में मेरे मुँह से बात निकल गई।"

"चल कोई बात नहीं।" माँ बेटे की गुस्ताख़ी माफ़ करते हुए कहने लगी—"अच्छा, फिर हम चलते हैं।"

"बैठो मैं चाय बनाता हूँ। पी कर जाना।"

उत्तर में पिता कुछ कहने ही वाला था कि ज्ञानों ने आँखों के इशारे से उसे चुप करा दिया।

रेत-घड़ी रेत छानती रही। हरकेवल की ज़िंदगी उन्हीं लकीरों पर चलती रही। एक रात उसे ज़बरदस्त कंपकपी छिड़ गई। वह बिस्तर में पड़ा तड़पता रहा, काँपता रहा। उसके दाँत बजते रहे और शरीर अकड़ कर मुड़ता रहा। कँपकपी तो थोड़ी देर बाद हट गई, पर तेज़ बुखार आ गया। शरीर भट्ठी-सा तपने लगा। पसीना आता गया और मुँह से कोई लिसलिसी-सी चीज़ रिसती रही। पसीना इतना था कि पूरा बिस्तर तर हो गया। फिर अचानक पेट में मरोड़-सा उठने लगा। दीवार पकड़ कर बड़ी मुश्किल से तीन-चार बार टॉयलेट गया।

सुबह तक वह पूरी तरह से निचुड़ गया था। कदम उठाना भी उसके लिए मुहाल हो गया था। चलने लगता तो ऐसे लगता कि शरीर में जान ही नहीं है।

शारीरिक कमज़ोरी की इस हालत ने उसकी आँखों के सामने अपने दोस्त रोन हिलमैन को ला खड़ा किया। उसके साथ भी ऐसा ही कुछ हुआ था। अस्पताल में जब उसके टेस्ट हुए तो पता चला कि वह एड्स का मरीज़ था। थोड़े ही समय में वह एड्स की बीमारी से घुल-घुल कर इस दुनिया से चला गया था। अब हरकेवल को अपना अंत भी रोन हिलमैन जैसा होता दिखा। इस एहसास से उसका दिल बैठने लगा। लगा जैसे मौत सामने खड़ी मुँह चिढ़ा रही हो। वह और भी डर गया।

कितनी देर तक वह पछताता रहा, रोता रहा और अपनी आदत को फटकारता रहा। ज़रा-सा संभला तो जैसे-तैसे अपने डॉक्टर को फोन करने लगा। रिसैपश्निस्ट ने कारण पूछा तो कहने लगा—"मेरी तबियत बहुत खराब है।"

"डॉक्टर विल सी यू आफ्टर सर्जरी," कह कर उसने फोन रख दिया।

सर्ज़री करके डॉक्टर देखने आया। उसने पहले हरकेवल का अच्छी तरह मुआयना किया। फिर कई प्रकार के प्रश्न पूछे। यह भी पूछा कि क्या पहले भी कभी ऐसा हुआ था?

उत्तर में हरकेवल ने बताया कि इस बार पब में बियर पीते हुए उसे चक्कर आया था और वह गिर गया था। पर शीघ्र ही संभल गया था। एक दिन कँपकपी के साथ बुखार भी हो गया और बहुत पसीना आया था।

जब डॉक्टर को विश्वास हो गया कि मरीज़ एच.आई.वी. पोज़ीटिव है तो उसने कहा—"मैं आपको हॉस्पिटल भेज रहा हूँ, चेक-अप के लिए।"

"क्या मुझे एड्स की बीमारी है?" उसकी आँखों के सामने फिर हड्डियों का कंकाल रोन हिलमैन आ गया।

"मैं विश्वास के साथ कुछ नहीं कह सकता, मिस्टर हरकेवल। टेस्ट कराने के बाद ही पता लग सकता है।"

कुछ देर बाद ऐम्बुलेंस आ गई और उसे अस्पताल ले गई। वहाँ कई प्रकार के टैस्ट हुए। लेबोटरी में उसका खून टेस्ट करवाया गया। सब चीज़ों की जाँच करने के बाद कन्सलटैन्ट इस नतीजे पर पहुँचे कि मरीज़ एड्स की दूसरी स्टेज तक पहुँच चुका था।

अस्पताल में एड्स का इलाज होने लगा। कई प्रकार की दवाइयाँ दी गईं, पर उसकी बीमारी घटने की जगह बढ़ती ही गई। एक दिन वह थोड़ी होश में था। नर्स उसे करवट बदलवा कर हटी तो पता नहीं उसके मुँह से कैसे निकला,—"ओ गॉड, तूने मेरे साथ क्या किया। तूने मुझे किस पाप की सज़ा दी? मैंने ऐसा कौन-सा गुनाह किया था, जिसके बदले तूने ऐसी भयानक बीमारी का शिकार बनाया?"

कितनी देर तक वह सामने वाली दीवार को घूरता रहा। जैसे वहाँ परमात्मा खड़ा हो। वहाँ से कोई उत्तर न मिला तो सोचने लगा, जिस बात से डरता था, वही हो कर रही। कितनी सावधानी बरतता था पर उस रात पता नहीं कैसे मेरी बुद्धि पर पर्दा पड़ गया था। फिर उसकी सोच पल्टा खा गई। लगता है, उस हरामज़ादी ने बदला लेने के लिए, मुझे नशे में डूबा देख मेरा 'कंडोम' फाड़ दिया था।

उसने मुझसे किस बात का बैर निकाला होगा? मैंने तो उसके साथ कोई बुरा बर्ताव नहीं किया और न ही उसे यह बीमारी लगाई थी। फिर उसने मेरे साथ यह धोखा क्यों किया?

वह इन विचारों में बह रहा था कि उसके अंदर से कोई बोला—तूने तो उसके साथ कोई बुरी बात नहीं की थी। पर यह नामुराद रोग उसे लगाया तो किसी मर्द ने ही होगा।

मौत को दरवाज़े पर खड़ा देख, एक दिन हरकेवल के दिल में आया कि वह फोन करके घरवालों को अपनी हालत बता दे। उसने नर्स को फोन लाने के लिए संकेत भी किया, पर फिर इरादा बदल लिया। सोचने लगा, अब इन बातों से क्या फ़र्क पड़ता है। बेकार में उन विचारों को दुःखी करने वाली बात है। पता तो लग ही जायेगा। सोचता-सोचता वह बेहोश हो गया।

दु:ख परदेस के

प्रीतम सिद्धू

(10.06.1936)

दिसम्बर के महीने की सर्दी, हवा के ठंडे बर्फीले झोंकों से असह्य होती जा रही थी। पार्क के गहरे हरे घास पर दो दिन पहले गिरी बर्फ़ का रंग गोंद कतीरे जैसा हो चुका था। तेज़ हवा और दो दिन से लगी झड़ी के दोहरे हमले, बर्फ़ से ऐसा कीचड़ हो गया था कि पशु भी जल्दी से इसमें पैर रखने से पहले नाक चढ़ाता। पेड़ों की घनी टहनियों में बैठे पक्षी जैसे किसी बंदगी में लीन हुए लगते थे।

मोटी-मोटी टहनियों को आगोश में लिए बर्फ़ की किनारी ढीली हो कर, गरीब के कच्चे घर की दीवारों पर चीथड़ों-सी नीचे गिर रही थी। पूरा पार्क, शोक में डूबी जवान विधवा-सा, सफेद चादर में लिपटा पड़ा था।

अपने ओवरकोट की जेबों में हाथ डाले, मैं पार्क की सड़कों पर घूमता हुआ यूँ महसूस कर रहा था, जैसे मैं लंडन में नहीं साईबेरिया में हूँ। एक अंग्रेज़, घुटनों तक बूट और कोहनियों तक चमड़े के दस्ताने चढ़ाये, अपने शेरों जैसे कुत्तों को सैर करा रहा था। बरसात जैसे थक कर घड़ी पल को दम लेने रुकी हुई थी। अचानक, पलक झपकते ही पूर्व की ओर से घने काले बादलों के कारण गहरा अंधेरा-सा हो गया। वृक्षों में बैठे पक्षी डरे हुए बच्चे से सहम गये।

सैर करने आये लोग जल्दी-जल्दी किसी ओट वाली जगह पर तेज़ी से जाने लगे। मैं भी लम्बे डग भरता पार्क के कोने में बनी एक कोठरी में जा घुसा। मिनटों में ही आकाश की झोली फट गई। बरसात ने पार्क को जल-थल कर दिया। इस कोठरी के एक दम ठंडे फ़र्श पर, एक कोने में एक पंजाबी बाबा गुम-सुम बैठा हुआ था। फौजी बैंड के कोट के कॉलरों से उसने अपने चेहरे का आधा हिस्सा ढका हुआ था। एकटक वह सामने वाली दीवार को देख रहा था। उसके सिर पर बंधी मलमल की पगड़ी का रंग किसी मैले लट्ठे-सा हो चुका था। बड़े बेमन से उसने अपनी दाढ़ी काटी हुई थी। उसकी बेतरतीब दाढ़ी का रंग ऐसा था जैसे दीवाली के दिनों में किसी गरीब ने शर्म-शर्म से धुँआई हुई दीवारों पर किसी पतली कूची से सफेदी कर दी हो। उसे मेरे आने से कोई फ़र्क नहीं पड़ा।

बारिश ज़रा-सी थमी तो घर मुड़ने के लिए अभी कुछ कदम ही भरे थे कि पीछे से ऐसी आवाज़ आई जैसे कटा-फटा पूरन कुएँ में कराह रहा हो। मैंने पीछे मुड़ कर देखा तो वही बाबा खड़ा हुआ, मुझे देख रहा था। मैं सहमा हुआ सा उसके पास आ गया। बाबा फिर कोने में गुम-सुम-सा बैठ गया। उसके बाँयें पैर के बूट में चाँदी के रुपये जितना बड़ा छेद और दाँयें पाँव पर मोटे-मोटे टाँकों की सिलाई मैं उसकी पैंट पर देख रहा था।

''बाबा जी, आपने मुझे बुलाया था?'' पास जा कर मैंने पूछा।

''मैंने सोचा शायद अपनी बात न समझता होगा। फिर ध्यान आया कि आवाज़ लगा कर देख लेता हूँ, अगर कोई अपना भाईबंद हुआ तो बात समझ लेगा, नहीं तो ना सही।'' बाबे ने कछुए की तरह अपना सिर कोट से बाहर निकाल कर कहा।

''पीछे कहाँ से आये हो?'' बाबे ने बात करने के लिए पूछा।

''ज़िला लुधियाना है मेरा, बाबा।'' बाबे के निकट बर्फ़ से ठंडे फ़र्श पर बैठते हुए मैंने उत्तर दिया और फिर पूछा—''बाबा तू यहाँ अकेला ही है...?''

''मेरा बेटा दियाला और मेरी बहू है। वे विंडसर रोड पर रहते हैं। अपना घर है। वैसे काम वे बिस्कुटों की फैक्ट्री में करते हैं।'' बाबे ने मुझे बीच में ही टोक कर उत्तर दिया।

दियाले का नाम और बिस्कुटों की फैक्ट्री के बारे में सुन कर मुझे बहुत कुछ याद आ गया। मैंने भी लगभग छः महीने इस फैक्ट्री में काम किया था। दियाला मेरे साथ वाली मशीन पर काम करता था। चुपचाप वह अपने काम में डूबा रहता। पीठ पीछे लोग उसे ''परतापे का दियाला'' कहते थे।

एक दिन डिनर की छुट्टी के समय दियाले के गाँव का रेशम, मेज़ पर बैठा था। वह ''परतापे के दियाले' वाली कहानी बड़े मज़े ले लेकर दूसरों को सुना रहा था।

''दियाले का पिता फौजी भान सिंह था, उसके पास खेत बहुत कम थे। वह रोटी की तंगी से तंग आकर फौज में भर्ती हो गया। उसके विवाह को मुश्किल से अभी कुछ महीने ही हुए थे। भाने के बूढ़े पिता के बिना और कोई जीव घर में नहीं था। भाने की माँ उसके बचपन में ही तपेदिक की बीमारी से मर गई थी। दूसरे विश्वयुद्ध छिड़ जाने से भाने को दो साल तक उसे फौज से छुट्टी नहीं मिली। वह घर न आ सका। भाने की पत्नी करतारी भरपूर जवान थी। वह ऊँची ऐड़ी के सैंडिल पा कर गाँव में आँधी से घूमती। गाँव के छड़े-मुस्टंडे करतारी को देख कर, मूँछों पर ताव देते, हल्के-हल्के खांसते। पर वह खुदा की बन्दी सभी को तुच्छ समझती।

''परतापा रिश्तेदारी में करतारी का देवर लगता था। उसने अपने हिस्से के चार

खेत गाँव के बनिये के पास अफीम के लिए गिरवी रख छोड़े थे। वह सफेद तहमद बाँधे सारा दिन मोड़ पर बैठा लोगों की बहू-बेटियों को ताड़ता रहता। परतापा वक्त-बेव़क्त करतारी की भूरी भैंस के लिए चारा भी डाल जाता। यूँ, जवानी में वियोग की सताई, करतारी एक दिन भूसे वाली कोठरी में परताप की ज़बरदस्ती का शिकार हो गई। जब भाना फौज से दो महीने की छुट्टी पर घर आ कर लौट गया तो चौथे महीने दियाला पैदा हो गया। पूरे गाँव के लिए यह कोई हैरानी वाली बात नहीं थी। तभी इसे कहते हैं "परतापे का दियाला।"

रेशम की बात सुन कर सभी हाथ पर हाथ मार कर हँस पड़े।

दियाला, डिनर की छुट्टी के समय कैंटिन में ना जाकर घर से लायी हुई रोटी को गर्म पानी की नलियों पर रख कर गर्म करके खा लेता। वह शनिवार और इतवार को बियर पीने के लिए कभी पब में न जाता। घर में बियर पी लेता। वह हमेशा बेचारा और उदास, मशीन के साथ मशीन-सा ही बना रहता।

"बाबा, तुम्हें यहाँ आये कितना समय हो गया है?"

"परतापे के दियाले" वाली सारी कहानी में उलझ कर मैंने बात बढ़ाने के लिए बाबे से पूछा। "इस महीने की पन्द्रह तारीख को, समझो पूरे पाँच साल हो ही जायेंगे। ऐसा लगता है जैसे ससुरी सदी ही बीत गई है।"

करवट बदलते हुए उसने उत्तर दिया और बात जारी रखी। "प्रभु कृपा से दियाले के दो बेटे हैं। बहू भी काम करती हैं। अरे बेटा, यहाँ बहू-बेटों का कैसा सहारा। मैं जब से आया हूँ, एक दिन भी दियाला सीधे मुँह नहीं बोला। बहू, जूती पर रख कर रोटी आगे सरकाती है। अगर अपना खून ही कुछ न समझता हो, तो परायी बेटी की क्या कहें?" ऐसा कह कर बाबे ने अपना चेहरा फिर से कोट के कॉलरों में छिपा लिया। बाबा भीतर ही भीतर तार-तार हो रहा था।

कुछ देर बाद जब बाबे ने अपना चेहरा फिर से बाहर निकाला तो उसकी दाहिनी आँख के कोने से एक मोटा-सा आँसू फिसल कर उसकी दाढ़ी में खो गया।

"बस दो रोटी खा लेता हूँ। दियाले को बहुतेरा कहा कि अपनी माँ को यहाँ बुला ले। उस बिचारी ने सारी उम्र अकेले ही नर्क भोगा है। इसने उसे कानी कौड़ी भी नहीं भेजी। वह तो भैंसों का दूध बेच कर रात-दिन काटती है। मेरे पास जब भी दस-बीस पौंड बचते हैं, मैं झट से उसे भेज देता हूँ। मेरा तो बेटा, अपने देश जाने को बड़ा ही दिल करता है। अपनी मिट्टी को तरस गया हूँ। परसों मैंने अपनी बहू से कहा, भाई मेरे पास तो सौ पौड के करीब हैं, बाकी के आप लोग डाल कर मेरा टिकट कटा दो। आगे से किसी ने हाँ-हूँ ही नहीं की।" बाबा भरे हुए कण्ठ से अपने आप बोले जा रहा था।

"अपने और पैसे जोड़ने के लिए कोई छोट-मोटा काम कर लेना था।" हमदर्दी

से मैंने बाबे को सुझाव दिया।

"करता था, ब्राह्मणों के तंदूरी होटल पर प्लेटें उठा कर साफ किया करता था। पंद्रह पौंड और साथ में खाना। परसों वह कहने लगा, 'बाबा तेरे कपड़े डर्टी हैं। ग्राहक मांइड करते हैं।' और कहा कि मैं काम भी धीरे-धीरे करता हूँ।" कल उसने भी नो कह दिया। तभी तो आज यहाँ बैठा हूँ। बाबा रोने को हो रहा था।

"बेटा ससुरा तो इतना सीधा है कि सरसों और तारामीरा का फ़र्क भी नहीं जानता। बस कोल्हू के बैल-सा आँखे नीच किये काम करता रहता है। हफ्ते के बाद पे-पैकेट बिना लिफ़ाफा खोले, पत्नी की हथेली पर ला रखता है। अब उसकी मर्ज़ी कि विक के खर्चे के लिए दो दे या चार। वह 'सत्नाम' कह कर ले लेता है। वह तो इतनी मक्कार है कि सारा पैसा अपने माँ-बाप को भेजती जा रही है। उन कंजरों ने इसकी कमाई से दो-चार उपजाऊ खेत खरीद लिए हैं। इसकी अपनी माँ दूध बेच कर गुज़ारा कर रही है। मैं तो डर के मारे अपना मुँह बंद रखता हूँ। क्या पता ऐसी कमीनी क्या झूठा-सच्चा लगा दे।" दोनों हाथों से पगड़ी ठीक करता हुआ बाबा बोला।

बरसात अब पूरी तरह से बंद हो चुकी थी। जल-विहीन बादल रूई की थैले से हवा के साथ आकाश में इधर-उधर डोल रहे थे। बारिश के कारण पार्क में रुके लोग अब अपने-अपने घरों को जा रहे थे। सड़कों पर आवाजाही बहुत बढ़ गई थी। पक्षी भी दाना चुगने के लिए पेड़ों से नीचे उतर आये थे।

मैं और बाबा, दोनों ही घर को जाने के लिए चले जा रहे थे। मौसम अब काफी सुहावना था, पर बाबा भानसिंह अभी भी बहुत उदास था। बात आगे बढ़ाने के लिए मुझे कुछ सूझ नहीं रहा था। बाबा भी जैसे खाली हो चुका था। चुप-चाप निचुड़तें हुए पेड़ों के नीचे से निकलते हुए, बर्फ़ का बड़ा सा टुकड़ा बाबे के दाहिने कंधे पर आकर गिरा। बाबे ने बिना कुछ बोले उल्टे हाथ से उसे झाड़ दिया।

"भान सिंह, ठीक है?" आगे से आते हुए एक आदमी ने पूछा। "हाँ, केहर सिंह, ठीक ही हूँ।" बाबे ने मुश्किल से ही जवाब दिया और फिर पहले की तरह हाथ पीठ पीछे रखे, थोड़ा-सा लंगड़ा कर चल रहा था।

जब हमारे घर को जाने वाली सड़कों का मोड़ आया तो मैं "अच्छा बाबा" कह कर अपने घर को चल दिया।

लगभग दो सप्ताह बाद, चाय पीने मैं ब्राह्मणों के तंदूरी होटल में घुसा ही था कि हाथ में मैला कपड़ा पकड़े बाबा भान सिंह मेरी कुर्सी के पास आ खड़ा हुआ। उसने अपने उन्हीं गंदे कपड़ों के ऊपर लम्बा-सा सफेद कोट पहना हुआ था। कोट टखनों तक लम्बा था इस कारण वह खेतों में गड़े हुए 'डरने' जैसा लगा रहा था, पर ग्राहकों को सफाई का अच्छा भ्रम होता था।

''बाबा, फिर यहीं काम मिल गया?'' भाप छोड़ती चाय की चुस्की लेते हुए मैंने उससे पूछा।

''हाँ, पंडित जी कहते हैं, अगर पन्द्रह की जगह बारह पौंड लेने हैं तो बेशक आज ही स्टार्ट हो जा, पर काम ज़रा फुर्ती से करना।'' बाबे ने दाँयें-बाँयें देखकर, मेज़ पर कपड़ा मारते हुए कहा।

''टिकट के लिए पैसे चाहिए। मैंने सोचा, चलो बारह ही सही। साथ में बुढ़ापे में काम भी तो नहीं मिलता। और यहाँ खाना भी पेट भर कर मिल जाता है। अब तो गुरुद्वारे वाला भाई भी लंगर में खाना खाने जाओ तो सींग मारती गाय की तरह देखता है।'' साथ वाली मेज़ से खाली कप उठाते हुए बाबा बोला।

होटल के मालिक भगतराम को आते देख, बाबे ने खाली गिलास मेज़ से उठाये और किचन में जा घुसा। मेज़ साफ करने के बहाने भान सिंह ने एक दो बार मेरे पास आना चाहा, पर मालिक को खड़ा देख, बिना बोले लौटता रहा। इतने में मंदिर के लिए चंदा लेने वाले पाँच-सात आदमी होटल में आये। भगतराम ने बड़ी विनम्रता से हाथ जोड़े और गल्ले में से बीस पौंड निकाल कर उनके हाथ पर रखे। मालिक को उनके साथ व्यस्त देखकर भान सिंह खाली कप उठाने के बहाने मेरे पास आ खड़ा हुआ।

''अगर आपके पास टाइम हो तो, मुझे एक चिट्ठी पढ़वानी थी। पर यहाँ नहीं। तुम जानते हो, यहाँ इस कुत्ते ब्राह्मण ने पढ़ने ही नहीं देनी।'' भान सिंह ने होटल के मालिक की ओर इशारा करते हुए कहा–''वह मेरे उत्तर की प्रतीक्षा में एक दो मेज़ों पर कपड़ा मार आया।''

उत्तर में जब मेरी मेज़ के पास आकर भानसिंह ने पैर ज़रा-सा हिलाया तो मैंने कहा–''पढ़ देंगे बाबा, आप मेरे घर ही आ जाओ।''

मैं अपने घर का अता-पता उसे बताता कि वह पहले ही बोल पड़ा–''नहीं नहीं, घर नहीं, इस संडे उसी पार्क में ही।''

''भैया, ज़रा फुर्ती कर। छोड़ दे ग्राहकों से गप्पे मारना।'' मेरे साथ घुसर-पुसर करते देख होटल का मालिक बाबे को बोला।

शर्मिंदा-सा हुआ बाबा कप उठा कर किचन में चला गया।

''यह फ़ौजी बातों का बड़ा ठरकी है। अंदर चाहे घी का पीपा बह जाये, पर इसकी कथा खत्म नहीं होती। ''अपनी हथेली पर मेरी चाय के पैस गिनता हुआ, होटल का मालिक कह रहा था।''

अगले इतवार मैं पार्क में पहुँचा। दिन कपास के खेत-सा खिला हुआ था। चमकता हुआ सूर्य ऊष्मा का अनुभव करा रहा था। बहुत से लोग बैंचों पर बैठे अखबार पढ़ रहे थे। अनपढ़ पंजाबियों का झुण्ड मिट्टी के कसोरों में चाय के साथ

मोठ खा रहा था।

मैं जब पार्क में उससे निश्चित मिलन-स्थल पर पहुँचा, देखा कि बाबा भान सिंह पहले से मेरी प्रतीक्षा कर रहा था। हवा न होने से ठंड ज़्यादा नहीं थी तो भी बाबे ने वही कोट पहना हुआ था और कोठरी के उसी ठंडे फ़र्श पर साही-सा गुम-सुम बैठा हुआ था।

मेरे आने से उसके चेहरे पर ज़रा-सी खुशी की लहर आई जो कागज़ के सेक-सी जल्दी ही लुप्त हो गई। बिना ज़्यादा बात किये बाबे ने अंदरवाली जेब से एक चिट्ठी निकाल कर मुझे पकड़ा दी। रिश्वतखोर बाबू के नोटों की तरह चिट्ठी काफी मुड़ी-तुड़ी थी। यह चिट्ठी भारत से आई थी। मैंने पूरी चिट्ठी पर सरसरी-सी नज़र डाली और ऊँचा पढ़ना शुरू किया–

मेरे सरदार जी,

दोनों हाथ जोड़ कर सत् श्री आकाल।

आपकी चिट्ठी मिल गई थी। आपने लिखा था कि आप पिछले महीने आओगे। वह महीना भी बीत गया है जी। मैं तो रात-दिन इंतज़ार करती रहती हूँ जी। सोचती हूँ वाहे गुरु सुख रखे। मैंने सारी उम्र अकेले ही बितायी है। पहले तुम फौज में थे और अब विलायत में। अकेली औरत को तो घर की दीवारें काट-काट कर खाती हैं। मेरे तो कर्म ही बुरे थे। लड़का था तो उसे जवानी में विलायत ने छीन लिया। अब मेरे सिर का सांईं (मालिक) है। कभी-कभी तो दिल बड़ा घबरा उठता है जी। परसों बहू रानी का भाई जीता आया था। शराब में डूबा हुआ। कहता था कि अगर मेरा चाल-चलन ठीक होता तो मैं विलायत में न बैठी होती? मैं पूरी रात दीवार से लगी रोती रही। अगर मेरे सिर का सांईं, मेरा सुहाग ही मुझे न पूछे तो लोगों पर काहे का गुस्सा। मैं आपके सामने दोनों हाथ जोड़ती हूँ। एक बार आप घर पर ज़रूर आ जाओ, फिर चाहे अगले दिन लौट जाना। मुझे पापिन समझ कर माफ कर दो। ज़्यादा क्या कहूँ? दियाले को प्यार। उसे क्या पता माँ का दिल कैसे तड़पता है। लौटती डाक से चिट्ठी का जवाब देना।

आपके चरणों की दासी,

करतारी

"बाबा, आप फिर चले क्यों नहीं जाते?" बाबे की ओर चिट्ठी बढ़ाते हुए मैंने पूछा।

भान सिंह ने चिट्ठी पकड़ कर जेब में डाल ली, वह कुछ न बोला "अगर गाँव में घरवाले इतने दुःखी हों तो चूल्हे में गया विलायत।" मैंने बाबे का दिल हल्का करने के लिए कहा।

"बात तो आपकी ठीक है। पर डूबी तब जब साँस न आया। मुझे टिकट के

लिए बस अस्सी पौंड की ज़रूरत है। आज हो जाये तो कौन ठहरता है इस मुल्क में। अगर आज से भी पेट बाँध कर पूरे वीक का वेतन जोड़ूँ, तब भी ससुरा डेढ़ महीना लगेगा। फिर करतारी के लिए भी कुछ ले जाना होगा। इस तरह चाहे दो महीने से ज़्यादा लग जायेंगे पर कम नहीं।" बाबे ने पूरा हिसाब-किताब लगा कर बताया।

"अपने किसी गाँव वाले से पकड़ लो पाउंड। उसके घर वालो को वहाँ जा कर रुपये दे देना।" मैंने अपनी ओर से नया सुझाव दिया।

"गाँव वालों से मेरी बातचीत नहीं होती। दुःख-सुख की बात करते ये मुँह फेर लेते हैं। पाउंड तो यहाँ कोई सगे बाप को भी नहीं देता। सभी को पैसे ने दागी बना रखा है।" भान ने दाहिने पाँव के मोजे को घुटने की ओर खींचते हुये कहा।

थोड़ी देर तक शतरंज खेलने वालों की तरह हम, चुप बैठे रहे।

मैं अपने मन में सोच रहा था कि बाबे को इंग्लैण्ड आये हुए पाँच साल के करीब हो चले हैं, इतने समय में इसने कुछ तो कमाया ही होगा। या फिर यह अपनी पत्नी करतारी को गाँव में भेजता रहा होगा। पर करतारी की चिट्ठी से तो इस बात का पता नहीं चलता। खुद भी ज़्यादा खर्च करने वाला नहीं लगता। कपड़े कई जगह फटे हुए हैं। मुझे कुछ भी सूझ नहीं रहा था। अपने शक को दूर करने के लिए आखिर मैंने भान सिंह से पूछ ही लिया—"बाबा तुझे इंग्लैंड में आये कम से कम पाँच साल होने को हैं। कुछ पैसे तो आपने जमा किये ही होंगे?" बाबा थोड़ी देर घुटनों में सिर दिए यों बैठा रहा जैसे उसने मेरी बात सुनी ही न हो। अगले पल जब उसने अपना चेहरा ऊपर किया तो मैंने देखा आँसुओं की धारें, बह कर उसकी दाढ़ी को भिंगो रहीं थीं।

एक पल को वह रुका और कहने लगा—"काम तो मुझे एयरपोर्ट पर झाड़ू लगाने का अगले ही दिन दियाले ने दिलवा दिया था। तब से ही तनख्वाह वाला लिफाफा हर शुक्रवार दरवाज़े में घुसते ही वह मेरे हाथ से ले लेती थी। दो पौंड निकाल कर मुझे पकड़ा देती, बाकी खुद संभाल लेती। अब जब देश से करतारी के पत्र दोबारा आने शुरू हुए तो मैं कुछ पैसे चोरी से रखने लगा। दूसरी वीक हुए लिफ़ाफे की मोहर खुली देख कर उसने बड़ा क्लेश डाला। प्लेटें फेंक कर मारी। खाना भी उस दिन मैंने ही पकाया। अगले वीक मैं अपने भाईबन्द नाज़िर सिंह के यहाँ किराये पर रहने लगा। उसे किराये के आठ पौंड देकर भी चार बच जाते थे।"

भान सिंह ने अपनी दोनों हथेलियों से गालों पर पड़े आँसुओं को पोंछा और अपनी सारी व्यथा सुनाई।

शाम काफी गहरी, रसौंत के रंग की होती जा रही थी। कहीं-कहीं बत्तियाँ भी जलने लगीं थीं। मैं और बाबा चुपचाप अपने-अपने घरों की ओर चले जा रहे थे। पूरे रास्ते मेरे गले में कुछ ऐसा अटका रहा कि मैं साँस भी मुँह खोलकर ले रहा था।

"विलायत आकर इन रिश्तों को क्या हो जाता है?" देर रात तक बिस्तर में पड़ा मैं सोचता रहा।

अगले दिन शाम को जब काम से लौटा तो तंदूरी होटल के सामने बड़ी भीड़ देखी। पुलिस के सिपाही लोगों को रास्ता छोड़ने के लिए कह रहे थे। इस भीड़ में दो सिपाहियों द्वारा पकड़ा बाबा भान सिंह मेरी नज़र में आया। लोग कह रहे थे कि बाबे ने गल्ले में से अस्सी पाउंड चोरी किये थे।

रंग का पत्ता

शिवचरण गिल

(06.03.1937)

बलजीत कौर के हाथों के तोते उड़ गये। वह हैरान परेशान थी। उसका सिर चकरा गया, जब प्रीतम ने कहा–

"मनप्रीत तो अब इस घर में ही रहेगी।...अगर तुझे यह मंजूर नहीं तो तू अपना कुछ और सोच या फिर जिस प्यार से तू इसे अपने घर लायी थी, उसी मोह-प्यार से इसे यहाँ रख, अपनी छोटी बहन समझ।"

"पर मैं तो इस पर तरस खा कर भाई इसकी विपदा के चार दिन निकालने के लिए इसे लायी थी कि जब इसे फुल-टाइम काम मिल जायेगा, यह कोई कमरा ढूँढ़ लेगी।"

"तू तो चार दिन की बात करती है, मैं तो अब उम्र भर इसके साथ हूँ।"

"आप इतने समझदार हो, आपकी अक्ल को क्या हो गया है? बच्चे क्या सोचेंगे?"

"तूने जा सोचना है सोच। बच्चे अभी छोटे हैं।"

"पर बड़े होकर तो सोचेंगे ही। हमारे बाप ने क्या रंग दिखाया?"

मनप्रीत सिर छुकाए पति-पत्नी की बहस सुन रही थी।

बलजीत आँखें निकालती हुई उससे बोली–

"अरी कमबख्त, कुतिया, डायन ये तूने क्या करतूत की है? मैंने तो तुझ पर तरस खाकर तुझे सिर छुपाने की जगह दी और तू घर की मालकिन बन कर बैठ गई। कुछ तो शर्म करती।"

मनप्रीत की आँखों में शर्म भी थी और अपने कर्म पर ग्लानि भी। उसने सिर न उठाया, उसी मुद्रा में बैठी रही और बोली, "बहिन जी, मेरी विवशता को समझो। मैंने बड़ी मजबूरी की हालत में यह कदम उठाया है। मुझे ये कहते हैं कि वे यहाँ पर मुझे पक्की करवा देंगे, तू मेरी हम बिस्तर हो जा।"

"अच्छा, मैं अब आंटी से बहन जी बन गई।"

"ये भी तो अंकल से कुछ नहीं बन गये। अब मैं इन्हें अंकल थोड़े ही

कहूँगी...इनका नाम लिया करूँगी।" मनप्रीत ने कहा, प्रीतम सिंह धीरे-धीरे तर्कों के द्वारा बलजीत को शांत करने लगा।

"बात कमरा ढूँढ़ने की नहीं। जिस दुकान पर इसे काम मिला है, कमरा उनके पास भी हैं। ऊपर वाला फलैट खाली पड़ा है। असली बात तो इस मुल्क में पक्के रहने की है। दो साल में इसका कोर्स ख़त्म हो जायेगा उसके बाद यहाँ रहने का वीज़ा इसे नहीं मिलेगा। इसे लौटना ही होगा। यह चिट्ठी पढ़ देख, इसके पिता ने क्या लिखा है, वापिस आने के बारे में–प्यारी मनप्रीत,

तेरा पत्र मिल गया है। फोन पर भी तूने सारी बात खोल कर बता दी थी, पर हमें एजेंट ने यह बताया ही नहीं कि पढ़ाई ख़त्म करने पर तुझे लौटना पड़ेगा। वह तो कहता था, लड़की अपना कोर्स पूरा कर लेगी तो फिर पक्की होने की कागज़ भर सकती है, पर तू तो हमें कुछ और ही बता रही है। यहाँ पर तो लोग दस-दस साल से धक्के खा रहे हैं। सरकार किसी को पक्का तो क्या करेगी, वह तो पकड़-पकड़ कर वापिस भेज रही है। मनप्रीत, देख तू तो समझदार है। अपने घर की हालत को समझती है। तुझे भेजने में मेरा सात लाख रुपया लग गया। इससे आधे पैसों में मैं तेरी शादी करके मुक्त हो जाता। तूने खुद कहा था–"पापा जी मुझे विलायत पढ़ने के लिए भेज दो, मैं खुद ही कुछ न कुछ कर लूँगी। काम भी करूँगी और पढ़ाई भी, आपसे कुछ नहीं माँगूगी।" अब तू कहती है कि यहाँ काम नहीं मिलता। अगर कोई मिलता भी है तो तीन-चार घंटे का–जिससे मुश्किल से दो टाइम की रोटी मिल पाती है। तूने यह भी लिखा है कि तू वहाँ तंग है, वापिस आने को तैयार है। जब तेरे पास किराये के पैसे हों, जहाज पर चढ़ जाना। मनप्रीत, तू मेरी बात ध्यान से सुन, यहाँ तेरी शादी करने के लिए मेरे पास कुछ नहीं है। मैं तो पहले ही कर्ज़े में डूबा हुआ हूँ। बेटा अलग मुझे डाँटता रहता है। तू कुछ भी कर, वहीं पर कोई लड़का देखकर शादी करा ले और वहीं रहे जा। मुझे कोई ऐतराज़ नहीं, लड़का चाहे जैसा भी हो। अगर तूने आना ही है तो अपनी शादी के लिए, पाँच-सात लाख कमा कर लाना, नहीं तो यहाँ आने की कोई ज़रूरत नहीं। तेरा कोरा विछोह, मेरे हाथ में कटोरा पकड़ा देगा। तेरी माँ का भी यही विचार है।

दुःखी पिता,
दर्शन सिंह।

प्रीतम सिंह ने अपनी सफाई पेश की–

"भगवान, मनप्रीत मेरे पास यह चिट्ठी लेकर आयी थी, मुझे कहा–"अंकल, मैं यहाँ पक्का होने के लिए कुछ भी कर सकती हूँ। दोहाजू हो, कुँवारा हो, पक्की उम्र का या कोई लूला-लंगड़ा सब मंजूर है। मुझे और तो कुछ सूझा नहीं, न ही मेरी नज़र में कोई लड़का, कोई आदमी है। यहाँ पर बैठे हुए तो पैरों पर पानी नहीं डलने

देते, मुझे भी तेरी तरह इस पर तरस आ गया। सोचा, बेचारी कहाँ धक्के खाती फिरेगी। यही राह सूझी मुझे, इसे पक्का कराने की। तेरे से बात की तो तू ससुरी मेरे ही गल पड़ गई, तरस क्या खाना था?''

बलजीत कौर को अपनी चिंता होने लगी। वह बोली—''तू इसके साथ शादी कैसे करा सकता है, इस मुल्क के कानून को तू जानता नहीं क्या...इस मुल्क में कोई बंदा दूसरी शादी नहीं करा सकता।''

घरवाली की बात सुन कर प्रीतम सिंह बड़े विश्वास से बोला—''करवा सकता है। उसका भी रास्ता है। इस मुल्क में लोगों ने दो-दो, तीन-तीन ब्याह करवाये हुए हैं। पहली पत्नी से तलाक ले लो, फिर कोई अड़िगा नहीं।''

बात सुनते बलजीत कौर बिफर पड़ी—

''अच्छा! अच्छा! तीन बच्चे पैदा करके अब तू मुझे तलाक देगा।''

प्रीतम सिंह ने उसका क्रोध शान्त करने के लिए कहा—

''तू तो पागल है—सच में तलाक थोड़े ही देना है।''

''यह तो कागज़ी तलाक होगा। तू और मैं दोनों पहले की तरह ही रहेंगे।''

बलजीत पर अपने घरवाले की बात का थोड़ा-सा असर हुआ। वह मनप्रीत की ओर इशारा करके बोली—''फिर यह कहाँ रहेगी?''

''तुझे बताया तो है, तेरी छोटी बहन बन कर यहीं रह जायेगी।''

''सरदारा यह काम इतना आसान नहीं, तू जितना समझता है। यह अकेली नहीं आई, इसके साथ एक लड़का भी आया है। यह उससे कैसे तलाक लेगी? बिना तलाक के शादी रजिस्टर करवायगी तो जेल की हवा खायेगी? वहाँ पर जाना तू मुलाकात करने।''

बलजीत कौर की बात सुन कर मनप्रीत ने अपनी वकालत की—

''बहिन जी अगर वो मुझे छोड़ कर न दौड़ता तो मैं आपके पास क्यों आती। वह जन्म-जन्माता की कसमें खाने वाला, अपने वादे से मुकर गया। लेकर तो मैं आयी थी कि वह यहाँ काम करेगा और मैं पढ़ूँगी। फिर वह पढ़ने लग जायेगा, मैं काम करूँगी, पर वह मुझे बीच में ही धोखा दे गया। गुरुद्वारे में उसे कोई विधवा मिल गई। उसे आदमी चाहिये था—अपने संग-साथ के लिए और जो उसके बच्चे भी पाले। तरनवीर को वह देखने में जवान लगी और उसे उसका व्यवहार भी भा गया। तरनवीर उसके मोह-जाल में फँस गया। उसने मुझे कहा—तो क्या, अभी तुझे भी पक्की होना है और मुझे भी, अब मुझे पक्के होने का चांस मिल रहा है, इसलिये तू मुझे भूल जा, अपना कोई और रास्ता देख।''

बलजीत कौर ने एक बार फिर कानूनी बात की।

''लड़की ज़्यादा होशियार मत बन। तलाक लिए बिना आप दोनों दूसरी शादी

नहीं कर सकते।''

''बहिन जी, मैं यह जानती हूँ, पर शादी का सर्टिफ़िकेट हमने कचहरी के क्लर्क को पैसे दे कर लिया था। हमारी शादी भी रजिस्टर नहीं हुई थी। शादी का सर्टिफ़िकेट क्लर्क ने अपने आप ही बना कर हमारे हाथ में दे दिया था इसलिये तलाक लेने का तो प्रश्न ही नहीं उठता।''

सुनती ही बलजीत कौर की आँखें खुली रह गईं, वह कहने लगी–''हैं, तुम लोग इतनी हेरा-फेरियाँ करते आये हो?''

फिर वह प्रीतम सिंह को मुखातिब हुई–

''सरदारा, सुन लिया जो पहले ही हेरा-फेरी करके आयी है, तेरे साथ क्या भली करेंगी?''

मनप्रीत ने अपनी सफाई पेश की–

''बहन जी, हेरा-फेरी मैंने नहीं की, जो मुझे आपके दरवाज़े पर मिट्टी बना कर फेंक गया है–उस हरामज़ादे ने की है। बहिन जी, अब मैं आपके रहमो-करम पर हूँ। इस मिट्टी को धोल कर इसका कल्याण कर दो, चाहे रास्ते की धूल समझ कर अपना पल्ला झाड़ लो।''

प्रीतम सिंह शातिर होने के साथ-साथ समझदार भी था। उसने मनप्रीत को ढाँढ़स बँधाया–

''मनप्रीत, तू दिल छोटा मत कर। हम तुझे घर से ऐसे नहीं निकालेंगे। तुझे किसी मुकाम तक भेजेंगे। तू जा अपना काम कर, टाइम खराब मत कर।''

फिर उसने बलजीत कौर को इशारा किया–

''भागवान, आ तुझे भी बात समझाता हूँ। दिल बड़ा कर। जिसने पतलून सी है, उसने पेशाब करने का रास्ता भी बनाया है। अगर हम इस लड़की का भला सोचेंगे तो भगवान हमारा भी भला करेगा।''

बलजीत कौर दिल की नरम थी। रहम दिल। इसी से तो वह मनप्रीत को घर ले आई थी।

इंडिया से पढ़ाई के वीज़े पर आये लड़के-लड़कियाँ में से एक दिन पन्द्रह बीस लड़के गुरुद्वारा साहिब के प्रधान और दूसरे कमेटी मेम्बरों को मिले और उन्हें अपनी तकलीफ़ें बताईं। उनकी सबसे बड़ी मुश्किल रिहायश को लेकर थी। उन्होंने बताया कि दो रोटी लायक काम तो कहीं न कहीं मिल जाता है, पर रहने के लिए जगह नहीं मिल रही। गुरुद्वारा कमेटी के पास चार-पाँच कमरे श्रद्धालुओं और कीर्तन करने वाले जत्थों के लिए रखे हुए थे जो कमेटी ने लड़कों की प्रार्थना पर उन्हें रहने के लिए दे दिये और लड़कियों की रिहायश के लिए संगत को विनती की कि जिस भी परिवार के पास एक आधे कमरे की गुंजायश हो वे गुरु के प्यारे इनमें किसी एक

लड़की को कुछ समय के लिए अपने घर में ठहरा लें। प्रधान की इस प्रार्थना का कुछ बहनों और माताओं ने सकारात्मक उत्तर दिया। इसी अपील से प्रभावित होकर बलजीत कौर अपने यहाँ मनप्रीत को ले आई थी। भला करती हुई को आज इस अप्रत्याशित स्थिति का सामना करना पड़ गया। बलजीत कौर ने कमरे में जाकर प्रीतम सिंह को डाँटा–"बोल, तू मेरा क्या भला करेगा? तुझे अब एक दम जवान लड़की दिखती है, तू मेरी ओर क्यों झाँकेगा! मैं तो हुई अधेड़।"

प्रीतम सिंह बलजीत कौर को शांत करता हुआ बोला–"समझदार बन, दूर की सोच। तू क्या सोचती है यह लड़की मेरी होकर रहेगी। ये नर्सों से अगला कोर्स कर रही है और मैं एक फैक्ट्री में वर्कर हूँ। जब यह पक्की हो गई तभी उसने आँखे फेर लेनी है। अगर तू मेरा साथ दे, तो हम यह कि इसके साथ ख़रा सौदा कर सकते हैं। पहली बात तो यह कि अगर तू खुशी से तलाक नहीं देती तो तलाक मंजूर होने में तीन साल लग जायेंगे। तीन साल तक यह लड़की कहाँ इन्तज़ार करेगी। यह कोई रास्ता निकालेगी। अपने हाथ से मौका चला जायेगा। तू अगर तलाक वाली अर्ज़ी पर दस्तख़त कर दे तो शादी रजिस्टर कराने से पहले इस लड़की के साथ हम एक सौदा कर सकते हैं।"

बलजीत कौर उत्सुकता से पति की बात सुन रही थी। एक दम से बोली, "वह क्या?"

"सुन तो सही। गाँव में तेरा भाई खाली घूमता फिरता है, नौकरी उसे कोई मिलती नहीं। बी.ए. पास है। वह इस लड़की को पंसद आ जायेगा। तू इसे कह– मनप्रीत "मैं तेरा काम कर देती हूँ पर इस शर्त पर कि जब तू पक्की हो जायेगी, तुझे मेरे भाई को मँगवाना पड़ेगा। सुन्दर, जवान पढ़ा लिखा लड़का है। अगर तेरा किसी के साथ टाँका फिट है तो भी हमारा लड़का मँगवा कर पक्का कर के फिर चाहे जो भी करना हो करे, "तू इस लड़की से बात करके देख इसने मान जाना है।"

प्रीतम सिंह की स्कीम सुनकर बलजीत की आँखें चमक उठीं। वह बोली–"बात तो आपने समझदारी वाली की है, पर यह बात मनप्रीत से आप खुद ही करो।"

"सारा खेल अब तेरे हाथ में है। रंग का पत्ता तेरे पास है। अगर तू तलाक वाली अर्ज़ी पर दस्तख़त न करे तो मैं शादी करा के जेल जाऊँगा क्या...? यह समझौता तो उसके साथ तूने करना है। यह समझौता तेरे और उसके बीच होगा। अगर तू अपना पत्ता खेल सकती है तो खेल"

बलजीत कौर ने ख्यालों में खोते हुए कहा–"मुझे ऐसी बात करनी मुश्किल लगती है।"

प्रीतम सिंह ने बलजीत कौर के मन में खराश पैदा करने के लिए कहा–"देख ले तेरी मर्ज़ी। पहले तू भजने की मिन्नतें करती फिरती थी, मेरे भाई के साथ छोटी

लड़की का रिश्ता कर दो। लड़का शरीफ़ है, कहना मानता है, पढ़ा लिखा है। उन्होंने तुझे घर के अन्दर ही आने नहीं दिया। अब थोड़ी-सी कुर्बानी देने से तेरे भाई का काम बन जायेगा।''

''अच्छा, टाइम देख कर मैं उससे बात करूँगी।''

बलजीत कौर भविष्य में खोयी हुई थी। चार-पाँच दिन बाद बलजीत ने बड़े ही प्यार से मनप्रीत को बुलाया और बात शुरू की–

''मनप्रीत, मुझे तुझसे एक ज़रूरी बात करनी है।''

मनप्रीत चौकन्नी हो गई और उसने धड़कते हुए दिल से कहा–

''जी बहन जी बताओ क्या बात है?''

''बात तो तेरे भले की है, पर तुझे मेरी एक शर्त माननी होगी।''

''आप एक शर्त की बात करती हो, मैं आपकी हर शर्त मानने को तैयार हूँ।''

''अच्छा फिर सुन! मैं तलाक की अर्ज़ी पर अपनी सहमति का दस्तख़त कर देती हूँ। प्रीतम सिंह से तेरी शादी का रास्ता खुल जायेगा। मेरी शर्त यह है कि जब तेरे पासपोर्ट पर पक्के रहने की मोहर लगेगी, फिर तू प्रीतम सिंह को तलाक दे कर मेरे भाई को मँगवायेगी...मेरा भाई तेरी उम्र का है। पिछले साल उसने मोगे के कॉलेज से बी.ए. पास किया है। सुन्दर, सजीला, लम्बा ऊँचा जवान है।''

बात करते हुए बलजीत कौर ने पर्स से अपने भाई का फोटो निकाल कर मनप्रीत को पकड़ाया और कहा–

''ले देख ले, कैसा जवान है। अगर तू उससे सच में ही शादी करना चाहेगी तो हमें कोई एतराज़ नहीं। मेरा भाई हमारा कहना मानता है। अगर तुझे यह शर्त मंज़ूर है तो हम दोनों जने वकील के पास जाकर तलाक की सहमति पर दस्तख़त कर आते हैं। चार-पाँच हफ्तों में तलाक का सर्टिफ़िकेट घर आ जायेगा। तू अपना ब्याह रजिस्टर करवा लेना। सोच ले, तुझे अपने वचनों का पालन करना होगा।''

बलजीत कौर के मुँह से बात निकलने की देर थी कि मनप्रीत खिल गई। बोली–''बहिन जी, मुझे और क्या चाहिये। अगर पढ़ा-लिखा सुंदर, जवान लड़का मेरे हिस्से आ जाय तो क्या बात है। मैं तो प्रभु का धन्यवाद करूँगी।''

साथ के कमरे में पूरी बात सुनते हुए प्रीतम सिंह के मन में लड्डू फूट रहे थे। बलजीत कौर अपनी जगह खुशी से झूम रही थी। सभी रंग का पत्ता खेल कर बाज़ी जीत गये थे।

दूसरी माँ

बलदेव सिंह

(8.8.1937)

पिता का दाहसंस्कार करके जब फ्री हुए तो माँ कहने लगी—"बेटा मैं ज़रूर रोती, पर मुझे रोना आया ही नहीं।" फिर कुछ देर तक चुप रहने के बाद बोली—"चलो अच्छा हुआ।"

मुझे कोई हैरानी नहीं हुई, क्योंकि मैं जानता था कि माँ हमारे पिता को पसंद नहीं करती थी। वैसे मैं भी पिता का कोई बहुत ज़्यादा प्रशंसक नहीं था। असल में हम माँ-बेटे का उनसे रिश्ता ही घृणा का था, एक साँझी घृणा।

माँ, पिता को शायद इसलिये पसंद नहीं करती थी कि वह हमेशा अपनी मनमानी करता था। कभी भी, किसी काम में उनकी सलाह नहीं लेता था। हमारे पिता का विचार था कि आदमी का काम सिर्फ़ कमाई करना है। अधिक-से-अधिक पैसे कमा कर घर की शान बढ़ाना। घर में रुपये-पैसे की कभी भी दिक्कत नहीं होनी चाहिये। बाकी सारा काम औरतों का है। बच्चे पैदा करके उन्हें पालना-पोसना, घर को साफ रखना, आने-जाने वालों की सेवा करना आदि सभी काम औरतों के हैं। मैं सबसे बड़ा था, पर मैंने कभी भी पिता को मेरे छोटे बहन-भाइयों को गोदी में लेते या उनके साथ खेलते नहीं देखा। वह जब भी घर में घुसता, एक सहम-सा छा जाता था। हमारी माँ इशारे से कहती—"ख़बरदार, तुम्हारा पिता आ गया है। इनसे बचके रहना। देखना, कोई ऐसी वैसी बात मत करना, जिससे मेरी बदनामी हो।" और हमारी हालत बिल्ली से डरे हुए चूहों जैसी होती, जो खुद को बचा कर रखते हैं।

हमारी माँ का, हमारे पिता को नापसंद करने का एक कारण और भी था। वास्तव में हमारी माँ की पहली शादी हमारे पिता के बड़े भाई के साथ हुई थी। छोटी उम्र में ही ब्याह हो गया था। अभी वे पूरी तरह से पूर्ण नारी पुरुष भी नहीं बने थे कि उसकी मृत्यु हो गई। माँ बहुत रोयी, पर क्या कर सकती थी। अंत में सभी की सलाह से हमारे पिता ने माँ पर चादर डाल दी और उनसे हम तीन बच्चे पैदा हुए। कई बार हमारा पिता माँ से लड़ते हुए ताना देता था—"मैंने कौन-सी तेरी साथ शादी रचाई है। वह तो गले पड़ा ढोल बजा रहा हूँ। मेरी ओर से जहाँ तेरी मर्ज़ी हो, दफ़ा

हो जा। मुझे औरतों की कोई कमी नहीं।"

माँ भीतर तक टूट जाती है। वैसे वे दोनों हमारे सामने कभी भी नहीं लड़े और न ही कभी पिता ने माँ पर हाथ उठाया था। कभी गाली भी नहीं दी। शादी के इन तानों के बारे में भी माँ ने ही मुझे बताया था।

माँ, क्योंकि बचपन से मेरे साथ पिता के विरुद्ध बातें किया करती थीं, इस कारण, स्वाभाविक था कि मुझे भी अपने पिता से नफरत हो जाती। अतः मैं जैसे जैसे बड़ा होता गया, वैसे-वैसे यह नफ़रत भी मेरे साथ ही बढ़ती गई। लेकिन एक बात की हैरानी मुझे सदा होती कि माँ केवल मेरे साथ ही पिता के बारे में बात क्यों करती है, किसी और से क्यों नहीं। अब मैं सोचता हूँ कि शायद सबसे बड़ा बेटा होने के कारण वह मुझे बेटे से अधिक अपना दोस्त समझती थी। एक और बात भी है, मैं शुरू से हर बात बड़े ध्यान से सुनता था। हो सकता है इस तरह माँ अपना दिल हल्का कर लेती हो।

मैंने माँ को कभी हँसते नहीं देखा और न ही कभी ज़ोर-ज़ोर से रोते हुए। वह हमेशा ठंडी सांसे, सीली लकड़ी-सी सुलगती रहती और कभी मन में, साँप की तरह ज़हर घोलती रहती। उसने किसी बच्चे को कभी डाँटा नहीं था और न ही कभी आगे बढ़ कर किसी को प्यार ही किया था।

वास्तव में किसी को डाँटने का उसमें साहस ही नहीं था और अपने बच्चों को प्यार करने में वह झिझकती रहती थी। उसने कभी कोई फरमाइश नहीं की थी। उसे देख कर पता ही न चलता कि वह खुश है या नाराज़। उसकी आँखों में एक अजीब-सा खालीपन था, जिसे आप दुःख, घृणा या कसक कह सकते हो। उन आँखों से मैं हमेशा डरा-सा रहता, जैसे यह ठहराव, यह सहजता या दबाव न जाने कब ज्वालामुखी-सा फट कर सबको भस्म कर देगा। पर यह लावा कभी भी बाहर नहीं आया और उसका भय भी कभी नहीं हटा।

आस-पड़ोस के सभी पति-पत्नी आम तौर पर लड़ते-झगड़ते, गालियाँ निकालते और कभी-कभी तो आपस में जूतम-पैज भी हो जाती थी पर एक दो दिन के बाद यों लगता जैसे कि कुछ हुआ ही न हो। उल्टा उनका प्यार और भी बढ़ गया-सा लगता।

तेज़ बरसात होने के बाद जैसे हर चीज़ धुलकर निखर जाती है, वे लोग एक नये उत्साह के साथ जीने लगते और उनके चेहरे की रौनक पहले से भी अधिक हो जाती। तब मैं हैरान होता कि माँ अगर पिता को पसंद नहीं करती तो कुछ कहती क्यों नहीं थी? उसकी ज़्यादतियों पर ऐतराज़ क्यों नहीं करती? हर बात क्यों चुपचाप सह लेती है? पर बाद में जाना कि एक बार उसने अपने ससुर अर्थात् हमारे दादा जी के पास शुरू-शुरू में शिकायत की थी। दादा जी ने आगे से सौ की एक बात

सुना दी—''बेटा, इकलौता पुत्र होने के कारण यह मनमानी बहुत करता है। अब तो इसकी यह आदम बन चुकी है। अच्छा यही होगा कि इस बात की ओर तू ज़्यादा ध्यान ही न दे। वाहे गुरु तुझे सब कुछ देगा। तू फ़िकर मत कर।''

माँ ने बताया था कि इसके बाद उसने कभी कोई शिकायत नहीं की। जब भी कोई ऐसी बात होती, तो—''मेरी तो किस्मत ही ऐसी है',' कह कर सब्र कर लेती। ठंडी साँसें भरती और कभी-कभी अकेले में रो लेती थी।

इसका परिणाम यह हुआ कि पिता अब और भी अधिक मनमानी करता। इधर-उधर मुँह भी मार लेता। एक औरत को तो उसने रखैल की तरह रखा हुआ था। जिसके दो चार बच्चे भी थे। उस औरत ने खुद अपने मुँह से मुझे बताया था कि मैं भी तेरी माँ लगती हूँ। तू चाहे मान चाहे न मान। सो, इसी तरह पिता सारी उम्र ऐश करता रहा। उसकी मृत्यु से तीन दिन पहले डॉक्टरों ने जवाब दे दिया था, कि अब और कुछ नहीं कर सकते। इसके खून में ही कैंसर है, जो फैल गया है। आज, कल सुबह या परसों। यह किसी समय भी जा सकता है।

पिता की इच्छा थी कि हमारी माँ को यहाँ बुला लिया जाय। मरने से पहले वो उसे मिलना चाहती थी। पर वह उसकी मृत्यु के वक्त तक पहुँच न सकी। दाह-संस्कार के समय ज़रूर पहुँच गई थी। अब जब हम क्रिया कर्म से निवृत हुए तो माँ मुझे अकेला पा कर कहने लगी—''अपनी करनी का फल भोगा है। ऐसे आदमी के साथ ऐसा ही होना चाहिए था।'' उसने और भी कई बातें बताईं, उन बातों से कोई इल्म नहीं था। कई बातों पर तो मुझे विश्वास ही न होता। वैसे भी चाहे मैं पिता को ज़्यादा पसंद नहीं करता था, पर उसकी मृत्यु के बाद उसकी निंदा मुझे अच्छी नहीं लगती थी। बात बदलने के लिए मैंने कहा—''अच्छा माता, अब आप आराम करो। बहुत थक गये होगे। बाकी बातें सुबह करेंगे।''

''वाहेगुरु'' ठंडी साँस लेते हुए माँ ने कहा और सोने के लिए ऊपर चली गई।

दूसरे दिन सुबह जब सो कर उठे, तो और भी कई बातों का पता चला। पिता ने सारी जायदाद और अपना पैसा किसी और के नाम कर दिया था। अब लड़ने-झगड़ने से कोई लाभ नहीं होने वाला। माँ को पता चला तो उसने कहा—''बेटा मैं तो तुझे पहले ही कह चुकी हूँ कि उसे अपनी ऐश से मतलब था। गाँव की सारी ज़मीन, शहर के सभी मकानों का किराया, पिछली और यहाँ की पैंशन—सब कुछ वही खाता था। मैंने तो उसकी कमायी से कभी एक पैसा—धेला भी नहीं लिया। तू यहाँ से पैसे भेजता था, और मैं रोटी खाती थी।''

''चल कोई बात नहीं है माँ। वैसे जायदाद पर तेरा हक बनता था, पर यह वह जाने। पैसों की कोई कमी नहीं, तू राजी-खुशी रह।'' मैंने धीरज देते हुए कहा।

एक दो हफ्तों तक लोग अफ़सोस प्रकट करने आते रहे। माँ भी थोड़ी ढीली-सी

थी। दवा-दारू होता रहा। जब कुछ आराम हुआ तो पहले की तरह पिता के बारे में बातें करने लगी। उन बातों का निचोड़ यही था कि वह अच्छा आदमी नहीं था और उसने उसे ताउम्र बहुत तंग किया था। कुछ देर तक मैं चुपचाप सुनता रहा, फिर मुझसे रहा न गया। मैंने कहा—"माता, अब तो वह इस दुनिया में नहीं रहा। अब उसके बारे में ऐसी बातें करने का क्या लाभ। चलो, जो हुआ सो हो गया।"

माँ ने बड़ी हैरानी से मेरी ओर देखा, जैसे कहना चाहती हो, "मैं तो तुझे अपना आदमी समझती थी। तू भी अपने बाप की तरफ हो गया?" और एक ठंडी साँस भर कर वह चुप हो गई।

मेरे दिल को एक चोट-सी लगी। मन-ही-मन में पछताने लगा—"रे मन, तूने माँ को क्यों टोका? उसे सबसे ज़्यादा तेरा भरोसा था। अब वह तुझे कभी भी अपना नहीं समझेगी। तूने उसका दिल तोड़ दिया है।"

माँ की आदत क्यों कि पक चुकी थी, इस कारण उसकी हर बात लौट कर पिता पर आ जाती, कि वह बहुत बुरा था। लेकिन अब मैंने समझ से काम लेना शुरू कर दिया। जब वह पिता के बारे में कोई बात करती, मैं बात को दूसरी ओर मोड़ देता। वास्तव में पिता की मृत्यु के साथ उसके प्रति मेरी घृणा भी मर गई थी। मुझे इससे फ़ायदा भी बहुत हुआ। घृणा का जो भार ताउम्र अपने कंधों पर ढोता रहा, वह अब उतर गया था। अब मैं अपने मन को हल्का महसूस करता था। मैं नहीं चाहता था कि उसके मरने के बाद कोई भी उस की बुराई करे।

माँ को अब मेरी यह बात कुछ समझ आ गई थी। इसलिये वह पिता के बारे में कुछ बोलते-बोलते रुक जाती थी। तो फिर...फिर उसे कोई और बात न सूझती। मैं कई बातें करता, पर वह हाँ-हूँ कर देती, जैसे किसी और बात में उसकी कोई दिलचस्पी ही न हो। मैं कई बार सोचता था कि घृणा, आदमी को कितना सीमित और अंधा कर देती है कि एक वक्त वह घृणा के बिना और कुछ सोच ही नहीं सकता।

शायद इसी कारण माँ कुछ घुटी घुटी-सी रहने लगी थी। उसने एक दो बार कहा—"तू मुझे इण्डिया वापिस भेज दे। यहाँ मेरा मन नहीं लगता। मैं तो तेरे कहने पर ही यहाँ आई थी, मैंने तो आना नहीं था।"

विधवा पैंशन के लिए मैंने माँ की ओर से अर्ज़ी दे दी थी और कहा—"माँ अब पैंशन मिल जाने दे, फिर चली जाना। तेरे पास पैसे होंगे। तू जैसे, जहाँ चाहे अपनी मर्ज़ी से खर्च कर सकती है। किसी को पूछने बताने की ज़रूरत नहीं होगी।"

माँ मेरी ओर एकटक देखते हुए बोली—"सच, मुझे पैंशन मिल सकती है क्या?"

"हाँ, क्यों नहीं? पिता को पैंशन मिलती थी तो तुझे क्यों नहीं मिल सकती।

दूसरी बात, तू इस मुल्क में कई चक्कर लगा चुकी है, तेरा हक बनता है।''

जीवन में पहली बार मैंने माँ के चेहरे पर मुस्कान देखी और कितनी देर तक मैं उसका खिला हुआ चेहरा देखता रहा। इतने में वो कहने लगी—''बेटे, पैसा तो तूने पहले भी बहुत भेजा है। उनमें से दो हज़ार बचा के मैंने डाकखाने में जमा कराये हुए हैं। तू इण्डिया जायेगा तो अपने नाम करवा लेना। मुझ बुढ़िया का क्या पता?''

''नहीं माँ, ऐसा मत कह। अभी तूने सुख ही क्या देखा है? जो हो गया सो हो गया। बाकी की उम्र आराम से बिताना। तेरा जहाँ दिल हो रहना—पर रहना ठाठ से।''

पैंशन लग गई तो मैंने ब्रिटिश पासपोर्ट के लिए भी एप्लाई कर दिया। माँ की पैंशन के सारे पैसे हम उसके नाम जमा कराते रहे। पासपोर्ट आने तक काफी रकम जमा हो गई और माँ को जब यह रकम रुपयों में बतायी तो उसकी आँखें ही फैल गई।

इस दौरान माँ के व्यवहार में कई परिवर्तन आये। जैसे पहले वह खाने-पीने में कभी ना-नुकर नहीं करती थी। जो मिल जाता खा लेती थी, वह उसमें से भी हर बार कुछ निकाल कर रख लेती थी। अब अगर उसे भूख होती तो और माँग लेती थी। कई बार अपनी पसन्द की चीज़ भी बनवा लेती। कपड़े भी अपनी पसंद के पहनती। नहीं तो वह पहले अच्छे कपड़ों को अलग रख देती थी। वह सोचती उन्हें वह किसी दिन-त्यौहार पर पहनेगी। वह अपने गाँव में पत्र भी भेजती लेकिन पहले एक ही पत्र में सबकी राज-खुशी पूछ लिया करती थी। अब सभी को अलग-अलग पत्र लिखवाती। एक मैंनें कहा—''माता, एक पत्र में ही सबकी कुशल-क्षेम लिख देते हैं। कोई खास बात तो है नहीं लिखने को।'' वह कहने लगी—''तू चिंता मत कर, मेरे पास बहुत पैसे हैं, उन्हें भी तो कहीं खर्च करना है।'' मैं चुप हो गया। फिर एक दिन कहने लगी—''बेटा, मेरे पास एक कंगन तो पहले से है, ऐसा एक और बनवा दे। उसके पैसे, मेरे पैसों से काट लेना।''

मैंने कहा—''माता, पैसों की कोई बात नहीं।'' और मैंने कंगन बनवा दिया।

ऐसी अनेक छोटी-छोटी बातें हैं। अगर सभी को ध्यान से जोड़ा कर देखा जाय तो वे किसी परिवर्तन की ओर संकेत करती हैं।

इस दौरान माँ ने इंडिया जाने के लिए एक-दो बार कहा। मैंने बात आयी-गई कर दी। तीसरी बार जब कहा तो मैं बोला—''माता, यहाँ तो परिवार में रहती है, वहां अकेली रहेगी। क्या कोई तकलीफ है?''

''नहीं बेटा, तकलीफ कोई नहीं।'' वह बोली—''यहाँ मैं क्या करती हूँ? कोई काम-काज तो है नहीं। आप सभी काम पर चले जाते हो। वहाँ सौ लोग हैं, बात करने को। जहाँ जी में आये घूमो फिरो, कोई बंदिश नहीं। वैसे भी यहाँ पर मेरा मन

ऊब गया है। पहले भी मैं इसी कारण यहाँ रुकती नहीं थी। तू अच्छी तरह जानता है।''

''माता, कोई जाने वाला मिला, तो उसके साथ भेज दूँगा। मैं अभी जा नहीं सकता।'' मैंने उत्तर दिया। एक दो हफ्तों की जगह दो तीन महीने निकल गये। माँ ने फिर याद करवाया, मैंने फिर ध्यान नहीं दिया।

एक दिन हम खाना खा-पी कर उठे, तो माँ कहने लगी—''बेटा तुझे कई बार कह चुकी हूँ, तू मुझे भेजता क्यों नहीं?''

''तू कोई उत्तर नहीं देता।''

माँ के स्वर में रोब था, ऐसी तेज़ आवाज़ हमने पहले कभी सुनी ही न थी। मुझे बड़ी हैरानी हुई। मेरी पत्नी और बच्चे भी माँ को ध्यान से देखने लगे।

मैं कुछ बोलने ही लगा था कि माँ बोली—''खेतों वाले बिश्ने का लड़का इस इतवार इण्डिया जा रहा है। तू मुझे उसके साथ भेज दे। अभी चार-पाँच दिन रहते हैं।''

मैं एकदम से फैसला न कर सका। सोच रहा था कि माँ को उसके साथ भेजूँ या कुछ देर बाद खुद जाकर छोड़ आऊँ। इतने में माँ कहने लगी—''बेटा, क्या सोच रहा है? अब मैं तुझ पर बोझ नहीं हूँ। मुझे पैंशन मिलती है। उसी में से किराया भर देना।''

मैंने बड़े आश्चर्य से माँ की ओर देखा, जैसे कि वह मेरी माँ न हो, जिसे मैं पचास साल से जानता था। यह तो कोई दूसरी माँ थी। एक ऐसी स्त्री जो सदियों से कभी पति की और कभी बेटे की गुलामी करती रही हो और अब एकाएक आज़ाद हो गई हो।

रेत का बाँध

मुश्ताक

(01.01.1939)

जब तक संतोष सिंह अपने काम पर होता, उसे अपनी ज़िंदगी का दर्द भूला रहता। उसे यह याद न आता कि अपने कमरे में उसकी नज़र ज़्यादा से ज़्यादा दीवारों तक जायेगी या छत से लटकते हुए बल्ब तक। उसे यों लगता जैसे यह बल्ब लम्बे समय से फाँसी पर लटका हुआ हो। अपना कमरा उसे एक कब्र जैसा लगने लगा था। एकदम सुनसान और वीरान। जब उससे तनहाई बर्दाश्त न होती तो कार लेकर बाहर निकल जाता। बिना किसी मंज़िल के, बिना किसी काम के, बिना किसी काम से। जब मौसम अच्छा होता तो कितने मील वह पैदल ही चलता जाता—किसी भटके हुए मुसाफिर की तरह।

एक रात जब घूम-घाम कर वह अपने कमरे में आया तो गाँव से आये पत्रों को पढ़कर उसका मन और भी ज़्यादा उचाट-सा हो गया। माँ ने बहुत दुःख वाली बातें लिखी हुई थीं। उसने लिखा था कि एक बार आकर मुँह दिखा जा। न जाने नदी के किनारे लगे हुए इस पेड़ ने कब तक रहना है। वह दरवाज़ा बंद करके बाहर आ गया और कार स्टार्ट करके हाई स्ट्रीट की ओर चल पड़ा। ग्रीन फोर्ड का स्टेशन पार कर के जब वह आयरन ब्रिज के पास आया तो एक बात याद करके अपने आप हँसने लगा।

जब वह विलायत आया था तो एयरपोर्ट के पास ही हेज़ के इलाके में अपने पुराने दो दोस्तों के साथ रहा था। इतवार के दिन वे लोग एयरपोर्ट की ओर घूमने आ जाते। जवान गोरियों की मिनी स्कर्टों से झाँकती उनकी नंगी टाँगें एक विशेष आकर्षण होती थीं। जिस दोस्त ने हफ्ते का बाहरी टैक्स भरा होता उसे कहा करते—"चल तेरा टैक्स ही वापस ले आते हैं।"

उसने अपनी कार साऊथहॉल के बीच से निकाल कर एयरपोर्ट की ओर मोड़ दी। कार-पार्क में रात के नौ भी बड़ी मुश्किल से जगह मिली। वह एक नम्बर बिल्डिंग में दाखिल हो गया। स्थानीय और यूरोप की सभी उड़ाने यहीं पर आती थीं। भाँति-भाँति के लोग यहाँ घूम रहे थे। जब वह ऊपर वाली मंज़िल पर जाने के लिए

सीढ़ियाँ चढ़ रहा था तो चमकती हुई आसमानी रंग की सलवार-कमीज़ पहने लगभग तीस साल की एक पंजाबन, एक हाथ में बाल्टी और दूसरे हाथ में मौप उठाये, सीढ़ियाँ साफ करती हुई मिली। जब वह मौप हिलाती तो उसकी कलाई में पड़ी सोने की चूड़ियाँ छन-छन करतीं। उसने छोटा-सा ऐप्रन बाँधा हुआ था, जिस की जेब में कोई सेब या संतरा होगा। कानों में उँगली जितनी मोटी बालियाँ चमक रही थीं। संतोष मुस्करा कर थोड़ा आगे निकल गया। उसे लगा, इस बहन के लिए यह बाल्टी और मौप ही सोने की गाँठ हो जो भारत में केवल स्मगलरों और रिश्वतखोरों के हाथ में ही होती है।

ऊपरवाली मंज़िल पर पहुँच कर वह एक ओर गद्दे पर बैठ गया। फ़र्श चमक रहा था। सामने पड़ी ऐशट्रे में दो-तीन सिगरेट के टुकड़े पड़े हुए थे और डिब्बी का कागज़ फाड़ कर फेंका हुआ था। वह टेक लगा कर बैठ गया और सामने वाली बार को देखने लगा। अचानक उसे ध्यान आया...यहाँ एक पंजाबन हुआ करती थी, जो उसकी पहचान वाली थी। इस समय वह वहाँ नहीं थी। शायद काम छोड़ गई हो या आज यूँ ही आयी न हो। क्या पता वह शिफ़्टों में काम करती हो। इतने में उसका ध्यान दाहिनी ओर से आती हुई एक औरत की ओर चला गया। वह लगभग साठ साल की होगी। सफेद साड़ी में लिपटा हुआ कमज़ोर-सा बदन। एक हाथ में लम्बा-सा ब्रश पकड़े हुए और दूसरे हाथ में गज़ आधा गज़ गीला कपड़ा। जब ब्रश लगाती हुई वह संतोष के सामने आयी तो वह सोचने लगा, यह ज़रूर कोई गुजरातन या बंगालन होगी। हो सकता है पाकिस्तान या बंगला देश से आयी हो। या उसकी बेटी ने परमिट पर बुला लिया हो या फिर बेटे ने। सिर्फ़ दो चार दिन घर बैठ कर खाना मिला होगा। उसके गाँव के आँगन में बैठी रिश्तेदार सोचती होंगी, वो यहाँ ऐश कर रही है। वे नहीं जानती कि पूरी रात झाड़ू लगाते निकल जाती है और दिन नींद के झोंकों में।

संतोष वहाँ से उठ कर सामने वाली बार में चला गया। सभी मेज़ों पर तीन–चार-चार आदमी सामने गिलास रखे बैठे थे। ये सभी मुसाफ़िर नहीं थे। कुछ अपने लोगों को एयरपोर्ट छोड़ने आये थे और कई लोग अपने मुसाफ़िरों के आने की प्रतीक्षा कर रहे थे। संतोष ने काउंटर पर जा कर बकार्डी का गिलास लिया और पास ही एक खाली कुर्सी पर बैठ गया। बाकी की तीन पर एक ओर दो गोरे बूढ़े थे और साथ वाली कुर्सी पर लम्बे बालों वाली एक गोरी। उसके कंधे पर पीले रंग का झोला लटक रहा था और भेड़ की खाल का, लोहे के मोटे बटनों वाला हैंड-बैग पास में रखा हुआ था। संतोष ने बास्कट की जेब से सिगरेट की डिबिया निकाली और एक सिगरेट मेज़ पर टकरा कर होठों में दबा ली। दोनों हाथों से बारी-बारी सभी जेबें टटोली पर लाइटर न मिला। पास बैठी गोरी एकदम से समझ गई, इंडियन मैन के

पास लाइटर नहीं है। उसने लाईटर जलाया और बड़ी प्यारी मुस्कान बिखेरते हुए उसे संतोष के आगे कर दिया। संतोष ने थैंक्यू कहा, पर लगता कि उसे अँग्रेजी की समझ नहीं थी। उसने केवल मुस्करा कर सिर हिलाते हुए शुक्रिये का जवाब दिया।

बकार्डी का एक घूँट भर के उसने गिलास मेज़ पर रखा और सिगरेट का कश लेते हुए उसकी नज़र सामने कांउटर की ओर गई तो उसने देखा, वहाँ वही पंजाबन खड़ी थी, जिसका थोड़ी देर पहले उसे ध्यान आया था।

यह सावित्री थी।

गुरदासपुर के निकट एक कस्बे में लड़कियों के मिडिल स्कूल में वह प्रधानाचार्य थी। संतोष के साथ उसके ब्याह की बात चली थी। देखना-दिखाना भी हुआ था, पर संतोष ने विलायत आने के लालच में ना-नुकर कर दी थी। सुनीता उसकी सहपाठी थी और एक साल पहले वाउचर ले कर विलायत आ गई थी। चलते समय उसने वायदा किया था कि वह जाते ही वाउचर भेज देगी। वह मंगेतर बन कर विलायत तो ज़रूर पहुँच गया, पर अब कभी-कभी सोचता कि विलायत के लिए उसने कितना सब कुर्बान कर दिया है।

संतोष का एक मन उससे बात करना चाह रहा था, दूसरा मना कहता—अब बुला कर क्या करना है? आज तक वह कभी भी उसके सामने नहीं आया था। क्या पता सावित्री उसे मिल कर कुछ फ़ील कर जाय।

उसने अपना गिलास खत्म किया और दूसरा लेने के लिए काउंटर पर जा खड़ा हुआ। सावित्री की आँखें बड़े स्वाभाविक रूप से उठीं और संतोष की आँखों से जा टकराईं। उसके हाथों ने धीरे-धीरे खाली गिलास उठाया। कई सालों की आदत के कारण बकार्डी और कोका कोला का आर्डर सुना। हाथों ने किसी मशीन के पुर्ज़े की तरह काउंटर पर पड़ा पाउंड का नोट उठाया। हाथ पर बाकी का चेंज रखने लगी तो शैतान होंठ बेकाबू हो गये।

"आप-आप!!"

"हाँ मैंने भी आपको पहचान लिया है। आप सवित्री हो ना?"

"हाँ, सावित्री!...आप संतोष...छः सालों में काफी बदल गये हो आप...तब भी चेहरा अभी भी वैसा ही है।"

संतोष मुस्करा कर चुप हो गया। शायद दोनों के पास और कोई बात करने को नहीं थी। उसने पैसे जेब में डाले और गिलास उठा, अपनी जगह पर आकर बैठ गया। अब साथ वाली कुर्सी खाली हो गई थी। केवल एक बूढ़ा दूसरी कुर्सी पर बैठा, गीनस का गिलास सामने रख कर, मोटा-सा सिगार पी रहा था।

जब भी संतोष चोर आँखों से काउंटर पर खड़ी सावित्री को देखता, उसे उसके चेहरे पर उदासी की झलक दिखती। कभी वह सोचता, यह तो यूँ ही उसके मन का

वहम है। गिलास पकड़ते हुए उसने उसके गले में सोने की चेन पर हाथ में बड़े नग वाली अँगूठी देखी थी। वह अपने घर में ज़रूर खुश होगी। हर चार-पाँच मिनट के बाद लाउड स्पीकर पर किसी-न-किसी हवाई जहाज के बारे में सूचना प्रसारित की जा रही थी। अगले आधे घंटे में बहुत सी कुर्सियाँ खाली हो गई। अब सिर्फ़ इक्का-दुक्का पियक्कड़ ही रह गये थे। संतोष ने अपना खाली गिलास उठाया और फिर उसी काउंटर पर जा खड़ा हुआ। हाथ में कपड़ा लिए सावित्री गीले गिलासों को सुखा रही थी। इस बार पहल संतोष ने की–

"आप इंग्लैंड में कब से हो?"

"छः साल होने वाले हैं।" ठंडी साँस भरते हुए हाथ वाले गिलास को रैक पर रखते हुए वह बोली।

"तब तो आपको यहाँ आये हुए काफी साल हो चुके हैं।" और संतोष ने अपना खाली गिलास सावित्री की ओर बढ़ा दिया। जैसे बाबे की प्याऊ से कच्चे शरबत का गिलास पीना हो।

सावित्री ने उल्टी टँगी बोतल से पैग बना कर, उसमें थोड़ा कोका कोला मिलाया और नीचे वाले ड्रॉर से नींबू की बारीक फाँक को उसमें डालते हुए बोली–"भाग्य में विलायत लिखा हुआ था। जब आपकी ओर से मना हो गई तो भाग्य ने एक दूसरा विलायत वाला टकरा दिया। लिखी हुई रेखायें कहाँ टलती हैं। आप सुनाओ, आपके बीवी-बच्चों का क्या हाल है।"

"पिछले साल हमारा तलाक हो गया।"

"क्या...?" सावित्री के हाथ में पकड़ा हुआ कपड़ा गिलास में घूमना ही भूल गया।

"हाँ, एक लड़का और एक लड़की थी। वे कचहरी में मिल लेते हैं। मैं वैम्बले रहता हूँ और वहीं टैक्स-ऑफिस में काम करता हूँ। आज दिल कुछ बेचैन था, यहाँ आ बैठा। आपसे मुलाकात हो गई।" लम्बी-सी साँस भरता हुआ कहने लगा–"खैर, जो है ठीक है। आप अपनी सुनाओ, कहाँ रहते हो?"

"हम तो आपके पास ही रहते हैं, ग्रीन फोर्ड। मेरे पति गिलास फैक्ट्री में नाइट-ड्यूटी करते हैं और हमारा अभी कोई बच्चा नहीं है।" यह बात कहते हुए उसके चेहरे पर बड़ी गहरी उदासी छा गई।

इतने में पीने वाले दूसरे ग्राहक आने शुरू हो गये थे। पब बंद होने में आधा घंटा ही बचा था। आस-पास के सभी लोग इस वक्त का लाभ उठाना चाहते थे। संतोष काउंटर पर ही गिलास पकड़े खड़ा रहा। एक गोरे के लिए बियर का गिलास भरते हुए उसने संतोष को कहा–"वेन वाला लेने आ जाता है। इस रूट पर ग्यारह बजे के बाद बसें नहीं आतीं। आप भी हमारे साथ ही वेन पर चलना। वहाँ से आप

को आगे के लिए बस मिल जायेगी।''

''नहीं, मेरे पास कार है।''

''तब तो ठीक है, मैं भी आपके साथ चलूँगी।''

''अच्छा, कहते हुए संतोष ने बकार्डी का घूंट भरा। और पास खड़े गोरे के सिगरेट से अपना सिगरेट सुलगाया।

ग्यारह बजे वे कार में आ बैठे। सावित्री कार की पिछली सीट पर आराम से टेक लगा कर बैठ गयी ऐरियल होटल के पास से संतोष ने कार को हेज़ की ओर मोड़ लिया। दोनों ख़ामोश थे। उस समय काफी धुंध पड़नी शुरू हो गई थी। ट्रैफिक भी काफ़ी कम था। वेस्ट रायनलिप रोड़ पर आकर सावित्री ने धीरे से कहा—''मेरा जी मितला रहा है, शायद उल्टी आयेगी।''

संतोष ने कार एक ओर पर खड़ी कर दी। इस वक्त सड़क एकदम सुनसान थी। आसमान पर बादल घिर आये थे। सड़क के एक ओर जिप्सी लोगों के कैरावान खड़े थे जिसके आस-पास एक आध कुत्ता घूम रहा था और दूसरी ओर मोटे-मोटे खुरों वाले घोड़े रुमकते हुए घास चर रहे थे। सावित्री ने एक ओर का दरवाज़ा खोला और सिर बाहर निकाल कर कै करने की कोशिश की पर लगता था जैसे यों ही उसका दिल कच्चा हो रहा था। संतोष ने कार का इंजन बंद न किया, जिससे कि हीटर चलता रहे। वह निकल कर उसके पास आ खड़ा हुआ।

दो-एक मिनट के बाद उसने कहा—''अब क्या हाल है? अगर ठीक हो तो चलें?

सावित्री ने सिर उठा कर संतोष को देखा और थोड़ा-सा पीछे सरकते हुए बोली—''आप ठंड में खड़े हो, यहाँ बैठ जाओ। बस अभी चलते हैं।'' उसने उसके हाथों को हल्का-सा अपनी ओर खींचा और बैठने लायक जगह बना दी।

संतोष बिना कुछ कहे सीट पर बैठ गया, पर वह समझ नहीं पा रहा था कि क्यों सावित्री पल-पल उसके हाथों को दबाती जा रही थी? तभी सावित्री ने चेहरा उठाया, उसकी गालों पर आँसुओं की धारें बह रही थी।

''आप मुझे गलत मत समझना संतोष, मेरी ज़िंदगी एक चौराहे पर आ खड़ी हुई है। मेरे ससुराल वाले मेरे पति पर दूसरी शादी करने का दबाव बना रहे हैं। हम दो ही बहनें हैं। मुझ से बड़ी की शादी को दस साल हो चुके हैं। एक बार भी हरी नहीं हुई। सभी कहते हैं, मेरा भी कुछ नहीं होगा। डॉक्टर मेरे में कोई नुक्स नहीं बताते। हो सकता है मेरे घरवाले में हो। क्या तू मुझ पर एक एहसान कर सकता है—''मेरी कोख हरी जो जाय?''

''मैं...?''

''हाँ मेरी ज़िंदगी खराब होने से बच जायेगी, प्लीज़। मैं ज़िंदगी से हारी हुई,

तुझसे जीने का आधार माँग रही हूँ।"

"पर सावित्री...आप बीच की बात तो सुनो...।"

बात ख़त्म होने से पहले ही सावित्री ने संतोष को बाँहों में भर लिया और अपने होठों की मोहर उसके होठों पर लगा दी। जैसे वह जन्म-जन्मांतर की प्यासी हो। रात का अँधेरा और अधिक गहराता जा रहा था। कैरावन की रखवाली करते कुत्ते एक एक कर के सो गये।

सुबह पुलिस ने कार के शीशे तोड़ कर चालू इंजन बंद किया। वे दोनों अधनंगी हालत में एक दूसरी की बाँहों में मृत पड़े थे।

पोस्ट मार्टम की रिपोर्ट के अनुसार कार्बन मोनोऑक्साइड से दोनों की मृत्यु हुई थी कई साल पहले संतोष नसबंदी का ऑपरेशन करवा चुका था।

राबता

संतोख पालीवाल

(02-04-1939)

राबता की आज एक और ई-मेल आ गई।

इस लड़की ने भी ना, मुझे कैसे काम में लगा दिया है। शुरू-शुरू में ई-मेल आने पर मुझे डर-सा लगता था, जैसे पहले टेलीग्राम आने पर बंदे को लगा करता था। अब न तो कोई पत्र लिखता है और न ही कोई तार देता है। आम बातों के लिए हर कोई जेब में मोबाइल लिए घूमता रहता है। ये जान-खानी ई-मेलें तो तार से तेज़ निकलीं हैं। बस ''सेंड'' बटन दबाया नहीं कि दूसरी ओर पहुँच गई। पर साल छुट्टियों में आयी, तो लैपटॉप लेकर दे गई थी। मैंने बहुत कहा कि मैं इसे चला नहीं पाऊँगी। बूढ़े तोतों को पढ़ाना बड़ा मुश्किल होता है, बिटिया। पर वो कहाँ मानने वाली थी...राब्ता।

''मॉम यह मुश्किल नहीं है। बस प्रैक्टिस की ज़रूरत है।'' दो हफ्ते रही। सुबह उठते ही पास बिठा लेती। चाय के घूँट भी मुश्किल से भरने देती। रोज़ कहा करती, और कुछ न सही पर ई-मेल करनी ज़रूर सीख लो, मॉम। बहुत कहा कि अंग्रेज़ी में मेरा हाथ तंग है। मैं कैसे ई-मेल करूँगी और जवाब भी दूँगी।''

''पंजाबी में कर दिया करना।''

''पंजाबी में...? मैंने हैरान होते हुए पूछा था।

''हाँ क्यों नहीं। मैं पंजाबी फॉन्ट डाउनलोड कर देती हूँ। फिर आप पंजाबी में कर लिया करना।''

खुद तो उसने कम्प्यूटर की पढ़ाई की हुई थी। मुझे कहाँ समझ आनी थी इन नये शब्दों की। पंजाबी फॉन्ट डाउनलोड और पता नहीं क्या-क्या कहती रहती थी। चार बटन झट से इधर-उधर दबाती और अपना काम कर लेती। आधा दिन कम्प्यूटर पर बैठ कर ही बिता देती थी। अपने ऑफिस के सभी काम यहीं से बैठी-बैठी निपटा लेती थी। मेरे आश्चर्य की सीमा न रहती, जब यह सब मैं उसके मुँह से सुनती।

''फिर अब तो तुझे काम पर भी जाने की ज़रूरत नहीं है और भी कई छोटे-मोटे काम समेटने होते हैं।''

"तू यहाँ हमसे मिलने आयी है या सारा वक्त कम्प्यूटर पर बिताने?" कई बार घंटों तक उसे कम्प्यूटर से चिपके देख खीझ कर बोलती।

"मॉम, काम तो करना ही है ना। मेरी नौकरी भी ऐसी है कि ज़रा-सी लापरवाही कई मुसिबतें खड़ी कर सकती है।"

दस दिन के बाद मैं भी छोटा मोटा क.ख.ग. कम्प्यूटर पर करना सीख गई थी। अपने सीखे हुए ज्ञान को चेक करने के लिए एक दिन मैंने राब्ता के पति राजबीर को एक ई-मेल कर दी। पता नहीं, वह कम्प्यूटर पर ही बैठा था, झट से उसका जवाब आ गया।

"मॉम दैट इस वॉडरफुल"। उसका उत्तर आया तो मैं भी खुश हो गई। मुझे किसी परीक्षा में पास हो जाने जैसी खुशी हुई।

फिर मुझे 'वर्ड' में पंजाबी में टाइप करना सिखाया। और उस टाइप किये को कैसे अटैच करके भेजना है। पर यह सब सीखने में मुझे पूरा साल लग गया। धीरे-धीरे कुछ तसल्ली भी हुई। मैं तो डरती ही रहती कि कहीं कोई गलत बटन दब गया तो यह मरा कहीं खराब ही न हो जाय। इसे ठीक कराने में बहुत-सा खर्चा करना पड़ेगा।

मॉम, लैपटॉप का कुछ नहीं बिगड़ता। मुझ डरती हुई का उसने हमेशा हौसला बढ़ाया।

अब मेरा सारा डर ख़त्म हो गया है। अब तो सुबह उठ कर सबसे पहले ई-मेल ही चेक करती हूँ। चाहे पता ही क्यों न हो कि मुझे कौन-सी और कहाँ से ई-मेल आनी है। कई बार सोचती हूँ कि मैं कौन से कोई बिजनेस करती हूँ, आराम से खोलूँगी। पर बेताबी-सी रहती है। मन व्याकुल-सा होने लगता है। अब तो हाथ भी साफ हो गया है कि झट से पंजाबी में टाइप कर के अटैच कर देती हूँ और "सेंड" का बटन दबा देती हूँ।

राब्ता के डैडी भी कई-बार खीझ जाते हैं। जब भी कभी उनकी सुबह की चाय लेट होती है।

–राब्ता...यह कैसी बला अपनी माँ के गले डाल गई है। पागलों की तरह उसी से चिपकी रहती है। जब कभी भी वे राब्ता से फोन पर बात करते, यह ताना ज़रूर मारते।

–डैडी क्या यह अच्छी बात नहीं कि हम माँ-बेटी रोज़ बातें कर लेते हैं, मिल लेते हैं।

–वह तो ठीक है, पर इसे अब किसी और काम की चिंता ही नहीं रहती। सुबह सबसे पहले कम्प्यूटर पर ही बैठती है।

–मुझे तो अब ऐसा लगने लगा है कि मैं चाहे खाना न खाऊँ पर मेरा लैपटॉप

सदा मेरे पास रहना चाहिये। अब धीरे-धीरे मैं ई-मेल ही नहीं और भी कितना कुछ 'सर्फ़' करने लग गई हूँ। जब भी कोई बात समझ न आये, झट से "गूगल" खोल कर बैठ जाती हूँ। इतनी सारी जानकारियाँ, यह छोटी-सी मशीन कैसे सँभाले हुए है। मैं हमेशा इस बात पर हैरान होती हूँ।

—आज की ई-मेल पढ़ कर तो मेरे पाँव तले धरती ही खिसक गई लगती है।

—मॉम, कल राजबीर अपने दोस्तों के साथ नाइट-आउट के लिए बाहर गया था और आज मैं जा रही हूँ। थोड़ा जल्दी में हूँ। कल विस्तार में बताऊँगी।

—राब्ता...।

—क्या...? मेरी तो सोचने की शक्ति ही सुन्न हो गई है। ये दोनों अकेले-अकेले नाइट आउट के लिए बाहर क्यों जाते हैं? यह प्रश्न मेरे सामने टाँगें फैलाये बैठ गया था। पूरी रात करवटें लेते हुए बितायी। एक पल को भी नींद नहीं आई। एक डर-सा मुझे खाये जा रहा था, कहीं दोनों में अनबन तो नहीं हो गई? कहीं राजबीर किसी दूसरी लड़की—यहाँ पहुँच कर मैंने अपने विचारों को झिड़क-सा दिया और कहा कैसे बद्शगुनी की बातें सोच रही है। लेकिन चिंता मुझे काट-काट कर जैसे खा रही हो। मैंने राब्ता के डैडी से भी बात की।

—राब्ता की ई-मेल आई है कि वह नाइट-आउट के लिए जा रही है, अकेली, राजबीर साथ नहीं है।

—फिर क्या हुआ—अपनी कुछ सहेलियों के साथ सिनेमा देखने गई होगी, शॉपिंग करने गई होगी, इसमें चिंता करने की कौन-सी बात है?

—आपको तो किसी बात की कोई चिंता नहीं। बस सारा दिन अपने बिजनेस में डूबे रहते हो। घर-परिवार की कोई परवाह नहीं, कभी नहीं सोचते।

—तू कभी अकेली बाहर नहीं गई क्या? उन्होंने शैतानी भरी नज़रों से देखते हुए कहा, मेरा पारा और भी चढ़ गया।

—गयी हूँ, पर ऐसे तो नहीं, कि जानबूझ कर, बिना आपसे पूछे कहीं गई होऊँ?

—राबता पंजाब में नहीं, इंग्लैंड में रहती है। शायद राजबीर से पूछ कर ही गई हो, उसे अकेले जाना पड़ा हो। तू तो ऐसे ही हर बात की बाल की खाल निकालने लगती है। यह सारी तेरे कम्प्यूटर की ही मेहरबानी है। अगर इसे न सीखती तो सुखी न रहती? वैसी ही राब्ता है, जो हर छोटी-मोटी बात की ई-मेल तुझे करती रहती है।

—यह छोटी बात है क्या?

—और क्या है? राब्ता अपनी सहेलियों के साथ नाइट आउट के लिए गई है। तो क्या हो गया? क्या आफत आ गई? कौन-सा आसमान गिर पड़ा। राब्ता का डैडी खीझा हुआ था। मैं भी चुप रह गई। बात को और ज़्यादा तूल देना ठीक न समझा।

पर मुझे उनकी दलीलों को सुन कर रत्ती भर भी राहत न मिलीं। मैं वैसे ही

चिंता में तड़पती-सी रही। पल-पल करके रात बितायी। आज इतवार था। मैं जानती थी कि इतवार को राब्ता और राजबीर घर में होते हैं। वहाँ और यहाँ के समय में पाँच घंटे का अन्तर था। साढ़े बारह भी वहाँ के अभी सात बजा रहे होंगे। इतनी जल्दी काहे को जगाऊँ? मैं ऐसा सोच कर खुद ही दुःखी होती रही। मैंने राब्ता को फोन न किया। तो भी चारपाई से उठते ही ई-मेल कर दी, सोचा जब खोलेगी तब जाग ही रही होगी।

—पर इस कमबख़्त माँ के मोह को चैन कहाँ? पता नहीं कब मुझ से राब्ता का नम्बर घूम गया।

—हैलो...। वहाँ से राजबीर बोला।

—मॉम...।

—हाँ, बेटा राजबीर कैसे हो? राब्ता...?

—रात को लेट आई थी अभी जगी नहीं है।

—जब जागे, उसे कहना मुझे फोन करे।

—क्या बात है मॉम...?

—बस ऐसे ही उससे बात करने को मन हो रहा है। मैंने अपनी चिंता छिपाने की कोशिश की। पर राजबीर की बातों से मुझे ऐसा लगा जैसे उसने मेरी चिंता को सूँघ लिया है।

—ई-मेल करने की सोच कर कम्प्यूटर चालू किया। पासवर्ड पंच किया और ई-मेल करने लगी। राब्ता का पता टाइप किया।

विषय-खाली।

—हैलों बेटा राब्ता...

—राब्ता...यह तूने ईमेल में क्या लिखा था कि तू राजबीर के बिना अकेले ही नाइट आउट पर जा रही है। यह क्यों बेटा...? मैंने जब से तेरी ईमेल पढ़ी है, मुझे चैन नहीं। सारी रात जागती ही रही। जल्दी-से-जल्दी मेरी ईमेल का जवाब दे।

मॉम

और 'सेंड' का बटन दबा दिया।

लैपटॉप की स्क्रीन पर ई-मेल पहुँचने की सूचना मिल गई। मुझे थोड़ी-सी तसल्ली हुई। अब जब भी राब्ता खोलेगी, मेरी ईमेल पढ़कर जवाब दे देगी। पर इस कमबख़्त माँ के दिल का क्या करूँ? यह तो कल से ही तड़प रहा है। तरह-तरह के ख्यालों से सोचो की सूली पर टँगी हुई हूँ।

—उधर राब्ता सुबह तीन बजे तक घर पहुँची और राजबीर को खर्राटे मारते हुए देखकर स्पेयर रूम में सो गई।

राजबीर तो सुबह का जागा हुआ था पर उसने राब्ता को जगाया नहीं। वह

जानता था कि रात को लेट ही आयी होगी।...

हल्का से नाश्ता करके जिम चला गया। उसके लौटने तक भी राब्ता सो रही थी। उसने ब्रेकफास्ट और लंच (ब्रंच) दोनों इकट्ठा ही बना लिया। राब्ता को ब्रंच तैयार होने पर आवाज़ लगाई। वह भी धीरे-धीरे उबासियाँ लेती, गाउन डाले किचन में आ गई।

—रात को बड़ी लेट आयी...? अपने लिए ब्रंच डालते हुए, खोजी नज़रों से राब्ता को देखते हुए पूछा।

—नहीं ज़्यादा लेट तो नहीं। दो बजे आ गई थी...।

—कैसी रही तुम्हारी नाइट आउट...?

—बहुत ही एन्जॉएबल...? सैंडी और उसका पति भी आये हुए थे। वे तो पूछ रहे थे कि राजबीर क्यों नहीं आया?

—यह सैंडी (संदीप) अच्छी है। कल भी क्लब में आयी हुई थी और तेरे बारे में पूछ रही थी। तुझे तो मैंने नहीं बताया पर वह देर रात डेव (दविन्दर) की कार में और डेव की पत्नी रीटा (रितू), सनी (सुरिन्दर) की कार में बैठकर बाय-बाय करते हुए अलग-अलग गये थे। मैं तो हैरानी में ही डूबा रहा। कितनी देर तक उसी जगह खड़ रहा।

—कहीं तुम भी तो कल रात किसी की कार में बैठ कर नहीं आये...राब्ता मुस्करा रही थी।

—राब्ता...? राजबीर ने कुछ कड़ी और कुछ शरारती आँखों से राब्ता को देखा।

—सैंडी क्लबिंग के लिए तो हर वक्त तैयार रहती है। वैरी-वैरी जॉली गर्ल। वांटस टू एन्जॉए एवरी मोमेंट ऑफ हर लाइफ।

—क्लबिंग एन्जॉए करना हो ठीक है पर पति बदलना...?

—कई बार विवाहित जीवन की बंद चहारदीवारी से घिसी हुई ट्रडिशनल रवायतों को एक ओर खिसका कर भी सोचना और एन्जॉए करना चाहिये। कोई नया तजुर्बा करने में क्या हर्ज़ है। राब्ता इतना कह कर राजबीर को गौर से देखने लगी।

—क्या...कहीं तू भी तो इन सीमाओं से बाहर जा कर कोई तजुर्बा करने की तो नहीं सोच रही...? राजबीर ने राब्ता को कुरेदते हुए आश्चर्य और गम्भीरता के सागर में उतरते हुए मुश्किल से कहा। अनचाही चिंतायें उसके चेहरे पर साफ झलक रही थीं।

—"मैं वह नहीं कह रही जो आप समझ रहे हो। राब्ता गंभीर थी।"

—"और फिर तू क्या कह रही है...?"

—यू नो दैट फ्रेज़—"यू आर नॉट मैरी, यू ओनली मैरी वेन यू गैट कैट।" आप भी जानते हो कि यह ट्रेंड अब रोज़ नई ऊँचाईयाँ छू रहा है। वैवाहिक जीवन में दरारें

डालने वाली भूख केवल कामुकता नहीं है, इसका सबसे बड़ा कारण विश्वासों का टूटना है। जो दंपत्ति वैवाहिक जीवन की सीमाओं को स्वीकार करके अपने जीवन की यात्रा आरम्भ करता है, उसमें एक का उस अपनत्व भरे विश्वास में सुराख करना इस बात की ओर संकेत नहीं करता, वे अपनी काम-पिपासा से तृप्त नहीं हैं, बल्कि इस बात का घोतक होता है कि इस इकरार में अब दरारें आ चुकी हैं। उस इकरार की

—जिसकी मज़बूत बंधन बाँध कर वे अपने सफर को चले थे।

—धोखा ही एक बहुत बड़ा कारण है। इस वजह से आज का व्यक्ति खुली शादियों की ओर आकर्षित हो रहा है।

—घर में तुम्हारा साथी, जिसे तुम प्यार करते हो और वह आप के लिए सर्वाधिक अहमियत भी रखता है। यदि वह यह स्वीकार कर ले कि उसका पार्टनर वैवाहिक जीवन के चार फेरों की सीमाएँ, अपनी ज़िम्मेदारियों की गाँठ को खोल कर खुद को गिल्टी माने बिना, भयरहित, नई युवतियों में मुँह मारना चाहता है और ऐसा करने पर उस कपल में किसी प्रकार की भी आपसी खींच-तान नहीं होती, तो यह फिर दो जहानों का स्वर्ग ही सिद्ध होगा, है कि नहीं...? कह कर राब्ता गौर से राजबीर को निहारने लगी। वह उसके चेहरे के भावों द्वारा उसे समझने की कोशिश में थी।

राजबीर अब कुर्सी पर और भी सीधा हो कर बैठ गया। कौर तो जैसे उसके गले में ही अटक गया था। एकटक वह राब्ता को देखे जा रहा था। उसके लिए राब्ता की यह सोच एक नई चुनौती थी। राजबीर का यों सोचना शायद उसके लिए ठीक भी था कि हर व्यक्ति ऐसा कैसे सोच सकता है? यह सोसाइटी जिसमें वह विचरण करता है, साँस लेता है, यह उस समाज की परम्परा कैसे बन सकती है?

—इस सिचूऐशन में भी अनेक खामियाँ हैं और हमारा पतिव्रता का संकल्प भी एक झूठ-सा लगता है। यह पूर्ण नहीं है। हमारा ब्रेनवाश किया गया है और उसे मानने के लिए हम पर समाज रिश्तेदारियाँ, कानून और हर प्रकार की संस्थाओं द्वारा प्रेशर डाला जाता है। यही कारण है कि जब कोई भी व्यक्ति—आदमी या औरत, घर की दहलीज से बाहर कदम रखता है, दूसरों की बात तो छोड़ो, वह खुद ही अपने को गुनहगार समझने लगता है। अगर इस खुलेपन को, आज़ादी को स्वीकार कर लिया जाय...सोचो...राजबीर, वैवाहिक जीवन निभाने में कितना प्रेशर हट जायेगा। यह रवायत कितनी सुखद हो जायेगी? आदमी फितरत से मोनोगैमॅस (एक पत्नी/एक पुरुष) नहीं है, वह पोलीगैमॅस (एक से अधिक पत्नियों का पति) है। आदमी इतना काम्प्लेक्स है कि वह अगर मोनोगैमी का संकल्प निभा नहीं सकता तो इस क्षेत्र में खुद को बड़ा गया गुज़रा समझने लगता है। समाज का प्रेशर ही इतना होता है कि वह उस बारे में बात भी नहीं कर सकता। कुछ भी कहने से झिझकता है।

अपने भीतर ही विद्रोह पालता रहता है। उसके व्यक्तित्व में बदलाव आते रहते हैं। घर में उसका व्यवहार बदल जाता है, इस कारण उसके वैबाहिक जीवन की दरारें और भी गहरी हो जाती हैं। इसी कारण आदमी यह सब चोरी-छिपे करता है और डरता भी है कि कहीं पकड़ा न जाऊँ। वह दबा-दबा-सा रहने लगता है उसकी सोच भी स्वस्थ नहीं रहती। वह खुद से बेगाना-सा होकर विचरण करता है। लेकिन यदि हम इस चलन को ओपनली डिसकस करें और एक दूसरे से गंभीरता से पूछें कि आप क्या चाहते हो...को विस्तार से अपने साथी के साथ शेयर करें और आप पूरी आज़ादी और पूरी सच्चाई के साथ स्वीकार करें—तभी हम ऐसी परिस्थिति को सुलझा सकते हैं। चोरी-छिपे बेगानी दीवारें फाँदना छोड़ कर पूरी आज़ादी के साथ उनके आँगनों के अपनत्व को किसी हीनभावना के बिना, किसी गिल्ट के बिना मान सकें तो यह फिर स्वर्ग ही होगा कि नहीं...राजबीर?

राजबीर बड़ा गंभीर होकर राब्ता के तर्कों को सुन रहा था और साथ ही उसके चेहरे के हाव-भाव भी वह पढ़ रहा था। उसके मन में बार-बार आ रहा था कि राब्ता भी शायद ऐसा ही वैवाहिक जीवन चाहने लगी है। शायद वह भी ऐसी ही स्वतंत्रता चाहती है, जहाँ कोई दीवार न हो, कोई जाँच-पड़ताल वाली नज़र उसके कपड़ों से गुज़र कर उसके जिस्म के आर-पार न हो। किसी तरह का कोई बंधन न हो। जहाँ उसे इस बात की पूरी स्वतंत्रता हो कि केवल वह-और वही यह निर्णय करेगी कि आज की रात उसने किस बिस्तर पर गुज़ारनी है।

—तुम मानो या न मानो राजबीर...मेरिज कांउसलरों के पास ऐसे रिश्तों की खोज करने वाली संस्थाओं की भी यही रिपोर्ट है कि खुले रिश्ते बहुत बढ़ रहे हैं। जो दंपत्ति एक-दूसरे पर पूर्ण विश्वास करते हैं, एक-दूसरे से मुहब्बत करते हैं और एक-दूसरे की इच्छाओं का पूर्ण सम्मान करते हुए, जैसा जी चाहे जीवन जीने की ओपन स्वतंत्रता को स्वीकार करके सारी बात अपने पार्टनर के साथ बिना किसी डर के, झिझक या गिल्ट के—विस्तार में कर लेते हैं, उनके रिश्तों की बुनियाद में धोखा या छिपा हुआ डर नहीं होता बल्कि दोस्ती, ईमानदारी और सच्चाई होती है। वहाँ ईर्ष्या या रिश्ता टूटने का भय नहीं रहता। मैं जब भी किसी को ऐसा कहते सुनती हूँ कि ऐसे बर्ताव से हममें खुशियाँ भरी, ईमानदारी अपनत्व की भावना, रिश्ते में गहराई आ गई है, जिससे उनका उनके घरों में ईर्ष्या या भय नहीं, अंडरस्टैंडिंग है, खुलापन है। एक दूसरे पर विश्वास है। मुझे सच में उन लोगों से रश्क होने लगता है कि उन्होंने कैसे यह सब स्वीकार कर लिया है?

—जो लोग अपने वैवाहिक जीवन को इस तरह से देखते हैं जहाँ खुला रिश्ता ही उनकी नज़र में जायज़ होता है और उनके व्यवहार में खुशियाँ ला सकता है तो मेरी समझ में शादी कराने की क्या ज़रूरत है? अगर आदमी के लिए पशुओं वाली

वृति अपनाना सही है, वह जिसके साथ भी चाहे रात बिता सकता है, फिर वैवाहिक जीवन में बचता ही क्या है? हमारे संस्कारों का क्या? क्या बचता है फिर इस रिश्ते में। राजबीर पगला-सा रहा था। राजबीर मर्द की सोच को पकड़े बैठा, राब्ता के तर्कों के आगे निरुत्तर-सा हो कर तड़प उठा।

—राजबीर, आप गलत सोच रहे हो? राब्ता जोश में थी।

—फिर सही क्या है...? राजबीर की भौंहे तन गईं।

—मैं तो सिर्फ यह कह रही हूँ कि अगर यह आज़ादी किसी जोड़े को खुशी दे सकती है, उसके आचरण से डर, झूठ और गिल्ट के भावों को कम कर सकती है तो इसमें बुराई क्या है?

—फिर इंसान और जानवर में क्या अन्तर हुआ। सदियों पहले जंगलों में रहने वाला मनुष्य यही सब करता था। यह सारा विकास, समाजों की बनावट और बुनतर की क्या ज़रूरत थी? राजबीर सदियों पुरानी मर्द होने की अकड़ को संभाले हुए उसे सुरक्षित रखने की रौ में बोले जा रहा था।

—जानवर बिना सोचे समझे ऐसा आचरण करता है। जंगलों में रहते समय शादियाँ होती ही नहीं थीं। कोई बंधन नहीं था कोई दीवार नहीं थी।

—मैं ऐसा नहीं कह रही कि हमें इस राह को अपना लेना चाहिये, पर इस पर गंभीरता से विचारों का आदान-प्रदान तो करना ही चाहिये...है ना? राब्ता समझती थी कि राजबीर वैसे ही अड़ रहा है...पुरुष है ना...आरगूमेंट में हार कैसे माने, वह भी अपनी पत्नी से।

अपनी फितरत से आदमी पोलीगैमीस है। थोड़ा पीछे मुड़ कर देखो। मुसलमानों में चार-चार शादियों की इजाज़त है। राजे-महाराजे अपने हरमों में सैंकड़ों पत्नियाँ रखा करते थे। आज भी अखबारें ऐसी खबरों से अटी पड़ी हैं कि डायना जैसी शहज़ादियों की दूसरे मर्दों से यारियाँ। ये जो सुपर रिच फुटबाल के खिलाड़ियों को देखो, क्या-क्या करते फिरते हैं? अपने दोस्तों की पत्नियों के साथ रातें गुजारते हैं। बड़ा गुलफर ही कितना कुछ करता रहा है। लेकिन यह सब चोरी-छिपे ही होता है, अगर उसकी आज़ादी हो तो गिल्ट की कोई भावना नहीं होगी और वैवाहिक जीवन में कोई छेद नहीं होगा, उल्टा घर बसे रहेंगे। टूटने से बच जायेंगे। अगर सैंडी और उसका पति यह ठीक समझते हैं तो वे ऐसा करने से ही गिल्ट फ्री हो जायेंगे और ऐसे आचरण के कारण ही उनके वैवाहिक जीवन में कोई नई प्रकाश किरण फूटती है, उनके घर में खुशी है, तो इसमें क्या बुराई है...?

—राजबीर एकदम चुप हो गया। उसे राब्ता की फ़िक्र होने लगी। अपनी शादी के बारे में वह चितिंत हो उठा।

—तुम जिन लोगों के उदाहरण दे रहे हो, वे धोखेबाज़ हैं। औरत के साथ

धोखा नहीं तो और क्या है? औरत को पैर की जूती और सेक्स मशीन समझने वाले लोगों के कारनामें हैं। मुझे तो तेरी फ़िक्र होने लगी है। राजबीर गंभीर था।

"राजबीर, आप तो यूँ ही चिंता कर रहे हो। हमारे रिश्ते में कभी कोई उलझन नहीं आयेगी। राब्ता ने उठ कर राजबीर की गर्दन में बाँहे डाल दी और हल्के से उसके गाल को चूमते हुए उसे अपनी ओर खींच लिया।

—मुझे तो समझ नहीं आती कि समाज, भाईचारा, रिश्तेदार, दोस्त इस तरह के आचरण को कैसे स्वीकार कर लेते हैं?

—यह भी आपका वहम ही है। देखो तो अब लेसबियन और 'गे' के रिवाज़ को भी समाज भाईचारे ने मान्यता दे ही दी है। कानून भी इस रिवाज़ की रक्षा के लिए साथ आ खड़ा हुआ है। धीरे-धीरे इस ओपन समाज को भी लोगों ने स्वीकार कर लेना है। जब भी कोई नया प्रयोग आम हो जाता है तो भाईचारा, समाज उसे धीरे-धीरे मान ही लेता है।

—बच्चे? राजबीर ने एक और फ़िक्र संधुओं की कपड़े की दुकान में फैले हुए थानों की तरह राब्ता के आगे खोल दिया।

—हाँ बच्चे-जिससे औरतें चाहेंगी, बच्चा पैदा कर लेगी। यह औरत की मर्ज़ी होगी। और होनी भी चाहिये, उसे ही यह हक होना चाहिये कि वह किस आदमी का बच्चा पैदा करना चाहती है। उसी ने तो उस बच्चे को नौ महीने पेट में रख कर उसे जन्म देना होता है।

—तू क्या ये पागलों वाली बातें कर रही है। उन बच्चों को फिर पालेगा कौन? उनका घर कौन-सा होगा? उनके बाप का या माँ का? दोनों का तो हो नहीं सकता। बच्चे के पालन-पोषण के लिए क्या माता-पिता दोनों की उपस्थिति आवश्यक नहीं है? राजबीर तमक उठा था।

—आज के युग में यह कोई समस्या नहीं है। यह फैसला दोनों करेंगे और इस के लिए आवश्यक सुविधायें भी पैदा करेंगे।

—हाँ सच में, तेरी मॉम का फोन आया था। वह कुछ ढीला-सी बोल रही थी।

राजबीर इस उबाऊ वार्तालाप से पिंड छुड़ाना चाहता था। इस पर और गहराई में उतर कर उसे शायद यह डर लगने लगा था कि कहीं वह राब्ता से सहमत ही न जो जाय।

—फिर राजबीर, इस डिस्कशन के बाद आप कैसा महसूस कर रहे हो?

राब्ता को यह लग गया था कि आर्गूमैंट का सूत्र उसी के हाथ में है। राजबीर ऐसे ही सामाजिक, भाई चारेपन की चुनौतियाँ दे रहा है। वे ही उदाहरण दिये जा रहा है जो ट्रडिशनल बातें सदा ही करता आया है। परिवर्तन (चेंज) ही तो गति है। बँधा हुआ पानी इसीलिये गंधाता है, क्योंकि उसमें गति नहीं होती। खड़ा ही रहता

है। नहरें और दरिया बहते रहते हैं। चलने से ही जीवन गतिमान होता है, अँगड़ाई लेता है। नई ऋतुओं में फूल खिलते हैं। आशाओं और इच्छाओं की चादर पर मोर-मोरनियों के लिए कसीदे पढ़े जाते हैं। राजबीर तो अब घिसी हुई, पुरानी हो चुकी रवायत के किनारों को कस कर पकड़े बैठा है।

—तेरी यह सारी डिस्कशन मुझे बिल्कुल पसंद नहीं आई। मुझे वक्त चाहिये। तू वे सभी बंधन मसले जा रही है जिसमें रह कर मैं अपना वैवाहिक जीवन का हर पल खुशी-खुशी बिताना चाहता हूँ।

—मैं भी तो यही चाहती हूँ कि हममें कोई लुका-छिपी नहीं होनी चाहिये। हममें ईमानदारी होनी चाहिये और अपनी इच्छाओं को बिना किसी डर के, झिझक के विस्तार से कह देने और विचार करने का साहस होना चाहिये।

ऐसे ही लगभग दो हफ्ते गुज़र जाते हैं और उनकी तयशुदा लकीर पर दिन बीतते रहते हैं।

आज सप्ताहंत राजबीर के अकेले क्लब जाने की शाम है। हर शनिवार की तरह वह आज भी तैयार हुआ। दो बार शेव-सीधी फिर उल्टी तरफ की। आफ्टर शेव हाथों पर छिड़का और गालों पर लगाया। बगलों में डियोडरेंट भी लगाया। बालों में कंधी करके उसे सेट रखने के लिए स्प्रे छिड़का।

आठ बजे के लगभग राब्ता को बाय-बाय करके हर शनिवार की तरह घर से बाहर हो गया। घर से 35 नम्बर की बस पकड़ी और डर्बी रोड पर सिवॉय सिनेमा के पास उतर कर अपने ऑफिस में काम करने वाली दोस्त, जो दो साल से बनी हुई थी ओडरी के साथ उसकी कार में जा बैठा। वह पहले से ही कौटिसमूर सड़क पर उसकी प्रतीक्षा कर रही थी। क्लब में घुसते ही उसकी नज़र सैंडी और उसके पति पर पड़ी तो वह काँप-सा गया। उसने तो सोचा भी नहीं था वह आज उनसे टकरा जायेगा।

राब्ता नहीं आई?—सैंडी के पहले प्रश्न ने ही उसे हिला दिया।

—उसे कल क्लब जाना है। यह औडरी है। हम एक ही ऑफिस में काम करते हैं। आज हमारे एक सहकर्मी की बर्थ-डे-पार्टी है, मैंने ओडरी को विनती की कि वह मुझे लिफ्ट दे दे। पार्टियों में कई बार ज़्यादा पी जाती है। आप तो जानते ही हैं कि आजकल पुलिस बड़ी सख़्त हो गई है।

—आपको सफाई देने की कोई ज़रूरत नहीं। पार्टी और अपनी दोस्त के साथ मज़े करो। कहते हुए सैंडी अपने पति को घसीटते हुए डाँस करने ले गई।

—ओडरी, यह तो अच्छा नहीं हुआ। यह औरत राब्ता को भी जानती है। अगर इसने हमारी पोल खोल दी तो अच्छा नहीं होगा।

—राब्ता बहुत समय से ओपन शादी की बड़ी हिमायत करती आ रही है। इसके

पक्ष में बड़ी संजीदा मिसालें दे रही है। तेरा क्या विचार है?

मेरी अभी शादी नहीं हुई है। मुझे सिर्फ एक ऐसे मर्द की ज़रूरत है जो मुझे और सिर्फ़ मुझे ही प्यार करे।

—यह मर्द तेरे साथ ही तो खड़ा है, कहते हुए राजबीर ने ओडरी को विश्वासभरा चुंबन दिया।

—यह मर्द शादीशुदा है...?

—फिर क्या हुआ? तुझे प्यार तो करता है..."

—यह तो मुझे तब विश्वास होगा जब यह मर्द मेरे साथ रहने लगेगा और सिर्फ़ मेरा ही होगा।

—यह बहुत मुश्किल है ओडरीन

—ओडरीन ने सुना और उदास हो गई। पूरी शाम वह चुप-चुप सी रही। पार्टी के खत्म होने से पहले ही उसने जाना चाहा। राजबीर कारण जानता था, वह उसे मना न कर सका और खामोश-सा उसकी कार में जा बैठा। कार से उतरते हुए गुड-नाइट किस देते हुए उसने उदास ओडरी को फिर ध्यान से देखा।

—अगर तू अपनी पत्नी को नहीं छोड़ सकता, तो फिर यह रिश्ता भी हमें भुलाना होगा...।

—ओडरी, मुझे वक्त चाहिये। यह बड़ा गंभीर मसला है। इसे कुछ पलों में हल नहीं किया जा सकता। मैं ऐसा कोई भी फैसला जल्दबाज़ी में नहीं लेना चाहता, जिस पर मुझे बाद में पछताना पड़े। दूसरी बात, मेरे शादीशुदा होने को तुझे पहले से पता था।

—पर तू तो कहता रहा कि तू मुझे बहुत प्यार करता है?

—यह तो अब भी कर रहा हूँ।

—फिर तू मेरे लिए अपनी पत्नी को छोड़ क्यों नहीं सकता?

—यह इतना आसान नहीं क्योंकि मैं अपनी पत्नी को भी बहुत प्यार करता हूँ।

—हैं...?

—इसका मतलब सिर्फ़ यही है कि तू मुझे अपनी रखैल बना कर रखना चाहता है। इन हालत में मैं तेरे साथ किसी भी प्रकार की निकटता नहीं रख सकती। कहते हुए ओडरी ने अपनी कार का दरवाज़ा खोल दिया और राजबीर को उतरने का इशारा किया।

ओडरी की कार से उतर कर राजबीर गहरी सोच में डूब गया और उसे राब्ता द्वारा दी गई दलीलों पर रश्क होने लगा। वह हैरानी में और भी गंभीर हो गया कि राब्ता ऐसे किस तरह सोच सकती है, कहीं वह भी किसी के साथ रिश्ता तो नहीं

बनाये बैठी? यह सवाल उसके सामने मुँह बाये खड़ा हो गया। उसे हीनता का अनुभव हुआ कि खुद तो वह विवाहेतर संबंध बनाये फिरता है पर राब्ता को सच्च और सुच्चा होने का दिखावा करता रहता है। ऐसे ही विश्वास टूटने की बात तो राब्ता करती है। ऐसे धोखों के बारे में ही तो वह बार-बार कहती थी। इन्हीं विचारों की खींचतान में वह घर पहुँचा। राब्ता अभी जाग रही थी।

—राजबीर, आज बड़ी जल्दी लौट आये...?

—बस, यों ही दिल ही नहीं किया, क्लब में और रुकने का...।

—आपकी पार्टी कैसी रही...?

—जैसी पार्टियाँ होती हैं। राजबीर ने रूखा-सा उत्तर दिया।

—राजबीर...झूठ बोलने की ज़रूरत नहीं। इस झूठ के बारे में ही तो मैंने उस दिन बात करने की कोशश की थी।

—मतलब...?

—मुझे सैंडी का फोन आ गया था। सुनते ही राजबीर पूरे का पूरा सुन्न हो गया। उसकी आँखें नीची हो गईं। जीभ तालू से चिपक गई।

—आई ऐम सॉरी, राब्ता। कहते हुए उसका गला भर आया और उठकर उसने राब्ता को बाँहों में भर लिया। राब्ता आग बबूला होने की जगह शान्त थी।

—मैं तुझे बहुत प्यार करता हूँ...राब्ता, यह मेरे साथ पता नहीं कैसे हो गया?

—मैं जानती हूँ कि आप मुझे बहुत प्यार करते हो। मुझे इसमें कोई शक नहीं है। आदमी फितरत से पौलीगैमीन है। इसीलिए मैं आपसे कह रही थी कि अगर हम दोनों इस खुलेपन को स्वीकार कर लें तो हमारा वैवाहिक जीवन और भी सुखद हो जायेगा।

—मैं आपको पूरी तरह माफ कर रही हूँ। अपने मन में किसी भी तरह का गिल्ट मत पालना पर साथ ही मेरी एक माँग है कि कहीं मेरा मन भी आपकी तरह इस बंधन से बाहर जा कर इस दीवार के परे अगर झाँक गया हो तो आप भी मुझे माफ कर दोगे। कहते हुए राब्ता ने राजबीर को अपनी बाँहों में कसते हुए, प्यार भरे मोह से गहरा चुम्बन दिया और वे दोनों किसी आंतरिक तृप्ति में सराबोर हो गये।

—मैं अब मॉम को उनकी ई-मेल का जवाब दे दूँ और बताऊँ कि हमने एक बहुत बड़ा निर्णय ले लिया है। हमें रिश्तों को जीवित रखने के लिए अब झूठ का सहारा लेना नहीं पड़ेगा और न किसी गिल्ट भावना से भीतर ही भीतर घुलते रहना होगा।

—क्यों मारती है बुढ़िया को...? कहते हुए राजबीर एक बहुत बड़े झूठ से मुक्त हुआ अनुभव करने लगा, धीरे से, हल्के से मुस्कराते हुए उसने राब्ता को बाँहों में कस लिया।

दो किनारे

तरसेम सिंह नीलगिरी

(21.02.1941- अप्रैल 1982)

पाखर सिंह ने अपनी छोटी-सी रफ दाढ़ी पर हाथ फेरा। "अब तू भी बढ़ जायेगी। तेरी पहली हत्या गोरों ने की थी।" सोचते हुए उसने लम्बा साँस लिया।

टेम्पो जब गाँव की सीमा में प्रवेश करने लगा तो पाखर सिंह बोला—"रोकना भाई ज़रा।"

"अच्छा जी" कहते हुए ड्राइवर ने टेंम्पो रोक दिया। पाखर सिंह टेम्पों से नीचे उतरा। एक पल के लिए अपने ऊपर आसमान को देखा। फिर घुटनों पर बैठ कर उसने अपना सिर ज़मीन पर रख दिया, फिर उठाया और एक बार फिर धरती को छुआया। कुछ देर के लिए उसने अपना दिल का बोझ हल्का किया, फिर टेम्पो में बैठा और कहा—"चल भाई।"

"मैंने सोचा आप मोटी धार मारने गये हो पर आप तो शीश नवाने लग गये।" टैंपो वाला बोला। वह समझ नहीं पा रहा था कि ये कैसे विलायती हैं। यहाँ न तो कोई गुरुद्वारा था, न कोई मंदिर और न ही किसी पीर फ़कीर की कब्र।

"धार तो क्या मारनी थी।" पाखर सिंह बस इतना ही कह पाया। फिर उसने चलते हुए टेम्पो से बाहर की ओर देखा। खेत गहरे हरे रंग की फसलों से भरे पड़े थे। यह वही दृश्य था जिसे देखने के लिए वह बरसों से तरस रहा था। अपने मन के इस विद्रोह को उसने कई बार दबा दिया था। नौ सालों में वह बस एक बार गाँव आया था, पर कुछ महीनों बाद ही उसके पिता हरनाम सिंह ने उसे ज़बरदस्ती विलायत वापिस भेज दिया था।

टेम्पो जब उनकी बाहर वाली हवेली के पास खड़ा हुआ तो उसका दिल खुशी से भर गया। हरनाम सिंह ने भी आवाज़ सुनकर फाटक खोला। वह अपने दोनों पोतों के साथ घर के छोटे-मोटे काम कर रहा था। पाखर सिंह को देख कर एक पल को वह हैरान रह गया फिर सँभल कर बोला—"आ भाई जवान! ठीक तो है?"

"हाँ, पाखर सिंह सिर्फ़ इतना ही बोल पाया। फिर उसकी आँखों से आँसुओं की धारा फूट पड़ी। उसने आगे बढ़ कर पिता को बाँहों में भर लिया। कितनी देर

तक सिसकते हुए उसने खुद को उस झप्पी में जकड़े रखा। फिर उसके मुँह से आह जैसी आवाज निकली—"अरे बापू, ओ बापू, उन गोरे कंजरों ने मार डाला।"

हरनाम सिंह ने उसकी पीठ थपथपायी। उसके दोनों बेटे अभी तक उन दिनों को देख रहे थे। जिस पिता को उन्होंने अपने दादा और माँ के मुँह से सुना था, पत्रों में पढ़ा था, वह अब आ गया था। अब वे दोनों भी पाखर सिंह से लिपट गये। अपने पिता की ओर से हट कर पाखर सिंह ने गिंदे और निम्मे को कस कर गले लगाया। अब उसे अपनी ज़िंदगी का कुछ मज़ा आया था। इंग्लैंड में रहते हुए उसने खुद को एक भावहीन लोथड़े में बदलता हुआ महसूस किया था। जैसे उसके अंतस् में सभी रिश्ते-नाते ख़त्म हो गये हों। "कैसी निर्मोही धरती थी विलायत।" अब उसे फिर अपने आप माँस के लोथड़े से मनुष्य बनता प्रतीत हुआ।

"पढ़ाई कैसे चल रही है?" पाखर सिंह ने अपने बेटों से पूछा।

"पत्र में लिखा था, मैं तीसरे नम्बर पर औरी निम्मा पाँचवे पर।"

"अच्छा, तब तो ठीक है। पहले पर आ जाते। पाखर सिंह की अंतिम बात सुन कर लड़कों ने आँखें नीची कर लीं।

टेम्पों वाले ने उसका सामान उतार कर हवेली में रख दिया। उसने जितने पैसे माँगे। पाखर सिंह ने दे दिये। अपना टेम्पो पीछे मोड़ कर, वह चला गया। अब तक वहाँ से निकलते हुए कई लोग उसे आया हुआ देख कर, खड़े होकर उसका हाल चाल पूछने लगे।

"वाह! वाह! बड़ा अच्छा हुआ। ठीक-ठाक तो पहुँच गये सरदार पाखर सिंह जी। मैंने कहा टेम्पो तो आया है, कहीं सरदार पाखर सिंह ही न हों। पिता जी ने आपके आने के बारे में कोई बात भी नहीं की।" वतना और पाखर सिंह नवीं कक्षा तक साथ पढ़े थे। दोनों में लड़ाई, मार-पीट भी हुई थी। वतना अब गाँव में चौकीदार था। पाखर सिंह को विलायत से आया देख अब जी जी करके बुला रहा था।

"इसके आने का कोई पत्र तो हमें भी नहीं आया था। वैसे अच्छा हो गया। अब मेरे हाड़-गोड़े कहाँ चलते हैं?" हरनाम सिंह बोला।

"सफ़र भी एक हद तक होता है जी। बंदा पैसा कमा कर घर आये। यह भी क्या हुआ कि जहाँ गये, वहीं के होकर रह गये। पीछे कोठरियों में बिल्ली, कुत्ते मूतते रहें।" वतना, पाखर सिंह को देख कर दिल से खुश हो गया था। वह उन लोगों के विरुद्ध बोलना अच्छा समझता था जो गाँव को सदा के लिए अलविदा कह कर चले गये। न चाहते हुए भी पाखर सिंह ने जेब से बटुआ निकाल कर उसे पाँच का नोट पकड़ा दिया। वह महसूस कर रहा था कि जैसे उसने पाँच रुपये देकर उसका अपमान किया हो, पर वतना तो खुश हो गया था।

उसके दोनों बेटों और वतने ने उसका लाया हुआ सामान भीतर ले जाकर रखा।

सामान लाने का उसका ज़्यादा मन भी नहीं था। "विलायती आ गया है, पाल कौर, इसका रंग तो देख, हाथ लगाने से मैला होता है।" सामान रखता हुआ वतना बोला। पाल कौर शाम का खाना बनाने में व्यस्त थी। उसे आश्चर्य मिश्रित प्रसन्नता हुई। वह मन में सोचने लगी—"मैं अब इससे बात नहीं करूँगी। बंदा आने से पहले कुछ बताता है। किसी को अपना मुँह सिर सँवारने का वक्त तो देना चाहिये। अब मेरे ये फैले हुए बाल कैसे लगेंगे?"

"गोरियों में तो गोरा ही लगता होगा।" वतना फिर बोला।

"वतने जा भैया, थोड़े अंडे ही खरीद ला। इस वक्त मैं क्या बनाऊँगी?" और उसने अलमारी से निकाल कर उसे पैसे दिये।

"लाओ, मैं अभी लाया।" कहता हुआ वह चला गया।

इतनी देर में हरनाम सिंह के साथ पाखर सिंह भी आ पहुँचा। पाल कौर ने घूँघट की आड़ से पाखर सिंह को देखा। उसका रंग सच में गोरा लग रहा था। लेकिन उसके चेहरे पर ऐसी कँटीली दाढ़ी देख कर उसकी हँसी निकल गई। पाखर सिंह को आज का यह दिन अपने जीवन का सबसे प्यारा दिन लग रहा था। पाल कौर का चेहरा ओट से उसे साफ दिखाई नहीं दिया। वे दोनों एक पल के लिए बिना कुछ बोले खड़े रहे। हरनाम सिंह ने उन्हें ऐसे खड़े देखा तो बोला—"पाल कौर तू ज़रा पाखर सिंह को पानी-वानी पूछ, हम भैंस के लिए लोहे का संगल ले आयें। कई दिन से टूटा पड़ा है।"

हरनाम सिंह और गिंदा दोनों चले गये। छोटा बेटा निम्मा कब से बाहर भाग गया था। वह अपने दोस्तों को बताने गया था कि उसका पिता विलायत से लौट आया है। हरनाम सिंह के जाने के बाद पाल कौर ने घूँघट उठाया। पाखर सिंह ने देखा, वही पाल कौर थी—'उसे देखती हुई।' अब तो उसे इससे बोलना ही नहीं था। उसने सोचा, चलो मैं ही पहले बुला लेता हूँ। "क्या हाल है? अब कुछ बोलोगी भी या नहीं?"

"ठीक है, तुझे मैं ऐसे पूछता हूँ," पाखर सिंह ने कहा और आगे बढ़कर पाल कौर को अपनी बाँहों में भींच लिया।

"अगर इतना ही वियोग था, तो चिट्ठी लिखता। कोई अपना मुँह सिर तो सँवार लेता।"

"रहने दे अब से लल्लो-चप्पो। अपनी दाढ़ी से मेरे मुँह पर कीलें ठोक रहा है।" और उसकी बाँहों से निकल कर वह मुस्कराने लगी। पाखर सिंह को खुशी हुई कि पाल कौर मान गई है, बस अब तो वह ऊपरी नखरा दिखा रही है।

अँधेरा होने तक कई लोग आकर उसकी राजी-खुशी पूछ गये। उसका अपना मन भी पुराने यारों-दोस्तों से मिलने का था पर अब काफ़ी अँधेरा हो गया था, इसलिये

उसने यह काम कल पर डाल दिया। अब घर में केवल उसका अपना परिवार ही था। हरनाम सिंह और पाखर सिंह दोनों बैठक में बैठे थे। पाल कौर अपनी पूरी शक्ति के साथ बढ़िया खाना बनाने में जुटी हुई थी।

"छुट्टी कितनी मिली है?" हरनाम सिंह ने अपना कम्बल ठीक से लपेटते हुए पूछा।

"छुट्टी तो बहुत है", एक क्षण हो पाखर सिंह का मन हुआ कि वह पूरी बात हरनाम सिंह को बता दे, पर फिर वह चुप ही रह गया।

"ठंड तो वहाँ बहुत होती होगी?"

"सिवाय ठंड के और वहाँ है ही क्या?"

"शरीर ढकने को कपड़े भी तो तरह-तरह के है वहाँ।"

इतनी देर में बच्चों ने छोटे मेज़ पर खाने की चीज़ें ला कर रखनी शुरू कर दी।

"मुझे तो गिंदे, थोड़ा गर्म पाली ला दे, आज दाँत दुःख रहा है।" हरनाम सिंह बोला।

"अच्छा बापू जी।" गिंदे ने अपने पिता पर अपनी समझदारी का रोब डालने के लिए कहा। वैसे वह "अच्छा बापू" कहा करता था। थोड़ा-सा हलवा खाने के बाद पाखर सिंह साग के साथ सारी रोटियाँ खा गया। ऐसा लग रहा था मानों कई सालों से उसे रोटी नहीं मिली थी। वास्तव में उसे पाल कौर के हाथ की बनी रोटी नहीं मिली थी। इसके लिए वह तरस गया था इंग्लैंड में अंडे की भुर्जी के अलावा, अकेले आदमी के लिए क्या था। साग तो बिल्कुल था ही नहीं। साग तो औरत ही बना सकती है। पाल कौर के बिना साग कहाँ?"

हरनाम सिंह बाहर हवेली में सोने चला गया। दोनों लड़कों को पाल कौर ने चौबरे में सुला दिया था। रसोई सँभाल कर वह पाखर सिंह के पास आ बैठी।

"तेरी विलायत का हमें क्या सुख हुआ?"

"क्यों?"

"सभी ने अपनी पत्नी और बच्चों को वहाँ बुला लिया है। पर तूने तो कुछ न किया। इस बार हम तेरे साथ ही जायेंगे।"

पाखर सिंह का दिल काँप गया। 'पाल कौर ज़रूर कोई बखेड़ा खड़ा करेगी। चिट्ठियों में भी यही लिखती रहती थी।'

"तूने वहाँ क्या करना है?"

"करने को क्या नहीं। दुनिया यों ही तो नहीं भागी फिरती।"

पाल कौर ज़िद करते हुए बोली। पाखर सिंह चुप हो गया। वह जानता था कि पाल कौर से बहस का कोई फायदा नहीं होने वाला। चुपचाप बैठा, वह कितनी

देर तक पाल कौर के ताने और शिकायतें सुनता रहा। जब पाल कौर थोड़ी शांत हुई तो उसने उसे प्यार किया। वह भी शायद इसी पल की प्रतीक्षा में थी। धीरे-धीरे पाल कौर मोम-सी पिघल गई। कई वर्षों के एकान्त वास से वह बहुत दुःखी थी। कई बार लम्बी काली रातों में वह पाखर सिंह को याद कर रोयी थी। जीवन में पाल कौर ने पाखर सिंह के अलावा किसी की भी परवाह नहीं की थी। पाखर सिंह ने उठ कर जब बिजली का बटन दबाया तो पूरा कमरा प्रकाश से भर गया। उसके पेट पर किसी भरे हुए ज़ख्म के निशान देख कर वह चीख उठी–"मैं मर जाऊँ। तेरा तो सारा पेट ही फाड़ा हुआ है?"

पाखर सिंह दूसरी ओर मुँह कर अपना नाइट-सूट पहनने लगा। कुछ ही पलों में यह सँभल गया। उसने सोच रखा था कि अभी पाल कौर को कुछ नहीं बताना।

"ऑपरेशन था छोटा-सा, कुछ नहीं ऐसे ही है।" टालने के उद्देश्य से वह बोला। फिर उसने 'हो हो' कर के लम्बी उबासी ली और चारपाई पर लेट गया। पाल कौर ने दो एक बार पूछना चाहा, पर पाखर सिंह ने उसे कुछ न बताया।

सुबह उठा तो सूरज चढ़ चुका था। भोर समय में उसकी आँख खुली थी, पर यह सोच कर कि–'आज कौन-सा काम पर जाना है', वह फिर से सो गया था। अब उसने बड़ी बेफ़िक्री के साथ कपड़े पहने और बाहर खेतों की ओर निकल गया। वह अब रात वाली घटना के बारे में सोच रहा था। उसके पेट का निशान देख कर पाल कौर का दिल बुझ गया था। वह दृश्य उसकी आँखों के आगे घूम गया। दो महीने पहले जब वह बेकरी से काम की लेट शिफ्ट करके अपने घर आ रहा था। दो स्किन हैड (गंजे) लड़कों ने उसे गली के मोड़ पर रोक लिया था। बस उसके पेट में चाकू था और शरीर पर कई तरह की नलियाँ लगी हुईं थीं, पट्टियों से बँधा शरीर– वह अस्पताल के बेड पर पड़ा हुआ था। उसका मन हुआ कि वह छलाँग लगा कर उन स्किन हैडों पर टूट पड़े, लेकिन वह इतना कमज़ोर हो गया था कि उससे हिला भी नहीं जा रहा था। उसने बेड पर पड़े-पड़े ही यह निश्चय कर लिया कि अब एक पल भी इस देश में रह कर धक्के नहीं खाने। बस नहीं रहना। बिना किसी बात पर बंदे को मारना। अगर उन्होंने मुझसे लड़ाई ही करनी थी तो ज़रा मुझे ललकारते तो सही। निहत्थे बंदे को चाकू मारना तो उसकी दुर्गति करने वाली बात हुई। नहीं रहना यहाँ। यहाँ तो मैं अपने बच्चों का मुँह देखने लायक भी न रहता। पाल कौर दोहत्थड़ी मार कर रोती। ठीक होते ही उसने अपनी टिकट कटाई और यहाँ आ गया।

"वाह भाई विलायतिया! धन्य भाग्य, धन्य भाग्य हैं। कब आये हो? सामने से लाया कनु धार वाली बाल्टी उठाये चला आ रहा था।

"रात को।"

कितनी देर तक वे वहाँ खड़े होकर छोटी-मोटी बातें करते रहे। "मैं बता रहा

हूँ संतो वाले खेत बिकाऊ हैं। अब ले ले, फिर नहीं मिलेंगे।''

''देखेंगे'' पाखर सिंह बोला।

''अब कितनी छुट्टी पर आया है?'' चलते हुए लाभा पूछने लगा।

''छुट्टियाँ अब अपनी ही हैं। अब जाना नहीं।''

''ले क्यों मज़ाक कर रहा है। विलायतियों की एक टाँग लंदन और दूसरी दिल्ली। तुम लोग कहाँ इस भूख-नंग में रह पाते हो?'' लाभा चला गया पर पाखर सिंह को अब महसूस होने लगा कि पूरा गाँव ही उसे वहाँ से निकालने पर तुला हुआ है। ''साली नायलोन की कमीजों ने पंजाब को पागल कर दिया।'' एक बार फिर उसका दिल बैठ गया। उसने फिर गोरियों के दो चार गालियाँ दी और अपने मुँह का स्वाद ठीक किया। खेतों में घूमते हुए उसका दिल खुश हो गया। इंग्लैंड के मौसम ने उसे सदा दुःखी किया। यहाँ उसने खुद को धरती के निकट पाया। उसका मन दोबारा खेती करने को हुआ। 'देखेंगे' अब ऐसा ही करेंगे। उसने सोचा और गाँव की ओर मुड़ गया।

धीरे-धीरे उसका गाँव में लौटना पुरानी बात हो गई, पर गाँव के लोग अभी भी उसे विलायतिया कह कर ही पुकारते। उसे इस सम्बोधन से नफ़रत भी थी और कभी मज़ा भी आता। अब उसे गाँव की गलियों में लौंडों की तरह घूमना अच्छा न लगता। एक दो बार उसका मन ऐसा हुआ कि वह यहाँ क्यों आकर बैठ गया है। वापिस इंग्लैंड क्यों नहीं चला जाता। वहाँ पर ज़िंदगी किसी काम में लगी हुई थी और ये स्किनहैड (गंजे) कहाँ रोज़-रोज़ चाकू लिए घूमा करते हैं। पाल कौर को भी एक बार लंदन की सड़कों पर घुमा दिया जाय। एक बार तो वह गोरियों को मात दे देगी। बाद में किसी फैक्ट्री में लग कर तो मुझे भी पहचानना भूल जायेगी।

''पर मैं तो नौ सालों की गुलामी से मुश्किल से छूटा हूँ। यह वहाँ से दोबारा यहाँ नहीं आने देगी। इसका सारा ज़ोर गहने बनाने में लग जायेगा। और जो उस हरामी मैनेजर ने ऊपर खड़े हुए मेरे कंधे पर टाँग मारी थी। साला हर अँग्रेज ही स्किनहैड (गंजा) है। अब नहीं जाता मैं, वह ऐसा सोचता और खुद को वापिस न जाने के लिए पक्का करता रहता।

एक दिन जब खाना खा कर बाहर जाने लगा तो पाल कौर बोली—''तो यह बात ठीक है?''

''कौन-सी?''

''कि आपको विलायत से निकाल दिया है?''

''कौन कहता है?''

''बचनो, लाभे की बीवी।''

''मैं जाकर उस सूअर की बच्ची को पूछता हूँ। उसे यह खबर कहाँ से मिली।''

"तू कोई बखेड़ा खड़ा मत कर देना। तुझे बेकार घूमते देख कर लोग और क्या कहेंगे।"

खुद को व्यस्त रखने के लिए उसने हवेली में खड़े तीनों पशुओं की देखभाल करनी शुरू कर दी थी। यह काम पहले उसका पिता हरनाम सिंह किया करता था। अब वह इधर-उधर अपनी उम्र के बूढ़ों को बात करने के लिए ढूँढ़ता फिरता। पाखर सिंह को ऐसे छोटे-मोटे काम करते देख वह चिढ़-सा जाता।

एक दिन सुबह जब पाखर पशुओं की जगह को फावड़े से साफ कर रहा था तो हरनाम सिंह पास आकर बात करने लगा। पाखर सिंह के व्यवहार और लोगों की बातों से उसे पता चल चुका था कि वह दोबारा इंग्लैंड नहीं जाना चाहता। हरनाम सिंह बड़े प्यार से बोला–"अब तूने अर्ज़ी कब देनी है?"

"किस चीज़ की?" पाखर सिंह काम छोड़ कर बोला।

"बच्चों के पासपोर्ट नहीं बनवायेगा क्या? तेरे जाने के बाद वे बिगड़ जायेंगे।"

पाखर सिंह ने एक पल के लिए अपने पिता को देखा। उसे लगा कि अब इस बात को छिपा कर काम नहीं चलेगा। उसने दिल पक्का किया और बोला–"अब अर्ज़ी नहीं देनी।"

"क्यों?"

"मैं अब वहाँ नहीं जाऊँगा।"

"जाना क्यों नहीं?"

"लोग पुलिटिकल स्लैम लेकर चले जा रहे हैं। तू कहता है कि वहाँ कुछ रखा ही नहीं।"

"पर मुझे नहीं जाना।"

"जाना क्यों नहीं? अपने लड़कों का हक क्यों मारता है?"

"कोई नहीं मारता। यहीं रह कर पढ़ेंगे।"

"जैसा तू पढ़ा था। ज़्यादा से ज़्यादा मास्टर बन जायेंगे। गुज़ारा कहाँ होता है यहाँ?"

हरनाम सिंह की अंतिम बात सुन कर पाखर सिंह का दिल काँप गया। पर फिर उसे याद आया कि अब वहाँ भी तो गुज़ारा कहाँ होता था। बेकार लोगों की कतारें घूमती रहती हैं। जब झुक कर उसने चारे का टोकरा उठाया तो पतलून की पिछली सीवन उधड़ गई। उसे पहली बार एहसास हुआ कि अभी तक वह इंग्लैंड से लाये हुए कपड़े ही पहन रहा था। यह सोच कर उसे बड़ा दुःख हुआ।

घर पहुँच कर उसने निरुत्साहित-सा पाल कौर को देखा, टूटे हुए दिल से एक गिलास लस्सी माँगी। उसके हाथ से लेते हुए बोला–"मेरी पुरानी चादर थी न जो मैं बाँधता था?"

"क्यों?"

"पतलून उधड़ गई है।"

"ला, मैं सी दूँ।"

"नहीं, तू चादर निकाल दे।"

"अब मुझे दोबारा से चादर बाँधने का शौक चढ़ आया है।" वह भीतर गई और काफ़ी उलट-पुलट के बाद धारियों वाली चादर निकाल लायी और बोली—"अब मेरे सिर पर रोटियों की टोकरी उठवाने की कसर रह गई है।"

"तेरे मन में इंग्लैंड जाने की बड़ी गुदगुदी हो रही है।"

"क्यों न हो? सारी दुनिया को होती है। सारा दिन बेकार घूम कर भी क्या होगा?"

पाल कौर ने अपने दिल में दबाये हुए सभी गिले-शिकवे पाखर सिंह को एक-एक कर के सुना दिये। जितना बोल सकता था, वह भी बोला। लेकिन उसका दिल पाल कौर पर मरता था, इसलिये उसके मन की अनेक बातें बाहर न निकल सकीं। यह बात पाल कौर पर भी सही बैठती थी पर उसके अंतस् की आग ज़्यादा तेज़ थी, इसलिये लावा बन कर निकल रही थी।

बाहर गली से गुज़रती हुई बुढ़िया ठाकरी देवी ने उन्हें ऊँचे बोलते सुना तो खड़ी हो गई। दरवाज़ा खोल कर वह भीतर आ गई और बोली—"क्यों तंग करता है लड़की को? तेरा नाम जपती रही और उसने कभी आँख उठाकर भी किसी को नहीं देखा। अब तू इसे दुःखी करने आ गया है। पागल मत बन।"

"अब खेतों में रोटियाँ मँगवा कर मेरा खून पीयेगा। अब इसे खेती करने का शौक चढ़ा है। चादरें बाँधता फिरता है। खेती का कल्याण करेगा।"

पाखर से अब रहा न गया। उसने पाल कौर को थप्पड़ मारा। ठाकरी ने आगे बढ़ कर उसे बाँहों में ले लिया। उन दोनों के शोर को न सह पा कर वह हवेली में आ गया और नीम की हल्की-सी छाया में चारपाई डाल ली। उसे इंग्लैंड में बिताये दिन याद आने लगे। फैक्ट्री और बेकरी से लौट कर उसने अकेले कई रातें बितायीं थी। शुरू-शुरू में उसे इंग्लैंड का मौसम बड़ा सुहाना लगता था। पर कुछ ही महीनों में वह मौसम सावन की झड़ी जैसा लगने लगा। सूर्य कभी न निकलता। ऐसे दिनों में उसने सपने संजोये थे कि पंजाब लौट कर वह खेती करेगा। इसी कारण उसने खेत खरीदे थे और पाल कौर को अपने पास नहीं बुलाया था।

पाल कौर दोबारा जाटनी बनने को तैयार ही नहीं थी और न ही उसका पिता चाहता था। वह चाहता था कि गिंदा और निम्मा दोनों पाल कौर के साथ इंग्लैंड चले जायें। "तो क्या अब उसे जाना पड़ेगा?" यह सोच कर उसका दिल काँप गया। छाया देते हुए पेड़ को देखना छोड़ कर उसने आँखों पर अपनी बाँहें रख दीं। कितनी

देर तक वह यूँ ही पड़ा रहा। वह स्कीमें बना-बना कर थक चुका था। फिर उसे नींद आ गई। जब वह जागा तो पेड़ की छाया दूर जा चुकी थी। धूप में लेटने के कारण वह पसीने में डूबा पड़ा था। जिन दिनों वह आया था, वे ठंड के दिन थे। अब तो तेज गर्मी पड़नी शुरू हो गई थी। उसने हैंडपम्प से पानी निकाला, डोल भरा और कपड़े उतार कर अपने ऊपर ठंडा पानी डालने लगा। पानी डालते हुए उसे लगा कि सोने से उसकी समस्या हल हो गई थी। ठंडे पानी के स्पर्श से उसका तन शांत हो गया था। तो क्या अब उसे जाना पड़ेगा? जाना ही होगा। यहाँ बेकार बैठने का भी क्या मतलब है। बेकार बंदों का कुबेर जितना धन भी खत्म हो जाता है।

अगली सुबह जब वह बाहर निकला तो उसे पड़ोसियों का लड़का सिंधा आता दिखा। वह मोटर-साइकल पर रोज़ सुबह शहर जाता था। अगर पाखर को शहर जाना ही है—अपनी सीट बुक कराने के लिये, तो क्यों न वह सिंधे की मोटर साइकल पर ही चला जाय। बस के धक्के खाने से तो बचेगा।

खेतों से लौट कर उसने स्नान किया। कुछ खाने के बाद, शहर जाने के लिए ठीक से कपड़े पहने। इंग्लैंड से लायी हुई बढ़िया-सी कमीज़ और पैंट पहनी। उसे खुद ही बड़ा अच्छा लगा। लेकिन जब उसे बेकरी में आटे का ध्यान आया जो हवा में मिल कर धूल-सा उड़ता था तो उसका मन एक दम ढह गया। एक पल को पाल कौर को देखा। अपने आप उसके मुँह से निकला—हरामज़ादी, यह ससुरी गोरियों से गालियाँ खाने के लिए कूद रही है। इसे तब पता चलेगा जब फैक्ट्री में काम करते हुए इसकी हड्डियाँ घिसेंगी।"

शहर जाते हुए उसने सिंधे को उसके काम के बारे में पूछा। वैसे सिंधा उसे आते-जाते मिला करता था। पर उसने कभी भी उसके काम के बारे में नहीं पूछा था।

इंग्लैंड में उसे वह आदत पड़ गई थी। लोगों से ज़्यादा बातें न पूछने की।

"हम मुर्गियों के चूज़े निकालते हैं।"

"काम अच्छा चलता है?"

"नहीं भाई, यों ही शुगल है। पैसे तो पोल्ट्री फार्म वाले बनाते हैं।"

"अच्छा, कितने तक बच जाते हैं?"

"महीने का एक बर्ड का एक रुपया लगालो। बर्ड चाहे दो हज़ार रख लो चाहे तीन हज़ार पर शुरू में दो ढ़ाई सौ ही रखना चाहिये। धीरे-धीरे बढ़ाते जाओ। साथ ही आपको तजुर्बा भी हो जाता है।" सिंधे की बातें सुन कर पाखर सिंह को प्रसन्नता हुई। उसने सिंधे से मुर्गी पालन की, उनकी खुराक आदि के बारे में कई बातें कीं। उसका मन हुआ कि अगर वह मुर्गे ही पाल ले तो क्या है?

पाखर के सिंधे ने एजेंट की दुकान पर उतार दिया और आगे चला गया। अंदर पहुँच कर उसे पता चला कि आज सरदार जी तो आये ही नहीं। टाइपिस्ट लड़की

ने उसे कुर्सी पर बैठने को कहा। उसकी आवाज़ में कुछ रूखापन था। ''ये विलायत में काम करने वाली गोरी टाइपिस्टों की तुलना में क्या कर सकती हैं। वे येस कहते हुए तो खिली ही रहती हैं, नो कहते समय भी फूल-सी खिल जाती हैं,'' पाखर सिंह, सिंधे के साथ हुई बातों के बारे में सोचने लगा। एक बार वहाँ इंग्लैंड में रहते हुए भी उसने मुर्गी-पालन के बारे में सोचा था। वहाँ पब में बैठे उसके कुछ दोस्त दारू का गिलास अपने सामने रखे, ऐसी बातें किया करते थे।

थोड़ी देर बाद ट्रैवल ऐजेन्ट का संदेशा आया कि आज वह ऑफिस नहीं आयेगा। पाखर सिंह ने उठ कर टाइपिस्ट को अगले दिन आने के बारे में कहा और बाहर आ गया। इसके बाद वह सिंधे की काम वाली जगह पर गया। इधर-उधर घूम कर उन्होंने सामान उठाने वाले रेहड़ा और उसके मालिक को ढूँढ़ा जो कि सामान लेकर उसके गाँव जाया करता था। उसने मन बना लिया था कि वह अब मुर्गियाँ पालेगा। हवेली में उसके पास काफ़ी जगह थी। पाल कौर को सिर पर टोकरी उठा कर रोटियाँ नहीं ढोनी पड़ेंगी। वह अपने लड़कों को अपनी निगरानी में पढ़ा-लिखा सकेगा। विलायत जाने से यह हज़ार गुना अच्छा है। सिंधे ने उसे सारी स्कीम बता दी और दोनों ने मुर्गी के शैड के लिए सारा सामान खरीद कर रेहड़े पर रखवा दिया।

अब उसका दिल खुश हो गया था। पूरा दिन शहर में घूमते हुए बीत गया था। उसने बच्चों के लिए एक रेहड़ी वाले से बहुत सारा फल खरीदा। एक सिनेमा हाल के सामने से निकलते हुए उसका मन सिनेमा देखने को भी हुआ। इंग्लैंड में रहते हुए वह कभी-कभी फिल्म देखने जाया करता था।

अँधेरा होने पर जब वह घर पहुँचा तो पाल कौर को छोड़ सभी सो चुके थे। बिना बोले उसने पाखर सिंह को खाना खिला दिया। रेहड़े वाला हवेली में सामान रख गया था, इस कारण पाल कौर को पता लग गया था कि पाखर सिंह ने क्या किया है? उसका मन दुःखी था।

सुबह जंगल पानी को जाते हुए पाखर सिंह ने मिस्त्री को हवेली जाकर काम शुरू करने के लिए कह दिया था। उसने मिस्त्री को काम भी समझा दिया था। सुबह की ठंडी-ठंडी हवा और खेतों में कहीं-कहीं फसलों की हरियाली ने उसके मन को मोह लिया। अब वह अपने फिसलते हुए मन पर काबू पा चुका था—''अब मैं कभी नहीं डोलूँगा'', उसने सोचा। ''अब उस गुलामी भरे जीवन से सदा के लिए छुटकारा मिल गया।'' सोचते हुए वह वापिस गाँव लौट आया।

हवेली में घुसते ही उसने देखा, मिस्त्री अपने काम में लगा हुआ था। एक ओर उसका पिता खड़ा हुआ देख रहा था। पाखर सिंह को भीतर आते देख उसके चेहरे पर क्रोध की लकीरें कुछ ज़्यादा ही गहरी हो गईं। खाँस कर उसने अपना गला साफ किया और बोला—''अब तू मुर्गे पालेगा?''

उस समय पाखर सिंह को अपने पैरों के नीचे से ज़मीन खिसकती हुई लगी। लेकिन मन पक्का करते हुए बोला–"हाँ, खाली रहने से तो यह काम बुरा नहीं।"

गुस्से में भर कर हरनाम सिंह पशुओं के बाँधने वाली जगह के दो चक्कर लगा आया। फिर बोला–"पहले तू इन्हें पालेगा। फिर इनकी हत्या करेगा। अपने हाथ खून में रंगेगा। अपने हाथों की मेहनत अच्छी है या जीव-हत्या?"

पाखर सिंह कुछ भी न बोला। वहाँ ज़्यादा देर तक वह रुक भी न पाया। घर जाकर चुपचाप बैठक में लेट गया। उसकी कल्पना में कई चित्र घूमने लगे। पिछले नौं सालों की गुलामी, हरनाम सिंह, पाल कौर, गिंदा और निम्मा और साथ ही वे स्किनहैड (गंजे) 'बास्टर्ड पाकी। निग नौग्ज़ (काले) अस्पताल का वह दृश्य, जहाँ उसके जिस्म पर कई तरह की नलियाँ लगी हुई थीं। उसे महसूस हुआ, जैसे वह अभी भी अस्पताल के बेड पर पड़ा हुआ है। उसका दिल कराह रहा था और अंदर से आवाज़ आ रही थी–"जीया नहीं जाता। वहाँ पर गोरे नहीं जीने देते और यहाँ गिंदे ...निम्मे का भविष्य। पिता की भूख। कहाँ जाय...?"

फ्री सोसाइटी

स्वर्ण चंदन

(2.09.1941-7.12.2011)

माँ के इतना डाँटने के बावजूद सीमा टी.वी. पर देर रात वाली फिल्में देखने से नहीं हटती थी। डैडी ने भी कई बार मना किया था कि बेटा, रात वाली बड़ी बकवास फिल्में होती हैं, बच्चों को नहीं देखनी चाहिये। लेकिन सीमा पर तो कोई असर न होता।

"आई क्रॉस माई हार्ट डैडी, इफ देयर इज़ ऐनी ऑबसीन आई डू नॉट वाच। औनेस्ट टू गॉड डैड...।" अंत में उसकी मीठी और प्यारी बातें सुन कर डैडी चुप हो जाते।

"देख तेरा यह साल बड़ा कीतमी है। वैसे तो सभी में, पर अगर नहीं तो कम से कम पाँच-छः ओ लेवल तुझे क्लीयर करने चाहिये।"

"ओ, डोंट वरी डैडी-आई विल डू दैट—नो प्रॉब्लम।" वह पिता को कुछ इस तरह विश्वास दिलाती कि वे मुस्करा कर चुप हो जाते। सीमा पन्द्रह साल की थी और उससे छोटी रिंकू दस साल की—यही दो बच्चे थे उनके। स्कूल से आते ही सीमा टी.वी. का स्विच आन कर लेती और माता-पिता के आने तक वहाँ से न उठती। माता-पिता घर आते, खाना बनता, खा-पीकर वह ऊपर अपने कमरे पढ़ने के लिए पहुँच जाती। इसके बाद दोनों पति-पत्नी कुछ देर टी.वी. देखते या इंडिया से आयी किसी चिट्ठी के बारे में बात करते। नौ या साढ़े नौ बजे तक वे सोने चले जाते, टिंकू का बेडरूम उन दोनों के बेडरूम के पास ही था। वह तो साढ़े आठ बजे या नौ तक पढ़ते-पढ़ते ही सो जाती थी। दस साल की होने के बावजूद उसका अपना एक संसार था—उस छोटे से बॉक्स रूम में। ड्राईंग में उसका हाथ साफ था। कागजों का बंडल और अनेक रंग की पेंसिलें—बस यही उसका संसार था। उसके कमरे की दीवारों पर उसके बनाये हुए कई छोटे-बड़े चित्र "ब्लू-टैग" से चिपके हुए थे। टिंकू आर्टिस्ट—उसका डैडी उसे हमेशा यही कह कर बुलाता था।

जब घर के सभी लोग सो जाते तो सीमा धीरे-धीरे सीढ़ियाँ उतरती और बड़ी धीमी आवाज़ में टी.वी. लगा कर बैठ जाती। अगर दोनों पति-पत्नी में से कोई जाग

रहा होता और उसे नीचे जा कर हल्का-सा डाँट भी देता, पर अगर दोनों सो चुके होते तो कई बार वह बारह बजे तक भी बैठी रहती।

लेट-फिल्में बड़ी गर्म-गर्म आती थी। शायद इसी कारण पंद्रह साल को पार कर चुकी सीमा को वे बड़ी अच्छी लगती। फिर स्कूल में भी तो गोरी लड़कियाँ हर रात आने वाली फिल्म के बारे में जानती थीं। पहली या उससे पहली रात देखी फिल्म के बारे में चटखारे ले-ले कर बातें करतीं। इसका असर सीमा और दूसरी इंडियन लड़कियों पर भी पड़ता ही था। सीमा तो फिर भी फिल्मों तक ही सीमित थी, गोरी लड़कियाँ तो अपने 'ब्वाय-फ्रेंड्स' के साथ निःशंक घूमती फिरती थीं। जिस दिन कोई बहुत ही गर्म फिल्म देखी होती उस दिन उनकी नज़रें किसी एक लड़के पर ठहरती ही नहीं थी। और लड़के भी भला किसी की बहू-बेटी से कम थे। बस इश्क होते, डेटें मारी जातीं और अगले दिन स्कूल के लॉन में बीती रातों की चर्चा चलती ही रहती।

सीमा का बहुत मन करता कि वह भी उनकी तरह आज़ाद होकर घूमे, पर मम्मी-डैडी से डर जाती।

"ऑवर पीपल आर टैरीबली बैकवार्ड" वह कई बार बातों में अपनी सहेलियों से कहती।

"दे मस्ट चेंज एकोड्रिंग टू द टाइमस"। उसकी कोई गोरी सहेली हाँ में कहती और उसे लगता कि केवल वही एक ठीक ज़बरदस्त गवाह है।

ऐसा नहीं था कि उसके मम्मी-डैडी ने उसे आज़ादी बिल्कुल ही नहीं दी थी। लेकिन भारतीय संस्कृति के अनुसार इसकी कोई सीमा तो होनी चाहिये थी। यह आप कैसे कर सकते हो कि लगामें हाथ से एक दम छोड़ दो, जा बेटी जहाँ मर्जी मुँह काला कर। वैसे भी मिसेज और मिस्टर ढिल्लों दोनों काफी आज़ाद ख्यालों के थे। लड़कियों को बंधन में रखना उन्हें कभी स्वीकार नहीं था। यह अलग बात थी कि उनका कोई बेटा नहीं था। पर अगर होता तो उनके लिए लड़के-लड़की में कोई फर्क न होता। अगर छोटा-मोटा फ़र्क होता भी तो वह केवल सीमित भारतीय सोच के कारण होता। पर ऐसा नहीं कि एक को तो तख्त पर बिठा दो और दूसरे को तख्ते पर।

मिस्टर ढिल्लों एम.एस.सी. थे और वह इंडिया में लेक्चरार थे, मिसेज ढिल्लों ने बी.ए., बी.एड की हुई थी और वह हाईस्कूल में टीचर थीं। उनकी लव-मैरिज हुई थी। जवान दिलों की धड़कनों से वे परीचित थे। लड़के-लड़कियाँ की आज़ादी को भी समझते थे। इसके अतिरिक्त वे दोनों पढ़ने-लिखने वाले लोग थे और नये माहौल की माँगों के प्रति अनभिज्ञ नहीं थे। लेकिन हर बात की सीमा तो सीखनी ही पड़ती है ना। इस सीमाओं को टूटता हुआ देख कर कोई भी माता-पिता दुःखी हो सकता

है।

सीमा ने अगर हेयर कट कराया था तो उसमें उसके माता-पिता की सहमति थी। अगर कभी वह हल्का-सा मेकअप कर लेती थी, तो उनकी आज्ञा से ही। स्कर्ट पहनती थी, मार्डन से मार्डन कपड़े लेती थी। डिस्को डांस पर भी माँ-बाप से पूछ कर ही जाती थी। उसका डैडी खुद उसे छोड़ आता और खुद ही वापिस भी ले आता। यह आज़ादी नहीं तो और क्या था? पर वह तो अभी भी कहती थी—ऑवर पीपल आर टैरीवली बैकवर्ड। अब भला इसका क्या इलाज था?

"देख सीमा, अगर तू लेट नाइट पिक्चरें देखना नहीं छोड़ेगी तो मैं टी.वी बेच दूँगा।" एक दिन उसके डैडी ने कहा था। "बट डैड, वाट्स रौंग इन इट? ऑल माई फ्रेंड्स वॉच दैम।" वह ऐसे बोली जैसे जो काम उसकी सहेलियाँ करती हैं, वह सब ठीक ही था।

"तेरी फ्रेंड्स अगर ज़हर खा कर मरेंगी, तो क्या तू भी मरेगी? अगर वे शराब पी कर बाज़ार में लेटेंगी तो क्या तू भी लेटेगी? अगर वे...वाई डोंट यू अंडरस्टैंड सीमा दीज़ लेट फिल्मस् आर यूयूअली सैंट फॉर ऐलर्डस् एण्ड ग्रोन अप्स।"

"डोंट यू थिंक, आई मे ग्रोन अप-टू?" डैडी की आँखों में आँखें डाल देखते हुए वह बोली।

"नो-नॉट यैट। यू आर ओनली ए यंग गर्ल। ये तेरे पढ़ने के दिन हैं—सुना?"

पर शायद सीमा ने कुछ भी नहीं सुना। अगर सुना भी था तो बस अपनी ही आवाज़—आई एम ग्रोन—अपटू। उसके बाद वह डैडी के पास बैठी ही नहीं, सीधी अपने कमरे में चली गई।

मिसेज़ ढिल्लों ने भी बाप-बेटी का वार्तालाप सुना था वह तो किचन में काम कर रही थी। वह सोच रही थी उन्होंने शायद सीमा को ज़्यादा ही छूट दे दी है। उसका मन हुआ अभी सारी आज़ादी उससे छीन ले, बाल कटाने, स्कर्ट डालने, मेक-अप करना और डिस्को-डांस जाने—यह सब उसे न करने दे। उसे याद आया, इंडिया में उसने पहली फिल्म तब देखी थी जब वह पंद्रह बरस की थी। और वह भी "दीया और तूफान" शायद "तूफान और दीया"...

कुछ ऐसा ही नाम था। माँ-बाप का इतना डर होता था कि घर से पैर बाहर निकालने की हिम्मत ही नहीं होती थी। पर शायद डर से ज़्यादा शर्म आती थी। यह तो बहुत बाद की बात है जब ढिल्लों साहब से इश्क हो गया था। वह भी इस तरह कि ढिल्लों साहब उसके डैडी को मिलने घर आते थे। पर उनके माता-पिता को यह बात शादी के बाद पता चली थी कि इनका चक्कर तो पहले से ही चल रहा था। पर सीमा तो कमाल ही कर रही थी। केवल पन्द्रह साल की उम्र, ऊपर से 'ओ' लैवल की परीक्षा और टी.वी. पर देर रात आने वाली बकवास फिल्में। अगर किसी शनिवार

-इतवार को दस-ग्यारह बजे, चलती हुई फिल्म देखने लगती तो सीमा को अश्लील से अश्लील सीन देख कर भी माँ से शर्म नहीं आती थी। कई बार तो पिता के सामने भी वह बैठी देखती रहती। हार कर पिता ही कहता–

"चलो भाई बंद करो यह बकवास, चलो अब सो जाय" कहता हुआ वह उठ जाता।

"लीव इट ऑन डैड–वाट इज़ रांग विद इट?" सीमा बिना झिझके बोलती जाती थी, जैसे सामने माँ-बाप बैठे ही न हों। अंत में जब मि. ढिल्लों बड़े गुस्से से उसकी ओर देखते तो वह अपने कमरे की ओर चल देती। एक साल से यह सब बढ़ता ही जा रहा था।

मिसेज़ ढिल्लों बहुत बार सोचती–क्या होगा इस लड़की का? कहीं कोई गुल ही न खिला दे। उसका मन होता कि उसके स्कूल जाने और आने के वक्त उसका पीछा करें। कहीं किसी लड़के के साथ तो नहीं आती-जाती? पर ऐसा करना संभव नहीं था। इधर ये दोनों साढ़े आठ बजे अपने काम पर निकलते थे और दोनों बहने अपने स्कूल के लिये। ढिल्लों साहब का दफ़्तर नौ बजे शुरू होता था और मिसेज़ ढ़िल्लों की लाइब्रेरी पौने नौ बजे।

पिछले पाँच साल से मिसेज़ ढिल्लों इस पब्लिक लाईब्रेरी में काम कर रही थी। शुरू में वह लाइब्रेरी असिस्टैंट थी अब सीनियर असिस्टैंट के पद पर थी। ढिल्लों साहब तो अक्सर पाँच बजे घर आ जाते थे, पर उसे तो सप्ताह में दो दिन लेट ड्यूटी देनी पड़ती थी। ऐसा ही जीवन–चक्र बन गया था, किसी एक का रास्ता दूसरे को काटता नहीं था। सीमा के रास्तों को चेक करने का विचार उन्हीं रास्तों में खो कर रह जाता था।

"मैं कहती हूँ कि इस लड़की को तो कोई शर्म-हया है ही नहीं। हम इसका क्या करेंगे?" रसोई से निकल कर ढिल्लों साहब के पास सोफे पर बैठते हुए उसने कहा।

"मेरा ख्याल है कि हम टी.वी उठा ही दें। यह ऐसे नहीं हटेगी?" चश्में के शीशे को साफ करते हुए ढिल्लों साहब बोले। "देख लो, जैसा जी चाहे करो, पर इसे इन गंदी फिल्मों से ज़रूर हटाना चाहिये।" चिंतातुर स्वर में वह बोली।

सच में उन्होंने तीन एक दिन बाद टी.वी. उठवा दिया। इसके बाद सीमा अधिक समय तक अपने कमरे में ही बैठने लगी। लगभग एक हफ्ते के बाद ऐसे ही एक दिन मिसेज ढिल्लों चादर बदलने गई तो सामने "मिल्स एण्ड बून्स" की किताबें देख कर हैरान रह गईं। केवल यही नहीं, उसने किताबों को उलट-पुलट कर देखा तो कुछ और किताबें भी निकली–अजीब-सी एय्याश किस्म की किताबें, हैर्लड–गैबिन्स का एक नॉवल और तरह-तरह के अश्लील मैगज़ीन। लाइब्रेरी में

काम करने से उसे हर एक किताब के टेकस्ट का ठीक से ज्ञान था। वह तो यह सब देख कर बौखला-सी गई।

जब उसने इस पूरी घटना से पति को अवगत कराया तो उसका भी पारा चढ़ गया, लेकिन अक्ल से काम लेने के बारे में सोचकर उसने बड़े प्यार और अपनत्व से सीमा को समझाना चाहा—"देख बेटा, यह तेरे कैरियर का प्रश्न है। बड़ी होकर शादी के बाद जो जी में आये पढ़ती रहना, पर अभी तो तूने अपनी लाइफ बनानी है। अगर तुझे नॉवल पढ़ने का शौक है तो बहुत अच्छे-अच्छे नॉवल भी लिखे गये हैं, उन्हें पढ़ा कर पर मेन बात तो यह है कि अभी तुझे स्कूल की पढ़ाई पर ही ध्यान देना चाहिये। फिर तेरे ही पद-चिन्हों पर टिंकू भी चलेगी। तू न सिर्फ़ खुद को बर्बाद करेगी, पर इससे टिंकू का जीवन भी बर्बाद हो सकता है। अच्छी बेटी बन कर अपने स्कूल के काम पर ध्यान दे। बड़े स्नेह और ममत्व से समझा कर वह रुकी तो सीमा बोल पड़ी—

"बट वॉट इज़ रौंग विद इट डैडी। ऑल माई फ्रेंड्स रीड दैम।" बस इसके बाद ढाई शब्द—इसमे बुराई क्या है? मेरी सभी सहेलियाँ इस तरह की किताबें, पत्रिकाएँ पढ़ती हैं। टी.वी. आने वाली गंद-गंद फिल्मों के बारे में यही और हर बात में यही जवाब। जैसे जो कुछ वे लड़कियाँ करती हैं, इसके लिए वही करना ज़रूरी है। सोसाइटी का असर कबूलना लाज़िमी है।

"लिसन—डू ऐज़ आई से, एण्ड एण्ड डोन्ट आरगू टू मच," कहते हुए ढिल्लों साहब खा जाने वाली नज़रों से सीमा को घूरते हुए फ्रंट रूम में जा कर बैठ गये।

अगले दिन सीमा ने "मिल्स एण्ड बून्स" और दूसरी किताबें लाइब्रेरी में वापिस कर दी और जिन लड़कियों से अश्लील पत्रिकाएँ ली थीं उन्हें लौटा दी। लेकिन वह बेहद मायूस-सी दिखने लगी। न किसी से बोल न चाल। न ही हाँ—ना। बस अपने कमरे में बैठी सोचती रहती या फिर स्कूल का काम कर लेती।

"यह चुप का ज्वालामुखी कहीं फट न पड़े"—कुछ दिन निकलने के बाद पति ने पत्नी से कहा।

"हो भी सकता है...देखो, मैं सोचती हूँ टी.वी. वापिस ले आयें। जो भी देखती मरती है, घर में ही तो बैठ कर देखती है।"

"हूँ"। कुछ देर सोचने के बाद मिस्टर ढिल्लों के मुँह से आवाज़ निकली। शायद उन्होंने मेरी बात का समर्थन किया था।

उन्होंने टी.वी. बेचा नहीं था। अपने एक मैकेनिक मित्र के यहाँ रख दिया था। वीक-एण्ड पर टी.वी. वापिस आ गया। पर सीमा ने उसका कोई नोटिस न लिया—शायद लेना ही नहीं चाहा। वह वैसे ही अपने कमरे में अकेली—सोचती हुई या फिर पढ़ती हुई या सोती रही। वीक एण्ड निकल गया। सोमवार को वह स्कूल गई और

शाम को एक घंटा देर से लौटी।

"आई हैड जस्ट गॉन टू वन ऑफ माई फ्रेंड्स हाउस।" पिता के पूछने पर उसने उत्तर दिया।

फिर मंगलवार भी, ऐसे ही एक घंटा लेट, बुधवार डेढ़ घंटा और वीरवार को पूरे दो घंटे लेट आई।

"वुई वर डुईंग होम वर्क अैट द लाइब्रेरी।" माँ या बाप के पूछने पर फिर वही बहाना।

और ऐसे घर आना रोज़ ही लेट होने लगा। परेशानी बढ़ रही थी—क्या किया जाये? मारा-पीटा जाये? डाँटा जाये? क्या करें? अगर मार पीट हुई तो पुलिस के पास जा सकती है। फिर अब? अंत में एक दिन आधा घंटा प्रतीक्षा करने के बाद मिस्टर ढिल्लों उसे ढूँढ़ने निकले। स्कूल बंद हो चुका था। लाइब्रेरी में भी कहीं नहीं थी। उसकी सहेलियों के घरों का पता वह नहीं जातना था। एक घंटा इधर-उधर भटक कर जब वे लौट रहे थे कि सीमा एक लड़के के साथ घूमती हुई नज़र आई—टाउन के पार्क के कोने में। ढिल्लों ने गाड़ी एक दम सामने जा खड़ी की। एक पल के लिए सीमा बौखला-सी गई।

"ही इज़ माई डैड," उसने लड़के को बताया।

"डोंट वरी एण्ड डोंट बी स्केटर्ड साँस-सा आ गया। दूसरे ही पल डैडी सामने खड़ा था।

"तू आज लाइब्रेरी नहीं गई?"

"नो।"

"वाई?"

"डिड नॉट फ़ील लाइक इट।"

"लैट्स गो होम, सिट इन द कार।" ढिल्लों साहब बोले

"बैटर यू गो डैड, आई शैल कम लेटर।" ढिल्लों भौंचक्का-सा उसकी ओर देखने लगा।

"तूने सुना नहीं, मैं क्या कह रहा हूँ।" वह ज़ोर से चिखते हुए बोला।

"डोंट यू शाउट डैड—टेक इट ईज़ी।" कह कर वह आगे बढ़ गई और साथ ही वह लड़का भी।

ढिल्लों साहब का जी हुआ कि वे खुद को किसी कार-ट्रक के नीचे दे दें। पगलाये से वे घर आ गये और धम्म से सोफे पर गिर पड़े। कोई आधे घंटे बाद सीमा आई और सीढ़ियाँ चढ़कर ऊपर चली गई। अभी वह बैठी ही थी कि ज़ोर से आवाज़ करता हुआ उसका दरवाज़ा खुला।

"हू वाज़ दिस बास्टर्ड?" काँपते हुए डैडी ने पूछा।

"माई ब्याय फ्रेंड।"

"वाट?" साथ ही झन्नाटेदार झापड़ सीमा के चेहरे पर छप गया। वह उल्टी तरफ को औंधी हो कर गिर पड़ी।

"आई विल पुट यू राइट–आई विल।" कहते हुए उन्होंने उसका दरवाज़ा 'लाक' किया और बाहर आ गये। टिंकू घबरायी हुई बोली–"वॉट हैप्पनड डैड?"

"ऑल दैट आई डिड नॉट एक्सपैक्ट।" उन्होंने ऊँची आवाज़ में कहा। डरी हुई टिंकू दीवार से लग कर खड़ी हो गई।

मिसेज़ ढिल्लों को आने पर जब सारी बात पता चली तो उसके तो जैसे प्राण ही सूख गये। "ये हमारे साथ क्या हो गया। इस लड़की ने हमें...।" और वह हिचकियाँ ले-ले कर रोने लगी।

पूरी रात बड़ी मायूसी में बीती–जागते हुए। अगले दिन मिस्टर ढिल्लों ने एक हफ्ते की छुट्टी के लिए ऑफिस में फोन कर दिया। स्टाफ़ शारटेज़ के कारण पत्नी को लाइब्रेरी जाना ही था। लाइब्रेरी में काम करते हुए सारा दिन अजीब किस्म की बातें सोचती रही। उसने सोचा, वह सीमा की जल्दी से शादी कर दे। पर अभी–पन्द्रह साल की उम्र में? उसे लगा, यह संभव नहीं। शैलविंग करती रही, किताबें इशू और डिसचार्ज करती हुई वह बहुत कुछ सोच रही थी। इंग्लैंड बारे, यहाँ की आज़ादी के बारे में, यहाँ की नैतिकता के बारे में, टी.वी. के प्रोग्रामों के बारे में, जवान हो रही नयी भारतीय युवा-पीढ़ी के बारे में। खास कर सीमा के बारे में। पाँच बजे तक का समय ऐसे निकला जैसे सात घंटे का एक दिन नहीं, सात सदियों का एक युग पूरा हो गया हो।

बस से उतर कर जब वह घर की ओर जा रही थी तो रास्ते में उसे मिसेज़ अहूजा–उनकी डॉक्टर मिल गई।

"बात सुनो, अच्छा हुआ आप मिल गईं। मैंने आपसे मिलने आना ही था।" डॉ. आहूजा ने कहा।

"कहिये–सब ठीक तो है?' बनावट मुस्कराहट चेहरे पर लाते हुए मिसेज़ ढिल्लों ने पूछा।

"परसों सर्जरी में आपकी बेटी सीमा आई थी।" सुनते ही मिसेज़ ढिल्लों काँप गई, जैसे किसी ने खौलता हुआ तेल उसके कानों में डाल दिया हो।

"क्या बात है कोई...?" जैसे वह गिरने को ही थी।

"देखो, हम डाक्टरों को सख्त हिदायत होती है कि हमें किसी एक पेशेंट की बात दूसरे से नहीं कहनी। लेकिन हमारी इंडियन सोसाइटी का अपना एक किरदार है। इंडियन होने के नाते मेरा यह फ़र्ज़ बनता है कि मैं आपको सजग कर दूँ। लेकिन किसी को पता न चले कि मैंने आपको यह सब बताया है।" कह कर वह एक पल

को चुप हो गई।

"आप चिंता न करें मिसेज़ अहूजा। आप मुझे बात तो बताओ प्लीज़।" मिसेज़ ढिल्लों का मन तड़प रहा था।

"सीमा सैड शी वांट्स टु बी ऑन पिल्ज़।" डॉक्टर बोली। डॉक्टर मिसेज अहूजा की सर्जरी पास ही थी। पहले भी वह कई बार आते-जाते रास्ते में मिसेज़ ढिल्लों को मिली थी। पर आज का मिलन इस तरह का होगा—यह तो उसकी कल्पना से बाहर की बात थी।

"क्या"? मिसेज़ ढिल्लों का जैसे पूरा वजूद ही दरक गया हो। "देखो मिसेज़ ढिल्लों घबराओ नहीं। हिम्मत से काम लो। मैंने इसलिए आप को बताया है कि हमारी इंडियन लड़कियों की तो ऐसी एक आध हरकत के बाद पूरी ज़िंदगी ही खराब हो जाती है।"

"दस साल।" और मिसेज़ ढिल्लों के सामने टिंकू का चेहरा उभर आया।

"यैस यैस, टैन यीरस्। दे ब्लडी से, इट इज़ व फ्री-सोसाइटी बट आई कॉल इट ए सिक सोसाइटी—बीमार समाज।"

—ऐनी वे, अभी उसे मैंने कुछ नहीं दिया। आप उसे अच्छी तरह से समझाओ। लेकिन अगर वह ज़िद करेगी तो मुझे पिल्स देनी भी पड़ सकती है...आई मस्ट।

"गो नाउ—आई ऐम गैटिंग लेट"—कहती हुई वह विपरीत दिशा की ओर मुड़ गई।

इस शब्द को सुनने के बाद मिसेज़ ढिल्लों का घर तक जाता पहला कदम उठाना भी मुहाल हो गया। वह बड़ी मुश्किल से चली। उसे लग रहा था जैसे वह फुटपाथ पर नहीं, बल्कि पहाड़ पर चढ़ रही है—साँस फूला हुआ, शरीर पसीने से तरबतर। अभी वह अपने घर वाली सड़क का मोड़ भी नहीं मुड़ी थी कि सामने से चार-पाँच गोरे लड़के और गोरी लड़कियाँ हँसी मज़ाक करते चले आ रहे थे—वे सभी बारह, तेरह और चौदह साल तक के थे।

"क्या ये सभी लड़कियाँ पिल्स पर हैं?—ओ हैल", उसने कहा और उसे यों लगा कि वह घर तक पहुँचने से पहले ही गिर पड़ेगी। फिर अजीब तरह की आवाज़ों का शोर उसके दिमाग में गूँजने लगा। पिल्ज़, पिल्ज़, पिल्ज़। फ्री सोसाइटी-सिक-सोसाइटी और घर के दरवाज़े तक पहुँच कर वह ईंट के सहारे बैठ गई।

जब उसे होश आई तो वह अंदर अपने पलंग पर थी और डॉक्टर मिस्टर ढिल्लों को समझा रहे थे कि उसका यह पहला हार्ट अटैक था। आम तौर पर तीसरा अटैक बंदे को जीवित नहीं रहने देता। नीम बेहोशी में उसने सोचा—तीसरा अटैक भी शायद अब बड़ी जल्दी हो जायेगा।

सस्ते बंदे

डॉ. साथी लुधियानवी

(1-12-1941)

उन्होंने आज की दिहाड़ी का काम ख़त्म किया और जाकर सीधे पब में घुस गये। बिल्डिंग कान्ट्रैक्टर की वेन खराब थी और उसकी तबियत भी नासाज़ थी। इस कारण वह बिल्डिंग साइट से जल्दी ही अपने घर चला गया था। वह चाहता था उसके तीनों कामगर बस पकड़ कर अपने घर पहुँच जायें। वह उन्हें सावधान भी कर के गया था कि वे पंगे वाला काम न करें जिससे पुलिस से वास्ता पड़ जाय। वे तीनों इललीगल इमीग्रांट्स थे और बाद में डिपोर्ट भी हो सकते थे। यहाँ तक कि कान्ट्रैक्टर को भी जुर्माना हो सकता था। उसके टैक्स वगैरा न देने पर कई प्रश्न चिन्ह खड़े हो सकते थे। कैश जॉब होने से वह अपनी पूरी आमदनी डिक्लेयर कहाँ करता था। सरकारों का क्या है? वे तो खून चूसने तक जाती हैं। पूरा दिन पसीना बहा कर काम करते हैं। पूरी कमाई इन सालों को थोड़े ही दे देनी है? बच्चों को प्राइवेट स्कूलों में पढ़ाया है। नोटों की गड्डियाँ खर्च की हैं। दोनों बेटियों की शादी धूमधाम से की है। बिरादरी में धूम मच गई थी। लड़के की शादी भी शान से करेंगे। इंडिया भी पैसे भेजने होते हैं। चण्डीगढ़ में कोठी भी बनानी है। इस कैश से ही सब कुछ होता है। वाहेगुरु की कृपा रहे। बूढ़े होने पर हम छः महीने यहाँ और छः महीने चण्डीगढ़ रहा करेंगे। पूरी ऐश करेंगे।

अक्सर ऐसी बातें वह अपने कामगरों से किया करता था। शायद इन मज़बूर लोगों की सैन्सटिविटी को छू कर उसे बड़ा मज़ा आता था। यह कामगर उसकी पीठ पीछे उसे जी भर कर गालियाँ देते थे। ‘‘भैन का टका, हमसे सस्ते में काम कराता है और खुद इंडिया में कोठियाँ खड़ी कर रहा है। हमारा भी खून पीता है और गोरों की सरकार का भी। हम तो इसके लिए बस सस्ते बंदे ही हैं।’’ लेकिन फिर भी वे इस ठेकेदार के शुक्रगुज़ार थे कि इसने उन्हें इतने सालों से बकायदा काम दिया रखे था। इस काम के कारण ही उन्होंने गाँव में पैसे भेजे और उनके कर्ज़े उतारे थे। वरना उन्हें वह दिन भी याद था जब सर्दी, गर्मी और बरसात व बर्फों के मौसम में वे शहर के चौक लुधियाने के भइयों की तरह खड़े हुआ करते थे। कभी काम मिलता

था और कभी नहीं। वे बड़ी बुरी हालत में एक टूटे से मकान में रहा करते थे। इस ठेकेदार ने एक तो काम दे दिया और साथ में रहने की जगह। ठीक है, वह मार्केट से ज़्यादा रेन्ट लेता था और दिहाड़ी भी कम देता था पर इसके अलावा उनके पास चारा भी क्या था? अगर वे इस देश में पक्के होते तो सरकार की ओर से मिनिमम रेट ले कर भी पैसों का ढेर लगा देते। सब भाग्य का खेल है। किया भी क्या जा सकता है?

ये रैगुलर कामगर थे भजना, संधु और गेला। ये तीनों रूस, ग्रीस, व फ्रांस से धक्के खाते हुए समुद्री बेड़ों और ट्रालियों के रास्ते यू.के. पहुँचे थे। ये तीनों पंजाब से साथ ही चले थे—घर की पूँजी और अपने खेत बेच कर। इनमें से भजना शादी-शुदा था और दो बच्चों का बाप भी। वह हर वक्त अपने बच्चों की याद में तड़पता रहता। उसकी बूढ़ी माँ अभी जीवित थी। ये तीनों पिछले नौ सालों से गैर-कानूनी तौर पर रह रहे थे, यानी पिछले नौ सालों से ये अपने देश नहीं गये थे। पक्के होने के लिए वे लंडन के इमीग्रेशन के काबिल वकीलों को पैसे दिये जा रहे थे और आशा की टूटती हुई तार को बचाये हुए थे। उनकी यह तिकड़ी आपस में काफी घुली-मिली हुई थी। वे एक-दूसरे की केयर करते थे और बढ़िया यार भी थे। एक-दूसरे का दुःख-सुख साझा करते और इक्टठे ही खाना खाते और दारू पीते।

वीकएण्ड पर फिल्में देखते और गंद-मंद बकवास करते थे। कभी-कभार किसी बाज़ारू औरत का साथ भी कर लेते थे। माँ, बहिन और भाइयों को कितना याद किया जाय और रोया जाय? वे सभी एक-दूसरे के भेद जानते थे। उन्होंने एक-दूसरे को यह भी कह रखा था कि उनमें अगर कोई एक भी पुलिस के हाथ आ जाय तो वह कभी भी दूसरों के बारे में न बताये। पुलिस के छापे के दौरान बाकी दो भाग जायें। अगर किसी का यहाँ रहने का जुगाड़ बनता हो जैसे किसी ब्रिटिश पासपोर्ट वाली औरत से उसका गठबंधन हो जाय तो बाकी दोनों जने उससे जैलिसी करने के बजाये उसे सपोर्ट करें और उसके भविष्य की खैर माँगे।

वे जब पब में गये तो उन्होंने बियर के जगों के साथ ही व्हिस्की के डबल पैग भी एक बार में ही भरवा लिए क्योंकि इस पब का यह हैपी आवर था यानी छः से सात बजे तक बियर की सस्ती ऑफर थी। इन तीनों में भजना सबसे सही हिसाब रखता था। हफ्ते भर का खर्च वे उसी को पकड़ा देते। वही राशन पानी लाता और वही कमरे का किराया भी देता। वैसे किराया तो कान्ट्रैक्टर उनके वेतन में से ही काट लेता पर हीटिंग और गैस के पैसे अलग से देने पड़ते। शहर में वे जिस घर में रहते थे, वह इसी ठेकेदार का घर था। ठेकेदार का अपना बढ़िया-सा घर था जो शहर से बाहर गोरों के इलाके में था। उसका यह शहर वाला घर इललीगल लोगों से भरा हुआ था। यहाँ तक कि गार्डन में डाले गैर-कानूनी कमरों में भी पोलिश या

और किस्म के यूरोपियन रहते थे जब वे तीनों इंडिया में थे तो तीनों ने कभी सोचा भी नहीं था कि विलायत में भी लोग इस हाल में रहते होंगे। लंदन में कार्डबोर्ड के बक्सों में सोने वाले बेघरों को देखकर तो उन्हें बड़ी हैरानी हुई थी। पुलों के नीचे सोने वाले इललीगल लोगों की बात तो समझ आती है, पर इस देश में जन्में और पले हुए लोग बेघर क्यों हैं? फिर उस देश में जहाँ वैलफेयर सिस्टम भी हो?

बीयर की चुस्कियाँ लेते हुए भजने ने आधे-भरे गिलासों की ओर इशारा करके सावधान किया—"जवानों डालो अंदर फटाफट डालो भाई। घर जा कर खाना भी बनाना है। कल वाली गोभी की सब्ज़ी काफ़ी नहीं है। चिकन बना लेंगे। टैस्को से लाये थे। ज़्यादा दिन तक फ्रिज़ में नहीं रखा जा सकता। सेल की डेट का ध्यान रखना चाहिये। बाकायदा तारीखें लिखी होती हैं। खैर, आटा गोलू गूँधेगा और संधू, रोटी पकाने की बारी आज तेरी है।"

"भाई जी ज़्यादा टैंशन मत लिया करो" संधु बोला, "चलो, जल्दी ही चलते हैं। ऐसे बारियाँ मत लगा। हमारे कौन से बच्चे रो रहे हैं? और कल है भी इतवार। आराम से उठेंगे...। साला, इस गोरी को तो देखो! सुलफे की लपट है साली।" एक लम्बी ऊँची और निहायत खूबसूरत गोरी की ओर उसने इशारा किया। वह उन के साथ वाले टेबल पर बैठी अपने काले ब्वाय फ्रेंड के साथ शराब पी रही थी। भरी हुई उसकी छातियाँ बहुंत खूबसूरत थी। काली मिनी स्कर्ट में उसकी सुडौल थाई किसी का भी ध्यान अपनी ओर खींच सकती थी। उसके भूरे बाल बड़े सलीके और फैशनेबल ढ़ंग से ड्रैस करवाये हुए थे। जामुनी रंग की ड्रैस में वह उन्हें किसी हूर से कम नहीं लग रही थी।

"साले, ध्यान से बात कर।" गेले ने उसे रोका, "साथ में फनियल साँप भी बैठा है। डस लेगा। पानी माँगने लायक नहीं छोड़ेगा।"

"नहीं, भगवान कसम गोरियाँ बड़ी सुन्दर होती हैं। खुदा ने भी मेहरबानी करते समय हद कर दी—इस कौम पर। जैसे इनके पास धन बहुत है, वैसे ही हुस्न भी ज़्यादा है।" संधु उदास हो रहा था। उसने बीयर का लम्बा घूँट भरा और व्हिस्की का तगड़ा पैग अंदर डालते हुए वार्तालाप जारी रखा—"ऐसी सुंदर औरत के साथ चिपका हुआ यह फनियल साँप कैसा लगता है?" संधु ने गहरी नज़र से उसे एक बार और देखते हुए कहा था यह बोला। इस प्रकार देखते हुए उस गोरी और उसके प्रेमी ने उसे देख लिया। काला बंदा गरजा—"वॉट इज़ यौर ट्रबल मैन? वाई आर यू स्टेयरिंग माई वुमैन? आई विल ब्रेक योर फकिंग नैक।"

वे तीनों डर गये। भजने ने परिस्थिति को संभाला और उस बंदे को ठंडा करने की कोशिश की—"सॉरी मेट सॉरी, दे आर सिली ब्युवायज़। फॉरगिव, फॉरगि! माई फ्रेंड्स आर स्टूपिड।" काले बंदे ने अभी कोई जवाब ही नहीं दिया था कि उनके

कुछ काले गोरे दोस्त, लड़के-लड़कियाँ हैप्पी बर्थडे कहते हुए अंदर आ गये। गोरी लड़की का बर्थडे लगता था।

मौका पा कर भजने, गेले और संधु ने अपने ड्रिंक खत्म किये और वहाँ से एकदम खिसक गये।

पब से निकलते ही भजने ने गेले और संधु को गालियाँ निकालनी शुरू कर दी–"सालों कुत्तों तुम पंगे लेने से बाज़ क्यों नहीं आते? बहुत आग लगी हुई है तो जाओ पिकाडिलि और मुँह काला कर आओ। बीस पच्चीस पौंड में टैंशन निकल जाती है। कंजरों, लड़ाई होती है तो पुलिस आ जाती। पुलिस आती तो अरैस्ट हो जाते। अरैस्ट होते तो डिपोर्ट हो जाते। फिर अपनी किस्मत को कोसते। भैण के यार, गधे कहीं के...।"

उसकी बातें सुन कर गेला और संधु तेज़ी से सड़क पार कर के बस स्टैंड की ओर बढ़ने लगे लेकिन जब भजना सड़क पार करने लगा तो अचानक एक तेज़ स्पीड वाली, काले रंग की कार ने उसे हिट किया। जब गेले और संधु ने पलट कर देखा तो भजना पेवमैंट पर बैठा अपने सिर की चोट खोज रहा था। गेले और संधु ने उसे उठाया और उसके सिर को हाथ लगा कर देखने लगे, उसके सिर के बीचो-बीच एक गोला-सा उभर आया था। उन्हें और भी कोई जख़्म न मिला। घबराया हुआ भजना बार-बार यही कहे जा रहा था–"आज तो वाहे गुरु ने बचा लिया। सच्चे पातशाह कलगीवाले ने मेहर की है। कार वाला भैण का दीना पता नहीं किधर से एकदम आ गया? ससुरे का, एक्सीडेंट कर के खड़ा भी नहीं हुआ। साले आज तो मैं मर ही जाता।"

तब तक बस भी आ गई और वे तीनों चढ़ गये। भजने को उन दोनों ने सहारा दे कर बिठाया। तब तक वह सिर-दर्द से हाय! हाय! करने लग गया था। उसके सिर के उभरे हुए गोले में दर्द होना शुरू हो गया था। वह तेज़ तेज़ साँस ले रहा था। घर पहुँचते ही भजना सोफे पर लेट गया। गेले ने जल्दी से दूध गर्म करके उसे दिया और संधु ने पैरासिटामोल की दो गोलियाँ उसकी हथेली पर रख दी। भजना ज़्यादा बोल भी नहीं रहा था। उसके दोनों साथी उसे हौंसला बँधा रहे थे–"अरे भाई घबरा मत। बाबा गुरु नानक सब ठीक कर देगा। अब तक वही तो रक्षा करता आया है। इस साले विलायत ने मार डाला। इस डायन ने हम जैसे कितने खा लिए होंगे।"

"मुझे तो भाई अस्पताल ले चलो।" भजना दर्द से कराह रहा था। "सिर की चोट खराब होती है। जल्दी करो। एम्बुलेंस मत मँगवाओ। उन्हें फिर हमारे घर का पता मालूम हो जायेगा। उसके बाद यह पता पुलिस और बॉर्डर ऐजेंसी वाले भी जान जायेंगे। ठेकेदार प्रीतमपाल को बुला लो वह वेन ले कर आ जायेगा।" फिर वह अपनी जेबें टटोलने लगा–"लगता है मेरा फोन भी वहीं कहीं सड़क पर गिर गया

है। अब तक तो कारों ने क्रश कर दिया होगा। हाय मेरी माँ। मर जाता आज तेरा परदेसी बेटा–भाई जल्दी करो।

संधु ने ठेकेदार के यहाँ फोन किया। उधर से उसकी घरवाली बोली कि वे तो आराम कर रहे हैं। सारा दिन उन्हें बुखार रहा। अपने फ्रेंड को टैक्सी या एम्बुलेंस में अस्पताल ले जाओ। वहाँ लीगल-इललीगल के बारे में कोई नहीं पूछता। ह्यूमन राइट्स के एक्ट के कारण हर एक का इमरजेंसी की ह़ालत में इलाज करते हैं। मना नहीं कर सकते, डोंट वरी। अगर पता पूछा तो अपना और हमारा सही पता मत बताना।

संधु ने एकदम मीरपुरिये से टैक्सी ड्राइवरों के दफ्तर फोन किया। वे पन्द्रह पौंड माँग रहे थे, लेकिन भजने की हालत देख कर भला पैसों की क्या सोचते?

अस्पताल पहुँचने तक भजना धीरे-धीरे होश खो रहा था। उसने अपने दोनों साथियों को मुश्किल से कहा–"मुझे अस्पताल छोड़ कर भूल जाना। ऐक्सीडैंट का केस होने से कहीं ये लोग पुलिस न बुला लें। आप बस मेरी तो खैर माँगो। जो होगा देखा जायेगा। भाइयों, यू लुक आफ्टर योअर सैल्फ।"

मेरी तो अब सत्श्रीअकाल हो गई तो...।" उससे और बोला न गया। वे जैसे ही अस्पताल पहुँचे तो मरीज़ की खस्ता हालत देख कर नर्स ने भजने के साथियों से पूछा–"हाउ डिड इट हैपन?"

"ए कार हिट हिम।" गेले के मुँह से एकदम निकला।

"वेट हियर! वी गैट यू कॉल द पुलिस। यू हैव टू गिव स्टेटमैंट।" एक रोबदार नर्स ने हुक्म करने की तरह कहा।

तीन नर्सों और दो पैरामैडिकल के लोगों ने भजने को स्ट्रेचर पर डाला और जल्दी ही अंदर ले गये।

मौका मिलते ही संधु और गेला वहाँ से खिसक गये। घर आ कर उन्होंने थोड़ा बहुत सामान संभाला। अपने और भजने के छिपाये हुए पैसे उठाये और टैक्सी रैंक की ओर भाग गये। उन्हें भजने का उपदेश याद आ गया था कि अगर पुलिस का चक्कर पड़ जाय तो पहले अपनी खुद की सेफ्टी और थ्सक्युरिटी की ओर ध्यान देना। भजने के पैसे उन्होंने इसलिये उठा लिए थे कि बाद में किसी और के हाथ लग सकते थे। "जब भजना ठीक हो कर मिलेगा तो उसकी अमानत उसके हाथ में रख दी जायेगी" उन दोनों ने सोचा था।

गोले और संधु का इरादा अब साउथबाल से बर्मिंघम जाने का था। वहाँ संधु के गाँव वाले रहते थे और जो अक्सर ही अपने पास आने के लिए उन्हें कहा करते थे। वे ये भी कहते थे कि उनके एक भाईबन्द ने नई-नई ठेकेदारी शुरू की है। इसलिये काम की भी कोई दिक्क्त नहीं होगी।

ट्रेन में बैठने पर उन्हें बहुत बार भजने का ख्याल आया लेकिन वे इस कारण खुद को तसल्ली दिये जा रहे थे कि वह अस्पताल में सेफ़ हैंड्स में है। लेकिन फिर भी उन्हें यह बात अच्छी नहीं लग रही थी कि बरसों के अपने साथी को वे इस हालत में छोड़ आये हैं पर मज़बूरी है। किया क्या जाय? उन्होंने ठेकेदार की बीवी को मैसेज दे दिया कि वे बर्मिंघम जा रहे हैं और पति उन्हें सोभदिल पर फोन करे।

दूसरे दिन सुबह ही उन्हें सोभदिल पर फोन आया। गोले और संधु ने ठेकेदार को पूरी कहानी सुना दी, लेकिन वह गुस्से से तिलमिला रहा था–"कंजरों, यहाँ का काम कौन ख़त्म करेगा? मेरा तो मालिक के साथ ऐग्रीमैंट है, टाइम पर यह जॉब खत्म करने का।" लेकिन टैक्टफुल बंदा होने के कारण वह थोड़ा नर्म हो गया और बोला–"चलो कोई बात नहीं। इस अनहोनी को आप पहले से कहाँ जानते थे। भजने को ठीक होने दो। फिर वापिस आ जाना। मैं उसे अस्पताल में देख कर आऊँगा।" ठेकेदार को भी इललीगल बंदों को काम देने पर फँसने का डर था। इसलिये वह मौके को संभालना चाहता था। "सस्ते बंदे भी कई बार मँहगे हो सकते हैं।" उसने मन-ही-मन में कहा।

चार एक घंटे के बाद ठेकेदार का फोन फिर आया। उसने तो जैसे बम ही गिरा दिया–"भजना मर गया है। बड़ी मुसीबत खड़ी हो गई है। यू स्टे, वैयर यू आर। अब तो किस्मत फूट गई है। डोर हाथ से निकल चुकी है। बुरा समय आ गया लगता है। मैं उसका हाल पूछने अस्पताल गया था पर उन्होंने तो वहाँ पर पुलिस ही बुला ली। वे मेरा बयान लेना चाहते थे कि एक्सीडैंट कैसे हुआ? मैंने कहा, मुझे क्या पता कि क्या हुआ। मैं तो अपने घर पर ही था। मुझे बुखार था। फिर पुलिस के बंदे तुम्हारे कमरे की तलाशी लेने आ गये। मेरे लिए तो प्रॉबल्म खड़ी हो गई है। लैट ऑफ प्रॉबल्म। पूछ रहे थे कि जो बंदे भजने को लेकर आये थे वे कहाँ हैं? मैंने साफ मना कर दिया कि मुझे क्या पता? मैं तो यहाँ रहता ही नहीं हूँ। यह तो मेरा रेंटल हाउस है। पर वे मानने वाले कहाँ थे? कह रहे थे, फिर आयेंगे? फ्यूनरल का पता नहीं, कैसे होगा। वाहेगुरु! वाहेगुरु! सच्चे पातशाह ही लुक आफ्टर करेंगे। आई विल टॉक टु यू लेटर। पुलिस की गाड़ी आयी है" और उसने अचानक फोन रख दिया।

फोन बंद होते ही गेला और संधु सुन्न हो गये। वे भजने को चाहते थे। वह बड़े भाई-सा था–नेक दिल का बढ़िया इंसान! वे उसके परिवार के लिए सॉरी फ़ील कर रहे थे। पर वे क्या करें? वे बेबस थे।

ठेकेदार प्रीतमपाल सिंह चुस्त बंदा था ऐसी ट्रिकी सिचुएशन से कैसे निकलना है, वह सब जानता था। वह अपनी इज़्ज़त भी कायम रखना जानता था। वह अपनी कम्युनिटी में सम्मानित व्यक्ति था और ऐसा ही रहना चाहता था। उसने एकदम भजने के परिवार को इंडिया में फोन घुमाया। रोना-धोना तो होना ही था पर उधर

उसके परिवार ने यह माँग रख दी वह किसी-न-किसी तरह लाश को इंडिया भेजे ताकि अपने हाथों से उसका क्रिया-कर्म कर सकें।

ठेकेदार सोचने लगा, इंडिया में लाश भेजना कोई आसान काम नहीं था। इस पर हजारों पौंड खर्च हो सकते थे। उसने सबसे पहले गेले और संधु को फोन किया। वे दोनों इस बारे में पहले ही सोच चुके थे। भजने के परिवार से बात भी कर चुके थे। वे ठेकेदार के भी बड़े आभारी थे जिसने पूरी ज़िम्मेदारी उठा ली थी। गेले ने बता दिया कि भजने के दो हजार उसके पास हैं और एक-एक हजार उनके पास हैं जिसे वे इस काम के लिए देना चाहते हैं। प्रीतमपाल सिंह ने हिसाब लगा कर सोच लिया कि यह काम उसकी एक पैनी लगाये बिना हो सकता है। शहर के बड़े गुरुद्वारे में यह दर्दनाक कथा और ज़रूरत बताई गई। उन्होंने भी संगत से पैसा इक्ट्ठा करवा दिया। इस तरह भजने की लाश ब्रिटिश एयरवेज़ द्वारा इंडिया पहुँचा दी गई। ठेकेदार को सस्ते बंदे फिर भी मँहगे नहीं पड़े थे और इमीग्रेशन वालों ने भी ज़्यादा पूछताछ नहीं की।

एक दिन सुबह के समय प्रीतमपाल अपने काम पर जाने के लिए तैयार हो रहा था कि पुलिस की दो कारें और एक वेन हूटर बजाती आ पहुँची। उन्होंने आते ही प्रीतमपाल को हथकड़ी लगा दी और कहा कि उसे एक वकील करने की इजाज़त है। सभी गोरे अफसरों में एक जवान पंजाबन अफसर भी थी। ठेकेदार को पूछा गया कि वह अगर ज़रूरत समझता है तो एक लेडी अफसर अनुवादक की सेवा भी दे सकती है। ठेकेदार अंग्रेजी जानता था। उसने मना कर दिया। उसे उसके किराये वाले घर ले जाया गया। जहाँ बार्डर ऐजेंसी और पुलिस ने छापा मारा था। उन्होंने सभी किरायेदारों को गिरफ्तार कर लिया था। उस पर दोष लगा कि वह गैर-कानूनी लोगों को किराये पर मकान देता था और गैर-कानूनी ढंग से रहने वालों को सस्ते रेट पर नौकरी भी देता था। वह इमीग्रेशन के कानून की धज्जियाँ उड़ाता था। उसके टैक्स रिकार्ड भी चेक किये जायेंगे बगैरा बगैरा।

पुलिस वेन पुलिस स्टेशन की ओर दौड़ी जा रही थी। ठेकेदार प्रीतमपाल सिंह शर्मिंदा-सा हुआ, सिर झुकाये बैठा था। उसे अपना भविष्य डरावना लगने लगा। उसे अपने सगे सम्बंधियों के सामने शर्मसार होना पड़ेगा। लोकल पंजाबी अखबार तो यही हैडलाइन लगा देगा। रेडियो पर चर्चा होगी। इंटरनेट, ई-मेल और फेस बुक के युग में इंडिया, कैनेडा, अमरीका आदि में मिंटों में खबर पहुँच जानी है। उसके दामादों और समधियों के बीच उनकी कानी-कौड़ी जितनी इज्ज़त नहीं बचेगी। कहाँ तो कौंसिल के इलेक्शन के लिए खड़ा होना सोच रहा था और कहाँ ये हथकड़ियाँ? उसका सिर चकरा रहा था...। वह कभी भी सूट और टाई के बिना बाहर नहीं निकला था। कुछ दशक पहले जब वह इस देश में नया-नया आया था तो पहले से रहते

हुए लोगों ने नये बंदों को यही सिखाया था कि अच्छी तरह ड्रैस-अप हुए बिना आप बाहर मत निकलना। आज की तरह नहीं कि लोग बेगाने देश में जैसे भी कपड़ों में हों—शॉपिंग के लिए निकल जाते हैं। साले जलूस निकाले फिरते हैं। पर आज वह खुद बिना टाई और बिना प्रेस किये हुए कपड़ों में बैठा था। पुलिस के अचानक छापा मारने के कारण, उसे जो कुछ भी मिला, पहन लिया था—काली पैंट मुचड़ी हुई सफेद शर्ट, उस पर नीला स्वैटर और ऊपर कोट। भागम-भाग में उसे टाई का ध्यान ही न रहा, उसने अभी शेव भी नहीं की थी। अपनी कम्यूनिटि में शौकिन माना जाता बंदा ऐसे तो कभी भी ड्रैस-अप नहीं हुआ था। उसे खुद पर ग्लानि होने लगी। दो पुलिस अफसरों और सुंदर पंजाबन लड़की के साथ बैठा वह बड़ा ही बेचारा-सा लग रहा था।

पंजाबन अफसर लड़की ने अचानक पूछा—"आपने इललीगल इमीग्रैंट लोगों को काम पर क्यों रखा? टैन थाउज़ैड पौंड हर इललीगल सप्लाई पर फाइन होता है।"

प्रीतम पाल सिंह खामोश रहा।

"कोर्ट में आपसे यही पूछा जायेगा कि आपने इललीगल बंदे क्यों रखे? सो वाई डिड जो डू इट मिस्टर सिंह?" वहाँ की जमी-पली लड़की ने अपने ही अंदाज में पूछा। जब वह अपने किसी बंदे को गिरफ्तार हुआ देखती तो खुश नहीं होती थी।

"इललीगल बंदे सस्ते होते है।" ठेकेदार ने धीमी आवाज़ में उत्तर दिया।

पंजाबी अफसर लड़की ज़्यादा पंजाबी नहीं जानती थी। पूछने लगी—वॉट इस सस्ते?"

"चीप बंदे मैडम जी, चीप बंदे। पंजाबी में इन्हें सस्ते बंदे कहा जाता है। यू अंडरस्टैंड?" गिरफ्तार हुए व्यक्ति ने हाथों के इशारे से "सस्ते" शब्द की महत्ता पर ज़ोर दिया और कहा। अब उसकी आवाज़ का वाल्यूम भी ऊँचा था। बात करता हुआ प्रीतमपाल सिंह अपनी हथेलियों को ऐसे मल रहा था जैसे अचानक उनमें से शोले निकलने लगे हों।

पंजाबन अफसर लड़की ने अपनी जॉब के ऐथिक्स का ख्याल करते हुए गिरफ्तार हुए व्यक्ति से और कोई बात करनी उचित नहीं समझी।

किऊ गार्डन के पेड़

गुरनाम गिल
(15.09.1943)

इंग्लैंड देखने का मन था। जिस व्यक्ति ने कोई भी परदेस यात्रा न की हो उसे तो और भी अधिक दिलचस्पी होती है। यह सब तो भाई साहब की कृपा है। अगर वे विलायत न आये होते तो मेरा शौक कहाँ पूरा होना था। भारत में एक टीचर की सामर्थ्य परिवार को पालने तक की सीमित होती है।

कल रात की बात है। भाई साहब और उनका दोस्त सुभाष मुझे पब लेकर गये। मैंने पहली बार पब देखा था। ऐसी जगह बीयर पीने का मज़ा अलग ही होता है। नशीला माहौल। गलीचे बिछे हुए। सुन्दर और कीमती फर्नीचर। ख़ूबसूरत और मुस्कराहट बाँटती बार-मेड्ज़। एक पतली-सी, नीली आँखों और लम्बे काले बालों वाली पर सुडौल अंग। मन हो रहा था कि बीयर पीये जाऊँ और उसे देखता रहूँ। शायद मैं उसे लगातार देखे जा रहा था, इसीलिये भाई साहब ने कहा, ज़्यादा नहीं देखते। मुझे लग रहा था जैसे मैं इन्द्रपुरी में बैठा होऊँ। मेरे मुँह से स्वाभाविक रूप से निकला था—"चलो भाई साहब, आखिर आपके बहाने हमने भी स्वर्ग देख ही लिया है।"

"कोई बात नहीं धीरे-धीरे स्वर्ग की परतें खुलेंगी तो सब कुछ पता चल जायेगा।" मुझे संबोधित करते हुए सुभाष ने कहा।

भाई साहब पहले हल्का-सा हँसे और फिर ऊपर छत की ओर देख कर कहने लगे—"हम पहले पहल जब आये थे तो हमें भी यही भ्रम हुआ था।"

"पर इसमें भ्रम की कौन-सी बात है? आप स्वयं कहते हो कि यह तो यहाँ किसी भी साधारण काम करने वाले का जीवन है। काम के बाद की ऊब को बहलाने का साधन। भारत में ऐसी जगह रोज़ जाना तो किसी जज के भी बूते से बाहर की बात है।" अपने खुद के जानने के लिए बात की तह तक जाना चाहता था।

सुभाष ने जग जितने बड़े गिलास को एक ही साँस में आधा करते हुए कहा—"तेरे घूमने का समय कम है और इन बातों को समझने के लिए यहाँ लम्बे अर्से की ज़रूरत है। जैसे गाँव के किसान के लिए गन्ने का रस, दही-लस्सी, साग और

मूलियाँ आदि साधारण चीज़ें हैं पर महानगर का वासी इन्हीं चीज़ों को तरस जाता है। ऐसे ही ये बीयर और बार महानगरों की चमक है।

मज़दूर को कोल्हू का बैल बनाये रखने के लिए। इन सभी बातों के पीछे साम्राज्य के हितों का हाथ होता है। सुभाष ने मुझे समझाने की कोशिश की पर बात मुझे अभी तक स्पष्ट नहीं हुई थी। भाई साहब ने सुभाष को संबोधित करते हुए कहना शुरू किया—"वास्तव में हमें परदेश में रहना ही नहीं आया। हमारी उदासी और अकेलेपन का यही एक कारण है।"

तब मुझे 'उदासी और अकेलापन' जैसे शब्द बड़े बेकार और अजीब से लगे थे। मैंने मन-ही-मन सोचा कि यह तो खाते-पीते मौत को छड़ियाँ मारने वाली बात हुई। कैसा अकेलापन और कौन-सी उदासी। ऐश कर रहे हैं। रंगीन टी.वी. और नई कारें—नवाबों-सा ठाठ-बाट है।

हमने गिलास खाली किये और घर लौटने को बाहर निकले। वह सुंदर-सी बार-मेड अभी भी मुस्कराती और मटकती हुई गिलास भरे जा रही थी।

रास्ते में सुभाष ने भाई साहब को कहना शुरू किया—"तुम्हें शायद—याद हो या न हो। जब गुरबख्श सिंह इंग्लैंड आया था तो वह दो दिन हमारे घर रुका था तो उसने भी यही कहा था कि सज्जनों भविष्य में जीना छोड़ो। न तो परदेस आया लौटा है और न ही आपने भारत जा कर रहना है। बेहतर होगा कि यहाँ के लोगों से साँझ पैदा करो। यहीं पर अपने परिवार बुला कर रहो। इतिहास साक्षी है कि परदेस आये लोग अपने देश में कम ही जाते हैं। सिर्फ़ उनके टैलीग्राम जाते हैं। इसलिये 'आज' को जीना सीखो। जो 'आज' नहीं जी सकता उसे 'कल' भी जीने का तरीका नहीं आयेगा। 'कल' सदा 'आज' से बेहतर ही होता है।

"भाई बात तो एकदम सच है, पर हर किसी ने गुरबख्श सिंह थोड़े न बन जाता है।" हम सभी ने एक स्वर में कहा।

पहले दो हफ्ते तो मैं बोर-सा हो गया। घर में अकेला बैठा-बैठा ऊब जाता। समय बिताने के लिए यह भी अच्छा हुआ कि भाई साहब हर रोज़ मुझे एक भारतीय फिल्म दे जाते जिसे मैं वीडियो पर लगा कर देख लेता था। वे दोनों जने छः बजे घर लौटते थे। बच्चे चार बजे आ जाते थे। वे आते ही फ्रिज में कुछ ढूँढ़ने-ढूँढ़ने के बाद या तो टी.वी. को चिपक जाते या अपने कमरों में चले जाते। मैं उनसे घुलने-मिलने की कोशिश करता पर वे मुझमें कोई दिलचस्पी न दिखाते। इस कारण उसके घर में रहते हुए भी मैं अकेला ही महसूस करता।

वीकएण्ड की मैं हमेशा ही बेसब्री से इंतज़ार करता रहता था क्योंकि उस दिन भाईसाहब मुझे कहीं-न-कहीं घुमाने-फिराने ले जाते थे। कभी किसी दोस्त या रिश्तेदार के घर या कभी कोई नयी जगह दिखाने। एक बार इतवार का दिन था,

हल्का-सा गर्म और धूप वाला महीना चाहे जून का था, पर धूप चैत मास जैसी थी। भैया-भाभी ने मुझे समुद्र दिखाने का कार्यक्रम बना लिया। मैं बड़ा खुश था। मैंने कभी भी समुद्र नहीं देखा था—अगर देखा भी था तो बस फिल्मों में। उसी के आधार पर मैंने अपनी किसी कहानी में समुद्रतट के वातावरण को चित्रित किया था। लेकिन इस इतवार मैं वास्तविक समुद्र देखने जा रहा था। हमारे साथ सुभाष और उसका परिवार भी जा रहा था। भाई साहब और सुभाष की बड़ी पक्की दोस्ती थी। दोस्ती वहीं होती है। जहाँ समान विचार और मानवीयता के गुण साँझे होते हैं।

कारों में एक घंटे के सफर के बाद हम समुद्र तट पर आ पहुँचे थे। नीले पानी की लहरें किनारों पर इस तरह बढ़ती आ रहीं थीं जैसे हर आने वाले को 'जी-आया' कह कर स्वागत कर रहीं हों। दोनों परिवारों के बच्चे फ़न-फेयर के खेल तमाशों की ओर भाग गये। भाभी और सुभाष की पत्नी दोनों उनके पीछे हो लीं। बच्चे जब बड़े हो जाते हैं तो माँयें ऐसा ही करती हैं। बच्चों को किसी आदमी के साथ-साथ चलने की ज़रूरत नहीं रहती। हम तीनों लोग 'बीच' पर चलने लगे। वहाँ की रौनक देखकर ऐसा लग रहा था जैसे वहाँ पर गोरों का कोई त्योहार हो। भाई साहब समुद्र के पानी के गुण बताते जा रहे थे। इस पानी में अनेक प्रकार के मिनरल होने से इसमें नहाते समय हमारा शरीर, रोम छिद्रों द्वारा इनको जज़्ब कर लेता है। "आप लोग तो महीने दो महीने में एक बार यहाँ आते रहते होंगे?" मैंने पूछा।

"कहाँ यार! जब से हम इंग्लैंड आये हैं, पता नहीं दूसरी या शायद तीसरी बार आये हैं। इतनी फुरसत कहाँ? और दूसरा अपने शौक की भी बात होती है।" सुभाष ने उत्तर दिया।

"जैसे हम लोग गोरों के बीच रह कर भी इनसे सामाजिक तौर पर घुलमिल नहीं सके, वैसे समुद्र के पास रहते हुए भी हम इससे दूर ही रहते हैं।"

भाई साहब समुद्र को दूर तक देखते हुए बोले, जैसे उन्होंने समुद्र के दूसरे छोर का अनुमान लगा लिया हो।

पानी-लहरों के रूप में किनारे पर अपने पद-चिह्न बनाता हुआ आ रहा था। रेत पर बैठे लोग सरकते हुए किनारे पर आ रहे थे। कुछ गोरी युवतियाँ ब्रॉ उतार कर औंधी लेटी हुई थीं। जब पानी उनके नीचे आ गया तो सीने पर तौलिया रखे वे दूर किनारे पर फिर से लेट गईं लेकिन शरारती पानी, उनसे छेड़-छाड़ करने को, उनके पीछे ही चला आ रहा था। एक भारतीय औरत साड़ी समेत ही नहा रही थी कि वह साड़ी के होते हुए भी जैसे नग्न सी हो गई थी।

"यार, हम भी नहा कर देखें।" लगता था जैसे कुलबीर भाई साहब के मन में भी लहरों से खेलने की उमंग अँगड़ाई ले रही थी। "रहने दे, हम लोग कभी नहाये नहीं ना, इसलिये शर्म-सी आती है।" सुभाष ने दुविधा वाली बात कह दी।

इतने में एक तराशे हुए बुत जैसी मेम हमारे पास से निकलती हुई, आगे पानी की ओर जाने लगी। धूप और मालिश के कारण उसका शरीर मोम-सा शरीर तम्बई रंग का सा लग रहा था।

"यार इन औरतों को अपना जिस्म को तराश कर रखने का कितना शौक है।" भाई साहब उसकी देह को देखते हुए बोले। सच में, उसके शरीर पर आवश्यकता से अधिक, रत्तीभर भी चर्बी नहीं थी। "उधर अपनी औरतों को देखो, गुंधे हुए आटे की परात जैसे पेट। ढले हुए पुट्ठे...।" सुभाष ने तुलना करते हुए कहा।

"अपने यहाँ आदमियों का भी गोरों के मुकाबले में यही हाल है। हम भी इसमें शामिल हैं। कपड़े उतारने में यो ही शर्म नहीं आती।" भाई साहब बात करते ज़रा रुक गये, फिर उधर पालथी मार कर बैठे एक गुजराती से दिखने वाले बंदे की ओर इशारा कर के बोले–"ये देख, कैसे मटके-सा पेट निकाले बैठा है, जैसे किसी ने अपनी जाँघों पर बड़ा तरबूज़ रखा हो। महात्मा बुद्ध-सा नहीं लग रहा?"

"फिर हम दोनों इतने खराब तो नहीं। चल उतार कमीज़।"

"चल यार, तू कब-कब कहता है।"

उन्होंने पानी में छलाँग लगाई। मन तो मेरा भी बहुत हुआ, पर मैंने लम्बी-सी नेकर पहनी हुई थी, इसलिए मैं शर्माता ही रह गया। उन्होंने मुझे सागर में कूदने के लिए कई इशारे किये पर ठंड लगने का बहाना बना कर मैं किनारे पर ही खड़ा रहा।

लगभग आधे घंटे बाद, उन्हें कुछ सर्दी-सी महसूस हुई, और वे बाहर निकल आये।

"यार बड़ा मज़ा आ गया। हमने यों ही शर्माते रहना था।"

"घटियापन का ज़्यादा अहसास भी बुरा होता है। हमारी तुलना में गोरों में कौन-सी खास खूबी है? सिवाय सफेद चमड़ी के।"

टाइम देखा तो शाम के चार बज चुके थे। सुभाष को प्यास लगी और उसने बीयर पीने की इच्छा ज़ाहिर की। लेकिन भाई साहब ने सलाह दी कि घर पहुँच कर पार्क वाले पब में बैठ कर पियेंगे।

कार में आते ही मुझे उनकी बातों से ऐसा लगा कि जैसे भाई साहब की शिकायत काफ़ी हद तक दूर हो गई हो। उनके चेहरे पर न तो किसी उदासी की परछाईं थी और न ही मानसिक अकेलापन की। उल्टा, मुझे तो ऐसा महसूस हो रहा था कि वे अपने जीवन-वृक्ष की जड़ें इस विदेशी धरती के माहौल में जमते हुए महसूस करने लगे हैं। उनकी रूह उनके बच्चों जैसी लग रही थी।

घर से होते हुए, हम तीनों लोग पार्क वाले क्लब में पहुँच गये। हम लोग अपने गिलास भरवा कर अभी एक टेबुल पर बैठे ही थे कि शरारती से गोरे लड़कों की टोली

जान-बूझ कर हमारे पास आ बैठी—किसी शरारत के इरादे से। यह उनकी हरकतों से साफ लग रहा था।

थोड़ी देर बाद उनमें से एक गोरे ने हमारी ओर चेहरा घुमाया और कहा—"...गैट लाइट?"

"सॉरी, वे डोंट स्मोक।" सुभाष ने छोटा-सा जबाब दिया।

"बट, यू डू ड्रिंक...।"

फिर वे सभी ज़ोर-ज़ोर ऊँचा-ऊँचा हँसने लगे।

इतने में एक लाल टी-शर्ट वाला, बिल्डर किस्म का गोरा ज़ोर से डकार लेता हुआ सुभाष से पूछने लगा—" वॅट इज़ योर नैशनेलिटी?"

"ब्रिटिश"—सुभाष का उत्तर संक्षिप्त था।

इस बात पर वे फिर सभी हँसने लगे।

एक शरारती-सी मुस्कान के साथ उस गोरे ने फिर पूछा—"आई मीन, वट कन्ट्री यू कम फ्रॉम?"

"चल छोड़ यार। इन्हें क्या पता नहीं है? ऐसे ही साला छेड़ने की बात करता है। चल आज घर बैठ कर पीते हैं और थके भी हुए हैं। यह कहते हुए भाई साहब खड़े हो गये, साथ में हम भी।

काऊंटर की एक ओर से हम बाहर निकलने लगे। काले बालों वाली बार-मेड ने मुस्कराते हुए हमें 'बाय' कहा। यह वही गोरी थी जिसकी मुस्कराहट ने पहले ही दिन मेरा दिल लूट लिया था। पर आज मुझसे 'बाय' का जवाब भी न दिया गया। उसकी मुस्कान मुझे बड़ी फ़रेबी-सी लगी। मुझे ऐसा लगा कि इन मुस्कानों का कोई अर्थ नहीं होता, जैसे यह केवल आदत कोई होती हो।

घर आकर बैठते ही भाई साहब ने व्हिस्की के बड़े-बड़े पैग गिलासों में डाले और पब वाली बात भाभी जी को सुनाने लगे।

"मैं तो हमेशा यही कहती हूँ कि अगर पीना बड़ा ज़रूरी है तो घर बैठ कर पीओ। इन पबों-क्लबों में क्या रखा है?" सुनते ही भाभी जी की यह प्रतिक्रिया थी।

"पर डैडी, आप तीन लोग थे। तीनों ही जवान। आपसे उन्हें चार लगतीं।" पप्पू बोला।

"कंजर, इतना कम हैं कि हम खुद अपने घर आ गये हैं। तुम्हें उठा कर नहीं लाना पड़ा।"

"हमने सोचा, कल तेरे चाचा को किऊ-गार्डन दिखाना है। कल तक तो साबुत बचे रहें।" सुभाष ने भी पप्पू से मस्करी की।

चाहे, पहले की तुलना में मैं भी इंग्लैंड के बारे में काफी कुछ जान चुका था। लेकिन फिर भी आये दिन, मेरे लिए कुछ-न-कुछ नयी बात होती। "किऊ गार्डन

किस बला का नाम है?" मैं यह जानने के लिए उत्सुक था।

आखिर मैंने भाई साहब से पूछ ही लिया कि—'किऊ गार्डन' क्या चीज़ है?"

"दूसरे देशों से लाये हुए फूल, पौधे, पेड़ और दूसरी वनस्पतियाँ हैं जो इंग्लैंड के मौसम में नहीं हो सकते।"

"फिर उन्हें यहाँ कैसे उगाया और लगाया गया है", मैं बड़ा हैरान था।

"इन्होंने बहुत खर्चा कर के शीशे के बड़े-बड़े कमरे बनाये हुए हैं। जहाँ धूप भी पड़ती है और सूर्य की गर्मी भी। लोहे के पाइपों द्वारा भाप को अंदर भेज कर, भारत के सावन-भादो जैसा मौसम बनाया जाता है। ऐसे मौसम में गन्ना, कपास, मक्की, केला तथा अन्य सैकड़ों प्रकार के पौधों को मौसम के अनुकूल रखा गया है। पवन-पानी और ऋृतुओं को पौधों के अनुकूल रखने का यत्न किया जाता है। आम और जामुन के भी बहुत से पेड़ों को उनके अस्तित्व को बचाये रखने के लिए उन्हें इस वातावरण में जीने को विवश किया जाता है।"

मैंने देखा भाई साहब को नशा हो चुका था। गिलास की व्हिस्की को ख़त्म करते हुए कहने लगे—

"भाई! मेरे और सुभाष जैसे तुझे यहाँ पर और भी बहुत से लोग मिलेंगे। हम सभी किऊ गार्डन के पेड़ हैं। हमारी जड़ें ऊपरी हैं। इस धरती के वातावरण में हमने अपनी जड़ें जमाने की बहुत कोशिश की, पर साली जम ही न सकीं। या फिर हमें जमानी ही नहीं आईं। किऊ गार्डन में लगे आम में पेड़ों का यहाँ पर अस्तित्व तो अवश्य कायम है, पर उन पर कभी भी बौर नहीं लगता। बस यहाँ पर ऐसी ही हमारी हालत है।

माज़ी

गुरपाल सिंह लंडन

(18.8.1948)

सुच्चा सिंह कई दशकों से लंडन में बसा हुआ था। लंडन का हर कोना उसका देखा भाला था। लंडन की गलियाँ उसे बड़ी भातीं। आलीशान इमारतों को भी बड़ी हैरत से देखता। सत्तर तक बरसात के दिनों में ज्यादा बारिश होने से टेम्स के किनारे उछल-उछल कर बाढ़ का कारण भी बन जाते। चैल्सी और फुहलम के इलाकों के घरों में पानी घुस जाता तब टेम्स पर बैरियर नहीं बने थे। तो भी रिवर टेम्स को किसी ने डायन नहीं कहा। टेम्स पर बिछे पुल भी अपने अलग-अलग रूप में लेटे हुए हैं। लंडन ब्रिज, टावर ब्रिज और वेस्टमिंस्टन ब्रिज का अपना-अपना महत्व है। लंदन आई, ऊपर से पूरे लंदन को झाँकता है। बिग बैंग वक्त का राग अलापता है। यह शहर अपने आँचल में एक इतिहास समेटे बैठा है। आलीशान इमारतें लंदन का पुराना सरमाया है।

सुच्चा सिंह कभी-कभी गर्मियों में 'टेम्स' के किनारे पर सैर करता रहता। टेम्स का बहता हुआ पानी जैसे 'वालट्स' की शक्ल में दिखता। वह सोचता, भारतीय लोग तो टेम्स को अब गंगा जितना ही पवित्र समझने लगे हैं। वे अपने लोगों की अस्थियाँ भी अब 'टेम्स' में बहाने लगे हैं। सुच्चा सिंह टेम्स के किनारे चलता-चलता कई जगहों पर रुक कर कितनी-कितनी देर तक उस नदी के सौंदर्य को निहारता रहता। रात की रोशनियों का अक्स जब नदी में पड़ता तो बड़ा अभूतपूर्व नज़ारा लगता।

सैलानियों से लदी किश्तियों को देखता। क्लियोपैट्रा नीडल के पास खड़ा होकर देखता और सोचता इतने भारी पत्थर को कैसे तराशा होगा। मिस्र से इसे यहाँ कैसे पहुँचाया होगा। गर्मी के मौसम में दरिया के किनारे बने पबों में बीयर पीने का अपना ही एक मज़ा होता है। कभी-कभी सुच्चा सिंह एक आध गिलास बीयर पी लिया करता था। लंदन में रात तक घूमता फिरता। तरह-तरह की रौनकें, कोवेंट गार्डन के अपने नज़ारे। लोगों के मनोरंजन के लिए अलग-अलग किस्म के नज़ारे-तमाशे। सैनानियों से भरा थियेटर लैंड, लैस्टर स्कूयेर, पिकाडली सर्कस, ट्राफालगर स्कूयेर, सोहो, चाईना टाऊन, सिनेमा हॉल, पब, क्लब, आर्ट गैलरीज़, म्यूज़ियमस्

और हर किस्म के रेस्टोरेंट में लज़ीज़ खाने। सुच्चा सिंह लंदन में कभी भी बोर नहीं हुआ। कैनवुड हाउस से लेकर रॉयल अल्बर्ट हॉल तक सभी कुछ उसे अच्छा-अच्छा लगता। शायद इस कारण भी कि उसके सभी पुराने दोस्तों का, साथियों का दायरा/घेरा बहुत था। सभी पढ़े-लिखे, सुलझे हुए और ज़हीन। सभी बढ़िया तबियत के मालिक। सभी खुल कर हँसते, मज़ाक करते, खाते-पीते और घूमते-फिरते। उनमें से कोई भी नीरस या बद्मगज़ नहीं था। सभी एक-दूसरे की जी भर कर इज़्ज़ज करते, खुल कर उपहास करते। हर एक व्यक्ति दूसरे को समझता था, सपोर्ट करता था। कभी भी किसी का बीमार ज़ेहन नहीं देखा। सुच्चा सिंह की मंडली की यही कोशिश रहती कि हर हफ्ते किसी नयी जगह जाया जाय। किसी एक ऐतिहासिक स्थान को देखा जाय, कोई अच्छा-सा नाटक देखा जाय। बढ़िया कन्सर्ट देखा जाय, कोई फिल्म देखी जाय, किसी नुमायश को देखने चलें, चैरिटी डिनर पर जाया जाय और बढ़िया-सा खाना खाया जाय।

वे सभी आँखे मूँद कर कभी भी फिल्म देखते नहीं चले जाते थे। मार्नल बरांडो की लास्ट टैंगो इन पैरिस, डैविड निऊन की ओरियैन्ट एक्सपोर्ट, डैथ ऑन द रिवर नाईल इत्यादि या सोफिया लारेन की कोई बढ़िया फिल्म हो। थियेटर जाना होता तो भी खास ध्यान रखते कि इसका लेखक कौन है और उसमें काम कौन-सा अभिनेता कर रहा है। कभी-कभी रोबर्ट लफ और पॉल रेमंड की प्रोडक्शन भी देख लेते। खाना खाने के लिए कई बार ऑनफील्ड से लेकर बैट्रेसी तक कहीं भी चले जाते। सुच्चा सिंह का टेस्ट भी अब शैतोबरियाँ, एक्सकारगोस, पोचूड ट्राऊट, लॉबस्टर बर्मीडोर फुआग्रा, कैवीयार शोवला, रेयर डनूलैस और बूरी कैमेबर्ट, समटिल्टन से लेकर मूटोकैडिट, फ्लूरी शैतोडू पॉप, चाबली पर्सियम करु, डरबूई और कौतरे को लग चुका था।

सुच्चा सिंह अब पचास पार कर चुका था। पुराना वक्त याद कर-कर के उसे रश्क होता। पुराने साथियों की टोली कब की बिछुड़ चुकी थी। उस ग्रुप में बड़ी खूबियाँ थी। पूरे का पूरा ग्रुप एक-दूसरे का साथ निभाता। इसमें शामिल हो कर हर बार कुछ नया सीखने को मिलता। दशकों का लम्बा सफ़र। धीरे-धीरे सभी मित्र एक एक करके बिछुड़ गये।

सुच्चा सिंह ने मित्रों की संख्या अब बड़ी कम कर दी थी। उनमें पुरानों में से कोई भी नहीं था। नयों के साथ उसकी दाल ज़्यादा नहीं गलती थी। कइयों को एक-दूसरे का मज़ाक चुभ जाता। कइयों के साथ बाहर जा कर वह अनकमफर्टेबल महसूस करता क्योंकि किसी में 'टेबुल मैनर्स' का अभाव था, कई बाहर वालों से उलझ जाते, कइयों को खाना ऑर्डर करने की समझ न होती, कई खुद को फन्ने खाँ समझते और कुछ को दूसरों की औकात कम लगती। कुछ को पैसे की बद्हज़्मी थी,

कइयों को अपनी सुनाने के सिवा, आपकी सुनने की आदत ही नहीं थी।

कइयों में सिर्फ अपनी बड़ाई ही सुनने का शौक। सुच्चा सिंह किसी से कुछ न कहता, पर दुःखी ज़रूर होता था। यही कारण था कि वह दूसरों को बहुत कम मिलने जाता। कभी कोई पूछ लेता कि दोस्तों के बिना उसका गुज़ारा कैसे होता है? वह उत्तर देता–"मैं अपने को अपना बड़ा अच्छा दोस्त समझता हूँ, खुद से कभी भी बात कर सकता हूँ, हँस सकता हूँ रो सकता हूँ। अगर कोई समझ पाये तो वह जान सकता है–अपने आप में रहने के आनंद को।"

कुछ लोग ऐसा भी सोचते थे कि वह अपना मानसिक संतुलन खो चुका है। जब बंदा खुद से बातें करने लगे तो उसे गया समझो। पर वास्तव में ऐसा कुछ भी नहीं था। उसमें बहुत आत्मविश्वास था। वह कभी-कभी अकेला ही बाहर चला जाता। पूरा लंदन उसे अपना-अपना लगता। लंदन की गलियों में घूमने में उसे बड़ा मज़ा आता। कई स्थानों पर बनी शहीदों की यादगारों के पास खड़ा होकर सोचता–कितने विशाल हृदय होंगे वे, जिन लोगों ने अपनी जवानी वतन पर कुर्बान कर दी। मानवता के पुजारी-प्यारे। कभी-कभी वह फूल चढ़ा कर उन्हें श्रद्धांजलि दिया करता। अपने इस शौक के बारे में वह किसी से भी बात न करता।

एक दिन सुच्चा सिंह रीजैंट स्कूयेर से बकले स्कूयेर होता हुआ मेफेयर की शैफर्ड मार्केट की ओर आ गया था। उसे अपने पुराने ज़माने का क्लब दिखाई दिया–'कासाब्लांका' जहाँ उसके पुराने दोस्तों की मंडली बन-ठन कर पीने-खाने जाया करती थी। आज उसका बड़ा मन हुआ कि वह 'कासाब्लांका' में व्हिस्की पीये, संगीत सुने, दो घड़ी मज़ा ले। वह हाँ, ना करता 'कासाब्लांका' के गेट के सामने से दो तीन बार इधर से उधर गुज़रा और सोचता रहा कि अब इस उम्र में ऐसी जगह से क्या काम? ऐसी जगह तो जवान लड़के-लड़कियों की मौज-मस्ती के लिए होती है। अंदर चला भी गया तो भेड़ों के झुंड में ऊँट-सा लगूँगा। फिर वह सोचता, चलो आज मन की मान ही ली जाय। अगर माहौल ठीक न लगा तो एक ड्रिंक ले कर बाहर आ जाऊँगा। उसने अपने ड्रेस-कोड को ध्यान से देखा। वह भी ठीक-ठाक ही था। सदा की तरह येगर के कपड़े और हश पपी के जूते पहने हुए थे। एक बड़े विश्वास के साथ भीतर चला गया। द्वार पर खड़े दरबान ने उसका इस्तकबाल किया, खुशामदीद कहा।

अंदर के बारे में उसका अनुमान बिल्कुल ग़लत था कि वहाँ सिर्फ़ जवान तबका ही होगा। सभी एज-ग्रुप थे। बैंड अपनी बंदिश में धुने बजा रहा था। कुछ एक जोड़े गलबाहीं डाले डांसफ्लोर पर नाच रहे थे। कुछ लोग बार के पास खड़े-खड़े ही पी रहे थे। कई अपने-अपने टेबल पर बैठे खा-पी रहे थे। आज वहाँ सुच्चा सिंह का कोई भी जानकार नहीं था। वह व्हिस्की लेने के लिए बार पर खड़ा था, वहाँ दो युवक आपस में बात कर रहे थे–"सोनिया बात-चीत तो बड़ी खुल कर करती है,

पर हमारे साथ कभी जाती नहीं।''

सुच्चा सिंह सोच रहा था कि कच्ची उम्र की गुफ्तगू ऐसी ही हुआ करती है, मज़े लेने के लिये। वह अपना गिलास लेकर एक कोने में खड़ा हो गया और याद करने लगा कि उसकी पुरानी मंडली कहाँ बैठा करती थी, क्या खाया करते थे, क्या पीते थे। अब पहले-सा कुछ भी नहीं था। क्लब का भीतरी डैकोर और तरतीब सब कुछ बदल गया था। लोग भी बदले हुए से लग रहे थे। संगीतकारों का अंदाज़ भी नया-नया-सा था। पहले ज़माने में पोशाक पर बड़ा ध्यान दिया जाता था। टाई, जैकेट और ड्रैसिंग जूतों के बिना कोई अंदर नहीं आ सकता था। आज की तरह तब बाउंसर भी नहीं थे। अब तो सभी टाई के बिना ही, कमीज़ के बटन खोले, छातियाँ निकाले घूम रहे हैं। उसने सोचा, हाथ वाला गिलास पी कर वह बाहर चला जायेगा। ऐसी जगहों पर अकेले बंदे का क्या काम? ये तो यारों-दोस्तों के साथ ही अच्छी लगती हैं। अकेले व्यक्ति को तो चमचमाती रोशनियाँ भी अँधेरा ही हैं। इतने में काले घुँघराले बालों वाली एक लड़की, जो अट्ठाईस-तीस से ज़्यादा की नहीं होगी, सुच्चा सिंह के पास से निकलती हुई रुकी और उसे मायूस देख कर बोली—''मेरे साथ बैठ कर शराब पीना पसंद करोगे?''

सुच्चा सिंह के लिए यह कोई नयी बात नहीं थी। उसने बड़े धैर्य से उत्तर दिया—''जी ज़रूर पीऊँगा।'' दोनों बार पर गये। लड़की को सुच्चा सिंह ने पूछा—''क्या पीयेंगी, मैरी पिंक लेड़ी, वाइन या कोई कॉक्टेल?''

''डबल स्कॉच ऑन दा रॉक्स प्लीज़।''

सुच्चा सिंह हैरान था। उसने आज तक किसी लड़की को नीट व्हिस्की पीते कभी नहीं देखा था। अपने लिए भी उसने डबल स्कॉच बर्फ़ और पानी के साथ लीं। पैसे देने के लिए सुच्चा सिंह ने नोट निकाला पर लड़की ने उसके हाथ को रोक दिया और कहने लगी—''पीने के लिए मैंने आपको बुलाया है तो पैसे भी मैं ही दूँगी।''

दोनों एक टेबल पर बैठ गये। गिलास टकरा कर सिप किया ही था कि लड़की ने अपनी मलबैरी पर्स से मोंट मोर्टिस की डिबिया निकाली, बीच से एक सिगरेट को आधा बाहर निकालते हुए डिबिया सुच्चा सिंह को बढ़ा कर पेश की। सुच्चा सिंह को अपनी पगड़ी का ख्याल था। उसने हैरत से इधर-उधर देखा और कहा—''और सभी काम किये हैं, पर आज तक यह काम नहीं किया, कहीं कोई देख ले तो मुसीबत हो जायेगी।''

''छोड़ो जी, अगर ऐश करनी है तो डरने की ज़रूरत नहीं खुल कर करो, नहीं तो आराम से ऐशियनस् की तरह चाहर दीवारी में खुद को कैद कर के रखो।''

देखने में वह मिडिल ईस्टर्न लगती थी, पर ये शब्द उसने पंजाबी में बोले थे।

उसकी ठेठ पंजाबी सुन कर सुच्चा सिंह ने कहा " तू तो बड़ी अच्छी पंजाबी बोलती है।"

"मैं पंजाबन हूँ, लाहौर की लड़की, तो आपने क्या समझा था?"

"तू तो ईरानी औरतों जैसी सुन्दर है।"

"छोड़ो जी, अपने पंजाब में सौंदर्य की कोई कमी है क्या?"

पंजाबन का मुकाबला किसी से नहीं। हमारा पंजाब, पंजाब भी है और लाहौर, लाहौर भी है।"

"क्या नाम है तेरा?"

"सोनिया।"

"मेरा पूरा नाम सुच्चा सिंह है, पर मेरे गोरे दोस्त मुझे साची ही बुलाते हैं। तू मुझे जो चाहे बुला सकती है।"

"मैं तो सिंह साहब ही बुलाऊँगी। मेरे लिए याद रखना आसान है।"

सुच्चा सिंह सोच रहा था कि एक डबल ख़त्म नहीं कर पायेगी, पर वह पहला ड्रिंक ख़त्म करके जल्दी ही दूसरा भरवा लाई। उसके पराड़ा ब्लाउज़ से उसकी छातियाँ छल-छल कर बाहर को आ रहीं थीं। उसने मॉर्डन डिज़ाइन के कपड़े पहने हुए थे। बाँयें हाथ की कलाई पर हीरे जड़ा कड़ा, जिस पर 'टिफ्नी ज्वैलर्स का ट्रेड मार्क अंकित था, डाला हुआ था। इसे देख कर लगता था वह उच्च वर्ग से सम्बंधित है। वह आराम से बैठी और काश्मीर का पश्मीने का दुशाला उतार कर उसने एक ओर रख दिया। मीठी-मीठी सुगन्ध से अन्दाज़ा लगाते हुए सुच्चा सिंह ने पूछा– "शैनेल फाइन तुझे बड़ा पसंद है?"

"हाँ शैनेल और पॉयज़न मेरे पसंदीदा हैं। बड़ी तेज़ खुशबू से मेरा सिर चकरा जाता है। वैसे आपको बड़ी पहचान है।"

"जो मुझे पंसद है, उनकी मुझे गहरी पहचान है। सभी की नहीं।"

बिना ज़्यादा मेक-अप किये भी वह बड़ी सुंदर लग रही थी। गले में केवल एक 'फ्रेश वॉटर पर्ल' की माला और कानों में उसी से मैच करते मोतियों के टॉप्स। खाली उँगलियों से तो पता चलता था कि उसने अभी तक शादी-वादी नहीं करवाई थी। फिल्टर पर लगी सिगरेट की राख को उसने एक ख़ास अंदाज़ में ऐश-ट्रे में छिड़का। हल्के-हल्के कशों से पता चलता था कि सिगरेट उसकी आदम नहीं ज़रूरत है। होठों को गोल करके वह छल्ले बना कर धुआँ बाहर निकालती।

"तुम्हें सिगरेट की आदत कहाँ से पड़ गई।"

"मेरी तन्हाई को दूर करने के लिए सिगरेट और स्कॉच बड़ी मदद करते हैं। बाकी कसर मौसिकी पूरी कर देती है। जब कभी भी माज़ी (अतीत) परेशान करे तो इन चीज़ों का साथ बड़ा अच्छा लगता है। ये एक बढ़िया रफ़ीक साबित होते हैं।"

"तुझ जैसी सुमुखी को दोस्तों की क्या कमी है?"

"जान-पहचान वालों की कोई कमी नहीं, पर अपने चुनाव पर खरे उतरने वालों की कमी ज़रूर है। जिस व्यक्ति के साथ आप अपना दुःख साँझा कर सको, किसी विषय पर बौद्धिक रूप से बात कर सको और खुल कर हँस खेल सको।"

उसकी बातचीत से लग रहा था कि वह खाने-पीने, पहनने-ओढ़ने की ही शौकीन नहीं, खूबसूरत होने के साथ-साथ ज़हीन भी है। उसके मैनर्स बता रहे थे कि वह अच्छी-खासी पढ़ी-लिखी है। साथ ही किसी अच्छे ख़ानदान की उपज है। न तो हुस्न का गरूर और न ही अमीरी की ऐंठ।

सुच्चा सिंह उससे पूछने लगा—"रोटी-बोटी यहीं खानी है, या फिर कहीं और चलें?"

"रोटी का भी देख लेते हैं, पहले रोटी खाने का सरूर तो ले लें।"

यह कह कर वह और स्कॉच भरवा लायी और बोली—"पीओ जी, जी भर के, वीक एण्ड है।"

बैंड ने 'रंबा' की धुन बजायी। कई जोड़े डाँस—फ्लोर पर नाच रहे थे। सुच्चा सिंह ने झुक कर उसे डांस-फ्लोर पर आने को दावत दी। उसने बड़े शौक से कबूल की और 'रंबा नृत्य' किया। वे फिर टेबल पर आ बैठे। सोनिया ने पूछा—"यह शौक आपने कहाँ से पाल रखा है, मैं सोचती थी कि ऐशियन लोग लैटिन डाँस की ओर कोई ध्यान नहीं देते।"

"तेरी यह बात बिल्कुल ठीक है, बहुत लोग इस ओर ध्यान नहीं देते। लेकिन मेरा दाँव बहुत पहले से लग गया था। तीन दशक पहले मैं अपने दोस्तों के साथ यहाँ कभी कभी डाँस-डिनर के लिए आया करता था। आज मैं इधर से निकल रहा था तो अंदर आने को जी कर आया।"

"मैं यहाँ पिछले तीन सालों से आ रही हूँ, पर आज तक कोई भी एशियन नहीं देखा।"

"पहले समय में भी मैंने यहाँ कोई एशियन नहीं देखा था। वैसे अब इनका खाना कैसा है?"

"खाना तो इनका भी बुरा नहीं, पर मुझे देसी खाना बड़ा पसंद है। मैं अपनी अम्मा की कुकिंग बहुत मिस करती हूँ।"

यह कहते हुए उसके चेहरे पर उदासी छा गई। सुच्चा सिंह ने उसका कंधा थपथपाया और कहा—"ऐसा अक्सर सभी के साथ होता है।" सुच्चा सिंह ने सोचा कि शायद उसकी अम्मी अब इस दुनिया में नहीं है और पूछा—"क्या तेरी अम्मी पाकिस्तान में है?"

"नहीं, है तो लंदन में ही, पर मैंने अपने परिवार के साथ नाता यूनी के दिनों

में ही तोड़ लिया था। अब्बू के कर्फ्यू ऑर्डर वाले माहौल में मेरा दम घुटता था। मैं खुल कर, जी भर कर जीना चाहती हूँ। पता नहीं ऐशियन बाप इतने कठोर क्यों होते हैं? मेरी माँ को उसने ताउम्र रखैल से ज़्यादा कुछ नहीं समझा। हालाँकि मेरी अम्मा पढ़ी-लिखी है और वैस्टमिनिस्टर यूनीवर्सिटी में लेक्चरार है, तो भी उसकी कभी हिम्मत नहीं हुई कि वह अब्बू की किसी ग़लत बात का भी डट कर विरोध कर सके। घर में वह नौकरानी से ज़्यादा कुछ नहीं।"

"तेरे अब्बूजान मौलवी हैं?"

"नहीं, वे हैं तो वकील, वकालत करते हैं। वे खुद तो बड़ी ऐश करते हैं, पर बीवी-बच्चों पर सितम ढाने के आदी हैं। अम्मी के लंदन आने से पहले उन्होंने गोरी के साथ भी निकाह किया हुआ था। जब गोरी के बारे में अम्मी को पता चला तो उसका रवैया था–"अल्लाह की यही रज़ा होगी" हमें नंगे सिर बाहर जाने न देते और न ही वैस्टर्न कपड़े पहनने देते। न ही कभी कोई मूवी देखने देते। न म्यूज़िक सुनने देते। किसी दोस्त के साथ बाहर जाने का तो सवाल ही पैदा नहीं होता था। अम्मी कहती, घर का मर्द ही सब कुछ होता है, उसकी रज़ा में रहना ही औरत की बेहतरी है। नहीं तो घर नहीं चल सकता। अब्बू घर में हों तो किसी की हिम्मत नहीं होती थी कि वह टी.वी. ऑन करे। और तो और, हमारी मौजूदगी में वे अम्मी को फटकारते रहते और हाथ उठाने में भी संकोच न करते।"

"तेरी अम्मी पढ़ी-लिखी हो कर भी यह ज़्यादती कैसे सहती रही?"

"इसी बात पर मेरी अम्मी से कभी नहीं बनी। उसका नज़रिया यह है कि मर्द का जुल्म, ज़्यादती सहना ही शादीशुदा ज़िंदगी का एक अहम हिस्सा है और मैं कहा करती थी कि हिस्सा है तो चुपचाप सहे जाओ, बिना उफ किये। बाहर की दुनिया के बारे में मुझे सही मायने में तब पता चला जब मैं यूनी के होस्टल में रहने लगी। स्कूल के दिनों में जब मैं स्कूल जाती थी, कभी कभी अब्बाजान अपनी कार में मुझे स्कूल छोड़ आते। उन्होंने कभी भी मुझे अगली सीट पर अपने बराबर नहीं बिठाया और न ही दूसरे पिताओं की तरह कभी मुझे चूमा था। मेरी दूसरी सहेलियों को उनके पिता उन्हें गले लगाते, मुझे बड़े अच्छे लगते थे। वे लड़कियाँ जिनके बाप चूमते थे, बड़ी खुश नज़र आतीं, सारा दिन नाचती कूदतीं और पढ़ाई में भी होशियार होती। मेरे अब्बू ने कभी भी मुझे चूमना तो छोड़ो, मुझे गले से लगा कर कभी नहीं कहा कि तू अच्छी लड़की है। मेरा बचपन खाली-खाली-सा था। मेरे साथ पढ़ने वाली लड़कियाँ बढ़िया-सा वीकएण्ड मनाती, बातें कर कर के खुश होतीं। वे फिल्मों की बातें करतीं, दोस्तों की बातें करतीं, पर मेरे जीवन में ऐसा कुछ भी तो नहीं था। अपनी सहेलियों की बातचीत में मैं कभी भी हिस्सा न ले पाई। जब मेरी सहेलियाँ नई आयी ऐल्बमस् की बातें करतीं तब भी मैं शिरकत न कर पाती, क्योंकि मैं तो इस बारे

में कुछ जानती ही नहीं थी। मैं स्कूल में भी अकेला-सा महसूस करती और घर में भी। मुझे सिर्फ़ यूनी के होस्टल में रहने के बाद ही ताज़ी हवा, साँस लेने को मिली। दुनिया के बारे में अवसर मिला। दौड़ में मैं हर किसी से पीछे रह गई थी। मैं अपने माता-पिता के साथ छुट्टियों में कहीं भी, कभी नहीं गई। कभी बाहर खाना नहीं खाया था। कभी कोई पिक्चर नहीं देखी थी। अम्मी-अब्बू का जाना-आना अपने रिश्तेदारों तक सीमित था। वहाँ पर भी औरत-मर्द एक साथ नहीं बैठते थे और न ही एक टेबल पर साथ में खाना खाते। यह सब देख कर मैं उस घुटन से बाहर निकल आई। मैं अपनी ज़िंदगी जीना चाहती हूँ। खुली हवा में साँस लेना चाहती हूँ। माफ करना, आपको बोर करने के लिए मैं भी माज़ी की दास्तान छेड़ बैठी।''

''बहुत दिलचस्प है तेरा माज़ी।''

''अरे हाँ! आप रोटी के बारे में कुछ कह रहे थे?''

''मैं पूछ रहा था कि खाना यहीं पर खा लिया जाय, या कहीं और चलें। हाँ, तुम कह रही थी कि इंडियन रोटी बड़ी पंसद है।''

''हाँ, आज मुगलई खाने को दिल चाह रहा है। यहाँ पास ही एक बड़ा पॉश इंडियन रेस्टोरेंट है—'टामरीन', उनका खाना बड़ा लज़ीज है।''

''हाँ, आज वहाँ चलते हैं। सुच्चा सिंह ने सहमति जताई। दोनों ने गिलास खाली किये और 'कासब्लांका' से निकल कर 'टामरीन' की ओर चल पड़े। चलते-चलते लड़की ने सुच्चा सिंह की बाँह अपनी दाहिनी बाँह में डाल ली और बोली—''ऐसा करते हैं। हम टेकअवे पैक करवा लें और मेरे गरीबखाने में चल कर खायेंगे''

''किधर है तेरा गरबीखाना?''

''चैल्सी हार्बर।''

चैल्सी हार्बर का नाम सुन कर सुच्चा सिंह हैरान रह गया। चैल्सी हार्बर से उसका पुराना नाता था। टेम्स रिवर के किनारे यह ब्लॉक बड़ा महँगा है, जहाँ फ्लैट लेना किसी बिलियनेयर से कम का काम नहीं। यहाँ शौन कैनेरी और माईकल केन जैसी हस्तियाँ रहती हैं। वहाँ जाने के लिए बड़ी सख्त सिक्युरिटी से गुज़रना पड़ता है। सुच्चा सिंह की टोली की एक लड़की वहाँ रहा करती थी, जिसे उसके लॉर्ड पिता ने फ्लैट लेकर दिया हुआ था। वह लड़की कभी-कभी पूरी टोली को चाय पर बुलाया करती थी।

''तेरा विचार ठीक है।'' सुच्चा सिंह ने कहा।

'टामरीन' से खाना पैक करवाया। वहाँ पर भी लड़की ने सुच्चा सिंह को पैसे नहीं देने दिये। कैब लेकर चैल्सी हार्बर पहुँच गये। पाँचवी मंज़िल पर पहुँच कर लड़की ने फ्लैट का दरवाज़ा खोल कर बत्ती जलाई। ईरानी कालीन, इटैलियन फर्नीचर

और क्रिस्टल कट शैंडलेयर, बेहतरीन डैकोर। हर चीज़ बड़े सलीके से सजाई हुई।

"ये है मेरा आशियाना।"

सुच्चा सिंह ने कहा–"आफ़रीन वैल कैप्ट।"

लड़की ने खाने का थैला सुच्चा सिंह से ले कर दस्तरख़ान पर रख दिया। शैडलियर की लाइट बुझा कैंडल स्टैंड पर लगी मोमबत्तियों को जला दिया। बड़ा रोमैंटिक माहौल लग रहा था। क्रिस्टलकट व्हिस्की के दो गोबलैट निकाल कर मेज़ पर रखे और ब्लू-लेबल व्हिस्की सुच्चा सिंह की ओर बढ़ाती हुई बोली–"आप ये ड्रिंक बनाओ, मैं दो मिनट में शावर लेकर आयी।"

सुच्चा सिंह अक्सर ब्लैक लेबल, डिम्पल और शिवाज़ रीगल पीता था पर ब्लू लेबल उसकी पहुँच से परे की बात थी। चाहे उसका कोटा तकरीबन पूरा हो चुका था पर ब्लू लेबल को ना करके पछताने वाली बात थी। उसने टिशू से गोबलैट को अच्छी तरह साफ करके चमकाया और दोनों में गट-गट करके ब्लू लेबल डाली। खाना खोल कर, तैयार करके रख दिया। दोनों के लिए टेबल भी सेट कर दिया। एक ओर म्यूज़िक सेंटर पर पड़ी चायकौवस्की की सी.डी. लगा दी। बड़ी मुद्दत बाद आज उसकी शाम में रंग भरे थे।

कुछ मिन्टों में ही वह सिल्क का गाउन पहने बड़ी रिलैक्स होकर खाने की टेबल पर आ बैठी। "तेरी संगीत की कलैक्शन बहुत बढ़िया है।" सुच्चा सिंह ने कहा।

"यह मेरे लिए मनोरंजन का साधन है जो मुझे जीने में मदद करता है।" व्हिस्की सिप करके उधर गिलास रखते हुए कहा। खाना खाते हुए सुच्चा सिंह ने पूछा–"तू खूबसूरत है, जवान है, पढ़ी-लिखी अपने पैरों पर खड़ी है, फिर ज़िंदगी से इतनी निराश क्यों है? अपना कोई संगी ढूँढ़ कर शादी कर ले, और घर बसा, दरिया सदा बहते हुए ही अच्छे लगते हैं।"

मैं ज़िंदगी से निराश तो बिलकुल नहीं हूँ, उसे तो मैं अपने ढंग से जीना चाहती हूँ। मैं शादीशुदा जीवन के ऐसे दस्तूरों से दुःखी हूँ। बात रही शादी की तो मेरी माँ भी तो खुद को शादीशुदा समझ रही है, ज़्यादतियाँ सह कर भी कुछ बोलती नहीं। उन बेड़ियों में मैं कभी नहीं बंध सकती। साथी ढूँढ़ना भी इतना आसान कहाँ है? आपने देखा, आज कासाब्लांका में खूबसूरत नौजवानों की भरमार थी। मैं उन सभी को अच्छी तरह समझती हूँ। जब भी कभी मैंने उनसे हँस कर बात की उनकी नज़र सीधी मेरे कमरबंद पर ही जाती है। उनके लिए यह सुन्दर वजूद ही सब कुछ है– इससे आगे उनकी नज़र जाती ही नहीं। वे अंधे हैं, यही वजह है कि मैं उनके साथ औपचारिक बातचीत से आगे नहीं बढ़ती। उन्हें अपने घर दावत देना या उनकी दावत कबूल करना एकदम बेवकूफ़ी है। जैसे शौहर की मुझे तलाश है, अभी तक

वह कहीं भी दिखाई नहीं दिया।" उसने व्हिस्की ख़त्म करके सुच्चा सिंह को और डालने का इशारा किया। सुच्चा सिंह ने उसके लुभावने चेहरे को देखते हुए कहा—"बस बहुत हो गया। ये चीज़ें मनोरंजन के लिए तो ठीक हैं किसी मुश्किल का इलाज नहीं हैं। इंसान को जीने के लिए अंदर से मज़बूत होना चाहिये, वरना बंदा इनका मोहताज होकर रह जायेगा।"

सुच्चा सिंह के इन शब्दों का उस पर असर हुआ लगा था, तभी तो वह बोली—"बात तो आपकी बिल्कुल सही है, चलो खाना डालो।"

टेबल पर पड़े खाने को सुच्चा सिंह ने पहले उसकी प्लेट में थोड़ा-थोड़ा डाला, फिर अपनी प्लेट में। लैम्ब चौप्स, पुलाव और शामी कबाब। खाना खाते हुए वह बोली—"कई रैस्टोरेंट बहुत बढ़िया खाना बनाते हैं जैसे टामरीन शाईन, वीरासुयामी पर मेरी अम्मी के खाने का स्वाद कुछ और ही था। ख़ास कर जब वह कंला-पाचा, हलीम और निहारी बनाती थी। ये चीज़ें रैस्टोरेंट वाले बनाते भी तो नहीं।"

"तुम माता-पिता से एकदम नाता तोड़े क्यों बैठी हो? इतना जिद्दी नहीं होना चाहिये। तू उनसे मिलने-जुलने की कोशिश कर। मुझे विश्वास है कि वे तुझे दुत्कारेंगे नहीं। माता-पिता का गुस्सा वक्ती होता है, तुझे कोशिश ज़रूर करनी चाहिये, कभी सोचा तूने, उनके दिल पर क्या गुज़रती होगी?"

"इस बारे में मैंने सोचा तो बहुत है, पर कभी हिम्मत नहीं हुई। अब लगता है जैसे मैं घर से बहुत दूर निकल आई हूँ। अब वे मुझे स्वीकार नहीं करेंगे।"

"इस बारे में तुम सोचो ज़रूर, कोशिश भी करो। कोई भी माता-पिता इतने पत्थर दिल नहीं हो सकते कि वे अपनी औलाद को स्वीकार ही ना करें। तेरा जीवन तो बदलेगा ही, साथ में उनका भी बदल जायेगा। मुझे विश्वास है, वे तुझ पर नाज़ करेंगे।"

कुछ पल सोच कर वह बोली—"मैं आपकी इस सलाह पर विचार ज़रूर करूँगी।"

खाना खत्म करके वह एक चीज़-ट्रे लेकर आई जिसमें बढ़िया किस्म के चीज़ थे जैसे गराना पदानो, जिआनो लियोनी और रिर्ज़वा बगैरा और साथ में क्रैक्रज़। छोटे छोटे लिकर गिलासों में ड्रैमबुई डाल लाई। सुच्चा सिंह ने बड़े अन्दाज़ से चीज़ क्रेंकरज़ बनाये। साथ में ड्रैमबुई, सोने पर सुहागा। इतनी रंगीन शाम, सुच्चा सिंह बड़ी मुद्दत के बाद बिता रहा था। बड़े स्वाद से उसका आनन्द लेती हुई वह सुच्चा सिंह से पूछने लगी—"कॉफी किस तरह की लोगे? वैसे मुझे फ्रैंच कॉफी बहुत पसंद है पर मुझे बनानी नहीं आती, हमेशा खराब हो जाती है।"

सुच्चा सिंह एकदम से बोला—"मुझे भी फ्रैंच कॉफी बड़ी पसंद है, मैं बहुत बढ़िया बना लेता हूँ। मैं बनाऊँगा और साथ ही तुझे सिखा भी दूँगा।"

दोनों किचन में गये। सुच्चा सिंह ने फ्रैंच कॉफी बनाने के साथ सोनिया को भी सिखा दिया। दोनों अपनी-अपनी कॉफी लेकर सोफे पर बैठ कर पीने लगे। कॉफी सिप करते-करते चाईकौस्की की मौसिकी की धुनों का आनन्द लेते रहे। दस्तरख़ान पर जलती हुई मोमबत्तियाँ अपनी आखिरी साँसें गिन रही थीं। कॉफी ख़त्म करके सुच्चा सिंह ने कहा–''सोनिया, वक्त काफी हो चुका है, इतनी अच्छी ईवनिंग के लिए तेरा धन्यवाद! मुझे जाना चाहिये।''

''मैंने आपकी कम्पनी को बड़ा एन्जॉय किया है। मैं चाहूँगी कि अगले हफ्ते आप मेरे साथ 'गालविन ऐट विन्डोज़' में डिनर करो। आपसे बातचीत करके मुझे बड़ा सकून मिला है।''

सुच्चा सिंह ने सोनिया को बाँहों में लेकर उसकी पेशानी चूमी और पीठ थपथपा कर कहा, ''सोनिया, तू बड़ी प्यारी लड़की है।'' सोनिया के गर्म-गर्म अश्कों से सुच्चा सिंह का कंधा तर हो गया। हिचकियाँ लेती हुई वह बड़ी मुश्किल से बोली–''काश! बचपन में भी कोई मुझे ऐसे शब्द कह कर, पीठ थपथपा कर चूम लेता तो मेरी ज़िंदगी कुछ और ही होनी थी।''

बार-बि-किऊ

डा. करनैल शेरगिल
(4.4.1950)

हमेशा की तरह बाहर गार्डन में अपनो के लिए बार-बि-क्यू किया जा रहा था।

इंग्लैंड में गर्मी के मौसम में भी धूप कभी-कभी ही निकलती है। इस वीक-एण्ड का मौसम धूप की वज़ह से काफी सुहाना था। अनेक विलायती गार्डनों में बार-बि-किऊ पर मीट भून रहे थे। सौसिज कबाब, चाँपें और चिकन मैरीनेट किये जा रहे थे।

सुपर मार्किटों, गार्डन सेंटरों और मीट की दुकानों पर काफी भीड़ थी। गोरे-गोरियाँ और दूसरे रंगों के लोग समर के कपड़े पहन कर, कुछ अर्द्धनग्न से हुए गलियों, बाज़ारों में घूम फिर रहे थे, या फिर पार्कों में सिर्फ़ बिकनियाँ या पैंट पहन कर लेटे हुए धूप सेंक रहे थे।

अच्छा मौसम मन की उदासी भी दूर कर देता है। इस बात का अनुभव उसे इस देश में आकर ही हुआ था। विकास ने अपनी फैक्ट्री बंद की और सभी वर्करों को छुट्टी थोड़ी जल्दी देते हुए कहा–"चलो, आप भी अपने-अपने घर जाकर बकरे भूनो, तीतर मार्का पीओ और गम भुलाओ।"

"क्या बात है बॉस, आपने भी गम भुलाने के लिए ही तो फैक्ट्री बंद नहीं की?" एक वर्कर ने मज़ाक में कहा। हमेशा की तरह उसने इस बात का बुरा नहीं माना और मुस्कराते हुए अपनी मर्सिडीज़ कार में आ बैठा और न चाहते हुए भी अपने घर की ओर चल पड़ा। कार में बी.बी.सी. रेडियो वन लगाया। कोई गा रहा था–

"वी आर गोईंग ऑन से समर हॉलीडे...।"

यह अच्छा नहीं लगा। उसने सबरस रेडियों लगाया–

"सपने जो सपने, कब हुए अपने...।"

यह भी पसंद नहीं आया। अपनी बोली वाला डिजिटल रेडियो लगाया–

"शादी करवा के तो तू मिलता-जुलता नहीं।"

सी.डी. लगाई, जो उसकी पत्नी की पसंद थी।

"उनसे मिली नज़र तो मेरे होश उड़ गये।"

मुख्य ख़बरें कुछ इस तरह प्रसारित की जा रहीं थीं–

"क्रैडिट क्रंच से देश भर के बैंक बंद हो रहे हैं और लोगों के उम्र भर के बचाये हुए पैसे और पैंशने भी नहीं मिलेंगी। इस से संसार के लगभग सभी देशों में रिसैशन का भय।"

"हर साल की तरह, फिर संसार के उन्हीं बदकिस्मत इलाकों में बहुत ज़बरदस्त बाढ़ से फ़सलें और घर बर्बाद और बहुत लोगों की मौत, सरकारें अपने ही वाद-विवादों में मस्त।"

"दुनिया के अधिकतर शहरों में आतंकवादियों के बम-धमाके जिनसे आम जनता का कत्लेआम, भगवान के स्वर्ग के वीज़े के लिए सुसाईड बम बनना पड़ा।"

"नस्ली हमलों में कितने ही बेनस्ली हलाक।"

"पूर्वी और पश्चिमी दिशाएँ फिर से शीत लहर में गुम।"

पूरी खबरें सुनने से पहले ही उसने कार रेडियो बंद कर दिया और बाहर निकली धूप का आनन्द लेने के लिए कार की छत खोल दी। देखते-देखते कुछ ही पलों में मौसम बदल गया। तेज़ बरसात की बौछार होने लगी, उसने कार की छत एकदम बंद कर दी। अब धूप फिर से निकल आई थी।

सदा की तरह, वह इस परायी धरती के बदलते हुए मौसम के मिज़ाज को न चाहते हुए भी जानता था। अब तक वह अपना घर पहुँच चुका था। पता नहीं उसे अपने घर आने की तीव्र इच्छा क्यों नहीं होती।

अब तक उसकी पत्नी को यह भी पता नहीं था कि विकास उसका क्या लगता था। उसे सिर्फ़ अपने माता-पिता और बहन-भाइयों की जानकारी थी...बाकी संसार की जानकारी उसकी पहुँच से बाहर की बात थी।

उन दिनों, जब वह अपने देश में था, और यहाँ से बढ़िया ज़िंदगी बिता रहा था। प्रोफ़ेसर था...फ़लसफ़े पढ़ने का शौकीन था। पर उसके लिए वह बढ़िया जीवन एक रूटीन बन गया था।...पता नहीं उसमें बाहर जाने की इच्छा एकदम प्रबल क्यों हो उठी थी। अकेला था...शादी के बारे में अभी तक सोचा नहीं था। एक मैट्रीमोनियल में एक मिस फगवाड़ा, जो कि विदेश में जन्मी पत्नी थी...उसकी फोटो पर मोहित हो गया...शादी के लिए एकदम तैयार हो गया और हाँ कर दी...कोर्स करने के वीज़ा पर वह इस ज़खीरे पहुँचा...शादी के बाद पता चला कि उसकी पत्नी थोड़ी-सी 'लर्ननिंग डिफिकल्टी' की मरीज़ थी। अपनी पत्नी की सदा देखभाल के साथ-साथ उसने खूब मेहनत करके अब तक अपना हौज़री का बिज़नेस बड़ा अच्छा जमा लिया था। बहुत ही अमीर कन्ट्रीसाईड पर एक बढ़िया-सा आलीशान मैनशन टाईप, ऐश करने वाला घर भी बना लिया था।

अपने आलीशान घर में आकर उसने अपना बैग स्टडी रूम में रखा। सुबह से

चल रहे कम्प्यूटर को हमेशा की तरह बंद किया और खिड़की से बाहर गार्डन की ओर देखा। उसकी पत्नी, उसके भाई, बहनें, अपने ही देश से यहाँ बुलाई भाइयों की पत्नियाँ और बहनों के पति—सभी इस सालाना बार-बि-किऊ का आनन्द ले रहे थे। विकास को लगा कि उनके बीच वह अपने ही घर में बिन-बुलाया मेहमान हो।

वह अपनी बार की ओर गया। पहली बार तीतर मार्का व्हिस्की का पहला और फिर दूसरा...तीसरा डबल पैग बनाया, सोडा और पानी के बिना वैसे ही एक घूँट में अंदर डाल लिया। ज़्यादातर वह खुद सिंगल माल्ट व्हिस्की पीने का शौकीन था। अपने मन की तसल्ली को गुमराह करने के लिए उसने अपने वर्कर का नाम लिया। तीतर मार्का को, शराब को इतनी तहज़ीब से पिया कि पता नहीं कैसे उसमें इतनी हिम्मत कहाँ से आ गई, आज पहली बार अपने ही घर के मेहमानों से बिना किसी झिझक के मिलने को तैयार था।

एक हाथ में तीतर मार्का की बोतल और दूसरे में लाल वाइन शिराज़ लेकर वह अपने स्विमिंग पूल को पार कर गार्डन में पहुँचा। व्हिस्की और वाईन उसने सभी मेहमानों को ऑफर की। सभी ने मना कर दिया...ससुर को तीतर मार्का पसंद है। उसने अपना गिलास और व्हिस्की के लिए आगे किया ही था कि उसकी सास ने उसके ससुर को घूर कर देखा और डाँटती हुई बोली—"बहुत पी चुके हो, अब बस करो...अपनी बेटी के घर आ कर आपको शर्म नहीं आती पीते हुए?"

"मिसेज़ मदर फ़गवाड़ा...पीने दो...अपनी ही बेटी का घर है...रिश्तेदारी में काहे की शर्म। इन्हें थोड़ी-सी ऐश भी करने दिया करो।" विकास को नशा हो चुका था।

विकास की यह उदारता किसी को भी अच्छी नहीं लगी...सभी ख़ामोश हो गये। उसे अपने ही घर में घुटन महसूस होने लगी...सभी को और खुश करने के लिए उसने चुटकले सुनाने की कोशिश की...कोई भी न हँसा...उसकी पत्नी के दिमाग में पहली बार कुछ समझा...रहा न गया...गुस्से में भर कर उसने कहा..."विल यू शट अप ...एण्ड...जस्ट गो बैक टु योर स्टडी...या फिर अपने दोस्तों के साथ पब में जा कर पियो...हमें तो एन्जॉय करने दो।"

वह पहले तो हैरान हुआ, फिर उसने पत्नी की ओर देखा और बाद में सभी की ओर। सब इसी उम्मीद में उसकी ओर देख रहे थे कि वह हमेशा की तरह घर से भाग जायेगा और उसके बाद सभी मिल कर बार-बि-किऊ का मज़ा लेंगे। पर इस बार विकास ने मन की बात बाहर निकाल ही दी—

"डार्लिंग, आज मेरे इस घर से मैं नहीं, तुम सब जाओगे...सो प्लीज़ ऐवरीबड़ी गैट आउट...आई रीयली मीन आउट...।" साथ ही उसने ज़ोर से चुटकी बजायी जो कि पहले उससे कभी बजती ही न थी...पता नहीं ऐसी चुटकी आज उससे अपने

आप ही बज गई थी...वह खुद पर भी हैरान था।

"मैं भी...?" पत्नी ने हैरानी और जन्मजात भोलेपन से पूछा।

"यैस...इनक्लूडिंग यू", उसके क्रोध में व्यंग्य शामिल था। चुटकी और भी तेज़ बजी।

सभी मेहमान अपनी-अपनी कारों में बैठ कर भाग गये। उसकी बीवी भी अपने माता-पिता की कार में उनके साथ बैठ कर चली गई।

घर में शान्ति हो गई...उसके दिल को चैन आया...तीतर मार्का का एक पैग और पिया...बार-बि-किऊ के पास गया...कोयले दहक रहे थे...एक बोटी माँस उसने हमेशा की तरह अपने भूखे मुँह में डाला।...पहली बार उसे स्वाद आया। अपनी पत्नी को याद करके उसने अपने मन से कसूर के एहसास को लम्बी साँस के द्वारा बाहर निकाला और एक और पैग...इस बार सिंगल माल्ट का अपनी पत्नी के नाम उठाया और भावुक हो कर बोला—"थैंक यू डार्लिंग, फार ए लवली बार-बी-किऊ।"

मोबाइल फोन पर एस.एम.एस था। उसकी महबूबा जो उसके बाहर आने से पहले लापता हो गई थी।...उसका संदेश था...सुना है, आप काफी दुःखी रहे हो ...बाहर मत जाते...पूछे बिना...वापिस कब आ रहे हो...बार-बि-किऊ अब हमें भी करने आते हैं।...महबूब अभी तक नहीं मरा और न ही लापता है...अगर वापिस आया तो चेहरे से बाहर वाली दुनिया का प्लास्टिक का मुखौटा उतार कर आना ...मुझे पहचानने में दिक्कत न आये।

विकास फोन लेकर बार-बि-किऊ के सामने बैठ गया...उसके चेहरे पर आश्चर्य मिश्रित पसीना आ गया—ढेर सारा...उसका पसीना कतरा-कतरा बन कर बार-बि-किऊ में गिरने लगा...आग एक बार फिर भड़क उठी...उसे यों लगा जैसे उसके चेहरे पर चढ़ा प्लास्टिक का मुखौटा उतर कर इस बार-बि-किऊ में भस्म हो रहा हो...उसे अहम् का सा एहसास हुआ...एक पैग और पिया।

बार-बि-किऊ की आग को धीमा किया। फोन पर आये संदेसों को वह बार-बार देखे जा रहा था। बार-बि-किऊ धीरे धीरे बुझ गया।

परायी धरती पर विकास का यह अंतिम बार-बि-किऊ था।

खोये हुए पल

महिन्दरपाल सिंह पालीवाल

(26.05.1952)

डाकिये ने चिट्ठी पकड़ायी और साथ ही हस्ताक्षर करा लिये। रजिस्टर्ड पत्र को जगजीत ने गौर से देखा। चिट्ठी के लिफाफे के बाहर की ओर वकील का पता और नाम आदि लिखा हुआ था। यादों की पिटारी जबरन खुल गई। दर्द की गहरी लहर से उसका चेहरा पिचक-सा गया। उस पत्र में क्या लिखा हो सकता है, इस बारे में ज़्यादा नहीं सोचा। वास्तव में लिज़ा की याद ने उसे भीतर-बाहर से हिला दिया था। उसके सामने लिज़ा का हँसता-हँसता चेहरा आया। एक बार तो उसका दिल हल्की सी खुशी भर उठा पर उसे दोबारा से फिज़ा के न होने का अहसास करा गया। इसी अहसास ने उसे फिर से उदास कर दिया था। उन दिनों उदासी के आलम में उसका एकमात्र सहारा चाय का कप था। लिज़ा के कहने पर शराब तो वह कब की छोड़ चुका था। नहीं तो आज वह शराब के नशे में गर्क हो चुका होता। या पता नहीं इस दुनिया से ही कूच कर गया होता।

पत्र को उसने टेबल पर रख दिया। बिना कुछ सोचे, उसने पतीला उठाया, उसमें पानी डाला और गैस पर चढ़ा दिया। वह किचन की खिड़की से बाहर हरे-भरे, फूलों से लदे गार्डन को देखने लगा। कभी इस खिड़की पर उसकी पत्नी जमी होती थी। वह कभी गार्डन को देखती और कभी घर को। उसके मन में न तो फूलों के लिए कोई प्यार था और शायद इसीलिये उनकी सुगन्ध ही उसे किसी प्रकार की उत्तेजना देती थी। हरियाली से भरपूर गार्डन उसे ज़्यादा आकर्षित नहीं करता था। गर्मियों में पानी की कमी के कारण सूखा और निर्जन-सा गार्डन उसे बुरा नहीं लगता था। बस, उसे तो इस खिड़की के पास बैठना होता।

जगजीत जब कभी अपनी चाय बनाने या सैंडविच वगैरा बनाने किचन में होता तो जस्सी आँखें कुछ टेढ़ी-सी करके, काटती हुई नज़र से ज़रूर देखती। वह अपना मुँह मोड़ लेती और होठों को घुमा कर टेढ़ा करके अपनी नाखुशी ज़ाहिर करती। उसका पाँच फुट दो इंच का शरीर जैसे लम्बा हो जाता। उसकी चौड़ी देह और भी चौड़ी लगने लगती। उसके थोड़े से मोटे नयन-नक्श और भी बड़े हो गये लगते।

उसकी बहुत ही छोटी ठोड़ी सिकुड़ कर लगभग लुप्त-सी हो जाती। देखने वाले को लगता जैसे भगवान जस्सी को ठोड़ी लगाना भूल गया हो। वह कुछ भी न बोलती। उनकी बोलचाल तो सालों से बंद थी।

जगजीत का रिश्ता जस्सी से उस समय हुआ जब पुरुष इंडिया से मर्द मंगेतर बन कर आते थे। जस्सी का पिता जगजीत को पसंद करके वापिस आ गया और कुछ महीनों के बाद जगजीत इंग्लैंड आ गया। बीस एक दिन के बाद जस्सी और जगजीत का विवाह बड़े सादगी के, रस्मों-रिवाज़ से हो गया। जस्सी के घरवालों को सदा उसकी चिंता लगी रहती। वे उसके स्वभाव से भली-भाँति परिचित थे। जगजीत ठंडे स्वभाव और गंभीर प्रकृति का व्यक्ति था। जस्सी के पिता को आशा थी कि जस्सी का गर्म स्वभाव जगजीत के नर्म स्वभाव से मिलकर गुज़ारा हो लेगा।

देखने में गुज़ारा तो हो ही रहा था। उनके बीच का रिश्ता तिड़क कर कब का बिखर चुका था, उन्हें इसका पता ही न चला। जस्सी मूढ़-मति वाली लड़की थी। पहले कुछ दिन तो उनके अच्छे निकल गये। नयी-नयी शादी उन्हें रास आ गई लगती थी। जैसे-जैसे समय बीतता गया, वैसे-वैसे उनकी संबंधों की भावुकता दम तोड़ती गई।

पहले दो सालों में जल्दी-जल्दी दो बेटे भी पैदा हो गये। जगजीत को आशा थी कि जस्सी बच्चों के मोह में शायद कुछ बदल जाय, पर हुआ बिल्कुल उल्टा। दूसरे बेटे के बाद जस्सी और भी अधिक खीझने लगी और लड़ाकी-सी हो गई। वह जगजीत को ताने मारती और अपमान जनक भाषा बोलती। शुरू-शुरू में जगजीत को लगा कि यह प्रसव के बाद का मानसिक प्रेशर है। उसने डॉक्टर से बात भी की। डॉक्टर को जस्सी में किसी भी प्रकार के मानसिक दवाब की बात नज़र न आई। जस्सी पहले की तरह उसे ताने मारती रहती।

"तुझे यहाँ मैंने बुलवाया है। होता वहाँ इंडिया में तो बैलों की पूँछें मरोड़ रहा होता।"

"आज तक मुझे तूने कभी नहीं कहा कि अरी जस्सी, तू सुंदर लग रही है। तू मुझे पसन्द नहीं करता। दूसरी औरतों को देखता रहता है।"

"तेरे साथ ज़िंदगी कैसे बितायी जाय, मुझे तो यही सोच लगी रहती है।" हर रोज़ जस्सी कोई न कोई बोल-कुबोल बोलती रहती। कभी तो जगजीत चुपचाप सुन कर अनसुना कर देता और कभी-कभी बात गालियों और हाथापाई तक चली जाती। तंग आकर एक दिन जगजीत अपने बड़े बेटे को साथ लेकर अलग कमरे में सोने चला गया। मन-ही-मन वह वापिस इंडिया जाने के बारे में सोचता रहा। उसे बच्चों का मोह भी था। उन्हें वह न तो कानूनी तौर पर ही साथ ले जा सकता था और न ही जस्सी ने उस पर भरोसा करके उन्हें जगजीत के साथ भेजना था। जगजीत अनोखे

मानसिक संकट में फँस गया। पूरी रात वह करवटें बदलता रहा। उसे कोई भी रास्ता नज़र नहीं आता था। वह आराम से जस्सी को तलाक दे सकता था लेकिन सामाजिक उत्तरदायित्वों का एहसास ऐसा कदम उठाने से उसे रोक लेता। अपने परिवार की इज़्ज़त का भी उसे ध्यान आता। सबसे अधिक उसे लड़कों की चिंता सताती। उन्हें तो माँ और बाप दोनों की ही ज़रूरत थी। उनका कोई कसूर नहीं था। तलाक की हालत में सबसे ज़्यादा तकलीफ़ उन बच्चों को ही भुगतनी पड़ती। उसके पास कोई रास्ता नहीं था।

पूरी रात के उनींदे के बाद उठ कर उसने दो कप चाय बनाई और जस्सी को उसके कमरे में चाय देने चला गया। चाय का कप अभी मेंज़ पर रखा ही था कि जस्सी ने गुस्से से कप को हाथ मार कर फ़र्श पर फेंक दिया। जगजीत भौचक्का सा खड़ा रहा।

"खबरदार, जो आज के बाद मेरे कमरे में आने की हिम्मत भी की तो! देखती हूँ, मेरे बिना कितने दिन चला लेगा।" काट खाने वाली नज़रों से उसने जगजीत को देखा। जीत की एक मुस्कान उसके होठों पर खेल गई। जस्सी को आशा थी कि औरत के बिना आदमी रह नहीं सकता। और चार दिनों बाद मिन्नतें करता जगजीत उसके बिस्तर में घुसने की कोशिश करेगा।

कई दिन बीत गये। जगजीत के मन में एक गाँठ-सी पड़ गई। जस्सी के साथ जो थोड़ा बहुत मोह बचा था, वह भी भंग हो गया। उसने अपने मन में फैसला किया कि कभी भी जस्सी के कमरे में नहीं जायेगा। जस्सी अपनी जगह अपनी अकड़ बनाये रखने का मन मनाये बैठी थी। दोनों में एक चुप लड़ाई चलती रही। जस्सी खाना बना कर जगजीत के सामने रख देती वह चुपचाप खा लेता। जब एक महीने करीब बीत गया और जगजीत ने जस्सी से बात नहीं की तो जस्सी ने उसके लिए खाना बनाना बंद कर दिया। जगजीत अपना खाना खुद बनाने लगा। जब एक घर में होता, बच्चों को देख लेता। उनकी आपसी दूरी और भी बढ़ गई। मन में पड़ी गाँठ अब एक बड़ा गोला बन चुकी थी। चुप का एक समझौता-सा दोनों के बीच हो गया था। वे एक-दूसरे की सीमा को न लाँघते। साथ रह कर भी अलग रहते। एक छत के नीचे रहते हुए भी दीवारों को उन्होंने रणभूमि की सीमा बना लिया। घर में एक अजीब-सा भारी-भारी वातावरण बना रहता। बच्चे खेलते, कूदते पर माँ-बाप के आपसी चुप के रिश्ते को समझने में असमर्थ थे। वे अपने मन में ही अपने भावों को दबाये रहते।

इन्हीं दिनों जगजीत को पोस्ट-ऑफिस में काम मिल गया। वहाँ सभी उसे जैग कहने लगे। काम में उसे लंदन जाना पड़ता। चिट्ठियों का ढेर लगा होता। उसे चिट्ठियों को पते और पोस्ट-कोड के अनुसार छाँटना पड़ता। चौबीस घंटे काम

चलता रहता। उन दिनों सारे काम हाथ से ही करने होते थे—कम्प्यूटर ने अभी इतनी तरक्की नहीं की थी। ओवर टाइम भी काफ़ी लग जाता। जैग को घर आने की कोई जल्दी न होती। जितना मन होता, उतना ओवर टाइम कर लेता। जस्सी के मन में और तरह का शक पैदा होने लगा।

"अब कंजरियों के साथ घूमने में इसे कोई शर्म नहीं आती? और कोई बंदा होता तो चुल्लू भर पानी में डूब मरता। इसे तो कोई शर्म भी नहीं है।" वह अपने पूजा-पाठ में व्यस्त रहती। जैग ने उसे कोई जवाब न देना ही ठीक समझा। कुछ दिन बोल कर वह खुद ही ठंडी हो गई। शायद उसके पिता ने भी उस पर पानी के छींटे डाल दिये हों। जैग ने तो कुछ भी न कहने की कसम ही खा रखी थी।

ऐसा नहीं था कि जस्सी बिल्कुल ग़लत थी। इन दिनों जैग की काम पर, एक गुजराती औरत से निकटता हो गई थी। वह कभी-कभी उसके साथ समय गुज़ार लेता। वह शादी-शुदा बाल बच्चेदार थी। जैग का मन तो उसके साथ पक्की तरह से बंधने को होता, पर उस औरत ने हाँ नहीं की। बच्चे और परिवार को छोड़ना उसके लिए कठिन था। ऐसे रिश्ते ज़्यादातर बहुत लम्बे समय निभ नहीं सकते। उसके साथ दो साल के बाद राम-राम हो गई। औरत ने काम छोड़ दिया और जैग फिर से अँधेरी दलदल में फँस कर रह गया।

एक दिन वह काम पर गया तो उसने देखा, वहाँ एक गोरी औरत ने काम शुरू कर दिया था। वह हर समय हँसती रहती। उसकी आँखों की चमक जैग में जीने की इच्छा जगाती। वह जैग के साथ ही काम करती। वे ब्रेक भी एक समय लेते। जैग का मन उस गोरी लड़की ने मोह लिया। वह उससे बात चलाने के बारे मे सोचने लगा।

"लिज़ी, इस विक ऐंड पर क्या कर रही हो?" जैग ने बड़े आशा भरे स्वर में पूछा। पहले तो कुछ देर वह कुछ न बोली। फिर उसने हल्की-सी मुस्कराहट के साथ गहरी नज़रों से जैग को देखा।

"मैंने स्टीव के साथ वीक एण्ड पर कारडिफ़ जाने का प्रोग्राम बनाया हुआ है। क्यों, क्या कोई काम था?"

"यह स्टीव कौन है?" जैग जानता ही नहीं था कि लिज़ी के किसी और के साथ भी रिश्ता है।

"स्टीव मेरा ब्वाय-फ्रेंड है और हम अगले साल शादी कर रहे हैं।"

लिज़ी ने अपने स्वर को सहज बनाने की कोशिश की थी। उसके स्वर में कम्पन जैग ने महसूस कर लिया था। एक पल में ही जैग का चेहरा उतर गया। उसे पता नहीं चल पा रहा था कि वह क्या करे और क्या न करे।

"पहले तो तुमने कभी नहीं बताया कि तुम्हारा शादी का भी कोई प्रोग्राम बना

हुआ है।'' जैग पर मानो सौ घड़े पानी गिर गया हो। उसे जस्सी का ध्यान आया। सालों साल जस्सी के साथ ब्याहे होने के बावजूद भी उसने अनचाहे व्यक्ति की तरह गुज़ारे थे। जस्सी का उसे फ़ायदा तो क्या होना था, उसकी कुड़-कुड़ से उल्टा उसका चैन ही खो जाता। पिछले दिनों लिज़ी को लेकर उसने अनेक सपने बुन लिए थे—वे सभी अब ढह गये—एक पल में।

''जैग, हम दोनों बहुत समय से साथ ही काम करते हैं। न तो तुमने कभी पूछा और न ही मैंने कभी बताया। हमारी दोस्ती में अपनी बात ही चलती रही।'' लिज़ी जानती थी कि जैग उसके प्रति गंभीर था। जानबूझ कर वह स्टीव के बारे में बात करके उसे उदास नहीं देखना चाहती थी। वह यह भी जानती थी कि एक न एक दिन तो भेद खुलना ही है। आज वे दोनों अपनी-अपनी जगह परेशान थे।

दोनों में एक चुप-सी बन गई। बातों का सिलसिला जो उनका कभी ख़त्म न होता था, वह जैसे अब खो सा गया हो। जैग बड़ी बेदिली से उठा, साथ ही लिज़ी भी उठ खड़ी हुई। वे दोनों ढीले से ढंग से हाथ मिला कर अपनी-अपनी राह चले गये। जैग पूरी रात सो न सका। लिज़ी के साथ उसके अनकहे रिश्ते के कारण जैग को हमेशा खास तरह का सकून रहता। खाली होने के बावजूद वह भरा-भरा महसूस करता पर आज वह खुद को खाली से भी खाली महसूस कर रहा था। लिज़ी को लेकर हुई पैदा हुई कड़वाहट में पता नहीं कब उसकी आँख लग गई। अगले दिन वह पीड़ित-सा अनुभव करता रहा। लिज़ी ने उसे एक दो बार बुलाने की कोशिश की, पर वह एक ओर हट गया। लिज़ी का हृदय जैसे किसी ने चीर के रख दिया हो, लेकिन बड़े यत्न से उस पीड़ा को वह पी गई।

आइरीन नामक एक लड़की काम पर लगी थी। उसने पिछले तीन-चार महीने में तीन-चार पुरुषों से यारी लगाई और तोड़ी थी। पंजाबी लोग उसे 'टैक्सी' कहते। लिज़ी को चिढ़ाने के लिए जैग आइरीन के साथ ब्रेक लेने लगा। आइरीन भी जैग पर डोरे डालने लगी। जब वह जैग को हल्का-सा छेड़-छाड़ देती तो उसे यों लगता जैसे मुद्दत बाद बरसात होने की संभावना बनी हो। जैग का मन आइरीन के साथ झूला झूलने को होता। शुक्रवार का दिन था और जैग ने छः बजे काम ख़त्म किया। लिज़ी ने भी उसी समय काम ख़त्म किया था। वह जैग के पीछे ही बाहर निकल आई। जैग बाहर आकर आइरीन की प्रतीक्षा में पैर मल रहा था।

''जैग, चल पब में। मना मत करना। अभी जल्दी से।'' लिज़ी के शब्दों में विनती के स्थान पर आज्ञा का भाव था। कह कर वह सड़क पार करने लगी और जैग नीची आँखें किये हुए उसके पीछे-पीछे चल पड़ा। जैग के आने तक लिज़ी ने अपने लिए वाइन और जैग के लिए बीयर का आर्डर कर दिया और पाँच का नोट काउंटर पर रख दिया था। जैग आया और जेब से पैसे निकालने लगा। हाथ के इशारे

से लिज़ी ने उसे रोक दिया। उन्होंने अपने-अपने गिलास उठाये। लिज़ी ने एक कोने में एकांत-सा टेबल देखा और उधर चल पड़ी। सिर झुकाये किसी दुविधा में जैग उसके पीछे चलने लगा। गिलास टकराने या चियर्स कहे बिना ही दोनों ने घूँट भरने शुरू कर दिये। लिज़ी ने कुछ सख़्त-सी नज़रों से जैग की ओर देखा। जैग के दिल की धड़कन तेज़ हो गई और वह नज़रें चुरा कर बाहर की ओर देखने लगा।

"जैग, आँखे चुराने की जगह आँखे मिला कर बात कर", गहरे आत्मविश्वास के साथ लिज़ी ने यह कहा और चुभती हुई नज़रों से उसे देखा। जैग निरुत्तर-सा बैठा था।

"जैग, मैं जानती हूँ, तू मेरे बारे में क्या सोचता है। मैं स्टीव को प्यार करती हूँ और हम दोनों बहुत समय से साथ रह रहे हैं। मैं तुझे भी प्यार करती हूँ, लेकिन प्यार के कई रूप होते हैं। तेरे साथ मेरा प्यार एक दोस्त का प्यार है। स्टीव की मैंने पत्नी बनना है। पता नहीं कब हम दोनों में तू-तू, मैं-मैं हो जाय। तू तो मेरा दोस्त है। तेरे साथ यही रिश्ता रहेगा—पक्का-अटूट।" लिज़ी ने वाइन का घूँट भरा। होंठों पर जीभ फेरी और आँखें नीची किये जैग को देखा। वह कुछ पल चुप रही। जैग तो पहले से ही चुप बैठा था। उसे पता नहीं चल रहा था कि वह क्या बात करे, क्या जवाब दे।

"जैग, दोस्त होने के नाते मैं तुझे खुश देखना चाहती हूँ। अगर तेरी खुशी मेरी देह को भोगने में है तो मैं खुद को तेरे हवाले करने को तैयार हूँ। स्टीव के साथ तो...।" लिज़ी की आँखें भर आईं। उससे बात पूरी भी न हो पाई। जैग सब समझ गया था। उसे अपने आप पर शर्म आई। वह धरती में समा जाना चाहता था।

"लिज़ी माफ़ करना। मैं शायद कुछ ज़्यादा खुदगर्ज़ हो गया था या तेरे दिल को समझने की जगह मैंने अपने दिल की सुनी। तू कम-से-कम मुझे स्टीव से मिलवा दे।" जैग ने लिज़ी को मुस्कराते हुए देखा, तब तक जैग के दिल से मन भर भार उतर गया था। लिज़ी ने उठ कर उसे बाँहों में भर लिया और उसकी गाल पर चूमा। उसकी आँखों में अनजाने ही आँसू बह निकले। लिज़ी हँसते हुए रो रही थी।

"जैग, पिछले दिनों तू खूब शराब पीता रहा है। भावुक व्यक्ति शराब में डूब जाता है। मेरी तुझे एक सलाह है कि या तो तू शराब छोड़ दे या इसे अपने कंट्रोल में रख। वैसे नशे पर कंट्रोल करना असंभव ही होता है।"

"लिज़ी, यह मेरे कंट्रोल में रहने वाली चीज़ नहीं है। इसे मेरी कमज़ोरी ही समझ। मैं इसे छोड़ ही देता हूँ। तेरे साथ वायदा रहा।" जैग ने बीयर का गिलास परे को खिसका दिया।

"यह तो पी ले, मैंने तुझे सलाह दी है—हुक्म नहीं दिया।"

"तेरे जैसी मूल्यवान दोस्त की सलाह को हुक्म से कम नहीं समझना

चाहिये।" जैग ने चमकती हुई आँखों से लिज़ी को देखा। लिज़ी की आँखों में संतोष की झलक थी। उसका चेहरा खिला हुआ था। वे दोनों हल्के प्रफुल्लता का अनुभव करते हुए पब से बाहर निकले। लिज़ी ने जैग को अपने घर बुलाने और स्टीव से मिलवाने का वायदा किया और उसे पूरा भी किया।

स्टीव को मिल कर जैग बहुत खुश हुआ। वह एक आकर्षक व्यक्तित्व वाला और अच्छी तरह से रहने और जीने वाला प्राणी था। उसकी नौकरी अच्छी थी और सबसे बढ़िया बात यह थी कि वह लिज़ी का बहुत ख़्याल रखता। जैग खुद को स्टीव की तुलना में तोलने लगा। स्टीव हर प्रकार से उस पर भारी था। उसे लगा जैसे वह खुद को व्यर्थ में ही लिज़ी पर थोप रहा था। अब लिज़ी के साथ उसकी दोस्ती पहले से भी पक्की हो गई। उनमें एक दूजे के प्रति सम्मान भी पहले से ज़्यादा हो गया।

लिज़ी का विवाह हो गया, वह स्टीव के साथ अपने घर में रहने लगी। कुछ दिन बाद उसने काम के घंटे कम कर दिये। स्टीव और जैग में भी परस्पर निकटता बन गई। उनकी अच्छी निभने लगी। महबूबा से पत्नी बनने का सफ़र तय करते हुए और भी बहुत कुछ बदल गया। लिज़ी को शक होने लगा कि स्टीव का किसी दूसरी लड़की से भी संबंध था। स्टीव यह बात सदा नकारता रहा। काम के सिलसिले में उसे यूरोप के दूसरे देशों में भी जाना पड़ता था। उसके साथ और भी लड़के लड़कियाँ होते थे। फ्रांस में किसी लड़की के साथ उसका रिश्ता बन गया। उसका फोन आता और कभी फोन पर कोई मैसेज भी आ जाता। लिज़ी को शक तो पहले से ही था। एक दिन उसने फोन पर मैसेज देखा। फ्रैंच लड़की ने स्टीव को अपने प्रैगनैंट होने के बारे में बताया था। लिज़ी ने फोन स्टीव के सामने रख दिया। स्टीव तो पाँवों तक काँप गया। उसे कोई जवाब न सूझा और वह मान गया। कई दिनों की बहस-बाज़ी के बाद उन्होंने अलग होने का फैसला कर लिया। स्टीव फ्रांस चला गया और लिज़ी ने फिर से पूरे घंटे काम करना शुरू कर दिया। स्टीव के जाने के बाद जैग ने लिज़ी को पूरा प्यार और दोस्ताना मुहब्बत और सपोर्ट दी। जैग ने एक बार फिर लिज़ी का सपना देखा, लेकिन लिज़ी के व्यवहार से उसे ऐसी कोई भी बात नज़र न आई। उसने इस ख़्याल को सपने की तरह मन से झटक दिया।

एक दिन अचानक लिज़ी काम पर न आई। जैग ने फोन किया तो उसका फोन बंद था। उसे चिंता हुई, उसने कई बार फोन किया। शाम को कहीं लिज़ी ने जवाब दिया।

"तू कहाँ थी? मैं तो चिंता से आधा हो गया।" जैग ने आधा मज़ाक और आधा उलाहना-सा दिया। लिज़ी ने पहले की तरह कोई प्रतिक्रिया न दी।

"जब भी तुझे वक्त हो, घर आना। बैठ कर बाते करेंगे।" लिज़ी की उदास और चिंताग्रस्त आवाज़ उसे सुनाई दी। फोन को कान से हटा कर उसे देखने लगा,

जैसे उसे लिज़ी के बर्ताव की समझ न आई हो।

"तू बात तो बता।"

"मैंने कहा ना घर आना", कह कर लिज़ी ने फोन काट दिया। जैग समझ नहीं पा रहा था कि बात क्या हो सकती है? उसका मन बेचैन हो उठा। ओवर टाइम लगाने के बारे में उसने फोरमैन को कहा था। वह सीधा फोरमैन के पास गया और उस दिन ओवर टाइम न कर पाने की खबर दे आया। फोरमैन के पास पहले ही लोग कम थे। आखिरी वक्त पर जैग का जवाब उसे क्रोधित करने के लिए काफ़ी था। वह बोलने लगा पर जैग ने उसे अनसुना कर दिया और कार स्टार्ट कर लिज़ी के घर की ओर चल दिया।

दरवाज़ा लिज़ी ने खोला। उसका रंग एकदम सफेद पड़ गया था। देख कर जैग एक दम चौंक पड़ा। जैग के लिए लिज़ी दुनिया में सबसे महत्वपूर्ण इंसान थी। उसने समय-समय पर जैग को नैतिक सहारा दिया था। जैग को एक सीमा तक लिज़ी का गानसिक सहारा भी था।

"क्या हुआ है तुझे? बात तो बता" लिज़ी की ओर देख कर हैरानी से पलकें झपकाते हुए, जल्दी में जैग ने पूछा।

"चाय का कप या कॉफी पसंद करेगा?" लिज़ी ने जबरन मुस्कराते हुए कहा। जैग का उत्तर सुने बिना ही वह किचन में चली गई। वह जानती थी कि जैग चाय का शौकीन है। पहले तो जैग बुत-सा बना कमरे में खड़ा रहा, फिर उसे जैसे कुछ याद आ गया हो, वह भी लिज़ी के पीछे किचन में चला गया। लिज़ी ने कैटल में पानी डाल कर कैटल ऑन कर दी। वह कपों में दूध डाल कर टी-बैग उन में डाल रही थी। जैग को उलझन होने लगी।

"तू मुझे कुछ बताती क्यों नहीं?"

"सब्र कर। अपने मन को थोड़ा शांत कर। कई खबरें सुनानी कठिन होती हैं, सहनी मुश्किल हो जाती हैं।" लिज़ी ने पूरी कोशिश से खुद को संयत रखा। वह बहुत हद तक सफल भी हो गई।

मेज़ पर पड़ी चाय ठंडी हो रही थी और जैग लिज़ी के चेहरे को देखे जा रहा था। अभी तक उसने कुछ भी नहीं बताया था। वह उसकी मनोदशा समझ रहा था। वह कुछ कहने के लिए खुद को तैयार कर रही थी। लिज़ी ने चाय का कप उठा कर जैग को पकड़ाया।

"तू कुछ बोल भी सही, बात क्या है?" जैग ने बेसब्री से कहा। "जैग मैं नहीं जानती बात कैसे करूँ। कहे बिना और कोई चारा भी नहीं।" लिज़ी एक बार फिर कहानी-सी शुरू करके चुप हो गई। "लिज़ी ऐसे मत सताती जा। जो भी कहना है, साफ-साफ और जल्दी बता।"

लिज़ी ने अपनी चाय का कप मेज़ पर रख दिया और जैग के चेहरे को एकटक देखा। उसकी आँखों में देखते ही उसे तरस आ गया। "जैग मैं आज अस्पताल गई थी। मुझे लिवर का कैंसर है और दूसरी स्टेज पर है।" आँसुओं से डबडबायी आँखों को उसने दूसरी ओर मुँह कर के पोंछने की कोशिश की। इतने में जैग ने उसका हाथ पकड़ कर हल्का-सा दबा दिया। वह उसे तसल्ली देना चाहता था या खुद को। यह न तो जैग जानता था और न ही लिज़ी।

"तू क्या कह रही है? कहीं मुझसे मज़ाक तो नहीं कर रही! पहले तो तूने कभी जिक्र नहीं किया?" जैग कई कुछ एक ही साँस में पूछ गया।

"जैग, तकलीफें और बिमारियाँ बता कर कहाँ आती हैं। तू ज़्यादा चिंता मत कर। तुझे तो इंडिया के बारे में पता है। न जाने वहाँ पर कितने लोग बे-इलाज़ ही मर जाते हैं। उसके पास तो पेट भरने के लिए लायक पैसे भी नहीं होते—डॉक्टरों के पास उन्होंने क्या जाना होगा।" अपने स्वभाव के अनुसार वह जैग को तसल्ली देने लगी। जैसे उसे कोई बीमारी ही न हो। जैग हैरान था। इतनी जल्दी लिज़ी कैसे खुद से समझौता कर लेती है। स्टीव से अभी भी वह दोस्तों की तरह बात करती। उसका हाल-चाल पूछती। उसे लगता जैसे स्टीव उसके पास लौटना चाहता हो। लिज़ी ने कभी उसे ऐसी बात करने का मौका ही नहीं दिया था। वैसे वह बड़ी देर तक उस से बतियाती रहती।

"जैग चल उठ, सुबह काम भी जाना है।"

"तू भी काम पर जायेगी?" जैग ने हैरानी से पूछा।

"और क्या, घर बैठ कर बीमार होना है क्या? डॉक्टरों ने अगले हफ्ते बुलाया है, कीमोथैरेपी करेंगे। तब तक तो काम करना ही चाहिये।" लिज़ी दरवाज़े की ओर चल पड़ी। जैग भी उसके साथ दरवाज़े तक आ गया। सदा की तरह उसने जैग को गाल पर चूमा और झप्पी डाल कर बिदा किया।

जैग के लिए मुसीबतों ने एक और दरवाज़ा खोल दिया। लिज़ी की कीमोथैरेपी की तारीख अभी आयी ही थी कि जस्सी को लकवा मार गया। सुबह लड़का चाय लेकर उसके पास गया तो जस्सी को देख कर उसके हाथ से प्याला छूट कर गिर गया। उसने चीख कर पिता को बुलाया। जैग ने एम्बुलेंस को फोन किया। जस्सी बच तो गई पर उसके शरीर का आधा हिस्सा बेकार हो गया। जैग से तो वह दवाई भी नहीं खाती थी, इसलिये उसके लिए पार्ट-टाइम नर्स का प्रबंध किया गया। वही जस्सी की देखभाल करती। अब वह मुश्किल से चलने भी लग गई थी।

लिज़ी की कीमोथैरेपी होनी शुरू हो गई। तीसरी कीमो से तो जैसे लिज़ी में जान ही बची हो। वह बहुत कमज़ोर हो गई। सिर के बाल झड़ गये। वह टोपी डाले रखती। उसकी माँ लिज़ी की देख भाल करती। चौथी कीमो के लिए लिज़ी ने मना

कर दिया।

"डॉक्टर! कैंसर से तो पता नहीं मैं कब मरूँगी। कीमो से जल्दी ज़रूर मर जाऊँगी। मैं मरना नहीं चाहती।" डॉक्टर ने उसकी बात मान ली।

अचानक एक दिन जस्सी को दिल का दौर पड़ा और ऐम्बुलेंस ने उसे वक्त पर अस्पताल पहुँचा दिया। डॉक्टरों की मेहनत रंग लायी और जस्सी की जान बच गई। अब उसकी एक टाँग अस्पताल में होती और दूसरी घर पर। जस्सी को बच्चे मिल कर आते। जगजीत जाता तो वह मुँह दूसरी ओर कर लेती। वह अपमानित-सा महसूस करता। मन के किसी कोने में जस्सी के साथ उसका रिश्ता अभी भी कायम था। चाहे असलियत में सभी रिश्ते ख़त्म हो चुके थे। जैग सोचता अगर उसने जस्सी को तलाक दे दिया होता तो आज जस्सी भी किसी के साथ खुश रह रही होती और वह भी किसी किनारे लगा होता। कई दिन बाद वह लिज़ी को मिलने गया। वह पहले से कुछ ठीक लगी। जैग देख कर खुश हुआ। लिज़ी रोने लगी।

"मुझे काम पर पता चला कि जस्सी को हार्ट-अटैक हुआ है। बड़ा दुःख हुआ। पता नहीं क्यों तेरी, मेरी, जस्सी सब की जिंदगी बेगानी ही बीत गई। मैं समझ नहीं पाती कि तू अभी भी उसके साथ कैसे निभा रहा है।"

"बीता वक्त किसी के हाथ नहीं आता। आज तो देखने में तू ठीक लग रही है।" जैग ने जस्सी के बारे में बात करने की जगह विषय बदल ही दिया। उसे खुद ही समझ नहीं आ रहा था, यह सब कैसे हो गया। वह कौन से रिश्ते की ताकत की कड़ी से बँधा हुआ जस्सी के साथ रह रहा था।

"कुछ वक्त तक तो ज़रूर ठीक रहूँगी। फिर शायद बीमारी का ज़ोर बढ़ जाय, कह नहीं सकती।" वह अपने इलाज और डॉक्टरों की राय के बारे में बात करने लगी। जैग सुनता रहा।

"जैग, मुझे लगता है हमें शादी कर लेनी चाहिये थी। शायद तीन जीवन बच जाते।" कुछ देर चुप रहने के बाद अचानक लिज़ी ने कहा। जैग उसकी ओर हैरानी से देखता रहा। उसे लिज़ी की बात पूरी समझ नहीं आ रही थी।

वह चलने लगा तो पहली बार लिज़ी ने उसे होंठों पर चुम्बन दिया। अपने प्यार की मोहर उसने जैग के होंठों पर लगा दी। कुछ दिनों बाद लिज़ी भी चली गई। सोचते-सोचते जैग की आँखें भर आईं। उसे लिफ़ाफा धुँधला-सा नज़र आने लगा। उसने टेबुल से लिफ़ाफा उठा लिया और जस्सी वाली कुर्सी पर बैठ कर पढ़ने लगा। लिज़ी ने अपना घर और बैंक बैलेंस, सभी कुछ जैग के नाम कर दिया था। पढ़ कर जैग की आह! निकल गई। "ओह लिज़ी", जैग हिचकियाँ लेते हुए रोने लगा।

कुछ दिन बाद जैग कैंसर रिसर्च के दफ्तर में लिज़ी के घर के काग़ज़ लिए खड़ा था।

रेप

के.सी. मोहन

(20.7.1952)

जरनैल फैक्ट्री से लेट ड्यूटी करके लौट रहा है। उसके हाथ में शाम का अख़बार है।

बच्चे सो चुके हैं। नसीब कौर आधी नींद में लेटी हुई है। वह भी छः बजे काम से लौटी है। वह भी जल्दी इसलिये, क्योंकि आज कोई ओवर-टाइम नहीं था। नसीब कौर ने घर आ कर खाना बनाया है। बच्चों ने खा लिया है। नसीब कौर सोफे पर पीठ सीधी कर रही है। वह थक गई है। फैक्ट्री में आदमियों के बराबर काम और ऊपर से घर के काम ने उसे चकनाचूर कर दिया है। दालें, सब्जियाँ, सफाई, धुलाई, सिलाई और न जाने क्या-क्या। उसे बड़ी ज़ोर से नींद आ रही है, पर अभी तो जरनैल ने रोटी खानी है।

जरनैल गैरेज में कार खड़ी कर रहा है। नसीब कौर ने आवाज़ सुन ली है।

अधसोई टाँगें-सी, वह अब जाग गई है।

"आज तो मैं टूट गया हूँ। घर को चलने लगा तो फोरमैन कहने लगा, जिम, एक स्पेशल आर्डर है, पूरा कर जा। दो लोगों ने मुश्किल से पूरा किया। कई बार तो साला मन ऊब जाता है। टाँगे भी दुःखने लगतीं हैं। अच्छे हम विलायत आये। पूरा दिन खड़े रहो जैसे साली कोई सज़ा काट रहें हों।" जरनैल अंदर आकर एक ही साँस में सब कुछ कह जाता है।

"खाना गर्म करूँ?" नसीब कौर पूछती है।

"तुझे खाने का झंझट ख़त्म करने की लगी रहती है, अभी तो मैंने घर के अंदर कदम रखा है।" जरनैल ने बेरुखी से कहा। नसीब कौर उबासियाँ लेती हुई फिर सोफे पर आ कर बैठ जाती है। जरनैल कपड़े बदलने के बाद व्हिस्की का पैग बना कर नसीब कौर के पास आ बैठता है। बैठते ही, एक साँस में पी जाता है। अखबार पर नज़र डालता है। तेज़ी से एक बार पूरा अखबार देख डालता है, फिर धीरे-धीरे से पलटता है। व्हिस्की का एक और पैग बनाता है।

"कोई ख़बर मुझे भी सुनाओ!" नसीब कौर जरनैल को अखबार पढ़ते हुए देख

कर कहती है।

"तुझे ख़बरों से क्या लेना-देना? तूने डॉक्टरी पास करनी है क्या?"

"क्यों, भला ख़बरें मुझे क्या कहती हैं। कुछ पता ही चल जायेगा–दुनिया जहान का।" नसीब कौर जवाब देती है।

"ले सुन! यह एक खबर है, अपनी पत्नी को रेप करने के जुर्म में काचैंटरी के एक गोरे को छः साल की कैद," हँसते हुए जरनैल नसीब कौर को बताता है।

"लो भई, यह कैसे हो सकता है–अपनी ही पत्नी का रेप। ये अख़बारों वाले ऐसे ही झूठे तूफान उठाते रहते हैं। इन्हें बातें चाहिये। पता नहीं ये कैसे लोग हैं जो इन बातों पर विश्वास करते हैं। अपनी ही बीवी के साथ ज़बरदस्ती।" नसीब कौर को ख़बर पर ज़रा भी यकीन नहीं आता। "नहीं-नहीं सीबो, खबर तो सच्ची है। अखबार वाले ऐसे ही थोड़े लिख सकते हैं?"

"मुझे पागल क्यों बनाते हो। भला किसी आदमी को अपनी बीवी का रेप करने की क्या ज़रूरत है। पति तो परमेश्वर है। रेप तो किसी दूसरी औरत का हो सकता है और यह भी तो शादीशुदा बंदे को ज़बरदस्ती करने की क्या ज़रूरत। शादी के बाद तो औरत आदमी की हो जाती है। उनके बीच कुछ भी बंटा हुआ नहीं रहता।" नसीब कौर को अभी भी ख़बर झूठी ही लगती है।

"सीबो तू नहीं जानती। इस इंग्लैंड को तो अब आग लग गई है। बेड़ा ग़र्क हो गया है। नित नयी अजीबो-गरीब खबरें।" जरनैल फिर से बात समझाने की कोशिश करता, व्हिस्की का एक पैग और बनाता है।

"वह दूसरी बात है, पर यह कैसे कि अपनी ही पत्नी का रेप। आदमी अपनी पत्नी के पास नहीं, तो और कहाँ जाय। घरवाली का मतलब है कि जब आदमी का मन करे, ठीक है।"

"सिबो, तू समझी नहीं। खबर में लिखा है कि उस गोरे ने अपनी पत्नी का तब रेप किया, जब उसका मन नहीं था, वह उस वक्त नहीं चाहती थी। वह माना नहीं। कहता ज़रूर करना है। वह फिर कहती है कि उसका मन नहीं कर रहा, पर गोरा उसके ना ना करने पर भी बाज़ नहीं आया।" जरनैल खबर को विस्तार में बताता है।

"ले, वह तो पागल थी। यह कौन-सी बात थी। ऐसे तो आप भी कई बार करते हो।" नसीब कौर के मुँह से अचानक निकला।

"जा-जा, उठ खाना गर्म कर। ज़्यादा मत बोले जा। ज़ुबान सँभाल अपनी।"

जरनैल ने व्हिस्की का दो मिनट पहले बनाया पैग सैकिंड में अंदर डाल लिया।

काला लहू

हरजीत अटवाल

(8-9-1952)

यह उसकी बड़ी पुरानी ख़्वाहिश थी। कभी-कभी वह सोचता कि उस समय वह कैसा महसूस करेगा, जब उसका खून अनजान लोगों की नसों में दौड़ेगा? किसी की उम्र बढ़ायेगा तो उसे अपने खून पर नाज़ होगा। जब खून की एवज़ में इसे कोई आशीष देगा तो नाज़ देगा तो वह उसे कैसे कबूलेगा...? कई लोग खून देते समय होने वाली घबराहट की बात करते, वे उसे ज़रा भी अच्छे न लगते। वह सोचता—"ये क्यों नहीं सोचते कि उन्होंने किसी की उम्र बढ़ा दी है।" कई बार वह जानने वालों को भी कह देता—खून देना बुरी चीज़ नहीं, वैसे डॉक्टर कहते हैं, खून देते रहना चाहिये। आप लोग तो ऐसे घबराते हैं जैसे टाँग कट रही हो।

लेकिन रक्त-दान करने की उसकी इच्छा पूरी न हुई। उसके आस-पास अगर कोई बीमार पड़ता तो वह भाग कर जाता और खून देने की तमन्ना का इज़हार करता, पर इत्तफ़ाक से उसे खून की ज़रूरत न पड़ती। कई बार उसने ब्लड-बैंक को भी खून-दान करने का मन बनाया, पर वह जानता था कि वहाँ पर सिर्फ़ बड़े, उच्चवर्ग के लोगों को ही खून मिलता है, गरीब बंदा तो वैसे ही खून के अभाव में तड़पता हुआ मर जाता है। इसी कारण वह ऐसे ज़रूरतमंद को रक्त-दान करना चाहता था, जिसके पास पैसे न हों और जिसकी कोई ऊँची पहुँच न हो। सो, न तो उसे कोई ज़रूरतमंद दिखा, न कोई ऐसा व्यक्ति उस तक पहुँचा और न ही उसने अस्पताल के सामने खड़े होकर नारा लगाया।

इंग्लैंड आकर भी उसने अपनी यह ख़्वाहिश भूली नहीं थी। दो-तीन बार उसके रिश्तेदार गंभीर रूप से बीमार भी हुए, पर जितनी बार उसने अपना खून पेश किया तो डॉक्टर कह देते—ज़रूरत नहीं। वह मुँह लटका कर रह जाता।

अपने काम पर उसने एक बार नोटिस पढ़ा कि अस्पताल से एक टीम रक्त-दान के सिलसिले में आ रही है, जो खून देना चाहें, अपना नाम लिखवा दें। उसका मन खुशी से भर गया। इंडिया जैसी हेरा-फेरी इस मुल्क में नहीं हो सकती। यहाँ पर इमानदारी की आशा अधिक थी। उसने अपने कुछ दोस्तों के साथ रक्त-दान

की बात चलायी लेकिन वह मज़ाक का विषय बन कर रह गया, और ऐसे ही बातों-बातों में तारीख़ निकल गई। तीन-चार महीने बाद फिर नोटिस लगा। इस बार उसने बिना किसी से बात किये अपना नाम संबंधित क्लर्क को लिखवा दिया, लेकिन इस बार भी उसे मायूसी का मुँह देखना पड़ा। जिन दिनों में खून देना था वह बीमार हो गया और काम पर भी न जा पाया।

जब अस्पताल से रक्त-दान संबंधी धन्यवाद का नोटिस लगा तो उसका मन बेचैन हो उठा...अगर वह बीमार न होता तो अस्पताल वालों ने 296 पिंट की जगह 297 लोगों का रक्त दान के लिए धन्यवाद करना था। वह यह सोच कर ही मन को तसल्ली दे रहा था कि अगली बार वह किसी कीमत पर नहीं चूकेगा और ज़रूर रक्त-दान करेगा।

तीन-चार महीनों के बाद टीम ने फिर से दौरा किया, सुपरवाईज़र से टाइम ऑफ लेकर वह स्टाफ-हॉल में चला गया। वहीं पर खून लिया जा रहा था। काफ़ी लम्बी लाइन लगी हुई थी। वह भी उसकी एक कड़ी बन कर जुड़ गया। उसने ध्यान से देखा, तो सब ओर गोरे रंग के लोग ही वहाँ फैले हुए दिखे। अपना रंग देख कर उसे बड़ी निराशा हुई। कुछ देर के लिए उसका दिल उदास हो गया। फिर भी अपना शक दूर करने के लिए लाइन से बाहर निकल कर ध्यान से देखा तो लाइन में उसे एक पटेल और मझोले कद के दो नीग्रो नज़र आये, उसके मन को थोड़ी-सी तसल्ली हुई। पंजाबी लोगों के प्रति भी उसके मन में अवसाद था। ये लोग बातों में सबसे आगे होते हैं और ऐसे मौकों पर नज़र नहीं आते। जबकि दफ्तर में कम से कम दो-तीन सौ पंजाबी काम करते थे। बाकी को पीछे छोड़ते हुए उसे खुद पर अभिमान भी हो रहा था।

धीरे-धीरे आगे बढ़ती लाइन में चलता हुआ वह उस गंजे गोरे के पास पहुँचा जो नाम दर्ज़ कर के फार्म भर रहा था। अपना फार्म लेकर वह पास बैठी हुई नर्स के पास चला गया और अपना फार्म उसे दिया। नर्स ने बाँयें हाथ की बीच वाली उँगली से एक बूंद लेकर सिरिंज में डाला और फिर तेज़ाब वाल जार में डाल दिया। जब खून की वह बूंद धीरे-धीरे जार के बिलकुल नीचे तक पहुँच गई तो नर्स ने फार्म पर सही का निशान लगा कर वापिस दे दिया।

उसी समय पर्दे के पीछे से एक प्यारी गोरी नर्स प्रकट हुई और उसे इशारे से उठाकर अंदर ले गई। उसने हाथ में पकड़ा फार्म ले लिया और ऊँचे से अस्पताल के बिस्तर पर उसे लिटा दिया। मुस्कराती हुई गोरी ने ब्लड-प्रेशर चेक किया। उसे गोरी नर्स का स्पर्श बड़ा सुखद लग रहा था। गले में स्टैथो लटकाये एक गोरी डॉक्टर आयी वह भी उसकी आँखें डाल कर मुस्करायी। कोहनी के पास से बाँह दबा कर नस को फुलाया और आहिस्ता से उसमें सुई डाल दी।

अब वह महसूस कर सकता था कि उसका खून उन ट्यूबों के रास्ते से होता हुआ नीचे पड़ी बोतल में पहुँच रहा है। वह उठ कर देखना चाहता था पर ऐसा कर न सका। उसे एक अजीब तरह की राहत मिल रही थी, पर वह देख नहीं सकता था। पास खड़ी गोरी बड़ी प्रोफेशनल मुस्कान से उसे देख रही थी। वह बोली—

—क्या पहली बार खून दे रहे हो?

—हाँ, वह भी तेरे जैसी प्यारी लड़की को...।

—घबराहट तो नहीं हो रही?

—नहीं...उल्टा मज़ा आ रहा है...।

—बड़ी अच्छी बात है।...।

कहते हुए वह कोई धुन गुनगुनाते हुए किसी नृत्य की मुद्रा में हिलने लगी। उसे नर्स बड़ी प्यारी लग रही थी। उसने बात आगे चलाई—

—तू हर बार यहाँ आती है?

—तकरीबन...।

—फिर तो मैं भी हर बार आया करूँगा...पर शर्त यह है कि सिर्फ़ तू ही मेरा खून लेगी...मैं इसी तरह लेटा रहूँ और तू ऐसी ही झुकी रहे...बिलकुल मेरे चेहरे पर...।

गोरी नर्स शरमा गई। चाहे विलायती समाज में ऐसे प्रेम-भरे वार्तालाप हर कोई कर लेता था, उल्टा उन्हें तो गंभीरता से लिया जाता था, फिर भी वह लड़की ज़रूरत से अधिक शरमा रही थी। उसने फिर पूछा—

—तुम लोग कौन से अस्पताल से आते हो?

—इज़्वियर अस्पताल से...।

—बड़ी दूर से आते हो...।

—इस इलाके का मुख्य रक्त-दान केन्द्र वही है...हम तो बड़ी दूर-दूर तक जाते हैं।

—तू बड़ी खूबसूरत है...कौन से इलाके में रहती है?

—इज़्वियर में ही...।

—मैं दूसरी ओर रहता हूँ...अगर पास में रहता तो तुझे किसी शाम बाहर ले जाता...।

—शुक्रिया।

लड़की एक बार फिर शरमायी। उसने झुक कर बोतल को देखा जो कि खून से भर गई थी। उसने धीरे से बाँह में से सुई निकाली और जख़्म वाली जगह को पोंछ कर टेप लगाती हुई बोली—

—जा, अब उस बैड पर पन्द्रह मिनट तक आराम कर ले।

—वह उठा, और उसने पास पड़े दूसरे बेड पर लेट गया। पहले कुछ क्षण उसने नर्स के बारे में सोचा। उसके साथ हुई बातों का कोई विशेष अर्थ नहीं था। वह आम लड़कियों से ऐसी बातें कर लेता था लेकिन उस लड़की में कोई आकर्षण अवश्य था, जो दूसरी लड़कियों से अलग था, वही उसके हृदय पर अंकित हो चुका था। शीघ्र ही उसने अपने रंग (नस्ल) का मान बढ़ाया था, नहीं तो गोरे लोग यही समझते रहते हैं कि इंडियन बर्तानिया को समर्पित नहीं हैं। वे यहाँ रह कर भी इंडिया के बारे में सोचते रहते हैं और इंग्लैंड की सभ्यता और संस्कृति के साथ नहीं जुड़ते। अब रक्त से ज़्यादा कोई क्या समर्पित हो सकता है...।

उसने बहाने-बहाने में अपने दोस्तों को कई बार रक्त-दान की बात सुनाई, पर किसी ने भी खास दिलचस्पी नहीं ली। तंग आकर उसने खुद ही इस विषय पर बात करनी छोड़ दी।

कुछ दिन बाद नीले रंग का एक कार्ड उसके घर के पते पर आ गया। कितनी ही देर तक वह 'रक्त-दान-पत्र' को निहारता रहा। उसका ब्लड ग्रुप 'ओ' पॉज़िटिव था जो कई तरह के ग्रुप्स के साथ मेल खा सकता था। यह बात तो और भी खुशी की थी। वह सोचता उसका खून कई सारे लोगों के लिए प्रयोग में लाया जायेगा। कई दिन तक वह कार्ड को जेब में डाले घूमता रहा। उसका मन चाहता कि वह कार्ड को किसी को दिखवाये, ख़ास तौर पर गोरों को, अपने खून की विशेषतायें बताये पर वह चुप रहा कि यह बात मज़ाक ही न बन जाय।

एक दिन अचानक उसका कोई रिश्तेदार बीमार हो गया, उसे ऐम्बुलेंस में अस्पताल ले जाना पड़ा। शिष्टाचार वश उसने अपने रिश्तेदार का हाल-चाल पूछना अपना फर्ज़ समझा। जब उसने यह पता चला कि वह विज़वियर अस्पताल में भर्ती है तो एक दम से गोरी नर्स 'ऐन' की तस्वीर उसकी नज़रों में तैर गई। ऐन का नाम उसने उसके बैज पर पढ़ लिया था जो अकारण ही अभी तक उसके ज़हन में चिपका हुआ था।

मरीज़ का हाल पूछने की रस्म के बाद उसने ऐन को खोजना शुरू किया। वैसे ऐन उसे जल्दी ही मिल गई। ऐन ने उसे पहली नज़र में नहीं पहचाना, शायद इसलिये कि उसका तो अनेक चेहरों से रोज़ ही वास्ता पड़ता होगा। पर जब "हैलो" हुई तो ऐन मुस्करा पड़ी, उसे याद आ गया। वह बोली—

—"तू यहाँ कहाँ मिस्टर सिंह।"

—"मैं तेरा पीछा करता हुआ आ गया...मेरा खून ले कर तू कहाँ छिपेगी...?"

—"मैं कौन-सी अँग्रेज़ हूँ, जिन्हें खून पीने की आदत है...मैं तो आयरिश हूँ।"

ऐन की राजनीतिक पृष्ठभूमि सजग थी। आयरिश लोगों के मन में भी अँग्रेजों के प्रति 'ऐतिहासिक' ईर्ष्या है, हमारी तरह ही। उन पर भी उन्होंने बहुत जुल्म किये

थे और अभी भी कर रहे थे। आयरिश लोगों का स्वभाव पंजाबियों से काफी मिलता जुलता है...वे काफी बातें करते हुए निकट आ गये। अगली शाम को बाहर जाने का प्रोग्राम भी बन गया।

अैन का फ्लैट चाहे उसके घर से काफी दूर था, पर फिर भी वह घूम-घुमा कर पहुँच गया...। अैन जैसी सुंदर लड़की का साथ पाने के लिए इतना कष्ट उठाना तो बनता ही था। वह अैन को पास के एक इंडियन रेस्टोरेंट में ले गया। थोड़ी देर बाद ही बातों को वह रक्त-दान पर ले आया।

—अैन 'ओ' पोजेटिव कैसा ब्लड ग्रुप है?

—बहुत बढ़िया...तकरीबन हर प्रकार से ठीक बैठने वाला...।

—यह तो बहुत कम होता है...'ओ' पोज़ेटिव वाले बंदे की तो बहुत पूछ होती है...।

—देख मेरा भी 'ओ' पोज़ेटिव है।

—अैन ने कार्ड पकड़ा। एक नज़र में देख कर, उसे उल्टा कर के लौटाती हुई बोली—

—मुझे अफ़सोस है मि. सिंह, तेरा 'ओ' पोज़ेटिव किसी काम का नहीं... बिल्कुल फिजूल।

—क्यों?।

—क्योंकि थर्ड वर्ल्ड के लोगों का खून यहाँ इंसानों के शरीर के लिए प्रयोग में नहीं लाया जाता...यूरोप के किसी भी देश में इसका प्रयोग नहीं करते।

—पर क्यों?

—क्योंकि वे कहते हैं कि इनमें कई तरह की बीमारियाँ होती हैं।

—फिर क्या करते हैं?

—कभी-कभी दवाइयाँ या फिर कुछ और बना लेते हैं, नहीं तो गिरा देते हैं।

उसने अपना एक हाथ उल्टा किया और दूसरा अपनी उभरी हुई नीली नाड़ियों पर फेरा, जिनमें गर्म लहू बह रहा था, जिन पर 'काला लहू' होने का साज़िश भरा दोष लग रहा था...उसने दाँत पीसे और रक्त-दान पत्र को हाथ से मसल कर ऐश-ट्रे में फेंक दिया।

गुलबानो

वीना वर्मा
(2.10.1960)

पाकिस्तान की सरज़मीन। झेलम नदी के किनारे बसा शहर सराय आलमगीर। शहर के एक कोने में झेलम नदी के किनारे बनी सुरमईरंग की तीन मज़िला हवेली। इतनी सुरमई कि दूर से किसी पहाड़ का भ्रम हो जाय। हवेली की छत आसमान से हाथ मिलाती लगती। छत पर खड़ा आदमी पूरे शहर का नज़ारा कर सकता था और दूर तक झेलम के फैले हुए सौंदर्य को अपनी नंगी आँखों से देख सकता था।

इस घर की मालकिन ने कई बार इसी छत पर खड़े हो कर इस सौंदर्य को निहारा था। लेकिन उसके अपने सौंदर्य को सूर्य और पवन के अतिरिक्त शायद ही इस शहर में किसी ने देखा था। या फिर झेलम नदी उसकी हमराज़ थी। वह तकरीबन हर शाम छत पर आती छत के जालीदार बनेरे चाहे उसके कद जितने ऊँचे नहीं थे, लेकिन पर्दे का काम करते थे। वह नंगे पाँव बेनकाब होकर छत पर घूमती। उसके दूध से गोरे पाँव, जब मैली-सी छत के फर्श पर काली रात के सितारों के समान चमकते। धीरे-धीरे चलती हुई वह खुली चौड़ी छत पर चक्कर लगाती रहती जैसे धरती स्वयं अपनी परिक्रमा कर रही हो।

इस छत पर उसके जीवन का बहुत बड़ा हिस्सा यूँ ही घूमते हुए गुज़रा था। कभी उदास और कभी शान्त। अपने दिल में उठते हुए वात्याचक्र को लेकर वह छत पर आती। सामने झेलम में उठती हुई लहरों को देखती। झेलम नदी के साथ जैसे उसका हमसाये का सा रिश्ता था। वह और झेलम दोनों ही अपने भीतर उठते हुए तूफानों को साझा करते। कभी तो शांत हो कर नीचे उतरते और कभी दोनों मिल कर दुगने भड़कते। पिछले चालीस सालों से ऐसा ही हो रहा था।

पिछली जुमेरात उसके बेटे शमीर का इंग्लैंड से ख़त आया कि "अम्मी, आप हमारे पास आ जाओ। उस पुरानी इमारत को छोड़ दो। हम आपकी सेवा करेंगे। बच्चे आपको याद करते हैं। फ़िरदौस सलाम भेजती है...।" और भी पता नहीं क्या कुछ लिखा था। ख़त पढ़ कर उसने बनेरे पर रख दिया था। तेज़ हवा चली और ख़त उड़ता हुआ झेलम नदी में जा गिरा था। उसे यूँ लगा था कि जैसे किसी पेड़ से कोई सूखा

पत्ता झड़ कर दूर जा गिरा हो। ऐसे कितने ही सूखे पत्ते हवा के हवाले हो चुके थे। कइयों को वह खोलती और कई बंद के बंद चले जाते।

आज सवेरे जब शमीर का फोन आया, तो वह आधी नींद में थी। नौकर ने दरवाज़े पर दस्तक दी तो उसने बहाना बना दिया कि वह कह दे "अम्मी सो रही है, तबियत ठीक नहीं...।" बुजुर्ग नौकर फारुक पिछले पचास साल से इस हवेली में काम कर रहा था और वह बेग़म साहिबा का हुक्म बजाया, पर वह दोबारा सो न सकी। उस के ज़हन को परेशानियों ने घेर लिया था। सूखे ज़ख्म हरे हो गये थे। फिर किसी ने उसके ज़ख्मी दिल के तारों को छेड़ दिया था। फिर से कोई पुराना अफ़साना याद हो आया था। अफ़साना, जो हर समय उसके दिलो-दिमाग में घूमता रहता था। अफ़साना, जो उस पर गुज़रा था। अफ़साना जो उसकी हकीकत था और अफ़साना, जो वह खुद बन गई थी।

औरतों के अफ़साने बनने वैसे तो बड़े आसान होते हैं। औरत अगर दोबारा खिड़की में खड़ी हो जाय, तो अफ़साना बन जाता है। राह चलती के किस्से घड़े जाते हैं। जगह-जगह उसके लिए अफ़साना-निगार बैठे हुए हैं। पर उसने तो पूरे संसार से नाता तोड़ लिया था। अफ़साना भी ऐसा बना था कि कोई सुने तो फैसला न कर सके कि उसकी हालत पर हँसा जाय या आँसू बहाये जायें। उसे धिक्कारा जाय या उसकी तारीफ की जाय। लेकिन उसने लोगों की धिक्कार या तारीफ़ की परवाह ही कब की थी। खुद्दार, घमंडी और बुलंद। वह एक चट्टान की तरह थी, जिसके आस-पास से तूफान गुज़र जाते हैं पर उसका सिर नहीं झुकता। ताज़िंदगी वह ख़ामोश रही थी। किसी से कोई सरोकार नहीं रखा था। उसने अपने-आप को खुद में समेटा हुआ था। पिछले चालीस साल से वह इस हवेली में एक कैदी की तरह नज़रबंद थी। कैदी, जो जेल का मालिक भी हो। यह उम्र-कैद उसने खुद अपने आप को दी थी। एक बार जो वह हवेली में आयी तो दोबारा दहलीज़ पर कदम नहीं रखा था।

चालीस साल पहले वह किसी तूफ़ान सी आयी थी और हवेली की किले-सी दीवारों में समा गई थी। उस तूफ़ान में जो धूल—मिट्टी उड़ी थी, वह वक्त के साथ ख़त्म हो गई। बस कोई-कोई शख़्स था, उस ज़माने का, जो उसके अफ़साने को कभी छोड़ देता था। वर्ना अब वह एक बीत चुकी बात थी। पुराने लोग जा चुके थे और नये आ रहे थे। बूढ़े स्वर्ग सिधार चुके थे। युवक बूढ़े हो गये थे और बच्चे जवान। उसका राज अब इस हवेली की दीवारों में महफ़ूज़ था।

हवेली की दीवारें, जैसे उसकी सहेलियाँ हों, वह उन से बातें करती, पर इंसानों से आँख भी न मिलाती। जैसे पूरी आमदजात से उसे नफ़रत हो। दो शब्दों से ज़्यादा वह किसी से भी न बोलती। घर के नौकर-चाकर उसकी इस आदत से वाकिफ़ थे।

रिश्तेदारों से उसका कोई वास्ता न था। न वह कभी किसी के घर गई और न ही कोई उसके यहाँ आया। इश्क में वह अपना मायका छोड़ कर आ गई थी और ससुराल को उसने नफ़रत में छोड़ दिया था।

मुहब्बत और नफ़रत—इन दो रंगों में रंगी, वह दुनिया के हर तीसरे रंग से बेख़बर थी। नफ़रत का रंग उसकी ममता को भी खा गया था। उसने शमीर की किसी भी आवाज़ का जवाब नहीं दिया था। शमीर ने भी क्या किया था? अपनी ही माँ के जज़बात की परवाह न करते हुए बिक गया था। उन लोगों के पास, जिसका नाम लेना भी वह अपना अपमान समझती थी। वे लोग जिन्होंने फूल-सी 'गुलबानो' को काँटों के झाड़ पर फेंक दिया था।

"हाँ, फूल जैसी थी वह...। ताज़ा खिले गुलाब-सी! गुलाबी रंग और काबुल के अनार से सुर्ख़ गाल! शरबती आँखों में धारीदार सुरमा। नाज़ुक पत्तियों से होंठ। बोलती तो ऐसा लगता जैसे बुलबुल चहक रही हो। छः फुट लम्बी। कद ऐसा ऊँचा कि साधारण मर्द उसके आगे बौना लगता था। सुराही-सी गर्दन, गोरी गोल बाँहें और उनमें सतरंगी चूड़ियाँ। ज़ुल्फ़ों के स्याह छल्ले और छल्लों के बीच रोशन चेहरा। एक बलिश्त ऊँची छाती और संगमरमरी बदन। सौंदर्य की कोई मूर्ति थी वह। उड़ते हुए पक्षी उसे देख कर फड़फड़ा कर गिर पड़ते। आँधी-सी चढ़ी थी जवानी उस पर, जैसे अट्टक नदी में बाढ़ आ गई हो। सोलह साल में वह छब्बीस की लगती थी।

उसके अम्मी उसे छिपा-छिपा कर रखती, कहीं किसी की नज़र न लग जाय। उसके अब्बू उसे बेटों से ज़्यादा प्यार करते। चारों भाई उस पर जान देते थे। वह चारों से छोटी और सारे घर की रौनक थी। जितनी हसीन उतनी ज़हीन। अपने हाथों से कसीदे काढ़ती। सलमें-सितारों के सूट बनाती। माँ-बाप ने कभी उसकी कोई बात नहीं टाली थी। वह मुँह से बात बाद में निकालती, चीज़ पहले हाज़िर हो जाती। ज़मीदार नासिर हुसैन की इकलौती बेटी थी वह। अभी वह दस वर्ष की थी और उसके लिए रिश्ते आने शुरू हो गये थे। लेकिन उसकी अम्मी जैसे उसका ब्याह टालती जा रही थी।

"तेरे बिना हमारा दिल कैसे लगेगा बिटिया।" अम्मी उसके ब्याह की बात छिड़ते ही आँखें भर लेती।

वह इस सारी दुनियादारी से दूर अपनी सहेलियों में मस्त, बैठी कसीदे काढ़ती रहती। अमीरी और हुस्न—सोने पर सुहागा। अल्हड़ उम्र की बेगम, बेपरवाह और निडर। उम्र, जो खुद ही खुद से शरमाये। उम्र, जो चौबीसों घंटे शीशे के सामने खड़ी रहे। उम्र, जो जागते हुए भी ख़्वाब देखे, उम्र जो कस्तूरी-मृग सी अपनी ही महक पर मदमस्त हो। यही उम्र थी उसकी, जब वह अपनी सहेली के घर कड़कती दोपहर में कसीदा काढ़ने, डसी गई थी। उस पर मीठा-मीठा ज़हर चढ़ा हुआ था और उसे

हल्का-हल्का सरूर हो गया था।

रात को बिस्तर पर पड़ी, वह करवटें बदलती रही। पर वह हसीन चेहरा उसकी नींद उड़ा कर ले गया था। चेहरा जो, आफ़ताबी था। नज़र जो जादू थी और हुस्न जैसे टोना हो। ऐसे व्यक्ति ने हर देखने वाले के होश उड़ाने ही थे।

''फिरोज़...।'' उसके बंद होंठों ने कई बार उस जादूगर का नाम लिया, जिसने उसके मन का चैन चुरा लिया था।

फिरोज़ उसके पड़ोसियों का दामाद था। उसकी सहेली शकीला का शौहर और शकीला गुलबानो की पक्की सहेली थी। दोनों दाँत कटी सहेलियाँ थीं। शकीला की शादी के समय गुलबानो अपनी मौसी की बेटी की शादी में गई हुई थी। वह फिरोज़ को मिली नहीं थी। वह नहीं जानती थी कि कुदरत ने शकीला की झोली में इतना नायाब तोहफा बख़्शा था।

शकीला ने जब गुलबानो का फिरोज़ से परिचय कराया, तो दोनों को जैसे काठ मार गया। मुँह से कोई आवाज़ न निकली। आँखों में आँखें फँस गईं दोनों की। होंठ काँपे और 'अस्लामा लेकम' जीभ पर आकर रुक गया। फ़िरोज़ के होश उड़ने ही थे, गुलबानो पर भी तीर चल गया था। ''इतना खूबसूरत नौजवान...। जैसे कोई तस्वीर हो।'' गुलबानों से एक बलिश्त ऊँचा, एकदम गोरा रंग और फौलादी जिस्म। काली स्याह ज़ुल्फ माथे को चूमने की हसरत में झुक-झुक जाती थी। गुलबानो के दिल के कोरे और खाली फ्रेम में फ़िरोज़ की तस्वीर बस गई थी।

दूसरे दिन सबेरे गुलबानो अपनी छत पर बैठी बाल सुखा रही थी कि पास वाली छत से फायर करने की आवाज़ आई। वह घबरा कर खड़ी हो गई। फिरोज़ अपनी छत पर खड़ा आकाश में उड़ते पंछियों को निशाना बना रहा था। गुलबानों को देख कर वह रुक गया। फ़िरोज़ को सामने देख कर शरमा गई।

''निशाना नहीं लगता मेरा...।'' पक्षियों की दूर जाती हुई कतार को देख कर उसने कहा।

''फिर मैं क्या करूँ?'' गुलबानो चहकी।

''सिखा दे...।'' फ़िरोज़ मुस्कराया और गुलबानो पर कल वाला टोना चढ़ना फिर शुरू हो गया।

''मैं निशाने लगाने जानती हूँ...?'' मासूमियत से उसने पूछा।

''बहुत खूब...। जिसके लगे दूसरा पानी तक नहीं माँगता...।''

फ़िरोज़ का चेहरा जज़्बात की गरमी से लाल हो गया था।

''पर तू तो ज़िंदा है...।'' गुलबानो मुस्करायी।

''मरे जैसा ही हूँ...।'' फ़िरोज़ सच कह रहा था।

''शादीशुदा है, शर्म कर कुछ...।'' उसने शरारत से कहा, ''दिल के हाथों

मजबूर आदमी की परवाह नहीं करता।''

फ़िरोज़ उसकी छत के बनेरे के पास आ गया।

गुलबानो के नाक में पड़े हीरे के लौंग का लिश्कारा, सूर्य की किरणों के पड़ने से फ़िरोज़ की आँखों में चुभने लगा।

''मैं पूरी रात सो नहीं पाया। पता नहीं था कि तेरा दर्शन फिर होगा कि नहीं...। अल्लाह का शुक्र है, जो तेरे साथ दोबारा मुलाकात हो गई...कितनी हसीन है तू...।'' वह उसकी आँखों में देखता हुआ बोला।

''तू क्या कम है...?'' गुलबानो के होंठ काँपे।

वे दोनों आपस में बातें कर ही रहे थे कि नीचे से गुलबानो की अम्मी की आवाज़ आई।

''आयी अम्मी जी...।'' कहती हुई वह सीढ़ियों की तरफ भागी।

दूसरे दिन फ़िरोज़ भी अपने दिल को सँभालता हुआ शहर चला गया। कुछ समय बीत गया। शकीला अक्सर उसके साथ अपने पति की बातें करती। जब भी फ़िरोज़ का ज़िक्र छिड़ता, गुलबानो का दिल धड़कने लग जाता। वह भी बातों-बातों में फ़िरोज़ का पता करती रहती। फ़िरोज़ के साथ हुई उस अधूरी मुलाकात ने उसके अरमान जगा दिये थे। न कोई पाती न संदेसा। न तो ना और न ही हाँ। बड़ी मुश्किल हो गई थी। काश! वह एक बार फिर मिल जाय। उस नूरानी चेहरे को दोबारा देखने के लिए वह खुदा के आगे दुआ करती।

और खुदा ने उसकी जल्दी ही सुन ली। फ़िरोज़ एक दिन अचानक घोड़े पर बैठ कर आ गया। बहाना बनाया कि वह अपने दोस्त के साथ शिकार खेलने गया था। सोचा, वापसी पर ससुराल वालों से मिलता जाय। गुलबानो ने सुना, तो उसे जैसे मन की मुराद मिल गई हो। वह नया रेशमी गरारा-सूट पहन कर शकीला के घर आ गई।

शकीला के घर के लोग महमान नवाज़ी में लगे हुए थे। गुलबानो उसके लिए घर की ही लड़की थी। किसी को कोई शक न हुआ। फ़िरोज़ और गुलबानो ने जी भर कर आँखों की प्यास बुझाई पर कोई बात न हुई। दोनों ने ख़ामोश इकरार किये और शाम को दोनों गाँव के बाहर मस्जिद में मिले।

''मैं बड़े बहाने बना कर आया हूँ...।'' बहुत उदास हो गया था...।

उसने अपने आने का मकसद बताया।

मैं जानती हूँ...। तूने झूठ बोला है...। मैं भी...।'' गुलबानो से खुशी में कोई बात नहीं हो रही थी।

बड़ी देर तक वे ज़मीन पर ही बैठै बातें करते रहे। एक-दूसरे का हाथ पकड़े कसमें खाते, वादे करते रहे। न तो गुलबानो का घर जाने को जी करता था और न

ही फ़िरोज़ का। आखिर दोनों ने फ़िरोज़ की फूफी के यहाँ मिलने की स्कीम बनाई। फूफी नज़ीरां का शकीला के यहाँ आना-जाना नहीं था। बोलचाल तक बंद थी। फ़िरोज़ ने सोचा कि वह अपनी फूफी जान को अपने दिल की बात बतायेगा, तो वह उसका साथ देगी।

ऐसा ही हुआ। फूफी नज़ीरां बेग को जब फ़िरोज़ और गुलबानो के इश्क की बात पता चली, तो वह फूल कर कुप्पा हो गई। वह तो फ़िरोज़ के ससुराल को वैसे भी पसंद नहीं करती थी। अपनी नफरत का बदला लेने के लिए उसने फ़िरोज़ और गुलबानो के इश्क की आग को दोनों हाथों से पंखे झुला कर हवा दी।

गुलबानो और फ़िरोज़ चोरी-चोरी फूफी नज़ीरां के यहाँ मिलते पर इश्क-मुश्क तो छिपाये न छिपे। धीरे-धीरे फैलती हुई बात गुलबानो की अम्मी तक जा पहुँची। अम्मी ने अंदर बैठ कर गुलबानो को समझाया कि अगर उसके भाइयों को पता चल गया, तो उसे जान से मार देंगे, फिर फ़िरोज़ की ख़ैर नहीं। शादीशुदा आदमी के साथ उसके संबंध को स्वीकार नहीं करेंगे। फ़िरोज़ कुँवारा होता तो और बात थी।

गुलबानो फ़िरोज़ की फूफी नज़ीरां के पास जाकर रोयी। अभी तक फूफी के मन में मची हुई नफ़रत की आग को गुलबानो के आँसुओं ने बुझा दिया। उसे लड़की के साथ दिल से हमदर्दी हो गई थी।

''लड़की के साथ वफ़ा कर लड़के। अगर इस गरीब का हाथ पकड़ा है, तो पार उतार। नहीं तो अगली दरगाह में मुँह काला होगा।'' फूफी ने फ़िरोज़ को बुला कर समझाया।

दोनों में बड़ी देर तक बातचीत होती रही। फ़िरोज़ और गुलबानो ने ज़माने का मुकाबला करने के लिए घर से भागने की योजना बना ली।

''बदनाम हो जायेंगे...।'' गुलबानो ने डर कर कहा।

''मशहूर लोग ही बदनाम होते हैं, नहीं तो दुनिया में लोग भेड़ों की तरह चलते जाते हैं, कौन पूछता है...? फ़िरोज़ ने हँस कर जवाब दिया।

''जवानी की बदनामी ताउम्र पीछा नहीं छोड़ती। मेरी तौबा...जगह-जगह चर्चे होंगे।''

वह इतनी लम्बी उड़ान भरने से पहले अपने पर तोल रही थी।

''वह जवान ही क्या, जिसने इश्क नहीं किया और वह इश्क भी क्या जिसका चर्चा नहीं हुआ...।'' फ़िरोज़ ने उत्तर दिया।

''इसका मतलब यह हुआ कि तूने मुझे बदनाम करने का मन बना लिया है...'' गुलबानो उसके माथे पड़ी लट से खेलती हुई बोली।

''मैं तुझे अपने घर ले कर जाऊँगा, बाना...।'' ''एक बार तू अपना घर छोड़ कर मेरे साथ निकल गई, तो मेरे माता-पिता को मज़बूरन हमारी शादी करनी पड़ेगी।

फ़िरोज़ ने उसे समझाया।

“पर अगर वे न माने तो? गुलबानो इश्क में अंधी तो हो चुकी थी, पर उसका दिमाग अभी भी काम कर रहा था।

“क्यों नहीं मानेंगे? मेरे चचा जान ने चार शादियाँ की हैं। इस्लाम में चार शादियों की इजाज़त है।...तुझे भी वही हक मिलेंगे तो जो शकीला के पास है... फ़िरोज़ ने उसे तसल्ली दी।

और उस दिन अपनी किसी सहेली के घर कसीदा काढ़ने गयी गुलबानो वापिस नहीं आई। खुद को बुर्के में छिपा कर, वह फ़िरोज़ के घोड़े पर बैठ, अपने गाँव को अलविदा कह गई थी। यह सोच कर ही शीघ्र ही वह फ़िरोज़ की बेगम बन कर शान-शौकत से गाँव में वापिस आयेगी। वह गाँव, जो उसकी कुँवारी मुहब्बत को नाजायज़ बता रहा है, निकाह की मोहर लग जाने के बाद उसे आँखों पर बिठायेगा।

दोपहर ढल चुकी थी। फ़िरोज़ के साथ घोड़े पर बैठी गुलबानो कुम्हला गई थी। पूरी दोपहर उसने बुर्के में गर्मी सहते काटी थी। उसका प्यास के मारे गला सूख रहा था। फ़िरोज़ की पीठ से चिपकी जैसे वह हवा में उड़ रही थी। जैसे किसी ने मैदान मार लिया हो। उसका प्यार उसे मिल गया था। और अब क्या चाहिये था। जिसे महबूब मिल जाय, उसे खुदा की भी ज़रूरत नहीं होती। भूख प्यास तो क्या चीज़ है, वह तो अपने पिता की दौलत, इज़्जत और प्यार को भी भुला बैठी थी।

उसने एक बार भी नहीं सोचा था कि जवान बहन के घर से भाग जाने के बाद व गबरू जवान समाज में क्या मुँह दिखायेंगे। उसे तो बस फ़िरोज़ चाहिये था। हर कीमत पर। वह हर कुर्बानी दे कर सिर्फ़ अपना प्यार हासिल करना चाहती थी। और आज जग को ठुकरा के, शर्म-हया उतार कर वह फ़िरोज़ के साथ अपनी नयी मंज़िल की ओर बढ़ रही थी, जो बस अब थोड़ ही दूर थी।

झेलम नदी के साथ-साथ कई घंटे घोड़ा दौड़ाने के बाद, फ़िरोज़ एक पेड़ के नीचे रुका। पानी पीया और ठंडे पानी के छींटों से मुँह-हाथ धोया। फिर वह नदी के किनारे ही सिर के नीचे बाँह रखकर लेट गया।

शाम तैर रही थी। गुलबानो ने ज़मीन पर बैठ कर फ़िरोज़ का सिर अपनी गोदी में रख लिया।

“बानो...अगर इस समय तेरे भाई हमारा पीछा करते हुए आ जायें तो मेरी रायफल को तू कहीं पेड़ पर तो नहीं टाँग देगी...?” फ़िरोज़ ने मज़ाक से पूछा।

“तू कहाँ का आया मिर्ज़ा...? बानो ने मज़ाक का जवाब मज़ाक में दिया।

“और क्या, तू यों ही नहीं चल पड़ी मेरे साथ? अगर दस आदमी भी आ जायें तो एक को भी बच कर नहीं जाने दूँगा। टार्जन हूँ टार्जन...।” फ़िरोज़ ने अपनी फौलादी सीना उसके सामने खोल दिया।

"पता नहीं तू क्या है? पर मैं वह साहिबा नहीं, जिसने भाइयों के लिए यार के साथ दगा किया था। पहले खुद अपनी जान दूँगी, फिर कोई तुझे आँख उठा कर देख पायेगा।" गुलबानो भी सिर पर कफन बाँध कर घर से निकली थी। "पगली...। मेरे होते तू जान दे? इतना कच्चा मैं नहीं हूँ। ये डौले किस काम आयेंगे?" कहता हुआ फ़िरोज़ उठ बैठा। "इसी यकीन पर तो सब कुछ छोड़-छाड़ कर आ गई हूँ। वरना कच्चे घड़ों पर तैरने वाली कई डूब गईं इन नदियों में...।" बानो ने झेलम के पानी को दूर तक देखा।

दोनों बड़ी देर तक आने वाली ज़िंदगी के सुनहरी ख़्वाब देखते रहे।

रात उतर आयी थी। दूर, सराय आलमगीर के अंदर प्रकाश जगमगा उठा था। फ़िरोज़ और गुलबानो घोड़े पर बैठ कर अपने मुकाम की ओर बढ़े।

सरदार हाकम खान की हवेली में भूचाल आ गया था। फ़िरोज़ घोड़े पर गुलबानो को नहीं, बल्कि आग बिठा लाया था। हाकम ख़ान हाज़ी नमाज़ी आदमी था। पूरे भाईचारे में लोग उनका नाम बड़ी इज़्जत से लेते थे। कबीले के सरदार की तरह उसके रिश्तेदार अच्छे बुरे वक्त पर उनसे सलाह लेते थे। बेटे की इस हरकत ने उन्हें हिला कर रख दिया।

ड्योढ़ी में घुसते ही फ़िरोज़ का सामना अब्बा जान से हो गया था। नकाब में मुँह छिपाये गुलबानो किसी चोर की भाँति दबे पाँव, धीरे-धीरे उसके पीछे आ गयी थी।

हाकम ख़ान ने हैरान परेशान नज़रों से उस बुर्के वाली औरत की ओर देखा। फ़िरोज़ ने हिम्मत की और गुलबानो को पकड़ कर दीवान पर बिठा दिया।

"अब्बा हुज़ूर...। यह गुलबानो है...।" फ़िरोज़ ने पूरी ताकत जुटा कर कहा।

"कौन गुलबानो?" हाकम खान ने हैरानी से पूछा।

"मेरे ससुराल के गाँव की है। उनके पड़ोसी ज़मीदार नासिर हुसैन की बेटी...।" फ़िरोज़ ने जैसे अदालत में अर्ज़ी दी।

"यहाँ क्या करने आयी है?"...हाकम खान की हैरानी और ज़्यादा बढ़ रही थी।

"मेरे साथ आयी है अब्बा जान...।" डरते हुए फ़िरोज़ ने जवाब दिया।

"तेरे साथ क्यों आयी है...?" हाकम खान के लिए यह बात अभी भी पहेली थी।

"अब्बा जी, हम शादी करना चाहते हैं...। यह मेरे साथ घर से भाग कर आयी है...।" फ़िरोज़ को आखिर सच उगलना पड़ा।

"शादी...।" "यह घर से तेरे साथ भाग आई है? या अल्लाह!" हाकम खान न मुँह में उँगलियाँ डाल लीं।

फ़िरोज़ को अब बाकी कुछ भी बताने की ज़रूरत नहीं पड़ी थी। वे सारी बात

समझ गये थे। बुर्के में लिपटी लड़की। फ़िरोज के चेहरे का उड़ा हुआ रंग। कँधे पर पड़ी रायफल और बाहर खड़ा घोड़ा।

थोड़ी देर खामोशी रही। अदालत में फैसला सुनने के समय जैसी ख़ामोशी।

"अब्बा हुज़ूर...।" फ़िरोज़ ने कुछ कहना चाहा।

"ख़ामोश...! गुस्ताख़ लड़के।" हाकम खान किसी शेर की तरह गरजे और फ़िरोज़ तथा गुलबानो जंगली बाँस की तरह काँप गये।

"अब्बा हज़ूर...।" फ़िरोज़ ने फरियादी आवाज़ में कुछ कहना चाहा।

"ख़ामौश...बेग़ैरत...। अभी पिछले साल तेरी शादी हुई है। आज तू नयी औरत ले आया। वो पुरानी हो गई क्या...?" हाकम खान ने सवाल किया।

हम एक-दूसरे से मुहब्बत करते हैं अब्बा जान...। चचा जान नदीम खान ने चार शादियाँ की हैं...।" मुझे दो की इजाज़त दे दो...खुदा के वास्ते। इस्लाम में इजाज़त है...।" फ़िरोज़ को उम्मीद थी कि उसकी दूसरी ज़िदों की तरह वे यह भी मान लेंगे।

"बकवास बंद कर। कहाँ का आलम बन गया है तू? चचा नदीम तेरी तरह औरतों को उठा कर नहीं लाया था। उसकी हैसियत के कारण रिश्ते हुए थे। बेसहारा औरतों को सहारा और बराबर का अधिकार देने के लिए इस्लाम में चार शादियों की इजाज़त है। औरत को खिलौना बना कर खेलने के लिए नहीं। तेरी पहली बीवी में भला क्या कमी है? उसके अधिकारों पर मैं डाका नहीं पड़ने दूँगा।" हाकम खान ने आज तक कभी बेटे की बात नहीं टाली थी पर इतने ख़तरनाक हालात की उम्मीद उससे कभी नहीं थी।

"अब्बा जान, मैं दिल के हाथों मज़बूर हूँ...।" फ़िरोज़ ने प्यार की भीख माँगी।

"अपने हाथों से दिल को गोली मार दे जो हमारे खानदान की इ़ज्जत पर धब्बा है। इस आवारा लड़की को वापिस छोड़ कर आ, जहाँ से ले कर आया है...।" हाकम खान ने फैसला सुनाया।

गुलबानो डर कर खड़ी हो गई।

"यह आवारा नहीं है, अब्बाजान...।" ज़मीदार नासिर हुसैन की बेटी है, जो पाँच गाँवों के मालिक हैं...बहुत शरीफ़ खानदान है।" फ़िरोज को गुलबानो के बारे में कहे गये शब्दों पर दुःख हुआ था।

"शरीफ़ ख़ानदानों की लड़कियाँ ऐसे घर से नहीं भागा करतीं...मेरे घर में इसके लिए कोई जगह नहीं। बेग़ैरत...हया कर कुछ। तेरी बहनों पर क्या असर होगा तेरी इस करतूत का। कल को वे भी इसकी तरह मेरी पगड़ी को मिट्टी में मिला कर गैर-मर्दों के साथ भाग जायेंगी...छोड़ के आ इसे इसके घर। तीन ख़ानदानों में तू दुश्मनी डलवाने जा रहा है। अपने इश्क की ख़ातिर।" अब्बाजान को अपने ख़ानदान

की इज़्ज़त अपनी जान से भी प्यारी थी।

"अब्बा जान, यह वापिस नहीं जा सकती। इसके भाई इसे मार डालेंगे...रहम करो।" फ़िरोज़ ने हाथ जोड़े।

"अगर तू वापिस करने न गया तो मैं तुझे मार डालूँगा...।" हाकम खान ने सामने दीवार पर टँगी दोनाली बंदूक उतारी।

फ़िरोज़ की माँ पर्दे के पीछे से सब सुन रही थीं पर पति के डर के कारण सामने नहीं आ रही थी। हाकम खान के हाथ में बंदूक देख कर वह चीखती हुई बेटे के सामने आ गई।

"रहम करो मेरे बच्चे पर...। जवानी में गलती हो ही जाती है...। घर में सयाने बैठे हैं...उनसे सलाह करो...। अपने भाइयों को बुलाओ...बच्चों को क्यों जान से मारते हो...? फ़िरोज़ की माँ ने रोते हुए बेटे के प्राणों की भीख माँगी।

हाकम का क्रोध कुछ कम हुआ। माँ फ़िरोज़ को ले कर अंदर चली गई और ड्योढ़ी में खड़ी गुलबानो थरथर काँप रही थी। उसे ऐसे हालात की उम्मीद नहीं थी।

क्या कर बैठी वह...? जवानी के इश्क के नशे में वह फ़िरोज़ के पीछे चल पड़ी थी। उसने अपना अंजाम नहीं सोचा था। ख़्वाब में भी नहीं सोचा था कि हालात ऐसी करवट लेंगे।

हाकम खान ने नौकर भेजकर उसी समय कबीले के महत्वपूर्ण लोगों को बुला लिया। पंचायत जुड़ गई।

"मेरा बेटा फ़िरोज़ ख़ान ज़मीदार नासिर हुसैन की लड़की को भगा लाया है। बेग़ैरत ने खानदान की इज़्ज़त-आबरू मिट्टी में मिला कर रख दी। मैं चाहता हूँ, इस लड़की को इसके पिता के घर वापिस भेज दिया जाय, पर फ़िरोज़ कहता है, इसके भाई इसे मार डालेंगे...। आप फ़ैसला कीजिए, इस लड़की को वापिस कैसे भेजा जाय।" हाकम खाँ, जो आज तक लोगों के फैसले किया करता था, आज खुद मुज़रिम बन कर कटघरे में आ गया था।

काफी देर तक विचार-विमर्श होता रहा।

"फ़िरोज़ ख़ान ठीक कहता है। लड़की के भाई इसे मार डालेंगे। घर से भागी हुई लड़की को ज़माना माफ़ नहीं करता। कौन मर्द इसका हाथ थामेगा? वह किससे शादी कर सकेगी? घर से भाग कर अगर यह हमारे कबीले में आ गई है, तो इसे पनाह देना हमारा इख़लाकी फर्ज़ है। औरत है यह...कहाँ जायेगी? हमें इसका कुछ करना पड़ेगा।" पंचों ने अपनी राय दी।

बड़ी लम्बी बातचीत के बाद हाकिम खान के स्वर्गीय भाई नवाज़ खान के बेटे अमीर खान की बीवी पिछले साल बच्चे को जन्म देते स्वर्ग सिधार गई थी। इस समय वह नवाज़ ख़ान की सारी जायदाद और बजाजी की थोक दुकान का अकेला मालिक

था।

पंचायत में अमीर खान को गुलबानो और फ़िरोज़ की क़हानी सुनाई गयी और उसके सामने गुलबानो से निकाह करने की तज़बीन रखी गई।

अमीर खान जो ठहरे हुए स्वभाव और गंभीर प्रकृति का व्यक्ति था, अभी तक अपनी बीवी के गम को भूला नहीं था। लेकिन अकेले भी जीवन पहाड़-सा लगता है। पंचायत की बात को उसने ग़ौर से सुना।

"यह लड़की फ़िरोज़ के इश्क में अपने माँ-बाप को छोड़ कर आयी है। प्यार उसे करती है और उम्र भर करती रहेगी। शादी के बाद भी इनका इश्क चलता रहेगा। इसलिये मैं यह ख़तरा मोल नहीं ले सकता। बीवी तो मेरी हो और इश्क मेरे भाई से करे...। मुझे गवारा नहीं होगा...।" अमीर खान ने बिना किसी लाग-लपेट के दिल की बात कह दी। "यह तू हम पर छोड़ दे खान। तेरी बीवी तेरी ही होगी। किसी गैर की क्या मज़ाल, जो आँख उठा कर भी देख ली। हम फ़िरोज़ की टाँगें तोड़ देंगे—अगर उसने तेरी हवेली की ओर कदम भी उठाया। हमारे ख़ानदान की इज़्ज़त का सवाल है। यह कोई माज़ाक नहीं है। उस नादान आवारागर्द छोकरे ने जो मेरी पगड़ी उछाली है, तू उसे वापिस मेरे सिर पर रख दे बेटा...घर की बात घर में ही रह जाय, इसी में हम सब का भला है...।" हाकम खान ने अमीर खान के आगे हाथ जोड़े।

और फैसला हो गया। गुलबानो और अमीर खान की शादी का। दूसरे दिन सुबह ही दर्ज़ी बुला लिया गया—गुलबानो के निकाह का सूट सिलवाने के लिये।

गुलबानो को ड्योढ़ी से उठा कर अंदर एक अलग-थलग कमरे में बिठा दिया गया। जैसे वह उस घर का हिस्सा न हो। घर की कोई औरत उसे मिलने नहीं आई थी। बच्चे आते और उसकी ओर देख कर हँसते हुए चले जाते, जैसे वह कोई तमाशा हो। नौकर आ कर उसके सामने खाना रख गया था पर उसने खाने को हाथ भी न लगाया।

वह किसी बुत की तरह सुन्न-सी बैठी थी। निश्चल, स्थिर और बेज़ुबान। किसी ने भी आकर उसका हाल नहीं पूछा था। एक फतवे की तरह उसकी शादी का एलान हुआ था और वह सज़ाये-मौत सी चुपचाप सुनती रही थी।

ड्योढ़ी के साथ वाले कमरे में, पर्दे के पीछे बैठी वह पंचायत की सारी कार्यवाही सुनती रही थी। उसने किसी का चेहरा नहीं देखा था। पर लगता था, सभी के चेहरे और दिल एक जैसे थे। किसी एक ने भी फ़िरोज़ के साथ उसकी शादी की बात नहीं की थी। और फ़िरोज़, जो खुद को बड़ा सूरमा बताता था, किसी साये की तरह गायब हो गया था। उसने दोबारा न तो उसकी आवाज़ सुनी न ही शक्ल देखी। उसे इस कैदखाने में डाल कर न जाने वह कहाँ चला गया था। बुलबुल को पिंजरे में डाल कर शिकारी खुद गायब हो गया था।

गुलबानो का अमीर खान से निकाह हो गया। फ़िरोज़ की हवेली से वह किसी सामान की तरह अमीर की हवेली में आ गई। जैसे किसी की अर्थी उठी हो। न कोई शगुन, न शहनाई। ज़मींदार नासिर हुसैन की इकलौती लड़की, लाड़ली बेटी का निकाह ऐसे होगा, किसी ने कल्पना भी नहीं की थी।

गुलबानो ने न तो फ़िरोज़ की हवेली देखी थी और न ही आँख उठा कर अमीर के घर को देखा। घर में नौकर थे, जो बार-बार आकर उसे आदाब बजाते और खिदमत के लिए पूछते पर वह किसी मुर्दे की तरह बेजान, बिस्तर पर पड़ी थी। पिछली तीन रातों से सोई नहीं थी। आँखें पथरा गईं थीं। अपने साथ बीते हादसे ने उसके ज़हन को सुन्न कर दिया था।

अमीर खान ने कमरे में कदम रखा तो भी गुलबानो उठ कर नहीं बैठी। पंखा झलती नौकरानी ने रेशमी नकाब से गुलबानो का चेहरा ढक दिया और खुद बाहर चली गई।

अमीर धीर-धीरे कदम रखता पलंग की ओर बढ़ा। गुलबानो के चेहरे से नकाब उठाया और साँस लेना भूल गया।

"सुभान अल्लाह...।" उसे उम्मीद नहीं थी कि विवाहित फ़िरोज़ हुस्न की सरकार को ही लूट लाया होगा।

"तुझे देख कर तो फरिश्तों का भी ईमान डोल जाय...।" अमीर खान ने उस पर से पल्लू हटा दिया था।

गुलबानो ने आँखें उठा कर उसकी ओर देखा।

भद्दा चेहरा, साँवला रंग और मोटे होंठ, कनपटियों पर कहीं-कहीं सफेद बाल। कहाँ फ़िरोज़ और कहाँ अमीर। कहाँ खूबसूरत महबूब और कहाँ बदशक्ल शौहर। या मौला...। किसे दिल में बसाया और इबादत की और पल्ले कौन पड़ा। प्यार किसे किया और निकाह किस रंडुए के साथ...। किसके लिए दुनिया से बगावत की और हासिल क्या किया? गुलबानो से अपने अंदर उठते हुए तूफान सँभाले नहीं जा रहे थे।

अमीर खान कितनी देर तक अकेला ही बोलता रहा पर उसने कोई जवाब न दिया।

"गुलबदन...।" उसने उसे अपनी बाँहों में ले कर दबाया, फिर धीरे-धीरे उसके ज़ेवर उतारे पर वह एकटक छत की ओर देखती रही। कोई हरकत न हुई। किसी जज़्बात की परछाईं उसके चेहरे पर नहीं आई।

अब वह उसके खूबसूरत अंगों के साथ खेल रहा था और वह साँस रोके पड़ी थी। अमीर ने जब उसके रेशमी गरारे के नाले पर हाथ रखा तो गुलबानों को अचानक करंट-सा लगा।

"मुझे बाज़ार में नीलाम करने वाले फ़िरोज़ बंदे, तेरा कुछ न बचे...।" गुलबानो की कूक पुरी हवेली में गूँज गई। अमीर बिस्तर से उतर कर खड़ा हो गया।

"यह तू क्या कह रही है बेगम...?" अमीर को जैसे अपने कानों पर विश्वास न हुआ हो।

गुलबानो फूट-फूट कर रो पड़ी। पिछले तीन दिनों का थमा हुआ गम सैलाब-सा बह निकला था और वह आँसुओं में डूब गई। उठ कर बैठ गई और घुटनों में सिर दे कर सुबकने लगी।

अमीर थोड़ी देर तक खड़ा हालात समझने की कोशिश करता रहा। "तू गलत समझ रही है, गलबानो बेग़म। यह बाज़ार नहीं तेरा घर है। मैंने इस्लामी नुक्ता-ए-नज़र के साथ तेरे से निकाह किया है। अपनी बीवी कबूल किया है। इस हवेली की आबरू है तू...। पर अगर वापिस जाना चाहे, तो मैं तुझे मुक्त कर सकता हूँ...।" अमीर खान को पहले ही इस बात का डर था।

"अगर वापिस जा सकती, तो कुर्बानी का बकरा क्यों बनती...।" गुलबानो ने रोते हुए पूछा।

"कुर्बानी का बकरा नहीं है तू...। बेग़म अमीर ख़ान है... मुझे पता है तेरे अरमान टूटे हैं, तेरे साथ धोखा हुआ है पर हर मर्द फ़िरोज़ नहीं होता। तुझे अपने जीवन पर पूरा अधिकार है। तू एक मेहमान की तरह इस घर में रह सकती है। घर का हर व्यक्ति तेरा सम्मान करेगा...। मैं...मैं...मैं...गुस्ताख़ी के लिए शर्मिंदा हूँ...।" कह कर अमीर खान बाहर चला गया। और गुलबानो पूरी रात रोती रही।

दिन बीतने शुरू हो गये। गुलबानो की उदासी न टूटी। वह अपने कमरे से बाहर न निकलती। हार-सिंगार सब छोड़ दिया। फूल-सा चेहरा मुर्झा गया। जुल्फों के छल्ले ढीले हो गये। आँखें काजल को तरस गई। परियों जैसी शक्ल पर मायूसी छा गई। होंठ मुस्कराना भूल गये और बुलबुल ने चहकना छोड़ दिया। शोखी गायब हो गई और संजीदगी आ गई। दुःख और गम ने उसके चेहरे और जिस्म का मांस तराश दिया था, जैसे कोई संगतराश किसी बुत को निखारने के लिए उसका फालतू संगमरमर अपने औज़ारों से छील दे।

अमीर खान ने दोबारा उससे बात करने की कोशिश नहीं की। वह नौकरों से अपने काम करवाता। गुलबानो का ध्यान रखने की हिदायत देता और उसकी ज़रूरत की हर चीज़ वक्त से पहले हाज़िर करता। रेशमी सूट, ज़ेवर, मेवे और इत्र की शीशियों के ढेर लग जाते, पर गुलबानो आँख उठा कर भी न देखती। नौकर सब कुछ समझते पर हवेली की कोई बात बाहर नहीं गई थी। कोई नहीं जानता था कि इस चहारदीवारी के अंदर क्या कहानी चल रही है।

अमीर खान के स्वर्गीय पिता की सालाना बरसी थी। ख़तम शरीफ के मौके

पर हर साल उसके घर सभी रिश्तेदार इकट्ठे होते थे। इस साल भी तैयारियाँ होने लगी, तब गुलबानो को भी शामिल होने के लिए कहा गया।

"मैंने कुछ नहीं करना। वह कुत्ता भी यहाँ आयेगा। मैं उसके मुँह नहीं देखना चाहती, ज़लील कहीं का...।" गुलबानो ने पर्दे के पीछे खड़े अमीर खान को सुना कर नौकरानी को कहा।

अमीर खान ने बाप की बरसी न मनाने का फैसला कर लिया। रिश्तेदारों ने ताने मारे।

"औरत से दब गया है...।"

"इस घर में वही होगा, जो मालकिन चाहेगी...। अगर आप ने बरसी मनानी है... तो मैं बाहर प्रबंध कर देता हूँ।" अमीर खान ने अपने घर आये चाचे और ताऊ को नाराज़ करके वापिस भेज दिया।

इस घटना के बाद गुलबानो की खामोशी थोड़ी टूटी अब वह घर में नौकरानी से थोड़ी बहुत बात करने लगी। उससे अपने बालों में खुशबूदार तेल भी लगवाने लगी और कभी-कभी उसके साथ हवेली की ड्योढ़ी में बैठकर उसके बच्चों के साथ खेलने लग जाती।

अमीर खान से उसकी कोई बातचीत नहीं थी। न ज़ुबानी न कलामी। अमीर खान शाम को घर आता, तब वह अपने कमरे में चली जाती। खाना खाने के बाद वह ड्योढ़ी में बैठ जाता। बाहर से कोई मिलने आ जाता तो उससे बात करता, नहीं तो अँधेरे में ख़ामोश, आँखें मीचे कुर्सी पर बैठा रहता। उसने अपने मन की बात कभी किसी से नहीं की थी। कभी ज़ाहिर नहीं होने दिया था कि दूसरी बार उसके मुकद्दर ने उसके साथ दग़ा किया है।

कभी-कभी नौकरानी नादिरा के बच्चे अमीर खान के पास आ कर खेलते। वह बिठा लेता। उनके लिए उपहार लाता। बच्चे जितनी देर तक उसके पास होते, वह बच्चा बना रहता और उनके जाते ही उदासी की चादर ओढ़ लेट जाता।

रात के समय बच्चों को अपने माता-पिता के पास जाना ही होता। कब तक वह खिलौनों और मिठाइयों के सहारे उन्हें बाँध कर रख सकता था? अपने रिश्तेदारों से उसका नाता पूरी तरह टूट चुका था। अब वह बीमार रहने लगा था। ड्योढ़ी से उसके खाँसने की आवाज़ गुलबानो को अपने कमरे में सुनाई देती। कई बार वह पर्दे में से अमीर खान को ड्योढ़ी में बैठे हुए देखती। बढ़ी हुई दाढ़ी, वीरान आँखों के आसपास बढ़ते हुए स्याह घेरे और मोटे होठों पर जमती हुई खुश्की और पीला चेहरा।

एक दिन अमीर काम पर न गया। हकीम आता और दवाई देकर चला जाता। ऐसा पहली बार हुआ था। गुलबानो हैरान थी। नौकर ने बताया कि ख़ाँ साहब की तबियत ठीक नहीं है। हकीम ने आराम करने को कहा है। गुलबानो के अन्तर में

कहीं हलचल हुई। देर तक बैठी सोचती रही।

उस रात अमीर गर्म चादर ओढ़ कर छत पर घूम रहा था। नौकर फ़ारुक ने बावर्ची खाने से हक़ीम की दी हुई दवाई उबाली और प्याले में डाल कर ऊपर जाने ही लगा था कि गुलबानो ने उसके हाथ से प्याला पकड़ लिया।

''मैं ले कर जाती हूँ।'' नौकर को देखे बिना उसने कहा।

नौकर, जो उस घर के सभी भेद जानता था, गुलबानो की इस पेशकश पर हैरान हो गया।

''बहुत अच्छा बेग़म साहिबा...।'' उसने सिर झुका कर प्याला गुलबानो को दे दिया।

गुलबानो पहली बार हवेली की छत पर चढ़ी। जिस दिन से वह घर से निकली थी, आसमान कर रंग नहीं देखा था। तीन मंज़िली हवेली की सीढ़ियाँ चढ़ते उसकी साँस फूल गया।

खुली चौड़ी छत...किसी मैदान जैसी। चारों ओर जाली वाले बनेरे और ऊपर खुला आकाश। महीनों बाद उसने खुली हवा में साँस लिया। अमीर खान बनेरे के पास खड़ा झेलम के पानी को देख रहा था। गुलबानो की ओर उसकी पीठ थी। गुलबानो ने दवाई बनेरे पर रखी और कुछ देर तक सोचती रही। अमीर अभी भी उससे बेख़बर था।

''मैं आ गई हूँ ख़ान साहब...।'' गुलबानो की सुरीली आवाज़ किसी जलतरंग-सी उस वीराने में फैल गई।

अमीर ने हैरान होते हुए पीछे मुड़ कर देखा। उसे विश्वास ही न हुआ, वह जैसे कोई सपना देख रहा हो। सफेद लिबास में गुलबानो, बेपर्दा उसके सामने खड़ी थी। जैसे सफेद चादर बादलों में से कोई परी छत पर उतर आई हो या झेलम के उछलते हुए पानी की कोई लहर औरत की सूरत में उससे मुख़ातिब हो रही है। वह उसकी ओर देखता रह गया।

''मैं...मैं...आपकी दवा लेकर आई हूँ...खान साहब...।'' बनेरे से प्याला उठाती गुलबानो बोली। अमीर जैसे नींद से जागा।

''ओह!...आपको तकलीफ़ करने की क्या ज़रूरत थी। घर में नौकर हैं...।'' उसे हक़ीकत याद आई।

''मैं जानती हूँ...। पर आज आपको मेरी ज़रूरत है...।'' गुलबानो ने जवाब दिया, तो अमीर को अपने कानों पर विश्वास ही न हुआ।

''मेहरबानी...।'' कहते हुए उसने दवाई गुलबानो के हाथ से ले ली।

''खुदा करे, आप की सेहत जल्दी ठीक हो जाय...।'' गुलबानो ने दुआ माँगी।

''इंशा अल्लाह! आपने अपने कुँवारे हाथों से दवा पिलाई है, तो यह ज़रूर असर

करेगी...।'' अमीर ने जवाब दिया तो गुलबानो का चेहरा लाल हो गया।

दोनों थोड़ी देर तक ख़ामोश खड़े रहे। बड़ा शांत माहौल था। झेलम के पानी के अलावा कोई दूसरी आवाज़ नहीं आ रही थी।

''झेलम में तूफान आया हुआ है...।'' अमीर ने नदी को देखते हुए कहा।

''तूफ़ान तो इस हवेली में भी आया हुआ है...। मुझे डर लगता है कि यह कहीं मुझे दूसरी बार बहा कर न ले जाय...।'' गुलबानो ने पहली बार अमीर से आँखें मिलायीं।

''क्या मतलब...?'' अमीर घबरा गया।

''इस अँधेरे को खान साहब एक चिराग की ज़रूरत है...। इस हवेली को वारिस चाहिये...। यही आपके दुःख की दवा है...। हकीम की जड़ी-बूटियाँ कुछ नहीं करेंगी।'' गुलबानो ने केवल चेहरे का नहीं, बल्कि दिल का पर्दा भी हटा दिया था।

''गुलबानो''...अमीर ने उम्र जितना लंबा ठंडा साँस भरा।

''मैं औरत हूँ...। समझती हूँ सब कुछ...। जिस घर ने मुझे पनाह दी, उसके लिए मेरा कुछ फर्ज़ है, उसे मैं रोशनी दूँ...। औरत, पुरुष को केवल देह का सुख नहीं देती, उसे पिता का रुतबा भी प्रदान करती है...वर्ना ज़माना मर्द को नामर्द समझता है।'' अमीर को गुलबानो से इतनी गंभीर बातों की उम्मीद नहीं थी।

''इतना दिलेरी...।'' अमीर के मुँह से निकला।

''दिलेर औरतें दिलेर मर्दों को पसंद करती हैं, भगोड़ों को नहीं...।'' उसने नफ़रत से जवाब दिया।

अमीर को कोई उत्तर न सूझा।

''मेरी गुस्ताख़ियों को ख़ाँ साहब माफ कर दो...। मैं गुमराह हो गयी थी...आपको मैंने बड़ा दुःख दिया है। मैं आपकी गुनहगार हूँ।'' गुलबानो का गला भर आया था।

''पगली...। गुनहगार तू नहीं मैं हूँ। तेरे जज़्बातों को समझे बिना मैं किसी भूखे शेर की तरह तेरे गोश्त पर टूट पड़ा था।...तुझे क्या पता, मैं कितना शर्मिंदा हूँ...।'' अमीर सच में अंदर से भी शरमा रहा था।

''नहीं...। आप तो फ़रिश्ते हो...मैं बासी फूल हूँ...जो आप के काबिल नहीं। घर से भागी हुई...।'' गुलबानो की आँखों से आँसू बहने लगे।

''पगली...कोई भी फरिश्ता या फूल नहीं होता...। हम सब इंसान हैं...। अगर मेरी बहन या बेटी कोई ग़लती कर दे, तो क्या मैं उसे माफ नहीं करूँगा? बीवी है तू मेरी...। मेरी शरीके-हयात...इस हवेली की मालकिन।'' अमीर खान ने आगे बढ़ कर उसकी आँखें पोछीं।

''सिर्फ हवेली की...?'' गुलबानो सुबकते हुए रोने लगी।

"नहीं...। मेरे दिलो जान की भी..." अमीर के उदास चेहरे पर पहली बार मुस्कान आयी।

गुलबानो से अब अपना आप सँभाला नहीं जा रहा था। अमीर के व्यक्तित्व के सामने उसे अपना घमंड बड़ा तुच्छ लगा। एक बदसूरत मर्द के प्यार की गर्मी के सामने उसका वजूद पिघल गया और वह लड़खड़ा कर अमीर की बाँहों में चली गई।

अमीर बड़ी देर तक उसके बालों में हाथ फेरता रहा। धीरे-धीरे उसका सिर सहलाया तो गुलबानो को लगा जैसे बड़े अर्से के बाद उसने अब्बा का हाथ अपने सिर पर महसूस किया हो या अपने बड़े भाई के कंधे पर सिर रख कर रो रही हो।

अमीर खान ने उसे चुप न कराया।

वह चाहता था कि गुलबानो के दिल में जो नफ़रत का नासूर बन गया था, वह आँसुओं के रास्ते निकल जाय। गुलबानो बहुत देर तक रोती रही। थक गई, तो चुन्नी से अपना मुँह पोंछा। "गम न कर...। मेरे होते कोई तूफ़ान तुझे उड़ा कर नहीं ले जा सकेगा। इश्क हकीकी और इश्क मज़ाजी का फ़र्क तुझे मालूम नहीं है क्या...? अनजान है...। अमीर के अरमानों ने सिर उठाया।

"कौन-सा इश्क...? आप गले पड़ा ढोल बजा रहे हो...। एक मरे हुए रिश्ते को निभा रहे हो, जिसका कोई...।" गुलबानो ने अपनी बात पूरी नहीं की थी कि अमीर ने अपना हाथ उसके मुँह पर रख दिया।

"मरे हुओं के तो लोगों ने ताजमहल बनवाये हैं...प्यार की कोई सीमा नहीं होती गुलबानो...।" अमीर ने उसे अपने सीने से लगा लिया। वह कुछ न बोली।

"आज हमारा असली निकाह हुआ है, जब दो दिलों ने एक-दूसरे को कबूल किया है। अगर मन न माने तो यह निकाह नहीं ज़बरजिनाह होता है...।" तूने मुझे इस गुनाह से बचा लिया। अमीर ने अपना मुँह उसके साथ जोड़ा।

"उई अल्लाह!...।" वह सरपाई।

"क्या हुआ...?" अमीर भी घबरा गया।

"दाढ़ी चुभती है...।" गुलबानो ने अपनी कोमल गाल पर हाथ फेरा।

"दाढ़ी कटवा देते हैं...।" अमीर मुस्कराया।

"इस नाचीज़ के लिए दाढ़ी कटवाओगे...?" गुलबानो ने अदा से पूछा।

"इश्क में तो सिर कट जाते हैं, दाढ़ी तो मामूली चीज़ है...।" अमीर की हँसी रात के अँधेरे में दूर-दूर तक गूँजी। और इसी हँसी में चला गया दोनों के बीच का फ़ासला। दोनों एक दूजे से लिपटे, हँसते हुए सीढ़ियाँ उतरते गये।

अमीर खान की हवेली में फिर से बहार आ गयी थी। नौकरों-चाकरों के चेहरे भी खुश थे। घर की घुटन ख़त्म हो गई थी। पति-पत्नी के प्यार ने सूनी हवेली आबाद

कर दी थी।

वक्त गुज़रता गया। तीन सालों में गुलबानो ने तीन लड़कियों को जन्म दिया। नहीदा, फरीदा और वहीदा। दस साल बाद पैदा हुआ था शमीर। अमीर खान का बेटा शमीर खाँ। चाहे बेटियों के पैदा होने पर भी अमीर खान ने दावते दी थीं पर बेटे के जन्म पर जश्न मनाये गये। हवेली का वारिस पैदा हुआ था—लाखों की सम्पत्ति का मालिक।

गुलबानो अब पूरी तरह औरत बन गई थी। बच्चों की परवरिश और घर के काम-काज में उसे अपने बारे में सोचने की फुरसत नहीं थी। लड़कियों की शादियाँ हो गईं, वे अपने घर चली गईं।

शमीर अभी कॉलेज में ही पढ़ता था कि लम्बी बीमारी के बाद अमीर खान का स्वर्गवास हो गया। गुलबानो और शमीर अकेले रह गये—किले-सी बड़ी हवेली में। गुलबानो का इकलौता साथी, उसका मिज़ाजी खुदा इस दुनिया से चला गया था पर बच्चों की खातिर उसने खुद को सँभाला। बाहर की दुनिया के साथ उसका कोई वास्ता नहीं था। अमीर खान ने उसे कभी मजबूर नहीं किया था कि वह उसके नाते-रिश्तेदारों से मिले।

शमीर जब कानून की पढ़ाई करने लाहौर गया तो गुलबानो एक दम अकेली हो गई। उसे उदासियों ने फिर से घेर लिया। वह एक ही आस पर जी रही थी कि जल्दी ही पढ़ाई पूरी करके शमीर घर वापिस आ जायेगा। उसकी शादी होगी और सूनी हवेली फिर से आबाद हो जायेगी।

लेकिन शमीर पढ़ाई करने के साथ-साथ अपने जीवन का फैसला भी कर आया था। फ़िरोज़ खान की बेटी फ़िरदौस के साथ उसका इश्क हो गया था। वह उसी की कक्षा में पढ़ती थी। गुलबानो को पता चला, तो जैसे उस पर बिजली गिरी हो, लगा जैसे पैंतीस साल पहले गुज़रा हादसा फिर से सामने आ गया हो।

शमीर फ़िरदौस से निकाह करने का फैसला किये बैठा था। गुलबानो समझ नहीं पा रही थी कि जवान बेटे को इस अनहोनी से कैसे रोके।

"शमीर बेटा...। उस खानदान से हमारी बड़ी पुरानी दुश्मनी है।"

गुलबानो ने शमीर को समझाया।

"अम्मी, दुश्मनी को दोस्ती में बदल देना चाहिये।" शमीर ने माँ की बात काटी।

"तेरे अब्बू ज़िंदा होते तो उन्हें बड़ा दुःख होता कि तू ऐसे कारनामे को अंजाम दे रहा है...।

गुलबानो ने सख्त आवाज़ में शमीर को डाँटा।

"अम्मी, अब्बाजान तो बहुत खुश होते। वे तो इन्कलाबी इंसान थे। मैं तो

फ़िरोज़ अंकल की पढ़ी-लिखी बेटी से शादी कर रहा हूँ पर अब्बा जान ने उनकी ठुकराई हुई माशूका का हाथ पकड़ लिया था।" शमीर ने मज़ाक किया और गुलबानो का जैसे किसी ने सीना चीर दिया हो।

"शमीर...।" उसके होंठ थरथराये।

इसके बाद माँ-बेटे में कोई बात नहीं हुई। शमीर फ़िरदौस से शादी कर के विलायत चला गया। फ़िरोज़ की हवेली में ही उसकी शादी हुई थी। उसी हवेली में जहाँ पर गुलबानो को अपमानित करके निकाला गया था। गुलबानो और उसकी बेटियाँ शादी में शामिल नहीं हुईं।

इंग्लैंड जाने से पहले शमीर अपनी पत्नी के साथ उसे मिलने आया था पर उसने नौकर द्वारा कहलवा भेजा था कि बेगम साहिब की तबियत ठीक नहीं। उसने अपने इकलौते बेटे से भी नाता तोड़ लिया था। अँधेरी हवेली का चिराग और इकलौता वारिस, हवेली के दरवाज़े से ही लौटा दिया गया था।

उम्र बीत रही थी। गुलबानो के पास शमीर के कई पैगाम आये। माफियाँ माँगी गई। इंग्लैंड की टिकट, पौंडों के मनीआर्डर और बच्चों के प्यार के वास्ते दिये गये, पर उसने कोई जवाब न दिया। वह झेलम नदी के समान हो गई थी, जिसके बीच से तूफान गुज़रते थे पर किनारे नहीं हिलते थे। इस हवेली के समान मज़बूत बन गई थी वह, जिसकी छत पर खड़ी होकर वह आकाश से बातें करती थी और धरती के लोगों की उस तक कोई पहुँच नहीं थी।

कनाडा

हमराही

रविन्दर रवि

(8.3.1937)

हर बार वह लड़की इसी शहर में गुम होती है। यह शहर इस देश की राजधानी है, जहाँ बड़े-बड़े गिरजाघरों से लेकर चकलों तक सभी कारोबार चलता है। कई पेशावर हैं और कई पेशा करते हैं। मुज़रिम और डाकू यहाँ पर पूरी शिद्दत के साथ घात लगाते हैं और खुफ़िया पुलिस वाले अपनी। दोनों का काम जुर्म है, एक का जुर्म करना और दूसरे का जुर्म पकड़ना। एक के बिना दूसरे का अस्तित्व सँभव नहीं। कभी-कभी किसी बड़े दाँव पर ये दोनों आपस में मिल भी जाते हैं। मुज़रिम फरार हो जायें या पकड़े जायें या फाँसी के तख़्ते पर लटक जायें, यहाँ बात कभी रुकती नहीं, चलती ही रहती है। जैसे बात लड़की से जुर्म तक पहुँची है, उसी तरह जुर्म से बात फिर लड़की की ओर चल पड़ी है।

मुज़रिम, पागल और पैगम्बर—इन तीनों में थोड़ा-सा अंतर भी होता है। वैसे इनका आई. क्यू. एक ही होता है। एक की सोच नकारात्मक, दूसरे की अन्तर्मुखी और तीसरे की सकारात्मक होती है। तीनों खुद को धर्म की सीमा तक सहृदय मानते हैं।

"तो फिर तू मुजरिम हुआ?"

"तेरे प्यार का।"

"क्या फ़र्क पड़ता है, पैगम्बर बनने में थोड़ी-सी कसर बाकी है।" "और वह कसर मैं पूरी कर दूँगी, चल पलंग पर।"

"तू ठीक हो जा, कल ही तो इन्जैक्शन लगवाया है और वो कैप्सूल अभी दो दिन और खाने हैं। और फिर डॉक्टर...। डॉक्टर पागल है। जिसे कोई लिंग—रोग नहीं लगा, वह काम-भोग के आनंद के चरम को क्या जाने...।"

"तू फिर से पैगम्बर बन रही है और मैं फिर पागल...।"

"तेरे पागलपन से ही तो मुझे इश्क है। याद है पिछली बार डॉक्टर के मना करने पर भी हम रुके नहीं थे और तू खुद ही कहता था कि तेरा सारा पौरुष एक पल में सिकुड़ गया था और उस पल के बाद हम लगातार टीके लगवाते रहे थे।"

"हाँ सच है, वह पल कितना मस्त करने वाला था—जैसे जीवन की तार से टूट कर, पल-ही-पल किसी अदृश्य गति में बंध गई हो—अंदर-ही-अंदर एक केन्द्र के आसपास चक्र-सी बनी रही।"

"और उसके बाद कितनी देर तक तू और मैं नीम बेहोशी की हालत में पड़े रहे थे, एक-दूसरे के पास-पास। एक ही समय रोम-रोम से कुछ निकल रहा था और एक ही समय रोम-रोम में कुछ समाया हुआ प्रतीत हो रहा था। बेजान जिस्म, इस अगम्य खेल को अहसास द्वारा देख रहा था और फिर माहवारी...।"

"तू बात को फ़िर खून पर ले आया है।"

"मुझे ठीक होते हुए जख्मों को खरोचने की आदत जो हुई। कितना मज़ा आता है, इस अजीब तरह की लहर में—ज़ख्म को खुरचते हुए उसे खुरच देने को जी चाहता है। इस आनंद में नाखून, उँगलियाँ और ज़ख्म सभी लहू-लुहान हो जाते हैं।"

"और दर्द?"

"दर्द बिना मज़ा कैसा।"

"तू तो पागल है।"

"और तू पैगम्बर।"

ज़ेब्रा क्रासिंग से चकलों की ओर मुड़ते ही इस शहर को मैं एक सरसरी नज़र से देखता हूँ। हर बार वह लड़की इसी शहर में गुम होती है और हर मैं अपनी हर तलाश इसी शहर से शुरू करता हूँ, यह जानते हुए भी कि वह यहाँ नहीं मिलेगी।

"मेरा नाम 'हेलन' नहीं गति है। तू कार को पकड़ सकता है, रफ्तार को नहीं, देख आज मैं तेरे पास हूँ। अब तू भूत और भविष्य को भूल जा मेरे पैगम्बर, नहीं तो पागल हो जायेगा।"

"ना-ना-ना तुझे कई बार कहा है कि यह सब सवाल—'तू कितनी देर ठहरेगी'? दोबारा कब आयेगी? ना, ना, 'यहीं पर सारी उम्र बिता ले'—व्यर्थ हैं। सदियों से। सदियों से चर्वितचर्वण वाली भाषा तेरे मुँह से अच्छी नहीं लगती।"

"पर, अगर...।"

"पर, अगर शब्दों से न तो बात ख़त्म होती है और न ही शुरू यह तो बीच की अवस्था है—एक शर्तिया हालात है—ज़िंदगी शर्त नहीं, कर्म है—लगातार कर्म—और कर्म इस समय का क्षण है—अब का पल—तेरे हाल का पल—मेरे हाल का पल।"

कदम चल रहे हैं, तलाश जारी है। अगर तलाश मंज़िल या किसी चीज़ की होती है तो यह सफ़र कब का ख़त्म हो गया होता। ऐसे ही धूल-सी उड़ती है और कदम चल पड़ते हैं। जिन जगहों से हम कई बार निकल चुके हैं, वह जगह भी नयी-सी लगती है—हर बार एक नये रहस्य से भरपूर, जो अदृश्य है, उस पर नज़र

गड़ाते हैं और जो दिखता है उसमें से खोजते हुए गुज़र रहे हैं।

बात न तो घोड़े की है और न बादशाह की। घोड़े ने गिरना था, गिर गया, बादशाह ने बदलना था, बदल गया—बात तो घुड़-चाल के शासन की है। शासन जो आज घुड़-चाल नहीं। धीरे से, धीमी गति मे चलता हर जगह कु-शासन की ओर बढ़ रहा है। हर चीज़ खुद में ही कहीं अपना तोड़ होती है, फिर भी इस आत्म-विरोध में विचरते हुए कुछ जोड़ने को जी चाहता है। सीधी-सी बात है। सब ने मरना है, तो फिर जीते क्यों हैं? चलो सभी नींद की गोलियाँ खा कर सदा की नींद सो जायें। प्रश्न यह उठता है कि तब उस रहस्य का क्या होगा? कौन सफ़र करेगा? अगर सभी में से कोई एक भी जीता बच गया तो वही इस रहस्य का भेद पा जायेगा! नहीं-नहीं, मौत के बारे में यह सोच बेकार है। लेकिन जीवन बहुत अधिक बेज़ार है—मौत की चिंता किये बिना बेज़ार! आग फिर भी जल रही है, अँधेरे की फिर भी प्रधानता है। हर लकड़ी में आग होती है—देखने वाली आँख चाहिये।—हम यों ही बाहर भागते-फिरते हैं—आग के लिए माचिस की तलाश में। जब तक आग अंदर रहती है, लकड़ी का वजूद कायम रहता है। जब आग बाहर आ जाती है, तो लकड़ी जलावन बनकर जल जाती है, राख हो जाती है—पर आग...।

मेरी माँ आग थी, निरी जंगल की आग। अत्यंत सुन्दर, भर जवान देह, हर रात नया मर्द, हर दिन नया सूर्य। उसने कबीले के समस्त मर्दों के सूर्य को पकड़ रखा था। लोग कहते हैं—दिन उसे पूछ कर चढ़ता था, रात उसे बता कर आती थी। वह आग थी, एक झुग्गी में लगी, सारा गाँव जल उठा और वह एक झुग्गी में सदा के लिए बंद हो गई। एक के बाद एक—उसने सात बेटियाँ और छः बेटे पैदा किये, सम्हाले। खेतों में, उनका पेट भरने के लिए—जान मार कर काम किया। एक मर्द की वफ़ा उस आग को देह बना कर घिस दिया। अब वह झुकी हुई है—कमान-सी, फिर भी खेतों को गोडती बीजती है। उसके हम उम्र उसे देखने आते हैं, उसे चिढ़ाते हैं, तब कहती है—"इस राख के नीचे अब कोई चिंगारी नहीं बची, जो आपको गर्म कर सके।" तू भी मुझे देह बना कर भोगना और घिसना चाहता है, ताकि सारी उम्र भुगतनी-भुगतती मैं राख हो जाऊँ—ठंडी राख। दुनिया के ये सभी रिश्ते फ़िज़ूल हैं—पति-पत्नी, माता-पिता, बच्चे...। "मेरे बच्चे, मेरी पत्नी।"

"अरे हाँ, इस विदेशी ज़मीन पर तू अकेला की हड्डियाँ को गला रहा है, अपनी पत्नी और बच्चों को क्यों नहीं बुला लेता? तू चुप है पर तेरे भाल पर तेरा अपराध रेखाओं के रूप में उभर आया है। अगर तू शादी के बंधन में बँधा न होता तो तेरे भीतर की यह अपराध की यह भावना न जागती। इस रिश्ते के बंधन से तू दो विरोधी दिशाओं में खिंचता हुआ, भीतर-ही-भीतर, धीरे-धीरे टूटता हुआ, ख़त्म होता

हुआ मर रहा है, मेरे मुजरिम।''

''तेरे सम्पर्क ने मेरे भीतर की मुजरिम को जगा दिया है और उस मुजरिम ने पैगम्बर को। पैगम्बर तुझे पूछता है, अरी हेलन तेरे मन में किसी एक मर्द को पाने, उससे शादी करने की भावना नहीं जागती?''

''जागती है, पर शादी का--एक मर्द का संबंध—एक भावना है, पूरा जीवन तो नहीं। नहीं, नहीं मैंने यह जूआ नहीं खेलना। इसकी जीत है—राख और इसकी हार है—अग्नि। मैं अपनी अग्नि नहीं हार सकती। धरती से उठ कर मनुष्य चाँद पर पहुँच चुका है। मैं भी विवाह के इस संबंध से ऊपर उठ कर जीवन देखना चाहती हूँ—विशाल जीवन, जिसके हर पग पर एक रहस्य है। मैंने भी चाँद तारों की दुनिया देखनी है—दुनिया जो ब्रह्माण्ड जितनी विशाल है।''

''पर मैं तेरी अग्नि को सलामत रखने का वादा करता हूँ। खुद राख हो जाऊँगा, पर तेरी शमा जलती रहेगी।''

''और तेरे बच्चे, तेरी पत्नी—ये लाशें तेरे अंदर सड़ती रहेंगी बदबू मेरे अंदर जमा होती रहेगी।''

''तो फिर हमारा रिश्ता क्या हुआ?''

''तेरे और मेरे मन में दुनिया के हर स्थापित संबंध, रिश्ते और प्रबन्ध के ख़िलाफ एक विद्रोह-सा है। इन रिश्तों के चक्र-व्यूह में विचरते हुए हम उकता गये हैं। हम इनसे बोर हो गये हैं। देख, मैं तेरे सामने खड़ी हूँ, आग की लपट-सी, मेरे आबनूसी जिस्म से चिंनगारियाँ छूटती हैं। अभी तू मुझे जंगल की आग कह कर संबोधित करता है। मैं आग हूँ—मैं इस पल का सच हूँ। मुझे पाने के लिए भूत—भविष्य को छोड़ दे।''

''छोड़ दूँ?''

''हाँ, और फिर इस संबंध को एक पल की पवित्र वफ़ा तक सीमित कर दे। इस पल को चोरी का पल कह ले या दुनिया के स्थापित संबंधों से विद्रोह का पल—कोई फर्क नहीं पड़ता। समय-समय पर पल-पल बन कर मैं तेरे जीवन में पूरी सहृदयता के साथ इसी तरह घटती रहूँगी, पूरी शिद्दत के साथ, ऐसी शिद्दत जो मौजूदा समय में अलभ्य है।''

''पर मैं तुझे...।''

''पहले अच्छी तरह से सोच ले—नफ़रत करता है या प्यार?''

''दोनों ही—पर तू क्या है? न तो तू मेरी नफ़रत समझ सकी न प्यार।''

''नफ़रत और प्यार, दोनों मंज़िलें हैं, प्राप्तियों के या बंधनग्रस्त संकल्प है। मैं सफ़र हूँ—जो तय कर भी खो जाता है—मैं गति हूँ—तेरी नफ़रत, जो कभी मेरे लिए होती है और कभी दुनिया की हर सुन्दर चीज़ के लिए—मैं इन दोनों के बीच की

गति हूँ। तेरी नफ़रत और तेरे प्यार, तेरी बेइज़्ज़ती और तेरे सत्कार पूर्ण विचार, मैं तो वह हूँ—जिसे न तो तू छोड़ सकता है, न रख सकता है। मैं हूँ तेरी—हमराही। 'मेरी हमराही।''

कहता हुआ मैं चौक के बीचोबीच खड़ा होकर, दोनों ओर से भागते आ रहे ट्रैफिक की ओर देख कर अपनी तलाश का सफ़र जारी रखते हुए खुद से पूछता हूँ—''ये सभी किस ओर भागे जा रहे हैं? क्या इन्हें किसी हमराही की तलाश है?''

दो आसमान

मिनी ग्रेवाल

(13.1.1938)

"आज कैसे आना हुआ लक्ष्मीबाई?" बड़े खुशी भरे लहज़े में रामू ने पूछा।

झुग्गी के कोने में पड़ी इकलौती कुर्सी घसीट कर रामू ने लड़की को बैठने का इशारा किया। "क्या बात है, तुझे संदेसा नहीं मिला? राजू को मैंने सुबह ही भेजा था, तुझे बताने को, आज मैं तुझे मिलने घर आऊँगी।"

कुर्सी के पास खड़ी लक्ष्मी बोली।

रामू ने लक्ष्मी को बैठने के लिए फिर कहा। सन की चारपाई को हल्का-सा पीछे खिसका कर खुद वहाँ बैठ गया।

"संदेसा तो मिल गया था। तेरा पोता कोई भी काम नहीं भूलता। लड़का समझदार है।" रामू बोला।

"तेरा काम कैसा चल रहा है?" साड़ी के पल्लू से माथे का पसीना पोंछती लक्ष्मी बोली।

"लक्ष्मीबाई, काम भी ठीक है, मैं भी ठीक हूँ। जो दिन निकल जाय, बढ़िया है। काम करने को ज़रा भी जी नहीं चाहता। तू तो जानती है, जब से पारो...।" बोल रामू के गले में अटक गये।

"मैं जानती हूँ और तेरा दुःख समझती भी हूँ। तभी तो आज तेरे पास आई हूँ। मैंने तो पारो के मरने का तुझे अफसोस भी नहीं किया। जी भर कर अपनी सहेली को रोयी भी नहीं हूँ...।" बोलते-बोलते लक्ष्मी के आँसू बहने लगे। साड़ी का पल्लू लक्ष्मी के हाथ में था पर आँसू पोंछने का कोई यत्न नहीं कर रही थी। जब आँसू कुछ थमे तो बोली–"मैं तो पारो को रोने आयी हूँ। जिस कमरे में बैठ कर हम चाय पिया करती थीं, गप्पे मारा करती थीं पूरी दोपहर निकल जाती थी। आज वह कमरा देखने आयी हूँ रामू। चालीस साल का मेरा साथ छोड़ कर चली गई है, मैंने इस कमरे में पैर नहीं रखा।" लक्ष्मीबाई कुर्सी पर बुत बनी बैठी रही। आँखों से आँसुओं की धारें बहती रहीं। साड़ी का पल्लू पकड़े, उसके दोनों हाथ बेजान से गोदी में पड़े थे। रामू, सामने चारपाई पर सिर नीचा किये बैठा रहा।

कुछ देर बाद लक्ष्मी के बहते हुए आँसू कुछ थमे। पल्लू से मुँह पोंछा, सूजी हुई आँखों से आस-पास देखने लगी।

रामू को जब लगा कि अब लक्ष्मी दोबारा नहीं रोयेगी तो उसने पूछा—"लक्ष्मीबाई, तू चाय पीयेगी?"

"रामू, तू बनायेगा तो ज़रूर पियूँगी।" लक्ष्मी ने उत्तर दिया। "पारो के होते भी चाय मैं ही बनाता था।" कहता उठ वह चारपाई से उठ कर झोपड़ी के कोने में पड़ी मिट्टी के तेल वाला स्टोव को पम्प करके जलाने लगा।

पॉलिश उतरी लकड़ी की कुर्सी पर बैठी लक्ष्मी को वह दिन याद आया, जब पारो और वह अपनी झोपड़ियों के बाहर बैठी सुबह-शाम का खाना बनाने के समय स्टोव को पम्प मारतीं, दिन भर की बातें साझा करतीं और आते-जाते लोगों से हँसी मज़ाक करतीं। बड़ी सुबह जब झोपड़ी के बाहर की चार-एक गज जगह लीपती पोततीं तो दोनों सहेलियों के हँसी, मछुआरों की कॉलोनी के हर घर में सुनाई देती।

विशाल समुद्र के किनारे पर बसा मछुआरों का यह गाँव बड़ी छोटी झोपड़ियों का बना हुआ था। कम आबादी वाला साफ-सुथरा, झोंपड़ियों का यह गाँव, जिसके हर घर में तुलसी का पौधा लगा हुआ था, नारियल के पेड़ों के झुरमुट में छिपा हुआ था।

एक-एक झुग्गी में पूरा परिवार पल कर बड़ा हो जाता। लिपी-पुतीं ये झुग्गियाँ सफाई से चमकती रहतीं। झुग्गी के एक कोने में लकड़ी के शैल्फ़ पर सजा कर रखे गये बर्तन और दूसरे कोने में लोहे के कुछ बक्से।

परिवार के रोज़ पहनने के कपड़े, झोपड़ी के एक कोने से दूसरे कोने तक बंधी तार पर लटकते रहते। कई झोंपड़ियों के बाहर लकड़ी के कोयले वाली अँगीठियाँ धुआँ करती और कुछ में स्टोव जलाये जाते। किस के यहाँ क्या पक रहा है, पूरे गाँव को पता होता। बच्चे, इस गाँव में सभी के साँझे थे, जहाँ भी भूख लगती, जो मिलता खा लेते।

शादी होने के बाद, इस गाँव में आकर लक्ष्मी की हर सुबह रोशनी होने से पहले ही शुरू हो जाती। उठते ही वह घासलेट का स्टोव जलाती, चाय बनाती, सोये हुए अपने शराबी-कबाबी पति को जगाती। चाय पिला कर उसे सब्ज़ी-मंडी भेज देती।

झुग्गियों से थोड़ी दूर कुछ दुकानें हैं। इनमें से एक डिसपैन्सरी है, जहाँ सप्ताह में तीन दिन डॉक्टर आकर बैठता है। साथ ही किराने का स्टोर है। उसके आगे राशन-पानी की दुकान लक्ष्मी की है। पास से उसके साथ लगती दुकान पारो की है जहाँ ताज़ी मछली और झींगा बिकता है। सड़क के दूसरी ओर दर्ज़ी, नाई आदि की दुकानें हैं। अपने पति को सब्ज़ी-मंडी भेज कर लक्ष्मी अपनी दुकान पर पहुँच जाती। साफ-सफ़ाई करके दुकान चमका लेती। फिर दीवार पर टँगी देव-देवताओं की तस्वीरों

को अपनी साड़ी के पल्लू से पोंछती, उन्हें नमस्कार करती। अगरबत्ती जला कर आरती करती और बाद में ही दुकान का दरवाज़ा खोलती। स्टोर में पड़ी कुर्सी को दुकान के बढ़े हुए चबूतरे पर रखती और वहाँ उस पर बैठ जाती। उधर पारो भी अपनी दुकान के बाहर आ बैठती और दोनों का दिन हँसते हुए, गप्पें मारते निकल जाता।

इन झुग्गियों वाले गाँव के एक छोर समुद्र तक रेत ही रेत है। इस रेत के मैदान के शुरू होने से पहले, लकड़ी के बड़े-बड़े खम्भे बड़े गहरे और सीधे गड़े हुए थे। नौ फुट तक ऊँचा मोटी लकड़ियों का मंच-सा बना हुआ है। मंच के ऊपर उठती पतली लकड़ियों की लम्बाई में और लकड़ियाँ डाल कर उसे रस्सियों से बाँध दिया गया है। लकड़ी के जाल वाले खम्भों की ऐसी कई कतारें हैं। समुद्र से लायी ताज़ी मछली जब मछुआरे साफ कर लेते हैं, तब उन लकड़ियों के जाल पर उन्हें सुखाने के लिए टाँग देते हैं। मछलियाँ धूप में सूखतीं हैं और इन लकड़ियों की छाया में बैठे मछेरे अपने जालों की मरम्मत कर लेते हैं।

झुग्गियों वाले गाँव के दूसरी ओर नारियल के पेड़ हैं, जिन पर नारियल लटकते हैं। कमर के पास रस्सी बाँध कर, नंगे पाँव आदमी नारियल के टॉप तक पहुँच जाते हैं। लोहे की तीखी दरांती से नारियल काट-काट कर नीचें फेंकते हैं। पेंड़ों के पास घेरा डाले खड़े छोटे बच्चे खुशी में चीखते, गिरते, नारियल के पीछे भागते और उन्हें एक-एक करके उठाते एक ओर ढेर लगा देते हैं। इन बच्चों में खेलता लक्ष्मी का बेटा बिरजू भी था।

घर चलाने की ज़िम्मेदारी के साथ-साथ दुकान की ज़िम्मेदारी भी लक्ष्मी के कंधों पर थी। उसका आदमी कभी-कभार दुकान पर बैठता। अगर कभी बैठना पड़ता तो वह काम करने के बजाय दुकान के बाहर ही खड़ा रहता। जहाँ वह लक्ष्मी को दूर से आता देखता, तो ऐसा गायब होता कि सारा दिन मुँह न दिखाता। गाँव के किसी कोने में या पेड़ों की झुरमुट की छाया में बैठा पत्ते खेलता रहता।

सुबह के गहरे नीले अँधेरे में, जब आसमान पर चाँद और तारे गज़ब की चाँदनी बिछाये बैठे होते, उस समय हाथ में जलती हुई लालटेनें लिए गाँव के जवान आदमी अपनी नावों को समुद्र में उतार लेते। कड़कती दोपहर की धूप होती या बारिश का ठंडा पानी। ये जवान सुबह समुद्र में जाल फैलाये मछलियों की प्रतीक्षा में ख़ामोश बैठे रहते। उन रातों में धरती पर दो-दो आसमान उतर आते। ऊपर सितारों वाला आसमान चमकता और नीचे समुद्र की लहरों में लालटेन की बत्तियाँ तारों-सी टिमटिमाती। कई बार तो इन सितारों की महफ़िल कई रातों तक लगी रहती।

समय, बीता हुआ वर्ष बन कर गुज़र जाता। झुग्गियों के पास गुजरता और लोगों को आवाज़ लगाता। रेत में खेलने वाले, नारियल के पीछे भागने वाले चीखते

हुए बच्चे जवान हो गये थे। लक्ष्मी का बेटा बिरजू अब दो बच्चों का बाप था। लक्ष्मी का पति शराब को अपनी ज़िंदगी बेच चुका था। राशन-पानी की दुकान में लक्ष्मीबाई जब चाय-पानी का सामान भी रखती और रात के खाने के लिए झींगा, मछली और चावल आदि बेचने लग गई थी। अपनी ईमानदारी, बुद्धिमता और साफ-सुथरे ख्यालों के कारण उसने गाँव वालों का प्यार और एतबार जीत लिया था। उसकी दुकान पर लगे लकड़ी के पुराने बेंच और पॉलिश उतरी कुर्सियाँ हर शाम भरी रहतीं। भीड़ देख कर पारो आ जाती। कुछ देर लक्ष्मी की मदद कर जाती। लक्ष्मी लोगों को खाना परोसती, चाय-पानी देती, हँस-हँस कर बातें करती और ग्राहकों से उनके परिवार का हाल पूछती रहती।

एक शाम 'वह' उसकी दुकान में आया।

अधेड़ उम्र का लम्बा-ऊँचा अजनबी दरवाज़े पर खड़ा प्रकाश रोक रहा था। कुर्सी पर बैठी लक्ष्मी के दिल को झटका-सा लगा। एक पल के लिए जैसे दिल न धड़कने से इन्कार कर दिया हो।

"लक्ष्मीबाई, चाय गर्म है, ध्यान से पकड़ना।" कहते हुए रामू ने चाय वाला काँच का गिलास उसे पकड़ाया।

अपना गिलास लेकर रामू भी चारपाई पर बैठ गया। फूँके मार-मार कर चाय का घूँट भरते हुए रामू बोला–"आज आने को कोई ख़ास कारण है लक्ष्मीबाई?"

"तू जानता है रामू, पार्वती मुझे बहिन से भी ज़्यादा प्यारी थी। हमारा खाना-पीना, दुःख-सुख सभी साँझा था। वह तो चली गई पर मुझे बता कर नहीं गई कि मैं अपना दुःख किससे कहूँ, किससे दिल की बात साँझी करूँ। मेरा दिल भरा हुआ है। पारो मुझे बहुत याद आती है और मुझे उस पर गुस्सा भी बहुत है।" कहते-कहते लक्ष्मी ने अपना चेहरा साड़ी से ढक लिया।

"मैं जो तेरे लिए बैठा हूँ, तू मुझे बता।" रामू नहीं चाहता था कि लक्ष्मी फिर से रोने लगे। वह उसके आँसू नहीं देख सकता था "और उन्हें कैसे बताऊँ? क्या क्या बताऊँ?"

"बता कर तो देख। कोशिश तो कर। तेरा क्या ख्याल है कि तेरे दुःख-सुख मैंने पहले कभी नहीं सुने? पारो के रास्ते कभी बाँटे नहीं?" रामू की आँखों में समुद्र सी गहराई थी। आँखें नीचे किये लक्ष्मीबाई कुर्सी पर बैठी रही।

"क्या तू उस बारे में बात करना चाहती है?"

"उस बारे? कौन उस बारे?"

"वही, वो परदेसी जो हर शाम तेरी दुकान पर मछली खाने के बहाने घंटों बैठा रहता था?"

"तुझे कैसे पता? किसने बताया?" लक्ष्मी हैरान थी।

चोरी पकड़ी जाने पर जैसे बच्चा घबरा जाता है, वही हाल लक्ष्मी का था।

"मेरी भी आँखें हैं। मैं भी तो इसी गाँव में रहता हूँ, साथ वाली दुकान पर बैठता हूँ। सब जानता हूँ। यह भी पहचानता हूँ कि उस परदेसी ने आकर तेरी ज़िंदगी कैसे ऊपर-नीचे कर दी है। तू पहले वाली लक्ष्मी नहीं रही बाई।"

"और कौन-कौन जानता है गाँव में? तूने किसी के साथ कोई बात तो नहीं की?" दीवार की ओर देखते हुए लक्ष्मी ने पूछा। रामू ने जब जवाब न दिया तो लक्ष्मी फिर बोली–"जब से पारो चली गई है, मैं अपने दिल की बात किसी को नहीं बता सकी। किसे बताऊँ? लोग दोस्ती की हामी भर देते हैं। फिर आपकी पीठ पीछे, आप पर ही हँसते हैं और आपका मज़ाक उड़ाते हैं। इस दुनिया में सच्चे दोस्त मिलने गुश्किल हैं।"

"लक्ष्मीबाई, इस सीने में तेरी बातें सुरक्षित हैं।" अपने दिल पर हाथ रखता रामू बोला।

"मैं जानती हूँ, तू मेरी बात जुबान पर नहीं लायेगा, उस की गंध तक नहीं निकालेगा। फिर भी रामू तुझे कसम, अगर यह बात किसी तक पहुँची। अगर बिरजू ने मेरी ओर सवाल भरी नज़र भी उठाई तो मेरा मरन वहीं हो जायेगा। गाँव के लोगों के कान में पड़ी तो मैं कौन-सा मुँह लेकर दुकान पर बैठूँगी। लोग सोचेंगे यह सत्तावन साल की बुढ़िया के दिमाग को कौन-सा घुन खा गया। मेरी सिर में राख डालेंगे।" लक्ष्मीबाई ने रामू पर अपना एतबार जमाते हुए कहा।

"अपने बारे में ऐसा क्यों बोलती है लक्ष्मीबाई। लोगों की बात सोच कर कभी खुद को बुरा-भला नहीं कहते।" रामू को लक्ष्मी के सोचने का ढंग अच्छा नहीं लग रहा था।

"मैं तो अपनी शर्म की बात कर रही हूँ रामू। वैसे देखा जाय तो इस जग में प्यार करने का ठेका जैसे सिर्फ़ जवान लोगों ने ही लिया हुआ है। हमारी उम्र, यानी मेरी उम्र के लोग कहाँ जायें? मैं तो सोचती हूँ जैसे हवाओं की कोई हद नहीं होती, समुद्र के पानियों की कोई लकीर नहीं होती, वैसे ही प्यार के पाँवों को न तो उम्र और न ही मज़हब की कोई ज़ंजीर बाँध कर रख सकती है।" "मैं तेरी बात से सहमत हूँ। हर दिल को प्यार करने का हक है।" सिर हिलाते हुए रामू बोला।

अपनी सोचों को आगे बढ़ाती लक्ष्मी बोली–"यह तो तू ही सोच सकता है रामू पर लोग मेरी झुर्रियाँ देख कर थू-थू करेंगे। पर मैं तो अपनी झुर्रियाँ देख नहीं सकती, अपनी रूह के गहराई को जाँचने की कोशिश कर सकती हूँ। मैं यह जानती हूँ कि उसे देखने के लिए मेरी रूह कैसे तड़प उठती है।"

लक्ष्मीबाई की बातें सुन कर रामू की आँखों से उतर कर उदासी उसकी रूह को घेरने लग पड़ी थी। बातों का रुख पलटने के लिए उसने लक्ष्मी का खाली पड़ा

चाय का कप उठाया और स्टोव वाले कोने में पड़ी बाल्टी से पानी लेकर उसे धोने लगा। रामू की पीठ की ओर मुँह करके लक्ष्मी ने कहा—"रामू, तूने कहीं बाहर तो नहीं जाना?"

"नहीं, मेरी दोपहर खाली है, क्या बात है?"

"आज मैं आई हूँ तो तुझे सारी बातें बता देती हूँ। मेरे दिल का भार हल्का हो जायेगा। तभी तो पारो मुझे सुबह-शाम याद आती है।"

ठंडी साँस लेती हुई लक्ष्मी बोली—"हर शाम की तरह मैं अपनी दुकान चमका चुकी थी। रोटी का सामान, मछली, झींगा, पकोड़े आदि तैयार थे। कुर्सी खींच कर मैं बैठी ही थी जब वह मेरी दुकान का दरवाज़ा पार करके अंदर आया। अधेड़ उम्र, साँवला रंग, लम्बा-ऊँचा कद, रेत के रंग की लम्बे बालों को कस कर पीछे की ओर बाँधा हुआ था। टी-शर्ट और जीन्स पहने एक सुन्दर आदमी मेरे दरवाज़े पर आ खड़ा हुआ। पहली बार ही जब चश्में में से मेरी आँखों में आँखे डाल कर बात की तो मेरे दिल ने ऐसी डुबकी मारी कि वह (दिल) मेरे ही पैरों में जा गिरा। साड़ी का पल्लू सँभालती मैं अचानक हो उठ खड़ी हुई। टूटी-फूटी हिंदी में उसने खाने के लिए कुछ माँगा।

"मैंने उसे मछली और चावल परोस दिये, साथ में चम्मच भी रख दिया। अचार और तले हुए पापड़ भी अलग प्लेट में डाल कर रख दिये। खाना खाकर जब उसने पैसों के लिए पूछा तो मेरे गले से जैसे आवाज़ ही गुम हो चुकी थी।"

"उस शाम के बाद वह हर शाम आता, खाना खा के चला जाता। फिर वह कुछ जल्दी आने लग गया था। शाम को आकर चाय पीता, पकोड़े खाता, हँस-हँस कर बातें करता। आते-जाते गाँव के लोगों का हाल पूछता, पर बैठता वह सदा मेरे पास ही था। उसने अपनी कुर्सी कभी नहीं बदली, लोगों की टोली में कभी जा कर नहीं बैठा। उसके कारण मैं भी दुकान जल्दी खोलने लग गई। मेरे परिवार ने मुझे जतलाया भी पर मैंने किसी की परवाह नहीं की। अब तो मैं रोज़ नहा कर तैयार होती, अपने जूड़े में फूल लगाती और कुर्सी पर बैठ कर उसका इंतज़ार करती। वह भी हर शाम ठीक समय पर आ जाता।"

"तेरे बिरजू ने तुझे कुछ नहीं कहा?" लक्ष्मीबाई की कहानी में रामू भी ज़बरदस्ती जुड़ता जा रहा था।

"उसने क्या कहना था रामू। बेटों को कौन-सी फुरसत रहती है जो अपनी माँ की बातें जाने। वह तो मछली पकड़ने गया रहता और जब मछलियों से छुट्टी मिलती तो दारू-पत्तों में डूबा रहता।" बोलते-बोलते लक्ष्मीबाई चुप हो गई। उसकी नज़रें झोंपड़ी की दीवारें पार करके किसी दूसरी दुनिया में गुम हो गईं थीं।

"लक्ष्मी, अपनी कहानी जारी रख, फिर क्या हुआ? तूने उससे उस का नाम

और ठिकाना पूछा? किस देश से आया था?'' रामू बोला।

''मैं भला कैसे उसे यह सवाल पूछ सकती थी। वह खाना खाने आता था, मुझे हिसाब देने नहीं। सवाल चाहे मेरी जुबान पर आये रहते थे मैंने मुँह से कभी नहीं निकाले। मैं तो उसे बस एक ही सवाल पूछना चाहती थी।''

''कौन-सा सवाल?''

''यही पूछना चाहती थी कि वह शादीशुदा है क्या? उसके बीवी बच्चे कहाँ हैं?''

''फिर पूछा तूने?'' रामू की आँखों में एक उम्मीद जागी।

''मेरे से पूछा ही न गया, वह क्या सोचता?''

''उसकी उम्र पूछी?''

''नहीं, पर मेरा विचार है वह पचास के ऊपर ज़रूर होगा।''

''यह अंदाज़ा तूने कैसे लगाया?''

''आँखों के कोरों पर जो उम्र के जाले बिछे होते हैं, होठों के कोनों पर उनके आस-पास जो लकीरें पड़ी होती हैं, मैंने उनसे अन्दाज़ा लगाया। उम्र में वह मुझ से छोटा है।''

''फिर क्या? पाँच सालों को कोई फर्क नहीं होता। पारो भी मुझ से तीन साल बड़ी थी। उम्र में थोड़ी बड़ी औरत सयानी होती है, पागलपन नहीं दिखाती...।''

अपने दिल के दर्द को पीली-सी एक मुस्कान से ढकते हुए रामू ने कहा—''तो लक्ष्मीबाई, उस परदेसी से इश्क कर बैठी?''

''रामू, तू इसे इश्क कह या प्यार कह। मेरे दिल का ऐसा हाल पहले कभी नहीं हुआ। आज अगर मैं मर भी जाऊँ तो कोई दुःख नहीं रहेगा। मैंने प्यार और प्यार के दर्द को महसूस कर लिया है। बिरजू के बाप से शादी करके जब मैं इस गाँव में आयी थी तब मैं जवान थी। गली मोहल्ले के लड़के सीटियाँ मारते थे। साथ वाले गाँव से आये मछुआरे तरसी हुई नज़रों से झाँकते थे, तू भी उन दिनों जवान लड़का था। इस गाँव में मुझे देखा ही होगा। मेरा दिल इस तरह से पहले कभी धड़कना बंद नहीं हुआ।''

''मुझे याद हैं वे दिन। सीटियाँ तो मैंने भी बहुत मारी थी...।'' कहते हुए रामू ने नज़रें नीची कर लीं। ''मेरा आदमी मुझ से पन्द्रह बरस बड़ा था। बच्चों की तरह उसका जब जी करता झिड़क देता था, ज़्यादा गुस्सा आता तो पीट भी देता, पर रात को किसी चोर की तरह मेरे बिस्तर में आ घुसता था। सारा समाज हम लड़कियों को ही हमारे फर्ज़ समझाता नहीं थकता, जैसे औरतें ही फर्ज़ की पुतलियाँ हों। पुरुष का फर्ज़ से कोई वास्ता ही नहीं होता। दुनिया ही एक प्यार का रिश्ता है, पर प्यार की बात कोई नहीं करता। ''

"प्यार की बातें रामू, हिन्दी फिल्मों में ही देखीं हैं। लड़का-लड़की प्यार करते हैं, प्यार के गाने गाते फिरते हैं पर अंत में होता क्या है? सारी उम्र साथ रहने के वादे करते हैं पर इन कहानियों में सच कहाँ होता है। ख़ानदान की इज़्ज़त बचाने के लिये, लड़की हमेशा अपनी कुर्बानी देती है। यह सज़ा लड़की की आहुति से ही पूरी होती है—माँ-बाप क्यों नहीं दो कदम पीछे हट सकते, मैं यह पूछती हूँ। मेरी उम्र के सत्तावन साल फर्ज़ की काली चादर में लिपटे फाँसी चढ़ गये। मेरी जवानी फ़र्ज ही गर्म करता रहा—मेरा परिवार भी एक फर्ज़ के पेड़ तले पल कर बड़ा हुआ है।"

समुद्र के पानी से होता हुआ हवा का एक ठंडा झोंका झोंपड़ी की लिपी-पुती दीवारों से होता हुआ अंदर आया। लक्ष्मी ने साड़ी के पल्ले को अच्छी तरह लपेट लिया। ढीली-सी सनकी चारपाई पर बैठा रामू चुप था।

"लक्ष्मीबाई, तूने उस परदेसी से कुछ तो पूछा होगा?" झोंपड़ी में वक्त ठहर सा गया था, खो गया था, उसे समय की चादर को झाड़ते हुए रामू ने पूछा—

"हाँ, पूछा था। उसका नाम टॉम है और वह अमरीका से आया था।"

"लक्ष्मीबाई, अगर वह अमरीका से आया था तो उसने तेरे दिल की बातें समझ ली होंगी? वहाँ के लोग चतुर होते हैं।" रामू थोड़ा हँसने की कोशिश कर रहा था।

"कैसी उल्टी बातें करता है रामू? जैसे तू मेरे दिल की बातें समझ सका था? तू कम सयाना थोड़े ही है?"

"फिर भी बाहर से आये लोग ज़्यादा चुस्त होते हैं।"

"टॉम ने यही बताया था कि वह बीस सालों के बाद हिन्दुस्तान आया है। अपने बचपन की गलियों में दोबारा घूमना चाहता था। दोस्तों को मिलना चाहता था। वैसे उसका परिवार अमरीका के अलग-अलग शहरों में बसा हुआ है।"

"लक्ष्मीबाई, तूने और क्या पूछा?"

"मैंने उससे उसकी शादी के बारे में पूछा था। नहीं, उसने कभी ब्याह नहीं कराया। कहता था एक अमरीकन लड़की से उसे बहुत प्यार था। वह लड़की भी उस पर जान देती थी। एक कार ऐक्सीडेंट में दोनों जख़्मी हो गये। इसकी चोटें मामूली थीं पर वह लड़की बुरी तरह ज़ख्मी हुई थी। महीनों तक अस्पताल में उसका इलाज चलता रहा। उसके कई ऑपरेशन हुए पर वह बच न सकी। एक दिन जब उसका हाथ अपने हाथ में पकड़े टॉमस उसे धीरज बँधा रहा था तो टॉमस के देखते-देखते ही उसकी मृत्यु हो गई। उसी पल टॉमस ने ताउम्र अकेले रहने का वादा खुद से कर लिया। माता-पिता ने भी कुछ नहीं कहा। उस समय तो टॉमस दुनिया को त्याग कर साधु बनने की भी सोच बैठा था।"

"देख ले रामू, ज़िंदगी हर रंग में डाँवांडोल होती चलती जाती है। बहारों का मौसम हो या फिर पतझड़ का उसे किसी का लिहाज़ नहीं। वह सुन्दर आदमी अब

अकेला घूमता फिरता है। अपनी बस्ती और आस-पास की बस्ती की लड़कियाँ उस पर कैसी मरती फिरती हैं।''

''हाँ मैं अपनी आँखों से रोज़ तमाशा देखता था। तेरा टॉमस तो जैसे शहद का कटोरा था। उसके आस-पास लड़कियाँ भँवरों की तरह मँडराती रहती थीं।''

अपने हाथों को सीधा, फिर उल्टा कर के लक्ष्मी देख रही थी। पोंछे लगाते-लगाते उसके हाथ खुरदुरे और फट चुके थे। बर्तन माँजते रहने से नाखून काले और टूटे हुए थे। काली नीली नाड़ियों ने हाथ के उल्टी ओर नक्शे उभार दिये थे। लक्ष्मी ने अपने हाथ साड़ी के पल्लू में छिपा लिए और ख़ामोश नज़रों से रामू को देखने लगी।

''क्या देख रही है लक्ष्मीबाई? क्या हाथ दुःखते हैं?'' लक्ष्मी को चुप देख कर रामू ने पूछा।

''कुछ नहीं रामू। अपने हाथों को देख रही हूँ।'' साड़ी में से अपने हाथ निकाल कर रामू को दिखाते हुए बोली–''देख मेरे हाथों की नाड़ियाँ, कैसे ढिंढोरा पीट रही हैं कि यह एक कामगर के हाथ हैं, ये हाथ बूढ़े हो चुके हैं, इन हाथों से जवानी कब की गुज़र चुकी है। ऐसे ही मेरे चेहरे की झुर्रियाँ बोलती होंगी।''

एक हल्की-सी मुस्कान लक्ष्मी के चेहरे पर फैल गई। कुछ याद करके जैसे आँखें भी हँस पड़ी। रामू से कहने लगी–''एक शाम बैठा हुआ वह बर्फों की बातें कर रहा था। महीनों तक फैली अँधेरी रातों और सोये हुए ठंडे सूरज की बातें कर रहा था। जब अचानक उसने पूछा कि क्या मैं जानती हूँ कि कैनेडा देश कहाँ है?'' मैंने जवाब दिया कि अपने कश्मीर से आगे जा कर है। मेरी बात सुन कर वह ज़ोर ज़ोर से हँसने लगा। उसका ऐसा हँसना मुझे बहुत बुरा लगा और मैं खीझ कर बोली कि हमारे कश्मीर में भी बर्फ़ पड़ती है। कैनेडा में भी बर्फ़ पड़ती है तो दोनों एक-दूजे के पड़ोसी ही हुए। कितनी देर तक उसके चेहरे पर फैली मुस्कराहट देख कर मेरा दिल मचलता रहा। उसके चेहरे को छूने के लिए मेरी उँगलियाँ काँपती रही।''

''अगर इतनी बात थी तो सामने बैठे को अपने दिल का हाल बता देती।''

''लो, ऐसी ही बता देती। वो अगर मुझे पागल कह देता तो। भला मैंने अपनी हँसी उड़वानी थी। मैं कोई अल्हड़ लड़की तो हूँ नहीं जो उसके गले में बाँहें डाल देती।''

''कुछ कह देती, कोई इशारा ही कर देती।''

''वह मेरी आँखों के आगे बैठा रहता था, इतना ही काफी था। जब वह सामने होता तो मैं कुछ कह न पाती। प्यार की लहरों में मेरे बोल खो जाते।'' लक्ष्मी अपनी धुन में बोले जा रही थी। नज़रें उठा, उसने रामू को देखा भी नहीं। आँखें नीची किये बैठा रामू उसकी बातें सुने जा रहा था। उसके चेहरे का रंग कभी पीला हो जाता, कभी टमाटर-सा लाल हो जाता।

लक्ष्मी ने अपनी कहानी फिर से आगे बढ़ाई—"एक शाम मैं समुद्र के किनारे बैठी थी, जब वह आकर मेरे पास ही रेत पर बैठ गया। चंदा की चाँदनी में हम बड़ी देर तक चुप-चाप बैठे रहे। समुद्र की लहरों पर चाँदनी चाँदी की तरह चमक रही थी। साड़ी का पल्लू मेरे कंधों से सरक गया था। ठीक करने लगी तो मेरा हाथ उसकी बाँह को छू गया। उसके तन के स्पर्श से मेरी नसों में खून की जगह पारा दौड़ने लगा। लेकिन उसने मुझे हाथ लगाने की कोशिश नहीं की। हाँ, एक बार दुकान में उसने हाथ मेरे हाथ पर ज़रूर रख दिया था।" बातों का अंदाज़ भी उसका अपना ही था। आँखों में आँखें डाल कर ही बात करता था। उसकी आँखें जैसे हर समय हँसती ही रहती थीं। जब वे मेरी आँखों में झाँकती थीं, मेरा तन पानी बन जाता। वह तो बहुत सारे सवाल पूछा करता था। एक दिन तो मैंने डाँट ही दिया।

"क्या पूछता था वह तुझे?"

"यही, कि मैं कितनी क्लास तक पढ़ी हूँ? शादी क्या माता-पिता की मर्ज़ी से हुई थी? क्या मैं खुश थी? आदमी कैसा था? अब आदमी के बिना क्या करूँगी? भविष्य के बारे में सोचा है? आदि।"

"तूने क्या कहा?"

मैंने पूछा, "भविष्य, कैसा भविष्य," कहता "तेरा भविष्य।"

मैंने कहा—"मेरी तो उम्र ख़त्म हो गई है, अब भविष्य के बारे में सोच कर क्या करना?"

"कहता, उम्र ख़त्म नहीं होती, जब तक हम मर न जायें। देखले रामू, प्यार तो जवानी का पौधा है, बुढ़ापा तो इस पौधे की लकड़ी काट कर जला लेता है, सेक लेता है।"

"मेरे हाथ की पकायी मच्छी उसे बड़ी पसंद थी। जब तक वह खाना न खा लेता, मैं किसी को भी पतीले को हाथ न लगाने देती। उसके जाने के बाद भी मेरा वही हाल है।"

"मच्छी को हाथ लगाना तो एक तरफ लक्ष्मीबाई, उन दिनों तू दुकान में किसी का पैर रखना भी पसंद नहीं करती थी। दुकान में जब तुम दोनों अकेले बैठे होते, तो दरवाज़े के बाहर बिजली के करंट का पहरा होता था। गल्ती से अगर कोई उस करंट के बिछे जाल में पैर रख देता तो ज़रूर जल कर भस्म हो जाता।"

खुले हुए दरवाज़े से बाहर देखती हुई लक्ष्मी बोली—"मैं चलूँ रामू। बातें करते वक्त का पता ही न चला। दुकान पर जाने का वक्त हो गया है।"

"दुकान ही तो खोलनी है, खोल लेना। पाँच मिनट और बैठ जा। कहे तो चाय का एक कप और बनाऊँ?" लक्ष्मी को कुछ देर और रोकने को लिए रामू बोला।

"चाय रहने दे। कहाँ स्टोव जलाता फिरेगा? मैं पाँच मिनट ठहर जाती हूँ।"

लक्ष्मी को जाने की कोई जल्दी नहीं लग रही थी। उसके दिल की चोटें अभी ख़त्म नहीं हुई थी। रामू को देखते हुए वह बोली—"जब वह मेरे सामने बैठा होता था, तब मैं उससे कुछ भी नहीं पूछ सकी पर अब ज़रूर पूछना चाहती हूँ। मैं पूछना चाहती हूँ कि प्यार की इस खामोश आग में जैसे मैं जलती हूँ क्या वह भी ऐसे ही तपता है? अचानक मेरा नाम लेने से क्या उसकी साँस भी रुक जाती है? बिजली बन कर जब उसकी याद मेरे दिल की गहराइयों को रोशन कर देती है, क्या उसका ताप उस तक पहुँच जाता है? सच समझना रामू, उसका नाम लेकर रोने को जी चाहता है।"

बोलते-बोलते लक्ष्मी चुप हो गई। रामू तो जैसे एक बुत-सा बन गया हो। लक्ष्मी के दिल की हालत सुन कर हैरान हो गया था, उसकी भावनाओं के भार तले दब गया था।

"जाने से पहले मैं एक बात तुझसे पूछना चाहती हूँ रामू! शायद तू ठीक जवाब जानता हो। कई बार रात को चारपाई पर पड़ी ऊपर फैले नीले आसमान को देखती हूँ, इस आसमान में जड़ें हीरों से चमकते तारों को देखती हूँ तो सोचती हूँ कि यह वही आसमान है जो उसकी दुनिया तक भी पहुँच जाता है? क्या यही जगमगाते तारे उसकी दुनिया तक भी ऐसे ही टिमटिमाते होंगे? फैला हुआ यह एक ही आसमान क्या हम दोनों की दुनिया को ढक लेता है? या फिर दो आसमान हैं—अलग-अलग। एक उसकी दुनिया का आसमान और एक मेरी दुनिया का आसमान? क्या तू जानता है रामू? क्या तुझे पता है कि हमारी धरती का एक आसमान है या दो अलग आसमान हैं।"

"समुद्र के किनारे बैठकर मैं उसके देश से होकर आती हवा का इन्तज़ार करती हूँ। सोचती हूँ हवा के किसी झोंके से मुझे उसकी खुशबू ही आ जाय। मेरे इश्क की हामी भर दे।"

"क्या तेरे साथ ऐसा कभी हुआ है रामू?" तूने किसी को प्यार किया हो और उसके सामने बैठा तू उसे ही बता न पाये।" लक्ष्मी ने पूछा।

"हाँ, हुआ है। ऐसा होना कोई अनहोनी बात नहीं है।" गला साफ कर लक्ष्मी की ओर देखता हुआ रामू बोला।

"तू प्यार करता था? उसे मिलता भी था? फिर भी कुछ नहीं कहा?" लक्ष्मी ने हैरानी भरे स्वर में कहा।

"हाँ, रोज़ मिलता था, कभी-कभी तो अब भी मिलता हूँ। पर कुछ कह नहीं पाया। इस से बड़ा कहर क्या होगा? क्या मेरी बात तू समझती है लक्ष्मीबाई।" चारपाई के पीछे घसीटता रामू उठ खड़ा हुआ। पानी लेने के बहाने उसने लक्ष्मी की ओर पीठ कर ली।

पानी का गिलास पकड़े रामू जब वापिस आया तो लक्ष्मी बोली—''माफ करना रामू, मैं बहुत बातें कर गई। तूने मुझे बोलने का मौका न दिया और मैं बोलती गई। काश! ऐसा मौका उसने भी मुझे दिया होता, तो मैं दिल की बातें कर लेतीं।''

''क्या पता वह तुझे मौका दे दे। वह लौट आये।''

''खुदा करे तेरी बात सच निकले। पर मेरा दिल डरता है। अगर वह लौट कर न आया तो मैं क्या करूँगी? तू दिनों का चक्र समझता है रामू? ''बचपन और जवानी के दिन ऐसे होते हैं जो हर वक्त मौका देने को तैयार रहते हैं। ये तो सयानी उम्र के दिन हैं जो बेरहम हो जाते हैं। मेरी उम्र के दिनों के पास तो इतना वक्त ही नहीं रह गया जो और मौका दें। एक झूठी इज़्ज़त खुद ही बना कर हम खुद ही उसमें फँस चुके हैं। इज़्ज़त का यह चक्र ख़त्म ही नहीं होता। कभी माँ-बाप की इज़्ज़त कभी समाज की इज़्ज़त और उम्र की।''

''अपने साथ इतनी सख़्त न हो लक्ष्मी। कम-से-कम तू तो अपने दिल पर रहम कर लिया कर।'' रामू की आवाज़ में अजीब-सा तरस था।

इससे पहले कि लक्ष्मी कुछ कह सकती, उसका पोता राजू उसे बुलाने आ गया।

''अच्छा रामू मैं जाती हूँ। तू दुकान की तरफ चक्कर लगा लेना कभी।'' कहती हुई लक्ष्मी उठी और राजू का हाथ पकड़ दुकान की ओर चली पड़ी।

बरसात का मौसम शुरू हो चुका था। पानी बरसने लगता तो गिरता ही रहता, न धूप निकलती, न सूरज दिखाई देता। कपड़े सुखाने के लिए झुग्गियों में जगह न रहती। कोयले की अँगीठी जला कर रामू अंदर बँधी रस्सी पर कपड़े सुखा रहा था, जब आँगन में से लक्ष्मी ने उसे पुकारा।

''धन्य भाग्य मेरे! कैसे आना हुआ लक्ष्मी बाई।'' लक्ष्मी को झोंपड़ी के अंदर आने का इशारा करते हुए रामू ने पूछा।

''राजू मेरा सन्देसा दे गया था क्या?'' छतरी बंद करते हुए लक्ष्मी ने सवाल किया।

''हाँ, राजू संदेशा दे गया था पर लक्ष्मीबाई संदेसा भेजकर ही आना कोई ज़रूरी नहीं। यह दरवाज़ा तो हमेशा खुला है।'' बरसात से बचती हुई लक्ष्मी जब झोंपड़ी में पहुँच गई तो रामू ने फिर कहा—''ऐसी बरसात में आने के बदले मुझे ही बुला लिया होता।''

''मैंने खुद ही आना ठीक समझा। हमेशा तुम्हें ही तकलीफ़ देती हूँ।'' लक्ष्मी चुप थी।

''तकलीफ़ कैसी। दुकान की रौनक भी देख आता।'' लक्ष्मी की चुप को देखकर रामू जैसे चुप नहीं रहना चाहता था।

लक्ष्मी को बिठाने के लिए रामू ने कपड़ों से भरी कुर्सी खाली की। सूखे कपड़े से उसे पोंछ कर लक्ष्मी के बैठने के लिए उसके पास रखी। पर लक्ष्मी वैसे ही चुपचाप खड़ी थी। अपने बाँयें हाथ की मुट्ठी में पत्र का एक लिफ़ाफा दोहरा-तिहरा किये उसे अपनी मुट्ठी में दबाये जा रही थी।

"कोई चिट्ठी आयी है लक्ष्मी?" हाथ की ओर इशारा करते हुए रामू ने पूछा।

"हाँ, तुझे किसने बताया कि चिट्ठी आयी है?" कुछ तेज़ी के अंदाज़ में लक्ष्मी बोली।

"तूने ही तो हाथ में कस कर दबाई हुई है। सफेद लिफ़ाफे पर रंग-बिरंगी टिकटें हैं। मतलब यह कि चिट्ठी बाहर से आयी है।" जो दलीलें रामू सोच रहा था, सब दे गया।

"हाँ, बाहर वाले देश से आयी है। उसके देश से आयी है। यह तो लिफ़ाफे पर पढ़कर मुझे राजू ने बता दिया था। पढ़ना तो तुझे भी आता है।" अपनी बात पूरी किये बिना, सवाल पूछे बिना लक्ष्मी चुप हो गई।

कुछ देर दोनों चुपचाप खड़े रहे।

चिट्ठी पकड़ने से रामू झिझक रहा था।

चिट्ठी देने को लक्ष्मी झिझक रही थी।

"मैं लिख-पढ़ लेती हूँ। तू चिट्ठी पढ़वाने आयी है ना?" चिट्ठी पकड़ने के लिए रामू ने हाथ आगे किया। लक्ष्मी वैसे ही खड़ी रहीं, जैसे उसने रामू की बात ही न सुनी हो और न ही उसका आगे बढ़ा हुआ हाथ साड़ी के पल्ले में लपेट लिया।

"क्या बात है लक्ष्मी बाई?" चिट्ठी नहीं पढ़वायेगी? रामू ने पूछा।

"नहीं"

"इरादा बदल गया?"

"हाँ, क्या फायदा चिट्ठी पढ़वाने का।" बड़ी बेदिली से वह बोली।

"चिट्ठी पढ़ने में फायदे और नुकसान की कौन-सी बात है। चिट्ठी तो उसका संदेसा लेकर आयी है।" तसल्ली देने वाली आवाज़ में रामू बोला।

"क्या पता क्या संदेसा लायी है यह बेजान चिट्ठी। मैं जानना नहीं चाहती।"

"पर तू तो उसकी हाँ की प्रतीक्षा कर रही थी?"

"हाँ रामू, मैं उसकी हाँ की प्रतीक्षा कर रही हूँ। पर चिट्ठी पढ़ने और सुनने से मुझे डर लगता है।"

"डर! कैसा डर!" लक्ष्मी के बेजान चेहरे की ओर देखते हुए रामू ने पूछा।

इस चिट्ठी में अगर उसने केवल सफ़र का हाल लिखा होगा या फिर मौसम की ही बातें की होंगी तो मेरा मन कैसे सह पायेगा रामू?"

बात पूरी किये बिना लक्ष्मी वहाँ से जा चुकी थी।

पुरसलात

साधु सिंह

(20.8.1939)

वार्ड नं. नौ का दरवाज़ा खोलते ही उनका दिल धक से रह गया। चड्ढा साहब का बिस्तर खाली था और साइड पर उनकी चीज़ें बिखरी हुईं थीं। उन्होंने एक-दूसरे की ओर देखा। आँखों में अनेक सवालिया निशान। वहम और संशय की भरमार। संदेह से तना माहौल। ऐसी स्थिति किसी भी ख़राब से ख़राब 'होनी' की सूचक हो सकती थी।

चड्ढा साहब पिछले हफ्ते से इस अस्पताल में दाखिल थे। अस्सी से ऊपर उम्र। उखड़ी हुई साँस। बढ़ा हुआ ब्लड-प्रेशर! दिल की खराब हालत। दीवार पर उगे पेड़ को गिराने के लिए हवा के हल्के से झोंके का बहाना चाहिये होता है।

''कहीं गुसलखाने में जाने की कोशिश की होगी।'' सुरिन्दर ने डूबते हुए मन को तिनके का सहारा देना चाहा।

''शायद'', कुंदन ने उसके आशा भरे स्वर को कमज़ोर-सा सहारा दिया। धीमी सी आवाज़ आई, ''मिस्टर सिंह''! वे दोनों उस वृद्ध व्यक्ति को पैताने जा खड़े हुए। वृद्ध अपने बेड पर तकिये की टेक लगाये लगा कि पाँच मिनट पहले चड्ढा साहब अपने बिस्तर से उठे थे। शायद वाश रूम जाना चाहते थे। धरती पर पाँव रखते ही वे चक्कर खा कर धड़ाम से फर्श पर गिर पड़े। शायद बेहोश हो गये थे। थोड़ी देर पहले ही नर्सें उन्हें स्ट्रैचर पर डाल कर ले गई हैं। शायद इनटैंसिव केयर में हों। ''आप स्टाफ नर्स से पता करो'' बोलते हुए वृद्ध मरीज़ निढाल-सा हो गया था। ''थैंक यू सर।''

वे दोनों तेज़ कदमों से स्टाफ नर्स के दफ्तर की ओर चल पड़े थे। उन्हें देखते ही स्टाफ नर्स ने खुद ही बताना शुरू कर दिया कि चड्ढा साहब गिर गये थे और उन्हें बेहोशी की हालत में लाया गया था। इनटैंसिव केयर में हैं। किसी भी पल कुछ भी हो सकता है।

''उनकी बेटी को बुला लें?''

''हाँ, एक दम, बिना देरी किये, अगर ठीक समझो तो अपने पादरी को भी।''

नर्स एक ही साँस में सब कुछ कह गई थी। उसके कथन में बहुत कुछ अनकहा भी शामिल था।

सरदार करतार सिंह जी की इकलौती बेटी कमलदीप ने उनकी सेवा सम्हाल में कोई कसर नहीं रखी थी। वे जिस दिन से अस्पताल में दाखिल हुए थे, वह हर घड़ी, किसी परछाईं-सी उनके साथ थी। पेशे से वह खुद भी एक नर्स थी। नर्स-बेटी से ज़्यादा अपने पिता की तीमारदारी कौन कर सकता है भला। चड्ढा साहब अपनी बेटी के समर्पित सेवा-भाव से बड़े संतुष्ट थे। जब भी उसको देखते, उनकी आँखें संतोष के गहरे शुकराने के भाव से भीग जातीं।

कई रातों की खड़े-खड़े सेवा की थकावट। आँखों में कई रतजगों की चुभन। उसे नहाने-धोने की तो कोई सुध ही नहीं रही थी।

आज सुबह उसके पिता की हालत पहले से काफी ठीक थी। साँस भी टिका हुआ था और वे गहरी नींद में थे। "सुरिन्दर, आप एक घंटे के लिए अस्पताल आ जाओ। मैं ज़रा घर चक्कर लगा आऊँगी। पिता जी आज काफी ठीक लगते हैं।"

"तू अभी चल पड़, मैं कुंदन को साथ लेकर आता हूँ। वह ज़रा वाशरूम गया है।"

इस आने-जाने में पाँच मिनट का ही अंतराल हुआ होगा, जब चड्ढा साहब अस्पताल में अकेले रहे थे और तभी यह घटना घट गई।

कमलदीप ने घर आकर जल्दी-जल्दी स्नान किया कपड़े बदले। बच्चे स्कूल गये हुए थे। पता नहीं कई दिनों से उन्होंने ठीक से कुछ खाया भी था या नहीं। थोड़ी-सी सब्ज़ी ही क्यों न बना जाऊँ। गोभी काटने के लिए उसने अभी चाकू उठाया ही था कि फोन की घंटी बजी।

"हैलो!"

"हैलो! कमलदीप, पिता की हालत ज़रा अच्छी नहीं है, अभी आजा सब कुछ बीच में छोड़-छाड़कर" वह अस्पताल पहुँच गई थी। दरवाज़ा भी शायद ठीक से बंद हुआ था कि नहीं। उसका पर्स भी घर पर रह गया था। अस्पताल के पास वाला चौराहा शायद वह लाल बत्ती में ही पार कर गई थी। कई कारों के हॉर्न एक साथ बजे थे। पर उसे कुछ भी सुनने की सुध-बुध नहीं थी। अस्पताल की इमारत के बिना उसे कुछ नहीं दिख रहा था। उसके कानों में सुरिन्दर की आवाज़ बुरी तरह गूँज रही थी..."पिता जी की हालत ठीक नहीं, अभी आ जा...।

अस्पताल के बाहर वाले अहाते में उसने जल्दी-जल्दी कार पार्क की। दरवाज़े में आते ही लिफ्ट का बटन दबाया। दरवाज़ा खुला और उसने आठवीं मंजिल का बटन दबाया। पास खड़ी नर्स ने पाँचवी मंजिल का बटन दबा दिया। उसे उसने घूर कर देखा। एक बार फिर पूरे ज़ोर से आठवीं मंजिल का बटन दबाया। वे लिफ्ट आज

जूँ ही तरह क्यों चल रही थी। राम-राम करते आठवीं मंजिल आयी थी। दरवाज़ा खुलते ही वह भाग कर बाहर निकली। आधे रास्ते में ही उसकी एक जानी-पहचानी नर्स ने उसे गले लगा लिया। बड़ी नर्मी से धैर्य बँधाते हुए उसने कहा था—''कमल सँभल ज़रा, प्रभु की मर्ज़ी है।''

''क्या?'' उसकी धड़कन पल भर के लिए रुक ही तो गई थी। क्या उसके पहुँचने से पहले ही सब घट गया था? वह तो पिछले पूरे हफ्ते से ही पुरसलात पर बड़ा सँभल-सँभल कर चली थी। बस थोड़ी-सी ही लापरवाही! इनते कम समय में ही सब कुछ भस्म हो कर राख हो गया था। उसकी सूनी-सी आँखों के सामने तारे नाच रहे थे।

सुरिन्दर ने उसे नर्स की बाँहों से सँभाला। कंधे का सहारा देते हुए उसे मुश्किल से वेटिंग रूम तक लाया। सुरिन्दर के कंधे पर सिर गिराये कमल की पूरी देह जैसे माटी हो गई थी। उसका रोना थम नहीं रहा था। कोई भी तसल्ली उसके आँसू रोकने में असमर्थ थी। सुरिन्दर कंधे से लगी कमल के सिर को सहलाता रहा—''बस कमल बस।'' इससे आगे वह खुद भी कुछ न बोल पाया। उसका गला रुँधा हुआ था।

पास बैठे उसके दोस्त को कुछ भी नहीं सूझ रहा था। गहरे शोक से धुँधलाये माहौल में वह अपनी जगह पत्थर का बुत-सा बना बैठा था।

काफी देर बाद, आँसुओं के सिलसिले की रफ्तार कुछ कम हुई और कमल थोड़ा सँभली।

''मैं घर गई ही क्यों? पहले इतने नहीं गई तो काम चल रहा था ना।'' अंतिम समय की गैर-हाज़िरी उसे कचोट रही थी—''पता नहीं उसे समय पिता जी की क्या हालत होगी। शायद वे मुझसे कुछ कहना चाहते होंगे। उन्होंने ज़रूर मुझे पुकारा होगा और आखिरी वक्त में हाँ कहने को हाज़िर नहीं थी।''

''ना कमल ना, देख तू अपने दिल पर मत लगा। उनकी सेवा में तूने कोई कसर नहीं छोड़ी। काम की तूने कोई परवाह नहीं की। रिफ्रेशर कोर्स को आधा बीच में ही छोड़ दिया और अंतिम घड़ी का किसे पता होता है? शायद वली-औलिया को भी नहीं। अगर तुझे पता होता तो क्या तू घर जाती? मौत की घड़ी का कुछ पता नहीं होता और फिर जब तू गयी, वे ठीक-ठीक थे। कौन जानता था कि पीछे से यह सब घट जायेगा। कुंदन के बोल ठंडे फाहों जैसे थे और वे दिल की गहराई से निकले थे, जहाँ से आये बोल व्यर्थ नहीं होते। कमल को थोड़ा धैर्य हुआ और कितनी देर तक अपने पिता के बिताये अस्पताल के दिनों की छोटी-छोटी बातें, बच्चों की तरह करती रही।

''वैसे पिता जी, पिछले दिनों काफी ठीक थे। उनके मन में कोई संताप नहीं था। परसों मेरे हाथों को सहलाते हुए कहने लगे...तू मेरा बेटा है कमल, श्रवण पुत्र।

जैसे तूने मेरी बहँगी ढोयी होगी।'' यह कहते हुए वे अचानक उदास हो गये थे। बोले–''वैसे भगवान अब उठा ही ले तो अच्छा है। बेटी का घर फिर भी बेटी का घर होता है।''

कमल यह कहती हुई बड़ी उदास हो गई थी। उसने तो अपनी ओर से अपने माता-पिता का बेटा बनने में कोई कसर नहीं छोड़ी थी। वह औरत थी। इसमें उसका क्या दोष था?

''ये तो कमल बेकार के फर्क हैं। आज कल बेटों-बेटियों में क्या फर्क रह गया है। औलाद, औलाद ही होती है। बेटी हो या बेटा बस नेक हों। पूत कौन से कपूत नहीं होते?''

''पर नहीं भाई साहब, जिस दिन से नसीब भाई साहब इंडिया से आये हैं, पिता जी ऐसी बातें कुछ ज़्यादा ही करने लगे थे। कहीं भैया ने पिता जी को कुछ कह न दिया हो।''

''छोड़ नसीब भाई साहब की बात। वे हमसे छिपे नहीं हैं, जैसे वे हैं।'' सुरेन्द्र को शायद अपने बड़े भाई के व्यवहार से खुद ही कोई गहरी शिकायत थी पर यह समय गिले-शिकवे गिनाने का नहीं था। उसने अपनी बात दिल में ही रखनी बेहतर समझी।

''नसीब सिंह कौन-सा हमारे यहाँ डेरा डाले पड़ा रहेगा। कुछ दिनों के लिए मेहमान है। हमने किसी से बोल-बिगाड़ कर क्या लेना है?''

''लेना तो कुछ नहीं, पर ऐसे ही।''

''छोड़ो परे इस बात को, ख़त्म करो। हम पिता जी की देह सँभालने का कुछ करें।''

''वे चारों जने बाहर आये। कमल ने स्टाफ नर्स से चड्ढा साहब की डैड बॉडी की बात की।

''डैड बॉडी, हूज़ डैड बॉडी। मि. चड्ढा इज़ वैरी मच लिविंग। ही इज़ इन द इनटैंसिव केयर यूनिट। डॉक्टरस् आर टेकिंग केयर ऑफ हिम।''

''हैं! चड्ढा साहब जिंदा हैं? नर्स ने तो'' उसकी मर्ज़ी कहने की बात की थी। ऐसी बातें अस्पताल की नर्सें किसी के गुज़र जाने पर ही किया करती हैं। कमल खुद नर्स थी। शायद उसे कहने या कमल के सुनने में कोई गलती हुई हो। पर कितना फ़र्क है–इस गलती लगने और न लगने में। ज़िंदगी और मौत जितना फ़र्क।

स्टाफ नर्स ने उन्हें बताया कि गिरते ही चड्ढा साहब की हृदय-गति ज़रूर बंद हो गई थी। पर उन्हें समय से इन्टैनसिव केयर यूनिट में लाकर डॉक्टरों ने उस साँस को दोबारा चालू किया था। अब वे लाइफ सपोर्ट पर हैं।

अच्छा, तो पिता जी अभी जीवित हैं?

पुल सिरात से उनकी रूह दोबारा जीवन-क्षेत्र में लौट आयी है। कमल के मन से मनों भार उतर गया था। अंतिम श्वासों के समय वह उनके पास से गैर-हाज़िर रहने के गुनाह से बच गई थी। वह आत्म-तिरस्कार की नर्क-अग्नि में गिरने से बच गई थी किसी अदृश्य हाथ ने उसे आग की लपटों में गिरने से बचा लिया था। उसके हाथ किसी अनकहे शुकराने में जुड़ गये थे और आँखे अरदास में मुँद गई थीं।

"ऐसा कई बार हो जाता है सुरिन्दर।" उसका अनुभव बोल रहा था। "अगर साँस बंद होने के तीन-चार मिनट के अंदर दिमाग को ऑक्सीज़न मिल जाय तो बंदा फिर से साँस लेने लगता है। यह चमत्कार अपने अस्पताल में मैंने कई बार होते देखा है।" "मि. चड्ढा ठीक-ठाक हैं।" इन्टैंसिव केयर यूनिट से बाहर आती नर्स ने कहा।

वे सभी जैसे विचित्र-सी गहरी नींद से जागे हों। "आप अकेले-अकेले जाकर बारी-बारी से थोड़े-थोड़े वक्त के लिए उन्हें देख सकते हो। पास मत जाना, छूना तो बिल्कुल नहीं।" वे बारी-बारी से अंदर गये। कमलदीप सबसे बाद में। उसे खुद में लौटने के लिए कुछ समय चाहिये था।

अंदर जाकर उसने अपने पिता का चेहरा देखा। पिता जैसे गहरी नींद में सो रहे हों। शायद यह दवाइयों का असर था। उन का साँस ठीक-ठाक चल रहा था। छाती के उठते-बैठते उभार, उनमें धड़कते हुए जीवन के सूचक थे।

उनका शरीर कई तरह की नलियों और तारों से बिंधा पड़ा था। कभी-कभी उनके चेहरे किसी गहरी पीड़ा के चिन्ह उभर आते।

"ये एक बार फिर पहले की तरह ठीक हो जायेंगे।" डॉक्टर ने उसके कंधे पर तसल्ली भरा हाथ रखते हुए कहा।

"थैंक यू डॉक्टर, थैंक यू वेरी मच।"

शायद ठीक-ठाक न भी हों। उसके अन्तस से आवाज़ आई।

—तो भी कोई बात नहीं, एक न एक दिन तो सब को जाना ही है। पुरसलात से नीचे गिरने से बच गई थी वह। नहीं, बल्कि पुरसलात से नीचे जलती हुई आग का ताप तो उसने बीते हुए पलों में सह ही लिया था। उसने अपने पिता की मृत्यु का शोक और कहर, अपने तन-मन की सभी तहों पर पूरी शिद्दत के जी लिया था। जैसे मृत्यु को उसने अपने हाथों से छू कर देख लिया हो। अब उसे मौत से डर नहीं लगता था, बिलकुल ही नहीं।

वह कमरे से बाहर आयी तो पूरी तरह से शांत थी, जैसे खूब बरसात के बाद

---

*पुल सिरात (दोज़ख की आग के ऊपर बना बाल से भी बारीक पुल, जिस पर से सभी को गुज़रना पड़ता है। बाबा फ़रीद ने अपनी बाणी में पुलसिरात के तद्‌भव रूप पुरसलात को प्रयोग किया है)।

निर्मल नीला आकाश।

"अच्छा, अब जाओ सुरिन्दर, बच्चे दोपहर का खाना खाने आते ही होंगे। बाद में आपने काम पर भी जाना होगा।"

"मैं छुट्टी ले लेता हूँ।"

"नहीं, आप बच्चों को देखो। सुबह चक्कर लगा जाना। मेरे लिए नहाने की चीज़े लेते आना।"

अगले कुछ दिनों में चड्ढा साहब बिलकुल ठीक हो गये थे।

सुबह का समय। कमलदीप अपने पिता का हाथ अपने हाथ में पकड़े उनके चेहरे को बड़े ध्यान से देख रही थी। उन्होंने अचानक आँखें खोलीं।

"क्या हुआ पिता जी, आपको कुछ याद आया?"

कमलदीप को आशा थी कि उसका पिता उसे किसी अनदेखे देश की बात सुनायेगा।

"कुछ नहीं हुआ। मैं वाशरूम में गया था फिर पता नहीं कब नींद आ गई। बड़ी नींद आई।"

उन्होंने अपने आस-पास देखा। उन्हें कई दिन से अपने अस्पताल में होने की याद आई।

"तू घर नहीं गई कमलदीप, इतने दिनों से यहीं है?"

"गयी थी पिता जी। एक दिन आप सो रहे थे। अब हम इक्ट्ठे ही घर चलेंगे।"

दो-तीन दिन बाद वे सच में घर लौट आये थे। चड्ढा साहब वैसे तो ठीक थे, पर लम्बी बीमारी और वृद्धावस्था के कारण वे निढाल से हो गये थे। सहारे के साथ ही वाशरूम आ जा सकते।

कई बार अधजगे से वे बड़बड़ाते—"मुझे गाँव भेज दे कमल, मैंने अपने बसीमें वाले खेतों में सिंदूरी आमों का बाग लगाना है।"

उनकी आत्मा गाँव में ही बसती थी।

पिछले साल बड़ी खराब हालत में, वह अपने पिता को यहाँ लाई थी। पर सारा दिन घर बैठे-बैठे उनका मन नहीं लगता था। बड़े काम पर चले जाते और बच्चे स्कूल।

एक दिन तो उन्होंने बच्चों की तरह ज़िद शुरू की थी। किसी की सुनते ही नहीं थे। बस एक ही बात—मुझे गाँव छोड़ कर आओ। मैं अपनी मिट्टी परदेस में रुलने नहीं दूँगा।

बेबस कमलदीप वापसी टिकट लेकर उन्हें देश में ले भी गई थी। गर्मी के दिन। शहर से दूर गाँव। ज़रूरत पड़ने पर डॉक्टर की सुविधा दुर्लभ। वे वहाँ भी जल्दी

ही ऊब गये थे। अत्यंत गर्मी में अपनी बीमारी के कारण वे अपनी इकलौती बेटी की भाग दौड़ सह नहीं पाते थे। अकेली-बिचारी औरत रास्तों की धूल फाँकती फिरती थी।

एक दिन खुद ही बोले—"कमलदीप, इस ज़मीन को गिरवी रख दे। बाद में खुद ही बेचती रहना। वहाँ तेरे बच्चे अलग दुःखी हो रहे हैं। हमने बच्चों को दुःख नहीं देना, चल वापस कैनेडा।"

अंधा क्या माँगे—दो आँखें। कमलदीप ने कुछ ही दिनों में अपनी पुश्तैनी जायदाद का काम समेट कर उन्हें वापिस घर ले आयी थी।

अपने देश से लौट कर अब उनका जी अच्छी तरह से लग गया था। सुबह उठते, बड़ी देर तक अखबार पढ़ते रहते। मन होता टी.वी. लगा लेते। बच्चे स्कूल से आते तो उनके साथ कोई न कोई खेलते रहते। पिछवाड़े, उन्होंने सब्जियाँ लगानी शुरू कर दी थीं। कहते—"खेती चाहे कम ही हो, उसमें मन बहुत लगा रहता है।"

कुछ दिनों पहले सुरिन्दर का बड़ा भाई नसीब सिंह वहाँ आया था। वह पिता जी से अंदर ही अंदर कुछ खिंचा-सा रहता था।

बीच की बात शायद यह थी कि पहले तो उसकी ज़मीन का आधा-पौना हिसाब उसी के पास था। इस बार वे अपने ज़मीन किसी के पास गिरवी रख आये थे। वह मन में इसी बात से जलता था पर खुल कर बात नहीं कर सकता था।

घुटन और खिंचे हुए माहौल में पिता जी का मन उचाट-सा हो गया था। इन्हीं दिनों साँस की तकलीफ बढ़ जाने से उन्हें अस्पताल दाखिल करवाना पड़ा था। अस्पताल से लौट कर वे ऊपर से देखने में तो ठीक ही लगते थे पर भीतर से काफी बुझे-बुझे रहने लगे थे।

"मैंने यहाँ नहीं रहना। मुझे गाँव छोड़ आओ। किराया मैं खुद दे दूँगा—वहाँ जाकर।"

अचानक पिता जी को क्या हो गया था। कमलदीप हैरान, परेशान! "पिता जी, हम गाँव जाकर भी देख आये हैं। आपको यहाँ पर कोई तकलीफ़ है? किसी ने कुछ कहा आपको?"

चड्ढा साहब गुम-सुम से बेटी का चेहरा देखते रहे।

"आपके मन पर कोई बोझ है। आप ने कुछ कहना है?"

"हाँ कहना है, कहना क्यों नहीं।"

उनके लहज़े में तल्ख़ी थी, जैसे यह कहना चाहते हों कि जो मन में आयेगा, बोलूँगा, किसी का डर नहीं मुझे।

"कहो", कमलदीप हर गुस्से को अपनी झोली में डालने को तैयार खड़ी थी, पूरे धैर्य के साथ।

"ये नसीब बड़ा कुत्ता आदमी है।"

चड्ढा साहब की आँखें गुस्से से लाल हो गई थीं और पसीना बहने लगा था।

"साला, मुझे कहता है, बुढ़ापे में अपनी बेटी के घर...।"

"ओ मैं कोई मलंग हूँ। सारी उम्र ठाठ से नौकरी की है—जायदाद बनायी है। इलाके का माना हुआ सरदार...कोई बुरी आदत नहीं...।"

साला बेटी के घर का...

यह बुढ़ापा किस पर नहीं आना...

नसीब सिंह कंजर पर क्या नहीं...?

सरदार करतार सिंह की तनी हुई देह एकदम ढीली पड़ गई।

कमलदीप ने एकदम ऐम्बुलेंस मँगवाई। अस्पताल में फोन किया। चड्ढा साहब को सीधा इन्टैंसिव केयर में लाया गया। उनकी नब्ज़ धीमी होते-होते एकदम रुक गई थी।

कमलदीप उनके सिरहाने खड़ी थी—निश्चल—एक बुत-सी।

डॉक्टरों ने सारी तैयारी—आप्रेटस, फोन आदि पहले ही की हुई थी।

"लाइफ सपोर्ट"

"नो डॉक्टर नो लाइफ सपोर्ट...।"

इक आग का दरिया है, बस डूब के जाना है—और कमलदीप जैसे आग के दरिया को पार करके दूसरे किनारे पहुँच चुकी हो।

उसका नेक पिता, इस बार पुरसलात से परले-पार जा रहा था। वह उन्हें आधे रास्ते रोककर किसी दूसरी अग्नि-परीक्षा में नहीं डालना चाहती थी।

वह अपने पिता के स्थिर, शांत चेहरे पर झुकी। उसकी आँखों से दो आँसू निकल कर चड्ढा साहब की खुली सफेद आँखों में जा गिरे। उसने अपने पिता की खुली पलकें बंद कीं और कंधों तक ओढ़ाई चादर को खींच कर उनका चेहरा ढक दिया।

दीवारें

बलबीर कौर संघेड़ा

(2.3.1944)

मीती की फोन कॉल से हर कोई डरता था। जब भी वह फोन करती, पहले अपने दुःखों की पिटारी खोल बैठती। उस पिटारी में उस की ज़िंदगी के सूत के गोले उधड़ने लग जाते। वह अपने आँसुओं में उन्हें भिगो-भिगो कर सुनने वाले के मन को इस कदर डुबाती, कि दूसरा बंदा सुनता-सुनता ऊब कर थक जाता। मीती की ज़िंदगी को यह बीस-तीस बरसों का हिसाब था। अपने किसी बहन-भाई से उसकी बनती नहीं थी।

उसके अपने बच्चे भी उसका हाल पूछते और जल्दी से फोन बंद कर देते। वे कभी मीती को मौका ही न देते कि वह अपनी व्यथा शुरू करे। अगर कभी-कभार वह बात शुरू कर भी देती तो बच्चे—"ओ मॉम, नाट नाओ। आई एम सो बिज़ी।" कह कर थप से फोन रख देते। मीती हाथ मलते हुए फोन रख देती। जसदेव उससे नज़रें चुरा कर किचन में चला जाता।

रितु और राजन भी, पढ़-लिख कर अपने-अपने कामों में व्यस्त हो गये थे। वे जीवन में छलाँगे लगाते आगे निकल गये। संबंध और भी कम हो गया।

मीती के अन्दर कुछ जमा हुआ पकता रहता। पता नहीं कौन-सी सोचों की गाँठें बँधी पड़ी थी, और वह उन गाँठों को खोलना चाहती। ज़िन्दगी के पृष्ठों से वह उनका उत्तर जानना चाहती। पर कहाँ? कोई भी उसकी बात न सुनता। हर कोई उससे ऊब-थक जाता। किसी के कुछ पल्ले ही न पड़ता, कि वह कहना क्या चाहती है? हर बार वही बात, हर बार उसका रोना-धोना, हर बार वह शिकायत करती हुई कहती—"मेरा दर्द कोई समझता क्यों नहीं?"

अपने आदमी से भी वह रोज़ झगड़ती रहती। अपनी बीमारी की कहानी बार-बार दोहराती। भीतरी पर्तों को खोल-खोल कर उसे दिखाती। वह भी सुन-सुन कर थक जाता। वह भी दो चार ठंडी-गर्म सुनाता और किचन के काम में लग जाता। बरसों से किचन का काम, लांड्री का काम उसके हिस्से आ गया था। बीमारी के कारण मीती ने कभी रसोई का, लांड्री का या साफ-सफाई का काम कभी किया ही

नहीं था। काम करते समय वह अपना दर्द लेकर बैठ जाती। वैसे उसे हर चीज़ अपनी जगह पर पड़ी चाहिये थी। फर्नीचर, क्रिस्टल सब पालिश किये होने चाहिये थे। घर तारे की तरह चमकता दिखना चाहिये था। इन चीज़ों की नुमायश का उसे बड़ा शौक था। जसदेव घर के सभी काम करता। घर भी साफ करता, वैक्यूम चलाता, लांड्री भी कर देता। रसोई का काम उसने अच्छी तरह सीख लिया था। वह घर को सजाना भी अच्छी तरह जानता था। यहाँ तक कि मीती के पंसद के मैगज़ीन ला कर देखता और उनके अनुसार घर की सजावट करता—जैसा मैगज़ीन की तस्वीरों में होता था। उसे मीती के चादर के रंगों का चुनाव करना भी आ गया था।

फिर भी मीती पल-पल जसदेव को नीचा दिखाती। उसे पढ़ाने के ताने देती। उसकी ज़िंदगी सँवारने के तीर मारती। उसे कैनेडा मँगवाने का एहसान जताती। जब यह सब कहते हुए वह थक जाती तो अपनी बीमारी ले बैठती। वह बीमारी जिसकी किसी भी डॉक्टर को समझ नहीं रही थी। यह बीमारी किसी वैद्य की समझ से बाहर थी। डॉक्टर कहता—"मीती ख़ुश रहा करो।" पर कहाँ?

जसदेव मीती की किट-किट सुनता और परे हो जाता। कोई बहस न करता। अगर बहस छिड़ जाती तो दोनों अपनों को घायल करते। इसलिये वह चुप मार जाता। सोचता, क्या फायदा?

वैसे तो मीती पचास की हो गई थी, पर पचास की होने के बाद भी वह तीस से ऊपर नहीं लगती थी। वह अपने पहनावे, अपनी स्किन, अपने मेक-अप का ख़ास ख़्याल रखती थी। बेडरूम से वह तभी निकलती जब पूरी तरह तैयार हो जाती। मेकअप करके, नेल-पालिश लगाकर, सज-धज कर वह कमरे से निकलती। 'मॉर्निंग-टी' भी उसे काम पर जाने से पहले जसदेव दे जाता—बेड पर ही। ट्रे सजी हुई, कार्न-फ्लेक्स और चाय की कैटल, बढ़िया चाइना सैट में उसे चाय पहुँचाता। तकियों की टेक लगा, मीती कार्न-फ्लेक्स खा लेती और चाय के कप के साथ मुट्ठी भर गोलियाँ खा लेती। फिर आधा घंटा आराम से लेट जाती। गोलियों का असर होने लगता तो वह तैयार होने के लिए उठ खड़ी होती।

वीकएण्ड पर जसदेव किचन का काम ख़त्म करके कानों में कडुवा तेल डाल कर डैन (ऑफ़िस) में अपने ऑफिस की फाइलें छाँटने लगता। वह मीती के पास बैठने से भी परहेज़ करता।

बात यह थी कि दुनिया का कोई भी इंसान मीती की सोच जैसा नहीं था। उसकी अपनी ही एक दुनिया थी। वह हर एक को खींच-खींच कर उस दुनिया में फिट करती। इसी खींच-तान में वह परेशानियों में घिर जाती। उसका गला रूँध जाता और वह अपनी दवाई के लिए तड़पती। हाथ-पैर मारती। सीने को ज़ोर से दबाती। चलती हुई हवा जैसे एकदम चलना छोड़ दे, सीने की नाड़ियों से साँस आना रुक

जाता। रुकता ही नहीं गले में फँस जाता। हाँफने से उसकी आँखों से पानी गिरने लगता।

आवाज़ सुन कर जसदेव भागा आता और गोलियों की शीशी खोल कर मीती को गोली खिलाते हुए चिढ़ाता "तू अपने आप को सज़ा क्यों देती है? क्यों नहीं अपने मन से समझौते करती? हर कोई तेरे उसूलों पर नहीं जी सकता? तूने हर किसी के जीवन को क्यों काँटेदार झाड़ी बना छोड़ा है? अपने मन को वश में करना सीख। कुछ धीरज रखना चाहिये। यह क्या हुआ बंदा...।" और वह बात अधूरी छोड़ देता। "आप समझ ही नहीं सकते। मैं कहती हूँ कोई भी आदमी पत्नी के मन की व्यथा को नहीं समझ सकता। मेरे लिए जिंदगी इतनी सीधी-सादी नहीं है। आप को आते ही सब कुछ...।" वह फिर से हृदय को ज़ोर से दबाती हुई कहती।

"फैसला तो इंसान के अपने हाथ में है, और कुछ नहीं। इस दिमाग को जिधर लगा लो लग जायेगा। तू भी इसे मोड़ना सीख। अपने सिद्धांतों का चश्मा बदल कर देख। ज़िंदगी इससे आगे और भी है। उसे पहचान।"

जसदेव बहुत कुछ कहता, मीती को बहुत समझाता पर मीती की दुनिया में एक भी शब्द प्रवेश न करता। उसके दिमाग की साँकल जैसे मछली के जाल में फँसी हो, निकलती ही नहीं थी।

जसदेव मीती के ताने सुन-सुन कर तंग आ चुका थ। मीती ने केवल एक राहदारी ही तो भेजी थी। उसकी इतनी बड़ी सज़ा? सारी उम्र के ताने? कैनेडा न आता तो क्या कमी थी? इससे तो अच्छा था कि वह इंडिया ही रहता। आखिर उसने सिविल इंजिनियर बन जाता था। एक साल उस पढ़ाई का और रहता था। कैनेडा भेजने के लालच में बाऊ जी कहने लगे–"बेटा कैनेडा चला जायेगा तो अपनी बहनों की शादी में भी मदद कर सकेगा। गाँव की दुकान के सहारे मैं कैसे चारों को ब्याहूँगा...। और फिर तेरा बड़ा भाई हरिदेव भी तो भरी जवानी में चला गया। उसके भी तीन बच्चे हैं खाने वाले। तेरा छोटा भाई देवराज, अकेला क्या करेगा। अभी उसकी पढ़ाई तीन चार साल में खत्म होगी। जो मेरा अच्छा बेटा। घर की दीवारों का दलिद्दर निकल जायेगा। अब परमात्मा खुद रास्ता बना रहा है। लड़की पढ़ी-लिखी है। सुन्दर भी है। हम सभी को पसंद है और तो और, कल तू अपने बहिन भाइयों को भी बुला सकता है।"

जसदेव के बाऊजी ने अपना पूरा ज़ोर लगा कर उसे कैनेडा भेज दिया। कैनेडा पहुँचने के लालच में उसने अपनी पढ़ाई भी अधूरी ही छोड़ दी। सोचा, यहीं पढ़ाई वह कैनेडा जा कर पूरी कर लेगा। मेहनत करेगा, घर-बार सँवार लेगा। बाऊजी का बुढ़ापा आराम से कट जायेगा। शादी तो करनी ही है, फिर न सही, अब सही। लोग कैनेडा जाने के लिए क्या कुछ नहीं करते हैं और मुझे घर बैठे मौका मिल गया।

कैनेडा की चमत्कारी दुनिया उसके ज़हन में पैर पसारने लगी...। और उसने हाँ कर दी।

जब वह कैनेडा पहुँचा, उसका कोई नज़दीकी रिश्तेदार कैनेडा में न होने के कारण जसदेव मीती के भाई दविन्दर को पास ठहरा। मीती का भाई खुले विचारों वाला था। वह मार्डन मनुष्य के अस्तित्व की बातें करता था। जसदेव को आये हुए अभी दो ही दिन हुए थे जब उसने मीती को साफ शब्दों में कह दिया–"मीती, यह तेरी ज़िंदगी है। अगर जसदेव के विचार तुझसे नहीं मिलते या तू इसे पसंद नहीं करती, तो मैं अपने खर्चे पर इसे अभी वापिस भेज दूँगा। मेरे लिए तेरी खुशी पहले है।" उसने हाथ की उँगलियों से कुछ ऐसा संकेत किया मानों सारी कायनात उसके बोलों पर टिकी हो।

मीती के माँ-बाप ने कहा–"तुझे अपने भाई पर अभिमान होना चाहिये, जो तेरे दुःख-सुख के बारे में पहले सोचता है। हमें तो जसदेव पसंद है पर मीती, तेरी रज़ामंदी भी ज़रूरी है। फिर मत कहना मुझे भाइयों के बराबर नहीं समझा।" माँ-बाप ने जैसे अहंकार में सिर हिलाते हुए कहा।

पास बैठा जसदेव बौखला गया। उसका अस्तित्व मिनटों में ज़ीरो हो गया। वह हैरान-सा हो गया। उसके अन्दर क्रोध उभरने लगा। वह सोच रहा था कि इन लोगों ने यह बातें अपनी बेटी से पहले क्यों नहीं पूछीं-बताईं। आज मुझे यहाँ बुलवा कर, पास बिठा कर, क्यों मेरा अपमान किया जा रहा है? उसका मन हुआ कि वह मीती और उसके परिवार को कह दे, "मुझे आज ही वापिस भेज दो। नहीं रहना है मुझे यहाँ, नहीं करानी अपनी बेइज़्ज़ती।"

पर वह कुछ बोल न सका। उसे उसके घर के बोझ ने दबाये रखा। व्यक्ति के अंदर का लालच सब सह लेता है। जसदेव के भीतर भी बहनों की शादी, भाई के छोट-छोटे बच्चे, बाऊजी की झुकी हुई पीठ, माँ का चूल्हे-चौके के पास बुरा हाल, भाई की पढ़ाई–सब कुछ उसके दिमाग में फिल्म की रील-सा चलने लगा। कैनेडा ने नीले-हरे नोट आँखों के सामने चमकने लगे...उसका शरीर वहीं जम गया। पैर जैसे जमीन से उठाये ही न जायें। नोटों के संगल उसे जकड़ कर बैठे गये।

उस पर दविन्दर ने एक बम फोड़ा–"जसदेव, मीती को काम करते हुए चार साल हो गये हैं। इसकी कमाई का धेला भी मत छेड़ना।" और वह हीं हीं करता हुआ हँसा। फिर बोला–"बरखुदार! यह कैनेडा है। यहाँ औरत मर्द की कमाई अपनी-अपनी है।"

मिती की माँ कहने लगी–"जसदेव बेटा, यह तो तुझे यों ही डराता है। इसे क्या पता, घर कैसे चलता है? मिल कर जो मर्ज़ी कर लेना। मीती की सलाह से कुछ भी हो सकता है।"

जसदेव को माता जी की सहज स्वाभाविक बात भी यों लगी जैसे वह दविन्दर की ही बात का दूसरा रूप है। उस समय वहाँ बैठे उसे महसूस हुआ जैसे हवा उसकी अँतड़ियों तक नहीं पहुँच रही। साँस लेने में मुश्किल हो रही हो। पाँव धरती से चिपक गये हों। फिर भी वह पूरी ताकत लगा कर वहाँ से उठ खड़ा हुआ। कमरे में सभी को सरसरी नज़र से देखा। पिता जी अपनी घड़ी को हाथों में घुमाये जा रहे थे। वे इतना ही बोले—"क्यों लड़के को डराये जा रहे हो। यह कोई बच्चे हैं। खुद ही सोच-समझ कर चलेंगे।"

जसदेव अन्दर के लावे को अंदर ही दबाता हुआ, झूठी-सी मुस्कान बिखेरता उठा। वह अपने पैरों को जैसे कह रहा था—"यहाँ से चल पड़ों। ले चलो मुझे कहीं भी। इस कमरे के ज़हरीली हवा से दूर, जहाँ मैं साँस ले सकूँ। नहीं चाहिये मुझे ऐसा कैनेडा।"

पर वह पिता जी से बोला—"मैं बाहर घूम फिर आऊँ। थोड़ी-सी सैर हो जायेगी।" रुक-रुक कर शब्द उसके गले से निकले। "क्यों नहीं, मीती को साथ ले जा। दोनों घूम फिर आओ।" पिता जी ने बड़े चाव से कहा।

जसदेव को लगा जैसे यह भी पिताजी की कोई साजिश हो। उसे महसूस हो रहा था जैसे वह कैनेडा की हवा में कैद हो गया हो। हर सोच पर बंदिश। हर हरकत पर पहरा। कुछ भी करने को आज़ाद नहीं, पर वह मुँह से कुछ न बोला। सिर्फ़ इतना ही कह पाया—"जाना है मीती?"

"नहीं, आप हो आओ।" मीती ने बिना किसी छल-फरेब से कहा।

जसदेव ने सुख की साँस ली। वह अकेला रहना चाहता था। अपने अन्दर फैल रहे प्रदूषण से निपटना चाहता था।

जसदेव के चले जाने के बाद पिता जी ने मीती से फिर पूछा—"मीती, फिर मत कहना तुझे चाय नहीं दी, कि तेरे भाइयों ने अपनी मर्ज़ी से शादी की और तू पीछे रह गई।" देख ले लड़की, हमें ब्लेम मत करना। वैसे लड़का ठीक-ठाक लगता है। पढ़ा-लिखा भी है। सुन्दर-जवान भी है...और फिर न इसका कोई है न होगा...यहाँ न सास न ननद। सुखी रहेगी।" माता जी ने सब कुछ बना-सँवार कर बता दिया।

"माता जी, आपको यह सारी बातें पहले कर लेनी चाहिए थी। अब उसके आने पर, पास बिठा का लगे हो उसे कहने। माता जी यह कहाँ की अक्लमंदी है?" मीती थोड़ी तल्ख हो रही थी।

"बिटिया! तेरे भले-बुरे के बारे में ही सोचने की ज़रूरत है। उसके साथ तेरी गाँठ बाँधनी है। सारी ज़िंदगी की बात है। ये बातें अभी ही साफ हो जानी चाहिये ताकि उसके मन में कोई भ्रम न पलता रहे।" माता जी ने कहा।

"बस बहुत हो गया। बहुत सोच लिया। अब जो होना था हो गया। जब वह आ ही गया है तो लौटाना ठीक नहीं। मैं ठीक-ठाक कर लूँगी।" मीती ने भी मन की बात कह दी।

मीती और जसदेव शादी से पहले कभी फिल्म देखने चले जाते, कभी घूमने-फिरने। जसदेव को पास बिठा कर दविन्दर ने जो बोल बोले थे, वे उसे कभी नहीं भूले। दविन्दर की नज़र में जसदेव की कोई कीमत नहीं थी। जसदेव सोचता, उसकी दसवीं-बारहवीं पढ़ी बहन से तो वह अच्छा था। फिर दविन्दर ने उसका ऐसे क्यों अपमान किया?

इस सब के बावजूद उसने मीती से कुछ न कहा। वह सोचता—इसमें मीती का क्या कसूर? वह अपनी सोचों में चुप-चप ही रहा। सोचता, जब शादी के बाद वह पक्का हो जायेगा तो मेहनत करेगा, अपना घर बसायेगा। खड्डे में दविन्दर। मैं साले को अपने पास नहीं फटकने दूँगा।

जिस दिन शादी हुई, दविन्दर ने पास-पास के रिश्तेदारों के अलावा और किसी को न बुलाया। कहने लगा "फिजूल-खर्ची का क्या फायदा?...फिर जसदेव भी तो इस मुल्क में नया है। खर्चा मुझे ही करना है।"

यह सब कुछ इक्ट्ठा हो कर जसदेव के दिल में जमता रहा। वह सोचता, लोग बेटियों की शादी कितनी खुशी और चाव से करते हैं। क्या हुआ, अगर मेरा परिवार यहाँ नहीं है, फिर भी वह कोई गुड्डे-गुड्डी की शादी तो नहीं थी? आखिर जीवन की शुरुआत की है हमने? जो भी दो-चार रिश्तेदार या दोस्त आये थे, उन्हें अच्छा खाना ही खिला देता। यह क्या हुआ, फेरों से पहले चाय पिला दी, लंगर गुरुद्वारे में छका दिया। और कोई चाय नहीं? कोई पार्टी नहीं। दुविधा में पड़ा, वह सोचता रह। वह खुद भी अभी काम पर नहीं लगा था, जिससे वह पार्टी का खर्चा उठा पाता।

जसदेव इसी उधेड़-बुन में ज़िंदगी का और कोई फैसला न कर सका—सिवाय इसके कि वह कैनेडा में सैटल होने की कोशिश करे और मीती के साथ ज़िंदगी शुरू करे।

मीती दिल की बुरी नहीं थी। भाइयों और पिता द्वारा दी गई थोड़ी-सी दिलेरी के कारण कुछ घमंडी हो गई थी। उसे गरूर था अपने भाई के बोलों पर, जिसने कहा था—"अगर जसदेव ने उसे कुछ कहा तो उसे वापिस भेज देंगे।"

उस समय जसदेव कहाँ जानता था कि शादी होने के बाद दविन्दर उसे वापिस नहीं भेज सकता था पर फिर भी उसके ये शब्द पूरे साल उसके सिर पर तलवार से लटकते रहे। दविन्दर की बातों ने जसदेव के स्वाभिमान को खूब झिंझोड़ा था। दविन्दर के प्रति पहले ही दिन से उसके अंदर कड़वाहट पैदा हो गई थी। "आखिर इसकी अपनी क्या हैसियत है?" जसदेव मन में कुढ़ता। "जीवन में इसने क्या

कमाया है? यही ना कि कैनेडा पहले आ कर पक्का हो गया, वह भी डैबी की मदद से। उसे चार सिक्के दे कर झूठ-मूठ का ब्याह रचा लिया। चार दिन उसे खिला-पिला कर, खुद रख कर, फिर आगे चला दिया। अपना शौक पूरा किया, उसे भोगा और किसी दूसरे के हवाले कर दिया। साल भर अलग रहने के बाद तलाक ले लिया। इसने डैबी की मजबूरी का खूब फायदा उठाया। डैबी की शराब की बुरी आदत ने एक से दूसरे के पास और दूसरे से तीसरे के पास पहुँचाया। दविन्दर ने उसकी क्या कदर की? उस बिचारी को सहारा दे, सँभालने की जगह, आगे अपने दोस्तों को पेश कर दिया। इज़्ज़त का कितना बड़ा काम किया? अगर कल मैं इसी तरह मीती को... ।''

शादी के कुछ दिन बाद जसदेव और मीती ने एक बेडरूम का अपार्टमेंट किराये पर लिया। एक दम सस्ता-सा। मीती के पिता का कहना था कि इस समय अपनी चादर देख कर पैर पसारो। जो पैसे शादी में शगुनों और सिरवारने से मिले हैं या गिफ्ट के तौर पर मिले थे, उनसे उन्होंने दो महीने की डाउन पेंमेंट कर दी। माता जी और पिता जी के पास तो कोई पैसा था नहीं। वे तो दविन्दर के पास ही रहते थे। छोटी-मोटी पैंशन डैबी लगवा गई थी, वह भी दविन्दर ले लेता था।

वैवाहिक जीवन आरंभ करने के लिए परस्पर जिस आकर्षण और चाव की ज़रूरत होती है, वह दोनों में पैदा ही नहीं हुआ था। मीती को इस बात का घमण्ड था कि उसने जसदेव को कैनेडा मँगवाया है और जसदेव को इस बात का रंज था उसे बुला कर, घर में बिठा कर मीती के परिवार ने उसका अपमान किया था।

जसदेव को महीने के अंदर ही काम मिल गया। महीना उसने मुश्किल से ही बिताया। मीती से पैसे लेना उसे गवारा न होता। दविन्दर के शब्द–''यहाँ हर एक की अपनी-अपनी कमायी है।'' उसके कानों में गूँजते रहते। वह कोई भी काम करने को तैयार था। अपनी कमायी से उसका अस्तित्व बरकरार रह सकता था। कम से कम दविन्दर उसे यह तो नहीं कह पाता–तू मीती की कमाई पर रह रहा है। उसके लिए स्वाभिमान ज़रूरी था। चाहे मीती ने खुद उसे कभी कुछ नहीं कहा था पर उसके अपने मन में यह डर ज़रूर रहता था।

उसे एक टेम्परेरी एम्प्लाएमेंट ऐजेंसी ने एक बैंक में फायलिंग के काम पर नियुक्त कर दिया। जसदेव सोचता, चाहे फायलिंग का ही काम है, आखिर है तो बैंक में। दूसरे किसी को बताने में भी ठीक लगता है। हाँ, अपनी ड्यूटी मत बताओ। कोई फाँसी लगा देगा क्या? कह दो, बैंक में काम करता हूँ। इस काम में मान-इज़्ज़त भी बनी रहेगी। चाहे वह बैंक-रूम में ख़त्म हो चुकी फाइलों को फाइल करने में व्यस्त रहता।

बैंक में फायलिंग करते हुए उसकी बाँहें थक जातीं। स्टूल या छोटी सीढ़ी पर

चढ़ते-उतरते उसकी टाँगों में गिल्ट पड़ जाते। भाषा की समस्या भी होती। पंजाबी तर्ज़ पर बोली जाती अँग्रेज़ी पर उसके काले और गोरे कुलीग 'फनी' कह कर हँसते। उनकी हँसी की खनक जैसे उसके माथे पर जा लगती। जिस्म में एक लहर-सी दौड़ जाती। फीका-सा पड़ता हुआ वह अपनी फाइलों की ट्राली ले कर चला जाता। ट्राली घसीटने में भी वह खुद की हीन समझता। उसे अपना वजूद ऐसा लगता जैसे इस देश में वह ज़र्रा-ज़र्रा हो कर ख़त्म हो रहा हो। उसकी हस्ती ज़ीरो से भी कम रह गई हो। लेकिन इस एहसास के बारे में वह घर आ कर मीती को कुछ न बताता। इस सब के बावजूद उसने सख़्त मेहनत करने की ठान ली थी। सफल होने के लिए उसे परीक्षा में पास होकर ही निकलना था। यही तो उसके साथ काम करते पंजाबी बंदे गुरसेवक ने बताया था कि जब वह बैंक में नया आया था तो गोरे-काले उसकी पगड़ी को देख कर ऐसे ही आवाज़े कसते थे। कोई कहता–"महाराजा आ गया है, कोई स्नेक चार्मर कहता कोई कहता तेरी जादू की छड़ी और फ्लाईग कारपैट कहाँ है?"

जसदेव के दिमाग में बाऊ जी के कहे गये वाक्य गूँजते रहते–"तेरे जाने से घर का दलिद्दर निकल जायेगा।"

बड़े भाई की मृत्यु के बाद ही जसदेव घर के लिए अपनी जिम्मेदारी समझता था। आखिर चार बहने शादी योग्य हैं। भाई को भी पढ़ाना है और फिर बड़े भाई का परिवार, बाऊजी क्या-क्या करेंगे?"

जसदेव काम करता और घर आ जाता। काम पर गुरसेवक से दोस्ती हो गई थी। गुरसेवक अच्छी पोस्ट पर था। वे दोनों साथ-साथ लंच करते। वे दुःख-सुख के साथी बन गये। जसदेव को बहुत कुछ नया सीखने को भी मिलता। जिस मानसिक उहापोह से जसदेव जूझ रहा था, गुरसेवक उसमें से निकल चुका था। गुरसेवक को भी किसी ने बुलाया था। जब भी गुरसेवक और किसी के बीच कोई छोटी-मोटी नोक-छोंक होती तो किसी अपने माँ-बाप के घर भाग जाती। फिर पूरा कबीला गुरसेवक के यहाँ आ टपकता। गुरसेवक को पता न चलता कि वह क्या करे? क्या न करे? जब इस तरह का व्यवहार न हटा तो एक दिन उसने किसी के माँ-बाप को धमकी दे दी–"अगर आपने मुझे इसी तरह ज़लील करना है तो मेरा रास्ता अलग है। मैं वापिस चला जाऊँगा या यहाँ पर ही हम दोनों अलग हो जाते हैं। रख लो अपनी बेटी को। नहीं रहना है मुझे इस तरह।"

गुरसेवक की बातों पर पहले तो किसी की माँ ने शोर मचाया। पर जब उसे ख़तरे की घंटी बजती सुनाई दी तो वह डर गई। उस समय किसी को पाँच महीने का गर्भ था। उसे किसी के आने वाले बच्चे की चिंता भी होने लगी।

किसी भी समझदार निकली। वह गुरसेवक के मन की हालत को समझने की

कोशिश करने लगी—"आने वाले बच्चे के पैदा होने से पहले ही बाप का हाथ सिर से हट जाय, तौबा-तौबा।" वह दहल गई। उसने एक दिन अपनी माँ को तरीके से कह दिया—"मम्मी! सेवक ठीक ही कहता है। हम नवविवाहित जोड़ा हैं, हमें अपनी प्राईवेसी भी चाहिये। आप वक्त-बेवक्त नहीं देखते और आ धमकते हो।"

"जाओ दफा होवो, मुझे क्या? जो जी में आय करो। गधे को दिया नमक तो गधा कहता है मेरे कान दुःखते हैं। तू खुद ही तो प्रॉब्लम लेकर मेरे पास आती थी। और अब उसकी होकर बैठ गई...।" और वह बुड़-बुड़ करती चली गई। "तू भी आकर मत बताना कभी कुछ। जब बेटी ही मुँह मोड़ ले तो काहे का ज़ोर।" किसी की माँ नाराज़ हो रही थी।

इस तरह गुरसेवक और किसी अपने घर में बसने लगे। कभी नोक-झोंक हो भी जाती तो किसी माँ के पास शिकायत लेकर न जाती। पर यहाँ तो और ही बात थी।

वैसे तो जसदेव कभी दविन्दर के घर जाता ही नहीं। अगर जाता भी तो उस समय जब दविन्दर घर पर न हो। माता जी और पिता जी की बात उसे चुभती तो वह उस बात को महत्व न देता। आखिर बुर्जुग थे वे। माता जी की आदत को वह पहले ही समझ चुका था। पिताजी की हस्ती घर में कितनी कुछ है—यह वह जान गया था। माता जी के बिना वे कोई बात नहीं कर सकते थे। माता जी को किसी न किसी बहाने, कुछ न कुछ कहने की आदत थी। एक दिन वे बड़ी नम्रता से कहने लगी—"देखो बेटा, मेरी बेटी को काम करते कई साल हो गये हैं। इस बिचारी ने तो कोई फोन भी नहीं किया। घर से काम पर और काम से घर—यह रूटीन रहा है। हमें उम्मीद है, अब तुम घर का भार उठा लोगे। मेरी बेटी ने तो बेटा जी, न खाया न पहना—ओढ़ा। अब आपको इसकी खुशी का ख्याल रखना है। इसने तो खुद को काम में ही लगाये रखा।"

जसदेव सोचने लगा—"क्या यह मेरा कसूर है, अगर मीती ने काम किये? भला इसकी सज़ा मैं क्यों भुगतूं?" पर वह कुछ न कहता। बात सुनता और हट जाता।

"बेटा जी, आप तो ज़्यादा मिलते-जुलते ही नहीं।" एक दिन माता जी कहने लगीं।

जसदेव ने माता जी की ओर देखा और बोला—"मेरा नेचर ही इस तरह का ही है। ज़्यादा नहीं बोलता और कोई बात नहीं। काम की चिंता है और आगे पढ़ने की भी।" एक ही साँस में वह सब कुछ कह गया।

"क्या बात है, काम ठीक नहीं चलता? बड़ा अच्छा काम है? यह पढ़ने की क्या कही तूने। पहले घर तो चला ले, फिर पढ़ाई का सोच लेना। माता जी ने दिल की भड़ास रेल की स्टीम-सी फुँकारा मार कर निकाली। "माता जी, इतनी ज़िम्मेदारी

का मुझे एहसास है। आगे बढ़ने के लिए पढ़ना तो होगा ही ना।" जसदेव ने बड़ी शांति से कहा। चाहे वह बहुत कुछ कहना चाहता था।

"फिर भी बेटा जी, एक बेडरूम के घर में कब तक रहोगे? पढ़ने से पहले घर बनाने की कुछ सोचो। अगर पढ़ने लग गये तो मीती की सारी कमाई तो तेरी पढ़ाई में ही खर्च हो जायेगी।" माता जी ने आखिर दिल की बात सुना ही दी।

"कोई बात नहीं माता जी, जब शादी कराई है तो एक-दूसरे की तंगी-तुर्शी भी साथ ही काटनी पड़ेगी। पर आपकी जानकारी के लिए मैं यह बता दूँ कि मीती को मैं किसी चीज़ के लिए तंग नहीं रहने दूँगा।" जसदेव ने जैसी आवाज़ में बात सुनी थी उसी तर्ज़ पर उसे लौटा दिया।

माता जी की भृकुटि तन गईं। साँप की तरह वह ज़हर घोलने लगी। चेहरे पर भाव आने-जाने लगे। पिता जी नज़रें झुकाये बैठे, बीच-बीच में आँख उठा कर जसदेव को देख लेते। चेहरा तप कर लाल हो गया। बहुत कुछ कहना चाहते हुए भी चुप बैठे रहे। दिमाग में मीती की कही बात घूमने लगी—"माता जी, आप बात पहले करते हो सोचते बाद में हो।"

माता जी को चिंता थी कि जसदेव अब मीती की कमाई पर पढ़ेगा। मीती की कमाई पर बहनों-भाइयों की शादी करेगा। मीती की कमाई पर माँ-बाप की देख भाल करेगा। उस समय उनके दिलो-दिमाग में यह बात नहीं आई थी कि जसदेव अगर पढ़ाई कर के ज़्यादा कमायेगा तो उस पर राज उसकी बेटी ने ही करना होगा। इन्हीं सोचों के उधेड़-बुन में उलझी हुई उसकी माँ अपने कमरे में चली गई जब मीती अंदर आई तो बोली—"माता जी से क्या बात हुई?"

"पता नहीं अच्छे भले बात कर रही थी, उठ कर अंदर चली गई। ठीक हो। जसदेव ने जैसे बात दबाने के लिए कहा।

"फिर भी, कोई बात तो हुई होगी?" मिती को चिंता हो आयी। "कुछ नहीं हुआ। फ़िक्र मत करो। चलो घर चलते हैं। मुझे कुछ काम भी करना है।" जसदेव ने उसे लेकर वहाँ से निकलना चाहा। मीती ने ऊँची आवाज़ में माँ को 'बाय' कहा। "माता जी हम जा रहे हैं। फोन करूँगी मैं। अच्छा ओ.के.।" जवाब मिलने से पहले वे बाहर आ चुके थे। बाहर तेज़ बारिश हो रही थी। मीती कहने लगी—"ज़रा ठहर जाओ, बरसात बंद होने दो।"

"नहीं बहुत काम पड़ा है करने को। गर्मी का मौसम है। कौन-सी ठंड है।" जसदेव ने मन के भावों को छिपाते हुए कहा। वह तो उन दरवाज़ों, दहलीजों से भाग जाना चाहता था।

मीती को माँ की चिंता तो बहुत हुई पर उसने पानी में मथानी न फेरी। मन की तहों से उसने धूल झाड़ दी। बरसात में भीगती वह जसदेव के साथ चल पड़ी।

एक दिन माँ ने मीती को कह दिया–"बिटिया, मैंने तुझे इस लड़के की नौकरी के लिए ब्याहा।"

"क्या हुआ माँ? ऐसे ही चिंता मत किया करो। उस बिचारे को सैटल होने के लिए थोड़ा वक्त तो दो। मैं खुद ठीक कर लूँगी। मैं भी अपना भला-बुरा समझती हूँ।"

"देख बेटा, ऐसा न हो कि तू कमाये जाय और उसके घरवाले बैठे राज किये जायें। देखना, वह वहाँ कितने चैक भेजता है। कोई न कोई यहाँ आया ही रहेगा।" माँ ने शक का बीज मीती के मन में बो दिया। जो–दो चैक पिछले दिनों बाऊ जी को भेजे थे वह मीती को चुभने लगे।

इस हादसे के बाद मीती जैसे हर शब्द की चीर-फाड़ करने लग गई। गाँव से आये पत्रों के हर शब्द पर ध्यान देने लगी। बात-बात पर वह जसदेव से सवाल करती, रोकती और टोकती भी। पैसे-पैसे का हिसाब वह खुद रखने लग गई ताकि उसे पता रहे वहाँ पीछे कितने पैसे भेजे जा रहे हैं। वह अपनी कापी पर पैनी-पैनी नोट करती जाती।

मीती की तिरछी नज़र जसदेव की छोटी-छोटी गलतियों पर रहती। वह जसदेव के खाने-पीने, उठने-बैठने पहनने आदि पर भी नज़र रखती। उसके ज़हन में कई सवाल उछलते रहते। उसके देखने के अंदाज़ से ही जसदेव समझ जाता कि घर में कौन-सी आफत आने वाली है। वह इस तरह के पूछने-बताने से थक-ऊब भी जाता। फिर यह सोच कर कि "मीती जिस तरह पली है, यह माहौल उस देश का है। मैं धीरे-धीरे इसे समझा लूँगा।" समझते-समझाते वक्त की सूई घूमती रही।

जसदेव काम के साथ पढ़ाई भी करने लगा। उसे अपनी सिविल इंजीनियरिंग की बड़ी चिंता थी। यह बाऊ जी का सपना था। पढ़ कर, काम कर के उसे घर के हालात सुधारने थे। बैंक में फाइलिंग करने के कम वेतन से वह कैसे रहेगा? ज़िंदगी कैसे निकलेगी? अगर फाइलिंग का काम छोड़ भी दूँ तो ज़्यादा से ज़्यादा टेलर की जॉब मिल जायेगी। यह उसका सपना नहीं था।

रेंगती हुई ज़िंदगी अपनी गति से चल रही थी। शक के बीज मीती के मन में गहरी जड़ें जमा चुके थे। इस शक ने दोनों के बीच पक्की दीवार खड़ी कर दी। कभी निकटता बढ़ भी जाती तो माता जी का दिया हुआ एक झटका शक की टहनियों को झिंझोड़ देता। रेंगते हुए सवाल मीती के दिमाग की नाड़ियों को खोद डालते। अब मीती कभी हाथ से मौका न जाने देती। वह जसदेव पर सवालों की बौछार करती उसे हर समय नीचा दीखाने की कोशिश होती। वह उसकी हस्ती को बार-बार मिटाती। उसके परिवार वालों को कोसती। उसकी गरीबी का मज़ाक उड़ाती। वह जसदेव को कैनेडा के जीवन के जैसे सबक सिखाती हुई कहती–"इस

मुल्क में खाना कैसे खाते हैं। बाहर गोरों की सोसाइटी में कैसे घूमा जाता है। ड्रिंक ले कर पीना हो तो कैसे सिर्फ़ सिप करते रहना चाहिये। काँटे-छुरी से किसी चीज़ को काटो तो आपके अँगूठे के साथ वाली उँगली छुरी के सिरे पर रखी हो। कौन-सा काँटा और छुरी पहले उठाये जाते हैं आदि।''

वह हर छोटी-से-छोटी बात के बारे में जसदेव को समझाती जैसे वह कोई पाषाण-युग का व्यक्ति हो। वह यहाँ तक भी बताती कि—''आज की औरत भी नयी सोसाइटी में वाइन का गिलास ले लेती है। मैं तो हर रोज़ रात के खाने के साथ वाइन का एक गिलास लेना पसंद करती हूँ। कोई ऐतराज़ तो नहीं?'' जब बाहर जाना हो तो आदमी बाँह को तीर-कमान की नोक बना कर औरत को पेश करे। इसका अर्थ यह है कि वह औरत को साथ चलने में उसकी सहायता कर रहा है।''

''क्या बात है, आज की औरत को चलने में कोई तकलीफ़ होती है। हाँ भाई, जब वाइन पीनी हो तो बाँह पकड़ने की ज़रूरत तो पड़ती ही होगी।'' जसदेव हँसते हुए कहता—''मुझे वैसे कोई ऐतराज़ नहीं। होश में रह कर जो मर्ज़ी कर सकती है।'' जसदेव के दो टूक बात कहने के लहज़े से मीती जल-भुन जाती।

''कोई भी अक्ल की बात तो जानना ही नहीं चाहते।''

''यह कौन-सी अक्ल की बातें हैं मीती? भला इन छोटी-छोटी बातों से क्या फ़र्क पड़ता है?'' मुझे तो आप सब ऐसे समझाने पर तुले हुए हो जैसे मुझे कुछ पता ही न हो।'' जसदेव भी टूट कर पड़ता।

''आपको फ़र्क नहीं पड़ता। मुझे तो अपने दोस्तों में पड़ता है।'' मीती खीझती।

''मीती, जीवन जीने के लिए और फ़िक्र बहुतेरे है। क्या करो, क्या न करो वाली चिंता से मुक्त हो जा। बंदों को घर चलाने परिवार के खर्चे पहले इन बातों पर ध्यान देना ज़रूरी है न कि इन फ़िज़ूल-सी बातों पर। सोसाइटी की चिंता बाद में कर लेंगे। क्या तुझे नहीं लगता कि हमें अपनी बेहतरी के लिए उस लेवल तक पहुँचने की ज़रूरत है? और बाद में जीने के ये ढंग।'' जसदेव को ज़िंदगी की सड़क साफ दिखाई दे रही थी।

''जसदेव, मेरे जीवन के कुछ सिद्धांत हैं। बैठना-उठना, खाना-पीना रहना—सब इन्हीं सिद्धातों के अनुसार है। इन आर्डर टू बी अैन आडियल कपल यू हैव टू लर्न ऑल दैट। ये सब आपको सीखने की ज़रूरत है।'' मीती ने मन की बात कह दी।

''तेरा मतलब है कि पढ़ाई से पहले तेरे सिद्धांत हैं। यानी कि तेरे साथ रहने के लिए मुझे बंदर की तरह कूदने की ज़रूरत है?'' जसदेव भी गुस्से में आ गया था।

''यह मैंने कब कहा। आप हर बात उल्टी ले लेते हो। आपने जैसे चार जमात पढ़ ली तो आप को अक्ल ज़्यादा आ गई। मेरे पास आपसे ज़्यादा नॉलेज है। मुझे

इधर के लोगों के साथ रहने का ढंग आता है। तभी सब कहते हैं कि इंडिया से आने वाले दिल के बड़े संकुचित...।'' और उसने बात बीच में छोड़ दी।

''जो मन में हो कह देना चाहिये। जलने की कोई ज़रूरत नहीं।'' जसदेव ने व्यंग्य के लहज़े से कहा।

''कहना क्या है? उसक वक्त तो आप बड़े अच्छे बने बैठे रहे, जब मेरे भाई ने आप को वापिस भेजने के लिए कहा था। तब तो लालच था यहाँ रहने का, बहन-भाइयों, माँ-बाप को यहाँ बुलाने का...। और अब...।'' मीती की आँखों में क्रोध उतर आया था।

''खैर, लालच तो हर बंदे में होता है। मुझमें भी है। हर कोई अपनी ज़िंदगी को बेहतर बनाना चाहता है। वह चाहता है अपने परिवार के लिए कुछ कर सके। मुझ में भी यह कमज़ोरी है और रही बात तेरे भाई की, अब भाई का नाम आ ही गया है तो चल उसकी बात भी कर लेते हैं। मुझे यहाँ बुला क्या लिया, आप सोचते हो कि मुझे खरीद लिया है? पता है कैनेडा आने से पहले आपका क्या हाल था? शुक्रगुज़ार होओ डैथी के जिसने तेरे भाई को यहाँ पक्का कर दिया...और उस बेचारी को आप लोगों से क्या मिला? खुद को प्रोग्रेसिव कैनेडियन समझने वाले, कभी यह जानने की कोशिश तो करो कि पढ़े-लिखे लोगों का स्तर क्या होता है? गोरों की तरह खाना सीख कर क्या मैदान मार लिया?'' जसदेव तो जैसे फटे हुए आसमान-सा बह रहा था।

मीती बोली—''ताने तो आपको मारने बहुत आते हैं। अब गरज़ जो निकल गई। ज़रूरत पूरी हो गई।'' और वह अपना सिर पकड़ कर बैठ गई। उस दिन मीती को पहला दौरा पड़ा। दिल की जैसे नाड़ियाँ रुक गईं हों। साँस गले से नीचे न आ-जा रहा हो। आँखों से पानी बहने लगा।

जसदेव ने पानी ला कर पिलाया। टिशू पेपर से उसका मुँह पोंछा और समझाया—''क्यों खुद परेशान होती है और मुझे भी करती है।'' जसदेव ने लाड़ करते हुए मीती को धीरे-धीरे कहा।

इस तरह की झपटें अब बात-बात पर होने लगीं। प्यार का धागा जैसे जुड़ता ही न हो। अगर कभी जुड़ने भी लगता तो माता जी का दिया हुआ एक झटका मीती को जड़ से उखाड़ जाता। वह फिर जसदेव को गुस्से से देखती—उसके परिवार को ताने देती।

वक्त अपनी चाल से चलता रहा। जसदेव पढ़ कर इंजीनियर बन गया। काम भी अच्छा मिल गया। मेहनत रंग लायी, चार पैसे ज़्यादा मिले तो घर अच्छा ले लिया। परिवार के सदस्य दो से चार हो गये। बड़ा लड़का और छोटी लड़की। बेटी के जन्म के बाद मीती गंभीर रहने लगी। वह गुम-सुम रहती। वह लड़की को कभी तो गोदी

लेती पर कभी उसे रोती ही रहने देती। जसदेव ने उसे कई डॉक्टरों को दिखाया। उनका विचार था कि–'पोस्ट मैटरनल डिप्रैशन' है। बच्चे के पैदा होने के बाद कई बार माँ खुद को अधूरी और खाली-सा महसूस करने लगती है। और कुछ नहीं। बच्चे को इसकी झोली में डालो, इसकी ममता जागे...। या जसदेव उसे इतना प्यार दे इसका अन्तस भर जाय। इसकी रूह में प्यार के फूल खिलें।

मीती को न तो उसकी ममता ने हिलाया और न ही वह मिला जो उसका मन चाहता था। उसका खाली हृदय तड़प रहा होता, रो रहा होता। उसे किसी की बाँहों की तलब तंग करने लगी। जसदेव की बाँहों से उसे वार्मथ न मिलती। उसकी बाँहें उसे लोहे के संगल-सी कसती लगतीं। वह संगल जो जसदेव के माँ-बाप, भाई-बहनों की गाठों से बँधा हुआ था। जसदेव जब पास होता तो वह उसे परे धकेल देती। अगर कभी वह जसदेव के निकट होती तो उसके अन्दर के खालीपन का एहसास न जाता।

मीती के लिए साइकैटरिस्टों के चक्कर दिन प्रति दिन बढ़ने लगे। वह उन्हें अपनी व्यथा बार-बार बताती। इन विज़िट्स से एक बात अच्छी हुई। अब वह कम से कम अपने बच्चों और घर को भी थोड़ा बहुत वक्त देने लगी। जब बच्चे स्कूल की उम्र के हुए तो वह उसके लिए लंच बनाती, उनके कपड़े सिलवाती। घर की झाड़-पोंछ कर लेती। वह पार्ट-टाइम काम भी करने लगी। जो सीख उससे जसदेव नहीं ले पाया, वह अब बच्चों को देती। अनुशासन से जीने के ढंग सिखाती। बच्चे पालते हुए उसकी आत्मा उनमें बसी रहती। लेकिन घर में जब वे दोनों मिंया-बीवी एक-दूसरे की बात न मानते तो फिर से किट-किट होने लगती। साँझे जीवन के अर्थ वे भूल जाते चील के पंजे से एक-दूसरे पर झपट पड़ते। शब्दों से एक-दूसरे की आत्मा को छीलते। टीन-ऐज के हो चुके बच्चें अब ऊबने लगे थे। वे अपने कमरों में जा बैठते। कभी-कभी बच्चे अपने मन की बात कह देते। जैसे एक दिन उनकी बेटी रितु ने कहा–"वाई डोंट यू गायज़ गैट एअ डाईवोर्स। इट्स नॉट फनी ऐनी मोर।"

"वी आर इंडियन्स। वी जस्ट डोंट गैट ए डाईवोर्स।" वह बच्चों को समझाती।

"दैन ग्रो अप, हैव सम कम्पैशन एण्ड रिस्पैक्ट फॉर ईच अदर। यू गायज़ आर वर्स दैन चिल्ड्रन।" रितु परेशान हो चुकी थी। "सॉरी हनी, वी विल ट्राई।" जसदेव ने बेटी को प्यार से बाँहों में भरते हुए कहा।

"ओ या, ही विल गिव यू टू आवर्ज़" राजन कहने लगा।

"डिस्कसन हैल्दी होती है। होनी भी चाहिये। इसका मतलब हुआ कि वी डू लव ईच अदर। डोंट वी मीती?" जसदेव मीती की बाँह पकड़ कर अपनी ओर खींचता हुआ बोला।

"ऑफकोर्स वी डू। डोंट यू ऐवर डाउट स्वीटी। सम टाइम वी आरग्यू कॉज इज़

माई हैल्थ। यू सी बेबी जब हैल्थ खराब होती है तो बंदा ऐसे ही'' बच्चों से मीती कह रही थी।

''शोर-शोर, पिग्ज़ कैन फ्लाई।'' कहते हुए रितु और राजन चले गये।

इन बातों से भी जसदेव और मीती में कोई अन्तर न दिखा। घर उसी गति से चलता रहा। घर में टुनक-टुनक की आवाज़ें आती रहीं और बच्चे हाथों से कान बंद करते रहे।

रितु और राजन अब बड़े हो कर यूनिवर्सिटी में पढ़ने चले गये। जसदेव घर आता तो घर हाय-हाय कर रहा होता। दरवाज़े में घुसते ही सौ गिले-शिकवे जसदेव की झोली में डाल देती। ''आप तो अपने काम के सिलसिले में बाहर चले जाते हो घर का झंझट तो मुझे भुगतना पड़ता हैं।''

''काम छोड़ दूँ?'' तू तो किसी तरह से खुश नहीं होती। मैं घर के पास काम करता था तो लड़ाई, दूर लिया है, जिससे हफ्ते के बाद घर आ सकूँ तो भी लड़ाई। किस कुएँ में गिरूँ मैं?'' जसदेव चिढ़ता।

''मेरे अकेलेपन की तुम्हें कौन-सी फ्रिक है? मैंने माता जी को बुला लिया है। जैसे तेरा मन करे कर।'' जसदेव ने बियर का टिन पकड़ा और डैन में चला गया।

मीती की माता जी साथ रहने लगी। समस्या घटने की जगह बढ़ने लगी। जसदेव हफ्ते के बाद घर आता तो भी माता जी और जसदेव में छोटी-मोटी जंग चलती रहती। जसदेव ने पढ़कर और कमाई करके जो रुतबा हासिल किया था, उससे उसमें घमण्ड आ गया था। वह पूरी स्टेट में जाना जाता था। काम के ऑफर उसे घर बैठे आते रहते थे। ''हैड हंटर (अच्छी पोज़ीशन वाले व्यक्ति को ढूँढ़ने वाले लोग) उसके आगे-पीछे घूमते थे। अब मौका था जब वह माता जी को उनकी हस्ती के बारे में कुछ कह सकता था। वह हर बात पर उन्हें ताने देता रहता। मीती के भाइयों की अलग-अलग राहों के बारे में कुछ-न-कुछ कहता रहता।

मीती चक्की के दो पाटों में पिसती जाती। जब वह उठती तो उसकी टाँगे काँपती। मन भी गिरा-गिरा-सा रहता। माता जी भी उसे उठने से पहले ही कह देते—''मीती तेरा चित ठीक नहीं, तू बैठी रह जा, तू लेट जा।''

यह चित ठीक नहीं बड़ा बल देकर कहती और जसदेव की ओर टेढ़ी आँख से देखती।

जसदेव चुप रहता, मन में हँस देता। पर कभी उसे माता जी पर गुस्सा आ जाता। वह सोचता माताजी मीती का भला करने की जगह उसे मानसिक रूप से खड्डे में ढकेल रहे हैं। अगर वह कुछ कहता तो माता जी की ओर से करारा-सा जवाब मिलता—''बेटा जी हमने अपनी बेटी आपसे ब्याही है, बेची नहीं।''

जसदेव का मन होता कि वह कह दे—''शुक्र है, आप को यह याद है कि

आपने बेटी मुझे ब्याही है। अगर ब्याही है तो इसे बसने भी दो।'' पर जसदेव बात ने बढ़ाता। कभी-कभी जवाब दे भी देता। वह माता जी को अच्छी तरह से समझ चुका था। माता जी का बेटों ने और बेटों का माता जी ने कहना न माना था और न ही उन्हें अपने पास रखा था। उनकी छोटी बहुएँ बड़ी शातिर थीं। इस पर भी माताजी के स्वभाव में कोई बदलाव नहीं आया। जो रोब वे बेटों पर जमा नहीं पाईं, जो वह जमाई पर जमा लेती।

मीती उठती, थोड़ा बहुत काम करती, फिर बिस्तर पर जा लेटती। वरना सारा काम जसदेव के जिम्मे ही होता था। मीती ने शादी के बाद कुछ समय पार्ट-टाइम काम किया था। फिर स्वास्थ्य खराब होने और बच्चों की देखभाल के कारण उसने काम छोड़ दिया था। जिन वर्षों में वह काम करती रही थी, उस समय जसदेव पढ़ता था। मीती के दिमाग में माता जी ने यह बात बिठा दी–'' तूने मेहनत करके जसदेव को पढ़ाया है।'' वह यह भूल जाती कि तब जसदेव भी तो काम करता था। उसी में से वह अपने पिता को खर्च के पैसे भेजता था। मीती का पैसा जसदेव ने कभी छुआ ही नहीं। हाँ, एक बार उसकी बहन की शादी के लिए उसने मीती से पाँच सौ डॉलर लिए थे। जब उसे अच्छी नौकरी मिल गई, घर में पैसे की तंगी न रही तो जसदेव ने वे पैसे मीती को लौटा दिये थे। कहा था–''मीती यह तेरी नौकरी के कमाये पैसे हैं, रख ले।''

मीती कहने लगी–''रहने दो, वैसे भी तो हमारे पैसे इकट्ठे ही हैं।'' ''नही रख ले, ज़रूरत होगी तो ले लूँगा।'' जसदेव ने कहा था।

उस दिन मीती को जसदेव पर प्यार आया था पर वह इस प्यार की उम्र बड़ी कम थी। माता जी के एक बार कहने पर–''नाटक करता है, ऐसे भरमा कर तुझसे और पैसे निकालेगा।'' और मीती के सोच में फिर घरड़-घरड़ होने लगी थी।

जब मीती ने सेहत खराब होने से काम छोड़ दिया, तो जसदेव भी मीती से पैसे-पैसे का हिसाब पूछता। अपनी कमाई का रोब जताता। इन छोटी-छोटी बातों से दोनों में दरार आ गई थी। दोनों का अहम् बीच में दीवार बन के खड़ा हो जाता। माता जी भी कई ऊट-पटाँग बातों द्वारा उस दीवार को और पक्का कर देती।

दविन्दर मीती को मिलने आता और उसे और चाबी भर जाता। जब भी दविन्दर आता, जसदेव घर से बाहर निकल जाता। दविन्दर के चले जाने के बाद भी उनके घर की हवा कई दिन तक बोझिल रहती। मीती अपने बड़े भाई के खिलाफ एक शब्द भी न सुनती।

मीती के इस पिछलग्गू स्वभाव ने उसकी ज़िंदगी तबाह कर दी थी। जो माँ सिखा देती, वही वह जसदेव से कह देती। घर के ऐसे हालात होने के कारण जसदेव अपने पिता को थोड़े बहुत पैसे भेज देता पर उसने कभी भी बहन-भाई को वहाँ बुलाने

की कभी कोशिश नहीं की और न ही उसकी हिम्मत पड़ी। माँ ने मीती के मन में ऐसे वहम डाल रखे थे जो उसके मन की भीतरी पर्तों को कुतरने लगते।

जब भी माँ कोई संकेत-सा करती, मीती भावुक होकर जसदेव को पड़ जाती। दोनों के बीच एक रेगिस्तान बिछ जाता। उस रेत के कण उनकी आँखों में पत्थर बन चुभते। जैसे वे दोनों एक-दूसरे के जिबह कर रहे हों।

मीती दिनों दिन बीमार होती गई। हर रोज़ उसके शरीर में दर्द, सिर-दर्द, मन गिरना होता रहता। वह जिस किसी को फोन करती अपनी बीमारी की गाथा सुनाती। सभी रिश्तेदार उसके फोन-कॉल से डरते। हर एक का वह उलाहना देती हुई कहती—''कोई भी मेरा हाल-चाल नहीं पूछता।''

सभी उसकी व्यथा सुन कर अपने-अपने काम लग जाते। किसके पास वक्त था—उससे सिर खपायी करने का। फिर उसकी बीमारी का कोई नाम भी तो नहीं था। बरसों से डिप्रेशन के दौर में वह बचपन की गलियों से न निकलती। छोटे भाइयों को वह छोटी-छोटी बातों का ताना देती। बहन-भाई, सगे-संबंधी सभी उसे दुश्मन लगते। जैसे सारी दुनिया खुश थी और अकेली वही दुःखी। जैसे कोई भी उसके दिल की हालत समझ न सकता हो। वही उसे पग-पग पर कहते—''तू बीमार है मीती, तू बैठी रह। मैं तुझे चाय बना देती हूँ। मैं तुझे गोलियाँ ला देती हूँ। आ तेरा सिर दबा दूँ...।'' और मीती को माँ के बिना कोई भी अच्छा न लगता।

यूनिवर्सिटी जाने से पहले, दोनों बच्चों का बचपन अपने कमरे में बीता था। माँ के साथ कोई भावनात्मक रिश्ता नहीं बना था। वे दोनों माँ-बाप की किट-किट से डरते कमरे में जा बैठते थे। खेलने की उम्र जैसे उन्होंने जानी ही नहीं। राजन तो कभी माँ के पास बैठ भी जाता पर छोटी रितु, जिसे माँ ने कभी ममता से गोद में लेकर प्यार ही नहीं किया था, वह माँ से दूर रहती। रितु पिता के साथ बाज़ार घूम आती। उससे प्रश्नों के उत्तर पूछ लेती। पिता भी होमवर्क करा देता। फिर मीती इतनी पढ़ी हुई भी नहीं थी जो वह बच्चों को पढ़ाई में कोई मदद कर पाती। माँ और नानी, बाप बेटी को हँसते खेलते देख कर जल भुन जातीं।

माँ मीती के कान में सीधी-उल्टी भरती जाती। वह कभी यह न समझती कि उसका घर-बार, परिवार, सुख-शांति के लिए भटक रहा है। मीती शारीरिक पीड़ा से अधिक मानसिक पीड़ाओं पर चीखती। उसकी टाँगें, उसकी पीठ, उसका सिर—सभी दर्द करते रहते। बच्चे 'हाय-बाय' से ज़्यादा उससे कोई वास्ता न रखते।

माँ को मीती के पास रहते दो-तीन साल हो गये थे। पिता जी कभी-कभार दविन्दर के साथ मिलने आ जाते। माँ ने कभी यह चिंता नहीं की कि वे अपना जीवन कैसे बिता रहे होंगे? कौन रोटी-पानी देता होगा? कौन उनके कपड़े-लत्तों का ध्यान रखता होगा। उसे भले बंदे ने कभी कोई शिकायत भी नहीं की। एक दिन अचानक

खबर आई—"पिता जी को स्ट्रोक हो गया, वे साथ छोड़ गये।"

छोटे भाई-भाभियाँ अपने-अपने घरों में खुश थे। क्रिया-कर्म करके वे अपने-अपने काम में लग गये। पिता जी दविन्दर के पास रहते थे। उनके जाने पर वह भी अपने काम में व्यस्त हो गया। अब माँ और बीवी रह गये—अकेले।

मीती ने जसदेव के साथ अपनी जीवन-डोर कभी बाँधी ही नहीं थी। इसलिये दुःख-सुख की भी कोई साँझ न थी। ऐसे दुःख के समय भी वह जसदेव की सहानुभूति प्राप्त न कर सकी। अगर जसदेव कोशिश भी करता तो माता बीच में खड़ी हो जाती। जब भी वह जसदेव से थोड़ा निकट हुई तो माता ने उसे उचित दूरी पर खड़ा कर दिया। उसमें, खुद में इतनी हिम्मत न होती कि वह माता को अपने जीवन के किसी हिस्से से माईनस कर दे।

पहले तो दविन्दर कभी थोड़े समय के लिए माँ को अपने साथ ले जाता था, पर पिता जी के जाने के बाद माँ पक्के तौर पर मीती के पास रहने लगी। वह जसदेव और मीती के बीच दीवार बन कर खड़ी हो गई। अब वहाँ पक्के तौर पर रहने से समस्याएँ और भी बढ़ गईं। मीती के कच्चे कान, कच्ची मिट्टी से जीवन को गला रहे थे। माँ रात-दिन मीती को चाबी भरती रहती। वह उलाहने दे देकर जसदेव को मीती के दुःख सुनाती। बीमार न होते हुए भी मीती मानसिक रोगी हो गई। एक दिन तंग आकर जसदेव ने दविन्दर को फोन किया—"माता जी को ले जाओ मैं और नहीं रख सकता।" उस दिन जसदेव से नज़र मिलाये बिना, आँसू बहाती माँ बेटे के साथ चली गई।

घर में चार महीने तक शांति रही।

लड़ाई होती भी तो वे चाय बनाते, चुस्कियाँ भरते, एक-दूजे को मनाने की कोशिश करते। रिश्तों के धागे को 'चुप' की गोंद से जोड़ते।

चार महीने बाद दविन्दर का फोन आया। जसदेव ने ही उठाया—"मीती को देना" कह कर चुप हो गया।

जसदेव ने भी—"तेरा फोन है", कह कर रख दिया।

उसे तब पता चला जब मीती को दौरा पड़ा। उससे साँस लेना मुश्किल हो रहा था। "माता जी पूरे हो गये। हा...र्ट...अटैक।" वह मुश्किल से रुक-रुक कर बोली।

माता जी के चले जाने के बाद मीती को हौसला देने वाला कोई न बचा। बच्चे मोह-जाल से पहले ही मुक्त थे। वे जानते थे कि नानी ने उनके घर में तूफान खड़ा किया हुआ था। इसलिये उन्हें उनके जाने का कोई खास अफ़सोस न हुआ। जसदेव के साथ सुख-दुःख का रिश्ता बना ही नहीं था। आस-पड़ोस मीती के दुःख-राग सुन सुन कर पहले ही तंग आ चुका था...। अब मीती के अंदर एक रेगिस्तान बिछ गया।

वह घबराई हुई-सी घूमती। घर साफ करती तो करती ही जाती। अपने बेडरूम को सजाती, जैसे उसके अंदर के सपने साकार होने को व्याकुल हो रहे हों। या किसी ऐसी शख्सीयत ने उसके जीवन में प्रवेश करना हो, जिसके साथ उसका अस्तित्व सार्थक का अनुभव करेगा। उम्र बीतने के साथ एक रिक्तता दुःखी करने को लगी थी। कभी वह ठंडे शावर लेने बैठ जाती और कभी खुद को सजाने लगती। घर में वह अकेली रह गई थी। मीती के अकेलेपन के कारण जसदेव ने काम भी घर के पास ही ले लिया था। अब जसदेव था, मीती थी या दीवारों के अंदर फैला हुआ बरसों का जाल। रिश्तों की दरारों का प्रदर्शन।

अपनी ओर से जसदेव घर के सभी काम करता। मीती को सुबह की चाय बेड में ही दे देता। दवाइयों का डिब्बा, कार्न-फ्लैक्स, ट्रे में सजा लेता...। फिर वह काम पर चला जाता। काम से भी फोन करके हाल-चाल पूछता रहता।

जसदेव जब काम से लौटता तो मीती भाग कर दरवाज़ा खोलती। उसके अन्तस को किसी चिंगारी की प्रतीक्षा होती या वह ऐसा महसूस करती कि किसी किरण ने उसके घर में प्रवेश कर के उसकी रूह को प्रकाशपुँज से भर दिया हो।

जसदेव अन्दर आता, ब्रीफ़केस कोने में रखता और बीच में खड़ी की हुई दीवार को चीर कर आगे निकल जाता।

मीती का जी करता कि वह उस दीवार को फाँद कर या उसे गिरा कर जसदेव की बाँहों में सिमट जाय। पर किस तरह? उसे खुद ही पता न चलता और वह वहीं बैठ जाती, पेट की नसों को पकड़े हुए, कराहती हुई...दीवारों के जाल में।

रसेदार भिंडी

सुरजीत कलसी

(1944)

"बात तो कुछ भी नहीं, ऐसे ही राई का पहाड़ बन गया। कुछ नहीं, बस में अपनी वाइफ के पास जाना चाहता हूँ। इन्हें कह दो, यह खत्म करो।" यह घटना शुक्रवार को घटी थी, वीक एण्ड पर दो रातें हवालात में काट कर पहली पेशी पर आये हरमन सिंह ने कहा। उसकी बात जो पंजाबी में थी, उसे अँग्रेजी में अनुवाद करके इन्टरप्रेटर ने जज को बताई। जज कहने लगा—"मिस्टर सिंह, यू आर चार्जड विद असालटिंग योर वाईफ (स्पाऊज़) करमजीत कौर हाऊ डू यू प्लीड, गिल्टी आर नाट गिल्टी। हरमन को इन्टरप्रेटर ने अनुवाद कर के बता दिया और वह कहने लगा वह गिल्टी" नहीं है। जज ने उसकी जमानत की सुनवाई के बाद कुछ शर्तें लगा कर उसे छोड़ दियाः शर्तो में उसे अगली तारीख को कोर्ट में पेश होने और किसी वकील को साथ लाने की हिदायत भी दी। पर साथ ही जज ने उसे अपने घर जाने, अपनी पत्नी को मिलने और यहाँ तक कि उससे बात करने की मनाही की आज्ञा का पालन करने को कहा।

अदालत के बाहर निकल कर, साथ काम करने वाले दोस्त गैरी को फोन किया और कहा—

"हैलो गैरी, शुक्र है तू मिल गया।"

"हैलो, हाँ क्या बात है?"

"दो रातें बीत गई हैं सैल में ब्रैड खाते। अब छोड़ा है सालों ने। अब बता मैं कहाँ जाऊँ?"

"क्यों क्या हुआ? भाभी ने घुसने नहीं दिया?"

"यह रोक उस सालों की है, साथ में कई पाबंदियाँ भी लगाई हैं। अब घर नहीं जा सकता, मिल नहीं सकता, उसे बुला नहीं सकता...मैंने क्या उसे पीटा था, बात कुछ भी नहीं थी। चल छोड़, अब मुझे कुछ दिन तेरे पास रहना पड़ेगा।"

"वो कोई बात नहीं, तू आ जा, देख लेंगे, सवारी है कि आऊँ?"

"नहीं, तू आ ही जा, मैं यहाँ किंग जार्ज पर 64 एवेन्यू के पास गैस स्टेशन पर खड़ा हूँ।"

"ओ. के. मैं आता हूँ, वहीं रहना।"

हरमन को अपने दोस्त गैरी के घर, उसकी बेसमैंट के एक कमरे में रहते चार महीने बीत गये थे। गैरी की पत्नी मेहताब के लिये खाना भी पका देती थी और समय-समय पर कपड़े भी धो देती। गैरी ने हरमन को एक वकील भी कर दिया जिसने कोर्ट में तीन तारीख़ें डलवा कर केस को और छः महीने आगे लटका दिया। एक दिन डाइनिंग टेबल पर बैठे, रात का खाना खाते समय मेहताब को उदास देख कर गैरी ने पूछा–

"क्या बात है, आज बड़ा उदास है, हमसे कोई भूल हो गई है क्या?"

"नहीं नहीं गैरी, ऐसी तो कोई बात नहीं, वैसे ही सोच कर परेशान हो जाता हूँ...बात तो कुछ भी नहीं हुई थी...ऐसे ही घर से बेघर हो गया।"

"ना यार, ऐसे दिल छोटा मत कर, यह भी तेरा ही घर है, तुझे किसी चीज़ की तंगी है तो बता।"

"नहीं तंगी तो नहीं, फिर भी...। हरमन ने ठंडी साँस ली। पर उसने जल्दी ही खुद को सँभाल लिया और कहा–"कल वकील खुद ही कोर्ट गया था, मैंने फोन किया तो कहता है कि अगली तारीख छः महीने की ले ली है, केस लम्बा ही होता जा रहा है।"

इतने में गैरी मून-शाईन की बोतल उठा लाया और एक ड्रिंक अपने लिए और दूसरा हरमन के लिए बनाया। टेबल पर बैठते हुए उसने हरमन के कंधे पर हाथ रख के पैग उसकी ओर किया–"हैरी तू दिल छोटा मत कर, ले घूँट लगा ले, मन बहल जायेगा।"

हरमन का दिल बड़ा ही उचाट था। गिलास पकड़ते हुए उसने कहा, "समझ नहीं आ रही, आखिर कौन-सा इतना बड़ा जुल्म कर दिया कि मुझे इतनी सज़ा मिल गई है। पति-पत्नी का झगड़ा तो युगों से होता आया है, यह कोई अनोखी बात तो नहीं हुई। जहाँ दो बर्तन होंगे, टकरायेंगे ही। आखिर बबली मेरी घरवाली है। मैंने तो दूसरे लोगों की तरह उस पर कभी हाथ भी नहीं उठाया, हाँ ऊँचा ज़रूर बोला होगा।"

"तो फिर उसने ऐसे ही पुलिस बुला ली, कुछ तो हुआ होगा?"

"हाँ, काहे को, यहाँ औरतों की सुनी जाती है। उसने कहा मारा है, पुलिस ने मुझे पूछा, मैंने कहा यस और मुझे पकड़ कर ले गये।

"अच्छा।"

"देख हैरी, तू तो समझदार है, घर में माँ, मेरी भाभी, मेरी पत्नी हैं। जहाँ तीन-चार औरतें इकट्ठी हों वहाँ अक्सर लड़ाई तो होती ही है। वैसे रोज़-रोज़ कुछ बहसबाजी हो जाती, कभी वे लड़ पड़तीं और कभी हँस-हँस कर बातें कर लेती हैं।"

जब शापिंग करने जाना हो तो साथ जातीं। पर इस बार तो अनहोनी बात ही हुई...।''

हरमन ने च-च-च-करके पछतावे में अपना हाथ माथे पर दे मारा

''पता नहीं कौन-सा टाइम था, बस दिमाग पर पर्दा ही पड़ गया। वे लड़ तो पहले से ही रहीं थीं पर जब मैंने दख़ल दिया तो बबली को माँ के आगे से बोलने को रोका, तब सारी लड़ाई मेरे गले पड़ गई। वह भी तब, जब मैं शोर सुन कर मैं अंदर गया। बबली तो पहले ही ऊँचा-ऊँचा रोये जा रही थी और उसकी गाल लाल-सुर्ख़ थी। वह मुझे देखते ही बोली—''तेरी माँ यहाँ मुझे पीटने के लिए लायी थी?'' रोती-रोती कहने लगी—''मैं पुलिस को फोन करती हूँ।'' गुस्से में भर कर मैंने फोन उसके आगे रख दिया ''ले कर ले फोन, मेरी कौन-सी टाँग तोड़ देंगे वे।'' शेर की बच्ची ने एक मिनट नहीं लगाया, झट पुलिस को नं. 911 घुमा दिया, बस फिर क्या था। पाँच मिनट में पुलिस की तीन गाड़ियाँ चीखती हुई घर के आगे आ गईं। आस-पड़ोस वालों ने भी देखा होगा कि इनके यहाँ कोई बात हुई है, तभी पुलिस आई है। चलो जी, पुलिस की लेडी अफसर ने बबली को एक ओर किया और उससे बयान लेने लगी। उसने पता नहीं कैसा झूठा तूफान लिखवा दिया। वह अपनी टूटी-फूटी अँग्रेज़ी में बार-बार 'मदर' 'मदर' कहे जा रही थी। पुलिस को उसकी बात समझ न आई तो मुझसे पूछ लिया—''तुझे अँग्रेज़ी आती है?'' मैंने कहा, ''यस।'' उन्होंने समझा मैंने उसे मारा है। मैंने उन्हें समझाने की बहुतेरी कोशिश की पर उन्होंने मेरी एक न सुनी। उन्होंने मिनट भी नहीं लगाया और मुझे उठा कर पुलिस की गाड़ी में पुलिस स्टेशन ले गये। आगे जो हुआ, पता नहीं कब तक इसका ख़ामियाज़ा और कितना वक्त भुगतना पड़ेगा...।'' हरमन ने खींझ कर बात ख़त्म करनी चाही।

गैरी की पत्नी ने खाना मेज़ पर लगा दिया और प्लेटों में डालने लगी। हरमन ने बात जारी रखी, ''कल माँ का फोन आया था, वह बड़ी परेशान थी, माँ उस दिन से रोये जा रही है।''

''वीर जी, आप माँ को कह सकते हो, वह यहाँ आकर आपको मिल जाया करे।'' गैरी की पत्नी ने हरमन से कहा।

''बात मिलने की नहीं, वह तो बबली के गाँव से लोग आये थे और उसे ले गये हैं। माँ बहुत परेशान है, मेरी पत्नी असल में मेरी माँ की पसंद थी। इंडिया रहते, मेरे बड़े मामे ने ही यह रिश्ता करवाया था। माँ जब लड़की देखने गई थी, तो कहती है कि उन्होंने बताया था कि लड़की बड़ी सयानी है। घर के काम-काज खाना बनाने में माहिर है। हर तरह की सब्ज़ियाँ, गोभी, भिंडी और कई दूसरी सब्ज़ियाँ भी बड़ी स्वादिष्ट बनाती है। बबली को इस बात का पता ही नहीं था कि उसकी माँ ने

कितना कुछ झूठ-मूठ ही बता दिया था। असल में बबली को रसोई का काम, रोटी-सब्ज़ी तो बनानी ही नहीं आती है। यह तो बाद में पता चला।''

''जब रिश्ता करना होता है तो ऐसे ही कहा जाता है।'' गैरी ने भी हामी भरी।

''पता नहीं कब क्या हो जायेगा, यह तो भगवान ही जानता है, मैंने कभी भी बबली को बुरा भला नहीं कहा था। पर जब वह मेरी माँ को बुरा-भला कह रही थी तो मुझसे सहन नहीं हुआ। मैंने तो सिर्फ़ डराया ही था—'खबरदार जो कभी भविष्य में मेरी माँ से इस तरह बोली।' वह रो-रो कर कह रही थी कि उसने तो कभी कहा ही नहीं कि उसे रोटी या दाल सब्ज़ी बनानी आती है। पर शोर तो इसी बात से हुआ कि माँ बबली को भिंडी की सब्ज़ी बनाने को कह कर खुद घर से बाहर फार्म में आ गई थी, फार्म के वर्करों की निगरानी के लिये। जब खाने का समय हुआ तो मेरे माँ-बाप खाना खाने अंदर आये, माँ पहले ही किसी बात पर क्रोधित थी। वह जब खाना खाने बैठी तो बबली ने कटोरी में रसेदार भिंडी डालनी शुरू की, तब मेरी माँ अपने पर कंट्रोल न रख सकी—'कभी रसे वाली भिंडी भी सुनी है?' माँ को गुस्सा तो आना ही था। उसने कटोरी गुस्से में दूर फेंकी और जो भी मुँह में आया बोलती गई। मैं नहीं जानता कि माँ ने बबली को मारा या नहीं। मैंने तो जब चीख-पुकार सुनी तो भागा आया। तब बबली ज़ोर-ज़ोर से रोये जा रही थी और मेरी माँ को बुरा भला कह रही थी।''

''देख हैरी, कैनेडा का कानून पत्नी की मार-पिटाई के मामले में बड़ा सख़्त है। तेरा छूटना आसान नहीं।''

''मैं कहता हूँ बात कुछ हुई ही नहीं, ऐसे ही रफड़ा पड़ गया है। गैरी, तेरी बात तो ठीक है पर मेरी पत्नी ने मेरी माँ के खिलाफ भी रिपोर्ट लिखवाई हुई है। कहती है मैं जबसे इंडिया से आयी हूँ, तभी से माँ मेरे साथ क्लेश करती है और अब कहती है कि उसने थप्पड़ मारे हैं। माँ भी बस, कभी-कभी गुस्से से बाहर हो जाती है, उसे क्या पता था कि बात बढ़ कर इतनी दूर तक चली जायेगी।''

''चल, तुझे वकील जो कहते हैं ना कर ले। अब ख़त्म हो जायेगी।'' गैरी ने सुझाव दिया।

''यार, मुझे तो समझ नहीं आता, मैं क्या करूँ। रात-दिन सोच-सोच कर पागल-सा हो गया हूँ। मैंने वकील की मिन्नते की कि माँ का नाम नहीं आना चाहिये, वह कहता है—फिर तू अपने पर सारा कसूर ले ले और क्राउन के साथ डील कर लेते हैं।''

''फिर तू ऐसे क्यों नहीं करता?'' गैरी से समझाया।

''मैं कर तो लूँ, पर लोग मुझे क्या समझेंगे—यह भी बीवी को पीट कर सूरमा बना फिरता है।''

मोर्चा

जरनैल सिंह

(15.6.1944)

दिसम्बर का महीना था। मैं अपनी डिटैचमैंट की पोस्टों का दौरा कर रहा था। यह पोस्टें टोरेंन्टो के 'केनेडियन फोर्मज़ बेस' यानी छावनी में स्थित हैं। बेस के साथ हमारी सिक्युरिटी कम्पनी 'कमिश्नेयर्स' का कॉनट्रैक्ट था। कैनेडा के तत्कालीन-फौजियों की इस कम्पनी में थोड़ी-सी संख्या कॉमनवैल्थ देशों से आये तत्कालीन-फौजी इमीग्रांटों की भी है। कम्पनी का ढाँचा फौजी पल्टनों जैसा है। मैनेजमेंट के रैंक कर्नल, मेजर, कैप्टन आदि हैं और सुपरवाईज़रों के मास्टर वारंट अफ़सर, वारंट अफ़सर, स्टाफ सर्जेंट, सर्जेंट आदि। इनके कर्मचारियों को सिक्युरिटी गार्ड नहीं, कमिश्नेयर कहा जाता है।

दौरे से लौट कर मैंने अपने कमिश्नेयर्स के पे-रोल मुकम्मल किये और वारंट आफ़िसर नैनसी बर्टन के ऑफिस को चल पड़ा। नैनसी बेस की असिस्टेंट ऐडमिन अफ़सर है। हमारे काम-काज का सारा कंट्रोल बेस कमांडर ने असिस्टेंट ऐडमिन अफ़सर को सौंपा हुआ है। डिटैचमैंट कमांडर होने के नाते मेरा इससे हर समय वास्ता रहता है।

"हाय डेव! हाओ यू डूईंग?" अपने काम में व्यस्त नैनसी ने मेरा हाल पूछा। बोलचाल में सभी मुझे डेव बुलाते थे। रैंक और पूरा नाम मास्टर वारंट ऑफ़िसर सुखदेव सिंह कंग केवल लिखते समय ही काम आता था।

"आई एम फाईन, हाओ अबाउट यू?" नैनसी के सामने बैठते, आप हाल बता कर मैंने उसका पूछा।

"नॉट टू बैड।"

बाहर पड़ती हुई कड़ाकेदार ठंड में हल्की धूप-सी नैनसी थकी-हारी दिख रही थी। गुलाबी फूल-सा चेहरा खिला हुआ नहीं था, कुम्भलाया हुआ था। वह 'अकेली' पोस्ट थी और पे-रोल पर हस्ताक्षर कर रही थी।

"बच्चों का क्या हाल है?" बोझिल होती चुप्पी को तोड़ते हुए पूछा। नैनसी की नज़र उसके मेज़ पर पड़ी दोनों बेटों की तस्वीर की ओर उठ गई। चमकती हुई

आँखों में चिंता छा गई। अपनी नज़र को सीट पर लाती हुई वह धीरे से बोली—"छोटा जिमि तो ठीक है, पर टिम वैसा ही है। समटाइम्स ईवन गैटिंग वर्स्ट। बड़े अजीब से सवाल पूछता है।"

"किस तरह के?"

"जैसे—डैड अफगानिस्तान क्यों गया? मैं बताती हूँ कि ऊपर से आर्डर हुआ था। कहता है, डैड मना कर देता। मैं समझाती हूँ कि सैनिक मना नहीं कर सकता। आगे से सवाल कर देता है कि जिस जॉब में बंदे की अपनी कोई इन्डिविजूऐलिटी है ही नहीं उस जॉब में आप और डैड क्यों आये? फिर जंग के कारणों के बारे में...अतिवाद बारे में पूछने लग जाता। उसका चेहरा तमतमा उठता है और आँखें जैसे जल रहीं हों। जब चुप होता है तो बिल्कुल ही गुमसुम हो जाता है। उसकी आँखों में सूनापन-छा जाता है और चेहरा, जैसे कहीं खोया हुआ हो...।

"साईकैटरिस्ट क्या बोलता है?" मैंने पूछा।

"मनोरोग की शुरुआत है...खैर, वह इलाज कर रहा है। काउन्सलिंग भी चल रही है। बड़ी उलझी हुई प्राबल्म है।"

"नैनसी, तू इतनी चिंता मत कर। प्रभु सब ठीक करेगा।" हौंसला देते हुए मैंने उसकी बीत रही ज़िंदगी की बात छेड़ दी—"वीकएण्ड पर मैंने तुम्हें क्रिसमस-ट्री खरीदते देखा था।"

"ओह अच्छा! पर मैंने तुम्हें नहीं देखा।"

"फिक्स कर दिया?"

"या! उसी दिन। जब मैं घर पहुँची, बच्चे ट्री देख कर खुश हो गये। पहले क्रिसमसों की तरह मैं बच्चों की यह क्रिसमस भी खुशियों भरी बनाना चाहती थी। सो ट्री को मैंने स्टैंड पर टिकाया और टहनियों पर क्रिसमस-गहने टाँग दिये। फिर पता नहीं मेरे मन में क्या आया और मैं अपनी खास पुरानी चीज़ों का डिब्बा भी निकाल लायी। उस डिब्बे में वे गिफ्ट भी थे, जिन्हें मैंने और स्टीव ने एक-दूसरे को दिये थे—खास मौकों पर जैसे जन्मदिन या शादी की अनैवर्सरी आदि। कुछ चीज़ें हम दोनों ने होलीडेज़ के दौरान, बड़ी दूर-दूर से खरीदीं थीं। जब उन खास चीज़ों से मैं क्रिसमस-ट्री को सजा रही थी तो स्मृतियों की लहरें मेरे मन में उछलने लगीं। ख्यालों में मैंने स्टीव को अपने साथ-साथ महसूस किया—मुझे चूमता, गले लगाता ...हँस खेल रहे बेटों के साथ बच्चा बन कर खेलता। उनके लिए नयी चीज़ें खरीदने की सलाह करता...। पर कुछ देर बाद वे ही लहरें मुझे डुबोने लगीं। दिल चीत्कार-सा कर उठा। मेरे पास अब स्टीव की यादें ही रह गईं थीं। मैं कभी भी उसे पुकार नहीं पाऊँगी। आँखों में उमड़ते हुए प्यार को वह कभी देख नहीं सकेगा...मेरा दिल भर आया पर मैंने खुद पर काबू पा लिया। बच्चों के सामने मुस्कराती रही। हँसती रही।

जब वे खा-पीकर सो गये तो दोबारा क्रिसमस-ट्री के पास आ बैठी। स्टीव के बिना मुझे मेरा अस्तित्व क्रिसमस-ट्री जैसा लग रहा था, जड़-विहीन, स्टैंड पर टिका डांवाडोल पेड़। मन-ही-मन विलाप करते हुए मैं फूट-फूट कर रोने लगी। रोती रही।'' बात करते हुए नैनसी की आँखें छलक पड़ीं। मेज़ पर पड़ा टिशू बॉक्स मैंने उसकी ओर बढ़ाया। आँसू पोंछते हुए उसने ''थैंक यू डेव'' कहा और लम्बी साँस लेती हुई बोली—''स्टीव के साथ जीवन में रौनकें थी, फ़न थे। घर के कामों में वह मेरे साथ बराबर हाथ बँटाता। खैर, कामों से जूझने की तो अब आदत हो गई है, पर खाली समय बड़ी मुश्किल से कटता है। उन पलों में मैं स्टीव को बहुत मिस करती हूँ...। स्टीव और मैं पास-पास बैठे होते थे—मन को चैन देने वाले, साथी पास जो होता था।''

''फौजी परिवारों के लिए ऐसे मन को चैन देने वाले पलों का महत्व इसलिये अधिक होता है, क्योंकि उन्होंने लम्बे बिछोह झेले होते हैं। उनके तो त्यौहार भी दूरियों में निकल जाते हैं।'' मैंने कहा था।

''हाँ, हमारे भी कई त्यौहार ऐसे ही बीते। पहली बार जब मैंने क्रिसमस अकेले मनाई तब स्टीव बोसनिया में तैनात था। टिम तब शायद दो साल का होगा। जिमी का जन्म बाद का है। वह टिम से सात साल छोटा है। उस क्रिसमस पर मैंने टिम के लिए बहुत सारे खिलौने और कपड़े खरीदे थे। दोस्तों-रिश्तेदारों में बड़े उत्साह से कार्ड और गिफ्ट बाँटे थे। स्टीव की माता जी हमारे पास आ गई थी। क्रिसमस की शाम बोसनिया से स्टीव का फोन आ गया। उसने बड़े प्यार से हमसे बातें कीं। बहुत अच्छा लगा। प्रतीक्षा में एक अलग-सा ही सरूर होता है पर अब तो प्रतीक्षा में बसने वाला ही न रहा। हज़ारों मील दूर, अफगानिस्तान की डायन जंग उसे निगल गई....न वह जंग की भेंट चढ़ता, न मेरा टिम इस तरह मैंटली डिस्टर्ब...।''

नैनसी का फोन बज पड़ा। रिसीवर उठा कर उसने बात की। टिशू पेपर से नम आँखें पोंछीं और कुर्सी से उठते हुए बोली—''ऐडमिन ऑफ़िसर ने बुलाया है। तुम बैठो, मैं थोड़ी देर में आती हूँ।''

''ओ.के.''। उदासी में डूबी मेरी आवाज़ जैसे गले में ही अटक गई थी। ध्यान दूसरी ओर ले जाने के लिए मैंने खिड़की की ओर देखा। बर्फ से धुँधलाये शीशों में से कुछ भी नज़र न आया। मेरी उदास सोच अतीत में उतर गई...बड़ी अच्छी ज़िंदगी गुज़ार रहे थे नैनसी और उसका पति स्टीव। मेरी इनसे अच्छी ख़ासी दोस्ती है। मेरे दोस्त डैमिट्री द्वारा शुरू हुई यह मित्रता, नैनसी के ऐडमिन ऑफ़िसर बनने के बाद और गहरी हो गई थी। डैमिट्री थ्योडोर में स्थित—'रॉयल कैनेडियन रैजीमैंट' की नं. 3 बटालियन में स्टाफ-सर्जेंट थे।

डैमिट्री थियोडोर ग्रीक मूल का कैनेडियन है। वह चढ़ती जवानी की उम्र में

अपने माता-पिता के साथ कैनेडा आया था। उसका पिता तत्कालीन ग्रीस का फौजी था। फौजी जीवन के बारे में पिता से रोचक बातें और युद्ध के उपरान्त मिले मैडलों से प्रेरित हो कर डैमिट्री कैनेड की फौज में भर्ती हो गया था। मुझे सुकरात, प्लेटो और अरस्तु जैसे विद्वानों और सिकंदर जैसे योद्धा के देश ग्रीस के बारे में जानने की उत्सुकता थी। ऐसे ही डैमिट्री भी अनेक जातियों-भाषाओं में विश्वास करने वाले, पोरस के देश और वर्तमान दुनिया के सबसे बड़े लोकतंत्र भारत के बारे में जानना चाहता था। इन देशों के अच्छे-बुरे पहलुओं से शुरू होती हमारी बातों का सिलसिला अब ग्लोबल समस्याओं तक पहुँच चुका था। इसी कारण हम दोनों एक-दूसरे को अच्छी तरह जान गये थे। स्टीव बर्टन के रोज़गार की शुरुआत एक फर्नीचर फैक्ट्री से हुई थी, वह वहाँ का सुपरवाईज़र था। पूरा दिन हलचल। कुर्सी और सोफ़े बनाने के लिए कामगारों को मैटिरियल और औज़ार उपलब्ध करवाने, प्रोडक्शन के लक्ष्य की पूर्त्ति के लिये, हर समय खड़े रहना, मैनेजमेंट के हुक्मों और कामगारों की तकलीफों का दिमागी बोझ—कुछ ही सालों में वह बेहद ऊब और थक गया था। अपने साथ काम करते एक रिज़र्विस्ट फौजी की बातों का उस पर असर हुआ और वह फौज में आ गया था। फौज में न कोई प्रोडक्शन का चक्कर था और न कोई माथापच्ची। जो आर्डर मिले, कर दो बस।

नैनसी तब किसी कम्पनी के हथियारों के विभाग में काम करती थी। शुरू-शुरू में जब स्टीव कई-कई दिनों के लिए फौजी ट्रेनिंग करने गया होता तो नैनसी बोर हो जाती पर समय के साथ-साथ उसे इसकी आदत हो गई थी। बाहर से लौट कर स्टीव उसे जैसे उड़ कर मिलता। उसके आवेशमय चुम्बन उनके प्यार में नया सरूर भर देता। घर में काम काज, खासकर बच्चों की देखभाल और अपने हिस्से की ज़िम्मेदारी वह फिर से उठा लेता।

स्टीव चाहता था कि वह और नैनसी एक ही विभाग में हों पर नैनसी का मन न माना। फौज में उसका वेतन कम हो जाता। लेकिन भर्ती के नियमों में जब कुछ परिवर्तन हुआ तो नैनसी का मन बन गया। ऐडमिनिस्ट्रेशन के डिप्लोमा और प्रबंध कुशलता के कई वर्षों के अनुभव के आधार पर वह सीधी सार्जेंट भर्ती हुई। वेतन भी बाहर जितना बन जाता था और काम वही दफ़्तरी। फौजी ट्रेनिंग और युद्ध में भेजे जाने के अवसर कम थे।

स्टीव और डैमिट्री के साथ मेरा कभी-कभी बियर-व्हिस्की पीने का प्रोग्राम बन जाता। जब कभी वे मस्ती के मूड में होते तो बेस के फौजी औरतों में से सेक्सी फौजी औरतों के जिस्मों की बातें करने लगते। उनकी यूनिट की एक रिज़र्विस्ट मेरी डिटैचमैंट में सिक्युरिटी की पार्ट-टाइम जॉब करती थी। वे शगल में उस हसीना के साथ मेरा संबंध जोड़कर, मुझे उसकी फिगर के बारे में पूछते। तलाकशुदा मैट्री

हैलीफ्लैक्स बेस की जोबनवंती को याद करने लग जाता, जिसके साथ उसका पहली टर्म के दौरान अफगानिस्तान में याराना हो गया था।

डैमिट्री और स्टीव के साथ शगलमेला करते, मुझे भारतीय फौज के सख्त नियमों वाली नौकरी याद आ जाती। यहाँ बेस में मैं देखता था—बार-बार सैल्यूट करने और सर-सर करने का कोई चक्कर नहीं था। जूनियर अपने सीनियर को उसके पहले नाम से सम्बोधित करता था। मुझे बेस की सभी मैसों में कभी-न-कभी कुछ कुछ खाने के मौके मिले थे। आफिसर्स मैस में चोंचले ही ज़्यादा थे, खाना तो नीचे वाले रैंकों जैसा ही था।

लेकिन भारतीय सैनिकों की तुलना में कैनेडियन सैनिकों की ट्रेनिंग बड़ी थोड़ी थी। इस बारे में एक बार बात चली तो उसने कहा था—"डेव, हमने कौन-सी किसी मुल्क के साथ सीधी लड़ाई लड़नी है। किसी मुल्क के सरहदी झमेलों को सुलझाना या अंदरूनी गड़बड़ी वाले मुल्कों में शांति स्थापित करने के लिए यू.ऐन.ओ. और नैटो की जो मिशन होते हैं, उनमें हम अपना पीस-कीपर्स का रोल निभाते हैं और साथ-ही-साथ तबाह हुए इलाकों का पुनर्निमाण करते हैं। असंस्कृत लोगों को आधुनिक जीवन जीने के तरीके सिखाते हैं।"

"स्टीव! गड़बड़ी से जूझना है तो अहम कार्य, पर पहले यह पता करना चाहिये कि गड़बड़ी फैलाता कौन है? और बात तुम जीवन जीना सीखाने की बात कर रहे हो, मेरे विचार में हर देश-कौम के अपने-अपने जीवन-मूल्य होते हैं। समय के साथ उनमें परिवर्तन होना आवश्यक है पर परिवर्तन डायलॉग के द्वारा समझाया जाना चाहिये, न कि हथियारों के द्वारा।"

"स्टीव ने मेरी ओर घूर कर देखा था। मैं समझ गया था। सैनिकों और सैनिकों के साथ काम करते सिक्युरिटी कर्मचारियों को ऐसी किन्तुओं वाली बातें नहीं करनी चाहिये। मैंने बात वहीं छोड़ दी थी।

लेकिन अब सोलह-सत्रह साल का टिम बात छोड़ नहीं रहा था। वह अपने डैडी की मौत का कारण बनी जंग की उपयोगिता और बाहर के फौजियों द्वारा अफगानिस्तान को जीवन जीने के तरीकों के बारे में सवाल पूछ रहा था। विधवा माँ से मिले उत्तरों से उसे संतोष नहीं होता था...नैनसी को ऐडमिन अफ़सर मेजर गॉर्डन के दफ़्तर से बाहर आते देख, मेरी तंन्द्रा भंग हुई। नैनसी ने बाकी बचे हुए पे-रोल हस्ताक्षर किये। मैं उठ कर 'बाय-बाय' कर बाहर आ गया।

अपने दफ़्तर में आकर मैं अपने चार हफ़्ते की कैजुअल बनाने लग गया, पर मन काम में नहीं लगा। नैनसी के शब्द—"अब तो इन्तज़ार में बसने वाला ही न रहा...चुड़ैल जंग उसे निगल गई।" मेरे कानों में गूँज रहे थे...और पता नहीं कैसे, ऐसे ही शब्दों वाले मनजीत कौर के दर्द भरे बोल मेरे कानों में गूँजने लगे...नवतेज

मैं तेरा इन्तज़ार कर रही हूँ...। तेरी राहों में खड़ी हूँ। ''नैनसी और मनजीत के साथ घटे एक से दुःख मानो एक-दूसरे में गडमड होकर मेरे भीतर गहरे दुःख को जगा गये...मेरी छलकती हुई आँखों के सामने मनजीत के पति, मेरे दोस्त नवतेज की खून से लतपथ लाश घूम गई...राजस्थान में हिन्द-पाक बार्डर के साथ लगते भीमगढ़ एयर फोर्स स्टेशन पर यह भयानक हादसा हुआ था, बंगलादेश की जंग के समय। हमारा स्क्वार्डन तब जोधपुर में था। जंग छिड़ने पर स्क्वार्डन को भीमगढ़ से ऑपरेट करने के आर्डर हुए थे। भीमगढ़ में हमने अपना एक जहाज़, मोटी गहरी कंकरीट के बने हुए पक्के और मज़बूत शैड में सुरक्षित किया हुआ था।

उस दिन दोपहर को, हम तकनीकी ट्रेड के सैनिक शैड के अंदर, अपने जहाज़ को हमले पर भेजने के लिए तैयार कर रहे थे। खाने वाली गाड़ी बाहर खड़ी थी। मग-प्लेटें उठा कर हम खाना लेने लगे। अचानक ही दो पाकिस्तानी जहाज़ हमारे सिरों पर आ धमके। वे बहुत ही नीचे आये थे, इस कारण रेडार में उनका पता नहीं चला और वार्निंग का सायरन नहीं बजा था। जहाज़ की बंदूकों से तड़-तड़ गोलियाँ बरसने लगीं। हम एकदम वहीं धरती पर बिछ गये, पर नवतेज खाने की प्लेट उठाये शैड के अंदर की ओर भाग पड़ा और गोलियों से बिंध गया। हमलावर जहाज़ पूरे हवाई अड्डे पर छा गये थे। हमारे पास वाले शैड से बाहर आ चुके एक जहाज़ दूर पार्क किये दो फौजी ट्रक और एक-दो-ट्रैक्टर को जलाते हुए वे पल भर में चले गये।

प्यारे दोस्त की मृत्यु ने मुझे सुन्न कर दिया था। मौत बंदे के इतने पास होती है, यकीन नहीं हो रहा था...। फिर मेरे मन में अजीब-सी खुशी का एहसास उभरा-जलती आग में से बच जाने का एहसास। गोलियों की बरसात हमसे डेढ़ फुट के फासले पर हुई थी। अगर हमलावर पायलट ने गन का स्विच आधा सेकिंड पहले दबा दिया होता तो गोलियों की बरसात गाड़ी और हम पर होनी थी। गाड़ी को आग लगते ही हम सात के सात सैनिक वहीं ढेर हो जाते।

नवतेज की पत्नी जोधपुर में थी। हम चाहते, थे कि नवतेज का दाह-संस्कार जोधपुर में मनजीत की उपस्थिति में किया जाय पर यह संभव न हो सका। पास वाली सरहद पर आगे बढ़ रही पाकिस्तानी फौज को हवाई हमलों से निरस्त करने के लिये, हमारे स्क्वार्डन की सिर-धड़ की बाज़ी लगी हुई थी। सो, नवतेज का दाह-संस्कार हमारे शैड के पास ही फौजी रस्मों के साथ कर दिया गया। उसकी अस्थियाँ उसकी पत्नी को जोधपुर में सौंपने के लिए मेरी ड्यूटी लगाई गई।

स्क्वार्डन की जीप में भीमगढ़ से अस्थियाँ लाते हुए मेरी सोच में नवतेज घूमे जा रहा था...चार दिन की उसकी ज़िंदगी और वह भी संघर्ष में ही चली गई। पिता की अचानक मृत्यु हो जाने से परिवार की जिम्मेदारी उसके कंधों पर आ पड़ी थी। तब वह बी.एस.सी.फर्स्ट ईयर में पढ़ता था। लायक विद्यार्थी होने के साथ-साथ वह

कॉलेज की स्टूडेंट यूनियन में भी सक्रिय था। पिता की मौत ने उसकी पढ़ाई छुड़वा दी। वह नौकरी ढूँढ़ने लगा, पर कहीं न मिली। हार कर एयर-फोर्स में आ गया। वह हवाई जहाज़ों के इंजिनों का मैकेनिक था और मैं जहाज़ के हथियारों का मैकेनिक। हम दोनों का रैंक कारपोरल का था। वैसे वह मुझसे चार साल सीनियर था।

नवतेज मुश्किल ड्यूटियों के साथ-साथ पढ़ाई भी कर रहा था। उसने मुझे भी पढ़ाई के लिए प्रेरित किया था पर मैंने तो दसवीं कक्षा ही मुश्किल से पास की थी। हमारे लिए तो एयर फोर्स की नौकरी ही बहुत ऊँची छलाँग थी। गाँवों की धूल फाँकते हम हवा में उड़ने वाली मशीनों के मैकेनिक बन गये थे। नवतेज के साथ मैं अकादमिक किताबों से तो न जुड़ पाया, ज्ञान की किताबों के पन्ने पलटने लग गया। वह सिलेबस की किताबों के साथ-साथ दूसरी किताबें भी पढ़ता रहता था। उन में से मैं अपनी पसन्द की उठा लाता। नवतेज में काबलियत के साथ-साथ साहस भी था। फूकी के सख्त अफसरों के सामने अड़ने के कारण वह तीन बार अट्ठाईस-अट्ठाईस दिनों के लिए सलाखों के पीछे भी जा चुका था। इसी कारण उसे कारपोरल की तरक्की लेट मिली थी। हवाई सेना में परेड और पी.टी. कम ही हुआ करती है। पर जब कभी 'ऊपर' से बड़े-बड़े अफ़सरों ने इन्स्पेक्शन करने आना होता तो कई-कई दिन तक प्रैक्टिस होती रहती। नवतेज किसी-न-किसी बहाने कन्नी काट जाता और ठोक कर पगड़ी को सँवारते कर कहता—"यह भी कोई काम है—सावधान, दाँयें मुड़ो, बाँयें मुड़ो, तेज़ चलो, धीरे चलो, सलामी दो। बंदे को सरेआम कठपुतली बना देते हैं।"

नवतेज चाहता था कि उसका छोटा भाई रेशम खूब पढ़े पर रेशम आठवीं में फेल हो कर खेती करने लग गया था। बहन ने दसवीं पास करके सिलाई-कढ़ाई का डिप्लोमा कर लिया था। नवतेज ने पहले उसका ब्याह किया, फिर अपना।

नवतेज ने नौ साल पूरे करके एयर फोर्स छोड़ देनी थी। वह पॉल. साईंस में फर्स्ट डिविज़न में एम.ए. कर चुका था। किसी कालेज में प्रोफेसर बनने का उसका सपना था। मनजीत ने बी.ए. की हुई थी। उसका प्लैन बी.एड. करने का था। उसे म्यूज़िक का भी शौक था। मैं जब भी उनके क्वाटर पर जाता तो जीतां भाभी को सितार बजाने की फरमायश करता। उन जीवनदायक सुरों में रूहें भींग जातीं।

जिस दिन नवतेज के डिसचार्ज का पत्र, एयर-हैडक्वाटर से स्क्वाकार्डन के आर्डली-रूम में पहुँचा, उस दिन वह खुशी में खिल रहा था—"बस, तीन महीने और हैं। डेढ़ महीने बाद क्लीयरैंस शुरू कर देनी है और हम उड़न-छू हो जायेंगे। सिविल में मैं लेक्चरार और जीतां मास्टरनी। नयी ज़िंदगी शुरू करेंगे। नवतेज की एक कॉलेज में सलैक्शन हो चुकी थी। पर अगले दिनों में जंग के लिये—'तैयार-बर-तैयार'

के टैलीग्राम खड़क गये। छुट्टियाँ और डिसचार्ज रोक दिए गये। बेबसी और निराशा में डूबे नवतेज ने कहा था—आखिर में आ कर फँस गया।"

"लड़ाई कौन-सी हमेशा लगी रहेगी।" मैंने दिलासा दिया।

"ख़त्म होने पर इन्होंने कौन-सा एकदम छोड़ देना है। उन्तीस सौ पैंसठ की लड़ाई के बाद डिसचार्ज हो जाने वाले डेढ़-डेढ़ साल तक घिसते रहे थे। मैं तो एक दिन भी ज़्यादा नहीं अटक सकता।"

3 दिसम्बर 1971 को जंग के बिगुल बज गये। वैसे नवतेज की नौकरी नौ साल से एक महीना ज़्यादा हो चुकी थी। वह अपने ट्रेड का काम तो करता पर बुझा-बुझा रहता। बार-बार यही कहता—आखिर में आकर मैं फँस गया।"

"अरे सजना, क्या हुआ तुझे? धीरज रख।" खीझ कर मैंने कहा था। "यार, धीरज की इसमें क्या बात है। मेरा सारा किया-कराया कुएँ में गिर गया। तू दिखा तो धीरज, जा कर पूछ इंदिरा गाँधी को, जिसने अपनी गद्दी पक्की करने के लिये, दूजे देश में टाँग अड़ायी है।"

"तेज़! मुँह बंद रख। ऐसी बातें करके तूने अपना कोर्ट-मार्शल कराना ही है। साथ में हमें भी लपेट लेगा।" मैंने उसे चौकस किया। "ओये, ऐसे क्यों गोबर किये जा रहा है, जा होने दे मेरा कोर्ट-मार्शल।"

मैं देख रहा था, नवतेज की निराशा और बेबसी विद्रोह में बदल गई थी। दो दिन पहले जब हवाई हमले का सायरन हुआ तो वह हमारे साथ मोर्चे पर नहीं छिपा था। पूछने पर कहने लगा निचले रैंकों और अफ़सरों के बीच के अंतर के बारे में कही हुई बात याद आ गई थी—"कितना फ़र्क है हमारी और अफ़सरों की रोटी में, वर्दी और बर्ताव में। नौ साल पूरे होंगे तो सिविल में जाकर अच्छा खायेंगे, अच्छा पहनेंगे।"

पर अच्छी रोटी तो क्या, जंग ने उसकी प्लेट में पड़ी रूखी-सूखी भी उसे खाने न दी। इससे पहले कि वह खाना खाता, गोलियाँ उसे खा गईं थीं। रोटी ने अपनी कीमत वसूल कर ली थी।

"फौजी की रोटी इतनी महँगी क्यों है?" मेरे भीतर से गुबार उठा था।

उसके संस्कार के समय जब हमने 'शोक-शस्त्र' की मुद्रा में राइफलें उल्टी की और बिगुल की 'लास्ट-पोस्ट' की मातमी धुन उभरी तो पूरे हवाई अड्डे में शोक छा गया था।

नवतेज का क्वाटर गहरे शोक में डूबा हुआ था—जब मैं उसकी अस्थियाँ लेकर वहाँ पहुँचा। क्वाटर के अंदर घुसते समय मेरी टाँगे काँपने लगीं। मुझे देख कर, कमरे में दरियों पर बैठे सभी लोग बरामदे में आ खड़े हुए। सदमें में दबी हुई जीतां भाभी, इधर-उधर गिर रही थी। गोरा चेहरा पीला ज़र्द हुआ पड़ा था। सफेद दुपट्टे की सफेदी

उसकी आँखों में भी उतर आई थी–सपनों से विहीन सफेदी। पंजाब से पहुँची नवतेज की माँ और उसका भाई बेहाल हुए पड़े थे। जीतां के साथ खड़ी औरतें, साथ वाले क्वाटरों में रहते सैनिकों की पत्नियाँ, माँयें और बहनें थीं। पंजाब, बंगाल, तमिलनाडु, महाराष्ट्र, राजस्थान, उत्तर प्रदेश आदि प्रदेशों की इन औरतों के रंग और नयन-नक्श तो अलग-अलग थे पर इनके चेहरों पर छाये चिन्ताओं के चिह्न एक से थे। भीमगढ़ से दो सौ किलोमिटर दूर, सुरक्षित जगह पर होने के बावजूद भी वे भी जंग से उतनी ही प्रभावित थीं, जितने उनके पति, भाई और बेटे।

मैंने काँपते हाथों से अस्थियों का कलश जीतां भाभी की ओर बढ़ाया। वह पागलों-सी कुछ पल उसे देखती रही और फिर सीने से लगाते ही उसकी चीख निकल गई, ''नहीं...नवतेज...नहीं...यह तू नहीं। तेरी सोच में मौत नहीं, ज़िंदगी थी। हमने बेहतर ज़िंदगी के सपने देखे थे...तू मुझे छोड़ कर कहीं नहीं जा सकता...देख...मैं तेरा इंतज़ार कर रही हूँ...तेरी राहों में खड़ी हूँ।'' विलाप करती वह बेहोश हो गई। पास खड़ी औरत ने उसे सँभाला।

अपने पेट में मुक्के मारती नवतेज़ की माँ की भी रोते हुए चीखें निकल गईं। कलश को सहलाते हुए वह कुरलाई–''हाय भगवान यह तूने क्या किया? भर जवानी में मेरे बेटे को उठा लिया...अभी तो मुझे इसके बाप की मौत भी नहीं भूली, अब तूने इतना बड़ा कहर और ढा दिया। ये किस जन्म की सज़ा दे रहा है...।'' मेरी आँखों से आँसू बहते रहे।

माँ और जीतां की सिसकियाँ मुश्किल से ही बंद हुई। गहरे सदमें में होने के कारण जीतां से कुछ बोला ही नहीं जा रहा था। माँ और रेशम के साथ दुःख साझा करके मैं उठ गया था, भीमगढ़ में हाज़िर होने के लिये। बैरकों के पास आकर मेरी जीप धीमी हो गई। उनींदे के कारण शरीर टूटा हुआ-सा था। मन हुआ बैरक में जाकर अच्छी तरह नहाऊँ और जी भर सोऊँ, पर स्क्वार्डन कमांडर की जल्दी-से-जल्दी लौटने की हिदायत याद आ गई। मैंने फिर से जीप तेज़ कर ली...सोचते-सोचते मुझे स्क्वार्डन कमांडर द्वारा भाषण याद आ गया जो उसने नवतेज की मृत्यु के बाद दिया था–''देश के लिए मर-मिटना जीवन का उत्तम कार्य है। सिर पर कफन बाँधना और मौत से बातें करना सिर्फ़ सैनिकों के हिस्से में ही आया है...रणभूमि में नवतेज का बहाया हुआ खून, हमें भारत माता की रक्षा के लिए और भी दृढ़ करता है।''

मेरी नज़र यूँ ही दाँयें-बाँयें घूम रही थी। स्क्वार्डन कमांडर की बातें सुन रहे सैनिकों के चेहरों सूरमा की वीरगति की शेड के साथ एक शेड और भी थी–अधीनगी की। अपने अंदर की अधीनगी की–यह मैं अनुभव कर रहा था। स्क्वार्डन के चेहरे पर लाली थी। शायद बड़े रैंक और मोटे वेतन की लाली के कारण उसके अंदर की अधीनगी ज़ाहिर नहीं हो रही थी। वह जोश के साथ बोल रहा था–''मुझे अपने

स्कवार्डन के बढ़िया पायलटों और टैक्नीशयनों पर अभिमान है।''

ऐसी ही अभिमान, फ़ख्र वाली बातें कैनेडियन बेस टोरंटों के कमांडिंग ऑफ़िसर ने स्टीव के संस्कार से पहले कहीं थीं...स्टीव की लाश हवाई जहाज़ के द्वारा अफगानिस्तान से यहाँ पहुँची थी। उसकी लाश वाली लम्बी गाड़ी जब एयरपोर्ट से बेस की ओर आ रही थी तो कुछ लोग, मार्च महीने की ठंड की परवाह न करते हुए—'हाईवे ऑफ हीरोज़' के पुल पर हाज़िर थे। उन्होंने प्यारे स्टीव बर्टन! तेरी बहादुरी पर कैनेडा को अभिमान है', के परचमों से स्टीव का स्वागत किया था।

स्टीव के अंतिम दर्शनों के लिए कैसकिट, 'क्लार्क फ्यूनरल होम' में रखी गई थी। स्टीव की मॉम, नैनसी के मॉम डैड, रिश्तेदार, दोस्त और अनेक सैनिक कुर्सियों पर बैठे हुए थे।

'कमिश्नेयर्स' की ओर से मैं हाज़िर था। सैनिकों के चेहरों पर बहादुरी के हाव-भाव के नीचे परवशता के निशान भी दिखाई दे रहे थे।

स्टीव ने वर्दी डाली हुई थी। उसका निचुड़ा हुआ चेहरा, कैमिकल के प्रभाव से लाल दिख रहा था। अंदर सफेद मखमली कपड़ों से सजाई अर्थी के हवाले हुआ जैसे वह कह रही हो—''बहुतेरी मारा-मारी हो गई। अब आराम कर लेने दो।''

फौजी पादरी ने बाईबल में से सरमन पढ़े और स्टीव की कुर्बानी को बाईबल के प्रसंगों से जोड़कर उसे नायक के रूप में प्रस्तुत किया।

उसके बाद टोरंटो के मेयर ने दुनिया भर के धर्मों के नाम पर हो रहे खून-खराबे की बात छेड़कर, कैनेडियन सैनिकों के साहस को सराहा, जो बड़े मुश्किल हालातों में तालिबानों से लोहा ले रहे थे। उसने स्टीव की कुर्बानी को टोरंटो निवासियों की ओर से सलाम किया।

बेस के कमांडिंग अफ़सर ने विश्व शांति के लिए कैनेडियन पलटनों के रोल की प्रशंसा की। बोसनिया और सोमालिया में अपने बेस की यूनिटों की बढ़िया कारगुज़ारी का बड़े सम्मान के साथ ज़िक्र किया। बोसनिया मिशन पर तो उसे विशेष ही फ़ख्र था, जिस में स्टीव और अन्य तीन सैनिकों को बहादुरी के सम्मान मिले थे। स्टीव के बारे में उसने भावुक हो कर कहा था—''वह एक शूरवीर सैनिक था, कमाल का निशानेबाज़। उसकी मौत बेस के लिए ही नहीं, समूची कैनेडियन फोर्सेज़ के लिए बहुत बड़ा घाटा है। पर उसकी कुर्बानी पर फ़ख्र महसूस करते हैं...मैं स्टीव की विधवा नैनसी की हर सम्भव सहायता करूँगा।''

स्टीव और नैनसी के माता-पिता और दोस्तों ने उसके साथ बिताये समय की स्मृतियों को साझा किया और फिर पोडियम पर नैनसी आई थी। उसने काला सूट पहना हुआ था। भूरे बाल सादगी से बाँधे हुए थे। मैं सुन चुका था कि फोन पर पति की मृत्यु की ख़बर कानों में पड़ते ही वह सुन्न-सी होकर, वहीं गिर पड़ी

थी...अधमरी के मुँह से 'नो...नो' की चीख निकली थी। आज चार दिनों के बाद भी वह गहरे सदमे में थी, पर उसने किसी-न-किसी तरह खुद को सँभाला हुआ था। उसने खिड़की से बाहर पत्र-विहीन पेड़ों को देखा। आँखों में दफ्न हुई हसरतों जैसे पेड़ों को कह रही हों—"तुम्हारी पतझर महीने, डेढ़ महीने में ख़त्म हो जायेगी पर हमारी नहीं होगी, उम्रों जितनी लम्बी पतझर।" धैर्य धारण करते हुए उसने कहना शुरू किया—"मेरा और स्टीव का साथ बाईस साल का है...पहले दोस्ती फिर शादी। अपने सीमित साधनों के साथ हमने पूरी तरह जीवन भोगा। मुश्किलें-मुसीबतें भी आईं पर परस्पर प्रेम हमारी ऊर्जा बना रहा। एक बार हममें कुछ दूरी भी आ गई पर रूहों के असीम प्यार ने हमें टूटने न दिया...अब इस सदा-सदा की दूरी के आगे मेरी कोई पेश नहीं जा रही (बस नहीं चल रहा)।" चेहरा एक ओर करके उसने आँखें पोछीं और बोली—"मैं स्टीव की यादों को जीवन-शक्ति बनाने की कोशिश करूँगी और उसी शक्ति से दोनों बच्चों की देखभाल करूँगी।"

पादरी के आदेश से, हॉल में उपस्थित प्रत्येक व्यक्ति ने कैस्किट के पास जाकर स्टीव के दर्शन किये। नैनसी ने स्टीव की बाजू सहलाई और गहरे प्यार से माथे पर हाथ फेरा। उसने साथ ही चेतना शून्य से टिम का हाथ भी डैड के चेहरे पर घुमाया। नन्हे जीमी ने डैडी की गाल को छूआ और भोलेपन से बोला—"डैड, आई लव यू।" नैनसी के चेहरे पर मुस्कराहट की रेखा उभर आयी। बेटे को प्यार से चूमा, उसकी आँखें भर आईं।

कब्रिस्तान जाने का समय हो गया था। कैस्किट बंद करते समय नैनसी का चेहरा एकदम बुझ गया। चेहरे की रोशनी जैसे कैस्किट ने निगल ली हो। वह लड़खड़ा गई। पास खड़े उसके मॉम-डैड ने—'नैनसी बेटी, हौसला रख।' कहते हुए उसकी पीठ सहलाई। दर्द में डूबी हुई साँस उसके सीने से निकली।

कब्रिस्तान में गहरी चुप्पी छाई हुई थी। न कोई अलार्म, न हॉर्न और न ही कोई सायरन...। कब्रिस्तान के वासी, दूध-सी सफेद बर्फ़ का कम्बल ओढ़े शांति से सोये पड़े थे। पर कब्रों में वे नहीं थे, उनकी मिट्टी थी। वे सभी अपने जीवन की लड़ाई लड़ते और उसे सार्थक करते-करते खत्म हो गये थे, ख़ाक हो गये थे। स्टीव को भी फौजी रस्मों के साथ...सुपुर्द-ए-ख़ाक कर दिया गया। वहाँ से चलते हुए मेरे कदम नैनसी की ओर उठ गये। कुछ पल मैं चुप खड़ा रहा और फिर बोला—"नैनसी! बहुत बुरा हुआ। अभी तो स्टीव ने जीवन के कई वसन्त देखने थे...।" "डेव, स्टीव ने अप्रैल के शुरू में वापिस आ जाना था। ईस्टर हमने एक साथ मनाना था। पर क्या पता था कि उसके हिस्से के त्यौहार सदा के लिए ख़त्म...।" बात उसकी दर्द-भरी आह में डूब गई। उसकी इस आह ने मुझे चालीस साल पहले के जीतां की आहें याद करवा दी...वे आहें, सिसकियाँ गले में फँसा रुदन। पहली बार मैंने इन्हें तब

सुना था जब मैं नवतेज की अस्थियाँ ले कर गया था और फिर वैशाखी के बाद आई उसकी चिट्ठी पढ़ कर। उस वैशाखी पर मेरा मूड बड़ा खराब रहा था। उससे पिछली वैशाखी पर मैं, नवतेज और जीतां भाभी इकट्ठे थे। हवाई अड्डे पर हुए रंगारंग प्रोग्राम के बाद वे मुझे अपने क्वाटर में ले गये थे। हमने साथ-साथ खाना खाया था। जीतां भाभी की बनाई उड़द की दाल मटन से ज़्यादा स्वाद थी। ''एयर फोर्स की यह हमारी आखिरी वैशाखी है'' नवतेज अपनी मस्ती में यह बात दो-तीन बार बोल गया था। पर वह कहाँ जानता था कि वह वैशाखी उसके जीवन की अंतिम वैशाखी थी...। जीतां भाभी के सपनों की भरी-भराई फ़सल तबाह हो गई थी। अब वह किस हाल में थी, पता नहीं चला। यहाँ से जाने के एक महीने के बाद उसकी दो-पंक्तियों की चिट्ठी आयी थी। विधवा पैंशन के लिए उसे कोई कागज़ की ज़रूरत थी। मैंने दफ़्तर से लेकर भेज दिया था। फिर वैशाखी के एक हफ़्ते बाद उसका दूसरा पत्र आया था। लिखा था—''मेरा और नवतेज का रूहों का नाता था। आप देखते ही रहे थे कि हमारे साधारण से जीवन में बहारों जैसी महक और मस्ती थी। वे सब नवतेज के साथ ही बरकतें थीं। हम एक-दूसरे के प्यार में डूबे रहते थे पर प्रभु ने ऐसी पटकनी दे कर मारा है कि ज़िंदगी ज़हर बन गई है...आँसू बहाते हुए मैं कभी नवतेज को पुकारने लगती हूँ कि आकर देख, तेरी जीतां के साथ कैसी-कैसी नाइंसाफियाँ हो रहीं हैं...बेगानों से नहीं, अपनों द्वारा। नवतेज को 'भैया जी, भैया जी' करने वाला रेशम, मुझसे रोब से बात करता है। सास के मन में हमदर्दी है पर उसे कोई पूछता ही नहीं। देवरानी घर के कामों से जी चुरा जाती है। मैं तो खुद ही कामों में व्यस्त रहना चाहती हूँ, पर ये लोग मेरी कद्र तो करें। जो थोड़ी बहुत कद्र है, वह पैंशन के कारण है। मन के चैन के लिए जब मैं सितार बजाने बैठती हूँ तो सभी जल-भुन जाते हैं। कितनी गमगीन थी—इस बार की वैशाखी...।''

चिट्ठी पढ़ कर मैं बड़ा परेशान हो गया पर साथ ही मन में एक अभिमान-सा भी हुआ...जीतां भाभी ने मुझे अपना समझ कर अपने दुःख-दर्द मेरे साथ साँझे किये थे। चिट्ठी के अंत में उसने अपने बापू का पता लिखा हुआ था।

बड़े अपनत्व भरे शब्दों में मैंने पत्र का उत्तर दिया और जीतां को हमदर्दी जतायी। अपनी सहायता की पेशकश की। दुःखों से जूझने का हौसला भी दिया।

फिर तकरीबन हर दो-तीन महीने के बाद, दुःख-दर्द का बयान करती उसकी चिट्ठी आती। अंत में किस्मत को कोसा होता। उस साल की दीवाली को उसने कलमुँही दीवाली लिखा था। मैं उसे दिलासा देता रहता और कर भी क्या सकता था। किस्मत के आगे न उसका ज़ोर था और न ही मेरा।

लेकिन अब नैनसी के केस को देखते हुए मैं महसूस कर रहा था कि नवतेज की मौत जीतां की मुसीबतों का अकेला कारण नहीं है और न ही किस्मत है—

उसकी दीवालियाँ और वैशाखियाँ इतनी अँधेरी न होतीं, अगर नवतेज कैनेडा का फौजी होता...जीतां के पास अपनी जॉब भी होती और सरकार की ओर से अच्छी पैंशन भी मिल जाती। उसे क्या ज़रूरत थी रिश्तेदारों और दूसरे लोगों को देखने की?

नैनसी को ऐसी कोई ज़रूरत नहीं पड़ी थी। लोगों की ओर से मिली भावनात्मक मदद के लिए भी उसे किसी की दया का पात्र नहीं बनना पड़ा था।

पर, दुःख तो हर जगह होते हैं, अपनी-अपनी किस्म के...नैनसी अपने बेटे की समस्या में उलझी हुई थी। एक दिन जब मैं नैनसी के साथ अपनी डिटैचमैंट का बजट डिसकस करने गया तो पूछ लिया—"टिम कैसा है? कोई फ़र्क पड़ा?"

"फ़र्क उसमें नहीं, मुझमें पड़ना शुरू हो गया है।"

"क्या मतलब? मैंने हैरान होते हुए पूछा।

"पहले मैं उसे अपने ही हिसाब से समझती थी पर अब उसे उसकी सोच के अनुसार समझने की कोशिश कर रही हूँ। कल वह कम्प्यूटर पर बैठा था। मैंने पूछा, क्या कर रहा है? कहने लगा 'कर' शब्द को 'एक्सप्लोर' कर रहा हूँ। मैंने पूछा किसलिये। कहता स्कूल से असाईनमैंट मिला है। मैंने पूछा कि क्या असाईनमैंट जंग के बारे में है। कहता, किसी भी 'इम्पोरटैंट इशु' पर लेख लिखना है। तीन घंटे बीत गये। मैंने जा कर देखा, तो दंग रह गयी। मानीटर पर 'वार ऑफ थॉट्स' शीर्षक के नीचे कुछ पंक्तियाँ लिखी हुईं थीं। मैं मानती हूँ कि आजकल के बच्चे बड़ी गहराई से सोचते हैं पर मेरा टिम तो...।"

'ट्रन-ट्रन', नैनसी ने बात बीच में छोड़, फोन उठा लिया। सुनने के बाद वह मुझे कहने लगी, "बेस हैडक्वाटर से कॉल थी। सभी यूनिटों में 'हाई अलर्ट' जारी हो गया है। रेड ऐजेंसियों को शक है कि इन दिनों कैनेडा के किसी ऐयरपोर्ट या फौजी ठिकाने पर आतंकवादी हमला हो सकता है। अपने कमिशनेयरज़ को हिदायते दे आ, कि वहाँ सैनिकों और सिविलियनस के पहचान-पत्रों को बारीकी से चेक करें और गेटों और बिल्डिंगों में आने-जाने वालों पर पैनी नज़र रखें...शक वाली किसी हरकत या शक वाले बंदे के बारे में 'ऑपरेशन कंट्रोल' को तुरन्त खबर करें।

'ओ.के.।' कह कर मैं उठ गया। कार की ओर जाते मैं टिम की 'विचारों की जंग' वाली बात पर हैरान हो रहा था। आजकल के बच्चे सच में बड़े शार्प हैं... कुछ दिन पहले मेरे दस साल के पौहित्र के साथ मैं अपने एयर फोर्स की नौकरी की बातें कर रहा था। उसने मुझ पर प्रश्न दाग दिया—'नानू, जहाजों में तो पैसेंजर बैठते हैं। आप जहाज़ों में बम, मिसाईलज़ या और वैपन क्यों लोड करते थे?' मैं क्या उत्तर देता। सोचने लग पड़ा कि हम दावे तो बहुत करते हैं कि सांईस और टेक्नोलॉजी ने दूरियाँ घटा दी हैं। दुनिया के सभी मुल्क एक-दूसरे के निकट आ गये हैं। लेकिन इस निकटता से निकला क्या है? जंग हर ओर जंग के खतरे की घंटियाँ बज रही

हैं...अलर्ट...हाई अलर्ट।

बेस के अंदर वाली पोस्टों के कमिश्नेयरों को चौकस रहने की हिदायतें बनाने और समझाने के बाद मैं डिक्सन आर्मरी जा पहुँचा। वहाँ के कमिश्नेयर से बात-चीत करने के बाद जब मैं गार्ड रूम से बाहर आया तो डैमिट्री मिल गया। वह दो दिन पहले ही अफगानिस्तान से लौटा था—अपनी दूसरी टर्म पूरी करके, मैंने उसे 'वैलकम बैक' कहा। उसने धन्यवाद किया। वह ब्रेक में था। हमारी 'हाई अलर्ट' से शुरू हुई बात अफगानिस्तान की जंग तक जा पहुँची। ''हम अफगानिस्तान में कामयाब क्यों नहीं हो रहे?'' मैंने पूछा।

''डेव—बड़ा कारण तो भौगोलिक ही है। वहाँ की पहाड़ियाँ, गुफायें और गुप्त कन्दराएँ हमारे जैसे बाहर के सैनिकों के लिए बड़ी पेचीदा और ख़तरनाक हैं। जब कि तालिबानों के लिए वे अटूट गुप्त मोर्चे हैं। दूसरा कारण यह है कि अफगान-पाक बार्डर खुला हुआ है। आतंकवादियों के लिए पाकिस्तान ट्रेनिंग-सेंटर भी है और शरणगाह भी। तीसरा कारण है, आतंकवादियों द्वारा फैलाई हुई दहशत, जिस कारण उनके खिलाफ जन-विद्रोह नहीं उठ रहा।'' बात खत्म कर के डैमिट्री हाथ में पकड़ी कॉफी के घूँट भरने लगा।

''मानव-बम किस उम्र में बनते है?'' मैंने सवाल किया।

''आम तौर पर जवान उम्र में। तू जानता है ना कि धार्मिक कट्टरता जवानों के मन में बड़ी तेज़ी से उतर जाती है। एक मानव-बम अपना काम करने से पहले हमारे हाथ आ गया। उसके दिमाग में गैर-मुस्लिम लोगों, विशेषकर उत्तरी अमरीका वासियों और यूरोपियों के विरुद्ध नफ़रत कूट-कूट कर भरी हुई थी।''

''हमने उसे समझाने की कोशिश की कि तालिबान धर्म के नाम पर लोगों के अक्ल पर पर्दा डाल रहे हैं। साईंस और टेक्नोलॉजी को रद्द करके लोगों को अज्ञानता के अंधेरे में धकेल रहे हैं। हमारा यह तर्क कि तालिबानों की जहालत और वहशत अफगानिस्तान को भुखमरी, गरीबी और तबाही के नर्क में ले जायेगी—उसको बिल्कुल अच्छा न लगा। वह अपने और दूसरों के खत्म होने के बाद बहिश्त के सपने देख रहा था। अफगानियों में पिछलग्गूपन भी बहुत है। ''डैमिट्री की नज़र घड़ी पर पड़ी। उसके ब्रेक-टाइम ख़त्म हो गया लगता था।

''बड़ा अजीब मुल्क है। पूरी दुनिया पर राज्य करने वाला बर्तानिया भी वहाँ सफल नहीं हो सका।'' मैंने कहा।

''कहते हैं एक सिख बादशाह ने अफगानिस्तान में अपनी धाक जमा ली थी। डैमिट्री मेरे साथ ही लॉबी में चल पड़ा।

''या! उसका नाम महाराजा रणजीत सिंह था।'' मैंने अभिमान से बताया।

''ओ.के. हैव अ नाईस ईवनिंग।'' कहते हुए डैमिट्री लॉबी के एक ओर लगे

छोटे से टैंट में घुस गया।

किसी की बिदाई-पार्टी की तैयारी हो रही थी। आर्मरी से बाहर आते मेरी सोच में इन छोटे टैंटों की जगह...बड़े-बड़े टैंट साकार हो गये...उन टैंटों में पिछले हफ़्ते स्टीव की यूनिट का वार्षिक उत्सव हुआ था। बेस से हम कई लोग आये थे। यूनिट की बढ़िया कारगुज़ारी के बारे में बोलते हुए, ऑपरेशन कमांडर ने कुछ प्रमुख सैनिकों का गर्व के साथ ज़िक्र किया था। स्टीव को विशेष रूप से याद करते हुए नैनसी को सम्मानित किया गया था।

फंक्शन की समाप्ति पर मैं भी उनके साथ चल पड़ा। हथियारों की प्रर्दशनी के पास से निकलते हुए टिम रुक गया। मैं और नैनसी भी खड़े हो गये। बड़े-बड़े मेज़ों पर पिस्टल, स्टेल-गनें, एल.एम.जीआं, अैम.जैम.जीआं, राकेट लांचर, ग्रेनेड लांचर तथा अन्य अनेक प्रकार के हथियार सजाये हुए थे। दर्शकों से बातचीत करते हुए सैनिक, उन हथियारों को नवीन टैक्नोलॉजी के और बढ़िया हथियार बता रहे थे।

"मॉम, जब हमारे सैनिकों के पास इतने बढ़िया हथियार हैं तो वह अफगानिस्तान में सफल क्यों नहीं हो रहे।" टिम ने भवें सिकोड़ते हुए पूछा।

"उन के पास भी बढ़िया हथियार हैं।" नैनसी ने उत्तर दिया।

"वे बनाते हैं?"

"देशी किस्म के तो वह बना लेते हैं पर बढ़िया और नवीन हथियार वे इधर-उधर से खरीदते हैं।"

"कहाँ से?"

"कुछ देश हथियारों का बिजनेस करते हैं।"

"वॅट! वैपन बिजनेस!" टिम को जैसे करंट लगा हो।

हैरानी में झुँझलाया उसका चेहरा, पल भर में ही अँगारों-सा तमतमा उठा। रूखी आवाज़ में वह बोला—"इसका मतलब डैड को मारने वाला अकेले तालिबानी ही नहीं, हथियारों के व्यापारी भी हैं...आई डोंट अंडरस्टैंड दिस बुलशिट।"

"लिसन माई प्रैशस चाइल्ड! हमें उन्हीं मसलों में सिर खपाना चाहिये जो हमारे बस में हों। यू टेक इट ईज़ी...टेक इट ईज़ी माई सन।" हाथ में पकड़ा बैग मुझे पकड़ा कर, नैनसी दोनों हाथों से बेटे के कंधे थपथपाने लगी। उसे किसी और बात में लगा कर, कार में जा बिठाया।

उन्हें भेज कर जब मैं अपनी कार में बैठा तो मेरे कानों में नवतेज की जंग के दिनों में कही हुई बात गूँजी—"एक बड़ा देश पाकिस्तान को हथियार बेचे जाता है, दूसरा बड़ा देश भारत को। पाकिस्तान के साथ ये हमारी तीसरी लड़ाई है। दोनों देशों के हज़ारों फौजी मर चुके हैं। मसला वहीं का वहीं है। अभी न जाने और कितनी

लड़ाइयाँ होनी हैं और कितने फौजी मरने हैं।"

नवतेज कहाँ जानता था कि उसकी बारी भी पास आई खड़ी थी और उसके बाद उसकी पत्नी का क्या हाल होना था।

मैं छुट्टी पर गया तो नवतेज के गाँव चक्कर लगा। हमारे आना-जाना अभी भी था। जीतां भाभी के पत्रों में लिखे-पढ़े दुःखों-कष्टों को अपनी आँखों से देखा। शादी-शुदा अनपढ़ से देवर की भाभी और उसकी पैंशन पर कब्ज़ा करने की नीयत ने मेरे मन में विद्रोह पैदा कर दिया। जीतां की सुघड़ता और पढ़ाई का प्रभाव मुझ पर पहले से ही जमा हुआ था। अब उसकी सुंदरता भी आकर्षित लगने लगी। ऐसे पलों में मैं खुद को बड़ा छोटा-सा महसूस करता, जैसे मैं नवतेज के साथ दगा कर रहा होऊँ। मन के एक कशमकश-सी शुरू हो जाती।

लेकिन इस दुविधा से मैं जल्दी ही बाहर निकल आया था। मेरे दोस्त की विधवा संकट में थी। उसके साथ नाइंसाफी हो रही थी। बेइन्साफियों और स्वार्थपरस्तियों ने उसे रुला देना था। उसके जीवन मरुस्थल में दूर तक अँधेरा ही अंधेरा था। जीतां को पत्र द्वारा संकेत करने के बाद मैंने उसे अपनाने का फैसला कर लिया पर मेरे घरवालों ने अड़चनें खड़ी कर दीं। माँ और पिता जी पत्रों से तरह-तरह की बातें लिखते—"सो जैसा तू हमारा एक ही एक बेटा है। अपने दिलों में हम तो पता नहीं कब से तेरी शादी के अरमान पाले हुए हैं। तुझे अच्छे घरों से रिश्ते आ रहे हैं। विधवा के साथ हम कैसे तेरी शादी कर दें...।

मुझसे बड़ी तीन बहनें भी हैं, जिन्होंने कुछ ऐसे ही चिट्ठियाँ लिखीं थी—"हमें अपने वीर के लिए प्यारी-सी नई-नवेली दुल्हन चाहिये...।"

माँ-बाप के शौक-चाव और उम्मीदें मेरे पाँवों की बेड़ियाँ बन गये। जीतां के मन में आशा की किरण जगा कर, उसे अँधेरे में ही छोड़ देने की कसक मुझे जीवन भर सालती रही।

मेरी शादी हो गई। सौभाग्य से सुघड़-सयानी पत्नी मिल गई। उसके साथ जीवन-यात्रा के इतने सारे साल कब बीत गये पता ही न चला।

जीतां भाभी के बारे में इधर-उधर से खबर मिलती रही। रेशम की खोटी नीयत से तंग आकर वह मायके चली गई थी। पास लगते शामचुरासी कस्बे के प्रसिद्ध उस्ताद से संगीत की अच्छी-सी शिक्षा प्राप्त की और एक स्कूल में संगीत की अध्यापिका लग गई। उसके बूढ़े माता-पिता को उसका बड़ा ख्याल था पर उसके भाई-भाभियों की नज़र उसकी पैंशन पर थी।

कुछ सालों बाद जीतां ने जालंधर में संगीत ऐकेडमी बना ली थी। ऐकेडमी का खूब नाम भी हो गया था पर जीतां के किसी संगीतकार के साथ संबंधों के कारण धीरे-धीरे वह कुछ बदनाम हो गई और ऐकेडमी का नाम भी फीका पड़ गया।

नवतेज को मारने वाली जंग तो सिर्फ़ दो हफ़्ते तक ही चली थी पर उसकी विधवा जीतां की जंग तो सारी उम्र ही चलती रही और इस जंग में पता नहीं उसे कितनी बार मरना पड़ा था।

मैं जंग वाली नौकरी के आसरे परिवार पालता रहा। इक्कीस साल के बाद रिटायार हुआ। केवल पैंशन से गुज़ारा न चलता था इसलिये अपनी थोड़ी-सी ज़मीन में मैं खेती करने लगा।

हमारी बड़ी लड़की की शादी कैनेडा के लड़के के साथ हुई, और उसने हमें भी कैनेडा बुला लिया।

यहाँ कैनेडा में जब ''कमिश्नेयर्स की फौजी रैंकों वाली सिक्युरिटी वर्दी डाल कर बेस में मैं फौजियों के साथ काम करने लगा तो एक तरह से दोबारा फौजी बन गया। पिछली फौजी नौकरी के दौरान मिले रिबन हमें अपनी वर्दियों पर लगाने पड़ते थे। कम्पनी की सालाना-पार्टी तथा दूसरे विशेष अवसरों पर मैडल भी लगाया करते थे।

पिछली सालाना-पार्टी में कम्पनी के क्लायंटों की ओर से स्टीव भी आया था। व्हिस्की के घूँट भरते, हम बातें करते रहे थे। उसका ध्यान मेरे मैडलों की ओर चला गया। सुनहली चमक बिखेरते, किनारों वाले एक मैडल को निहारते हुए उसने पूछा—''यह कौन-सी जंग का है?''

''1971 की भारत-पाक जंग का।''

''भाइयों के साथ लड़ाई की तो काहे के मैडल?''

मैं जानता था कि स्टीव यों ही नहीं कह रहा। अफगानिस्तान की जंग की रणनीति के संबंध में वह अमेरिका-कैनेडा की विशेष सैनिकों की टीम में पाकिस्तान जाकर आया था। उस टीम को पाकिस्तान के इतिहास के बारे में भी मोटी-मोटी जानकारी दी गई थी। उसके सवाल के जवाब में मैंने कहा—''भाई हो या कोई और, अगर ज़्यादतियों से बाज़ नहीं आता तो उसे सबक सिखाना ही पड़ता है।''

''पर, डेब उस जंग की कोई जस्टिफिकेशन बनती ही नहीं वह आपकी उस समय की प्रधानमंत्री का सियासी खेल था।''

''स्टीव, अगर हम सारी दुनिया की अब तक हुई लड़ाइयों की छान-बीन करें तो जंग की अनिवार्यता शायद कुछ ही जंगों को मिलेगी...। यह अफगानिस्तान की जंग भी तो हम अपने पड़ोसियों के देश को खुश करने के लिए ही तो लड़ रहे हैं, क्योंकि वे हमारी वस्तुओं के बहुत बड़े खरीददार हैं।''

स्टीव मुझसे सहमत नहीं हुआ था। वास्तव में पिछले कुछ समय से वह खुद को कुछ ज़्यादा ही समझने लगा था। एक मुठभेड़ में उसने एक नामी तालिबान को निशाना बनाया था और कुछ दिन बाद उसकी फौजी टुकड़ी की ओर से तालिबानों

को भगाने की घटनाओं के बाद इसके परिणामस्वरूप मिले बहादुरी के इनामों के कारण उसके पैर ज़मीन पर नहीं लगते थे। मुझे डैमिट्री से यह भी पता चला था कि स्टीव स्टाफ-सरजैंट से सीधा लैफ्टीनैंट बनने के सपने देख रहा था।

स्टीव का बड़बोलापन एक बार मैंने भी सुना था–"ईडियट तालिबान, हमारे सामने क्या चीज़ है? साले बारबेरियन अँधेरा ढोने वाले। इन्हें सबक सिखा कर ही हटेंगे।"

उसकी मौत वाले दिन, जब उन्हें सैक्टर की पहाड़ियों में कुछ खूँखार तालिबानों की हलचल-हरकत की सूचना मिली तो स्टीव मैस में था। उसने तसल्ली से हमले की योजना नहीं बनाई थी। वह खाना खाता-खाता, गुरूर में अपनी फौजी टुकड़ी को लेकर चला गया था...वह जब ललकार-ललकार कर अपने सैनिकों को उकसा रहा था, बोल रहा था–"स्मैश दैम, स्मैश दैम"–बोलते हुए-पर दूसरों ने ग्रेनेड दाग दिया। स्टीव ख़त्म हो गया था–जंग ख़त्म हुई थी...। नैनसी की ज़िंदगी, जो स्टीव के साथ उसे भोगनी थी, अब जंग बन चुकी थी...अति कठोर जंग।

जब मैंने नैनसी और डैमिट्री की निकटता के बारे में सुना, तो अच्छा लगा। आस-पास की आम बातों की तरह, इस बात में कोई न तो हैरानी वाली बात थी और न ही इसे कोई उछाल रहा था। मेरे लिए यह सकून वाली बात थी। डैमिट्री, नैनसी के लिए वह सब कर रहा था, जो मैं जीतां के लिए नहीं कर सका था।

डैमिट्री से बात हुई तो उसने कहा–"डेव! मुझे खुशी है कि मैं अपने दोस्त की विधवा की मदद कर रहा हूँ। नैनसी भी चाहती है। वह खूबसूरत है। उसने खुद को मेनटेन किया हुआ है। हम एक-दूसरे को अच्छी तरह जानते हैं। अब साथी बनना भी अच्छा लग रहा है।"

"कब बन रहे हो?"

"बस, टिम ठीक हो जाय। आजकल मैं उसे अपने निकट ला रहा हूँ। उसके साथ सिनेमा देखता हूँ, उसे स्टोरों, रैस्टोरेंट में ले कर जाता हूँ। मैं उसे समझा रहा हूँ कि जीवन को इतना सीरियस मत बना। हँस-खेल और फन कर।"

कुछ दिन बाद मैं डिक्सन आर्मरी गया तो डैमिट्री मिल गया। टिम भी उसके साथ था। कहीं से खा-पी कर आ रहे थे। "डेव यहाँ से तूने बेस की ओर जाना है?" उसने पूछा।

'या' मैंने जवाब दिया।

"क्या तू टिम को नैनसी के पास छोड़ देगा? मैं अपना काम निपटा लूँगा।"

"हाँ छोड़ दूँगा" टिम का हाथ पकड़ते हुए मैंने कहा।

कार में बैठते हुए टिम की नज़र पिछली सीट पर पड़ी–"ग्लोब एण्ड मेल" अखबार की ओर चली गई। वह उसे उठा कर पलटने लगा...फिर बोला–"डेव

अंकल, आपने यह खबर पढ़ी है?''

''कौन-सी''? बिज़ी हाईवे पर टिकी मेरी नज़र टिम की ओर घूम गई। मैंने हैडलाइन देखी...ख़बर दो अमेरिकी सैनिकों के बारे में थी। उन्हे इराक-अफगानिस्तान की जंग सही नहीं लगी थी...जब उन्हें इराक जाने के ऑर्डर हुए तो उन्होंने कैनेडा आकर शरण माँगी थी।

''हाँ, पढ़ी है। इनके केस रिजैक्ट हो गये हैं। फैसले में कहा गया है कि सैनिक को जंग से भागना नहीं चाहिये, हौसले से लड़ना चाहिये।'' मैंने बताया।

टिम का गोरा चेहरा तमतमा गया। आँखों से अँगार छूटने लगे। अखबार इकट्ठी कर अपनी जाँघों पर मारता हुआ बोला–''उन सैनिकों का जवाब भी देखो। उन्होंने कहा–जंग में फ़िजिकल करेज से पहले मौरल करेज को प्राथमिकता देनी चाहिये। उनका रिफ्यूजी कोर्ट के सामने यह सवाल था कि नैतिकता के आधार पर जिस जंग की कोई जस्टीफिकेशन ही नहीं बनती, उसे जिस्मानी हौंसले से लड़ने की जो तुक है, वह हमें समझायी जाय...।''

''डियर टिम, इस समय मेरा ध्यान ट्रैफिक में है। हम फिर किसी समय बात करेंगे।'' मैंने मीठी आवाज़ में कहा।

''हुँह!...केसों की डिटेल रिपोर्ट मैं कम्प्यूटर पर पढ़ूँगा'' कहता हुआ वह चुप हो गया।

दूसरे दिन बेस की क्रिसमस पार्टी थी। मुझे और साथ ही औरों को भी उम्मीद थी कि नैनसी और डैमिट्री एक साथ आयेंगे। पर अकेला डैमिट्री ही आया था।

अगली सुबह मैं पे-रोल लेकर नैनसी के पास गया तो पूछ लिया–''नैनसी, कल आप पार्टी में नहीं आये?''

''डेव, क्या बताऊँ! अमरीकी सैनिकों के केस को लेकर टिम बहुत ज़्यादा अपसैट हो गया था। कहता, उसके साथ इन्साफ़ नहीं हुआ। उनकी मौरेल करेज वाली बात बड़ी वज़नदार है...डैड को भी नैतिक हौसला दिखाना चाहिये था।'' नैनसी ज़रा रुकी, फिर बोली–''अगर मैं डैमिट्री को साथी बनाती हूँ तो कल उसे अफगानिस्तान या किसी और जंग में जाना पड़ा तो वह उसे भी नैतिक हौसला दिखाने आयेगा।''

''इलाज से भी कोई ख़ास फ़र्क नहीं पड़ रहा।'' मैंने कहा।

''फ़र्क तो पड़ता है, पर जब ऐसी कोई बात पढ़-सुन लेता है तो फिर वैसे ही हो जाता है। हालात की बेतुकियों का प्रेशर उस पर बढ़ता ही जा रहा है। जब कभी भी मैं उसकी सूनी या कभी जलती हुई आँखों में आँखें डाल कर उसके खोये या तमतमाये चेहरे को देखती हूँ, तो गहरे भीतर तक काँप जाती हूँ...पति की मौत मेरे लिए बहुत गहरी चोट थी। मैंने सह ली। उसी घटनाचक्र में अगर मेरे बेटे को कुछ

हो गया, तो मेरी दुनिया ही उजड़ जायेगी...मैंने फौज से इस्तीफ़ा लेने का फ़ैसला कर लिया है।"

बर्फ़ का गीत

साधु बिनिंग

(3.12.1947)

चरनसिंह की आँख फिर खुल गई। उसने सिर उठा कर धड़ी की ओर देखा। अँधेरे में चमकती हुई सुइयाँ दो बजा रही थीं। उसे घड़ी पर अजीब-सी खीझ आयी। इसी के कारण उसके बेटे ने उसकी पत उतार कर रख दी। चाहे वह रात को अलार्म लगा कर सोता था पर उसकी आँख पहले ही खुल जाती थी और वह अलार्म बजने से पहले ही उसे बंद कर देता था। पर पता नहीं सुबह कैसे उसकी आँख लग गई और घड़ी की तीखी और कान-फोड़वी आवाज़ ने साथ के कमरे में सोये किरायेदार गोरा-गोरी को जगा दिया था। उठ कर वे ऊँची आवाज़ में गालियाँ देने लगे और दीवारों पर ठोकरें मारने लगे थे।

उस के साथ सहानुभूति करने के स्थान पर जसवंत ने उसे ही डाँटा था और कहा था कि उसे गोरे लोगों के बीच रहने ही नहीं आता। मन में जसवंत को गाली देते हुए उसने कहा—"अब ये मुझे गोरे लोगों के बीच उठना-बैठना सिखायेगा।"

फिर उसे बेसमैंट में रहती पहली गोरी औरत का ख़्याल आया। थोड़ी-सी भारी, नाटे कद की वह औरत चरनसिंह को बड़ी भाती थी। वह चरनसिंह के साथ कई बार बातें करने की कोशिश करती और उसे भी उसके गोल-गोल चेहरे पर बिखरी मुस्कराहट में सहानुभूति और स्नेह की भावना दिखती। उसके साथ रहते मन से गोरियों का डर निकल-सा जाता और वह उसके साथ जाने-पहचाने शब्दों को जोड़-जोड़ कर अंग्रेज़ी में बातें करने लगता। उसका नाम जोइस था। चरनसिंह को उसके नाम के उच्चारण में मुश्किल होती और वह उसे 'जोस' कहता। शुरू-शुरू में उसने चरनसिंह को जोइस बोलना सिखाने की कोशिश की पर बाद में वह यों ही हँस देती। चरनसिंह को उसका अपने नाम को घुमा कर 'शौरान' कहना अजीब-सा लगता और वह भी हर बार हँस देता। जोइस ने कई बार उसके दरवाज़े को खटखटा कर उसे पीने के लिए कॉफी दी थी। चरनसिंह को लगता कि घर में जो उसकी हालत थी, जोइस उसे अच्छी तरह समझती थी, इसी कारण वह उसके साथ हमदर्दी जताती थी। जोइस की अट्ठारह साल की बेटी भी उसके साथ रहती थी। वह भी चरनसिंह

के साथ बड़ा हँसकर, सलीके से बोलती थी। बिचारी जोइस एक दो बार किराया देने में लेट हो गई तो जसवंत ने उसे बेसमैंट से ही निकाल दिया। वैसे जोइस की तरह चरनसिंह भी जानता था कि असल बात यह थी कि जसवंत बेसमैंट ज़्यादा किराये पर चढ़ाना चाहता था। वह यों ही एक ही बार में जोइस का किराया इतना ज़्यादा बढ़ा नहीं सकता था।

अगर बात चरनसिंह के बस में होती तो उसने उस भली औरत को कम किराये पर भी रहने देना था। पर रोना तो यही था कि–चरनसिंह ने करवट लेते हुए सोचा–"लड़का तो मेरी बात सुनता ही नहीं। उस बिचारी को निकाल कर, घुसा लिए ये नये वाले, ज़्यादा किराया देने वाले। रात को दो-तीन बजे तक शराब पीते रहते और ऊँची आवाज़ में गाने लगाये रखते। आधा दिन बीतने पर चारपाई से उठते"। जब अलार्म ने उन्हें तड़के जगा दिया तो सालों ने घर ही सिर पर उठा लिया।

इसी बात से डर कर आज चरनसिंह ने अलार्म ही नहीं लगाया था और अब उसे डर था कि वह काम पर जाने से कहीं लेट न हो जाय। रात को नौ बजे वह लेट गया था पर बारह के बाद नींद आयी ही नहीं। अच्छी किस्मत, गोरा-गोरी भी कहीं गये हुए थे और बेसमैंट में पूरी शांति थी। लेकिन उसके मन में चैन नहीं था। जसवंत से खायी डाँट ने जैसे उसके भीतर से कुछ तोड़ कर रख दिया था। यह बात नहीं थी कि जसवंत ने पहले कभी घूरा नहीं था पर न जाने क्यों इस बार चरनसिंह कुछ ज़्यादा ही दुःखी था। वह शायद उस टूटे हुए को जोड़ने की कोशिश ही कर रहा था कि उसके दुःखी मन में विचारों की शृंखला जुड़ती चली जा रही थी। उसकी सोचें उसके कमरे की अँधेरी दीवारों से टकरा कर रह जातीं और उसे सोने न देती।

अब तो बलवंत कौर भी साथ नहीं है, जिससे बात करके वह मन की भड़ास निकाल लेता। बलवंत कौर की कमी को वह ऐसे मौकों पर बहुत महसूस करता। उसे लगता, जैसे इस दुनिया में वह निपट अकेला हो, इस एहसास से उसे अजीब-सा डर लगता, और उस पर घोर उदासी छा जाती। उन दोनों ने ज़िंदगी की हर मुश्किल एक साथ, एक-दूसरे के सहारे निकाली थी। बलवंत कौर को अपनी बेटी के पास कैलगरी गये हुए एक साल से ज़्यादा हो गया था। वह अब वहाँ उसके बच्चों की देखभाल करती थी। उसके जाने के बाद उसे लगा था कि जसवंत और उसकी पत्नी ने बलवंत कौर को भेजने में एक मिनट की भी देरी नहीं की थी क्योंकि इनके बच्चे अब पल कर बड़े हो गये थे। बलवंत कौर, बाहर कोई काम भी नहीं कर सकती थी। घर में बेकार बैठी, अब वह बेटे-बहू को खटकने लग गई थी। उसके मन में ठंडी साँस के साथ फिर से सवाल उठा, यह सब कैसे घट गया? उनके अच्छे दिनों के सपनों को किस की नज़र खा गई? दो बेटियों के बाद एक बेटे के पैदा होते ही

मर जाने के बाद, सौ-सौ मन्नतों से माँगे बेटे जसवंत को अब पैसों की कोई कमी नहीं थी लेकिन पैसों के लिए उसके लालच, दिन पर दिन बढ़ता ही जा रहा था। चरनसिंह उसकी ओर देखकर सोचने लगता कि अब किसी अजीब-सी चीज़ ने उस पर जादू-टोना कर दिया हो। चरनसिंह ने सोने की कोशिश की पर सोने के स्थान पर अब वह स्मृतियों के गहरे कुएँ में उतरता जा रहा था।

उसे अपने गाँव के बाहर बने खेतों और घर की याद आई। वहाँ पर रात को उसे थक जाने के बाद सोने की कभी मुश्किल नहीं होती थी। अगर कभी किसी चिंता में उसे नींद न आती तो वह अँधेरी रातों में आसमान में चमकते सितारों की इबारत पढ़ता-पढ़ता सो जाया करता था। इस कमरे की नीची, छोटी-सी छत के बीचो-बीच सिर्फ एक नंगा-सा बल्ब लटकता था जो चारपाई से उठते-बैठते उसके सिर पर लगता। एक बार उससे जब वह बल्ब टूट गया था तो उसे बहू की बुड़-बुड़ सुननी पड़ी थी। इस बात के लिए अब वह बहुत सावधान रहता।

उसका मन हुआ कि वह उठ कर बत्ती जला ले। फिर वह अपने इस ख़्याल पर पहले तो हँसा फिर खीझ गया कि बत्ती जला कर करेगा क्या? उसे तो दो पल सोने की कोशिश करनी चाहिये। सुबह पाँच बजे काम पर जो जाना था।

काम का ध्यान आते ही वह फिर से सोने की कोशिश करने लगा, आँखें बंद कर के रजाई को एक तरफ दबाया पर ठंड थी कि उसकी हड्डियों में घुसती जा रही थी। अपनी बंद आँखों से ही जैसे उसने पूरे कमरे का जायज़ा ले लिया। घर की बेसमैंट में बने इस कमरे में न तो कोई हीटर था और न ही कोई हॉट-फ्लो! एक दरवाज़े के सिवाय इसमें एक डेढ़ बलिश्त चौड़ी और लगभग ढाई बलिश्त ऊँची एक ताकी थी, जिसका शीशा खुलने वाला नहीं, फिक्स था और जिस पर एक मोटे मैले कपड़े का पर्दा लगा हुआ था। इसका फर्श भी सीमेंट का था और न ही उस पर कोई प्लाईवुड लगायी गई थी और न ही कोई कारपेट बिछा था। जसवंत ने यह कमरा घर के आलतू-फालतू सामान रखने के लिए बनाया था।

घर में होती अपनी दुर्दशा पर चरनसिंह असीम खीझ से भर उठता। उसे माया के चक्कर की गुरुद्वारे में हुई बातें अब सच लगने लगी थीं कि कैसे, पैसे का बढ़ता हुआ लालच बंदे को शैतान बना देता है। फिर चरनसिंह के मन में विचार आया कि पहले कभी-कभी उसे जसवंत के मन में पैसा बढ़ाने की इच्छा बड़ी अच्छी लगती थी, क्योंकि उसने अपनी सारी उम्र तंगी में बितायी थी। उसके मन में था कि और चाहे कुछ भी हो लेकिन बंदे के पास इतने पैसे होने चाहिये कि ज़रूरत के वक्त उसे किसी के सामने हाथ न फैलाना पड़े।

इसी कारण जब चरनसिंह और बलवंत कौर देश से आये थे, उन्होंने जसवंत के घर की हालत देखकर अपनी ओर से पूरा ज़ोर लगाया था, जिससे उसकी हालत

सुधर जाय। देश से आने पर रिश्तेदार और उसके गाँव वाले जब उन्हें मिलने आते तो वे जी भर कर जसवंत की प्रशंसा करते। सुन कर उन दोनों का सिर अभिमान से ऊँचा हो जाता। पर बातों-बातों में वे चरनसिंह और बलवंत कौर को सावधान कर जाते कि जसवंत ने पीछे गाँव में सब कुछ सँवार दिया होगा, पर यहाँ कुछ नहीं बनाया। जब वे दूसरों के बड़े-बड़े घर देखते तो उन्हें यह बात ठीक भी लगती।

रात को सोते समय दोनों विचार करते—"वैसे हज़ारा सिंह की बात तो ठीक है, जब हमें यहीं रहना है तो बंदे के पास कम-से-कम अपना घर तो होना ही चाहिये।" चरनसिंह छोटे से कमरे में अपने पोते के साथ लेटा हुआ पोते की पीठ पर हाथ फेरता और साथ वाली चारपाई पर लेटी बलवंत कौर से कहता।

वह भी अपने साथ लेटी अपनी पोती को रजाई से ढकते हुए कहती—"चलो, अब हमारी सारी कबीलदारी, सारी ज़िम्मेदारियाँ ख़त्म हो गई हैं, लड़कियों की शादी हो गई। छोटी तो एक साल तक इधर आ ही जायेगी, भगवान ऐसे ही कुछ जुगाड़ बना देगा। अब ये अपना घर बनाये—जो मर्ज़ी आये करे।"

"अब हम भी तो यहाँ हैं, हम भी थोड़ा बहुत हाथ बँटायेंगे, है कि नहीं?" चरनसिंह ने जैसे अपनी हिम्मत को तोला।

"हाँ, बँटायेंगे क्यों नहीं, मैंने तो कल ही जीती को कहा था कि बच्चों को अब मैं देख लिया करूँगी, तू अपने लिए कोई काम ढूंढ़ ले। वह हज़ारा सिंह की बहू और डकिया वालों की दोनों बहुएँ काम करती हैं।"

"करती क्या थी फिर?" उत्सुकता से चरनसिंह ने पूछा।

"कहती थी, बीबी अभी तो आप देश से आये हो, मैं दो-चार दिन आप लोगों की सेवा तो कर लूँ।"

सुन कर चरनसिंह को चैन-सा आ गया। वह अपनी खुशी बलवंत कौर से बाँटता हुआ बोला—"जसवंत का स्वभाव तो पहले से ही ठंडा था, बहू का स्वभाव उससे भी अच्छा है। बाहरवाली बहुओं के बारे में बड़ी अजीब-अजीब बातें सुना करते थे, गाँव से आते मन में बड़ा डर था कि जाने कैसी होगी।"

"यह तो हमारे पिछले जन्म के अच्छे कर्म सामने आये हैं।" बलवंत ने सुख की साँस भरते हुए कहा।

कुछ देर रुक कर चरनसिंह बोला—"तू उसे फिर कहना, कहीं कोई काम-शाम ढूँढ़ ले, मैं जसवंत को भी कहूँगा। मैं तो खुद भी कहता हूँ, मुझे कहीं लगवा दे, पर बूढ़े लोगों के लिए यहाँ कोई काम ही नहीं, ऐसा बोलते हैं। बस फार्म में काम मिलता है। हज़ारासिंह बताता था कि दो-ढ़ाई महीने तक ही काम मिलेगा।"

"चलो जी, ये दो-ढ़ाई महीने भी निकल जायेंगे, जब काम शुरू हो तभी सही।" बलवंत कौर ने पोती को थपथपाते हुए कहा, जो शायद उनकी बातें सुन कर जाग

गई थी।

शुरू में तो जसंवत भी सुरजीत के बाहर काम करने के हक में नहीं था पर उन दोनों के कहने पर वह भी मान गया। सुरजीत की एक सहेली कपड़े सीने का काम करती थीं। उसने सुरजीत को भी अपने साथ काम पर लगा लिया। ठंड कम होने लगी और दिन थोड़े खुल गये तो फार्मों में भी काम शुरू हो गया। चरनसिंह अपने गाँव के हज़ारासिंह के साथ काम पर जाने लगा। सुबह जल्दी ही तैयार होकर ठेकेदार के साथ उसकी वेन पर वे लोग बैठ जाते। काम पर पहुँचने में उन्हें दो घंटे लग जाते। शाम को घर लौटने तक अँधेरा हो जाता। लेकिन फार्म पर दिन भर चरनसिंह का मन लगा रहता। शुरू में वह केवल हज़ारा सिंह को जानता था पर बड़ी जल्दी औरों से भी उसकी निकटता हो गई।

जब वह घर आता, तो पूरा परिवार साथ बैठ कर खाना खाता। बच्चे एक-दूसरे के पीछे भागते, लड़ते, शोर मचाते, उनका मन लगाये रहते। बलवंत कौर उन्हें रोकती, हटाती और साथ ही जसवंत और सुरजीत को हँस कर कहती–"इस तरह से दोनों दिन भर मेरी परेड कराते हैं, मेरी एक भी नहीं सुनते, भाई एक तो सुन लो।"

चरनसिंह उसे छेड़ते हुए कहता–"देख ले, अगर यहाँ परेड नहीं करनी तो फिर फार्म पर चली जा। यहाँ तो कोज़ी जगह, कारपेट पर बच्चों के पीछे भागती है, वहाँ फार्म में स्ट्राबेरी के रोल में घसिटना पड़ता है, जैसे बच्चे मिट्टी के ढेर पर घीसी करते हैं।" बलवंत कौर हँस कर कहती–"ना बाबा, तू ही करे जा घीसियाँ वहाँ, मैं नहीं जाती तेरे फार्मों में और मेरा बेटा, मेरी बहू कमाते हैं, तू कमाता है, फिर मेरी क्या ज़रूरत है।"

जसवंत भी हँसते हुए अपने पिता के पक्ष ले लेता और कहता–देख ले बीबी, अगर तुझे जाना है तो हम बच्चों का कोई न कोई प्रबंध कर ही लेंगे।"

बाप-बेटे दोनों को बीबी के विपक्ष में हुआ देख सुरजीत उसी का पक्ष लेती–"आप अपनी स्कीमें अपने पास रखो, हमने अपनी बीजी को नहीं भेजना किसी फार्म में।"

बलवंत कौर उनकी बातों से खुश होती अपने छोटे से तोतले पोते को कहती–"रे दीपे, देख ले, तेरा पिता मुझे फार्म पर भेजने लगा है, मैं भी जाया करूँ क्या तेरे दादे के साथ, तू अकेला अपनी छोटी बहन को सँभाल लेगा?"

दीपा भाग कर अपनी दादी के गले पड़ जाता और खीझती हुई आवाज़ में ज़ोर-ज़ोर से कहता–"नो...नो तूने नहीं जाना।"

और सभी खिलखिला कर हँस पड़ते।

हँसते हुए उन चेहरों को याद करके चरनसिंह के चहरे पर खुशी के चिह्न उभरे, पर उसी पल उसने लंबी-सी ठंडी साँस भरी और करवट बदल कर सोने की कोशिश

करने लगा।

लेकिन आज नींद तो उससे उसकी खुशियों की तरह रूठ गई थी। उसका उदास मन फिर यादों के देश में बेवतनों की तरह घूमने लगा। चरनसिंह की उस दिन की याद कभी नहीं भूलती थी, जिस दिन उन्होंने नया घर लेकर अखण्डपाठ करवाया था। उस खुशी के मौके पर उनके सभी रिश्तेदार, गाँव के सभी परिवार गाँव की लड़कियाँ, मिलने वाले और खास कर चरनसिंह के साथ फार्मों पर काम करने वाले उसके सभी दोस्तों को बुलाया था। भोग डालने के बाद सभी ने चरनसिंह और बलवंत कौर को अपने बेटे बहू के साथ सुखी रहने के लिए सौभाग्यशाली कहा था। घर की बेसमैंट अभी बनी नहीं थी। सभी ने जसवंत और चरनसिंह को सलाह दी थी कि बेसमैंट बनवा कर किराये पर चढ़ा दे, इस तरह किश्त बड़ी आसानी से निकलती रहेगी पर जसंवत ने सभी से कहा था कि वह पहले ही इतनी देर किराये पर रहे हैं, उतनी ही घर की किश्त है। काहे को फालतू में बेसमैंट किराये पर दें अभी चरनसिंह को उनके विचार अच्छे लगते थे, पर उसने भी ज़्यादा ज़ोर नहीं डाला था।

भोग वाली शाम को जसवंत ने अपने कुछ खास दोस्तों को और चरनसिंह ने अपने दो-तीन भाई-बंदों को शराब भी पिलायी थी। चरनसिंह को याद आया, जब रात को बैठे वे शराब पी रहे थे तो उसके फार्म के दोस्त दीदार सिंह ने थोड़ा-सा नशे में आते हुए कहा था—"चरनसिंह, तेरे जसवंत जैसे बेटे पूरे कैनेडा के घर-घर में नहीं हैं, मैं तुझे बताता हूँ। यहाँ तो पता नहीं कैसी हवा चली हुई है, बस पैसे के बिना कुछ दिखता ही नहीं सालों को। मैं कहता हूँ, आज पहली बार तेरे बेटे के मुँह से सुना कि क्यों बेसमैंट किराये पर चढ़ानी है। वाह भाई वह! पुत्र हो तो तेरे जसवंत जैसा।" दीदार सिंह की बातें सुन कर चरनसिंह का सीना मान से फूल गया था।

अपनी बात पर पक्का रहता, जसवंत ने सच में बेसमैंट नहीं बनवाई थी। उसने बस बेसमैंट में फायर प्लेस की ओर बच्चों के खेलने के लिए और आये गये के बैठने के लिए छोटा-सा कमरा बना लिया था। चरनसिंह फार्मों में काम करता और सर्दी में ख़त्म हो गये तो जसवंत ने ज़बरदस्ती चरनसिंह और बलवंत कौर को दो-एक महीने के लिए देश भेज दिया था। चरनसिंह को याद है, उनके लिए देश का यह फेरा कितनी खुशियों भरा था। उन्होंने गाँव जाकर भी उस जगह, जिसे बाबा-ताणा कहते हैं, वहाँ अखण्डपाठ करवाया था और शहीदों के लिए बन रही जगह के लिए भी पैसे दिये थे। सारे गाँव में उनके परिवार की अच्छी किस्मत की और खास कर जसवंत की नेकी की बातें होती रहतीं थीं।

चरनसिंह ने फिर करवट ली और रजाई को करवट के नीचे दबाने की कोशिश की। एक बार फिर सिरहाने से सिर उठा कर घड़ी को देखा। अभी मुश्किल से तीन

ही बजे थे। उसने आँखें बंद करने की कोशिश की पर बेकार साबित हुई। फिर जैसे उसने खुद से हार ही मान ली हो। अपनी स्मृतियों को रोकने के स्थान पर वह उन्हें खुद ही कुरेदने लगा।

चरनसिंह और बलवंत कौर जब देश के चक्कर लगा कर लौटे तो उसके अगले कुछ महीनों में दो-तीन अहम घटनाएँ घटीं थीं, जिसके बाद उनका जीवन फिर से पहले वाली लाइन पर आ गया पहली बात तो यह हुई कि सुरजीत के काम पर कोई हड़ताल हो गई और उसका काम छूट गया। घर की किश्त और दूसरे खर्चे चलने मुश्किल हो गये। फिर सुरजीत का पैर भारी हो गया तो वह कोई दूसरा काम देखने ही नहीं गई। उन दिनों मजबूर होकर जसवंत को बेसमैंट बना कर किराये पर चढ़ानी पड़ी। उसी साल उन पर एक मुसीबत और आई। काम पर जाते हुए उसका ऐक्सिडेंट हो गया। उसे काफी चोटें आईं, वह दो हफ़्ते तक अस्पताल में रहा।

चरनसिंह को याद है कि वास्तव में यह ऐक्सिडेंट ही था जिसने उनके जीवन का रुख दूसरी ही तरफ मोड़ कर रख दिया था।

चोटों के कारण जसवंतसिंह कितने ही दिन काम पर नहीं गया। चरनसिंह को याद है उसने एक बार जसवंत को कहा था—"बेटा, अब तेरी चोटें तो कब की ठीक हो गई हैं, तू काम पर क्यों नहीं जाता?"

"बापू, घर बैठे पैसे मिल जाते हैं, तो काम पर किस लिए जाऊँ?"

"फिर भी बेटा, बंदे को जहाँ तक हो सके ईमानदारी करनी चाहिये, अगर तू काम कर सकता है तो तुझे जाना चाहिये।" चरनसिंह ने अपने मन की बात की और साथ उसे डर-सा भी लगता था कि कहीं जसंवत की नौकरी ही न छूट जाय।

"बापू, मैं कोई हेरा-फेरी थोड़े ना कर रहा हूँ। हमारा हक है। हमें कोई चोट लगे तो हम पैसे ले सकते हैं, वही मैं ले रहा हूँ। और सभी ऐसा करते हैं, मैं अकेला तो नहीं हूँ।"

चरनसिंह को लगा कि जैसे उसे कैनेडा के रस्मों-रिवाज़ की समझ नहीं है, पर जसवंत की बातों से उसे कुछ हौसला हो गया था। फिर कुछ महीनों बाद चरनसिंह और बलवंत कौर को बहुत ज़्यादा फ़िक्र होने लगी, जब उन्हें पता चला कि जसवंत को जो पैसे मिलते थे, वे अब मिलने बंद हो गये थे। उन दोनों ने एक दिन मौका देख कर फिर से जसवंत से काम पर जाने को कहा। जसवंत ने उन्हें धीरे-धीरे बताया कि उसका कार की बीमा कम्पनी आई.सी.बी.सी. के साथ मुकदमा चल रहा था। जो वकील उसने किया था, उसका कहना था कि वह यह केस ज़रूर जीत जायेगा। उस वकील ने पहले भी ऐसे कई लोगों के केस जीते थे। मुकदमे का फैसला होने से पहले ही जसवंत काम पर जाने लगा था। फिर कुछ महीनों बाद घर में अचानक खुशी की एक लहर दौड़ आई जब उन्हें पता चला कि जसवंत के मुकदमे का फैसला

उसके हक में हो गया था और बीमा कम्पनी की ओर से जसवंत को बड़ी रकम मिली थी।

चरनसिंह को याद है कि उस दिन रात को सोते समय बलवंत कौर ने दोनों हाथ जोड़ कर प्रभु का धन्यवाद किया था। उसने चरनसिंह को बताया था कि जब जसवंत का ऐक्सिडेंट हुआ था तो उसके मन में गाँव वाली जगह पर अखण्डपाठ कराने की मन्नत मानी थी। इस पर चरनसिंह ने खुश हो कर कहा था कि इस बार वे पूरे परिवार को लेकर गाँव जायेंगे। पर उनकी यह आस कभी पूरी न हुई। यह याद आते ही उसे अपने बेटे पर खीझ आई। उसने अपने मन को समझाने के लिए कहा–"जो बंदे के कर्मों में लिखा होता है, वही भोगना होता है। यह कर्मों की ही बात है कि हँसते-खेलते परिवार पर जब लक्ष्मी कृपालु हुई तो खुशियाँ समेट कर ले गई।" कर्मों को दोषी दर्शा कर उसे कुछ सुकून मिला। पर नींद आने वाला चैन न मिला।

उसे याद आया जब बीमा कम्पनी की ओर से जसवंत को पैसे मिले थे तो उसने अपने दोस्त की सलाह से घर बनाने के लिए एक प्लॉट खरीद लिया। लेकिन घर बनाने के लिए उन्हें बैंक से लोन लेना पड़ता था। चरनसिंह को उसकी यह बात अच्छी न लगी। चरनसिंह समझता था कि घर तो उनके पास ठीक-ठाक है और क्या करना है? पर जब जसवंत ने उन्हें पूरी स्कीम समझायी कि हम घर बना कर बेच देंगे तो चालीस पचास हज़ार का फायदा होगा। यह सुन कर चरनसिंह फूला न समाया। उसने अपनी ओर से जसवंत को उत्साहित किया।

जसवंत मिल में काम भी करता और साथ में घर बनाने का काम भी करने लगा। उसने पिता को बताया था कि घर बनाने का काम तो कुछ भी नहीं था। उसकी मिल में काम करने वाले दो-तीन लोग काम भी करते थे और साल में एक-दो घर बना कर बेच देते थे। फिर खुद तो कुछ करना ही नहीं था, सिर्फ़ ठेकेदारों को ठेका देना था। किसी को घर की चहारदीवारी खड़ी करने का, किसी को छत डालने का, और किसी को पलूबिंग का। चरनसिंह को ये बातें बड़ी अच्छी लगतीं। वह रात को बलवंत कौर को सारी बातें इस तरह बताता और समझाता, जैसे उसे बता कर वह यह पक्का करना चाहता कि उसे पूरी बात की समझ आ गई है या नहीं।

जसवंत ने घर बनाना शुरू कर दिया। घर का प्लैन बनाने, सिटी से पास करवाने को काम से लेकर ठेकेदारों से बातचीत करने के चक्कर में पड़े जसवंत को काम से आकर सिर खुजाने की फुरसत न मिलती। न तो कभी बच्चों से बात करने का वक्त मिलता और न किसी और से। जिन दिनों उसकी काम पर रात की शिफ्ट होती, वह मुश्किल से दो-चार घंटे सोता और फिर उठ कर चल देता। कभी किसी को फोन करता, कभी किसी ठेकेदार से झिकझिक, कभी किसी दूसरे से। ठेकेदार

भी सभी जान-पहचान के थे, वे काम का लारा लगा देते और समय पर कभी भी न करते। जसवंत कभी एक ओर भागता, कभी दूसरी ओर।

जिन महीनों में घर का काम चलता रहा, चरनसिंह का भी सारा वक्त घर के चक्करों में ही लगता। जसवंत कभी मिट्टी खोद कर उधर फेंकने में लगा देता और लकड़ियों को एक ओर से उठा कर दूसरी तरफ लगाने को कह देता और कभी कुछ और करने को कहता। नहीं तो वह कह देता कि जब तक इस ठेकेदार के बंदे फलाना काम करेंगे, उनका ख्याल रखना।

चरनसिंह को बड़ी खीझ आती। उसने सारी उम्र काम तो डट कर किया था पर उसने बड़ी टिक कर ज़िंदगी गुज़ारी थी। कई बार वह थका और खीझा हुआ बलवंत कौर को शिकायत करता—''यह भी कैसी जून हुई, सारा दिन बंदा सूली पर टंगा रहे। जिस दिन से आप का घर का काम शुरू हुआ, यह लड़का न तो एक पल खुद आराम से घर बैठा है और न किसी और को बैठने दिया है।''

बलवंत कौर का भी यही विचार था—''माना कि पैसे तो बन जायेंगे, पर लड़के का स्वभाव भी बड़ा रफ होता जा रहा है, जब भी बोलता है, खीझ कर बोलता है। मैंने कल कह दिया कि छोटी लड़की को बुखार-सा लगता है। तू इसे डॉक्टर को दिखा ला। वह तो मुझे आगे से ऐसा पड़ा। कहता है मेरे पास तो मरने की भी फुर्सत नहीं है, लड़की को डॉक्टर के पास कब लेकर जाऊँगा? अगर ठीक न हुई तो कल जीती को कह देना, शाम को काम के बाद ले जाय।''

''एक बार तो कर लिया, अब उसे कहना दोबारा इस काम में न पड़े। मिल में उसका बड़ा अच्छा काम है, गुज़ारा होता जायेगा। और क्या बंदा थोड़ा कम खा ले। यह ज़रूरी तो नहीं कि सभी कामों में दूसरों की रीस करे।''

घर का काम ख़त्म हुआ तो पूरे परिवार ने सुख की साँस ली। घर में अभी कारपेट डालना और कुछ छोटे-मोटे काम ख़त्म होने से रहते थे कि एक पंजाबी रियल एस्टेट ऐजेंट ने चीनी लोगों के साथ घर का सौदा कर दिया। जसवंत बहुत खुश था। वह कह रहा था कि उनकी किस्मत बहुत बढ़िया निकली है। घर की कीमतें चढ़ रहीं थीं। घर में उन्हें सचमुच पचास हज़ार डॉलर बच गया था।

इतनी बड़ी रकम का लाभ सुन कर चरनसिंह और बलवंत कौर भी बड़े खुश हुये। चरनसिंह को पिछले महीनों की थकावट और खीझ सब ध्यान से उतर गये थे। वे दोनों जने मन में स्कीमें बनाने लगे कि अब पूरा परिवार एक बार देश में चक्कर लगा आये। लेकिन उन्हें पता तब लगा जब जसवंत ने दो नये प्लॉट खरीद लिए और दो नये घर बनाने की स्कीम बना ली।

चरनसिंह ने उसे रोकने की कोशिश की—''देख बेटा, मुझे तो यह काम इतना आसान नहीं लगता। पूरा दिन भाग-दौड़, फिर तुझे काम पर भी जाना होता है। बच्चे

अलग परेशान होते हैं। तेरे पास तो उनसे बात करने का भी वक्त नहीं होता।"

जसवंत की बात और बात करने के अंदाज़ से चरनसिंह को लगा कि अब उसे इस काम से हटाना मुश्किल है। पर फिर भी उसने एक बार और कोशिश की—"पर बेटा, परिवार की ओर ध्यान देना भी तो ज़रूरी है कि नहीं, या पैसा ही सब-कुछ होता है?"

जसवंत चरनसिंह की बातों से खीझ गया था। वह कहने लगा, "बापू तू ऐसे ही अपनी मारे जाता है। परिवार कहाँ भागा जाता है। अब बढ़िया मौका है। अगर ये दो घर भी जल्दी से बना कर बेच दें तो सारी उम्र मौज करेंगे।"

चरनसिंह को जसवंत का रवैया अच्छा नहीं लगा था और उसने रात को बलवंत कौर से कहा था—"मैं तो सोचता था कि अब चार पैसे हाथ में हैं तो हम पूरे परिवार के साथ देश में चक्कर लगा आते हैं और मेरे मन में था कि अपने घास वाले कुएँ के पास लगते दो खत्ते भगतू अमली से ले लेते, वे तो एक-आध साल में किसी को दे ही देंगे। शायद हज़ारा सिंह ही हाथ मार जाय। यहाँ तो ठीक है पर हमने अपने पीछे को क्या भूला ही देना है?"

ज़मीन लेने वाली बात बलवंत कौर को ज़्यादा जची नहीं थी, पर उसने अपनी ओर से फैसला एक तरह से जसवंत के हक में कर दिया था—"अगर लड़का जान मार कर टूटता है तो घर के लिए ही तो करता है। किसी दूसरे के लिए थोड़े ना इतनी तकलीफ़ें उठाता है और बता, अब पीछे गाँव वाली ज़मीन का तू करेगा भी क्या? अब किसने सम्भालनी है? देख, तू लड़के के साथ ज़्यादा टोका-टाकी मत किया कर। क्या बुरा है अगर चार पैसे हाथ में हों।"

बलवंत कौर की बात सुन कर चरनसिंह कुछ न बोला। उसका मन तो यह था कि कम-से-कम बलवंत कौर तो लड़के का पक्ष न ले। फिर वह स्वभाव वश चुप रह गया था। वैसे घरों के काम में इतना फ़ायदा होने की बात उसे बहुत बढ़िया लगी थी।

चरनसिंह ने जसवंत को टोकना छोड़ दिया। जसवंत ने वे दो घर बनाये और बेच दिये। उसमें से भी उसे अच्छा फायदा मिला। उस पैसे से उसने और प्लॉट लिए और घर बनाये। लेकिन एक बार उसके बनाये हुए तीन घर बिक ही नहीं रहे थे। घर भी काफी बड़े थे। जसवंत ने अपनी जमा-पूँजी के साथ-साथ बैंक से भी कर्ज़ा लिया हुआ था। तंग आकर उसने सस्ते में ही दो घर बेच दिये और तीसरे में खुद आकर रहने लगा। फिर भी उसके पास इतने पैसे थे कि उसने तीन प्लॉट और ले लिए और उनमें से एक पर घर बनाने लगा।

चरनसिंह का अब याद करके दुःख महसूस हो रहा था कि कैसे उनके घर का माहौल ही बदल गया था। घर बना कर बेचने के लगातार चलते हुए इस सिलसिले

के आगे वह खुद को बेबस-सा महसूस करता। उसे लगता जैसे वह तेज़ बहते पानी में तैर रहा हो। घर में उसकी वह पहली वाली जगह अब नहीं रही थी। जसवंत अब उससे सलाह भी नहीं लेता था। उल्टा चरनसिंह और बलवंत कौर को लगता कि वह अब सारे काम सुरजीत की सलाह से करता है। इस कारण उन दोनों के दिलों में सुरजीत के प्रति पहला वाला प्यार-नफ़रत में बदलने लगा। जवान हो रहे बच्चे भी अपनी ही करते थे पर जसवंत का इन बातों की ओर जैसे ध्यान ही नहीं था। घर बनाने वालों को खुश रखने के लिए वह रोज़ रात को शराब पीता। चरनसिंह को उसमें पहले वाली कोई भी बात न दिखती। घर बेच कर पैसे बन जाते, उन्हें बढ़ाने के लिए और प्लॉट ले लेता। अब उसके पास तीन-चार प्लॉट हैं और तीन पुराने घर लेकर किराये पर भी दिये हुए हैं। अब एक-दो घर उसके हाथ में हमेशा रहते हैं। उसे आशा है कि जहाँ उसके तीन प्लॉट हैं वहाँ अपार्टमेंट बनाने का कानून पास हो जायेगा। इसी आशा में उसने म्युनिसिपैलिटी के इलेक्शन में जीतने वाली पार्टी की भी खूब मदद की थी। जसवंत के बढ़ते हुए काम के बारे में जब वह दूसरों से सुनता तो उसे बड़ी खुशी होती। पर जब वह अपनी हालत देखता तो उसका मन जसवंत के लिए नफ़रत से भर उठता।

चरनसिंह ने लेटे-लेटे कमरे में नज़र दौड़ाई और सोचा कि उसके बनाये इतने घरों में उसके पल्ले यह कमरा ही आया था। यह सोचते ही उसके मन में अपने आप जसवंत के लिए गाली निकली उसका विचार था कि जसवंत को घर और पैसे के सिवा कोई तीसरी बात नहीं सूझती। चरनसिंह को जसवंत पर सबसे ज़्यादा खीझ उस समय आई थी जब बलवंत कौर के बार-बार कहने पर भी वह देश जाने को नहीं माना था। कहता था, वहाँ आजकल सौ तरह के खतरे हैं, हम काहे को पंगे में पड़ें। बलवंत कौर ने मिन्नत की और कहा—"बेटा, जब तुझे चोट लगी थी, तभी मैंने बाबे ताणे अखण्डपाठ कराने की मन्नता माँगी थी।"

"अच्छा बीबी, ऐसा करते हैं कि हम यहाँ के गुरुद्वारे में अखण्डपाठ करा देते हैं और देश में थोड़े से पैसे भेज देंगे। फिर जब पंजाब में लड़ाई-झगड़ा ख़त्म हो जायेगा तो हम हो आयेंगे।"

जसवंत की गाँव जाने की बात का बलवंत को कोई विश्वास नहीं था, पर वह उसकी अखण्डपाठ वाली बात से सहमत हो गई थी और जसवंत ने अखण्डपाठ करवा भी दिया था। फिर चरनसिंह यह देख कर हैरान हुआ कि अब वह हर साल अखण्डपाठ कराने लगा था। इस बहाने ठेकेदारों को बुला कर शराब पिला देता, साथ ही बलवंत कौर को भी खुश रखता। अखण्डपाठ कराते रहने से अब गुरुद्वारे में उसकी पूछ बढ़ गई है। पर जब वे चरनसिंह को यह पता चला कि जो पैसे वह अखण्डपाठ पर खर्च करता था, उसमें से बहुत सारे तो गुरुद्वारे वालों से साँठ-गाँठ करके किसी

न किसी तरह इन्कम टैक्स में भर देता था। तब उसे लगा था कि जसवंत अब प्रभु से भी हेरा-फेरी करने लग गया था। पर साथ ही उसे लगता जैसे जसवंत को तो सब कुछ रास आ रहा था और वह बहुत खुश था।

चरनसिंह को याद आया कि बलवंत कौर ने बच्चों के साथ गाँव न जा पाने वाली बात को दिल से लगा लिया था। जब डेढ़ साल पहले वह कैलगरी गई थी तो जाने से पहली रात उसने आँखें भरते हुए कहा था—"दिल में बड़ी ख़्वाईश थी कि दीपे को, रानी और छोटी देवी को गाँव ले कर जायेंगे। ऊपर वाले की कृपा के बिना किसी को कहाँ खुशी नसीब होती है। अब इसे पैसे की तो कोई कमी नहीं। पर ससुरे की आत्मा ही जैसे मर गई है।" चरनसिंह को भी न जा पाने का बड़ा दुःख था।

"परिवार का भी अब क्या बचा है?" बलवंत कौर ने लम्बी साँस ली। "जितना गुड़ डालो, उतना ही मीठा होगा, बलवंत कौर। अब अपने ही घर की इज़्ज़त बेगानों के पास जाकर क्या उछालें? लड़के ने जब से कार ली है, घर से बाहर ही रहता है। पता नहीं कैसी मंडली के साथ खाता-घूमता है। शर्म से मर जाने को जी चाहता है। जिस दिन ससुरे को, सोये हुए को पुलिस घर से हथकड़ी लगा कर ले गई, साला दीवार में सिर मार कर मर जाने का जी करे। सही नहीं जाती ऐसी बात। इनकी ओर देखो, कोई फ़र्क ही नहीं पड़ा, भाई जैसे कुछ हुआ ही न हो। इतनी बड़ी बात हो गई है। लड़के ने चोरी की है और पकड़ा गया। ससुरों, कुछ तो आँखें नीची करो, कुछ शर्म समझो और सोचो भविष्य में ऐसी करतूत नहीं करेंगे।"

"अच्छा, महाराज जो करता है, सोच समझ के ही करता है। हमसे ही कहीं कोई भूल हुई होगी।" बलवंत कौर ने अपनी गीली आँखों को पोंछते हुए कहा।

"कितने दिन तक रखेंगे तुझे कैलगिरी वाले?" चरनसिंह ने पूछा था "क्या पता अब, उनके छोटे-छोटे बच्चे हैं। और उनसे ज़्यादा तो यह बात इनके बस में है। जब वहाँ से मुझे लायेंगे, तभी आऊँगी। कैलगिरी, हमारा बराम गाँव में आ गई।" बलवंत कौर ने कुछ खीझते हुए कहा था।

चरनसिंह ने दोबारा बलवंत कौर को देखा था और फिर हैरान होते हुए सोचा था कि कितनी बदल गई है। उसे लगा, जैसे पहले जैसा कुछ भी नहीं रहा। वह खुद भी कहाँ पहले सा रहा था। उसे याद है कि मुश्किल दिनों में भी उसके मन में एक शांति, ठहराव-सा होता था। अब वह भी कौन-सा जसवंत से कम टूट-टूट कर मरता था। उसे इस बात की भी ठीक से समझ नहीं आती थी कि वह पैसा किसके लिए कमा रहा है। लेकिन प्रभु की ऐसी मर्ज़ी थी कि वह काम किये बिना रह ही नहीं सकता था। एक पल के लिए उसे खुद पर बड़ा गुस्सा आया, फिर उसने कुछ और सोचना शुरू कर दिया।

वह फिर से जसवंत कौऱ के बारे में सोचने लगा। कभी-कभी उसका दिल बड़ा

व्याकुल-सा हो जाता और वह चाहता बलवंत कौर उसी पल उसके साथ चारपाई पर लेटी हो। चरनसिंह ने अनुमान लगाया कि बलवंत कौर को गये अभी तीन महीने ही हुए थे, जब सुरजीत की बहन-बहनोई अपने बच्चों के साथ टोरंटो से यहाँ आये थे। कहते थे—"वहाँ पर काम काज बड़ा मंदा था।"

उनके आने पर चरनसिंह की चारपाई उन्होंने बेसमैंट के इस कमरे में रखवा दी। कमरे में चारपाई रखते हुए जसवंत ने कहा था—"दो महीने बाद बेसमैंट गोरों से खाली करवा लेंगे, उन्हें बेसमैंट से मूव करवा देंगे, फिर आप दोबारा ऊपर अपने कमरे में आ जाना।"

"लो आज हो रहे हैं दो महीने।" चरनसिंह ने खीझते हुए सोचा। वाह भाई, यह कर्मों के उलट फेर—बनायी खीर और पक गया दलिया? चरनसिंह ने बोर होते हुए करवट ली और खुद को ही सुनाया। उसने घड़ी की ओर देखा। पाँच बजने वाले थे। ताकी का पर्दा परे करके बाहर देखा। कई दिनों से हल्की-हल्की पड़ती हुई बर्फ़ अब बड़ी तेज़ी से गिर रही थी। सब कुछ सफेद हुआ पड़ा था।

"जो कसर बचती है, तू भी निकाल ले", बर्फ़ को देखते हुए वह बोला। उसे याद आया, कल टरकी से उतरते हुए कर्म सिंह ठेकेदार ने कहा था, कल पेपर रिचमंड में फेंकने हैं। चरनसिंह को पता था कि रिचमंड में कई जगह साईड वाक भी नहीं बनी हुई थी। इस कारण पूरा दिन बर्फ़ में बड़ी मुश्किल होता था। फिर उसे ख्याल आया कि एक दिन ज्वालासिंह ने कहा था—"चरनसिंह, अगर गिरती बर्फ़ में काम पर आया तो एक अतिरिक्त जोड़े मोज़े रख लेना, कई बार पूरा दिन बर्फ़ में घूमते हुए मोज़े गीले हो जाते हैं—चाहे कितने ही बढ़िया रबड़-बूट हों। वैसे तो बंदा ऐसे दिन काम पर ही न आये। मैं भी जिस भी ठेकेदार के साथ काम करता हूँ, उसे पहले ही बता देता हूँ कि जिस दिन बर्फ़ गिरती होगी, मैं काम पर नहीं आऊँगा। और न ही मैंने कभी ऐसे मौसम में काम किया ही है। हमें अब कौन किसी को हिसाब देना है, वैसे ही बेकार में जान मारते रहें।

ज्वालासिंह का ध्यान आते ही उसका मन थोड़ा खुश हो गया। आजकल ज्वालासिंह ही था, जिसके साथ वह अपना सुख-दुःख साझा करता था। वह ज्वालासिंह को बड़ा साहसी और सोने से दिल का बंदा समझता था। उन्हें पेपर फेंकने के काम में इकट्ठे ही छः महीने हो गये थे।

चरनसिंह को ज्वालासिंह की बातें और उसका स्वभाव बहुत बढ़िया लगते थे। वह उसके साथ अपने परिवार की, घर की सभी बातें कर लेता था। एक रात को वे काम पर से लेट हो गये थे तो चरनसिंह उसके घर पर ही रह गया था। ज्वालासिंह एक और व्यक्ति के साथ पुराने घर की बेसमैंट में रहता था, जिसमें सोने वाले दो कमरे, एक छोटा-सा लिविंग रूम, रसोई और गुसलखाना था।

उनकी रसोई में पड़ी कुर्सियों पर बैठकर उसने काम वाले बूट उतारे। चरनसिंह ने इधर-उधर देख पूछा—"आज तेरा साथी नहीं दिख रहा?"

"वह तो पट्ठा है पूरा। जब मन हो तभी घर घुसता है। जिन दिनों उसे वैलफेयर के पैसे मिले हों, तब वह लेट ही आता है। किसी बड़ी बीयर-बार में बैठा होगा।"

"उसके आगे पीछे नहीं है क्या कोई?" चरनसिंह ने यों ही पूछा।

इस बात का उत्तर देने के बदले ज्वालासिंह ने एक पल चरनसिंह को देखा। फिर उसने अपनी जुराबों का गुच्छा-सा बना कर बूटों में रखता हुआ बोला—"तेरा मेरा आगा-पीछा है क्या? इस मुल्क में आगे-पीछे का क्या फ़र्क पड़ता है। यहाँ अपने-अपने पेट के आगे किसी को कुछ भी नहीं दिखता।" ज्वालासिंह कुछ पल रुक कर, फिर हिम्मत कर के कुर्सी से उठा और कहा—"तू ऐसे कर, पहले हल्का-सा शावर ले ले। मैं दोनों के लिए चाय बनाता हूँ। फिर थोड़ी देर बाद हम-खाना बनायेंगे।"

एक आज्ञाकारी बच्चे की तरह चरनसिंह उठकर नहाने चला गया। जब वह नहा कर बाहर निकला तो रसोई से उसे अलगोज़ो के राग की आवाज़ सुनाई दी। ज्वालासिंह ने टेप-रिकार्डर चलाया हुआ था और वह खुद चाय में दूध डालकर उसके उबलने का इन्तज़ार में स्टोव के पास खड़ा था। चरनसिंह को देख कर बोला—"ले यह तू कर चाय का ख़्याल रख, मैं भी हल्का-सा शावर ले आऊँ। बर्तनों वाली टोकरी में छलनी पड़ी है, चाय छान लेना।" उन्होंने चाय पी और कितनी देर तक बैठे बात करते रहे। ज्वालासिंह उठा और फुर्ती से आटा गूँध कर रोटियाँ सेक लीं। एक-दो पहले दिन बनाये मीट का शोरबा गर्म किया। चरनसिंह हैरान-सा हुआ ज्वालासिंह को देखता रहा। उसके पास शराब की आधी बोतल पड़ी थी जिसे दोनों ने खाने से पहले पी लिया। खाना खाकर वे देर रात तक बातें करते रहे।

थोड़ा नशे में होने से चरनसिंह ज़बरदस्ती दिल की बात किये चला जा रहा था। वह ज्वालासिंह से जसवंत के इस तरह बदल जाने की बात करता जाय। उसे याद आ रहा था कि जब ज्वालासिंह ने उसके लिए सोने के लिए लिविंग रूम के सोफे का बेड बाहर खींच कर, उस पर एक पतली-सी चादर बिछाई थी तो चरनसिंह ने चादर उसके हाथों से लेते हुए कहा था—"ज्वालासिंह, हमारा तो ऐसा हँसता खेलता-बसता घर था कि आने-जाने वाले हमारे घर की मिसाल देते थे। लड़का का स्वभाव ऐसा कि 'जी' लगाये बिना कभी बोलता न था। लालच का तो वह नाम भी नहीं जानता था। मुझे कहता, "बापू, बस एक साल और तू फार्म में काम कर ले, फिर तुझसे काम नहीं कराना।"

ज्वालासिंह ने उसकी बात-चीत में ही टोक दी थी और कहा था—"चरनसिंह,

तू जितना चाहे मन को कलपा ले, फायदा कुछ नहीं होगा। अगर सिर्फ़ तेरा ही लड़का ऐसा होता तो फिर बंदा उसे बुरा-भला कहता भी ठीक लगता। जब यहाँ सभी का यही हाल है, तो अब बिचारे जसवंत को तू फाँसी लगायेगा?''

''फाँसी तो क्या लगानी है, अपनी मौज करे। उसके मकानों का, उसके पैसों का मुझे कोई दुःख थोड़े ही है। शुरू-शुरू में मैंने उसे गाँव में ज़मीन लेने के लिए दो-चार बार कहा था, उसने नहीं माना, हार-कर मैंने कहना ही छोड़ दिया। मैं तो बस अब यही चाहता हूँ कि अपनी माँ को साथ रखे। पहले की तरह परिवार में बैठा-उठा करे। सब कुछ होते हुए वह ऐसा निर्मोही क्यों हो गया है। इसी बात की मुझे समझ नहीं आती। यह समझ आयेगी भी नहीं। मैंने तो हार कर इन बातों को सोचना ही छोड़ दिया है। अब मन में बड़ी शांति है। अपने घर में दोबारा से राजा बन कर बैठे हैं।

''यह तो तेरी बात ठीक है ज्वालासिंह। सच में, अब मैं घर में बहू के हाथों को ही देखता रहता हूँ, कब पकायेगी।''

''तुझे पहले भी कहा है और अब भी सुन ले, जिस दिन तेरा मन हो, कपड़े उठाना और चले आना। यह मेरे वाले बेडरूम में बहुतेरी जगह है, हम एक और चारपाई डाल देंगे। जब तेरी सरदारनी कैलगिरी से वापिस आ जाय, तो कोई बेसमैंट किराये पर लेकर रहने लग जाओ, ऐश करोगे। लड़कों ने तो जो कुछ करना है, यही है और मैं तुझे सच बताऊँ, वे अपनी ओर से तो यह भी नहीं समझते कि वे कोई गलत या खराब बात कर रहे हैं। मैं भी तेरी तरह, शुरू-शरू में अपने बेटे पर बहुत खीझता था। अब धीरे-धीरे मुझे उस पर गुस्सा आना भी बंद हो गया है। अब वह कभी-कभी आ कर मिल भी जाता है, बच्चों को भी मिलवा देता है। अगर कोई अच्छा दिन हो तो मैं भी चला जाता हूँ। चरनसिंह यार, सीधी-सी बात है—जब खुद कमाना, खुद खाना तो काहे को एक-दूसरे की गर्दन पर हाथ डालना। अगर आपस में बनती हो तो इस जैसी कोई दूसरी बात नहीं। हमारे तो बेटे की माँ और बहू में पहले दिन से ही नहीं बनी। रोज़ के क्लेश से तंग आकर हम तो अलग ही रहने लगे। जब तक वह जीवित रही बड़ा अच्छा वक्त निकला। उसके मरने के बाद रोटी-पानी की थोड़ी तंगी हुई थी। मैं एक महीना बेटे के साथ रहा था। उनके साथ मेरा मन ही नहीं लगा। मैं तो इस बेसमैंट में अकेला ही आ गया था। फिर वह प्रीतू साथ रहने आ गया। अब इसके साथ गपशप में टाइम निकल जाता है। किसी की न आधी न पूरी, अपनी मौज करे जाओ।'' ज्वालासिंह ने रसोई की बत्ती बुझाते, अपने कमरे की ओर जाते हुए कहा था।

ज्वालासिंह से की हुई बातों के बारे में सोचते हुए चरनसिंह ने एक फिर बाहर बर्फ़ को देखा। उसका मन हुआ कि वह भी ज्वालासिंह की तरह आज काम पर न

जाय। फिर सोचा, भाई आज तो शनिवार है, बहू-बेटा दोनों ही घर पर होंगे और ऐसे ही पूरा दिन आँखें दिखाते रहेंगे। उसने ज्वालासिंह की अंतिम बात के बारे में फिर सोचा, क्यों न सच में वह ज्वालासिंह के साथ रहना शुरू कर दे। अगर उसके जाने का जसवंत को कोई दर्द होगा तो खुद आकर मिन्नतें कर के वापिस ले जायेगा। फिर कम-से-कम इस ठंडे कमरे से जान बचेगी। लेकिन फिर यह सोच कर–"अपना घर क्या यों ही छोड़ा जाता है।" खुद ही डर गया। उसी समय उसके मन में दूसरा ख्याल आ गया, "क्या रखा है इस घर में मेरा?" उसे चक्कर-सा आने लगा। सिर उठा कर फिर उसने घड़ी को देखा।

पूरे पाँच बजे थे। उसने जल्दी से अलार्म बंद करने की कोशिश की। फिर उसे ध्यान आया कि अलार्म तो उसने लगाया ही नहीं था। वह धीरे-धीरे रजाई हटा कर चारपाई से निकला। उसे ऐसा महसूस हुआ कि जैसे वह कभी सोया ही नहीं था। उसका बदन जगह-जगह से दुःख रहा था। चारपाई के पास पैंट उसने पहनने के लिए उठायी। वह ठंड से अकड़ी पड़ी थी। कमीज़ का भी यही हाल था। धीरे-धीरे दरवाज़ा खोल कर बाथरूम गया। बाथरूम का पानी खोलते समय उसने किरायेदार गोरा-गोरी के बारे में सोचा। पता नहीं वे लोग घर आये भी थे या नहीं। चरनसिंह ने उनकी आवाज़ नहीं सुनी थी। उसने जल्दी-जल्दी ब्रश किया और गर्म पानी खोल कर अच्छी तरह हाथ-मुँह धोया। शरीर को गर्म पानी का स्पर्श बड़ा सुखद लगा। उसका मन हुआ कि शावर ले ले। फिर सोचा कि बाहर बर्फ़ में जाना है, कहीं ठंड ही न लग जाय। साथ ही वह शावर चलने से होने वाले शोर से भी डरता था। वह अपने कमरे में आ गया। चारपाई पर बैठ कर मोज़े डालने लगा। मोज़े भी अकड़े पड़े थे। उनकी अकड़न को तोड़ते हुए हाथ एक पल को रुके, उसे लगा कहीं वे काँच की तहर टूट न जाय और उस आवाज़ से गोरा-गोरी जाग न जायें। फिर इस बात पर खुद ही हँस पड़ा। फिर वह बाहर आ गया। बर्फ़ से सब ओर सफेदी छाई हुई थी। उसने खुद को कहा–"हाँ भाई, ज्वालासिंह तो आज काम पर नहीं आयेगा।" एक पल को उसे ज्वालासिंह से ईर्ष्या हुई। उसके जी में आया कि वह भी आज काम पर न जाय तो कितना अच्छा हो। फिर ध्यान आया कि यह बात तो वह पहले ही सोच चुका है। उसे काम पर जाना ही चाहिये।

मोज़े पहन कर उसने टाँगों तक आते रबड़ के जूते पहने। दीवार में ठुके कील से अपनी पगड़ी उतार कर जल्दी से लपेटी। लम्बी जैकेट पहन कर उसकी हुड पगड़ी पर कर ली। दीवार से लगी अपनी लंच वाली डिब्बी उठाई, जिसमें उसकी बहू ने रात को ही अंडों के दो सैंडविच, एक केला और दो-तीन कुकीज़ रख दीं थीं।

उसने बड़ी सावधानी से बिना खड़ाक करने से पहले बेसमैंट का दरवाज़ा खोला। बाहर निकलते ही उसके पाँव फुट-फुट बर्फ़ में धँस गये। ताज़ी बर्फ़ में उसे

थोड़ा ज़ोर लगाकर चलना पड़ा। घर के पास से हो कर वह धीरे-धीरे सामने वाली सड़क पर पहुँच गया। सड़क का मोड़ मुड़ने से पहले उसने पलट कर घर की ओर देखा। घर की छत के ऊपर और आस-पास पड़ी बर्फ़ से घर का रंग-रूप निखरा हुआ था। अचानक उसे वह घर बड़ा सुंदर-सा लगा। घर के सन-डैक के नीचे खड़ी उसके बेटे-बहू की लाल और हरे रंग की कारें। दूर से देखने पर उसे घर स्वर्ग की कोई चीज़ लगी—उसकी पहुँच से परे की चीज़।

अंदर के जज़्बातों को दबाता वह शीघ्र ही मुँह-मोड़ कर बस अड्डे की ओर चल पड़ा। कुछ कदम चल कर वह रुक गया। उसने अपनी लंच वाली डिबिया एक पल के लिए बर्फ़ पर रखी और जैकेट की हुड के नीचे से अपनी पगड़ी ठीक की।

उसने घूम कर सड़क के दूसरी ओर देखा। बर्फ़ के कारण सब कुछ सफेद हुआ पड़ा था। बिजली की रोशनी में चमकती बर्फ़ उसे अच्छी लगी। वह कुछ पल वहाँ खड़ा सोचता रहा और बर्फ़ की ओर देखता रहा। फिर पता नहीं उसके मन में क्या आया, उसने लंच की डिबिया दूर दे मारी और मुड़ कर एक बार अपने घर की ओर देखा। उधर देखते हुए उसने सिर को झटका-सा दिया और सड़क की उल्टी दिशा में चल पड़ा। बस की प्रतीक्षा करने के स्थान पर वह ज्वालासिंह के घर की तरफ़ चल पड़ा जो वहाँ से लगभग एक मील दूर था। अपने इस अजीब फैसले से उसने खुद को फूल-सा हल्का और आकाश में उड़ते पंछी-सा आज़ाद महसूस किया। बर्फ़ पर चलते अब पैरों के नीचे आती बर्फ़ की किरच-किरच की आवाज़ बड़ी सुखद लगने लगी। आधे ब्लाक तक जाने के बाद उसने एक बार फिर मुड़ कर पीछे देखा। उसे अपने जूतों पर पड़ी बर्फ़ की पतली परत और अपने जूतों के निशान बर्फ़ पर पड़ते देख बच्चों-सी खुशी महसूस हुई। फिर वह लम्बे-लम्बे डग भर कर चलने लगा।

बिगड़े हुए कामरेड

अमरजीत चहल
(17.11.1951)

वह मर गया।

यह दुनिया क्या है? यह ज़िंदगी क्या है?

चौकसी का चक्कर लगा कर गुरदेव सिंह गेट के सामने आ गया। सड़क के दूसरी ओर सामने अमेरिका की ओर गेट के अंदर शेर जैसा रखवाला कुत्ता, उसे देख कर भौंका। बेचैनी में इधर-उधर चक्कर काटता फिरता कुत्ता गेट पर पंजे गाड़ कर उसे ऐसे टक्करें मारने लगा, मानो तोड़ ही देगा।

इसके बाद गुरदेव सिंह को यह सोच कर झुरझुरी-सी आयी—"क्यों खपता है यार...।" उसने कुत्ते को समझौते की मुद्रा में कहा—"अपना कोई लेना-देना नहीं। नौकरी तू भी करता है। नौकरी मैं भी करता हूँ। तू भी चैन से रह, मुझे भी आराम से दिन काटने दे।"

एक दिन उसे ऐसा भी लगा जैसे उसमें और कुत्ते में ज़्यादा अन्तर न हो। दोनों अपने-अपने मालिकों की जायदाद की रखवाली, रातें जाग कर करते हैं। दोनों अपने-अपने मालिकों के वफ़ादार नौकर हैं।

कुत्ते और अपने में एक अन्तर गुरदेव को यह लगा कि मालिकों की अनुपस्थिति में वह खुद को मालिक समझने लगता है। पर गुरदेव सिंह यह ग़लती नहीं कर सकता। उसे हमेशा यह डर सताता है, पता नहीं कम्पनी कौन हो—कब आ जाय। उसने कम्पनी के मालिक को कभी देखा नहीं था। लेकिन वह जानता था आजकल बड़ी-बड़ी कम्पनियों में मालिक एक नहीं अनेक होते हैं। हर 'शेयर होल्डर' मालिक के बराबर।

एक बार गुरदेव को अपने साथ हुई—"कुत्ते-खस्सी वाली बात याद आ गई। बात कोई बड़ी नहीं बेकार-सी थी। दूसरी ओर से कुत्ता फिर भौंका। वह बात याद कर के गुरदेव को जो मज़ा आना था, किरकिरा हो गया। उसने पहली बार खीझ कर कुत्ते से कहा—"अगर मैं भी तेरी तरह भौंकना शुरू कर दूँ तो अच्छा होगा। तेरे से चुप रह कर मेरी तरह नौकरी नहीं होती?"

कुत्ता और भौंका।

जवाब में गुरदेव ने भी 'भऊँ भऊँ' तीन-चार बार, उसकी ओर मुँह ऊपर करके किया और चक्कर लगाने चल पड़ा।

कुत्ता हैरान हो कर चुप हो गया। उसे कोई उम्मीद नहीं थी कि जवाब में उसे भी कोई ललकार सकता है। शर्मिंदगी से उसने पिछली टाँगों में मिट्टी उछालने की सी पोजिशन बना ली, जैसा कि आमतौर पर अमेरिकन लोगों का स्वभाव है।

एक पल को गुरदेव रुका, पीछे मुड़ कर देखा। कुत्ता जैसे इसी पल की प्रतीक्षा में था। उसने मिट्टी उछाली और भौंका। गुरदेव को लगा जैसे कुत्ते ने चैलेंज कबूल कर लिया। उन्हीं पैरों वह लौटा, पीछे मुड़ा और 'भऊँ भऊँ' करता कुत्ते की ओर दौड़ा। कुत्ता चौंक-सा पड़ा। उसे यह उम्मीद बिल्कुल नहीं थी। गुरदेव अपनी सुरक्षित सीमा में जाकर खड़ा हो गया। "आ गया तेरा उस्ताद। भौंक अब 'भौं भौं...। मैं भी भौंकता हूँ।"

कुत्ते ने गर्दन टेढ़ी करते हुए उसे हैरानी से देखा। दाँयीं ओर का पंजा उठा कर वह कान के पीछे खुजली करने लगा, जैसे उसे बात समझ में न आई हो। अपनी पूँछ आधी नीचे करते हुए, पीछे खिसकते हुए उसने अपने मन में कहा—"जा रे तूने मुझे बंदा समझा है क्या?" गुरदेव ने सोचा—"अगर सभी मालिक इस तरह कुत्तों को रखवाली पर रखने लगे तो हमारी फिर छुट्टी ही हुई समझो। हमें तो वेतन देते हैं पर कुत्तों को?"

उस रात गुरदेव सिंह के घर हुई महफिल में यह बात हुई थी—"इमिग्रेंटों को हमेशा ही, उस समय कैपिटेलिस्ट सरकार ने अपने देश में बुलाया, जब उन्हें कम वेतन पर काम करने वालों की ज़रूरत पड़ी।" ज़रूरत क्यों और कैसे पड़ी? उस समय उनके अपने लोग क्या करते थे? इस बारे में कामरेड विचार विनिमय करते रहे थे। तभी गुरदेव के सिर में दर्द हुआ था। उसने सोचा था—"इन्हें यह बातें कौन सिखलाता है? यही सच है, जब भी इमिग्रेंट किसी भी देश में गये, वहाँ के निवासियों ने—"यह लोग हमारी नौकरियाँ छीन रहे हैं" का खूब शोर मचाया। कई कॉलम लेखक उभरे थे। काले-गोरे का सवाल पैदा हुआ। कइयों ने इस मुद्दे पर चुनाव भी लड़े, अखबारों की खूब बिक्री हुई और बहुत कुछ हुआ—घटा।

उसके सिर में दर्द की चीस-सी उठी। मन में कई तरह के विचार आने शुरू हुए। उसे लगा, यह नौकरी, समझो गई। उसके बाद...। उसके बाद घर भी गया समझो। उसके बाद क्या कुछ जा सकता था या छिन जायेगा। गुरदेव की समझ, समझ कर भी समझना नहीं चाहती थी।

"अब इमिग्रेंट कुत्तों का विरोध करें, मुजाहरें करें या अपने रोज़गार की फ़िक्र करें। आज के वक्त किसके पास फुरसत है, मुजाहरों की, फिर इन आंदोलनों को

पूछता ही कौन है? ये लोग जूते मार कर घर बिठा देते हैं।

उसका राउंड गेट के पास आकर पूरा हो गया। सामने से कुत्ता भौंका, वह विचारों की दुनिया से बाहर आ गया। ''बड़ी बेरहम कौम है।'' उसने हिकारत से देखा। कुत्ता थानेदार बना खड़ा था।

बात यों हुईं, टोरंटों से उसकी बहन और बहनोई, प्रताप और कुलदीप मिलने आये थे। प्रताप के कॉलेज के वक्त के दोस्त भी मिलने आ गये। उस महफ़िल में ये बात हुई थीं। उस समय गुरदेव सिंह को यह फालतू की माथापच्ची लगी थी। पर अब क्यों याद आ रही थी।

उसने प्रताप को सावधान किया था। आखिर मेहमान था। कल को कोई ऊँच-नीच हो जाती तो मुसीबत हमारे ही सिर पर पड़नी थी। इंडिया जाना पड़ा तो ये लोग वीज़ा नहीं देंगे। उसने प्रताप को एक ओर ले जाकर बात की थी।

''तू जिन्हें अपने दोस्त समझता है ना, सभी बिगड़े हुए कामरेड हैं। हम यहाँ रहते हैं। हमें इनका पता है। बंदे-बंदे को जानते हैं।'' गुरदेव सिंह रुका, प्रताप की प्रतिक्रिया जानने के लिये।

''भाई साहब, ऐसी कौन-सी बात कर दी इन्होंने, जो बिगड़े हुए दिखने लगे?''

''सभी शराब के ड्रम हैं। जितनी मर्ज़ी पी लें, इन्हें चढ़ती ही नहीं। खाने को दे दो तो ठीक, न दो तो भी ठीक। सारी-सारी रात जितनी मर्ज़ी हो, इनसे बहस करवा लो। और तो और न तो ये किसी धर्म को मानते हैं और न ही खुदा का कोई ख़ौफ़ है। कामरेड ऐसे होते हैं।'' प्रताप उसकी बात सुन कर हँस पड़ा।

''हँसने वाली बात नहीं है। इन्हें उठने-बैठने का नहीं पता। किसी के घर चले जायें, यों करेंगे जैसा इनका अपना ही घर हो। बेचारा घर का मालिक इनका मेहमान हो।''

रसोई में गुरदेव सिंह की साली खाने बनाने में अपनी बहन का हाथ बँटा रही थी। प्रताप के दोस्तों का रसोई में आना-जाना गुरदेव को अच्छा नहीं लग रहा था। वह चाहता था, जिस चीज़ की ज़रूरत हो, मुझे बतायें। ऊपर जाने का क्या मतलब!

उसकी तकलीफ़ समझ कर प्रताप ने कहा—''नहीं जायेंगे ऊपर, समझा देते हैं।''

''ऐसी तो कोई बात नहीं। वैसे आदमी, औरतों के बीच फिरता अच्छा नहीं लगता और कोई बात नहीं। उन्हें अपना काम करने दो। जिस चीज़ की ज़रूरत हो, मुझे बताओ, मैं हाज़िर हूँ।''

कुत्ता फिर से भौंका। गुरदेव को लगा बिजली की रोशनी हुई है। जब काम की शिफ्ट शुरू की थी, उस समय दिन की रोशनी बाकी थी। ''वे भी दिन थे, जब लोग तड़के उठ कर सिर्फ़ दिन के समय ही काम करते थे। निर्वाह होता रहता था।

अब चौबीस घंटे काम करने लगे हैं, फिर भी कम पड़ता है। फिर भी गरीबी बढ़ती जा रही है। चौबीस घंटे काम करने की ज़रूरत क्यों हुई? कामरेडों ने इस सवाल की वो धज्जियाँ उड़ाई कि खुदा खैर करे।''

यह बात भी अभी भी उसे काँटे की तरह चुभ रही थी, ''क्या ज़रूरत थी? गरीबी क्यों नहीं हट रही? क्यों रात भर उनींदे रहें? क्यों?''

सबसे खराब बात गुरदेव को तब लगी, जब हरमीत ने कहा था, ''अकालियों ने अपने समय के दौरान सबसे अधिक नक्सलाइट मारे हैं। उनमें से बहुत से सिख परिवारों को 'बिलौंग' कहते हैं।''

''देखो भाई गुरमुखो, खाओ पीओ जैसा मर्ज़ी। मेरी हाथ जोड़ कर विनती है।'' उसने हाथ जोड़े हुए थे, ''हमने शराब पी कर धर्म के बारे में कोई बात नहीं करनी, तुम सभी पढ़े-लिखे हो। मेरे जैसा अनपढ़ बंदा तुम्हें क्या बता सकता है। आप लोग खुद समझदार हो, वैसे जो मर्ज़ी खाओ-पीओ, उससे मैं नहीं रोकता।''

एक बार सभी चुप हो गये। उस चुप को बिक्रमजीत ने तोड़ा–''हम धर्म की नहीं, सियासी पार्टी की बात कर रहे हैं। ये बातें हम गुरदेवसिंह, फैक्ट्री के लंच टाइम में पचासों बार की हुई हैं। अब अमृत छक के अगर तू बदल गया तो क्या हुआ, हम तो नहीं बदले, न ही हिस्ट्री बदली है।''

''बिक्रमजीत, वे बातें, उस समय के साथ चलीं गईं। अब हमें भूल जाना चाहिये कि अतीत में क्या हुआ था। इसी में सब का भला है। और बीता हुआ समय कभी लौटता नहीं। याद करेंगे, तो हम खुद ही दुःखी होंगे, किसी का कुछ नहीं बिगड़ना।''

''हद हो गई गुरदेव सिंह, समय के साथ कैसे चलीं गईं?

वे तो इतिहास के शीशे में पारे की तरह सँभलीं पड़ी हैं।'' कमलदीप ताव खा गया। उसका भाई, पुलिस ने झूठा मुकाबला बना कर मारा था। ''भूल जाने का मतलब समझता है, क्या होता है? सत्ताधारियों को फिर से खुली छूट देनी। मगरमच्छ पर तरस खाना। दहशत के आगे झुक जाना। जिससे वे लोग नये सिरे से वही करें। पहला वाला। शाबाश है तुम्हें, कहता है भूल जाओ।'' वह गुस्से से काँपने लगा। उसका चेहरा लाल हो गया।

उसके साथ महिन्दर बैठा था, बोला–''गुस्से से नहीं, धैर्य से बात करो। तेरी बात से कोई और सहमत हो या ना, मैं पूरी तरह से सहमत हूँ। हमारे बुजुर्ग तो अकालियों को यह समझ कर वोट डालते रहे, कि भाई यह धर्म की सेवा है। केवल हमारे बुजुर्ग ही नहीं, पंजाब के अनेक किसानों की यही दुःखद गाथा है।''

बिक्रमजीत कुछ बोलने लगा था। शविन्दर ने उसे कहा–''बस, आधा मिनट और गुरदेव सिंह जी, एक बात और बताओ, कोई भी बात जो धर्म की आलोचना

करती हो या धर्म के विपरीत हो, तो धर्मिक लोगों के जज़्बातों को बहुत जल्दी चोट लगती है। इस बात पर कई बार लड़ाइयाँ भी हो जाती हैं। बुर्जआ कोर्ट भी धार्मिक जज़्बातों को प्राथमिकता की दृष्टि से देखने लगते हैं और लड़ाई के असल मुद्दों को नज़र अंदाज कर देते हैं पर ज़रा ध्यान देना। धार्मिक लोग, नास्तिक लोगों के बारे में रत्ती भर भी संकोच किये बिना अपने 'विचार' पेश करते हैं। सुबह-शाम लाउड-स्पीकरों के द्वारा शोर-शराबा करते हैं। उस समय नास्तिक लोगों के मन पर क्या बीतती है। तब धार्मिक लोगों को इस बात का ध्यान क्यों नहीं आता? क्यों नहीं, वे अपनी धार्मिकता अपने तक सीमित रखते? दुनिया पर क्यों थोपते हैं? क्या मतलब है लाउड-स्पीकर लगाने का जलूस निकालने का?''

''चलो छोड़ो इस बात को कोई और करो। तरनप्रीत का कहा सभी ने मान लिया। ऐसे समय एक ही बात हो सकती थी सो उन्होंने की। खाली गिलासों में और डाल ली जिनके गिलास खाली नहीं थे, उन्हें खाली करने को कहा गया। शराब गिलासों में डालती देख कर गुरदेवसिंह परे चला गया।

वहाँ वही गेट था—तारों वाला। सड़क के दूसरी ओर वही कुत्ता था। उसने भौंक कर अपनी हाज़िरी लगवाई। गुरदेव का ध्यान टूटा।

लंच के लिए वह छोटे से ट्रैलर में घुसने लगा तो आस-पास देखा। उसकी घूमती हुई नज़र सड़क से पार फैक्ट्री के अहाते में रखे 'डॉग हाऊस' पर रुक गई। एक पल में ही उसे कई ख्याल आ गये। उसकी भूख मर गई। उसे ट्रैलर अजीब-सा लगा। खाना खाने के स्थान पर उसने चाय पीने का मन बनाया। थर्मस से कप में चाय डालने की 'छल-छल' की आवाज़ से गुरदेव को टी.जे. पपीहे की बात याद आई।

''जब गिलास में दारू डालने की आवाज़ आती है ना, आधा नशा तभी हो जाता है और बाकी का आधा, वह समझदार लोगों को बताने की ज़रूरत नहीं।''

वे फिर शराब की बातें करते रहे।

एक कामरेड ने बात सुनाई—''कई लोगों को शराब न पीने का बहाना बनाना भी नहीं आता। मेरा एक दोस्त है 'अणखी', टी.जी. पपीहा उसे जानता है...।''

सभी ने टी.जे. पपीहे की ओर देखा, उसने हाँ में सिर हिलाया। ''एक बार मेरा दारू पीने का मन हुआ और कोई न मिला तो मैंने सोचा, आज अणखी को ही फोन करते हैं। उसे मिले भी बहुत दिन हो चुके थे, चलो इस बहाने मिल भी लेंगे, साथ में पंजाब को किसान संस्कृति में शराब का क्या स्थान है, इस पर भी बात-चीत कर लेंगे। पी कर कोई न कोई बात तो करनी ही होती है और भाइयों, मैं उसे फोन कर बैठा। सुसरा, पता है मुझे क्या कहता?''

यहाँ वह अपने श्रोताओं के हाव-भाव जानने के लिए रुका।

''कहने लगा, नहीं यार, मैंने तो छोड़ रखी है।''

"मैं पूछ बैठा, क्या बात है—काहे को छोड़ दी। बंदा पूछ ही लेता है।"

"कहता, बस यूँ ही, जब पी लेता हूँ, उस दिन घर वाली बड़ा क्लेश करती है।"

"मैंने कहा, शाबासी देता हूँ तुझे। तूने नहीं पीनी ना पी, पर कम-से-कम बहाना तो ठीक बना लिया कर। मुझे एक बात बता! जब मैंने पी होती है, कभी मेरी घरवाली को लड्डू बाँटते देखा है? लोगों आज हमारे उन्होंने पी रखी है।" उसने प्रायश्चित के भाव से सिर हिलाया—"ऐसे-ऐसे तो लोग हैं हमारे।"

उसकी बात याद करके चाय पीते हुए गुरदेव सिंह को हँसी आ गई—

"पता नहीं, कहाँ से बात निकाल कर लाते हैं—सभी उस्ताद।" सुड़कते हुए उसने चाय का घूँट भरा।

मिल में एक बार सुड़क कर चाय पीते हुए कामरेड, इसी बात पर बहस करने लग पड़े थे। उन दिनों यह मशहूर था कि कामरेड किसी भी विषय पर घंटों बात कर सकते हैं।

"स्टील का ग्लास गर्म होता है पर चाय अंदर ठंडी होती है।"

"गर्म गिलास को हाथों में घुमाते हैं।"

"पैरों के भार बैठ कर पीते हैं।"

"पैरों के भार बैठ बड़े गंदे लगते हैं।"

इस विषय पर अनेक कर्मचारियों ने अपने विचार रखे थे। अक्सर लोग निरर्थक विषयों पर अधिक बोलते हैं। वे यह भी समझते हैं कि असल बात वे ही जानते हैं और उन्हीं का तर्क सही है।

चाय पी कर गुरदेव ट्रेलर से बाहर निकला। सिर दर्द अब कम था। रात की 'ड्यूटी' के बाद वह अक्सर कड़वी चाय बनवा कर लाता था। उस रात भी नच्छतर सिंह ने कहा था—"शराब भी इतनी कड़वी नहीं होती, जितनी तेरी चाय होती है।"

हँसी-ठट्ठे में चलती हुई बात अधेड़ उम्र के लोगों की शादी पर आ गई। तरनप्रीत बड़ी देर से चुप बैठा था, वह बोला, "शादीशुदा जीवन यारों, मोतीचूर का लड्ड...।" उसकी बात टी.जे. पपीहे ने छीन ली,—"मिस नाज़ो फतूहीवाली।"

अपनी मंडली के लोगों में तरनप्रीत प्रगतिशील गीत लिखने और गाने के लिए प्रसिद्ध था। पर टी.जे. पपीहे को पता था कि झूठे नकली नाम से तरनप्रीत मिस नाजो के लिए लचर गीत लिखता था।

"किन ख्यालों में खो गया है?" शविन्दर के लिए ड्रिंक डालते बिक्रमजीत ने पूछा। हमें भी बताओ भाई।"

"सोचना क्या है, चल बस कर। पानी डाल दे।" वह रुका—"अपने लोग तीन जगह देखने के बाद चौथी जगह मिलते हैं—शराब के ठेके पर, अस्पताल में, और

कचहरियों में। इसका क्या कारण है?''

''दो जगह छोड़ दी तूने।''

''लचर गीतों के अखाड़े और धार्मिक स्थान।''

''मैं कहता हूँ, दो घड़ी मिल-बैठने के लिए इकट्ठे हुए हैं, फिर से कहीं धर्म का बखेड़ा न शुरू हो जाय।''

एक बार सभी फिर से हँस पड़े।

''धार्मिक स्थान तुम्हें क्या कहते हैं। वहाँ मैंने कभी कुछ भी बुरा होता नहीं देखा।'' नच्छतर ने नथुने फुलाये।

''ओये नच्छतरा, चुप करके बैठ जा।'' टी.जे. पपीहे ने डाँटा। ''ये जब से तूने कतरी हुई सी दाढ़ी रखी है ना, तब से तुझे टाँगे वाले घोड़े की तरह सब हरा-ही-हरा दिखता है।'' कतरी हुई दाढ़ी नच्छतर ने वीकएण्ड पर गुरुद्वारे जाने के लिए रखी थी—पगड़ी के साथ। 'क्लीन शेव' चेहरे पर कस के बँधी हुई पगड़ी उसे भाती नहीं थी। वैसे भी टी.जे. पपीहा, उस बंदे को, जिसने कतरी हुई दाढ़ी रखी हो, सिर के बाल कटवाए हुए हों, उसे वह—'लेज़ी बासटर्ड' कहता था। या फिर—'मुफ्त में खाने को बना है बदमाश।'

वार्तालाप को दोबारा उसी जगह पर लाने के लिए प्रताप ने कहा—''ब्याहता जीवन के दो पक्ष मेरी समझ में आते हैं। कॉलेज के दिनों में भी विद्यार्थी संगठन में वह खास जगह रखता था। इसी कारण कैलगिरी में उस समय के दोस्त उसे मिलने आये थे। ''एक है व्यक्तिगत और दूसरा सामाजिक।'' वह दोस्तों की एकाग्रता जानने के लिए रुका—''समाज तो हम सभी का एक है और एक नहीं भी। क्यों कि हर समाज में दो प्रकार के रस्म-रिवाज़ होते हैं। ज़ोर, मतलब पावर और आर्थिकता। औरत को गुलाम बनाने के लिए इन दोनों का अपना-अपना अलग रोल है। शादी जहाँ औरत को दोहरी गुलामी बख्शती है, वहीं यह फीमेल को गुलाम बनाने में बड़ा सफल भी है। औरत को पता ही नहीं चलता कि वह गुलाम है। हमारे बौद्धिक पतन की सब से बड़ी निशानी होती है—किसी भ्रष्ट सिस्टम को स्वीकार कर लेना। वैवाहिक जीवन में औरत कठिन और दोहरी गुलामी भोगती हुई अपनी किस्मत को रोती है। किस्मत का संबंध सीधा ही ईश्वर के साथ जोड़कर, इसे समय और स्थान से अलग कर लिया गया है। परमात्मा, धर्म से बिना 'सरवाईव' ही नहीं कर सकता। धर्म ही है जो बार-बार हमें कहता है—भगवान है-भगवान है-भगवान है।

'ना' की मुद्रा में सिर हिलाता गुरदेव रसोई की ओर खिसक गया। उसे लगा, मेहमान को चढ़ गई है। उसने सुना प्रताप कह रहा था ''मर्द ने अभी तक औरत को अपनी चल और अचल सम्पत्ति की तरह समझा और उसका इस्तेमाल किया है।

"आपका मतलब, हमारी माँए-बहनें गुलाम हैं?" तरनजीत को यह बयानबाज़ी गाली की तरह लगी थी–'अगर वे हमारी गुलाम होतीं, हम उन्हें स्कूल–कॉलेजों में पढ़ने भेजते! उन्हें अपने बराबर जगह देते?'

"अरे तरनजीत, इन सैद्धांतिक बातों से तुझे क्या लेना, न ही तुझे ये समझ आयेंगी।" टी.जे. पपीहे ने उसे चुप कराने की कोशिश की। "तू मिस नाज़ों फतूहीवाली के लिए लचर गीत लिख और महान साहित्यकार बन। फिर मान-सम्मान तेरे कदमों में पक्के बेरों के समान गिरेंगे।"

उन में होती तू-तू मैं-मैं...को दबाने के लिए बिक्रमजीत ने कहा–"भाई तरनप्रीत, एक बात तो स्पष्ट है ना, जिस धर्म को घरवाला मानता हो, उसी धर्म को उसकी घरवाली भी मानती है। जिस राजनीतिक पार्टी में पति आस्था रखता है, पत्नी भी उसी पार्टी को 'बिलॉग' करने लग जाती है। इस से विपरीत कहीं होता है तो आटे में नमक के बराबर। क्यों?"

उनकी ऊँची होती आवाज़ सुन कर, वे औरतें जो बेडरूम और रसोई में थी, लिविंग रूम में आ गईं। उन्होंने समझा लड़ाई हो रही है। वे कुछ देर वहीं बैठी रहीं। उनकी उपस्थिति से लिविंग रूम में पैदा हुई तल्ख़ी जाती रही। वे उठ कर चलीं गईं। उन्हें लगा था कि वे बातें मर्दों के करने वाली हैं। इन बातों से उन्हें क्या लेना? इन्होंने कौन-सी कबीलदारी की बात करनी है। न फैशन की, न ही फिल्मों की। सबसे बड़ी बात यह कि इन्हें औरतों के साथ हँसीं-ठट्ठा करना भी नहीं आता। एकदम शुद्ध बोर लोग हैं ये।

उठती हुई अपनी पत्नी जसबीर को तरनप्रीत ने कहा–"क्यों, छोड़ चली, अकेले को, खा-खा के जन्म जन्मांतर की कसमें।"

माहौल में रोमांचक उत्साह भरने के लिए जसबीर ने भी उसी सुर में जवाब दिया–"छोड़ रे मेरा पीछा, तू मिस फतूही ही कर ले।" हँसी के फव्वारे छूट पड़े। भाँति-भाँति की सुझावों भरी आवाज़े आईं। "हद हो गई। ये हँसने की आवाज़...।" गुरदेव सिंह ने अपने दिमाग पर ज़ोर डाला–"पहले इधर कुत्ता भौंकता था, अब हँस कौन रहा है।" उसे कोई भी नज़र न आया। चारों ओर देख कर वह अपने ट्रैलर की ओर बढ़ गया। वहाँ पर भी खामोशी थी। "अरे देखना ज़रा–सोफे पर बैठा सुरिन्दर सिंह ऊपर उठा, लंबा उसका सिर आठ फुट ऊँची सीलिंग का छू लेगा। खुली सफेद दाढ़ी और कमानीदार तलवार-सी मूँछें। वह खुश था कि उसके दामाद के दोस्त आयें हैं। कुलदीप ने भी अपने माता-पिता से प्रताप की कोई शिकायत नहीं की थी। आज उसके मन में सभी संशय दूर हो गये थे। उसने कहा–"अपनी उम्र में मैंने अनेक लोगों के साथ बैठकर खाया-पिया पर अपनी बिरादरी में बैठ कर मज़ा आ गया। पी भी रहे हो, खा भी रहे हो, एक-दूसरे की बात काटते भी हो–सुनते भी हो।

अब तक मैं आप लोगों को एक बिगड़ी हुई टोली ही समझता था, पर अब बात कुछ और ही निकली है। मैं अभी लौट कर आता हूँ।'' वह हॉल-वे में से चला गया। उसकी बात सुन सभी हँस दिये थे। उसके लौटने पर कामरेड प्रताप ने कहा–''बापू जी, बिगड़े हुए आप भी हो। हमें सब पता है।''

''वह क्या बेटा''? साथ ही उसने अपनी गिलासी कमलदीप की ओर बढ़ाई।

''जिस दिन बकरा पकने की गंध आये, तब बापू चार बजे ही रहिरास साहब के पाठ की रेल बना देते हैं।'' सभी हँसने लगे–सुरिन्दर सिंह उप्पल समेत। फिर ऐसे लगता है जैसे टेपरिकार्डर फास्ट ट्रैक पर चल रहा हो।

''हमने अपने इष्ट को भी तो खुश करना है।''

तभी पंजाब के गाँवों में देशी शराब की खपत की बातें होने लगीं। वहाँ से चल कर बात फिर कैनेडा पहुँच गई। आर्थिक रूप से मज़बूत होने के बाद लोगों में किस तरह धार्मिक और राजनीतिक तबदीली आती है। बिक्रमजीत ने कहा–''इस विषय पर किसी और दिन बैठक में बात की जाय। कामरेड अभी यहीं पर है।'' उसका संकेत प्रताप की ओर था, इस बात पर सभी सहमत हो गये।

''सभी के लिए एक-एक ड्रिंक और डालो।'' कमलदीप ने कहा–''नये ड्रिंक से नये विचार सूझने लगते हैं। उठाओ कामरेड, गिलास खाली करो।''

चाय का आखिरी घूँट भर के गुरदेव ने ढक्कन को थर्मस के ऊपर कस दिया। 'टच-टॉर्च' लेकर वह फिर चल पड़ा। फैक्ट्री में अलग-अलग जगहों पर बटन लगे हुए थे। जिनके साथ इस 'टच-टॉर्च' का सिरा छुआने से, गुरदेव सिंह की हाज़री लगती थी। एक बटन से दूसरे बटन तक जाने का समय दो-तीन मिनट था। ऐसे आधे घंटे में उसका एक चक्कर पूरा होता।

इससे पहले गुरदेव सिंह फर्नीचर बनाने वाली फैक्ट्री में काम करता था। जब फैक्ट्री से 'ले-ऑफ' हुआ तो उसने ब्रेड बनाने वाली बेकरी में काम किया। इस समय के दौरान उसने फिर बाल कटवा लिए थे।

सबसे पहले कैनेडा आ कर, यहाँ पक्का होने के लिए गोरी के साथ शादी कराते हुए बाल कटाये थे। उस समय वह गोरी के साथ सिगरेट भी पी लेता था। लेकिन उसके मन में जो पंजाबी संस्कृति की छाप थी, वह कभी भी फीकी नहीं हुई थी। बाल रखने, पगड़ी बाँधनी उसे कोई अनकही, अनसमझी खुशी देते थे। इनके साथ वह खुद को पूर्ण समझता था और इसके बिना अपूर्ण।

अब यूनियन में उसकी नौकरी पक्की हो गई थी। वह सोचता, जब से 'न्यू-यार्क' वालों के चौबारे गिरे हैं, तब से बड़ा चैन आया है। सिक्युरिटी बहुत बढ़ा ही है। इस कारण 'ले-ऑफ' होने के चांस कम हो गये हैं। उस दौरान ही संत बाबा भौरा मल श्री एक सौ आठ निशंधी वाले आये थे। उसकी नित्य-नेम से सुनी

कथा-कीर्तन से गुरदेव के मन में एक बार फिर उबाल आ गया। उसने दाढ़ी-केश फिर से रख लिये। अभी रखे हुए एक महीना ही हुआ था कि एक बार उसे तलवंडी वाला धीरा मिल गया। वे एक साथ फर्नीचर की फैक्ट्री में काम करते रहे थे। ''क्या बात है भाई गुरदेव सिंह, अब फिर रूप बदल लिया? खैर तो है? सुना है आजकल साली आई हुई है।''

गुरदेव सिंह कौन-सा कम था। उसने धीरे की नकल लगाई–''हाँ, तुम्हारी बहिन जी आई हुई है। महाराज तेरे पर कृपा दृष्टि करें भई। तुझे भी मलेच्छ जीवन से छुटकारा मिले। रखने में हिम्मत चाहिये गुरु के पीछे लगने से जीवन बदल जाता है।''

''हमारी होगी, तभी रखेंगे ना। हमारी तो है ही नहीं तो रखे क्यों?''

''अपने वाली चार दिन के लिए छोड़ दे...हाँ...लौटा देंगे।''

''साली है, कोई जानवर तो नहीं। और तुझे तो कोई पशु भी न दे बाँधने को। तेरा कोई एतबार थोड़े ही है...बातें करता है।'' बड़ी देर तक वे फालतू बकवास करके हँसते रहे।

अपनी बात याद करके वह हँसा। बिल्कुल वैसे ही जब कमलदीप ने यह कहा था, ''मेरे पास उसका इलाज है।''

''उस रात यह बात चली थी कि शादी के पन्द्रह-बीस साल बाद बड़ी संख्या में शादीशुदा जोड़े अपने जीवन से ऊब क्यों जाते हैं। कुछ लड़ना-झगड़ना शुरू कर देते हैं। औरतें समझती हैं, उनकी ज़िंदगी बच्चों के डाईपर बदलते और घर का काम करते निकल गई। आदमी सोचते हैं, हमारी बुद्धि तो घर की ज़रूरतों में ही मारी गई। सभी अपनी-अपनी जगह दुःखी हैं पर जहाँ सालियों और भाभियों से हँसी-मज़ाक चलता हो, वहाँ जीवन में कुछ 'रंगीनी' रहती है, क्यों?''

इसके उत्तर में कमलदीप ने जब यह कहा, कि मेरे पास इसका इलाज है, तो सभी के कान उसकी ओर ही गये। बड़ी देर से वह चुप-चाप बैठा मुर्गा खा रहा था और दारू पी रहा था।

''आधी बोतल डकार गया है, इलाज तो अब सूझेंगी ही'' ''तेरे वाला हमसे नहीं होगा। उससे बख्शना।''

कई सुझाव पेश हुए, क्यों कुछ साल पहले रमनदीप का तलाक हुआ था, कारण शराब ही था। उसने सबकी अनसुनी करते अपनी बात जारी रखी।

''इसका एक ही इलाज है। सबसे छोटा बच्चा जब हाईस्कूल पास कर ले, तब एक साल बाद सरकार की ओर से पति-पत्नी को अलग हो जाने का नोटिस आ जाना चाहिये। पर उनकी 'रिक्वेस्ट' पर उन्हें एक-दो साल की 'एक्सटैन्शन' मिल जानी चाहिये। जिसमें वे अपना हाल बयान करें। पिछले वक्त की कारगुज़ारी को

देखते हुए उन्हें और मोहलत मिलनी या नहीं मिलनी चाहिये।''

''अगर ऐसा शक हो जाय कि इन्होंने कभी अलग नहीं होना, उनके दिमाग का डॉक्टरी मुआयना करके, उन्हें पागल करार किया जाय। उन्हें छूत की बीमारी का मरीज़ समझ कर अकेला रखा जाय। वह रुका—''ऐसे बात नहीं बनती, मुझे एक ड्रिंक और दो।'' सभी आदमी-औरतें हँस रहे थे। खुश हो रहे थे। नच्छत्तर को लगा अब कामरेड कमल मारने लगेंगे। उसने अपनी पत्नी को चलने का इशारा किया। वह बैठना चाहती थी पर उठ कर चल पड़ी।

''अच्छा जी, फिर मिलेंगे।'' उसने गुरदेव सिंह को कहा—''भाई साहब, सभी को हमारे घर लाना।''

''ये बात नहीं भाई। खाना खाये बिना नहीं जाना।''

उसने ज़ोर से दरवाज़ा बंद कर दिया। गुरदेव की आवाज़ नच्छत्तर ने नहीं सुनी, पर गुरदेव ने खुद सुनी। उसे लगा, ये आवाज़ मेरी नहीं है।

''ओये, बात सुन!''

उसके विचारों की लड़ी टूटी। सिर घुमा कर पीछे देखा। काले रंग का हमर, सड़क पर गेट से दूर, पर गेट के सामने खड़ा था।

पौ फट रही थी। गुरदेव को हैरानी हुई। उसे पता ही नहीं चला, वह आदमी साफ नज़र आ रहा था। हट्टा-कट्टा, काले रंग के हमर से पीठ लगाये खड़ा, गुरदेव को आवाज़ें लगा रहा था—''ओये, बात सुन।''

तारों वाले गेट के अंदर खड़े हो कर गुरदेव ने पूछा—''कहिये जनाब, क्या बात है? मैं आपकी क्या ख़िद्‌मत कर सकता हूँ?''

''तुझे हमारे यहाँ नौकरी करनी है? जितने पैसे तुझे अभी मिलते हैं, हम उससे ज़्यादा देंगे।''

वह आदमी ज़ीरो एवेन्यू पर, दक्षिण की ओर जो अमेरिकन इलाका है, वहाँ खड़ा था। गुरदेव ज़ीरो एवेन्यू के उत्तर की ओर खड़ा था, जो कैनेडा का इलाका है। आज पहली बार गुरदेवसिंह को लगा कि अमेरिका और कैनेडा कितने पास-पास हैं। बीच की सिर्फ़ एक सड़क पार करनी है, जिस का नाम ज़ीरो-एवेन्यू है।

उसने सुना हुआ था कि अमरीकन योग्यतम लोगों को पैसे का लालच देकर, दुनिया भर से अमरीका में बुला लेते हैं। ''आप अमेरिका में हों और मैं इधर कैनेडा में। मैं अमेरिका में आकर कैसे नौकरी कर सकता हूँ?''

''इस बात की तू चिंता मत कर। हमारी कम्पनी को तुम जैसे ईमानदार लोगों की ज़रूरत है।'' कुछ रुक कर वह फिर बोला—''ईमानदार।'' उसने अपने शब्दों पर बल दिया—''समझता है ना ईमानदार। जूनुनी किस्म के लोग, ज़रूरी नहीं कि ईमानदार हों। भलेमानुस भी ज़रूरी नहीं कि ईमानदार हों। आज्ञाकारी हों। हम केवल

आज्ञाकारी को ही ईमानदार समझते हैं। तुम लोग?'' उसने गुरदेव सिंह के लिबास की ओर इशारा करके कहा, ''मैं जानता हूँ, तुम ईमानदार हो।''

''पर आपके पास तो शेर जैसा कुत्ता है। फिर उसका क्या होगा?''

''कुत्ता?'' काले कोट-पैंट और सफेद कमीज़ वाला आदमी झुँझलाया, ''हमारे पास कोई कुत्ता नहीं है।''

''फिर वह कौन भौंकता था?'' गुरदेव सिंह को शक-सा हुआ कि यह आदमी झूठ बोल रहा है, 'पर कोट-पैंट डाल कर, टाई लगाकर हमर लेकर कोई झूठ क्यों बोलेगा?

वह आदमी फिर मुस्कराया। जैसे कुछ भूला हुआ याद आ गया–

''वो जोरज़ी, तू शायद जोरज़ी की बात कर रहा है। ओ हाँ जोरज़ वह उसका काम है। उससे तेरी दोस्ती करवा देंगे। वह दिल का बुरा नहीं, बस भौंकता बहुत है। फिर मिल कर काम करना।''

उसने अपने सिर को दोनों हाथों से दबाया। लोगों का सिर क्यों नहीं दुःखता? वह बैठ गया। उसकी नज़र एक जगह जम गई। उससे बोला नहीं गया।

ज़ीरो एवेन्यू पर दोनों ओर से घास से निकल कर, फुदकता हुआ खरगोश सड़क पर आया। उसने सड़क के किनारे उगे हुए गहरे हरे घास की कुछ पत्तियाँ खायीं, अपने कान ऊपर-नीचे किये, नथुने फरकाये और खरमस्ती करता सड़क के बीचों-बीच आ गया। उसे पता ही न चला कि कब किस्मत फूट गई। अचानक एक तेज़ रफ्तार मोटर कार उसे कुचलते हुए आगे बढ़ निकल गई।

वह मर गया।

स्क्योिरिटी गार्ड

कुलजीत मान
(27.09.1953)

आज बहुत दिन बाद आराम मिला है। काम से भी छुट्टी थी। 'नो ओवर टाइम' और स्क्योिरिटी की जॉब के शैड्यूल के अनुसार ही यह वीकएण्ड ऑफ था। हमने रात को ही प्रोग्राम बना लिया था कि सुबह कहीं लाँग-ड्राइव पर चलेंगे।

रात को प्रसन्नी भी खुश थी। उसकी मोरनी जैसी चाल से ही मैं अंदाज़ा लगा सकता था कि आने वाला मौसम कैसा होगा। परिवार का वैदर चार्ट बिगड़ा हुआ था पर प्रसन्नी बता रही थी कि दयाल आया था और यार्ड का घास काट गया है। अभी उसे गये, साल भी नहीं हुआ था। जाते समय लग नहीं रहा था कि वह वापिस आयेगा। इतने वक्त में तो बंदे का हनीमून पीरियड भी ख़त्म नहीं होता। सात महीने के बाद उसका आना-जाना शुरू हो गया था पर वह कोशिश करता कि मैं सामने न पड़ूँ। अपनी मॉम को ही आ कर मिलता और भारी-हल्का काम कर जाता। मुझे समझ आ गई थी कि असल बात क्या है। यह सब हार्पर की मेहरबानी थी। पिछले शनिवार को मेरे आने तक पूरा गैराज साफ था। मैंने आजकल करते हुए छः महीने निकाल दिये थे पर सफाई करने का टाइम ही नहीं मिलता था। घास अलग घुटनों तक लम्बा हो चुका था। प्रसन्नी के होंठ कुछ कहने के लिए हिलते थे। पिछले हफ्ते नीलम भी आयी थी। दोनों सास-बहू ग्रासरी करने कास्टको गईं थीं। मैं कहाँ नहीं चाहता था, पर चुप था। मेरी चुप भी महान थी, पर मैं कोई फैसला जल्दी में नहीं करना चाहता था। यह भी हो सकता था कि जो मैं चाहता हूँ, सोचता हूँ, वह मेरा वहम ही हो। वैसे धीरे-धीरे 'घर-वापसी' तो शुरू हो ही गई थी। मौसमी बरसात की तरह आई ये बहारें शाश्वत हों, तब तो ठीक है पर अगर बरसाती छींटा ही निकला फिर तो बात नहीं बनती। अभी वो दयाल पर खर्चों को मैंने त्यागा नहीं था और वह भी कुछ बोला नहीं था। बस चुप से ही चलाये जाते थे।

बाकी सब तो ठीक-ठाक था, बस एक ही बात पर थोड़ा-सा शोर था। हमारा विचार था कि पराठों के साथ मसाले वाले सूखे आलू बना लिए जायें और निहाल कहता था कि नहीं, न तो मुझे खाने हैं और न ही आप को पकाने देने हैं। एक तो

मुझे कमरा बंद करना पड़ेगा और दूसरा मेरे कपड़े में भी आलू घुस जायेंगे। एक तो इन बच्चों की वजह से पराठें और मसाले वाले आलू खाने से तरस गये हैं। जब भी हल्का-सा मसाला भूनो, ये हमारी ओर ऐसे देखते हैं जैसे हम कोई सरकारी साँड़ हों जो उन्हें हुँकार रहे हैं। मैं तो कई बार प्रसन्नी को कहता भी हूँ—''चल हम ही कहीं अप-नार्थ चलें। वहाँ पर कोई कॉटेज रेंट पर ले लें। हम दोनों ही सिर्फ़ हों वहाँ। जहाँ कोई परिन्दा भी पर न मारता हो। वहाँ बैठ कर आलू वाले पराठें बनाये। मसाले वाले आलू और आम के अचार के साथ खायें। दोपहर को साग बना लेंगे और रात को बकरे का मीट, वह भी मसाले वाला। रात को सोने से पहले गर्म-गर्म दूध पीयेंगे, देसी घी डाल कर, फिर तू मेरी टाँगे दबाना।''

''जी, ये टाँगें दबाने वाली बात नहीं होगी। मेरी माँ ने मुझे चलने से पहले ही समझा दिया था कि आदमी को ज़्यादा सिर पर नहीं चढ़ाते, वे बिगड़ जाते हैं। अगर वे ज़्यादा चंचल हो जायें तो बचना मुश्किल हो जाता है।''

''चल टाँगें मत दबाना, दूध तो पिलायेगी?''

''जी, अगर कोई जंगली जानवर आ गया, फिर?''

''वह दयाल और निहाल से बुरा नहीं होगा। ज़्यादा से ज़्यादा क्या करेगा, मार ही तो देगा, वैसे कौन-सा हम जी रहे हैं? जब उसे पता चलेगा कि हमने इंशोरेंस करायी हुई है, वह तभी भाग जायेगा। कैनेडा के ये जानवर बड़े चालाक हैं। ये किसी ऐसे बंदे को नहीं खाते, जिसने अपना इंतज़ाम पहले से कर रखा हो।''

''नहीं, मैंने बच्चों को छोड़ कर नहीं जाना।'' प्रसन्नी ने कोरा-सा जवाब दे दिया। हम लोग चोरी से, लुक-छिप कर स्वाद चीज़ें बनाते और बच्चों से चोरी खा-पी डालते।

''तुझे तो प्रसन्निये, तड़का लगाना भी भूलता जा रहा है''। प्रसन्नी ने दियाले के बच्चे की ओर देखा रहस्य-भरी मुस्कान बिखेर दी।

प्रसन्नी ने सुबह छः बजे का अलार्म कब लगाया, किसी को पता नहीं चला। उसने सुबह उठ कर परांठे बना लिये, आलू बना लिए और डिब्बे में बंद करके ऊपर मासकिंग टेप चढ़ा दी कि कहीं उनकी गंध बाहर ही न आ जाय। फिर वह नहा-धो कर मेक अप करने लगी। आठ बजे तक वह पूरी तरह से तैयार थी। हम दोनों बाप-बेटा आठ बजे उठे, चाय पी और सलाह करने लगे कि किधर को जाया जाय। निहाल का मन था कि बेरी की ओर चलते हैं, जहाँ भी बढ़िया जगह मिली, पड़ाव डाल देंगे। प्रसन्नी मन से चाहती थी कि दयाल को भी फोन मार लिया जाय पर मुझसे पूछने से डरती थी। वह जानती थी कि मैं जैसे सोचता हूँ, वैसे और कोई सोचता और मेरी सोच प्रसन्नी के लिए इलाही हुक्म की तरह थी। मेरे मानने का प्रश्न ही नहीं उठता था। यह सत्य नहीं था कि मैं चाहता ही नहीं था, पर मैं हर

उस बात के खिलाफ था जो आपके स्वाभिमान को ठेस पहुँचाती हो। बच्चों से ऊपर और कुछ नहीं होता पर उस सोच का भी क्या करें जिसका जन्म बच्चों से भी पहले हो जाता है। मेरे घर कौन-सी दियाले की चोरी हुई थी जो मैं पद-चिह्न की खोज करता फिरूँ? मैं एक मज़दूर हूँ, कोई खोजी नहीं।

"निहाल ने कह दिया कि जैसे डैड कहें, वैसे ही करना है। जब से दियाला घर से गया था, निहाल कुछ सुधर गया था। नहीं तो पहले दोनों ने मिल कर हमारा खून पिया हुआ था। दियाल के घर से जाने के बाद, निहाल ने हमारे से मिलने वाला वह सुख देख लिया था जो पहले कभी नहीं देखा था। जब कि पहले भी मैं ही था। अब तो वह कोई प्रश्न करने से पूछता कि डैडी आप बिज़ी तो नहीं हो?"

"आपने चाय तो नहीं पीनी? मैं वेट कर सकता हूँ।" मासूम दिल ने मेरे दिल के दर्द को पहचान लिया था। वह भी किसी सीमा तक दयाल को भटका हुआ ही समझता था। कई बार वह मुझे भी कह चुका था कि–

"डैड मैं तुम्हें छोड़कर कहीं नहीं जाऊँगा। यू नो आई जस्ट लव यू।"

ठीक साढ़े आठ बजे फोन की घंटी बजी। दो रिंग के बाद खुद ही बंद हो गई। आजकल वोटों वाले भी भागते-फिरते हैं। तीनों पार्टियाँ दौड़ लगा रही हैं। कहतीं, हमारा साईन बोर्ड लगवा लो–अपने यार्ड में। पिछली बार मैंने दो को इजाज़त दे दी थी। पहले लिबरल वाले आये और कहा हमने जी.एस.टी. हटा देनी है। खुश होकर मैंने हाँ कह दी और उन्होंने लाल रंग का साईन-बोर्ड लगा दिया। एक घंटे के बाद टोरी आ गये–नीले रंग वाले। कहने लगे–"यार यह क्या, अपना मलवई भाई हो कर दुआबे वालों के साथ घूमता-फिरता है।" मैंने कहा–"भाइयों, अभी वे स्ट्रीट का मोड़ भी नहीं मुड़े, ऐसा करो, आप भी अपने राँझे को खुश कर लो।" वे भी अपना फट्टा लगा कर चलते बने और मैं दोगला-सा होकर भीतर आ गया। लगता है, यह फोन की घंटी भी उन्हीं की होगी, पर इस बार मैंने पक्का फैसला कर लिया था कि वोट हार्पर को ही देनी है। एक तो वह बड़ा सुंदर है, जब भी कोई बाहर वाले मुल्क का बंदा आता है तो साथ खड़ा जँचता है और उस पर भारी पड़ता है। और एक काम उसने वह किया जो कोई भी नहीं कर सका। लिबरनस् ने तो हमारे बच्चे ही भगा दिये और हार्पर ने हमारे कुछ बच्चे लौटा दिये हैं और बाकी बच्चे भी तो ले आयेगा। पिछले रिसैशन का तो कुछ याद नहीं पर ये रिसैशन लम्बा होने के कारण हमें देशी घी जैसा लगा है। हार्पर ने देखते-देखते इसे और गहरा कर देना है। इकनॉमिक का भट्ठा बैठेगा तभी हमारे बच्चों को होश आयेगी।

"अरे, सभी बातें सुनों" सभी को सम्बोधित करते हुए मैंने कहा, "अगर कोई वोटों वाला आया ना फट्टा लगाने को, तो सिर्फ़ हार्पर का फट्टा लगवाना, और किसी का नहीं, समझ गये सर?" यह मेरा घर है और यहाँ मेरी ही चलती है, जैसे

कैनेडा में हार्पर की चलती है।'' फोन की घंटी फिर से बजी।

''जी, ज़रा सुनना, ऊपर आओ।''

''आया, ज़रा फोन सुन लूँ।'' फोन पर पीटर था और वह मुझे कह रहा था कि अगर मैं खाली हूँ तो उसके पास लगातार चौबीस घंटे की ड्यूटी है। दोपहर के बारह बजे से अगले दिन के बारह बजे तक।'' मैंने फौरन हाँ कर दी। मैं खुश हो गया। रात सो कर बीत जानी थी। नये घरों के नम्बर तीन फेज़ में जाना था। वहाँ पर कोई विरला ही वर्कर होगा। मौजें ही मौजें, वाईन पीओ, रेडियो सुनो, सोयेंगे और सुबह उठ कर थोड़ी सैर कर लेंगे। शुगर भी थोड़ी सही हो जायेगी और दोपहर को घर। मैं हाँ कह कर ऊपर बेड रूम में चला गया जहाँ प्रसन्नी शेखी बघार रही थी। मैं रूम में गया तो देखा पूरा बेड सूटों से भरा पड़ा था। अलग-अलग तरह की कढ़ाइयों वाले सूट, अलग-अलग रंगों के। उनसे मैच करती चूड़ियाँ, पराँदे, सभी कुछ ऐसे बिखरा हुआ था जैसे प्रसन्नी ने कोई बाज़ार लगा रखा हो। मुझे आता देख उसने पूछा—''जी बताओ, इनमें से कौन-सा सूट पहनूँ?''

''तू पिकनीक पर जा रही है या ननिहाल? वहाँ तेरी बुआ बैठी है सूट देखने को? और सँभाल इस सारी मुसीबत को, हम नहीं जा रहे, पीटर का फोन आया था, स्क्योरिटी वाले का, मैं बारह बजे काम पर जा रहा हूँ।''

यह खबर सुन कर प्रसन्नी खुश हो गई और बोली—''ये तो जी बड़ा अच्छा हो गया, मेरे सिर से सारा बोझ ही उतर गया। ऐसे ही सारा दिन भटकते रहना था। अब आराम से घर बैठेंगे। आप भी घर में नहीं होंगे, मौज़ें ही मौज़ें। मैं तो सोफे पर बैठ कर आराम से सलमान की मूवी देखूँगी।'' दूसरे कमरे में बैठे निहाल ने भी सुन लिया था। वह वहाँ बैठा म्यूज़िक सुन रहा था। वह भी हमारे कमरे में आ गया, जहाँ प्रसन्नी ने अपना सामान बिखेरा हुआ था, बोला, ''वट नैक्स्ट''?

''नो गोइंग'' प्रसन्नी ने कहा।

''थैंक डैड।'' कहता हुआ निहाल अपने कमरे में चला गया।

''हम लोग ऐसा करेंगे, किसी दिन दोपहर को किसी पार्क में घुस जायेंगे, चार फोटो ही तो खींचनी है, काहे को इतनी गैस फूँके। किसी को क्या पता चलेगा कि यह बेरी है या बेर।''

''चल अब तू ज़्यादा खुश मत हो, मैं ज़रा शावर लेकर फ्रैश हो लूँ, तू मेरा सामान पैक कर दे और साथ ही चाय बना ले, पीके जाऊँगा।''

''शावर लेने को बार्डर पर जा रहे हो? यहाँ न सोये, वहाँ सो गये।

चाय मैं बना लाती हूँ।''

लिविंग रूम में आ कर मैंने अपने बैग में रखी चीज़ें चेक कीं। प्रसन्नी ने पिकनिक वाले डब्बे की मासकिंग टेप उतार कर, बीच से चार पराँठें खींच लिये।

एक पराँठे का कोना बीच में ही रह गया था पर इसमें गुस्सा करने वाली कौन-सी बात थी। मुझे खाने थे, बेचने थोड़े ही थे। आलू, कुकीज़, मट्ठियाँ, शकरपारे, चाय की केतली, हवा वाला सिरहाना, इंची टेप, चीनी-पत्ती, टुथ-ब्रश, पजामा, ट्रांजिस्टर, पत्नी को बस में करने वाले नुस्खों की किताब, चैक डिज़ाइन वाला खेस, स्टील का गिलास, सभी कुछ था। अब सबसे ज़रूरी काम रह गया था। मैंने साइट पर फोन किया।

"हैलो", कुलदीप ने कहा।

"क्या हुआ, मेरे बिना चलता नहीं क्या?" मैंने पूछा।

"बल्ले-बल्ले, बड़े भाई, तू आ रहा है? दर्शन आज छुट्टी कर गया।"

"अच्छा बता अब, चाबियों के नम्बर क्या हैं?"

"भाई, चाबियाँ तो गिनती की सात हैं। मेरे पास पाँच ही हैं। मैं तो पूरी रात दो चाबियाँ पंच करने के लिए बाहर खपता रहा। छः और आठ नम्बर की चाबी मेरे पास नहीं है। और यह है भी ठीक सिरे पर, भगवान की नाभि में, अगर तेरे पास हैं तो लेता आना। साथ लायेगा तो सुखी रहेगा। कल बारह बजे मैंने तुझे रिलीव करना है, भाई समझ कर मुझे दे देना, मैं लौटा दूँगा। यार किसी तरह पूरा सैट ही बना लें। इनके प्रोब वालों के पास पन्द्रह से ऊपर नंबर नहीं हैं।"

"चल फिर कर लेंगे, मैं फिर दो ही लाऊँ?"

"हाँ दो ही, बाकी तो वाहेगुरु की अपार कृपा है।"

"अच्छा चलो, आप जाकर करो आराम, घर के कामों से भी छूटे। पूरी रात किये जाओ चाबियों से कुच-कुच।" पत्नी ने कहा।

इस साइट का आकार बहुत बड़ा था। तीन सौ घर, कोई खाला जी बाड़ा नहीं था। पूरी साइट के सात अलग कोनों में अलग से सात पक्की चाबियाँ लगी हुईं थीं। हर दो घंटे के बाद क्लॉक ले कर जाना पड़ता था। चाबी पास ला कर क्लाक के छेद में घुमाना पड़ता था, इस तरह क्लॉक के बीच में पेपर में टाइम क्लिक हो जाता था, फिर दूसरे, तीसरे, सातवें पर जा कर चक्कर पूरा होता था चाबियाँ टिक करते ही घंटा निकल जाता था, फिर अपने कैबिन में आ जाओ। घंटे के बाद फिर सर्कल शुरू हो जाता था। इस तरह अगर ईमानदारी से करना हो तो पूरी रात कुत्तों की तरह बिना भौंके चलते रहो। शुरू-शरू में तो पंजाबियों ने ऐसा किया, पर फिर दिमाग लगाया कि यह तो कोई काम न हुआ। जब भी मौका लगता, किसी साइट से एक आध चाबी खींच ली जाती और फिर दूसरी। विशेष रूप से जब साइट पर काम ख़त्म होने को आता तो जिसका दाँव लगता, वही चाबी ले जाता। हम बाप-बेटे ने तो पूरा सेट ही बना लिया था। मैं तो तीसरी पीढ़ी को भी कह रहा था कि कंजरों, यह बड़ा आसान काम है, पार्ट-टाइम कर लो। पर दयाला कहता—"दिस इज़ नो गुड।" साला

नो गुड का। न कोई काम न काज, जब कहता–"डैड यू हैव सम मनी आन यू" वो नो गुड नहीं?" खोजें तो करनी ही पड़ती हैं।

दिसम्बर की बात है। पिता जी ने साइट पर जाना था। मैं पाँच बजे छोड़ आया। शनिवार का दिन था। छोटे बच्चे अपनी नानी के यहाँ गये हुए थे। साथ में रहने वाला रिफ्यूजी मुलतानी भी आज घर पर नहीं था। बस समझो जी, प्रभु ने पूरी कृपा की हुई थी। हम फ्रैश हो ही रहे थे कि बेल हुई। दरवाज़ा खोला तो पिता जी बाहर खड़े थे। मैंने पूछा–"क्या बात है, ड्यूटी ऑफ हो गई?" बड़ी गुड साइट थी। हाई-राईज़ अपार्टमेंट बिल्डिंग बन रही थी। क्लाक का भी कोई झंझट नहीं था। पाँच बजे ड्यूटी शुरू होती और छः बजे तक सुपरिन्टेंडेंट भी चला जाता। बस जी, पूरी रात आराम से सोओ। ऐसी ड्यूटी तो किसी मिनिस्टर की भी नहीं होगी, जहाँ सिर्फ़ सोने के डॉलर मिलते हों। मेरे पूछने पर पिता जी बोले–"मेरे से नीचे ज़मीन पर रग पर नहीं सोचा जाता। तू मुझे छः बजे छोड़ आना। मैं अपने बेड पर रजाई में ही सोऊँगा।"

"अगर पीछे से कोई आ गया तो?" मेरे पूछने पर बोले–"ज़्यादा से ज़्यादा फायर ही कर देंगे, मैं कौन-सा गवर्नर लगा हूँ जो डरूँ?"

"हाँ, आपको डरने की क्या ज़रूरत है?" मैंने मन में सोचा। डरूँ तो मैं, जिसने किराया भी देना है, ग्रोसरी भी करनी है, बच्चे भी पालने हैं। हमारी मस्ती और नींद दोनों उड़ गये। मैं तो एक पैग लगा कर सो गया, पता नहीं प्रसन्नी कब सोई।

वही बात हुई, आधी रात को फोन बज उठा। पिताजी ने मुझे उठाया। हम डर के मारे फोन को हाथ न लगायें। पता नहीं कैसा बम गिरेगा? कहीं आग ही न लग गई हो। हम दोनों बाप-बेटा–"तू उठा, तू उठा' कहते हुए बहस कर रहे थे कि प्रसन्नी ने फोन उठा कर हैलो कहा। दूसरी ओर निहाल था–"मॉम गुड नाइट।" इतना कह कर उसने फोन रख दिया। हमारी जान में जान आयी। ब्लड-प्रेशर बढ़ जाने से न तो पिताजी को नींद आये न मुझे। वे कहते–"चल, चाय ही बना लो।" चाय पीते-पाते चार बज गये। मैंने कहा–"चलो, पिता जी आप को छोड़ आऊँ।"

पिता जी ने घड़ी देखी और बोले–"अभी तो घंटा रहता है।" मैंने अपने मन में सोचा कि घंटे की चोरी के लिए वे तीन जनों की नींद खराब करेंगे। वे तो आगे कुछ और भी सोचे बैठे थे। उनके सोचने का ढंग बड़ा सयाना था। वे सोचते थे कि पाँच बजे घर से चलेंगे। साढ़े पाँच तक पहुँचेंगे। मैं इसे कहूँगा, जा कॉफी का कप ले आ। जितनी देर में यह कॉफी का कप लायेगा, टाइम साढ़े छः के आस-पास हो जायेगा। कॉफी पीने में भी दस मिनट लगेंगे। धीरे-धीरे पन्द्रह मिनट भी लग सकते हैं। फिर मैं कहूँगा, उस्ताद चल कार में बैठ, मैं ज़रा रिपोर्ट लिख लूँ। उतनी देर में दूसरा स्क्योरिटी गार्ड आ जायेगा और हम इकट्ठे ही घर चलेंगे। बस की टिकट

भी बच जायेगी। मैं पिताजी पर ज़्यादा शक नहीं करता, चाहे घी का पीपा उलट जाय, पर जब उसने मुझे कॉफी लेने भेजा तो मुझे उसकी योजना पर शक हुआ। वही बात हुई, हम साथ ही घर आये। उतनी देर में प्रसन्नी ने अपनी बची हुई नींद पूरी कर ली थी। पिताजी खुश थे कि उन्होंने गोरों को बेवकूफ बना लिया। मैं खुश था कि सारी रात पिताजी की सेवा करता रहा पर मुझे आज तक यह समझ नहीं आया कि प्रसन्नी क्यों खुश थी? क्या ये उसके ससुराल के प्रति अच्छे संस्कार थे, या कोई और बात थी। यह भी हो सकता है कि यह भी सोचती हो, ऐसा करने से उसके पिता को आराम मिल गया हो। वह भी बड़ी तेज़ चीज़ है। चलो खुशी तो खुशी है, कारण कोई भी हो।

मैंने अपना बैग उठाया, कार की डिकी में रखा और कार गर्म होने के लिए स्टार्ट करके अंदर आ गया। मैंने प्रसन्नी से पूछा, "तूने इंचीटेप रखते समय बैग से शीशा रखा है कि नहीं?"

"नहीं जी, आपने पिछली बार कहा था कि कैबिन में शीशा है।"

"है तो सही, पर उस शीशे के लिए खड़ा रहना पड़ता है। मैं कहता हूँ भाई छोटा शीशा हो, हैंडी-सा, बंदा कुर्सी पर बैठ अपना काम करता रहे और आधी तसल्ली हो जाय तो खड़ा हो कर बड़ा शीशा देख ले। वैसे छोटे शीशे के साथ बड़ा अच्छा टाइम पास हो जाता है।" प्रसन्नी ने अपने पर्स से छोटा शीशा, जिसका आकार 'लव' जैसा था, मुझे पकड़ा दिया। मैं शीशा लेकर कार में बैठ गया और कार चला दी। रास्ते में चलते हुए दुविधा में पड़ गया। क्या करूँ और क्या न करूँ। एक मन हुआ कि रास्ते से बकार्डी की छोटी बोतल ले लूँ, दूसरे कहे रहने दो। अगर जाते ही फ्रैंक मिल गया तो फिर किसी चीज़ की ज़रूरत नहीं। पिछली बार जब मैंने साइट पर कार लगाई थी तो सभी वर्कर जा चुके थे। केवल फ्रैंक ही न जाने कौन-सा काम कर रहा था। उसने दुआ-सलाम के बाद मुझे घर की बनी वाईन का गिलास भर कर दिया। सबसे पहले केबिन में जाकर मैंने रिपोर्ट भरी और फिर दो तीन घूँट में वाईन पी गया।

वाइन के असर से मुझे आधे घंटे में ही नींद आ गई। मैंने कार की सीट नीचे कर ली और सो गया। जब मैं जागा तो टाइम चार से ऊपर का हो चुका था। कार से बाहर निकल कर मैंने टाँगे सीधी कीं। मुझे जगा देखकर फ्रैंक फिर मेरे पास आ गया। पाँच मिनट बातें करके वह फिर गिलास भर लाया। मैं वह भी पी गया और फिर सो गया। छः बजे मुझे फ्रैंक ने उठाया और बोला—"अच्छा दोस्त, अब मैं चलता हूँ, मेरा काम हो गया है।" मैंने कार से निकल कर उससे हाथ मिलाया तो उसने वाईन की आधी बोतल और पकड़ा दी। मेरी रात भी अच्छी निकल गई। अगले दिन सुबह दो-तीन चक्कर लगाये, रिपोर्ट लिखी पर उसमें मैंने फ्रैंक का कोई ज़िक्र न

किया और घर आ गया। घर आपने पर सेवा प्रसन्नी ने कर दी। वह बेचारी सोच रही थी कि मैं चौबीस घंटे लगा कर आया हूँ, थका हुआ हूँ। अच्छी भली सेवा करती प्रसन्नी को मैंने खुद ही बिगाड़ दिया। पता नहीं कब और क्यों मैंने उसे सारा किस्सा बता दिया कि हम तो बैठ कर खड़े हो कर और सो कर आते हैं। उसके बाद वह ऐसा सलूक करने लग गई जैसे मैं ड्यूटी से नहीं, अपनी बुआ के घर से आ रहा हूँ। निहाला और दियाला दोनों घर पर ही थे, पर लगता नहीं था कि वे घर रहेंगे। मुलतानी केश धोकर बाल सुखा रहा था। पिता जी पाठ कर रहे थे।

क्या पता आज फ्रैंक मिलेगा या नहीं। अगर ना मिला तो रात कैसे बीतेगी, यह सोच कर मैंने रास्ते से छोटी बोतल ले ही ली। रिज़र्व कोटे के लिये। कुलदीप मेरा इन्तज़ार कर रहा था। मैंने उसकी रिपोर्ट पढ़ी। रिपोर्ट में लिखा था कि चार नं. की चाबी मिसिंग है।

"चक दे फट्टे चर नम्बर दे।"

"नहीं मैंने कुछ नहीं किया। वह तो पहले ही मिस था, जब मैं आया पिछली रिपोर्ट गें यही लिखा था। मैंने सभी पिछली रिपोर्ट पर नज़र मारी थी। चाबी बुधवार से मिसिंग है। मेरे विचार में इस बार ड्रोम का दाँव लगा है।"

"चलो, सिखाये जाओ इन गोरों को भी अपनी स्किलस्, यह भी क्या याद करेंगे।" मैंने अपना टाइम भर के रिपोर्ट की पहली लाइन लिख दी। आज मौसम बड़ा सुहावना था। काम पर कोई भी वर्कर नहीं था। आज सुपर बॉल की गेम आ रही थी। इस कारण चारों ओर वीरानी छाई हुई थी। मैंने कुलदीप से चाबियाँ लीं और अपनी जेब से दो निकाल कर, वे भी मिला दीं। कुलदीप ने जल्दी में कार उठाई और घर को चल दिया। ओहमाई गॉड, मैंने माथे पर हाथ मारा। मैंने कुलदीप से चाबियों की सीक्यूऐंस तरतीब पूछनी थी, यह तो मैं भूल ही गया था। अब क्या होगा? अब कम-से-कम एक चक्कर तो लगाना पड़ना था। मेरी भी किस्मत खराब है, सोचते हुए मैंने क्लॉथ की बेल्ट को गर्दन में डाला और कॉपी-पेन लेकर चल पड़ा। चाबियों की लोकेशन वाला पेपर मैंने टेबल से उठा लिया। मेरे गले में क्लॉक ऐसे लटक रहा था जैसे हमारे मोहल्ले में राम जी भुने चने बेचने आता था। अन्तर केवल इतना-सा था कि वह सैल्फ एम्पलायड था और मैं एक वर्कर। नक्शे के मुताबिक प्लाट नं 87 के गैराज के बाँयीं ओर चाबी का लटका होना ज़रूरी था। मैंने गैराज में जा कर चाबी को क्लॉक में डाल कर घुमाया और बाहर आ गया। अभी मैं पाँच-सात कदम ही चला था कि मुझे ध्यान आया कि मैंने चाबी का नं. तो चेक ही नहीं किया। मैं फिर वापिस गया तो देखा सात नं. की चाबी थी। मैंने अपनी कॉपी में नोट कर लिया। पूरे एक घंटे का चक्कर था। चलो, फील्ड वर्क ख़त्म हुआ। अब मुझे बाहर जाने की ज़रूरत नहीं थी। हर दो घंटे बाद मैंने जेब से पड़ी चाबियों को बारी-बारी से

निकालना था और हर दस मिनट के अन्तर से एक चाबी पंच कर देनी थी। यह भी अच्छा ही था। सारी रात जागते रहो। घंटे, डेढ़ घंटे के लिए कौन सोता है?

पिता जी ने इसका हल भी ढूँढ़ लिया था। जैसे नासा वालों ने मंगल ग्रह ढूँढ़ लिया था, हमारे पिता ने भी बहुत कुछ सोच-विचार कर एक खोज कर ली थी। उन्होंने सोचा कि हर दो घंटे के बाद क्लॉक पंच करने से कैसे बचा जा सकता है? उन्होंने सोचा कि क्यों न क्लॉक ही खोलने का प्रबंध किया जाय? और अगर क्लॉक लग जाय तो उसमें पड़े टाइम वॉल कागज़ को एक ही बार हाथ से घुमा कर, पंच करके काम ख़त्म किया जाय। एक दिन उन्होंने घर से दो-तीन तारें, एक हैंगर और कैनेडियन टायर से दो रेतियाँ खरीद लीं। किसी भी अच्छे काम के लिए इन्वेस्टमैंट तो करनी ही पड़ती है। एक रेती रफ और एक फाइन। पूरी रात क्लॉक के लॉक में तारें डाल कर सेट करते रहे पर क्लॉक का लॉक न खुला। पिता जी बड़े परेशान हो गये। अगले सुबह मुझे कहा—''चल मेरे साथ, कैनेडियन टायर, मैंने कुछ टूल खरीदने हैं।'' ईश्वर की कसम, पिता का पक्का इरादा देख कर मुझे अपनी पूरी कौम पर अभिमान होने लगा। हम लोगों ने तो लोहे की दीवारें उखाड़ दी, बड़े-बड़े किले तोड़ डाले, ये साला क्लॉक का ताला क्या चीज़ है?

मुझे कहने लगे—''मेरी बनायी हुई तार क्लॉक में जाकर क्लिक तो करती है, पर कहीं जाकर अड़ जाती है। मैंने तार को कई बार बड़ा-छोटा कर देखा, पर बात नहीं बनी। अब मेरा ध्यान दूसरी ओर गया है।''

''वह क्या पिताजी?''

''वह यह बेटा कि क्यों न तार की चाबी की जगह क्लॉक के लॉक पर काम करके देखा जाय? अगर कैनेडियन टायर से कहीं से बहुत ही बारीक रेती मिल जाय? तो उसके साथ लॉक के अंदरवाले हिस्से को थोड़ा रगड़ कर देखें। हो सकता है लॉक ही मान जाय।'' और सच में ही क्लॉक खुल गया। अब बड़ी मौज बन गई थी। जाते ही क्लॉक खोलो। टाइम पेपर को घुमाओ और पन्द्रह मिनट में पूरा क्लॉक पंच करके मुक्त हो जाओ और फिर पूरी रात टाँग पर टाँग धर के आराम से सोते रहो।

''पर एक घबराहट तो अभी भी है, पिता जी।''

''वह कौन-सी?'' पिता ने बड़े विश्वास से कहा, जैसे ऐसा, कौन-सा डर है जिससे निपटा न जा सके।

''वह यह कि अगर किसी रात को पीटर या कोई और सुपरवाईज़र आकर, क्लॉक चेक करे तो फिर?''

''ले तू पागल है क्या? उन्हें क्या सपना आयेगा क्लॉक चेक करने का? चलो, अगर कर भी लिया तो फिर क्या होगा? ज़्यादा से ज़्यादा फायर ही कर देंगे। हम कौन से गवर्नर लगे हुए हैं? जो डरते फिरें। और बेटा, दो ही बातें होती हैं—जीत

या हार। हार से डर कर बंदा काम करना तो नहीं छोड़ देता।'' और सच में, मैंने खुद को हौसला दिया और अपने आपसे कहा–''मैं वाकई डरपोक हूँ।'' गदरी बाबों के वारिस आज कितने बेईमान और डरपोक हो गये हैं। अब हम बाप-बेटा क्लॉक तो खोल लेते थे पर एक पंगा और हो गया।

घर में बच्चों ने बगावत कर दी। दियाला और निहाला दोनों पिताजी से बहुत दुःखी हो गये। पिता तो अपनी ओर से दोनों पोतों को अपनी कल्चर से जोड़ने की जी तोड़ कोशिश कर रहा था पर पोतों की सहनशक्ति की सीमा बहुत कम थी। मैं खुद तो कभी ऐसा सोच ही नहीं सकता था। मेरी सहनशक्ति की सीमा बहुत दूर-दूर तक फैली हुई थी। मेरे तो संस्कार भी ऐसे थे कि कभी बड़ों का कहना नहीं टाला था उसने। पिता की अजीबो-ग़रीब सोचों ने कई बार मुझे भी चिंतित कर दिया था, पर परिवार में सोचना मेरा काम नहीं था। मेरा काम था कि अगर बहुत ही चिंतित है तो दो दराम पी ले। इसकी मुझे इजाज़त भी थी। पिता जी की सोचें, मेरे दो दराम और प्रसन्नी की बुड़-बुड़ ने कई कुछ तोड़-ताड़ कर एक नयी ही दुनिया, अलग-सी बसा ली थी। वे भी ठीक थे। भारत से उखड़ी अपनी जड़ों को वे कैनेडा जैसी नर्म धरती पर स्वाभाविक रूप से ही लगा देने चाहते थे। मुझे तो वे रबड़ की तरह खींच कर लम्बा कर लेते। पहले खींची रबड़ फिर अपनी जगह आ जाती पर धीरे-धीरे रबड़ का साइज़ बढ़ ही जाता और मेरी सहने की घटती हुई क्षमता पर परत-दर-परत जमती गई। पिता की रियासत जो बढ़ी हुई दिख रही थी, वास्तव में वह एक अफरा-तफ़री ही थी। पिता ने अश्वमेघ का घोड़ा छोड़ रखा था। चक्रवर्ती राजा बनने की जंग में उनके चंचल घोड़े को दयाले और निहाले ने पकड़ लिया। बस 'नो मोर' या तो पिताजी या 'हम' का फरमान जारी हो गया। बच्चों की ओर से उनकी सेनापति प्रसन्नी ने मुझे भी बिगुल बजा कर ललकार दिया। पहले तो मैं चालाकी करता रहा। तू भी ठीक है और मैं भी गलत नहीं पर जब लकीर ही खींची गई तो उस लकीर को नारायण सिंह ने भी देख लिया। नारायण सिंह गुस्सा खा गया और अपने किसी बेली, दोस्त के साथ बिस्तर बाँध कर, जाकर रहने लगा। दियाले और निहाले ने चाहे पिता को भगा दिया, पर नुकसान मेरा ही हुआ।

मैं पिता से क्लॉक खोलने की टेक्नीक न सीख सका। एक-दो बार मैंने भी गोल रेती लेकर क्लाक के लॉक में फँसा ली। साली बाहर ही न निकले। वह तो शुक्र है कि दो हफ्ते तक पीटर ने क्लॉक ही चेक नहीं किया, जब किया तब तक पानी सिर से निकल चुका था। यह तो पता चल गया कि क्लॉक से छेड़छाड़ की गई है, पर किसने की इसका पता न चल सका। मैंने सेवा की कई बातें याद करायी, पर पिता ने मुझे गुर सिखाया। वो तो अब मुझसे लिफ्ट भी नहीं लेते थे। छः महीने पहले रिटायर भी हो गये पर वह गुप्त रहस्य मुझे न बताया। हमारी कौम में यही

खराबी हैं, हम अपना हुनर अगली पीढ़ी को नहीं बताते और आपके द्वारा की गई खोजें समय की धूल में खो जाती हैं।

केबिन में बैठ कर मैंने रेडियो लगा लिया। लगाते सार हीं सुना, कोई इंशोरेंस वाला लोगों को डरा-धमका रहा था। रेडियो होस्ट भी डंडा उठाये उसके साथ ही खड़ा था। ऐसे-ऐसे प्रश्न पूछता था कि लोग त्रस्त हो जाते। बीच में कह भी देता, आपको चमकीले का गाना सुनाते हैं। लोग अभी गाने को ही तरस रहे होते कि किसी अफ्रिकन शेर की बात सुनाने लगता—कैसे उसने इंसान के बच्चे को पाला था, यह बात आपको ब्रेक के बाद सुनायेंगे। इंशोरेंस की लंबी बातचीत, जो दस मिनट की थी, बीच में ही कहने लगता कि अब हम एक रिकार्डेड कमर्शियल लेते हैं। एक-दो कमर्शियल के बाद फिर आपकी सेवा में हाज़िर होंगे। यह काहे का कमर्शियल था, मरा साँप गले में डालने जैसा। श्रोता चाहे नहा कर आ जाय और होस्ट चाहे लंच करने के बाद कॉफी भी पी ले, यह ब्रेक ख़त्म नहीं होता था। कई बार तो इंडिया की फ़िल्म याद आ जाती जो बिजली के चले जाने के बाद जेनरेटर चलने पर दोबारा शुरू हो जाती थी और वह भी पंखों के बिना। खैर, ब्रेक ख़त्म होने के बाद इंशोरेंस की आखिरी टिप्स शुरू हो गई, जिसमें ऐसा समाँ बँधा कि बंदे को अपने मरने के बाद अपनी बीवी की खुशहाली दिखने लगती। चमकीले की आशा में कई कुछ और भी सुनना पड़ा, पर मैं अपने धैर्य पर न्यौछावर होता हूँ—फिर भी रेडियो बंद नहीं करता। अब तो घुटने भी दुःखने लगे हैं। चमकीले का गीत शुरू हुआ तो गीत के साथ-साथ ही होस्ट चमकीले की जीवनी भी सुनाने लगा। अफ्रिकन शेर वाली बात भूल कर मैंने सतनाम को फोन घुमा दिया।

वह बेचारा आजकल बड़ा दुःखी है। उसने अभी 'हैलो' ही कहा था कि होस्ट बोल पड़ा—"अफ्रीका के जंगलों में एक शेर रहता था" अभी एक लाइन ही बोली थी कि कहने लगा—"हमारी इंडिया की लाइन मिल चुकी है, पहले ख़बरें सुनो।" और ख़बरों से पहले उसने फिर से रिकार्डेड कमर्शियलों की झड़ी लगा दी।

"हाँ भाई, क्या हो रहा है आजकल?"

"ओये बल्ले-बल्ले, आज फिर पटवारी काम पे लगा है?"

हाँ यार, मैंने सोचा घर में भी ऐसा क्या करना है, चलो काम पर चलते हैं। मैंने पीटर को फोन कर लिया। वह कहने लगा, तूने पहले बताना था, अब मैं आधे घंटे में क्या कर सकता हूँ? मैंने भी कहा, देख ले पीटर हमारे चाटे से पेड़ हरे नहीं होते, फिर मत कहना अगर हमने अपना कोई अग्निबाण छोड़ दिया। लगा, रीं-रीं करने, मुझे दस मिनट दे दे। सतनाम, पीटर मेरे से इतना डरता है जैसे कौआ गुलेल से। उसे डर है कि कहीं मैं उसकी जॉब ही न छीन लूँ। मुझे भी काम करते हुए पाँच साल हो गये हैं। मैं सोचता हूँ कि अपना काम तो बढ़िया ही चल रहा है, काहे को

किसी के पेट पर लात मारूँ। तीन मिनट के बाद ही फोन आ गया—"मिस्टर बब्बू, ले पकड़, चौबीस घंटे ऐश कर।" "और सुना तेरा क्या हाल है?"

"यार, मेरा हाल तो बुरा ही है? बच्चों ने दिमाग खा रखा है, मेरा तो नाक में दम आ गया है। एक मन होता है चरने को जूते मार-मार कर इंडिया तक छोड़ कर आऊँ।"

"फिर देर किस बात की हो रही है?"

"यार क्या कहूँ, एक ही है, अगर दो होते तो मैंने ऐसा ही करना था। इधर से आया, फ्रिज खोल लिया। बड़ा गिलास भर के होमो दूध पी गया। पंद्रह मिनट बाद फिर होमो की शामत। मैं तो दूध ढोते ही मर जाता हूँ साल में तीन सौ पैंसठ दिन होते हैं और हमारे घर तीन सौ छियासठ गिफ्ट-पैक होते हैं। कभी यहाँ कभी वहाँ।"

"यार, पगले, बच्चों का दूध नहीं नापा-तोला जाता।"

"है तो बात ठीक, पर जो वज़न बढ़ता जाता है—दोनों का। रात को नौ बजे खा-पीकर बैड-रूम में घुस जाते हैं, जूठे बर्तन भी माँ ही धोये। बंदा सैर करनी शुरू करे। सोने की पता नहीं क्यों जल्दी होती है। तुझे पता है दो सौ पाउंड का हो गया और बहू रानी, उस से दो रत्ती ज़्यादा ही होगी। शलगम से, बारह-बारह अंडों का आमलेट ऐसे खा जाते हैं जैसे फूफा की शादी में आये हों।"

"हाँ यार सतनाम, चरने की बुआ का क्या हुआ? मैंने तो सुना था चरने के फूफा के साथ उसका छत्तीस का आँकड़ा हो गया था।"

"भाई मेरे, वह बात अब सुलझती नहीं लगती।"

"एक मिनट ठहरना, रेडियो पर ज़रा शेर वाली बात सुन लूँ, मैं तुझे अभी दोबारा फोन करता हूँ।"

हाँ तो अफ्रिका के जंगलों में एक शेर रहता था, शेर क्या बब्बर शेर था। दहाड़ मार कर लोमड़ियों को भगा देता था। एक दिन क्या हुआ, अब समय भी ख़त्म होता जा रहा है और ऊपर से इंडिया से फिर से लाइन जुड़ गई है। बस जी, हमारे पास सिर्फ़ आधा मिनट है। आप आधे मिनट में क्या कहना चाहोगे, उसके बारे में जो दिल्ली में सियापा पड़ा हुआ है। हाँ जी, माफ करना, आपकी आवाज़ कट कर आ रही है। हाँ जी, जो सियापा अब पड़ा है, उसे ज़रा और तूल पकड़ने दो, कल फिर इसी समय मिलेंगे। और प्रोग्राम ख़त्म हो गया। "डोंट ड्रिंक एण्ड ड्राइव"।

मैंने सतनाम को दोबारा फोन किया, अभी उसने हैलो ही कहा था कि बीच में दूसरी लाइन आ गई। सतनाम को होल्ड करवा के मैंने दूसरी लाइन ले ली। पीटर को टरका कर मैंने फिर सतनाम वाली लाइन ले ली।

"हाँ भैया, बात चल रही थी बच्चों की, भाई बात यों है कि धुआँ चाहे किसी

चीज़ का भी हो, उसने आस-पास को धुआँ देना ही होता है और ये जो धुएँ होते हैं, बंदे के आसपास उसके अपने निर्मित किये नहीं होते। देख भाई बबलू, कौन चाहता है कि वह कमीनी बातें करे? मैं कहाँ नहीं चाहता कि बच्चे खुश रहें और मैं भी खुश रहूँ। मेरे घर की अनूप भी खुश रहे, पर यह चीज़ मैं लाऊँ कहाँ से? एक दिन इनके कमरे का ही टी.वी. चल रहा था मैंने सोचा कि अंदर ही होंगे। बाहर आ कर देखा तो आईस क्रीम ट्रक से आईस क्रीम ले कर मौजें कर रही थी। मैंने कह दिया, अरे पम्मी तू तो यहाँ है, मैंने समझा अंदर बैठी टी.वी देख रही है। बता, मैंने क्या गलत कह दिया? रात को लड़का मेरे पास आया और कहा—''डैड आगे से हाईड्रो का बिल मैं दिया करूँगा। अरे भई हर जन्म में दे, अकेला हाईड्रो ही क्यों, बाकी के भी दे दे, तेरे पिता को भी सुख का साँस आये।''

''चल छोड़, ये परसों क्या हो गया था? तेरे घर के सामने बड़े हूटर बज रहे थे?''

''हुआ क्या है, वही तो मैं बताने लगा था, तू और ही कहानियाँ डाल कर बैठ गया। हम सभी अपने-अपने तापों में ही चलते-फिरते हैं। ताप को तो कंट्रोल कर लेते हैं, पर धुँआख (सुलगना) नहीं जाती। वही धुएँ से बनी कालिया हमारे घर में फैल रही है। ले, मैं तुझे सारी बात सुनाता हूँ, तू मुझे बताना कि गलती किसकी थी? बसंत पंचमी पर कहाँ पता चल पाता है कि किसकी पतंग किस के साथ पेच डाल कर उड़ रही है। पता तब चलता है, जब आपकी डोर लटक जाती है।''

''हाँ आगे बता, इन पेचों-पेचों को छोड़।'' मुझे बात जानने की जल्दी थी। यह भी पता नहीं क्यों? क्या पता दूसरे की आग बड़ी देख कर अपनी छोटी लगने लगे और दिल को चैन मिले। ''बड़ा भाई ट्रक लेकर गया था और पाँच दिन के बाद लौटा। आते ही देखा, छोटी लड़की का चेहरा सूजा हुआ था। उसने सरसरी तौर पर पूछा, पर भाभी कुछ बोली ही नहीं। भाई तैश में आ गया और पूछा, तू बोलती क्यों नहीं? जवाब कोई न आया। उसने दो पैग लगा लिये। भाभी को भी पता चल गया कि अब बिगुल बज गया है। उसने सच बात बता दी कि तेरे बाप ने थप्पड़ मारा है। ले बब्बू अब तू ही बता कि भाभी का कोई कसूर तो नहीं था पर उसे पिता कहने की जगह बाप कहने की क्या ज़रूरत थी? भाई कमरे में बापू के पास चला गया। अब बापू ने भी वकील खड़ा किया हुआ था, पहले ही। वह थप्पड़ वाली बात से नहीं मुकरा पर उसने अपनी सैल्फ-डिफैंस में यह कह दिया कि तेरी 'रन' को बच्चे पालने नहीं आते। अब बापू का वकील भी अगर समझदारी से काम लेता तो वह भी बहू रानी को 'रन' कहने वाली बात टाल सकता था। यह तो भाई की अदालता की तौहीन थी पर तू जानता है ये वकील किसी के सगे नहीं होते। अब भाई पर दोनों ओर से हमला हो गया था। भाई के सिर में वे सभी साँप रेंगने लगे जो सुप्त पड़े हुए थे।

बब्बू, उनमें से एक तो बड़ा ही ज़हरीला है। वह है भी शराबी-कबाबी। ये सारे पुआड़े उसी ने डाले हैं। उसने भाई को आज्ञा दी कि जा पहले रसोई में जाकर मुझे दूध पिला। यह साला साँप, शराब को भी दूध ही बताता है। भाई उसके कहने में सहज स्वाभाविक रूप से चलता जाता था, अपने ध्यान में रसोई की ओर कि रास्ते में उसे मैं मिल गया। मैंने कहा कि बड़े भाई ने कोई ऐसी बात नहीं कही। तू थका हुआ आया है। थोड़ी देर बैठ कर आराम कर। अगर पैग ही लगाना है तो साँपों का कहना मत मान मेरी बात मान जा। हम दोनों भाई छोटा-छोटा लगाते हैं। रोटी-पानी खाकर आराम से सो, रीलैक्स हो, सुबह बात कर लेंगे। आगे से पता, भाई क्या कहता है? सतनाम ने बात रोक कर मुझसे हुँकारा माँगा और यह भी पक्का करना चाहा कि फोन भी काम कर रहा है या नहीं। कितनी देर रो मेरी ओर से भी कोई हूँ-हाँ नहीं हुई थी।

"हाँ-हाँ, मैं सुन रहा हूँ।" मैंने सतनाम का भ्रम दूर किया। वह बोला—"फिर मत पूछना कि सीता लक्ष्मण की क्या लगती थी। हाँ तो बब्बू, पता है पलटते ही सिंहा भा ने क्या कहा?...कहता, ओये कंजरा तू तो रन (औरत) की नीचे लगा हुआ है, मैं तो काट दूँगा और उसने दो फ्रंट और खोल दिये। मुझे भी गुस्सा आ गया और प्रीतो को भी। वह भी आम रनों जैसी रन नहीं है।"

"यह हैलो-हैलो सतनाम सिंह जी, आपके घर 'रन' किसी की चिढ़ है या यूँ ही आपके परिवार का तकिया कलाम है?"

"क्या मतलब?" सतनाम को मेरी समझ में नहीं आई थी।

"जो यह हर कोई हर किसी को 'रन' ही कहे जाता है। मुझे लगता है आपके यहाँ हूटर बहुत पहले बज जाना चाहिये था।"

सतनाम ने हँस कर कहा—"मैं वही बात तो कर रहा हूँ, तूने आगे और सुनना है या नहीं?"

"नहीं, तू सुना यार! मैं तो यूँ ही कह रहा था। 'रन' होना कोई बुरी बात नहीं और फिर आपके घर में दखल देता क्या मैं अच्छा लगूँगा?"

"तो फिर बब्बू, घर में ऐसा माहौल हो गया जैसे रैसलिंग में कितने ही पहलवान हों और मुकाबला यह हो कि बाकी बचे लोगों को रिंग से बाहर फेंक कर बचता कौन है? अब तू बता की हमारी साइट पर कोई चोर-उच्चका आ जाय तो उसे कुछ कह नहीं सकते पर हमारे घर सभी स्क्योरिटी गार्ड से पुलसिये बने हुए थे। भापा समझता था कि मैं मरता मर जाऊँ पर रिटायर नहीं होना। औरतें समझती थीं कि हम पता नहीं क्यों चुप हैं? पर उनकी चुप भी गडुप जैसी है—पूरी फूली हुई/हल्की-सी सुई थी चुभन भी नहीं सहतीं। बच्चे बिचारे सोचते कि पता नहीं हम किसके घर पैदा हो गये? बचे बिचारे हम दोनों भाई, पता ही नहीं चलता किधर

जायें। अब रसोई के कवर्ड की ओर न भागे तो क्या करें?''

''लो जी, पता नहीं, सच है या झूठ, बड़ा भाई रसोई में गया और उसने बड़ी छुरी उठा ली। अब रसोई के चाकू-छुरी को हम हथियार कहाँ समझते हैं, पर पुलिस वाले पगले इसी को नाइफ समझ रहे थे। भाई कहता, मैंने तो सेब काटने के लिए छुरी पकड़ी थी। अपने घर क्या कोई सेब भी नहीं काट सकता? उसने छुरी पकड़ी और अपनी पत्नी को कहा, तुझे कौड़ी की भी अक्ल नहीं है। अब छुरी और कौड़ी में अक्ल का कोई सीधा संबंध तो है नहीं, पर मेरी शातिर बीबी ने पता नहीं इसमें कैसे कोई तार जोड़ ली, या यूँ ही पारिवारिक ईर्ष्यावश 'नाइन वन वन' घुमा दिया। पुलिस वाले तो पहले ही तैयार रहते हैं, आ,गये दगड़-दगड़ करते। हमने बहुतेरा कहा कि कोई बात नहीं। भाभी ने भी कहा कि कोई बात नहीं, पर गले पर पड़ी खरोंचें भी पुलिस ने देख लीं थीं और बच्चे का सूजा हुआ मुँह भी। भाई से भी गलती हो गई, अगर वह मेरी कमीज़ का बटन न तोड़ता तो किसी को पता ही न चलना था। पुलिस ने तो कमीज़ बदलने का भी टाइम नहीं दिया। बब्बू, पीज़ा चाहे लेट हो जाय, पर ये पुलिस वाले तो तवे से फुल्का भी उतरने नहीं देते। अभी हमने कहा भी कि आप चार्ज न करो। पुलिस वाला भी पंजाबी भाई था, कहता, यह कैसे हो सकता है। अगर हम आयें हैं तो किसी-न-किसी को तो चार्ज तो करना ही पड़ेगा। यह ऐसाल्ट का केस है। मैंने कहा, पुलिस भाई जी अगर आपने गिनती ही पूरी करनी है तो बापू हाज़िर है। यह बेकार और खाली भी है, घर बैठा यों ही औरतों के नुक्स निकालता रहता है। हम सभी तो काम करते हैं। वे तो ऐसे अड़ गये जैसे सूर्य देवता कुंती के घर जाकर अड़ गया था।''

''बस यही बात थी, वैसी यूँ ही बात का बतंगड़ बन गया। यह भी शुक्र है कि पहले के हल्के-भारी, छोटे-मोटे थप्पड़ भाभी ने कभी रिकार्ड में लाये ही नहीं थे, नहीं तो भाई को जेल हो जानी थी और ट्रक की किश्तें अलग रुक जाती। मुझे तो ट्रक बैक करना भी नहीं आता। बैक करने के लिए एक बार मेरी मदद टाउन फायर-बिग्रेड वालों ने की थी। अब कोर्ट वाले आकर भाई को कहते हैं कि तेरी ऐंगर ट्रीटमैंट करती है। वैसे ऐंगर ट्रीटमेंट तो हमारे पूरे परिवार की होनी चाहिये। हमारी माता तो सोफे की सीट पर बैठी क्रोध से वैसे ही काँपने लगती है। अब तू बता कसूर किसका है?''

''यार, यह तो बहुत बड़ी पज़ल में तूने डाल दिया है। सुडूको से भी बड़ी। अगर बीच में पाँच लिखे तो बाँयीं ओर से पाँच निकल आता है। मैं तो समझता हूँ कि आपके पूरे परिवार को ही गोली मार देनी चाहिये। आप लोगों को तो लड़ना भी नहीं आता। ऐसे ही कम्युनिटी का नाम बदनाम कर रहे हो। भाई सतनाम, लड़ना भी प्यार से चाहिये। सबसे ज़्यादा कसूर तो आपकी बुढ़िया का है। वह बैठी-बैठी

ऐसे ही नहीं काँपने लगती। पहले अपने इस बापू को निकालो जो बैठा-बैठा बहुओं से पंगे लेता रहता है। हमारी ओर देख, हमारे बच्चों ने कहा कि हमने बापू को घर नहीं रखना। ना तू ही बता ज़रा, अपने बच्चों से ज़्यादा कौन और क्या अच्छा? उन्होंने कहा, हमारी पर्सनल लाइफ में दख़ल देता है। हमने एक मिनट नहीं लगाया। मक्खन में से बाल की तरह निकाल कर परे मारा। वैसे भी इतनी महँगाई में बापू कहाँ अफोर्ड होता है? खाता हमारा था और पैंशन पीछे गाँव भेज देता था। अब टिका है वह भी एक जगह।''

''बात तेरी ठीक है बब्बू, कुछ और भी टिप्स दे तो भला।''

''दूसरी बात यह है कि कैनेडा में औरतों को घूरतें नहीं। इनसे तो राजनीति खेलनी पड़ती है। जाओ दक्षिण को, बताओ पश्चिम। इनके साथ कभी भी भेद की कोई बात न करो। मना कभी मत करो, लेकिन हाँ करने में इतने व्यवधान डालो कि भविष्य में कोई बात पूछने से तौबा कर जाय। हाँ, बिंदी लिपिस्टिक की कमी मत होने दो। कभी-कभी डालर स्टोर का चक्कर लगवा दो। तरीके से चलो तो फिर ये आँख की किरकिरी नहीं बनतीं।''

''और कोई सलाह'', सतनाम ने फिर पूछा।

''लो जी, मैंने कोई सलाहें देने की ऐजेंसी खोल रखी है? यह तो कॉमन सैंस की बातें हैं, पर कमाल की बात यह है कि ये सारी बातें आजकल मेरे काम भी नहीं आ रहीं। इसीलिए तो मैं अनुभव एकत्रित करता रहता हूँ। हमारे घर भी थोड़ा-सा झगड़ा रहता है।''

''तुम्हारा क्या झगड़ा है?'' सतनाम ने पूछा।

''मैं तुझे क्यों बताऊँ? घर की बातें।''

''लो, मैंने भी तो सभी बता ही दी हैं।''

''तो तू पागल है, जो घर की बातें हर एक से करता-फिरता है।''

''ना भाई, तेरी मेरी काहे की दोस्ती, तुम सालो बीवी को मारने-पीटने वाले और हम पुश्तैनी सरदार।'' मैं तो मज़ाक ही कर रहा था कि सतनाम ने फोन ही हैंग कर दिया। पता नहीं, वह कभी-कभी नाराज़ हो जाता है। पूरा परिवार है गुस्से-खोरा है। इन्हें तो ऐंगर-ट्रीटमैंट के कैप्सूल खाने चाहिये। अब मैं क्या करूँ? क्लॉक तो मैं पंच कर ही चुका था। अगला पंच आधे घंटे के बाद करना था। अभी प्रसन्नी का फोन भी नहीं आया। लांड्री कर रही होगी। खाली होकर करेगी, बिचारी दियाले को लेकर दुःखी है। पर मैं क्या कर सकता हूँ। अब तो सिर्फ़ हार्पर से ही उम्मीद है। यह जो एच.सी.टी. लगाई है ना इसने, यह तो बढ़िया काम किया है। शाबाश भाई शाबाश, चकी चल फटे, मेरा वोट पक्का। अब तो और भी मौज है। पहले हर शनिवार किसी-न-किसी का बर्थ-डे ही आता रहता था, अब कोई नहीं बुलाता। काम

करने के लिए बढ़िया फुरसत मिल जाती है। ये सभी हार्पर की मेहरबानियाँ हैं। वरना हमें कौन पहचानता था। मैं उठा और टाँगें सीधी करने के लिए बाहर आ गया। रेडियो भी बोर कर रहा था। दीवाली, वैसाखी के आस-पास कभी भी रेडियो नहीं लगाना चाहिये पर मजबूरी थी। बधाइयाँ सुन-सुन कर सिर दुःखने लगता है। जिसने कभी गुरुद्वारे में पाँव नहीं रखा होता, वह भी करोड़ से कम बधाई की बात नहीं करता। बधाइयाँ भी लाखों की जगह करोड़ों में पहुँच गईं हैं। यह सब इन्फ्लेशन का असर है। मैंने सैल उठाया और बाँयीं ओर आठ नं. की चाबी की सीध में चल पड़ा। दाँयीं ओर से मैंने एक कार आती देखी। वे मेरे पास आ कर खड़े हो गये। पूछने लगे कि वे बनता हुआ अपना घर देखना चाहते हैं। मैंने कहा–"भाई साहब, ये घर नहीं मकान बन रहे हैं और आप कल आकर सुपरडैंट से पूछ कर देख लेना, आज नहीं।" वह बुड़बुड़ाता हुआ कार मोड़ने लगा और मैं उसकी प्लेट नम्बर नोट करने लगा। बड़ी मुश्किल से रिपोर्ट करने को कोई बात मिली थी।

अचानक मुझे ख्याल आया कि मैंने उसे कहा था कि ये घर नहीं मकान बन रहे हैं। हैं तो पुरानी बात, पर मेरे लिए अजीब-सी उधेड़बुन पैदा कर गई। मैं अकेला भी था–इस एकांत में। हमारे घर भी अजीब-सी स्थिति थी। मेरे और प्रसन्नी के दो लड़के और दोनों जूते मार कर घर से निकालने लायक। मैंने यही बात प्रसन्नी को भी कही थी। वह कहती थी कि घर से अगर निकलना ही है तो क्या जूते ज़रूर मारने हैं? मेरा उत्तर था कि ऐसे ये लोग जायेंगे ही नहीं–ऐसी बहारें छोड़कर। ऐसे ही मज़ाक में कही बात सच हो निकली थी।

"जी, आठ पहर में एक पल ऐसा भी होता है जब मुँह से निकली बात सच हो जाती है। यह सती सावित्री का वरदान है। इसलिये कहते हैं कि बुरा नहीं सोचना चाहिये। सदा अच्छा करो, अच्छा सोचो, पता नहीं कब उस पल ने आ जाना है जब आपके बोलों पर सती सावित्री ने सवारी करनी है।" और सच में वही बात हो गई। मेरी शुरू से ही यह धारणा थी कि चाहे खुद को कितना ही तंग होना पड़े, बच्चों को कभी किसी चीज़ की तंगी नहीं आने देनी। और किसी बात पर मेरी या प्रसन्नी की राय मिले ना मिले पर बच्चों के लिए हम सदा एक मत होते। मुश्किल में थे तब भी हमने घर ले लिया। यह सोच कर बड़ा लिया कि जब बच्चों की शादियाँ हो जायेंगी तो जगह की कोई तंगी न हो। तभी से यह स्क्योरिटी वाली जॉब मेरे पल्ले पड़ी थी। मैं कम्पनी को कभी भी कोई शिकायत नहीं आने देता। साल-छः महीने में पीटर को बोतल भी देता हूँ। चाहे भापे ने कई बार कहा भी कि फौजों का काम होता है–लड़ना। कभी जीत और कभी हार होती है। यह फालतू-सी जॉब की चिंता मत किया कर। लेकिन मेरी चिंता मेरे बच्चे थे। हम दोनों जने चाहे तंग हों पर बच्चों के मुँह से निकली बात हमेशा पूरी की। बच्चे बड़े होते गये और उनकी

सोच भी आस-पास से माहौल के अनुसार बनती रही। हम तो एडजस्ट करते रहे, पर भापा जी की सोच बदलनी असंभव थी। दादे-पोतों की टकराहट में हम दोनों पिसते गये। चोरी छिपे भापे की मिन्नतें करते पर सामने हम, बच्चों की ही तरफदारी करते। वास्तव में हम तो खाद का काम ही कर रहे थे। भापे के अपने संस्कारों की जड़ें बहुत गहरी थीं पर हमने अपनी जड़ों को समयानुसार पोला कर लिया था। इतनी नर्म कि वक्त पड़ने पर उखाड़ी जा सकें। आखिर हम एक दिन बच्चों के हक में खर्च होते-होते ख़त्म हो गये। बिना किसी कसूर के अपना स्वाभिमान चौराहे पर रख दिया। आते-जाते लोग देखते और घूरते हुए आगे बढ़ जाते। धीरे-धीरे इन स्वाभिमानों की चौराहे पर मंडी-सी लग गई, पता ही नहीं चलता था कि किसकी कौन-सी ढेरी हैं। लोगों ने इस बारे में बात करनी ही बंद कर दी। मैंने तो निहाले और दियाले के लिए अपने पिता को जीते जी रिटायर कर दिया और भी कइयों ने ऐसा ही किया और कइयों ने अभी कुछ समय के बाद करना था। हमारी जनता दो हिस्सों में बँट गई। हम लोग अपने हिस्से में खुश थे कि चलो जी, हमने बच्चों को सँभाल लिया। टरूडो को हम बहुत प्यार करते थे, जिसने पता नहीं क्या कर दिया था कि सभी टरूडो ही करते थे। वे कहते थे उसी ने कैनेडा के दरवाज़े खोले थे और अब वही टरूडो और उसकी पार्टी हमारी दुश्मन बन गई है। ये दोस्त और दुश्मन भला क्या होते हैं? इस पर सोचना चाहिये। क्यों न आज ही सोचा जाय। मेरे पास अभी भी बीस घंटे हैं, बहुत होते हैं बीस घंटे। चलते-चलते मैं हँसने लगा। बड़ी गहरी दबी हुई एक बात याद आ गई। नहीं इसे ऊपर नहीं आना चाहिये। ऊपर तो बहुत-सी सयानी बातें पड़ी हुई हैं। ईंट-पत्थर मुझे देख रहे थे पर किसी की हिम्मत नहीं हुई कि मुझे अकेले हँसते देख कर पागल कह सके। मुझे कभी-कभी यह हैरानी भी होती कि लोग अकेले बंदे को हँसता देखकर हैरान क्यों होते हैं? इसके विपरीत अगर कोई अकेला रो रहा हो तो किसी को हैरानी क्यों होती है? इसके विपरीत अगर कोई अकेला रो रहा हो तो किसी को हैरानी नहीं होती। पता नहीं लोग मुझ से भी ज़्यादा दुःखी क्यों हैं। सोचता हुआ मैं कैबिन के पास पहुँच गया था–जब फोन की घंटी बजी। मैंने सोचा ज़रूर प्रसन्नी ही होगी, वही थी। मैंने कहा–"तू फोन बंद कर, मैं लैंड-लाइन से करता हूँ। सैल पर ज़्यादा साफ आवाज़ नहीं आती।" "अच्छा जी" कह कर उसने फोन रख दिया। कैबिन में आकर पहले तो मैंने रिपोर्ट-बुक निकाली और कार का नोट किया हुआ नम्बर लिखकर कार्यवाही डाली। फिर एक पराँठा निकाला और रोल कर के दाँतों से काटते हुए चाय का थर्मस खोला। ताज़ी चाय मैंने छः बजे के बाद शुरू करनी थी। चाय का घूँट भरते हुए मैंने घर फोन मिलाया। पहली घंटी पर ही प्रसन्नी ने फोन उठा लिया।

"हाँ जी, क्या कर रहे हो?"

"करना क्या है, तेरे हाथ के पराँठे खा रहा हूँ। तू क्या कर रही है?"

"मैंनें क्या करना है। ऐसे ही फोटो वाले एलबम खोल कर बैठी दुःखी हो रही हूँ।" मैं समझ गया कि प्रसन्नी फिर से आज उदासी के आलम में है। वह जब भी फोटो देखती है, बस रो-रो कर ही उठती है। उसकी हूक कभी बहुत पास से और कभी बड़ी दूर से शुरू हो जाती है। जितनी दूर से शुरू होगी उतनी ही ज़्यादा वह उदास होगी। कई बार तो मुझे काम छोड़ कर भी आना पड़ता है—उसे सँभालने के लिये। मैं पूछने से डर रहा था कि आज उसने एलबम का कौन-सा पन्ना खोला है। माहौल को हल्का करने के लिए मैंने पूछा—"निहाल कहाँ है?"

"जी वह तो केश धो रहा है।"

"अब तो नहीं कहता कि बाल कटवाने हैं?"

"नहीं, कहता तो नहीं पर कई बार बालों की अटकें सुलझाता खीज जाता है। उसकी खीझ से लगता है कि वह बाल पसंद नहीं करता।"

"प्रसन्नी, मैं सोचता हूँ, कटा ही दें उसके बाल।"

"नहीं जी, वह ही एक ही तो रह गया है घर में—सिख के रूप में।"

"पर तू यह भी तो सोच, दियाल की हमने कई बातें मानी पर वह फिर भी घर छोड़ कर चला गया और अगर यह भी अगले दो साल बाद मन-मर्ज़ी करने लगा तो फिर क्या करेंगे। रह जायेंगे, अकेले के अकेले।"

"जी, जैसा आप ठीक समझो, मैंने तो अपने लाल को कहीं जाने नहीं देना। अगर बाल कटा कर खुश होता है, तो करने दो। मैं तो जब भी इसे ऐतिहासिक कहानियाँ सुनाती हूँ, यह बोर हो जाता है और कहता है—'हू केयरस्' तब मेरा कलेजा मुँह को आता है।"

"चल छोड़ तू बता, मेरा काम किया कि नहीं?"

"जी, कौन-सा?"

"ले तुझे एक ही तो काम कहा था, वही जैलर वाला।"

"जी आपको तो मसखरी सूझती रहती हैं। अब मेरी कोई उम्र है?"

"ले तेरी उम्र को क्या हुआ, तेरे जितनी गोरियाँ तो अभी कुँवारी घूमती फिरती हैं—मटक-मटक। मटक तो तुझमें उन से ज़्यादा है, तुझे पता नहीं।"

"जी, मेरा ऐसी बेशर्म बातें करने का मूड नहीं है। मैं तो दियाल की फोटो देख रही हूँ, जब उसका जन्म हुआ था।" तो यह बीच में ही है, अच्छा है ज़्यादा दूर नहीं गई, नहीं तो मेरे माँ-बाप ने यूँ ही दखल देने लगना था और इसे सँभालना भी मुश्किल हो जाता और समझाना भी पर मैं सोचता हूँ कि समझाऊँ भी क्या? हाँ कोई तर्क ही खड़ा किया जा सकता है और मौके के मुताबिक मैं कर ही लेता हूँ, पर मैं भी पंचर लगाते-लगाते थक चुका हूँ।

"वोटों वाले तो नहीं आये?"

"आये थे, आपका दोस्त आया था, अवतार, कहता लिबरल वालों का फट्टा लगाना है। मैंने मना कर दिया और कहा, जी इन्हें पूछ कर लगाना। ये कहते थे, इस बार हमने लिबरनों को वोट नहीं देनी।"

"बढ़िया किया, इन लिबरनों ने ही सारा बेड़ा गर्क किया हुआ है। पहले हमें कह कर कैनेडा बुला लिया और अब हमें ज़रा भी नहीं पूछते।"

दियाल से मेरी अनबन तेरहवें जन्मदिन के बाद ही शुरू हुई थी। हो सकता है यह अनबन पहले से भी हो पर मुझे पता नहीं था। व्यक्त और अव्यक्त का अंतर मुझे तभी पता चला। प्रसन्नी ने सुबह-सवेरे उठकर बड़े चाव के साथ सभी कुछ बनाया था। दियाल को जो भी पंसद था—गोट करी, बटर-चिकन, मैकरोनी, शकरपारे, पकौड़े, बालूशाही। लेकिन दियाल ने सुबह उठते ही क्लेश डाल दिया, "ये क्या किया आपने?"

"क्यों क्या हुआ?" प्रसन्नी ने बड़े अदब के साथ फाईव-स्टार के बैरे की तरह पूछा।

"पूरा घर स्मेल से भर दिया। कम-से-कम मेरे कमरे का दरवाज़ा ही बंद कर देते। मेरे कपड़ों में भी स्मेल घुस गई है, अब मैं क्या पहनूँगा? यू इंडियन लाइक स्टिंक ऑल द टाइम।" मेरे लिए यह असत्य बात थी। मुझे गुस्सा आ गया पर यह गुस्सा अकेले दियाल पर नहीं था। पता नहीं लगा पा रहा था कि मेरा गुस्सा किस पर है? एक पल को मुझे लगा भी कि यह झुंझलाहट पर आया हुआ गुस्सा है। दयाल का तर्क सोचें तो उसकी बात ठीक थी। पाँच लाख के घर में घुसते ही मुझे भी स्मेल आ रही थी। पर मुझे तो यह स्मेल में अच्छी लगती थी। मुझे क्या सभी को अच्छी लगती है, इस से उल्टा भूख और तेज़ हो जाती है। एग्ज़ास्ट फैन लगातार चल रहा था—मेरी सोच की तरह। दियाल को इस स्मेल से क्या समस्या है? अब चाहे मैं भी उधेड़बुन में था, पर इस स्मेल का कोई हल भी तो निकाला जा सकता है। देसी रोटी में से चाहे देश नहीं दिखता पर हम तो इसे खाये बिना रह नहीं सकते। दियाल न तो गोरा है और न ही यह हमारे घर में रचा-बसा जीव।

"अगर हम इंडियन हैं तो तू भी तो इंडियन है। हमारे लिहाज़ ने तुझे बद-दिमाग कर दिया है।"

"डैड, मेरा मतलब यह नहीं था। आई एम सॉरी, पर देखो, मेरे दोस्त आ रहे हैं। मैं नहीं चाहता उन्हें मेरा घर भी स्मेल वाला लगे। आप मुझसे पूछ लेते। मैं तो केवल यह सिद्ध करना चाहता हूँ कि हम बढ़िया इंडियन हैं। बिलकुल उनकी बराबरी के और फिर खाना किसने है, यह आपका फूड?"

प्रसन्नी का बुरा हाल था। बह बेचारी सुबह चार बजे से एक टाँग पर खड़ी

चकरी-सी घूम रही थी। अपनी बल्ले-बल्ले कराने की उसकी कोई खास इच्छा नहीं थी। वह तो माँ होने का धर्म निभा रही थी और यह चाहती थी कि दियाल के दोस्त यहाँ आत्मीयता अनुभव करें। ऐसी भी बात नहीं थी कि उसने अपनी मर्ज़ी चलाई थी। दियाल जब भी दोस्तों के साथ कहीं आउटिंग पर जाता, वे हमेशा बटर-चिकन की फरमायश करते। कई तो सीधे ही फोन पर कह देते कि आँट वी वान्ट बटर-चिकन। उनकी इस बात से प्रसन्नी इतनी उत्साहित होती कि उसके बेहतरीन पलों की संख्या दोगुनी हो जाती। वह तो माँ बन कर सभी बच्चों को अपनत्व की ऊष्मा देना चाहती थी पर दयाल ने तो और ही क्लेश खड़ा कर दिया था।

"दियाल एक तो तेरा भी पता नहीं चलता। कभी कहता हैं बढ़िया और आज स्मेल का पंगा डाल कर बैठ गया है।"

"डैड, आप लोगों के सरप्राइज़ मेरी समझ से बाहर हैं। वी आर फैमिली। आपको पूछना था। दिल में जो आये वह मैं आपको कह देता हूँ। नो हाईडिंग इन फैमिली। आज भी जो दिल में आया, मैंने कह दिया। परसों आप बनानाशेक बना कर मेरे कमरे में आये। मुझे ये बातें पसंद नहीं। अगर मुझे बनानाशेक की ज़रूरत होगी तो मैं खुद कह सकता हूँ। इस तरह आपा फालतू में ही मुझे बेबी समझ रहे हो—ओवर प्रोटैक्शन गिव्ज़ मी हैडिक, कांट यू अंडरस्टैंड दैट? मेरा आज का प्रोग्राम था कि केक काटने के बाद खाना बाहर से आर्डर कर लेते। गंद भी न पड़ता, स्मेल भी न होती और सब कुछ ठीक से निपट जाता। अब मैं क्या करूँ? ये स्मेल तो पूरा दिन नहीं जायेगी।" इसके बाद दियाल ने सभी को फोन कर के प्रोग्राम ही कैंसिल दिया। कोई बहाना नहीं, स्ट्रेट फारवर्ड, "डोंड कम नॉट टू डे।"

"क्या सोचने लगे?" प्रसन्नी की फोन पर आवाज़ ने मेरी तन्द्रा को तोड़ा। मुझे कुछ और नहीं सूझा तो मैंने पूछ लिया—"अब कौन-सा पन्ना देख रही हो?"

"फैमिली फोटो है। भापा जी और बीजी हैं। निहाल छोटा-सा है। लम्बे बाल, मोटू के इधर-उधर बिखरे हुए हैं। भापा जी ने उसके सिर पर हाथ रखा हुआ है।"

"चल अगला पेज खोल।" मैंने कहा—"मैं वह सभी कुछ याद नहीं करना चाहता। जो बीत गया सो बीत गया। परिवार के लिए मैंने क्या नहीं किया पर मैं सदा दो भागों में विभक्त तो नहीं रह सकता था ना। या मैं बेटा हूँ या बाप हूँ, मुझे बब्बू क्यों नहीं समझा जाता? सभी जिंदा रहने के लिए मुझ पर एहसान कर रहे हैं।"

"चलो छोड़ो जी—नानक दुखिया सब संसार।" प्रसन्नी ने कहा। "तुझे भूल गया होगा सब कुछ पर मैं नहीं भूल सकता। यह मेरे अस्तित्त्व का प्रश्न है, मेरे अधिकारों का, क्या इस दुनिया में मैं सिर्फ़ दारू पीने ही आया हूँ?"

"जी, मैं समझती हूँ।"

"पर तेरा समझना तो काफी नहीं है ना। दुनिया को भी समझना चाहिये।"

"अच्छा, देखो जी, इस फोटो में आपकी मासी ने आपको बाँहों में लिया हुआ है, जैसे आप निहाल होओ।"

"प्रसन्नी मैं तुझे बाद में फोन करता हूँ। बाहर एक कार घूम रही है। ज़रा देख कर आऊँ।" मैं फोन बंद करके बाहर निकल आया। कार घूमती हुई मेरी ओर ही आ रही थी। मैंने पास जाकर देखा, चैकिंग के लिए पीटर आया था। सौभाग्य से आते हुए मैंने भी उठा कर गले में डाल लिया था।

"सब ठीक है?" पीटर ने पूछा। "सब ठीक है, पर पीटर मुझे तुमसे एक बात करनी थी।"

"कर बब्बू।"

"देख पीटर, काम करते हुए इतने साल हो गये हैं, अगर राईज़ मिल जाता। बाकी और लोगों को तो मिला है, क्या वे मुझ से अच्छे हैं? मैंने कभी भी तुम्हें जवाब नहीं दिया।"

पीटर हँसने लगा और बोला–"देख बब्बू, तू बहुत बढ़िया वर्कर है। इसीलिए मैं तुझे सबसे ज़्यादा घंटे देता हूँ। राईज़ देना मेरे बस में नहीं है, माईक की मर्ज़ी है और सभी झूठ बोलते हैं, किसी को कोई राईज़ नहीं मिला। जब भी यह बात चलेगी, मेरा वादा रहा, मैं तेरा नाम सबसे टॉप पर लिखूँगा। मैं तो चाबियाँ चेक करने आया था। हर बार साइट बदलते हुए चाबियाँ गायब हो जाती हैं। तू भी ख़्याल रखना। वैसे मुझे सरूपे पर शक है।"

"हाँ सर, वह पूरा हरामी है।"

"मुझे पता है।" पीटर ने कहा। "अच्छा मैं चलता हूँ, गुड वर्क कीप ईट अप।" पीटर ने कार चलाई और कीचड़ से बचता धीरे-धीरे सड़क पर आ गया। मैं सारी साइट का चक्कर लगाने चल पड़ा। क्या पता, दूर से कहीं पीटर दूरबीन से देख रहा हो। चलते हुए सोचने लगा, राईज़ लेकर क्या करूँगा? इन डॉलरों को मोह क्यों नहीं जाता। अब ज़िंदगी में रखा क्या है? दियाल के जाने के बाद मैंने लोगों को मिलना कम कर दिया था। भापा जी की तरफ भी बहुत कम जाता था। जब भी जाता, वे ऐसे मिलते जैसे मैं कोई बड़ा मुजरिम होऊँ। सदा पिता के चश्में से देखते। ऐसा देखने में कोई हर्ज़ नहीं पर वे चाहते कि मैं उन्हें उनके पोतों के साथ रखूँ। मैंने कोशिश भी की जब कि भापा जी ने ऐसी कोई कोशिश नहीं की थी। उनका क्रोध तो अपने हथियार पर था जिसे उठा कर उन्होंने अपनी जेब में रखा हुआ था और अब भी वे इसी भ्रम में थे। छोटी-सी वह बात, मुझे आज भी याद है। मैं रसोई में था। मैंने दाल वाले पतीले का ढक्कन बुझी हुई अँगीठी पर रख दिया था। मेरी तो हड्डियाँ तक में यह बात धँसी हुई थी कि कभी भी पतीले का ढक्कन बुझी हुई अँगीठी पर नहीं रखा जाता। वे चाहते थे कि दियाल और निहाल भी वह ढक्कन

कभी बुझी हुई अँगीठी पर रखें। अगर कैनेडा में वह मिट्टी वाली अँगीठी नहीं मिलती तो अवश्य ही मुझे इंडिया से मंगा कर, उसे जला कर, बुझा कर अपने बच्चों को बताना चाहिये कि बेटा, दाल वाले पतीले का ढक्कन इस पर नहीं रखते। मैं तो इसके लिए भी तैयार था पर बात अगर सिर्फ़ ढक्कन से ख़त्म होती दिखती। वे तो चाहते थे कि मैं हर वक्त, बच्चों के कानों में पिघला हुआ सीसा डालता रहूँ। कभी-कभी जलता-भुनता मैं तूंबा डाल भी देता था पर बच्चों की चीखें मुझसे सुनी न जाती। दियाले ने पहले तो कानों पर हाथ रखे फिर कानों के आस-पास हैड फोन लपेट लिया। उसके कानों में अँग्रेज़ी गानों ने मेरा बलपूर्वक दबाया हुआ सीसा बाहर निकाल दिया।

भापा सब कुछ देख रहा था। इस देखा-दिखाई में ही दियाल को प्यार हो गया। शुक्र है कि लड़की पंजाबन थी और मुझे भी तसल्ली थी पर भापा जी ने यहाँ भी पंगा खड़ा कर दिया। लड़की हमारी जाति की नहीं थी। मैं दो पाटों में पिसा जा रहा था। कोई बीच का रास्ता ढूँढ़ रहा था और रास्ता मिल भी गया। सभी ने इस यज्ञ में अपना-अपना हिस्सा डाला। भापा जी ने भी समझौता कर लिया और दियाल ने भी थोड़ी नर्मी दिखाई। तय यह हुआ कि शादी इंडिया में होगी। रीति-रिवाज़ों का ख्याल रखा जायेगा। भापा जी की रीझ (इच्छा) यह थी कि सदियों से चली आ रही रीत-फुलकारी की छत के नीचे शगुन हो और बाद में बहू रानी को वह अमानत सौंपी जाय जिसे वह अपने वंशजों के द्वारा आगे बढ़ाये। मैंने दियाल को मना लिया कि हम कैनेडा आकर रिसेप्शन करेंगे। इस सारे शोर-शराबे में हमने घर की क्रैडिट लाइन से एक लाख डॉलर खर्च कर दिये। मैं बाप भी बना और बेटा भी, पर पूरे समय में एक पल को भी बब्बू न बन सका। जो अब मुझे टोरी-पार्टी के हार्पर ने बनाना था। इंडिया में हमारा चाचा नाराज़ था। उसकी भी अजीब-सी मजबूरी थी। उसे मनाया गया। मैंने उन्हें यहाँ तक कह दिया कि चाचा जी अगर आप शादी में न आये तो मैं बारात के साथ नहीं जाऊँगा। उस समय दयाल भी मेरे साथ था। बाद में पूछने लगा कि डैड, यह क्या बात हुई? मैंने उसे समझाया, बेटा रिश्तों का मान रखा जाता है। लेकिन वह बोला—'यह तो हिपोक्रेसी है', नहीं बेटा यही वक्त होता है, जब सारे गिले-शिकवे दूर किये जाते हैं, यह हिपोक्रेसी नहीं है। उस शादी के शौक में उसे यह बाते समझ तो आईं पर उसके दिमाग में नहीं उतरीं।

नीलम हमारी बहू है। हमारे द्वारा की गई शापिंग पर बड़ी खुश थी। उसने कभी सोचा भी नहीं था कि उसका ब्याह ऐसे शाही अंदाज़ में होगा। वह तो सोचती थी डेढ़ जॉब करने वाला, जो स्क्योरिटी का अंधा-धुंध घंटे लगाता है, वह इतना सब कैसे कर सकता है? लेकिन उसे पता नहीं था कि मैं जॉब की ही नहीं ज़िंदगी का भी स्क्योरिटी गार्ड हूँ। मेरे द्वारा किये जा रहे खर्च पर भापा जी बड़े खुश थे। खानदान

की इज़्ज़त का यही तो मौका होता है। पर उन्हें दियाल और नीलम का हनीमून पर जाना पसंद नहीं था। अब यह बात दियाल को कैसे बतायी जा सकती थी। मैंने थोड़ी चालाकी की और प्रसन्नी को कहा कि वह नीलम को कहे कि हमने हुज़ूर साहब जाना है और चले जायें हनीमून पर। मेरी कारीगरी काम आ गई और सभी खुश हो गये।

चाबी नं. छः के पास पहुँच कर मैंने सड़क की ओर देखा। चार-पाँच लड़कियाँ जॉगिंग कर रहीं थीं। वे धीरे से मेरे पास से होकर निकल गईं और कितनी ही देर तक मेरी आँखें उनका पीछा करती रहीं, जब तक वे ओझल न हो गईं। मैंने घड़ी देखी और कैबिन की ओर चल पड़ा। एक मन कैबिन में जाने को हो रहा था और दूसरा चाहता था, यहीं चलता-फिरता रहूँ, शायद वे लड़कियाँ वापिस आ जायें। मैंने सिर झटका और 'दफ़ा करो' कह कर खुद को सुनाया और कैबिन की ओर चल पड़ा। मैंने पहले भी कई बार गहराई से सोचा था कि आखिर यह समस्या है कहाँ? हम क्यों नहीं तनाव-मुक्त होते? धुँधली-सी एक लकीर नज़र आई। यह पिछली बार भी दिखी थी। चलो कैबिन में जाकर इसका खाका खींचते हैं। चलने से पहले मैंने एक बार पैरों को रगड़ा। सड़क पर दूर तक देखा, जिस ओर जॉगिंग वाल ग्रुप गया था, फिर कैबिन की ओर चल पड़ा। कॉपी पर मैंने कई लकीरें खींची। मापे का और मेरा बॉक्स अलग था और भापे और दयाल का अलग, मेरा और दयाल का अलग। मैं पेन से लकीरों को यों ही गहरा कर रहा था। ऐलज़बरा के प्रश्न भी अजीब होते हैं। मैंने देखा कि भापा कभी भी मुझसे कुछ कहता नहीं था, वह तो हर अनकहे की आशा करता था। कभी प्यार की हैरानी और कभी डर के साये की हकीकत, यही उसकी क्यारी थी जिसमें मैं जवान हुआ और फिर बड़ा हो गया। वेट-ए-मिनट, मेरे मस्तक में कुछ यों उछला जैसे मैंने हार्ड कोर सुडोको की कोई फँसी हुई लाइन हल कर ली हो। मेरा बड़ा होना तो पाँच नम्बर वाली अड़चन थी। मैंने फटाफट पेपर पर लिख लिया। यह बात मेरे दिमाग में पहले क्यों नहीं आयी।

दयाल सदा कहता था। कोई हैरानी नहीं, कोई डर नहीं। प्रश्न का उत्तर, केवल हाँ या ना। अगर ना भी होती, वह कभी ज़िद न करता। समझता कि यही मेरी सीमाएँ हैं। लेकिन उसे मेरी सीमाओं का ज्ञान ही नहीं था। उसे यह भी पता नहीं था कि उसकी शादी पर हुआ खर्च मेरी सीमा से बाहर था। भापा जी इस खर्च को भी समझते थे। उनकी फिनिशिंग लाइन अभी और भी आगे थी। यहीं से यह निष्कर्ष निकलता है कि मैं एक जाल में फँसा हुआ हूँ। बाप समझता है कि मैं वह करूँ जो मुझे उसके अनुसार करना चाहिये और बेटा समझता है कि मैं वह करूँ जो कर सकता हूँ और जो मैं कर चुका था, वह तो मैं कर ही सकता था तो मैंने किया क्या है। मैंने वह भी सब कुछ किया जो मेरी पहुँच से बाहर था पर फिर भी वह घर छोड़ कर चला

गया। जाता हुआ यह भी कह गया कि डैड यू आर टू गुड फॉर मी। इसलिये मैं घर छोड़ रहा हूँ। तेरी ओवर प्रोटेक्शन मुझसे सही नहीं जाती। मैं और सहन नहीं कर सकता। इनफ इज़ इनफ़! मैं नहीं चाहता कि कल को मेरे बच्चे हों और मैं ज़ीरो होकर रह जाऊँ।

''पर जाने से पहले मेरी एक बात सुन ले। इस घर के दरवाज़े तेरे लिए हमेशा के लिए बंद हो जायेंगे। मुझे निहाल को भी पालना है। मैं नहीं चाहता कि एक दिन वह भी घर छोड़कर चला जाय।''

रास्ते में चलते हुए जब मैं सात नम्बर की चाबी के पास पहुँचा तो बिना मतलब ही उधर मुड़ गया था। बात तो यह भी पेपर पर लिखने वाली थी। मैंने डाटेड लाइन खींच कर ऊपर लिख दिया सात नम्बर वाली चाबी। अब मैं इतना पागल थोड़े ना हूँ कि जब ज़रूरत पड़ेगी तो इसे याद नहीं करूँगा। अब याद क्या करना है, असल मुद्दा तो यही है। असली चाबी गैराज के अंदर दीवार में पूरी तसल्ली से ठोकी हुई थी। पता नहीं हथौड़ा मारा होगा या कोई जुगाड़ किया होगा। इतनी ठंड कि ज़्यादा देर तक हाथ में पकड़ी नहीं जा सकती थी। चोरी के माल वाली मेरी अपनी चाबी मेरी जेब में थी। मुझे इतने से ही छोटी-मोटी तसल्ली थी कि मैंने खुद कभी चाबी चोरी नहीं की थी। जेब में हाथ डाल कर मैंने चाबियाँ टटोली। शरीर की गर्मी से गर्म हुई चाबियाँ जेब में आराम कर रहीं थीं। जब भी मर्ज़ी हो उस गर्म चाबी से क्लाक पंच कर सकता था।

चलते समय नीलम ने हँस कर कहा था--''डैड, हम मॉम और निहाल को तो मिलने आ सकते हैं या नहीं?'' मेरे अंदर बैठा भापा सोच रहा था कि कह दे बंद दरवाज़े का मतलब बंद दरवाज़ा ही होता है पर अंदर बैठा दियाल कह रहा था कि डैड कह दे कि मेरा मॉम और निहाल से जो संबंध है, उन्हें हम जब भी मर्ज़ी हो, आकर मिल सकते हैं। उनके जाने के बाद चार बैड रूम में से एक खाली हो गया। कार की इंशोरेंस पाँच सौ डॉलर पर मंथ थी, वह घट सकती थी, दियाल के फोन का बिल जो दो सौ के कम नहीं आता था, वह भी घट सकता था पर मैंने वह नहीं बचाया। उसका वीज़ा भी पल्ले से हट जाता पर मैं बाप ही बना रहा। स्टेट फॉर्वर्ड दियाल ने अपने खर्चे वाले ऐड्रेस चेंज नहीं कराये थे। जब भी मेरी मेल में उसका कोई बिल आता, मैं पे कर देता। केबल हमने बेसिक करवा ली। मुझे लगने लगा था कि जैसे साइट की सात चाबियों में से चार रह गई हों और वह भी पास-पास।

मैंने सात नम्बर की ठंडी चाबी असली वाली ही पंच की थी और अब सोच रहा था कि मैंने ऐसा क्यों किया? फोन की घंटी बजी और मैंने कॉपी-पेन की साइड में रख कर फोन उठाया, दूसरी ओर प्रसन्नी थी। ''क्या कर रहे हो?'' जब से दियाल घर से गया है, वह हर दो घंटे के बाद मुझे ज़रूर कान्टैक्ट करती है। चाहे मैं रैगुलर

जॉब पर ही होऊँ।

"ठीक है सोनयो।" मैंने रटा-रटाया जवाब दिया।

"आपने रेडियो पर सुना, वैनकुँवर में गैंग वार में अपना एक पंजाबी मारा गया है?"

"नहीं मैंने नहीं सुना, मैं राऊँड पर था। पीटर भी आया था। मेरे काम से खुश है।"

"खुश तो होगा ही। आपने आजतक उसे कभी ना नहीं कही। दियाल का फोन आया था। नीलम से भी बात हुई।"

"क्या कहते हैं?"

"कहना क्या है बिचारे ने, जॉब छूट गई है। आजकल बेकार है। वीक भी पूरे नहीं हुए। यू. आई. भी नहीं मिलती। नीलम का काम ठीक है। लेकिन एक तनख्वाह से आजकल क्या बनता है?"

"हाँ यह तो है। खर्चों के मारे तो धुआँ निकला जाता है। किराया, बिजली के बिल, इंशोरैंस—रोटी ना भी खानी हो तो ढाई-तीन हजार चाहिये, छत के नीचे रहने को।

तेरे कहने पर मैं परसों फरटीनों गया था। तीन डॉलर, सत्रह सैंट की तो बेड ही हो गई है। टरूडो कहा करता था मैंने कैनेडा में कभी भी एक डॉलर से ज़्यादा की ब्रैड नहीं होने देनी, उसने अपनी बात साबित भी की थी पर जब खुद ही चला गया तो फिर क्या हो सकता है? ये हार्पर तो ब्रैड पर भी टैक्स ठोके जा रहा है। बाल काटने वाले नाई भी कम नहीं। वे भी तेरह परसेंट टैक्स लेते हैं। आगे चाहे देते हों या नहीं। वैसे हार्पर का छिपा हुआ ऐजेंडा भी बहुत बढ़िया है। अगर घर में चार लोग होंगे तो ब्रैड भी ऐक्सपाईरी डेट से पहले ही खप जायेगी।"

"जी आप दियाल के लिए पीटर से पूछो तो ज़रा। अगर पार्ट-टाइम स्क्योरिटी गार्ड की जॉब मिल जाय, बिचारे का कुछ तो हाथ खुला हो।"

"प्रसन्निये, आजकल कहीं भी काम नहीं है। पीटर क्या करेगा? दिनों-दिन साइटें बंद होती जा रही हैं। ये तो मैं पुराना लिहाज़ी बंदा हूँ, वरना उसने कई पुरानों को भी ऑफ कर दिया है और फिर मेरे होते हुए उसे गार्ड बनने की क्या ज़रूरत है?" आखिरी बात मेरे मुँह से अचानक ही अपने आप निकल गई।

"जी, मुझे तो दियाल की चिंता खाये जा रही है। नयी-नयी शादी हुई है। यही तो उम्र होती है पहनने-ओढ़ने की। पता नहीं बिचारा क्या करता होगा?"

"लो जी, इसमें चिंता की क्या बात है? उसे कहो पैसे चाहिये तो माँग ले।"

"आपको तो अपने खानदान का पता है, उसने पैसे नहीं माँगने, वह भी आपका बेटा है, पर एक बात पक्की है, आपका निहाल कहीं नहीं जायेगा। वह बहुत डर

गया है। वह तो अब मेरे साथ गुरुद्वारे भी जाने लगा है।''

''असल में जब भी टोरी आये हैं, लोगों का जीना मुहाल हो गया है। पहले जी.एस.टी. लगा दी, एक परसेंट कम करके लोगों को बेवकूफ बना लिया और फिर एच.एस.टी. लगा कर लोगों का धुआँ निकाल दिया। हार्पर को लोगों से ज़्यादा अफगानिस्तान की फ़िक्र है। लिब्रल वाहवा स्क्योरिटी गार्ड की तरह अफगानिस्तान में काम निकालते जा रहे थे पर हार्पर को इतने से चैन नहीं आया, पर अच्छा हुआ। इसमें लोगों का ही फायदा है। इसी कारण इस बार इसे ही वोट देना हैं।''

''जी वोटों-वूटों को छोड़ो, दियाल का कुछ सोचो। आप नीलम से बात करके देखो। उनका कमरा अभी तक खाली पड़ा है।''

''नहीं, मैं नहीं पूछूँगा। अब मैं इस उधेड़बुन से बाहर निकल आया हूँ। दोबारा फँसना नहीं चाहता। कभी भापे को पूछो, कभी दियाल को पूछो, अब नीलम को। मैं इस पूछने-पुछाने में अपनी ज़िदगी तो जीना भूल ही गया हूँ। अब मुझे समझ आ गई है कि न तो मैं पुलिस वाला हूँ–भापे की तरह और न दियाल की स्टेट-फार्वर्ड। मैं सिर्फ़ बब्बू हूँ। बब्बू स्क्योरिटी गार्ड! मेरा काम है अपने आस-पास देखना और देख कर अगले को बता देना। करने-कराने की मेरे पास कोई अथॉरिटी नहीं है। मैं तो यों ही उलझनों में फँसा हूँ। तू भी तमाशा देख।''

''जी मैं कैसे तमाशा देखूँ, मैं माँ हूँ?''

''इसीलिये तो कहता हूँ कि तमाशा देख। पूरी में पक्षी और जानवर तभी तक बच्चों को पालते हैं, जब तक वे समर्थ नहीं हो जाते। दियाल भी अब समर्थ है। उसे ज़िंदगी की हकीकत समझने दे। आटे-दाल का भाव मालूम होने दे। नीलम के नखरे झेलने दे। वह खुद ही फैसला करेगा। उसकी पढ़ाई ने यही सिखाया है कि कभी यह सोचो कि किसने क्या करना है और किसे क्या करना चाहिये। वही करो जो आपका दिल चाहता है, कहता है और इनका दिल मेड इन कैनेडा है और यही दिल इन्हें एक दिन रौशनी की किरण दिखायेगा।''

''सोनयो, रात के नौ बज गये हैं, आपके सोने का समय भी हो गया है।''

''जी, मुझे नींद नहीं आ रही।''

''नींद नहीं आती तो कोई मूवी देख लो।''

''नहीं, जी मुझे तो सिर्फ़ आपसे बातें करनी हैं।''

''करो फिर।''

''जी मैंने सुना है, लोगों के बच्चे जो घर छोड़ कर गये थे, वापिस आ गये हैं।''

''तूने यह नहीं सुना कि सारी दुनिया में वोमैन-डे मनाया जाता है। क्या तू दिल पर हाथ रख कर कह सकती है कि बब्बू के बिना परिवार के किसी सदस्य ने तुझे इस दिन के लिए शुभ-कामनाएँ दी हैं? वे तुझे याद करते हैं, सिर्फ़ मदर्स-डे

पर, तेरे जन्मदिन पर, तेरी शादी की सालगिरह पर। ये सभी दिन तेरी छाया के दिन हैं, जिस छाया की उन्हें ज़रूरत है। पर ये सब वे जानबूझ कर नहीं करते। इस बात से तो वे एकदम अनभिज्ञ हैं। मेरी प्रसन्निये, तुझे औरत होने का मान वे कब देंगे? शायद कभी नहीं, क्योंकि यह मान तुझे खुद लेना है। बंद कर एलबम, इसमें से तुझे कुछ नहीं मिलता।"

"जी, आपने शराब पी है?"

"नहीं, क्यों?"

"ऐसी डरावनी बातें तो आप पी कर ही करते हो।"

मेरी हँसी निकल गई। मैंने सोचा, इसका कुछ नहीं हो सकता। यही वह मुक्ति का मार्ग है, जहाँ मुक्त होने में कोई किसी की मदद नहीं कर सकता। यह राह तो अकेलेपन की राह है। अपने अस्तित्व को पहचानने के लिए कोई रिश्ता भी पूर्ण नहीं है। महात्मा बुद्ध की फ़िलासफ़ी की तरह ज़िंदगी से डिटैच होने के लिए सभी के अपने-अपने मार्ग हैं। कारण चाहे एक ही हो पर कारणों का बोझ अलग-अलग है।

"जी आप गूँगे क्यों हो गये हो?" प्रसन्नी की बात ने मेरी तंद्रा तोड़ी।

"अच्छा जी, आप अब सोचो या एलबम देखो, हमें छुट्टी दे दो। सुबह छः बजे फोन पर ही मुलाकात होगी–शुभरात्रि।" मेरी शुभ-रात्रि का मतलब होता था कि मैं अब और कुछ भी सुनना नहीं चाहता और प्रसन्नी ने इसे अपना धर्म ही बना लिया था।

"शुभ-रात्रि", उसने फोन बंद कर दिया।

रात के ग्यारह बजने वाले थे। मैंने अपनी छोटी बोतल निकाली और पैग बना लिया। पेपर पर खींचे नक्शे को पकड़ कर उसे घूर कर देखा। मेरे खानों में परिवार के लोग थे। किसी में ये लोग मेरे साथ थे और किसी खाने में आपस में गुत्थमगुत्था हो रहे थे। दूर पड़ी सुडूको के नम्बर भी मुझसे अपनी जगह पूछ रहे थे। यह मसला कैबिन में बैठ कर हल नहीं होगा, मैंने सोचा। पहले पैग की गर्मी ने मुझे कुछ गहरा उतरने के लिए उकसाया। मुझे बचपन में सुनी हुई कहानी याद आ गई जिसमें एक परी सात बंद दरवाजों में कैद थी और राजकुमार सभी बंद दरवाज़ों को पार करके परी को आज़ाद करके उसे अपनी रानी बनाता है। अचानक मेरे दिमाग में भी ऐसा ही इत्तेफाक उतरा। मेरे पास भी तो सात चाबियाँ हैं। मैंने क्लाक को गले में लटका लिया। उतारे हुए जूते पहन लिए और कैबिन से बाहर आ गया।

बाहर आते हुए मेरी सोच के राजकुमार ने कहा कि तूने तो कभी किसी चाबी का प्रयोग ही नहीं किया। इन दरवाज़ों के ताले कैसे खुलते हैं? तू तो सदा इन कमरों के बाहर बनी पगडंडियों पर चल कर ही परिक्रमा करता है, कमरे में दरवाज़े को

धकिया कर घुसने की या चाबी का प्रयोग करके घुसने की कोशिश कभी नहीं की। देख तो सही, इन कमरों में है क्या? पगडंडियों पर चलने वाले कहाँ नये रास्ते बना पाते हैं? मैंने रास्ते में आई पहली चाबी की लोकेशन पर गया और क्लॉक पंच किया।

महँगाई बढ़ गई है और दियाल अब घर में वापसी चाहता है। अभी तो उसके बिल मैं ही अदा करता हूँ। मेरी ओवर प्रोटेक्शन ने उसे शब्दों से ही खारिज किया है, व्यवहार से नहीं। पहले दरवाज़े का यह कैसा भूत है। इसे मारना पड़ेगा, वरना यह मुझे कभी भी दूसरे दरवाज़े पर पहुँचने नहीं देगा। आज के बाद दियाल के बिल अदा करने बंद। बब्बू के घर वापिस आना है तो दियाल को पता होना चाहिए कि बब्बू के घर का मतलब क्या है?

दूसरे कमरे में नीलम बैठी थी। उसे यह तो समझना ही होगा कि सौ साल से अधिक समय से चली आ रही फुलकारी के बेल-बूटे कैसे हैं? यह तो जुगराफिया का बड़ा ही आसान-सा प्रश्न है। इसमें मेरा कोई दख़ल नहीं। जुगराफिया को जानने का मतलब यह कतई नहीं कि हम उसे पंजाबी की संस्कृति के साथ जोड़ना चाहते हैं। मेरा निहाल तीसरे कमरे में बैठा मेरी प्रतीक्षा कर रहा था। कहने लगा–"डैड, मैंने गो वे करनी है।" बचपन में सदा वह मेरे कंधे पर चढ़ने की ज़िद करता था। "ओए तू पहले से भारी हो गया है।" मेरी हँसी निकल गई पर चिंता भी हुई क्योंकि निहाल के चेहरे पर एक डर था। उस डर की शक्ल मुझसे मिलती थी। मैं चाहे ज़िंदगी से डिटैच भी हो जाऊँ, पर मेरे चेहरे से डर का यह साया माइनस नहीं हो सकता। उस कमरे में खड़े हुए मुझे एहसास हुआ कि जो कुछ भी अतीत में हुआ, उसमें हम हमेशा निहाल को भूले ही रहे। जाने-अनजाने, वह अब बब्बू बन रहा था। मैंने उस कमरे की चाबी निहाल को पकड़ा दी और कंधे पर चढ़े हुए ही उसने ताला खोल दिया।

चलते-चलते रात गहराती जा रही थी। चौथे कमरे में भूरे रंग के कम्बल को ओढ़े भापा बैठा पाठ कर रहा था। "सत् श्री अकाल जी", मैंने कहा, पर भापे ने कोई जवाब न दिया। उसने यह भी नहीं कहा कि तू मेरे कमरे में पूछे बिना क्यों आया है? मैंने खुद ही कहा–"भापा जी, मुझे आपके कमरे में से रास्ता चाहिए।" भापे ने चुपचाप दरवाज़ा खोल दिया। चाबी लगाने की मेरी हसरत मन में ही रह गई।

पाँचवे कमरे में बहुत भीड़ थी। कमरा ठसा-ठस भरा हुआ था। यह भी पता नहीं चलता था कि किस का कम्बल किसके पास है? भाई-भतीजे, मामे, फूफा जैसे किसी शादी में इकट्ठे हुए हों। उन्होंने मुझसे चाबी छीनने की कोशिश भी की। मुझे प्यार से भी समझाया कि यहीं पर हमारे साथ ही बैठा रह। ये राजकुमारियाँ किसी की मीत नहीं होतीं। और फिर, आज हमसे अच्छी, तेरे लिए राजकुमारी हो गई? मैंने कहा बात राजकुमारी की नहीं, मेरी ज़िद की है। मैं कुछ जीतने के लिए घर से बाहर

आया हूँ। छूटते-छुड़वाते मैंने अपनी चाबी से ताला खोलने की कोशिश की। चाबी वाला ताला तो खुल गया पर उन्होंने अपना एक प्राइवेट ताला भी लगाया हुआ था। आखिर में मुझे लाठी उठानी पड़ी। मेरी लाठी देखकर उन्होंने कहा, छोड़ो यार अब यह पहले वाला बब्बू नहीं रहा। इसका खून पानी हो गया है। भूरे बालों वाली राजकुमारी का हुस्न इसके सिर पर चढ़ गया है। एक मेहमान ने तो यह भी कह दिया कि तुझे चुनाव करना होगा। हम या राजकुमारी। मैं हँस दिया। मेरी हँसी ने और उनके लोगों ने ज़िद छोड़ दी और मैं कमरा पार करके छठे कमरे में चला गया।

अब तक के सबसे मुश्किल कमरे में मैं पहुँच गया था। इस कमरे में प्रसन्नी बैठी थी। असीम सौंदर्य, अन्नत उदासी में बैठा था—इस कमरे में कोई ए.सी. भी नहीं था। ठंडे पानी का कोई प्रबंध नहीं। "तू इतनी गर्मी में क्यों बैठी है?" मेरे प्रश्न पर प्रसन्नी हल्के से मुस्करा दी। "जी आप मुझे छोड़ कर राजकुमारी के पीछे क्यों पड़ गये हो?"

"तुझे सुख देने के लिए। तू अब बूढ़ी हो गई है। तुझसे अब काम नहीं होता पर तू काम किये बिना मानती ही नहीं। कभी दियाल, कभी निहाल, कभी बब्बू। तू कभी अपने बारे में भी सोच लिया कर। मुझे नहीं लगता तूने कभी अपने खाने के लिए कुछ खास बनाया हो, जो बच गया सो खा लिया। ये गोरी-चिट्टी राजकुमारी मैं तेरी सेवा के लिए ही लाया हूँ।" "पर मैं सौत को सहन नहीं कर सकती।" "तुझे किसने कहा कि राजकुमारी तेरी सौत है?"

"मेरी माँ ने।"

"तेरी माँ को मरे तो पाँच साल हो चुके हैं।"

"जी उसने बचपन में ही बता दिया था कि सौत कौन होती है?"

"तू अब माँ की मानेगी या मेरी?"

"जी आपकी।"

गलत बात, मेरी क्यों मानेगी? अगले वुमन-डे पर यह प्रण करना कि कभी किसी की नहीं माननी। ना तो माँ की और ना मेरी। सिर्फ़ अपनी माननी है। जो तेरे दिल में आये, वही माननी है।

अपनी छाया खुद पैदा कर। बहुत जी लिया तूने, दूसरों की छाया के नीचे बैठ कर। यह राजकुमारी ही तुझे समझाएगी। तू अभी जानती नहीं, इस राजकुमारी को। तुझे मुझ पर भरोसा है ना? तेरी माँ की भी यही शिक्षा है कि पति पर भरोसा करो।"

"हाँ जी, आप पर पूरा भरोसा है। आप ही तो हो मेरी माँ के बाद।"

"माँ से पहले क्यों नहीं?"

"जी, मुझे पता नहीं, मेरा सिर मत खाओ और दरवाज़ा खोलो, कहो तो मैं खोल देती हूँ।"

"अभी मुझे अगले दरवाज़े तक नहीं जाना। जब तक मेरी तसल्ली नहीं हो जाती कि मैं ज़बदस्ती नहीं जा रहा। हाँ तो तूने अपने सौत राजकुमारी का नाम तो पूछा ही नहीं?"

"क्या है जी?"

"राजकुमारी का नाम है 'ज़िंदगी', वह ज़िंदगी जो तू जी नहीं रही। तीर्थ, स्नानों से तेरी मुक्ति नहीं होगी। चल यह बता ज़िंदगी से तेरी क्या मुराद है? तेरे ज़हन में कैसी ज़िंदगी बसी हुई है?"

"जी मैं चाहती हूँ, एक खुला-सा घर हो, अपने घर जैसा और उसमें सभी मिल कर रहें। यार्ड में फूल खिले हों। दियाल और निहाल उनकी रखवाली करें। भापा जी, निहाल को स्कूल छोड़ने जायें। मैं जब भी चाहूँ अपनी मर्ज़ी से बच्चों के लिए शॉपिंग कर सकूँ। वे मुझे प्यार करें और कभी भी कोई घर छोड़ कर जाने की ना सोचे।"

"यह सब तुझे राजकुमारी दे सकती है। चल उठ, हम दोनों सातवें कमरे में चलते हैं। वैसे तो मुझे अकेले ही जाना चाहिए। कहीं राजकुमारी नाराज़ ही ना हो जायें, पर मैं उसे कह दूँगा कि वह मुझ अकेले को नहीं चाहिए। दादी वाला राजकुमार अकेला था और कुँवारा था, मैं वह राजकुमार नहीं हूँ "। प्रसन्नी उठ कर चल पड़ी। हम दोनों ने दरवाज़े के पास आ कर देखा, दरवाज़ा तो चाबी के बिना ही खुला था। इस दरवाज़े को वरदान था कि तूने अपने मालिक का हुक्म मानना है, ना तो चाबी का और ना ही भगवान का, इसमें बसने वाला ही भगवान है। हमने दरवाज़े का धन्यवाद किया और सातवें कमरे में पहुँच गये।

सातवाँ कमरा बड़ा ही सजा हुआ था। कमरे की सजावट से लगता था कि यहाँ कोई बड़ा ही शौकीन बंदा रहता है। खिड़कियाँ भी कितनी थी। मैंने गिनी, पूरी छब्बीस थी। पूरा कमरा प्रकाश से भरा हुआ था। हर खिड़की के बाहर वाला दृश्य देखने योग्य था। बड़ा ही सुन्दर बगीचा था। बगीचे की लम्बाई-चौड़ाई देख कर मुझे अपनी गलती का एहसास हुआ कि इसे बगीचा नहीं कहना चाहिए, यह तो पूरा बाग है। इस बाग के किसी कोने में फेज़ तीन जितने घर बन सकते हैं। ऐसे घर में पूरा परिवार रह सकता है। फव्वारे चल रहे थे। एक ओर नो ज़ोन एरिया था। एक कोने में फाइटर जहाज़ खड़ा था। उसके ऊपर मेपल का पत्ता पता नहीं कहाँ से उड़कर आया था—चिपका हुआ था। आर्ट गैलरी की सीढ़ियों से उत्तर रहे, कुछ मोटे-पेटों वाले, गैलस वाली पैंटें पहनें उस जहाज़ को निहार रहे थे। परले कोने में बाग की सीमा से बाहर बैठी राजकुमारी भी मुझे दिख गई। चेहरा तो नहीं दिखा पर बंगाली ब्यूटी की तरह उसके बाल हिप तक बिखरे हुए थे। कमरे में कोई नहीं था। मेरा मन हुआ कोई भी नहीं है तो क्यों ना दरवाज़ा खोल कर राजकुमारी के पास पहुँच

जाऊँ? फिर मुझे महसूस हुआ कि इतने दरवाज़े पार करते-करते मुझे बड़ी भूख लग गई है, प्यास भी लगी हुई है। जैसे ही कोने में पड़े फ्रिज को मैंने हाथ लगाया, मुझे बिजली का करंट लगा। मैं चक्कर खाता-सा गिर गया। मैं डर गया। यहाँ ज़रूर ही कोई भूत रहता है जो दिखता नहीं पर लड़ने-मरने को भी तैयार रहता है। मैं पिछले दरवाज़े की ओर गया। मेरी रणनीति बदल गई थी। मैं चाहता था कि प्रसन्नी को उसके कमरे में छोड़ आऊँ। ज्यों ही मैंने पिछले दरवाज़े को हाथ लगाया, वहाँ पर भी करंट था। हम घिर चुके थे। अब तो एक ही उपाय था, इस भूत से मुकाबला किया जाये। मैं तो अपना डंडा भी प्रसन्नी के कमरे में भूल आया था। ''सामने क्यों नहीं आता है रे भूत?''

मेरी गरज सुन कर वाशरूम का दरवाज़ा खुला और वहाँ से मिस्टर हार्पर निकला। ''गुड ईवनिंग मि. बब्बू''।

''सर जी, आपको मेरा नाम कैसे पता है? मैं तो तीस मिलियन कैनेडियन में से एक हूँ।''

''नाम याद रखने के लिए मुझे आपने मजबूर कर दिया है। मैंने दो बार माइनोरिटी गवर्नमेंट में रह कर आपको दीवाली, वैशाखी पर संदेश भेजे, पर आप लोग मेरे नहीं बने, आपको तो बधाइयाँ देने से ही फुर्सत नहीं मिलती, हार कर मैंने सोचा कि आपको अपनी कौम से कोई प्यार ही नहीं है। क्यों न अकेले-अकेले आप को कन्विंस किया जाय। अब तू अपनी ओर ही देख ले। तू स्क्योरिटी गार्ड है, तेरा काम है रखवाली करना और तू बिना इजाज़त के फ्रिज खोलने लग गया। अगर भूखा है तो मुझे बता, क्या खाना है?'' हार्पर ने फ्रिज खोला और उसमें ब्रेड का एक स्लाईस निकाल कर मुझे दे दिया। ''सर जी, दो स्लाइस और दो।''

''नहीं, और नहीं। बाकी के तीस मिलियन क्या खायेंगे? तुझे पता है आजकल रिसैशन चल रहा है। जब तक मेरी मैजोरिटी गवर्नमेंट नहीं बनती, तब तक यह रिसैशन नहीं जाने वाला। अगर जाना भी चाहे तो मैं जाने नहीं दूँगा। अरे पगले, मैं तो रूढ़ीवादी हूँ। मैं तो परिवार इकट्ठे करना चाहता हूँ। भूखे मरोगे तभी इकट्ठे रहोगे, नहीं तो तुम लोगों की तो जड़े ही खत्म हो जायेंगी। हर बच्चा पगला गया है। आप क्या नहीं चाहते कि आप लोगों के भागे हुए बच्चे वापिस आ जायें।''

''जी चाहता है।'' प्रसन्नी ने कहा।

''तो समझा अपने मित्रों को, मेरे हाथ मज़बूत करें। तुम्हारा मनमोहन भी हमसे सहमत है। बेटा बब्बू यह कारपोशन का ज़माना है। हमारे हाथ में अब कुछ भी नहीं। हम तो स्वयं कठपुतलियाँ हैं। थोड़े बहुत शेयर ही हमारे पास हैं, और हमारे हाथ-पल्ले कुछ भी नहीं है। आखिर हमने भी बच्चे पालने हैं। आपका क्या पता, कब हमें घर भेज दो, हुस्नी मुबारक और गद्दाफ़ी की तरह। मुझे रात को ही मुलरोनी का फोन

आया था। उसके कहने पर ही मैंने ऐसा बजट तैयार किया है पास नहीं होगा। बजट फेल होते ही इलैक्शन और उसमें फैसला करो कि अगर आपको बच्चे वापिस चाहिए तो मुझे वोट दो वरना आपकी मर्ज़ी। अगर इस बार भी मुझे मैजोरिटी ना मिली तो मैं देश में इतनी बर्बादी ले आऊँगा कि आपके बाकी बच्चे भी भगा दूँगा, फिर रोते रहना आँखे मलके। टरूटो ने तो डॉलर की ब्रेड कहा था, अगली बार मैंने डालर की दो ब्रैड कर देनी है। मैं निहाल को भी घर से भगा कर साँस लूँगा।''

''नहीं सर जी, ऐसा मत करना। मैं तो चाहता हूँ कि महँगाई और भी बढ़े। लोगों के बच्चों की तरह दियाल भी लौट आये। मुझे महँगाई से ज़्यादा बच्चों की वापसी अधिक आवश्यक लगती है। चार घंटे गार्डी और कर लूँगा। मेरी वोट और सपोर्ट कबूल करो और यह दरवाज़ा खोल दो।''

''दरवाज़ा तो मैंने कभी बंद ही नहीं किया। जो मुनष्य पिछले छः दरवाज़े पार कर जाये, उसका मेरे कमरे में स्वागत होता है। वास्तव में कमरा ही स्थायी है, मेरे जैसे स्क्यिोरिटी गार्ड तो आते-जाते रहते हैं। कभी टरूडो, कभी जो क्लार्क जैसे नालायक भी आते हैं जो कुछ दिन बाद ही फायर हो जाते हैं। मैं राजनीति करके ही स्क्यिोरिटी गार्ड बना हूँ, पर तेरी तरह मैं फ्रैंक की वाईन नहीं पीता, मेरे सिर पर कॉरपोरेशनज़ की कई जिम्मेदारियाँ हैं, जो ग्लोब चला रही हैं। जाओ और जाकर राजकुमारी को मिल लो। अगर वह तुम्हारे साथ जाना चाहती है तो मुझे कोई एतराज़ नहीं।''

हमने दरवाज़ा पार किया और राजकुमारी की ओर चल पड़े।

''जो कोई रीति-रिवाज़'' प्रसन्नी की बात से मैं सोचने लग पड़ा।

''प्रसन्निये, यह राजकुमारी वास्तव में कैनेडियन जीवन की पोशाक है, इसे स्किन टाइट पहनना पड़ेगा। वह तो अभी भी राजकुमारी को पहनने के लिए तैयार नहीं थी। खैर, इसकी मर्ज़ी, इसके बैड-रूम अभी भी खाली ही हैं। यह तो अभी भी हाथ में तेल चोने (स्वागत करने की विधि) वाली कटोरी लिए ही घूम रही है। यह तो सौ साल पुरानी फुलकारी पर भी अपना ही हक समझे जा रही है।

मैंने सातवीं चाबी पंच की और ख़्याली दुनिया में बाहर निकला। मेरे दिल को सकून था कि आज सच में मैंने सभी ठिठुरी चाबियों को पंच किया था।

कैबिन में आकर मैंने महसूस किया कि मुझे नींद आ रही है। मैंने क्लॉक उतार कर टेबल पर रखा और सिरहाने में हवा भरने लगा। अब सुबह ही दोबारा क्लॉक पंच करना था। पीटर भी जानता था कि सारी रात पंच करना मुश्किल है।

सुबह प्रसन्नी के फोन से मैं जागा। साधारण-सी बातें करने के बाद उसने फिर दियाल की बात छेड़ दी। मुझे शक हो गया कि इनकी पक-ठक हो गई है। सिर्फ़ मेरी मोहर लगाने की ज़रूरत है। मैंने इनकार कर दिया। मुझे हार्पर से की हुई बातें

याद थीं और मैं नहीं चाहता था कि दियाल का आना वक्ती हो। एक बार तो उसे महसूस करवाना ज़रूरी था। वैसे भी राजकुमारी ने नाराज़ हो जाना था। फोन बंद करके मैंने फिर से क्लॉक उठा लिया। बाहर जाने से पहले मैंने आँखों पर ठाठे वाली पट्टी बाँध ली। मैं सोचने लगा कि बँधी हुई पट्टी से मुझे क्या-क्या याद आता है। मैं एकाग्रचित्त होकर राजकुमारी के साथ कुछ समय बिताना चाहता था। पर नहीं, अभी मेरा ध्यान उखड़ रहा था। अभी मैं सिर्फ़ बब्बू नहीं बना था। और ज़्यादा सोचने के लिए मैं कैबिन से बाहर आ गया।

बारह बजने से ठीक दस मिनट पहले कुलदीप आ गया। रात की रिपोर्ट मैंने पहले उसके हवाले की और अपनी कार स्टार्ट कर ली। अपना सारा सामान पैक किया, पर चलते समय हिचकिचाहट-सी हुई। कार को मैं दस किलोमीटर की स्पीड पर ही चला सका। कभी अपने आप ही ब्रेक लग जाती। पैरों का ब्रेक पर दबाव मेरे कहने के अनुसार नहीं था। मेरा पूरा ध्यान दियाल से जुड़ गया था।

पिछले बीस साल का समय एक पल में सिकुड़ कर एक पल में बदल गया था। अखरोट की तरह सख़्त होने पर भी मैं टूटना चाहता था। मैंने कार रोक दी। तीन पॉइन्ट टर्न लेकर मैंने कार को फिर से पीछे मोड़ा और कैबिन की ओर चल पड़ा। कार की आवाज़ सुनकर कुलदीप बाहर आ गया। वह सवालिया नज़रों से मेरी ओर बढ़ रहा था। जेब में पड़ी चोरी की सभी चाबियाँ मैंने कुलदीप को पकड़ा दी और कहा—''आज के बाद से सभी चाबियाँ तेरी हैं। अब मुझे इनकी ज़रूरत नहीं।'' इतना कह कर मैंने कार स्टार्ट कर ली।

बीस का नोट

अमनपाल सारा

(2.8.1957)

विक्टोरिया ड्राइव से अपने घर की ओर जाती सड़क पर कार मोड़ते मास्टर गुरमुख सिंह की नज़र ऐम्बुलेंस की लगातार जलती-बुझती बत्तियों पर पड़ी। बरसात के साथ गिरती हुई बर्फ़ में नज़र चाहे बहुत दूर तक नहीं जा रही थी पर फिर भी मास्टर को यह अनुमान लगाते देर न लगी कि ऐम्बुलेंस उसके घर से चार घर आगे वाले घर के सामने रुकी हुई है। उस घर के सामने ऐम्बुलेंस का आ कर रुकना इस स्ट्रीट के लोगों के लिए अब साधारण-सी बात हो चुकी थी। शुरू-शुरू में तो ऐम्बुलेंस के आने पर ब्लॉक के निवासी अपने-अपने ड्राईंगरूम के शीशों से कितनी देर तक उधर देखते रहते पर धीरे-धीरे उनकी जिज्ञासा भी कम हो गई और अब आम तौर पर उन्हें पता ही होता कि ऐम्बुलेंस ने उस घर से सामने रुकना है और कुछ देर बाद कभी खाली और कभी किसी स्ट्रैचर पर डाल कर ले जाना है। अब तो जैसी पीं.पीं. करती कुल्फियाँ बेचने वाली गाड़ी आती वैसे ही धूँ-धूँ करती ऐम्बुलेंस आ गई।

"हूँ, कोई गड़बड़ की होगी इस बंदे ने", सोचते हुए मास्टर ने कार अपनी घर की गैरेज में रोकी और उस में से दूध के गैलन तथा खाने-पीने की दूसरी वस्तुओं के लिफाफे निकालने लगा। फ्रिज में सामान लगाते उसकी नज़र सामने वाली क्लॉक की ओर गई। उसका काम पर जाने का वक्त हो गया था। जल्दी से उसने मुँह-हाथ धोया और काम वाले कपड़े पहनने से पहले बटुए में बचे हुए पैसों का मोटा-मोटा हिसाब लगाया। सत्तर डालर फोन का बिल, ढाई सौ डालर दो महीने का बिजली का बिल, पैंसठ डालर के लगभग की ग्रासरी, डेढ़ सौ डॉलर चैकिंग अकाउन्ट में रखा और इतना करने के बाद त्रेपन डालर बचे थे। काम से मिला वेतन का चैक सारे का सारा एक ओर लग गया था।

बटुए को दोबारा जेब में डालने से पहले उसने बीस डालर का एक नोट निकाल कर बेडरूम के ड्रार वाली अलमारी के ऊपर पड़ी हरमंदिर साहब की फोटो के नीचे बिछे कपड़े के नीचे रख दिया। यह नोट सदा यहीं रहता था। एक तरह से इमरजेंसी फंड के तौर पर–घर में जब अचानक किसी को नकद पैसों की ज़रूरत

आन पड़ती थी तो यह नोट यहाँ से उठा कर काम निकाल लिया जाता था और इसे खर्च करने वाला जल्दी से जल्दी इस पैसे को दोबारा वहाँ रख देता। घर में कई सालों से इस असूल को बाकायदा पाला जा रहा था। इस इमरजेंसी फंड की ज़रूरत आम तौर पर बच्चों को ही पड़ती थी। जब कभी मास्टर गुरमुख और उनकी पत्नी जोगेन्दर कौर दोनों काम पर गये होते। लेकिन पिछले कुछ समय से इस इमरजेंसी फंड का प्रयोग बहुत कम होना शुरू हो गया था। एक तो, अब बच्चे भी बड़े हो गये थे, बड़ा वाला युनिवर्सिटी जाता था और छोटा वाला हाई-स्कूल के आखिरी साल में था। पढ़ने के साथ-साथ वे दोनों वीक-एण्ड पर कुछ काम करके अपने खर्च के लिए थोड़े पैसे कमा लेते थे। दूसरा, आजकल हर बैंक के बाहर ऑटोमैटिक मशीनें लग गईं थीं, जिनमें से रात-दिन किसी भी समय अपना कार्ड डाल कर अकाउन्ट में से पैसे निकाले जा सकते थे।

कपड़े बदलने के बाद मास्टर जी ने अपनी पगड़ी संवारी और हर रोज़ की तरह हरमंदिर साहब की फोटो के सामने आँखे मूँद कर अरदास की। पहले से उतार कर रखी पैंट में से चाबियों का गुच्छा निकालते हुए वह खिड़की का पर्दा हटा कर स्ट्रीट की ओर देखने लगा। ऐम्बुलेंस अभी भी वहीं खड़ी थीं गोरों की हल्की-सी झलक से लगा कि गोरे अटैन्डैन्ट हाथों में कुछ सामान-सा पकड़े जल्दी-जल्दी घर की सीढ़ियाँ चढ़-उतर रहे थे। "सच्चे पातशाह का शुक्र नहीं करते कि हमें इस स्वर्ग में आकर रहना बख़्शा, अकृतघ्न कहीं के।" मन-ही-मन में उसने कहा और अलमारी पर पड़ी हरमंदिर साहब की फोटो को श्रद्धा से देख कर सीस नवाया वह सदा घर से निकलने के पहले नवाया करता था। फिर अचानक फोटो के नीचे बिछे कपड़े को देख कर उसे कुछ याद आया हो, उसने बटुए जेब से निकाला और पहले रखा हुआ बीस का नोट वहाँ से उठा कर बटुए में डाला। कपड़े के नीचे उसने दस-दस के दो नोट रख दिए थे।

बच्चे अभी पढ़ कर लौटे नहीं थे और जोगिन्दर कौर ने आज भी ओवरटाइम करना था। वैसे आम तौर पर सर्दी में उसका काम बंद होता था पर क्रिसमस नज़दीक होने के कारण पिछले कुछ दिनों से उसे काम पर बुला लिया गया था। अब तो वहाँ ओवरटाइम भी लग रहा था। गैराज की ओर जाने से पहले मास्टर ने मुख्य दरवाज़े का लॉक चेक किया और मुड़ने से पहले अचानक जैसे कुछ याद आ गया हो, उसने वह लॉक खोल कर लकड़ी का दरवाज़ा अंदर की ओर खोला और बाहर की ओर हल्के एल्युमीनियम के फ्रेम में जड़ा शीशे का दरवाज़ा लॉक खोलकर बाहर की ओर खोला। फ्रेम के डिज़ाइन में जड़ी पत्तियों में अटकाए हुए रंग-बिरंगे फ्लाईडर के रबड़ में लपेटी आज की डाक थी। वैसे तो डाक के लिए लकड़ी के दरवाज़े में एक झिर्री बनी हुई थी पर अगर यह बाहर वाला एल्युमीनियम वाला दरवाज़ा अंदर से लॉक हो तो,

डाकिया उसके फ्रेम में ही डाक अड़कर चला जाता था। कभी-कभी वहाँ से निकल कर डाक ज़मीन पर भी गिर जाती। सर्दियों में ठंडी हवा झिर्री के रास्ते घर के अंदर आ सके, इसलिए बाहरवाला दरवाज़ा आम तौर पर लॉक ही कर दिया जाता था।

पिछले दरवाज़े से बाहर निकलने से पहले मास्टर जी ने डाक किचन की टेबल पर रख दी। सेलों के इश्तेहारों के अलावा दो बिल से थे और एक नीले रंग की चिट्ठी उसके गाँव में चाचे के बड़े बेटे गुरनाम सिंह की थी। जल्दी होने के कारण वह सब कुछ वहीं छोड़ कर, कार में बैठ काम पर रवाना हो गया। गैराज से निकल कर सड़क पर आते हुए उसने देखा कि ऐम्बुलेंस वाले स्ट्रेचर के ऊपर मरीज़ को लिटाये हुए उसे ऐम्बुलेंस में रख रहे थे। उठाने वालों में एक हाथ में मशीन-सी थी, जिसमें से कुछ नलियाँ कम्बल में लिपटे मरीज़ के शरीर को लगी हुई प्रतीत हो रही थीं। एक तो मास्टर का मन हुआ कि वह कार को उस ओर मोड़ कर निकलता हुआ उसे दिख ही जाये कि आखिर बात क्या है, पर फिर मौसम और काम के लिए हो रही देरी देखकर उसने यह फैसला छोड़ दिया।

'कल-परसों यहीं पार्क के बैंचों पर उसने फिर आ बैठना है, ऐसे बंदे का हाल पूछा न पूछा, क्या फ़र्क पड़ता है? न इसे अच्छे की न बुरे की।' कार चलाता मास्टर सोच रहा था, 'दिन भी झट से निकल जाता है। सुबह गुरुद्वारे मत्था टेककर बैंक गया, बिल भरे, ग्रासरी खरीदी-बस। शुक्रवार को हर जगह लम्बी लाइन, पैसे निकलवाने के लिए भी और बिल भरने के लिए भी...एक तो पूरा दिन खराब हो गया और साथ ही सारे चैक...वैसे इस देश में पैसे खर्च होते और वक्त गुज़रते का जैसे पता ही नहीं चलता...इतने साल हो गये मुझे रातों को सिर खपाते...चलो, जो दाते को मंजूर।' उसने जैसे विचारों से पीछा छुड़ाया।

मास्टर को कैनेडा आये लगभग सात साल हो चुके थे। उनकी बड़ी बेटी जो उनसे चार वर्ष पूर्व ब्याह करा कर कैनेडा आई थी, उसी ने स्पांसर करके उन्हें बुलाया था। पंजाब में मास्टर अपने गाँव से थोड़ी दूर, तक मीडिल स्कूल में अध्यापक था। अच्छी ज़िदगी थी, पर कैनेडा ये जैसे सब कुछ ही बदल कर रख दिया था। पक्की नौकरी छोड़नी पड़ी थी। यहाँ आ कर हाथ-पैर मारने के बाद मुश्किल से यह सफाई करने का काम मिला था।

"वैरी-वैरी बेड वैदर, टैम।" तीसरे फ्लोर का बाथरूम साफ करके निकलते हुए मास्टर ने फर्श पर वैक्स करने वाली मशीन चला रहे अपने सहकर्मी को कहा।

"वॉट?" मशीन की आवाज़ शायद ज़्यादा होने से टैम उसकी बात न सुन सका और मशीन बंद करके दोबारा मास्टर की बात सुनने के लिए उन्हें देखने लगा। मास्टर का लगभग हम-उम्र यह गोरा कोई छः सात महीने पहले काम पर लगा था। वह हर बात में क्राईस्ट का ज़िक्र करता और नेकी, नैतिकता और धर्म-निष्ठा आदि

की बातें करता रहता था। मास्टर की भी कोशिश होती कि वह भी अपने धर्म की अच्छी बातें उसे बताए पर बात अंग्रेज़ी भाषा की महारत न होने से रह जाती।

"टू मच स्नो", मास्टर ने उँगली ऊपर कर के अपनी बात दोहराई।

"ओह वैल, इट इज़ क्रिसमस टाइमा। वी नीड सम स्नो...सैंटा लाइक्स स्नो" कहते हुए टैम ने जेब टटोल कर सिगरेट का पैकेट निकाल लिया। मास्टर का मन तो कर रहा था कि वह दो-चार मिनट टैम के साथ गप्पें मारे और टैम ने भी शायद इसी विचार से अपनी मशीन बंद की थी, पर उसके सिगरेट के पैकेट को देख कर मास्टर ने अपनी साबुन-सोडे वाली रेड़ी आगे की चला दी। आगे किसी और गोरे सहकर्मी ने मास्टर को शिष्टाचार वश सिगरेट पेश कर दी थी, तब वह घबराहट और गुस्से से परेशान हो गया था। "हेय, लिसन सिंह", उसे आगे जाते देख टैम ने पीछे से आवाज़ लगाई तो मास्टर ने वहीं खड़े-खड़े पीठ मोड़ कर उसे देखा।

"कैन यू ड्राप मी आफ ऐट माई होम ओन योर वे?"...आई डिड नाट ब्रिंग माई कार...नो स्नो टायरज़" अपनत्व के साथ बोलता हुआ टैम उसकी ओर बढ़ा। पर उसके नज़दीक आने से पहले ही उसकी सिगरेट के धुएँ से बचता, "शोर शोर, शोर" कहता हुआ मास्टर जल्दी से चल पड़ा।

"आई विल वेट इन द पार्किंग लाट।" पीछे से टैम की आवाज़ आई और बिना मुड़े ही मास्टर ने ओ.के. कहा और नीचे वाल फ्लोर साफ करने के लिए लिफ्ट पर सवार हो गया।

नीचे आ कर उसने लिफ्ट के दरवाज़े के पास पड़े हुए बड़े से सिगरेट-ऐशट्रे में से राख और अधजले सिगरेटों के टुकड़े अपनी रेहड़ी के निचले खाने में पड़े गारवेज बैग में पलटे और एक पल को आँखें मूँद कर वाहेगुरु-वाहेगुरु मुँह से बोल कर रेड़ी आगे धकेल दी। बाथरूम की ओर जाता मास्टर सोच रहा था कि इतना शुक्र था कि वहाँ इसे सिगरेटों की राख साफ करते हुए देखने वाला कोई नहीं था। पूरी बिल्डिंग में सरकारी दफ्तर थे जो शाम होते ही बंद हो जाते थे और इस समय केवल सफाई करने वाले लोग ही रह जाते थे। वैसे यहाँ काम पर लगाने से पहले उसका दामाद उसे एयरपोर्ट पर ऐसा ही काम दिलवाना चाहता था पर उसका मन नहीं माना। "लोग क्या कहेंगे कि दाढ़ी केश रखे हुए मास्टर गुरमुख सिंह लोगों की गंदगी साफ करता फिरता है, इससे तो डूब मरना ही बेहतर है।" लेकिन जब खेतों में काम करते उसके घुटने दर्द होने लगे तो अपने दामाद को कहा कि वह सफाई करने का काम तो कर ही लेगा पर वहीं पर करेगा जहाँ उसे इस काम को करते हुए देखने वाला कोई न हो। उसके दामाद ने महिन्दर सिंह को कहा कि इस बारे में उसने आगे सिफारिश की थी।

शुरू-शुरू में यह सफाई का काम उसे खेतों के काम से भी मुश्किल और घटिया

लगा था। ख़ास कर जब सिगरेटों की राख और टुकड़े उठाने पड़ते थे, पर परिवार के गुजारे के लिए पक्की आमदनी का होना बड़ा ज़रूरी था। और दूसरी बात यह कि अपनी बेटी-दामाद के घर रहना भी मुश्किल था। उसका दामाद थोड़ा बहुत दारू का शौकीन था। इससे तो मास्टर को सख़्त एतराज़ था पर उसका कोई बस नहीं चलता था। अंत में–''जिस भावै तिस कार करावै।'' मन में सोच कर मास्टर ने इस काम के लिए खुद को जैसे-तैसे ढाल लिया था।

''सॉरी क्रिसमस सिंह'', काम खत्म होने से आधा घंटा पहले लंच रूम साफ करते हुए मास्टर को कोने में टाँगें पसारे बैठे होज़े ने आवाज़ लगाई।

''मैरी क्रिसमस, मैरी क्रिसमस'', मास्टर ने अपने काम से ज़रा-सा ध्यान हटा कर इस मैक्सिकन सहकर्मी की ओर देखा। वह कॉफी के कप से चुस्कियाँ ले रहा था। रम का अधिया उसकी पुरानी-सी जैकेट की अंदरवाली जेब से बाहर झाँक रहा था। मास्टर के मुँह का स्वाद कसैला हो गया, ''आई हैव टू क्लीन दिस रूम।'' उसने थोड़ी खुश्की से कहा। कॉफी के कप से आखिरी घूँट भरता होज़े, ओ.के. कहता हुआ कमरे से बाहर हो गया। इस समय सुपरवाइज़र कम ही इधर आता था। कहीं कर्मचारी अपने हिस्से के काम ख़त्म करके लंच-रूम में शिफ्ट ख़त्म होने की प्रतीक्षा करते थे।

''सालों की क्रिसमस भी शराब की है, यहाँ और क्या पड़ा है क्रिसमस में।'' लंच-रूम साफ करता हुआ मास्टर सोच रहा था ''इस कौम ने ऐसे ही दारू पी-पी कर गर्क़ हो जाना है।''

लेकिन दूसरे ही पल उसे अपने विचार पर पुर्नविचार करना पड़ा–''वैसे अपने लोग कौन-सी कम पीते हैं...वाहेगुरु उन्हें सुमति बख़्शे। उसी पल उसे खुद शराब न पीने पर मान-सा महसूस हुआ पर कुछ साल पहले घटी घटना को याद करके उसका मन खिन्न-सा हो गया। गर्मियों के दिन थे और इतवार की शाम। बच्चे के स्कूल के साथ जुड़े पार्क में जमा हुए उस जैसे कई लोग ग्रुप से बनाकर गप-शप कर रहे थे और मास्टर जी अपने ग्रुप में शराब से संबंधित व्याख्यान दे रहे थे–

''देखो, गुरुओं ने नशे के प्रयोग की सख़्त मनाही की है।'' मास्टर ने हमेशा की तरह अपना धार्मिक व्याख्यान, ज्ञान समझाया–'नानक सौ खाना खुसी खुआर, जित खाधे तन पीड़िए, मन महि चले विकारू' श्रोताओं को प्रभावित देख कर मास्टर ने कहना शुरू किया–''चाहे वह खाने वाली चीज़ आ जाय या पीने वाली...पर उसकी बात आगे चलने से पहले ही पास वाले ग्रुप में बैठा महिन्दर सिंह बोल पड़ा–''दारू तो फिल्टर का काम करती है, मन की मैल धो देती है, जो अंदर होता है वही जुबान पर आ जाता है।''

यह सुन कर श्रोता लोग हँस पड़े थे, जिसे देख कर मास्टर ने ज़रा तल्ख़ी से

कहा था—महिन्दर सिंह को संकेत करते हुए, "और वह जो आपके हाथों तरह-तरह के पाप करवाती है?"

महिन्दर सिंह के बजाये उसके ग्रुप में से पुराने कामरेड दालू ने ज़रा हल्के ढंग से कहा—"मास्टरी जी, भला गुरुओं ने यह भी कहा था कि करे-करावे आपै आप, मानुस के किद नहीं हाथ।"

"आप नास्तिकों से कौन मत्था मारे" कहता हुआ खिसियाना-सा हुआ मास्टर वहाँ से उठ गया था—"बुद्धि भ्रष्ट कर दी इनकी, शराबों ने"। घर की ओर जाता हुआ मास्टर सोच रहा था।

धीरे-धीरे मास्टर ने अपने जानने वालों और रिश्तेदारों को मिलना काफी कम कर दिया था। अगर कोई गुरुद्वारे में या इधर-उधर मिल जाता तो "सत् श्री अकाल" हो जाती पर इससे अधिक नहीं। शराब पीने वालों से उसका मन थोड़ा-सा भी नहीं जुड़ता था।

अपना काम ख़त्म कर के ज्यों ही मास्टर अपनी कार की ओर जाने लगा तो पार्किंग लॉट के कोने में टैम और होज़े हँस-हँस कर बातें करते दिखे। थोड़ा दूर होने से वे मास्टर को ना देख पाए। टैम ने बातें करते-करते होज़े के हाथ से कप ले कर लम्बे-लम्बे दो घूँट भरे और खाली कप उसे लौटा दिया। होज़े ने जेब से बचा हुआ अधिया निकाल कर आखिरी घूँट भरे और खाली अधिया पास पड़े हुए कूड़ेदान के ढोल में फेंक दिया।

"शराबियों का भी भला कोई ऐतबार है? बताओ यहीं ढूँसने बैठ गये।" मास्टर ने जैसे खुद से कहा। कुछ सोच कर झट से कार स्टार्ट कर ली। कार की आवाज़ सुन कर ज्यों ही टैम उधर आने लगा तो मास्टर ने खिड़की का शीशा नीचा करते हुए कहा—"सॉरी टैम, आई हैव टूँ गो सम अदर प्लेस।" और टेम का उत्तर सुने बिना उसने जल्दी से कार भगा ली।

रास्ते में कार चलाते हुए मास्टर को लग रहा था कि उसने शराब के खिलाफ एक और जंग जीत ली थी। पहले भी वह किसी शराब पी रहे या टुन्न हुए व्यक्ति से ऐसा बर्ताव करता तो उसे जीत का-सा अनुभव होता। जब भी कभी वह चार लोगों में शराब या नशे की दूसरी वस्तुओं के प्रयोग के विरुद्ध अपनी बात कह रहा होता तो इसी जीत का हवाला देकर बड़ी खुशी महसूस करता। ऐसे मौकों पर अक्सर उसे अपना बाप बंता सिंह याद आ जाता जिसने शराब के लिए अपनी आधी से ज़्यादा ज़मीन बेच दी थी। नशे में डूबा वह समय—कुसमय उसकी माँ पर भी हाथ छोड़ देता था। उसके बाप के विपरीत उसका चाचा संत सिंह सज्जन व्यक्ति था और उसी की संगत के अच्छे प्रभाव से गुरमुख सिंह पढ़ लिख गया था और नित्य-नेम भी श्रद्धा के साथ करता था। चाचे का बड़ा बेटा गुरनाम भी उसी के जैसा निकला था, पर

छोटा बेटा भीमा अपने ताया की तरह, मास्टर के बाप बंता सिंह के पद-चिह्नों पर चल कर वैसा ही पियक्कड़ बन गया था। परिणाम स्वरूप ताया-भतीजा दोनों ही परिवार द्वारा तिरस्कृत थे। कुछ साल पहले बंता दारू पी कर सोया ही रह गया था। पर उसके मरने से भीमे को कोई फ़र्क नहीं पड़ा था। उल्टा, अब तो वह पी कर ज़्यादा बदत्मीज़ियाँ करने लग गया था। अपने पिता संता सिंह, भाई गुरनाम और मास्टर गुरमुख सिंह तीनों को कुछ नहीं समझता था और अमृत छकने के कारण उनका मज़ाक उड़ाता और उन्हें 'कहानियाँ वाले' कह कर संबोधित करता।

मास्टर को अब इसी कारण ऐसा लगता था कि शराब के विरुद्ध कारवाही कर के वह अपनी माँ के साथ हुई ज़्यादतियों घर की आधी बिक चुकी ज़मीन और भीमे द्वारा उड़ाई गई खिल्ली का बदला ले रहा है।

अपने घर की ओर कार मोड़ते हुए उसने महिन्दर सिंह के घर की ओर देखा, सारी बत्तियाँ बंद थी। आम तौर पर इस समय उसके लिविंग रूम की बत्ती जल रही होती थी। 'इसका मतलब अभी महिन्दर सिंह अस्पताल से नहीं लौटा।' दोपहर को आई ऐम्बुलेंस का ध्यान आते ही उसने खुद से कहा—''शराब कैसे इंसान को जानवर बना देती है।'' उसका ध्यान फिर से महिन्दर सिंह की ओर चला गया।

महिन्दर सिंह उनके पास वाले गाँव से ही था और उसका बाप मेला सिंह प्रसिद्ध देश भक्त था। लोगों में वह 'कामरेड' के नाम से प्रसिद्ध था। सादा, सच्चा, और मेहनती-जिद्दी आदमी था। ज़मीन तो चाहे थोड़ी ही थी उसके पास, पर वह बड़ी मेहनत के साथ खेती करता था। पार्टी का अनथक कामगार था और किसी भी गरीब, ज़रूरतमंद की मदद के लिए हँस कर चल पड़ता था। इलाके के नाज़ायज़ शराब और अफ़ीम बेचने वालों के खिलाफ़ बोलता और किसानों, दिहाड़ी वालों और कामगारों आदि को इन बुरी चीज़ों से बचने के लिए प्रेरित करता। इस कारण वह खाते-पीते सरदारों की आँख में बहुत चुभता था। लेकिन इलाके में मेला सिंह का मान-सम्मान बना होने से और पार्टी के कारकूनों का लगातार उसके घर आने-जाने की वजह से दोनाली वाले सरदार उससे सीधा टकराने से झिझकते थे।

आज़ादी के कुछ समय बाद कामरेड मेला सिंह पार्टी को अंडरग्राउंड होना पड़ा था। इस बार विदेशी सरकार की जगह अपनी सरकार ने ही उसे कैद कर लिया था। गाँव के सरदारों के लिए यह सुनहरा मौका था। महिन्दर सिंह अब सफ़ाचट, बिना दाढ़ी मूँछ वालों के ग्रुप में उठने-बैठने लगा था। अपने पालतू कारिदों के द्वारा सरदारों ने उसे अफ़ीम की आदत डाल दी थी।

आज़ादी से पहले भी जब कभी अँग्रेज़ी साम्राज्य के खिलाफ़ कोई मुहिम चलती तो गिरफ्तार होने वाले कामरेडों में महिन्दर सिंह सबसे आगे होता। जितनी देर वह जेल में होता, उतने समय तक इलाके के सरदारों और उनके कारिंदों को नाज़ायज़

नशे-पत्ते इधर-उधर करने की बड़ी सुविधा रहती। रिहा होते ही कामरेड अपने काम पर पूरे ज़ोर-शोर से लग जाता। लगातार जेल आने-जाने से पार्टी के काम में जुटे रहने के कारण कामरेड अपने परिवार पर ज़्यादा ध्यान न दे पाता। बड़ी लड़की के काफी समय बाद पैदा हुआ लड़का महिन्दर, अकेला बेटा होने के कारण राम कौर ने उसे शुरू से ही लाडला बना कर रखा हुआ था। अगर अभी कामरेडा महिन्दर पर कोई सख्ती करता तो राम कौर उसे कहती–"कामरेड, अब मार ही डालेगा तू...अब? खुद तो सारी उम्र लोगों के पीछे-पीछे घूम कर गुज़ार दी मुझे दूसरों की रोटियाँ पकाने में लगा दिया, बता मैंने क्या कमाया?"

इस बार जब इलेक्शन के पास कामरेड रिहा हो कर घर आया तब तक महिन्दर सिंह को अफ़ीम खाने की आदत पक चुकी थी। सोच-विचार कर अंत में मेला सिंह ने महिन्दर को अपने चचेरे भाइयों के पास दिल्ली भेज दिया था। वहाँ पर उनका काफी समय से ट्रकों का बिजनेस था।

समय के साथ-साथ महिन्दर बढ़िया ड्राइवर बन गया था पर ट्रक वालों के साथ रह कर उसकी अफ़ीम वाली आदत अब पक्की हो गई थी। दो-एक साल बाद उसकी शादी हो गई और एक बेटा और एक बेटी भी हो गये, पर महिन्दर की आदतों पर इसका कोई असर नहीं हुआ था, उल्टा धीरे-धीरे यहाँ तक नौबत पहुँच गई कि महीनों तक न तो वह घर आता और न ही कोई पैसा भेजता। मेला सिंह थोड़ी-सी ज़मीन पर हाड़-तोड़ मेहनत करता और परिवार का नोन-तेल चलाता था, पर उम्र के साथ-साथ अब पहले वाला दम कहाँ बचा था। अंत में उसने अपने दामाद की सहायता से महिन्दर का पासपोर्ट बनवा कर किसी-न-किसी तरह 1960 के मध्य में सैर करने के बहाने कैनेडा भिजवा दिया था। किस्मत ने साथ दिया, साल के अंदर-अंदर ही महिन्दर को पक्के तौर पर कैनेडा रहने की इजाज़त मिल गई थी।

जो भी पंजाब का बिगड़ा हुआ, लोफर होता था, कैनेडा आकर जम गया। हाथ-मुँह धोकर कपड़े बदलता हुआ मास्टर सोच रहा था, 'चलो जी शुक्र है वाहेगुरु का हमारा बेटा नशे से बचा हुआ है।'

बैड रूम में आकर मास्टर ने देखा कि जुगिन्दर कौर गहरी नींद में सोई पड़ी है। वैसे वह उसके आने प्रर जाग जाया करती थी पर शायद ओवरटाइम करके थक गई होगी। अलमारी के ऊपर आज की डाक में आई गुरनाम सिंह की चिट्ठी खुली पड़ी थी। चिट्ठी उठा कर वह लिविंग रूम में आ गया और सोफे पर पड़ा हुआ चिट्ठी पढ़ने लगा। भीमा अपनी घरवाली के गहने चुपके से ले जाकर जुए में हार गया था, आजकल रोज़ गुरनाम से झगड़ा करता था कि ज़मीन में से उसका हिस्सा अलग किया जाये। गुरनाम ने मास्टर की राय माँगी थी।

"शराबी बंदे का कैसा ऐतबार", मन में खीझता-खपता मास्टर सोफे पर ही

सो गया।

"मैंने कहा जी उठो, ज़रा आस-पास की भी खबर ले लो।" सवेरे-सवेरे उसे जुगिन्दर कौर की आवाज़ ने जगाया। वह काम पर जाने के लिए तैयार हो रही थी।

"हैं...क्या हुआ?" हड़बड़ा कर उठता हुआ मास्टर बोला।

"महिन्दर सिंह पूरा हो गया" जुगिन्दर ने बुझे मन से कहा।

"हैं...कब...कैसे...?" कहते हुए मास्टर की आँखों के सामने कल वाला ऐम्बुलेंस का सीन आ गया।

"पूरा पता तो नहीं, जैबो का फोन आया था, उसकी लड़की अस्पताल में काम करती है। सुबह जब वह अपनी शिफ्ट पर गई तो उसके साथ काम करती गोरी ने उसे बताया कि तेरे डैडी का फ्रेंड यहाँ पर कल दाखिल हुआ था, रात को किसी समय गुज़र गया।" जुगिन्दर कौर जल्दी-जल्दी बोले जा रही थी—"मुझे तो काम पर जाना पड़ेगा, आप नहा-धो कर उधर हो आना।" कहती हुई वह घर के दरवाज़े से बाहर हो गई।

मास्टर को जैसे एकदम कुछ सूझ ही न रहा हो। सोफे से उठ कर, खिड़की से उसने महिन्दर सिंह के घर की ओर देखा। एकदम शांति थी, घर के बाहर कोई कार वगैरा भी नहीं खड़ी थी। खड़ी भी कैसे होती? आजकल महिन्दर सिंह के अलावा उस घर में कोई नहीं रहता था। अवतार कौर तो पिछले चार साल से अलग मकान में रहती थी। हाँ, कभी-कभी महिन्दर सिंह के घर में बेकार और पीने-खाने वालों की मंडली ज़रूर आ जुड़ती थी।

कैनेडा आकर कुछ समय तक महिन्दर सिंह अफ़ीम के बिना तंग ज़रूर हुआ था पर वह जवान था, इसलिए शरीर जल्दी ही पुराने ढंग पर आ गया। कुछ कमी दारू ने पूरी कर दी पर पक्का होने के बाद जब मिल में काम करने लगा तो दारू पीनी भी काफी कम हो गई थी। कभी-कभी शाम को लड़कों-वड़कों के साथ फुटबाल भी खेलने लग गया था। नये माहौल में आकर शरीर को और आदतों को नये सिरे से ढलना आसान हो गया था।

पहले-पहल वह अपने जीजे के रिश्तेदार जगजीत सिंह के पास रहा था। उसने अपने साथ मिल में लगवा लिया था। उसकी संगति के प्रभाव से महिन्दर डट कर काम करने लगा था और घर पर भी पैसे भेजने लगा था, पर घर से पत्र आते कि अवतार कौर और बच्चों को कैनेडा बुलाने का प्रबंध जल्दी-से-जल्दी करो। परिवार बुलाने के लिए घर-घाट का इंतजाम करना ज़रूरी था। इसलिए जगजीत सिंह की सलाह और मदद से एक पुराना-सा मकान खरीद लिया था। बैंक के लोन की किश्त ज़रा भारी थी पर उन दिनों मिलों में कामगारों की कमी होने से ओवरटाइम काफी लग जाता था।

उन्हीं दिनों हज़ारों पंजाबी झुंड के झुंड, सैर के बहाने कैनेडा पहुँच गये थे। हर किसी ने अपने दोस्तों और रिश्तेदारों को इधर बुला लिया था। महिन्दर सिंह ने खुद तो अभी किसी को नहीं बुलाया था पर उसके गाँव के कितने ही लोग उसके यहाँ आ कर ठहरते रहे थे। ज़रूरत मंदों को सहारा देना तो उसने अपने बापू मेला सिंह से सीखा ही था, पर साथ-साथ समय-कुसमय घर आये पार्टी वर्करों के लिए आटे की पूरी-की-पूरी खिले माथे पका कर 'धन्य-भाग्य' कहने वाली माँ राम कौर के स्वभाव वाली मेहमान-नवाज़ी भी उसके अंदर रची-बसी हुई थी। किसी भाईबन्द को अपने घर रखते समय उसने कभी कोई हील-हुज्जत नहीं की थी। अगर तो मेहमान काम पर लगा जाता तो अपने हिस्से के राशन-पानी का खर्चा उसे दे देता नहीं तो महिन्दर के आसरे फ्री-खाते में लंगर छकता रहता। जिस किसी के इमीग्रेशन का काम रास आ जाता, वह तो आम तौर पर वहाँ से अपना बोरिया-बिस्तर उठा कर अपने परिवार को बुलाने की कोशिश करता पर जिस किसी के इमीग्रेशन का काम लटक जाता वह महिन्दर के पास भी टिका रहता।

1970 के शुरू में जब कैनेडा सरकार की ओर से नये विज़िटरों के आने पर पाबंदियाँ लगीं तब कहीं जा कर महिन्दर के घर का डेरा छड़ों से मुक्त हुआ और उसने अवतार कौर और बच्चों को बुलाने की अर्ज़ी भरी। तब तक उसका बेटा जसबीर गाँव के आवारा लड़कों की संगति में पड़ चुका था।

"लो, अभी परसों ही तो इस सोफे पर बैठ कर गया है।" मास्टर ने सोफे के ऊपरवाला कपड़ा झाड़कर बिछाते हुए सोचा, 'तब किसी को क्या ख़बर थी कि यह होने वाला है।'

और साथ ही उसे अपने छोटे बेटे ऊपर ज़रा-सी खीझ भी आई, जिसने परसों उनके घर से उठ कर चलने लगे महिन्दर सिंह को कमरे में रखी अलमारी के ऊपर हरिमंदिर साहब की फोटो के नीचे से बीस डालर का नोट निकाल कर पकड़ाया था।

"मुझे तो बेटा दस ही चाहिए", नोट पकड़ने से झिझकते हुए महिन्दर सिंह ने कहा था।

"घर में अंकल यही नोट है, आप ले जाओ फिर लौटा देना।"

अमृतपाल ने ज़रा भोलेपन से कह दिया था।

"चल ले जा महिन्दर, जहाँ दस लौटाने हैं वहाँ बीस लौटा देना।"

धीमे स्वर में मास्टर ने भी कह दिया, वैसे उसे डर था कि महिन्दर ये पैसे दारू-पानी पर ही खर्च कर देगा।

"कल तक मेरा चैक आ जायेगा, मैं सुबह ही बैंक से कैश करा कर आपको लौटा दूँगा।" धीरे-धीरे सीढ़ियों उतरता महिन्दर कह रहा था।

"शराबी बंदे का क्या ऐतबार", सोच कर मास्टर को अपने बीस डालर जाने

का दुःख हुआ। ''मैंने तो बड़ी अच्छी तरह से उसे टाल दिया था कि घर में इस वक्त कोई पैसा नहीं है, पर इस लड़के की अक्ल पर जाने कैसा पर्दा पड़ गया, भला गंगा में गई हड्डियाँ भी कभी लौटी है।'' मास्टर ने बाँयें हाथ से दाँयें हाथ पर मुक्का मारा, ''बताओ अब बंदा किससे अपने पैसे वसूले, हमारी क्या कोई हराम की कमाई है। अगर किसी अच्छी जगह पैसे खर्चे होते तो यही समझ लेते कि हफ्ते की कमाई का दसवाँ हिस्सा निकल गया पर इसने तो जाते ही बोतल खरीद का सटक लेनी होगी, क्या पता उसी के कारण मरा होगा...सच्चे पताशाह, बख़्श लेना।'' मन में सोचते हुए मास्टर ने अँगीठी पर पड़ी पहले और दसों गुरुओं की फोटो को बारी-बारी से प्रणाम किया।

स्टोव पर उबलते चाय के पानी में दूध डालने के लिए फ्रिज से दूध की गैलन निकालते उसकी नज़र फ्रिज के दरवाज़े पर चिपकी अमृतपाल की फुटबाल की टीम में खड़े की फोटो पर गई और दो साल पहले की घटना मन में ताज़ा हो आई। इतवार का दिन और शाम का समय था, मास्टर गुरुद्वारे से लौट कर सोफे पर सुस्ता रहा था, जब उनका दरवाज़ा खड़का था। आँखें मलते और पगड़ी ठीक करते जब दरवाज़ा खोला तो सामने महिन्दर सिंह हाथ में फुटबाल लिए, खेलने वाले बूट पकड़े खड़ा था।

''यह रख लो बेटे के लिए...कल यहाँ पार्क में मैंने उसे लड़कों के साथ खेलते देखा, गीले घास पर कई बार फिसल कर गिरा। इन बूटों से बढ़िया खेला जाता है...मैंने अपने लिए, लिए थे पर जब से बेटी चोद यह चोट लगी है, मेरे लिए ये अब किसी काम के नहीं।'' कह कर महिन्दर सिंह, मास्टर का जवाब सुने बिना ही मुड़ गया जैसे कि वह जानता हो कि खाने-पीने के लिए मास्टर ने उसे कभी सलाह नहीं देनी। ज़रा झुक कर टेढ़ा से चलते हुए महिन्दर सिंह की पीठ को देखता मास्टर मन में सोच रहा था कि जब गुरुओं की बेअदबी करोगे तो पीठ तो टूटेगी ही और क्या होगा?

मास्टर के मन में उस दिन का गिला बाकी था जिस दिन अवतार कौर ने मास्टर के परिवार को अपने घर बुलाया था—खाने पर। तब मास्टर अपनी बेटी-दामाद से अलग होकर नये-नये इस घर में किराये पर रहने लगे थे। महिन्दर सिंह के घर घुसते ही शराब और सिगरेट की मिली-जुली गंध मास्टर के नाक में चढ़ गई थी। सामने सोफे पर बैठा महिन्दर दो-एक पैग लगा कर स्थिर-सा हो कर बड़ी बोतल कॉफी टेबल पर सजाये उनकी प्रतीक्षा कर रहा था। मास्टर बुरी तरह फँस गया था। एक तो महिन्दर सिंह ने किसी से उसके लिए काम की सिफारिश की थी दूसरा अवतार कौर ने मास्टर की घरवाली को अपने साथ कैनरी में काम पर लगवाया था। इसके अतिरिक्त मास्टर का दामाद, जिसने इन्हें इधर मँगवाया था, बहुत साल पहले

महिन्दर सिंह के घर फ्री-खाते में लंगर छकता रहा था।

''कौन-सी पीओगे?'' महिन्दर सिंह ने खाली गिलास मेज़ पर उठाते हुए पूछा था।

''ये तो बिल्कुल नहीं पीते'', मास्टर के बजाय जुगिन्दर कौर ने जवाब दिया।

''तो फिर थोड़ी-सी बीयर तो ले लो'', महिन्दर सिंह मेहमान-नवाज़ी में कोई कसर नहीं छोड़ना चाहता था।

''नहीं जी, मुझे तो माफी दे दो,'' मास्टर ने मुश्किल से कहा और अनमने से मन से दूर सोफे पर बैठ गया था।

''अगर आप ने नहीं पीनी तो हमने भी नहीं लेनी'', अपना पैग ख़त्म करता महिन्दर सिंह बोतलें किचन में रखकर मास्टर के लिए जूस का गिलास ले आया था। घरवालियाँ पकौड़े तलने और बच्चे टी.वी. देखने में व्यस्त हो गये थे। पकौड़ों की प्लेट किचन में से लेने गया महिन्दर सिंह आँख बचा कर एक बड़ा-सा पैग लगा आया था।

''और मास्टर जी, देश का क्या हाल-चाल है?'' पकौड़ा मुँह में डालता महिन्दर बोला।

''बस जी, महाराज की कृपा'', मास्टर ने संक्षेप में उत्तर दिया।

''अब तो सुना है, वहाँ अँग्रेज़ी दारू भी खूब मिलती है।'' महिन्दर सिंह ने देश के बारे में अपना नया ज्ञान मास्टर से शेयर किया।

''हम तो इस चीज़ के कभी पास नहीं फटके, फिर जिस गाँव जाना ही ना हो उसका रास्ता काहे को पूछना।'' मास्टर ने पिंड छुड़ाया।

कुछ देर बाद इधर-उधर की बातें करते महिन्दर का नशा उखड़ने लगा तो उसने सोफे पर बैठे-बैठे सिगरेट सुलगा ली। मास्टर के लिए हालात अब बर्दाश्त के बाहर थे। उसे कुछ और न सूझा तो अँगीठी पर पड़ी गुरु साहब की फोटो की तरफ इशारा करते हुए ज़रा तल्खी से कहा–''गुरुओं की बेअदबी करके इतना पाप तो मत करो कि उन्हें सिगरेट का धुआँ...?''

''ओह सॉरी...सॉरी,'' कहकर झट से महिन्दर ने सिगरेट बुझा दी।

खाना खाते हुए महिन्दर ने अपना पक्ष रखने के लिए बात आगे चलाई–

''वैसे मास्टर जी, एक बात है, हमने ट्रकों में पूरा दिल्ली से दक्षिण तक घूम लिया, स्टेयरिंग के ठीक ऊपर बाबों की फोटो होती थी और हमने सिगरेट कभी बुझने नहीं दीं। हमें तो कोई पाप-वाप नहीं लगा। चाहे सुई की नोक जितनी जगह हो, हम गाड़ी यों निकाल लेते थे जैसे गन्ने के खेत से खरगोश निकलता है। क्या मज़ाल कि ज़रा भी गाड़ी कहीं लगी हो। बाबे की फुल कृपा...।''

''अब आप बस भी करो,'' मौके की नज़ाकत को समझते हुए अवतार कौर

ने बात ख़त्म कर दी। इस घटना के बाद मास्टर ने महिन्दर से बड़ी कम बात-चीत की थी, कभी कहीं मिल जाता तो एक सीमा बातें करके आगे बढ़ जाता। कुछ महीनों के बाद मिल में काम करते हुए महिन्दर सिंह की पीठ में कोई गहरी, गुम चोट लग गई। हिम्मत करते हुए वह कुछ दिन तक मिल में काम करता रहा पर चोट बिगड़ती ही गई। पीठ का एक बड़ा ऑप्रेशन भी हुआ। मास्टर और जुगिन्दर अस्पताल में उसका हाल पूछने भी गये। ऑप्रेशन के बाद भी दर्द में कुछ खास फ़र्क नहीं पड़ा। डॉक्टर उसे पेन किलर देते रहे। इन गोलियों का नशा भी अफ़ीम के नशे से मिलता-जुलता था और धीरे-धीरे अफ़ीम की तरह इनका असर भी कम होता गया। सख़्त-से-सख़्त गोलियाँ भी उसे दर्द से निजात न दे पाईं, या फिर उसकी अफ़ीम वाली लत हरी हो गई थी। डॉक्टर उसे गिन कर हफ्ते के हिसाब से गोलियाँ लिख कर देते थे पर वह सात दिन का कोटा तीन दिन में ही ख़त्म करने लग पड़ा था। गोलियों के साथ-साथ उसने शराब का कोटा भी बढ़ा लिया था। ज्यों ही शराब का नशा उतरता, त्यों ही पीठ का दर्द, दर्द और लाचारी के कारण चारपाई पर पड़ने की मायूसी उसे आ घेरती। वह फिर से बोतल का ढक्कन खोल लेता।

मिल वालों ने उसे दोबारा काम के काबिल न होता देख कर नौकरी से हटा दिया और उसे भत्ता मिलना भी बंद हो गया। मोटी फीस देकर वकील किया, पर केस लटक गया। परिवार के लिए बड़ा मुश्किल वक्त था। अवतार कौर सातों दिन बारह घंटे काम करके घर का गुज़ारा चलाती। महिन्दर सिंह ज़्यादातर सोफे पर टेढ़ा लेटा हुआ सिगरेट जलाए टी.वी. देखता रहता या ज़्यादा से ज़्यादा थोड़ा झुक कर चलता-चलता पार्क तक चला जाता। वहाँ उसके पुराने बेलियों की मंडली जुड़ी होती, पर अब उसे बातें करने और बातें सुनने में पहले-सा आनन्द नहीं आता था। वह जल्दी ही घर लौट आता।

उन्हीं दिनों कामरेड मेला सिंह की शाम को शहर से साइकल पर लौटते हुए एक ट्रक से टक्कर हो गई। एक आधा दिन अस्पताल में रह कर वह चल बसा था। महिन्दर सिंह के लिए यह भी गहरा शॉक था। एक तो पिछले कई सालों से वह अपने बाप को मिलने नहीं जा सका था, दूसरा, उनकी ओर से मेला सिंह और राम कौर को कैनेडा मँगवाने वाली अर्ज़ी मंज़ूर होने वाली थी और तीसरा अपनी शारीरिक बेबसी की वजह से वह अपने बाप के अंतिम संस्कार पर भी नहीं पहुँच सका था। बाप के मरने की खबर सुनने के बाद यह लगातार कितने ही दिन शराब पीता रहा था और अंत में ऐम्बुलेंस बुला कर उसे अस्पताल ले जाना पड़ा था।

अवतार कौर के लगातार ओवरटाइम करने और महिन्दर सिंह की ऐसी हालत होने से दोनों बच्चे माँ-बाप के ज़रूरी ध्यान से वंचित हो गये थे। लड़का तो गाँव से ही खराब आदतें सीख कर आया था, यहाँ आकर शीघ्र ही गलत बच्चों की संगत

में पड़ गया। जिस दिन पहली बार उसके अपने सहपाठी के पेन, पेसिलें चोरी करने पर टीचर का घर पर फोन आया था तो महिन्दर सिंह ने ज़रा नशे के असर में उसे ज़रूरत से ज़्यादा ही धमका दिया था। उस पर इस डाँट-फटकार का उल्टा असर हुआ था। परिणाम स्वरूप वह बिगड़ता ही चला गया था। यह बिगड़ना बहुत समय तक अनदेखा ही रहा था।

नहा-धो कर पाठकर चुकने के बाद मास्टर अभी अपने दामाद के अफसोस करने जाने का प्रोग्राम बनाने के बारे में सोच रहा था कि फोन की घंटी बज पड़ी। काम पर कुछ घंटों के लिए ओवरटाइम के लिए बुलाया था। पहले तो उसका मन हुआ कि कह दे, किसी जानने वाले की मृत्यु हो गई है और वह बिज़ी है, पर फिर कुछ सोच कर उसने हाँ कर दी।

अफसोस तो बाद में भी होता रहेगा, मिलता हुआ काम काहे को छोड़ जाये। महिन्दर सिंह ने तो अब लौटना नहीं और ही उसे दिए हुए बीस डालर वापिस आने हैं, ओवरटाइम किस के लिए गँवाऊँ? गुरुद्वारे की ओर जाने के लिए कार में बैठा मास्टर सोच रहा था—"लो भला, उस दिन अगर बटुए में दस डालर होते तो यह बीस का नुकसान तो न होता, महिन्दर सिंह तो दस डालर ही माँगने आया था। कहता था अचानक कोई भाईबंद आ गया है। घर में राशन ख़त्म हो चुका है—पैंशन का चैक भी कल आना है—पड़ोसी गोरा, मि. विल्सन भी घर नहीं पहुँचा था नहीं तो वक्त-बेवक्त उसी से पाँच दस ले लेता था। महिन्दर सिंह की बातें मास्टर के दिमाग में घूम रहीं थीं, 'राशन क्या ख़त्म हुआ होगा, दारू खरीदनी होगी। जैसे यह खुद है वैसे ही इसके भाईबन्द हैं। तभी तो मैं अपना खाली बटुआ दिखा कर उसे भेजना चाहता था...पर देखों, हमारे बेटे की अक्ल को, अंदर से फोटो के नीचे से बीस डालर का नोट उठा लाया...भला, कभी वह तेरे लिए फुटबाल के बूट ले भी आया तो कहाँ का वह दरवेश बन गया...इस्तेमाल हुए बूट पाँच या दस के होंगे—ग्यारह से कम तो तभी मेले में मिल जाते थे...चलो जी होंगे, वैसे बंदा इतना बुरा नहीं था, गुरुद्वारे में कीर्तन सुनता मास्टर सोचे जा रहा था।

लंगर छकते समय दो-एक बंदों से उसके कानों में भिनक पड़ी कि महिन्दर सिंह के अफसोस के लिए उसी घर में दरी बिछनी है, जिस घर में वह रहता था, न कि जिस घर में अवतार कौर रहती है।

कामरेड मेला सिंह की मृत्यु के बाद जल्दी ही राम कौर के कागज़ बन कर आ गये थे। पुराना सियासी कैदी होने के कारण कागज़ क्लीयर करने में थाने वालों ने कई अड़चनें डाल रखीं थीं जो उसके मरने पर अपने आप ही हट गईं थीं। बहू-बेटे और पोते-पोती को मिलने की खुशी में रामकौर कुछ समय के लिए कामरेड का वियोग भूल गई थी, पर इधर आ कर महिन्दर सिंह की गिरती हुई सेहत देख कर

उसे बहुत बड़ा झटका लगा था। उधर सात-आठ साल बाद मिले बच्चे भी उसे वह प्यार और आत्मीयता न दे सके जिस की आशा में वह गाँव छोड़ कर आई थी। बेटी रानी तो कुछ ठीक थी पर लड़का जसबीर बुढ़िया के घर आ कर रहने पर बड़ा नाराज़ हो गया था। खास कर जब कभी राम कौर घर की बिखरी चीज़ें उसके कमरे में रखने चली जाती तो उसे अपनी प्राइवेसी भंग होती नज़र आती। चाहे वह दादी को कहता रहता कि मेरी चीज़ें मत छेड़ा करो, मैं खुद उठा लूँगा, पर खाली बैठी राम कौर करती भी क्या? अवतार कौर तो दो जगह काम करती थी, महिन्दर सिंह के सोने-जागने का कोई समय ही नहीं था। सो खुद को बिज़ी रखने के लिए वह कूबड़ी-सी चलती हुई किचन में जा कर बर्तन धो देती पर सोफे पर लेटे महिन्दर सिंह की पीठ पर धीरे-धीरे मालिश करती रहती।

शायद यह माँ की मालिशों का ही असर था या लगातार चल रहे डॉक्टरी इलाज का, कि महिन्दर सिंह की पीठ का दर्द कुछ कम होने लगा था। यह भी संभव था कि ढाई-तीन सालों से तकलीफ झेलता उसका शरीर दर्द सहने का आदी हो गया था। महिन्दर सिंह दोबारा थोड़ी बहुत कार चलाने लायक हो गया था—एक रात महिन्दर सिंह और अवतार कौर किसी निकट रिश्तेदार के यहाँ शादी की पार्टी में बहुत लेट हो गये थे। राम कौर घर में अकेली बच्चों के पास थी। रानी तो टी.वी. देखती ऊँघ रही थी पर जैसी अभी बाहर से नहीं लौटा था। काफी रात गये जब पिछले दरवाज़े से दाखिल हो कर चुपचाप अपने कमरे में जाने लगा तो राम कौर उसे प्यार से पूछ बैठी कि वह कहाँ से आया है। उसके पूछने की देर थी कि वह आगबबूला हो उठा। ना कहने योग्य बोल-कुबोल उसने दादी को सुना दिए थे, क्या अँग्रेजी और क्या पंजाबी में। दादी तो रोने जैसी हो कर अपने कमरे में चली गई पर पार्टी से शराबी होकर लौटे डैडी को सहमी हुई रानी ने भोलेपन में सब कुछ बता दिया था, और महिन्दर सिंह ने गुस्से में न आव देखा न ताव, जैसी के कमरे में जाकर उसी की हॉकी से पिटाई कर दी। लड़का दुहाई देता घर से निकल कर सड़क पर आ गया था। किसी पड़ोसी ने पुलिस को फोन कर दिया था और वह हाथ में हॉकी पकड़े, नशे में गालियाँ देते महिन्दर सिंह को हवालात ले गये थे। महिन्दर सिंह को रोकती-रोकती अवतार कौर के होंठ पर भी धक्का लगने से खून निकल आया था।

पुलिस ने महिन्दर सिंह पर हथियार से वार करने का केस बनाया था। जसबीर ने पुलिस को बयान दिए थे कि उसका बाप घोर शराबी था और अक्सर उसे मारता था। महिन्दर सिंह के ज़्यादा शराब पीने की पुष्टि रानी ने कर दी थी। क्योंकि बच्चे अभी बालिग नहीं हुए थे, इसलिए अदालत ने महिन्दर पर छः महीने तक घर से बाहर रहने की प्रोबेशन लगा दी थी। अवतार कौर ने बहुत कोशिश की कि मामला ठप्प हो जाये। अपनी चोट के बारे में भी कहा था कि वह सीढ़ियों से गिर गई थी।

उसने बाकी बयान भी अपने पति के हक में दिए थे और शायद इसी कारण महिन्दर सिंह जेल जाने से बच गया था।

"मास्टर जी, आप सयाने हो, आप ही इस लड़के को कुछ समझाओ।" राम कौर मास्टर के पास आकर बहुत रोई थी। उसके लिए यह बड़ी बदनामी वाली बात थी कि उसका बेटा अपने ही घर घुसने से रोक दिया जाये। मेरे बेटे ने तो सारी उम्र में किसी पशु को भी मार कर नहीं देखा, बता मुझ करमजली की ख़ातिर इस लड़के को...। उसने जैसे अपने आपको ही इस सारे काम का दोषी मानते हुए कहा।

"माँ जी, यह कैनेडा है, यहाँ पर सभी काम कानून से होते हैं।" मास्टर ने जैसे अपनी मजबूरी प्रकट की।

"कैसे चंदरे कानून हैं इस देश के...आप बताओ तो भला मास्टर जी कौन-सा बाप होगा जो बेटे-बेटी को धमकाता नहीं होगा।" राम कौर बोली थी।

"डाँटना तो ठीक है, पर हॉकी से पीटना, वह भी पीकर...चलो कोई बात नहीं माता जी, ऊपर वाला जो करता है, हमारे भले के लिए ही करता है...छः महीने झट से निकल जायेंगे।" अंदर से तो मास्टर वैसे ही महिन्दर सिंह के मामले से दूर रहना चाहता था पर भाई के लिए तो छः दिन निकालने भी मुश्किल लग रहे थे।

मास्टर को याद था कि उन्हीं छः महीने में कितना कुछ घट गया था। उसके दामाद ने भाग-दौड़ करके महिन्दर सिंह को घरों में सफाई करने वाली मशीनें बेचने के आर्डर लेने का काम ढूँढ़ दिया था और मास्टर को इस बात में तसल्ली हो गई थी कि मुझे दिलाए हुए काम का हिसाब बराबर हो गया।

महिन्दर सिंह दिन के समय कार में इधर-उधर आर्डर लेने जाता और रात को जगजीत सिंह के घर में रहता। पहले तो दोस्तों और रिश्तेदारों से आसानी से आर्डर मिल गये पर जैसे-जैसे उनकी लिस्ट ख़त्म होती गई, आर्डर मिलने मुश्किल हो गये। कभी-कभार वह घरों में सेलों के इश्तेहार बाँटने का काम भी कर लेता। उसे हर रोज़ मीलों पैदल चलने की बात सुन, जगजीत सिंह के घर मिलने आई राम कौर अक्सर बड़ी हसरत से कह उठती—"महिन्दरा, और तो दुनिया जहान की सारी खूबियाँ तुझ में हैं, तू अगर यह कमबख़्त शराब छोड़ दे तो मैं सीधी...।"

"अैंड गोलियाँ...।" बीच में ही रणजीत कह उठती।

"चुप कर री, तुझे ज़्यादा पता है क्या?" अवतार कौर उसे टोकती।

"बेबे, अब तू आराम से वाहेगुरु-वाहेगुरुं करा कर।" महिन्दर सिंह उसकी बात टाल जाता। उन्हीं दिनों उसे काम पर लगी चोट पर चलते हुए केस का फैसला हो गया। महिन्दर सिंह को पक्की मासिक पैंशन और पिछले कुछ सालों का बकाया इकट्ठा मिल गया। जगजीत ने समझदारी करते हुए उन पैसों से महिन्दर सिंह को अवतार कौर और बच्चों के लिए अलग घर लेकर देने के लिए मना लिया। कुछ

पैसे अवतार कौर ने भी मुश्किल से जोड़े हुए थे। सौदे की शर्त के अनुसार घर की चाबी दो महीने बाद मिल जानी थी। पर इस सारे काम में राम कौर को जैसे कोई खुशी न हुई। ''सब कुछ होते हुए मेरा पुत लोगों को घर में सोए'', उसे इस बात की बड़ी मायूसी थी। ऊपर से जसबीर का महिन्दर के प्रति रवैया देख कर उसका दिल और भी डूब-सा जाता। आखिर महिन्दर सिंह की प्रॉबेशन का समय पूरा होने से पहले की एक दिन दिमाग की नाड़ी फट जाने राम कौर सदा की नींद में चली गई।

मास्टर को याद था कि राम कौर के भोग के बाद कई दिन तक महिन्दर शराब पी कर, माँ को याद करते हुए ऊँचा-ऊँचा रोया करता था। अन्त में अवतार ने रिश्तेदारों से सलाह करके उसे दिमागी बीमारियों वाले अस्पताल में दिखाने भेजा था। उन्होंने सलाह दी कि इसे इसके घर में अपनी मर्ज़ी के मुताबिक ही रहने दिया जाये और बीती बातों को इसके सामने न दोहराया जाये। सभी की सलाह से अवतार कौर अपनी बिटिया रानी और जसबीर के साथ दूसरे घर में रहने लग गई।

आज महिन्दर की मौत पर दुःख प्रकट करने के लिए सभी लोग पुराने घर में ही आये थे। बेडरूम से अवतार सिंह के ऊँचा-ऊँचा रोने की आवाज आ रही थी। जुगिन्दर कौर तथा कुछ दूसरी औरतें उसे चुप कराने की कोशिश कर रहीं थीं। इनमें सिसकती हुई रानी भी थी।

''भाई, इस बंदे ने कभी किसी का बुरा नहीं चाहा था।'' औरतों के बैनों की आवाज़ ज़रा थमने के बाद लिविंग रूम में बैठे पुरुषों में से किसी एक ने कहा।

''यह भी कहते हैं कि अच्छे बंदे की भगवान को भी ज़रूरत होती है, उसे जल्दी बुला लेता है...महिन्दर, मेरा ख्याल है कि मुश्किल से हमारे धम्मे जितना होगा,'' दूसरा आदमी बोला।

''अभी पचास का मुश्किल से होगा...जब से माई राम कौर गुज़री तभी से यह गलता भी चला गया,'' महिन्दर का पुराना साथी पाखर बोला।

''दारू तो जी हाथियों को भी गिरा देती है।'' पिछले महीने अमृत छक कर पीनी छोड़ने वाला गुरदेव भी बोला।

''जो प्रभु की मर्ज़ी...उसके आगे किसी का भी बस नहीं चलता...बंदा जितने मर्ज़ी हाथ-पैर मार ले।'' मास्टर भी मौका ताड़ कर बोला।

''हालात बदल जाने से हाथ-पैर मारना छोड़ देने के कारण ही यह सब कुछ हुआ, मास्टर जी।'' कामरेड दालू बोला। जिस बंदे को हाथ से काम करके खाने की जगह घर बैठे ही रोटी मिल जाये, और फिर बदलते हुए हालातों में बच्चों के साथ हँसने-बोलने का कोई रिश्ता न बने तो जीवन फीका लगने लगता है, फिर जब बोर होने पर बंदे के अंदर उबाल-सा उठता है, तो मन बहलाने के लिए वह नशे का सहारा

ढूँढ़ता है।''

''हाँ जी, तब बड़ा अच्छा हुआ था जब दारू छोड़ कर मशीनें-सी बेचने का काम करने लग गया था।'' पाखर ने दालू का समर्थन किया। ''फिर जब से यह पैंशन लगी तो पी कर कार चलाने लगा, हमने बहुत मना किया, ''एक दिन हमारे घर से गया तो यही फोर्टी नैन की लाइटों पर खड़ी कार पर किसी ने अपनी कार मार दी। एक तो इसकी कार टूट गई और दूसरा, पीठ दोबारा से दुःखने लगी।''

''बस तभी पुलिस ने इसका लाईसैंस भी छीन लिया था, फिर तो इसने घर से निकलना ही बंद कर दिया था। वैसे अगर अवतार कौर यहीं रहती तो महिन्दर का शायद यह हाल न होता।'' टहलपुरिया जागर बोला।

''भाई जागरा, अवतार कौर सभी की सलाह से ही बच्चों के साथ दूसरे घर रहने लगी थी, नहीं तो बच्चों ने घर से निकल जाना था...और वह रोज़ ही दो वक्त इसका खाना पहुँचाती रही, इसके कपड़े, यहाँ की सफाई, सभी कुछ वही तो करने आती थी। अब बिचारी, परसों से इसकी खबर सुन कर चारपाई से उठ ही नहीं पाई।'' दालू ने आराम से कहा।

''भाई, जैसा भी था, महिन्दर घर आये की सेवा पूरी करता था।''

चरना बोला।

''अरे वह तो इसका बाप मेला सिंह भी ऐसा ही था, घर आये के लिए जो भी रूखी-सूखी होती, हाज़िर कर देता।'' एक बुजुर्ग बोला।

''तभी तो, लोगों ने इसे खराब भी बहुत किया,'' पाखर ने कहा–''तब इनके गाँव वाले सरने का भतीजा रिफ्यूजी-सा बन कर छः महीने इसके यहाँ डेरा डाले रहा। गाँव में सरने ने कामरेड को कभी पानी भी नहीं पूछा था।''

''वह तो बड़ा चालाक था'', चरना हरिपुरिया बताने लगा–''यहाँ से वह कभी इंडिया, कभी अमरीका को फोन करता रहता। इसके लिए इतना बड़ा बिल देने को कर गया। इधर इसे उकसाता कि तेरे पैसों पर तेरा परिवार तो ऐश कर रहा है, तेरा हाल भी वे लोग नहीं पूछते और उधर रोटी देने आई अवतार को सुनाते रहना कि आप लोग इसका ध्यान नहीं रखते। यहाँ से तब निकला, जब बिल न दे पाने पर इसका फोन ही कट गया।''

''पिछले दिनों तो कोई दो आदमी, गोल-सी पगड़ियों वाले, आ कर रहते रहे हैं...फोन न कटता तो और क्या होना था?'' कोई बोला।

''एक महीना पहले तो रात को एक दिन पता नहीं क्या हुआ। पी कर लड़ पड़े, एक-दूसरे से या पता नहीं क्या...सारी रात ससुरी पुलिस की कारें और ऐम्बुलेंसे घूमती रहीं।'' मास्टर ने भी मौका देख कर अपनी बात रखी।

''ओ हो, मेरा ख़्याल है, उस दिन देसियाँ वाले मोहन की छाती में दर्द-सा हुआ

था, बैठे-बेठे।'' दालू ने सफाई देते हुए कहा। ''मैं भी यहीं था। उस दिन हम ताश खेल कर शुगल कर रहे थे।''

और आप लोगों ने कोई नाम थोड़े ही जपना था—या शराबें गटक लीं या जुए खेल लिए।'' मास्टर ने मन में सोचा पर मुँह से बोला—''पता नहीं उसकी आई मौत, इसे ले गई।''

''हाँ जी, मेरा ख्याल है, इसका भी हार्ट फेल हुआ है।'' गुरदेवसिंह बोला। ''ऐम्बुलेंस वाले कहते थे, जब जिंदा था तो घर की चाबी इसके हाथ में पकड़ी हुई थी।'' पाखर ने बताया।

''बहुत ज़्यादा पीने से कई बार दिमाग की नाड़ी फट जाती है।'' एक बोला। ''मेरे ख्याल में इसकी किडनी फेल हो गई है, पीठ भी इसकी इसी कारण दुःखती रहती थी।'' गुरदेव सिंह ने अपनी राय दी।

''अरे नहीं, किडनी फेल होनी थी चार महीने दारू पीनी छोड़ने के बाद?'' जगजीत सिंह ने उसे रोका, ''मुझसे कभी झूठ नहीं बोला था उसने, चार महीने पहले मुझे फोन पर कहा था कि मैं पूरे साल के लिए आज के दिन के बाद दारू पीनी छोड़ रहा हूँ। आज के दिन बेबे पूरी हुई थी। मेरे शराब छोड़ने से उसकी रूह को आराम मिलेगा।''

इसी तरह बातें करते, अनुमान लगाते हुओं को छोड़ कर मास्टर उठ आया था, ''हूँ, दारू छोड़ी दी इसने, शराबी बंदे का काहे का ऐतबार?'' घर आते हुए वह मन में सोच रहा था। एक बार तो अफसोस पर बैठे का मन हुआ था कि परसों उसे उधार दिए बीस डालर का ज़िक्र छेड़े, पर बात उल्टी कहीं अपने सिर ही न आ पड़े, यह सोच कर उसने ज़िक्र करना उचित नहीं समझा।

साधारण पाठ का भोग तेरहवें दिन पड़ गया। एक डालर से मत्था टेकते हुए मास्टर गुरमुख सिंह ने सोचा कि यही सोचेंगे गुरु महाराज को इक्कीस डालर चढ़ा दिए।

धीरे-धीरे इधर-उधर जुड़ते लोगों की बातों में महिन्दर सिंह का ज़िक्र घटता गया और भोग से लगभग डेढ़ महीना बाद, एक दिन अवतार कौर के फोन ने मास्टर को सुबह-सवेरे जगा दिया। बच्चे और जुगिन्दर काम पर जा चुके थे।

''भाई जी...दो मिनट के लिए इधर पुराने घर में आओ। आपकी मदद चाहिए।''

''अभी आता हूँ।'' कह कर आँखें मलता पगड़ी लपेटता मास्टर बिना कोई गर्म कपड़ा पहले, पैंट-कमीज़ में ही स्ट्रीट के दूसरी ओर महिन्दर के घर की ओर चल पड़ा। नौ बजे का समय था पर सूर्य अभी धुँध में छिपा हुआ था। ठंड से अकड़े हुए घास पर जमी बर्फ़ की तह बूटों के नीचे आने पर करड़-करड़ कर रही थी। मास्टर

ने दोनों हाथ रगड़ कर बगलों में दबा लिए।

"ये अलमारी नहीं खुल रही, देखो तो ज़रा", सीढ़ियाँ चढ़ते मास्टर का दरवाज़े के साथ दीवार में बनी कपड़े टाँगने वाली अलमारी की ओर संकेत करते हुए अवतार कौर ने कहा। घर का मोटा-मोटा सामान बाहर निकाल कर घर की पिछली ओर आँगन में रखा हुआ था। बाकी छोटे-मोटे सामान के बैग भर फेंकने के लिए एक तरफ रखे हुए थे।

"पहली तारीख को यह घर किराये पर दे देना है," अवतार कौर बता रही थी, जसबीर तो कहता है इसे गिरा कर नया घर बना कर बेचते हैं, पर मेरा मन-सा नहीं मानता...भाई जी वे जैसे भी थे मेरे लिए तो वहीं सब कुछ थे।" कहती हुई गीली होती आँखों को चुन्नी से पोंछती वह किचन का सामान सम्हालने लग गई।

मास्टर ने अलमारी का पल्ला खींचा। वह ज़रा-सा हिल कर हट गया। उसने एक दो पेच खोल कर और नीचे पेचकस अड़ा कर इधर-उधर हिलाकर अलमारी खोल दी। अंदर एक हैंगर डंडे से गिर कर टेढ़ा हो कर अड़ गया था, जिस कारण अलमारी नहीं खुल रही थी। अलमारी में दूसरे हैंगरों पर महिन्दर सिंह के कुछ कपड़े लटक रहे थे और एक कॉलर वाला फर का कोट गिरे हुए हैंगर में आधा-सा फँसा हुआ था।

"उस दिन ऐम्बुलेंस वाले इन्हें सीढ़ियों से उठा कर इनके बूट, जुराबें और कोट-काट यहीं पर उतार कर रख गये।" अवतार कौर ने एक पुराना-सा अटैची केस ला कर रखा और बोला—"आपका बहुत थैंक यू भाई जी, आप से कपड़े इस अटैची में डाल कर सीढ़ियों के दरवाज़े के सामने रख दो, अभी रनजीत ने फोन किया था— दोपहरा को, वे हैंडिकैपों के लिए कपड़े इकट्ठे करने वाला छोटा ट्रक-सा आना है, वे ले जायेंगे। अब हमारे किस काम के ये कपड़े।"

"ओ.के." अलमारी का दरवाज़ा दोबारा कसते हुए मास्टर ने कहा।" मैं फिर शैड में से दो एक चीज़ें सँभाल लूँ, आप जाते हुए याद से यह अटैची बाहर रख देना।" कह कर अवतार कौर पिछले दरवाज़े से बाहर निकल गई।

मास्टर ने कपड़ों की तह-सी लगा कर अटैची में डालने शुरू किये, चार एक पैंटे, इतनी ही कमीज़ें, एक हैट-सा, दो पाम्प शू के जोड़े दो हल्की-सी जैकेटें। कपड़े थे तो पुराने पर थे साफ-सुथरे। गिरे हुए हैंगर वाला कोट बीच में डालने से पहले अटैची-केस पूरा भर गया था। सीढ़ियों में बाहर रख कर जाने से पहले मास्टर ने यह फर वाला कॉलरों वाला कोट बीच में ठूँसना चाहा, पर अटैची बंद न हुआ। बाकी कोट बाहर निकाल कर अच्छी तरह देखा। कोट लगभग नया-सा ही लग रहा था।

"यहाँ भी लँगड़े-लूलों के पहनने के काम आयेगा, क्यों न वहीं इंडिया किसी ज़रूरतमंद को भेज दिया जाये...किसी का भला हो जायेगा।" मास्टर के मन में

अचानक एक ख्याल आया। उसने टेढ़ी आँख से इधर-उधर देखा। अवतार कौर शायद शैड साफ कर रही थी और आस-पास कोई भी नहीं था। मास्टर ने अटैची-केस बंद कर के बाहर रखा और फर के कॉलर वाला कोट जल्दी से पहन कर, दरवाज़ा हल्का-सा बंद करता हुआ सीढ़ियाँ उतर गया।

लो कोई चोरी थोड़े ही है, इनकी ओर से फेंका ही जाना था कोट, अपने मन में उठते द्वन्द्व को दबाते हुए मास्टर ने सोचा–''और कुछ नहीं तो वहाँ गाँव में गुरनाम सिंह ही पहन लेगा वक्त बेवक्त, वह पाठ बाणी करने वाला बंदा है, कभी-कभी तड़के ठंड में उठ कर गुरुद्वारे जाना पड़ता है उसे। किसी आते-जाते के हाथ भेज देंगे, नहीं तो गुरनाम के लड़के ही पहन लिया करेंगे, किसी को क्या पता चलेगा कि नया है कि पुराना...ज़्यादा नहीं तो बीस डालर का तो होगा ही–मैंने कौन-सा पाप किया है, समझ लो कि उन बीस का प्रभु ने मुझे कोट ही दे दिया। जाते हुए चोर की लंगोटी ही सही शराबी बंदे से और क्या उम्मीद की जा सकती है?'' खुद को तर्क देता मास्टर नज़रें झुकाए अपने घर की ओर जा रहा था।

''प्रभु भी ऐसे ही बहाना बना देता है–हिसाब-किताब बराबर करने का, और उसने मुझे कौन-सा चैक भेजना था।'' वह अपनी घबराहट पर काबू पाने की कोशिश कर रहा था। ''महिन्दर सिंह ने कौन-सा कभी गुरुद्वारे जा कर धेला भी चढ़ाया होगा... ।''

''गुड मार्निंग,'' सामने महिन्दर का वयोवृद्ध पड़ोसी मि. विल्सन चला आ रहा था, जिसकी आवाज़ सुनकर वह चौंक गया।

''गुड मार्निंग, गुड मार्निंग...मि. विलसन, हाउ आर यू?''

मास्टर ने ज़रा हकलाते हुए जल्दी-जल्दी कहा।

''मैं तो ठीक हूँ...तू महिन्दर के घर से आया है?...अच्छा बंदा था वह...बेचारा जल्दी मर गया...इट इज़ सो सैड।'' मि. विलसन ने अपना मास्टर के साथ साझा किया। ''हाँ अच्छा तो था, दारू बहुत पीता था...'' मास्टर संक्षेप में उत्तर देकर जाना चाहता था। ''दारू तो अब बड़े अर्से से नहीं पी रहा था...पहले भी कई बार पीनी छोड़ चुका था, पर मुझे लगता है उसने छोटी उम्र में कई तरह के नशों का काफी प्रयोग किया था।'' ''हाँ जी, जब बंदा एक बार गलत राह पर पड़ जाता है, प्रभु से डरना छोड़ देता है, फिर ऐसा ही बुरा हाल होता है।'' मास्टर ने कहा।

''मेरे विचार में हम सब के अंदर कहीं-न-कहीं कोई शून्य है जिसे हम अपने-अपने तरीके से भरने की कोशिश करते हैं। कोई धर्म के द्वारा, कोई बेअन्त पैसा कमा कर और कोई नशे के द्वारा और कोई किसी और तरह... ।''

''मेरे ख्याल में तो बंदा ईमानदारी से हाथों की मेहनत किये जाये, इधर-उधर ज़्यादा ना सोचे तो ठीक रहता है।''

"ज़रूरी नहीं" विल्सन कहने लगा, "हर बंदे पर एक ही तरीका लागू नहीं होता और न ही मुझे विश्वास है। हाँ, मैं यह ज़रूर मानता हूँ कि अगर महिन्दर को प्रोफ़ेश्नल तरीके से शराब तथा दूसरे नशों संबंधी कौंसलिंग मिल जाती तो वह सब कुछ कंट्रोल कर सकता था।"

"चलो अब तो यह टू लेट है।" मास्टर ने छोटा-सा उत्तर दिया।

"यू नो, कई बार महिन्दर पैसे ख़त्म होने पर महीने की आखिर में मेरे पास आता था, कभी पाँच और कभी दस डालर उधार ले जाता, कभी सिगरेटों के लिए तो कभी राशन-पानी के लिए, पर पैंशन का चैक आते ही सब से पहले मेरे पैसे लौटाने आता। अगर मैं घर पर न मिलूँ तो लिफाफे में डाल कर मेरे दरवाज़े की डाक वाली झिर्री से अंदर फेंक जाता, बड़ा ही ईमानदार था।" विल्सन को शायद अब तक अच्छी तरह किसी से महिन्दर सिंह का अफसोस करने का मौका नहीं मिला था।

'तेरे पैसे तो लौटा देता होगा घर मेरे बीस डालर तो साथ ही ले गया ना।' मास्टर ने मन में कहा और पगड़ी का कोना ज़रा-सा हटा कर कान में खाज करने लगा।

"मैं उस हफ्ते अपने भतीजी की शादी के सिलसिले में अमेरिका गया हुआ था और उसी दिन लौट कर अभी लिविंग रूम में बैठा डाक चेक कर रहा था, जब मैंने महिन्दर को आपके घर से इधर अपने घर की ओर जाते देखा। स्नो गिर रही थी उस दिन। जब मेरे घर के सामने से गुज़रा तो मेरे फोन की घंटी बज पड़ी और जब तक मैं खाली हुआ वह अपने घर की सीढ़ियाँ चढ़ रहा था। जब मैं अपना दरवाज़ा खोल कर आवाज़ लगाने लगा तो मैंने देखा कि वह धड़ाम से अपनी सीढ़ियों पर गिर पड़ा। मैंने उसी समय ऐम्बुलैंस को फोन कर दिया...।" पर मास्टर का ध्यान विल्सन की बातों में ना हो कर अवतार कौर की ओर था। कहीं वह अचानक घर से बाहर निकल कर उसे कोट पहना हुआ न देख ले।

"हाँ जी, हार्ट फेल का भी क्या पता चलता है कब हो जाना है, सब उस प्रभु के रंग हैं।" कह कर मास्टर ने वहाँ से चलना चाहा।

"पर उसकी मौत तो सिर में चोट लगने से हुई है। सीढ़ियों से फिसल कर।" विल्सन ने कहा।

"आपको कैसे पता?" मास्टर ने पूछा।

"परसों उसका बेटा जैसी, यहाँ से घर का कोई सामान उठाने आया था तब उसे कोई फोन करना था, तब वह मेरे घर आया था। उसने बताया कि पोस्टमार्टम की रिपोर्ट यही कहती है।"

"चलो बहाना ही बनना था, उसकी ऐसी ही आई हुई थी।" कहकर जाता हुआ मास्टर सोच रहा था कि वैसे जी कर उसने कौन-सा पहाड़ खोद लेना था।

"बिल्कुल ऐसा ही कोट उसने एक दिन पहना हुआ था।" मास्टर की पीठे पीछे विल्सन बोला।

"हाँ हम दोनों ने एक साथ ही दुकान से लिया था। बौखलाए हुए मास्टर ने जैसे पहली बार कोरा झूठ बोला हो, फिर नज़र झुका कर, कोट की बेल्ट को कमर पर कसता हुआ बोला—"इट्स गैटिंग कोल्ड।" कह कर चल पड़ा।

"चलो पीछा छूटा इस तरह पहली बार झूठ बोला...पर कौन-सा बुरे काम के लिए बोला...इनकी ओर से कोट फेंके जैसा ही था...वहाँ किसी के काम आयेगा ...अगला सौ आशीश देगा, महिन्दर की आत्मा को भी शांति मिलेगी...और यार मेरे बीस डालर लगे हैं, क्या कोई मुफ्त का माल है?" किसी और के मिल जाने के डर से जल्दी-जल्दी घर की ओर जाता मास्टर सोच रहा था, "कहीं मैं फँस ही न जाऊँ...। विल्सन ने तो कोट पहचान ही लिया, कहीं अवतार कौर भी उधर से बाहर निकल आती तो..." इसके आगे सोचने से मास्टर को झुरझुरी-सी हुई और मास्टर को कँपकपी जैसी छिड़ गई। उसने कोट की बाहरवाली जेबों में हाथ डाल कर अपने पेट से दबा लिए। ऐसा करने में उसके दोनों कँधे कुछ ऊपर उठ गये।

सीधे हाथ की जेब में कुछ खड़का। उसने हाथ बाहर निकाला तो बीच से एक सफेद रंग का चिट्ठी डालने वाला लिफाफा-सा निकला, जिसके ऊपर गुरमुखी के टेड़े-मेढ़े अक्षरों में मास्टर जी लिखा हुआ था। मास्टर ने बंद लिफाफा खोला तो उसके अंदर से एक नया बीस डालर का नोट तह लगा हुआ निकला। मास्टर के पैर, घास पर जमी बर्फ़ के ऊपर जम ही गये। उसने चोरी से गर्दन घुमा कर देखा, विल्सन अपने घर की सीढ़ियाँ चढ़ रहा था और महिन्दर के दरवाज़े के बाहर पड़ा अटैची-केस उस की ओर आँखें निकाले जैसे घूर रहा हो।

बदलते रिश्ते

परमजीत मोमी

(3.13.1959)

बहुत रात बीतने तक रूप, सुगंधी का इन्तज़ार करती रही कि वह आकर खुद ही कुछ बतायेगी। बहुत देर तक, शाम को देखी सुगंधी की बेचैन तस्वीर उसकी आँखों के सामने घूमती रही, जैसे कोई अपने ही अतीत की एलबम को पल-दर-पल पलट रहा हो। बड़ी देर तक वह किसी भ्रम को अपने दिल से बाहर निकालने की कोशिश करती रही, जैसे कोई अपने भाल की मंद रेखाओं को एकदम ही मिटा देना चाहता हो। वह बार-बार कामना करती रही कि काश, यह सब उसका भ्रम ही हो, जो सत्य उसकी आँखों ने देखा था, वह सच नहीं था। लेकिन सच तो सच ही होता है। जीवन के हर मोड़ पर, माथे पर पत्थर-सा ठां करके लगता सच।

सुगंधी को रूप के पास आये आज दो हफ्ते हो गये थे, पर उसकी चुप का, होंठों पर लगा रोपड़ वाला ताला खुलने का नाम ही नहीं ले रहा था। यह वही सुगंधी थी जो मुश्किल से उसके पास दो रातें ठहरने के बाद अपने पति मनीक के पास जाने को व्याकुल हो उठती थी। इस बार दो हफ्ते बीत जाने पर भी उसका अपने घर लौटने का कोई इरादा नहीं दिख रहा था। सुगंधी के किसी व्यवहार से चाहे उसे यह एहसास नहीं हो रहा था कि जैसे वह अपने पति से गुस्सा हो कर आई हो, पर सन्देह की एक महीन-सी रेखा सदा रूप के मन में चिंता सुलगाये रखती। और तो और इन दिनों मनीक का भी कोई फोन नहीं आया था और न ही वह खुद आया था। यह सोच-सोच कर कि सुगंधी के यहाँ आने पर, कई-कई बार फोन करने वाले मनीक ने, इस बार एक भी फोन नहीं किया। इसलिए रूप की चिंताओं के बादल और भी गहराते जा रहे थे। वह अगर सुगंधी को पूछती तो वह बात को आँय-बाँय किसी और रास्ते डाल देती या लम्बी चुप तान जाती।

''मॉम, उसकी अपनी ज़िंदगी है। वह कहीं बिज़ी होगा। आप तो बस यूँ ही अपने गले में चिंता डाले रहते हो।''

''बिटिया तू क्या जाने? संतान की चिंता कोई यूँ ही नहीं गले लगाता ये तो माँ-बाप का कलेजा चाट जाती है। माँ-बाप अपने तो सौ-सौ दुःख सह जाते हैं पर

बच्चों के दुःख उन्हें, दूर अंदर तक मारे जाते हैं। ये कैसी लड़कियाँ हैं जो अपने माँ से ही दुःख-सुख साँझा नहीं करती। कैसा खराब समय आ गया है।" वह सोचती।

रूप यदि बातों-बातों में उसे घर जाने के लिए पूछती तो वह बिना किसी भाव को चेहरे पर लाये कहती—"मॉम, क्या अब मैं आप पर भार बन गई हूँ? क्या आपको मैं यहाँ रहती अच्छी नहीं लगती?"

रूप ने जानने की कई बार कोशिश की थी कि आखिर बीच की बात है क्या? सोचते-सोचते कई बार रूप के अतीत की, जुदाई की पीड़ाएँ दोबारा कसकने लगती। उन वक्तों में कैसे उदासी उसे पल-पल आ घेरती थी। पर सुगंधी की आँखों में रूप को कभी भी वैसी मायूसी या उदासी की झलक तक दिखाई न देती। "पर कोई-न-कोई तो बात ज़रूर थी, जो सुगंधी के इस नये व्यवहार का कारण थी।" सोच-सोच कर रूप बेहद बेचैन रहती।

अभी पिछले साल ही तो सुगंधी और मनीक की शादी हुई थी। दोनों कितने खुश थे। यह इन दोनों की अपनी पसंद थी। दोनों का सोच-समझ कर किया हुआ, अपने भविष्य का फैसला। "अभी तो उनकी शादी की पहली वर्षगांठ भी नहीं आई थी कि यह क्या झमेला हो गया...? इन दोनों में क्या खिचड़ी पक रही थी...।" यह सोच रूप को दिन रात कुरेदती रहती। उसने कई बार कोशिश की थी, मनीक से भी बात करनी चाही थी, पर उधर से कभी कोई फोन ही न उठाता। अगर इस बारे में वह सुगंधी से पूछती तो वह कहती—"मॉम, कहीं बाहर गया होगा, आप उसे फोन करते ही क्यों हो? जिसे ज़रूरत होगी, वह खुद ही सौ बार फोन करेगा।"

आज की अजीब स्थिति ने रूप के मन की सूली पर लटकती शक की सुई को यकीन में बदल दिया था।

अब वह बड़ी ही बेचैनी से सुगंधी की प्रतीक्षा कर रही थी। पहले तो उसने सोचा कि वह सुगंधी के साथ काम करने वाला कोई होगा, पर जिस आत्मीयता के रंग में रंगी सुगंधी उसके साथ कार में जा कर बैठी, उससे तो यही लगता था कि इनमें साधारण मेल-मिलाप से कुछ ज़्यादा ही चल रहा है।

बाहर का दरवाज़ा खुला तो सुगंधी की पदचाप सुनते ही रूप को अपने दिल की धड़कन बेकाबू-सी होती लगी। बस, जैसे कोई कहर की अनहोनी डायन बन के उसकी दहलीज़ पर आ खड़ी हो, जैसे आत धरती ग़र्क हो जाने वाली हो और आसमान फटने वाला। जैसे उसके सिर में शक और भ्रम की लटकी हुई कटार का सच उसके कलेजे को चीरने वाला हो।

कमरे के अंदर आते ही सुगंधी एकदम से घबरा गई। वह बोली—"मॉम क्या बात है? आप इतने परेशान क्यों हो, आपकी तबियत तो ठीक है?" वह भाग कर

पानी का गिलास ले आई।

"सुगंधी तेरे साथ आज वह लड़का कौन था, जिसके साथ तू रैस्टोरेंट में गई थी?" गिलास को एक ओर करते, बिना किसी भूमिका के रूप ने सीधा सवाल किया।

सुगंधी कुछ देर तक चुप बैठी रही। यह खामोशी किसी तूफान से पहले आने वाली खामोशी ही तो थी। वह बहुत धीरे से बोली—"मॉम, वह मेरा दोस्त था माइकेल।"

"इस माइकेल को तू कब से जानती है? क्या तेरे इस दोस्त के बारे में मनीक को पता है?" उसने उतावले पन से पूछा। "मॉम, मैं कभी उसके दोस्तों के बारे में नहीं पूछती, फिर उसे क्या हक है, मुझे मेरे दोस्तों के बारे में पूछने का?" उसने जवाब दिया।

"बेटा, वह तेरा पति है और हर पति को यह हक अथ से ही मिले होते हैं।"

"पर पत्नी को...?" सुगंधी के मन में आया, पर वह उल्टा विचार उसने अपने मन ही में दबा लिया।

"मॉम, मैंने मनीक से अलग रहने का फैसला कर लिया है। अब एक-दूसरे के जीवन में हमारा कोई दख़ल नहीं।" उसने यह बात इस तरह कही जैसे कोई एक बच्चा दूसरे बच्चे से कह दे कि जा, मैं तेरे साथ नहीं खेलता। पर यह सुनते ही रूप बीच आसमान से गिरी कुररि की तरह अंदर-ही-अंदर कुरला उठी। "सुगंधी ने अपनी ज़िंदगी का इतना बड़ा फैसला कर लिया था और उसे इस बात की भनक भी नहीं लगी।"

"सुगंधी, यह कैसे हो सकता है? यह कैसे हो गया? नहीं-नहीं बेटा, पति-पत्नी के ये रिश्ते इतनी जल्दी नहीं टूटा करते।" रूप बोले जा रही थी। आज सुगंधी ने उसकी किसी दुःखती रग पर हाथ रख दिया था। उसकी आत्मा पर वर्षों पहले लगा गहरा घाव, एक बार फिर से हरा हो गया। जिस कहर को वह बहुत पीछे छोड़ आई थी आज फिर वह उसके सामने आ कर ज़हर बना उसे ललकार रहा था। अपमान के वे पल आज फिर उसका मज़ाक उड़ा रहे थे। आज फिर सागर की बेवफाई की रुसवाई उसके तन को छील गई थी और आज फिर वह उन घुप्प अँधेरे पलों में खो गई थी जिनसे सदा-सदा के लिए मुक्त हो जाने का भ्रम वह काफी देर से अपने मन में पाल रही थी।

वैनकुवर से शादी के लिए भारत आये सागर से उसका विवाह उसके माता-पिता का निर्णय था। लेकिन वह तो सागर की अपनी पसंद थी। कई लड़कियों को देखने-परखने के बाद ही सागर ने रूप को चुना था। फिर वह भी सागर की पसंद बन कर खुद को दुनिया की सबसे भाग्यवान लड़की समझने लगी थी। उसे पति

के रूप में पा कर रूप धन्य हो गई थी। सागर उसे अपनी बाँहों में बाँध लेता और बड़े प्यार से कहता—"रूप, कहते हैं किसी व्यक्ति को ढूँढ़ने में एक मिनट लगता है, उसकी कदर डालने में एक घंटा, उसे प्यार करने के लिए एक दिन पर उसे भूलने के लिए पूरी ज़िंदगी भी कम पड़ जाती है।"

सागर की ऐसी बातें सुनती रूप, उसकी आँखों की गहराई में कहीं खोई, दुनिया की सुध-बुध भूल जाती। सुगंध की सारी-की-सारी महक सागर के चारों ओर छा जाती।

शादी के बाद पाँच-छः हफ्ते पंजाब में रहने के बाद सागर कैनेडा लौट गया। इसके साथ बिताये चंदन से पलों का एहसास रूप के तन-मन को आनंदमय बनाये रखता और उसका मन सुगंध की तरह उड़ कर उसके पास पहुँचने को व्याकुल हो उठता। सागर ने वहाँ पहुँचते ही रूप को स्पांसर कर दिया और वह छः सात महीने में ही सागर के पास ब्रिटिश कोल्बिया के शहर विक्टोरिया में पहुँच गई। विरह में तड़पती दो रूहों की दूरियाँ, मज़बूरियाँ सब सीमाएँ मिला कर एक हो गईं।

शुरू-शुरू के सुहावने दिन, पलों में कब बीत गये, पता ही न चला। फिर शुरू हो गये रूप के पश्चिमी वातावरण में रचने-बसने के संघर्ष के दिन। जब ज़िंदगी की दौड़ में अपना योगदान देने के लिए, उसे बाहर के संसार में चलना पड़ा, तो पंजाब के गाँव की पढ़ी-लिखी रूप पश्चिम के जीवन की दौड़ में खोने लगी। इस सभ्यता में खुद को रंगना उसे मुश्किल लगने लगा। अंग्रेज़ी में अपने विचारों का आदान-प्रदान उसके लिए अलंघ्य हिमालय बन कर खड़ा हो गया। अच्छे नम्बरों से पास की हुई उसकी बी.ए. की पढ़ाई यहाँ आ कर ज़मीन पर लग गई थी। वह जब भी किसी जॉब के लिए जाती तो इंटरव्यू में असफल हो जाती।

धीरे-धीरे वह अपना आत्मविश्वास खोने लगी। जब वह खुद को किसी भी जॉब लेने में असमर्थ देखती तो उसे अपने पर बेकार-सा गुस्सा आता। कई बार वह महसूस करती कि सागर को मिलने-जुलने वाले दोस्त भी जानबूझ कर उससे अँग्रेज़ी बोल कर उसका मज़ाक उड़ा रहे हों। जवाब देने की जगह वह बेबस-सी उनके चेहरों की ओर देखती रहती। फिर तो वह अपने अंदर से बिल्कुल ही टूट गई, जब सागर ने भी उसे गँवारू समझना शुरू कर दिया। जब भी वह किसी इन्टरव्यू में असफल हो जाती तो सागर उस पर खीझने लगता और उसे कई तरह से ताने मारने शुरू कर देता। इससे उसकी रही-सही हिम्मत भी टूट गई। इस धुँधले माहौल में उनका आपसी रोमांचक आकर्षण भी कम होने लगा। वे बात-बात पर बहसने लगते। उनके जीवन में कभी ख़त्म न होने वाला तनाव आना शुरू हो गया।

उस दिन दोनों सागर के दोस्तों के साथ पहली बार पिकनिक गये हुए थे। रूप अच्छी तरह सज-धज कर आई थी। पिकनिक में शामिल सभी औरतों की तुलना

में खुद को सुंदर समझ रही थी। पर वह अकेली, सब से अलग बैठी हुई थी। सागर ने उसके पास आ कर कहा–"रूप, तू घर से पिकनिक मनाने आई है या फिर इस अकेलेपन का अफसोस करने?" जा, जा कर लोगों से घुलमिल और एन्जॉय कर।"

"कोई मुझसे बात ही नहीं करता, मैं क्या करूँ?"

"अच्छा चल, हम दोनों थोड़ी देर बेडमिंटन खेलते हैं।"

"साड़ी में मैं खेल नहीं पाऊँगी।"

"फिर सलवार-सूट या जींस पहनकर क्यों नहीं आई?"

"आप भी क्या बात करते हो।" रूप हैरान हो कर बोली–"मैं पहली बार आपके ऑफिस के लोगों के साथ बाहर आई हूँ, मैंने सज-धज कर तो आना ही था ना।"

"रूप, इंसान को अपने सुख और सहूलियत देखकर ही पहनना ओढ़ना चाहिए। दूसरों को प्रभावित करने के चक्कर में अपने लिए कोई मुसीबत खड़ी करना कहाँ की समझदारी है?"

"जाओ, आप परेशान मत होओ। मैं अपने ढंग से पिकनिक का मज़ा ले रही हूँ।"

सागर के लिए रूप का जीवन के प्रति ऐसा उदासीन नज़रिया बर्दाश्त से बाहर होता जा रहा था। अपनी पत्नी के व्यक्तित्व को लेकर उसके मन में कई सीरियस शिकायतें होनी शुरू हो गईं थीं। "रूप को क्या चाटना है, अगर पत्नी सोशल न हो।" वह कई बार सोचता।

उसे वह दिन अभी भी याद था जिस दिन उसके दोस्तों की ओर से रूप के सम्मान में उन्हें एक स्वागत पार्टी में बुलाया था।

"यह पार्टी और कितनी देर चलेगी?" सिर्फ़ एक घंटे के बाद जब रूप ने सागर से पूछा तो वह हैरान रह गया।

"अभी तो काफी देर चलेगी, क्या तू बोर हो गई है?" सागर को रूप का मूड कुछ ठीक न लगा।

"पार्टी में शराब की गंध से मेरा तो सिर फटा जा रहा है, हमारे घर में तो शराब का पैर भी नहीं पड़ता था।"

"पार्टी में कभी-कभार शराब पीने से कोई शराबी नहीं हो जाता। ये सभी दोस्त ज़िम्मेदार और सुघड़ घरेलू इंसान हैं जो सामाजिक मूल्यों में विश्वास करते हैं। मेरा इन सब से रोज़ का मिलना-जुलना है। हमारा इनके बिना गुज़ारा नहीं। तू पार्टी में आई लेडीज़ के साथ मेल-जोल बढ़ा। सभी तो तेरी हमउम्र हैं।" सागर ने सलाह दी।

"वे सब तो मुझसे ऐसे व्यवहार कर रही हैं जैसे मैं किसी जंगल से पकड़ कर लाई होऊँ। क्या अँग्रेज़ी बोलने और दूसरे के पतियों के साथ हँस कर बोलने से ही

कोई मॉर्डन हो जाता है?'' रूप ने चिढ़ कर कहा।

''ये तू कैसी बातें कर रही है रूप? हम सब की आपस में बहुत पुरानी जान-पहचान है, इसी कारण एक-दूसरे से हँस-बोल लेते हैं। ऐसे ही किसी के चरित्र पर संदेह करने की मूर्खता कभी मत करना।'' सागर ने गुस्से से उसे समझाने की कोशिश की।

लेकिन रूप अपने आप में सिमटती गई। उसकी हीन-भावना ने उसे बिल्कुल अकेला कर दिया। उसके ऐसे व्यवहार से बहुत से परिवार उनसे दूर होते गये। सागर का भी उससे मोह भंग होने लगा और अब वह अपना अधिक समय घर से बाहर ही बिताता।

इसी बीच सीमा, सागर की विशेष दोस्त बन कर उभरी। दफ्तर के सभी लोग यही समझते थे कि उनमें रोमांस चल रहा है। इस बात में किसी सीमा तक सच्चाई भी थी। समय मिलने पर सागर अक्सर उसके साथ रोमांटिक बातें करता रहता।

सीमा भी उसे पसंद करती थी। जब कभी वह अपने अकेलेपन से उदास होती तो उस समय सागर की निकटता ही उसका सहारा होती। कई कोमल पलों में सीमा ने अपने दिल में सागर में प्रति भावुकता की कोंपलें फूटते हुए भी अनुभव किया था। उसके व्यक्तित्व का आकर्षण भी बड़ी शिद्दत के साथ उसे उसकी ओर खींचे जा रहा था। कभी-कभी दुविधा के तेज़ धार पर चलती वह बहुत उदास हो जाती और उसके आँसू लाख यत्न करने पर भी रोके न रुकते। उससे अपनी बहकी भावनाओं पर काबू पाना मुश्किल हो जाता। वह जानती थी कि सागर शादीशुदा है, पर वह भी जानती थी कि उसके दिल के किसी कोने में सागर ने एक अच्छे दोस्त से कहीं अधिक कोमल स्थान बना लिया था।

दफ्तर में सागर, रूप से बिगड़ते हुए अपने संबंध की बात सीमा से रोज़ ही करता। धीरे-धीरे पत्नी उसके दिल से दूर और दूर तथा प्रेमिका निकट और निकट होती चली गई।

''मेरे मन को जितनी खुशी और शांति सीमा के साथ मिलती है अगर इसका दसवाँ भाग भी रूप से मिल जाय तो मैं खुद को भाग्यवान समझूँ।'' सागर कभी-कभी ऐसा भी सोचता। पर आये दिन रूप के अंक सीमा की तुलना में घटते ही गये।

एक दिन सीमा ने सागर को समझाने की कोशिश की, ''हम दोनों एक हद से ज़्यादा एक-दूसरे के निकट कभी नहीं आ सकेंगे। तुझे तेरी स्थाई खुशी और सुख सिर्फ़ तेरी पत्नी ही दे सकती है। तू रूप के साथ अपने संबंध सुधारने की कोशिश कर।''

''सीमा, रूप जिस जीवनशैली में ढली हुई है, उस तरह मैं उसके साथ अपना जीवन बर्बाद नहीं कर सकता। अपने को समय और स्थिति के अनुसार बदलने के

लिए वह बिल्कुल तैयार नहीं। अब इस रिश्ते में बहुत तनाव आ चुका है। अब यह कभी भी टूट सकता है। मेरी एक मात्र आशा तुम पर टिकी हुई है। तेरे साथ मैं हँस-बोल लेता हूँ, अपने दिल की बातें कर लेता हूँ तो समय कट जाता है, पर अब तूने भी मुझे नैतिकता के लैक्चर देने शुरू कर दिए हैं। मुझे तो अब डर लगता है कि इस असहनीय टैंशन से मेरे दिमाग की कोई नस ही ना फट जाये।''

''सागर मैं तेरी दोस्त इसलिए हूँ क्योंकि तू समझदार है, संवेदनशील है। मैं तुझे एक अच्छा इंसान समझती हूँ। पर तू खुद ही सोच कि दुविधा की इस तीखी धार पर कोई कितनी देरी तक चल सकता है?''

यह सुन कर सागर का चेहरा खिल उठा—''सीमा तू मेरी सब से अच्छी दोस्त है, यह तो तू भी मानती है, अब दुविधा छोड़ कर थोड़ी-सी हिम्मत दिखा और दोस्त से प्रेमिका बन जा।''

सीमा ने कुछ देर सोचने का नाटक किया और फिर बोली—''इस प्रेमिका पत्नी का फैसला रूप से सलाह करके करूँगी।''

''बहुत शैतान है तू।'' यह कहते हुए सागर ने सीमा को गले से लगा लिया।

सागर और रूप के संबंध दिन-प्रतिदिन बद से बद्तर होते गये। वे छोटी-छोटी बात पर गुस्सा हो जाते और फिर कितने-कितने दिन तक एक-दूसरे से बात न करते। इसका असर उनके मानसिक और शारीरिक संबंधों पर भी होने लगा। एक रात रोमांचक पलों के बाद उनकी आपस में ऐसी तीखी तकरार हुई कि रूप से सागर सदा कि लिए दूर हो गया, जीवन की निर्मल झील के विपरीत दिशा में बहते हुए पानी की तरह, जिनकी पहाड़-सी ऊँची दीवारें हर पल और ऊँची होती जाती हैं और जिनके खड्डे-खाइयाँ हर पल और अधिक गहरे होते रहते हैं, कभी भी वापिस न आने और कभी भी दोबारा न मिलने के लिए।

सागर से दूर हो जाने के बाद रूप बिल्कुल टूट गई। उसका अकेलापन सहारे ढूँढने लगा। बहुत सोच-विचार के बाद उसे अपनी टोरंटों में रहती सहेली रिया में ही आशा की कोई किरण दिखाई दी और उसे फोन पर पूरी बात बता दी। रिया के साथ पहले भी वह अपने बिगड़ते हुए संबंधों के बारे में बात कर लिया करती थी। पर रिया को यह उम्मीद नहीं थी कि बात यहाँ तक पहुँच जायेगी। वह सोचती थी कि शुरू-शुरू में सभी को समझने और सहने में थोड़ा वक्त लगता है, फिर नई परिस्थितियों के अनुसार खुद को ढाल कर गृहस्थी की गाड़ी लाईन पर आ जाती है। लेकिन रूप को सागर के छोड़ कर चले जाने की बात उसे हैरान-परेशान कर गई।

दूसरे ही हफ्ते रिया और उसका पति विक्टोरिया आये और उन्होंने सागर को समझाने की बहुत कोशिश की पर वह नहीं माना। उनकी सलाह से रूप विक्टोरिया छोड़ कर सदा के लिए टोरंटो आ बसी। उन्होंने जहाँ उसे रहने आदि का सहारा दिया,

वहीं उसका मनोबल भी दुबारा से खड़ा करने का यत्न किया। कुछ ही दिनों में मिल जुल कर कोशिश करने से रूप को जॉब मिल गई। अतीत की सारी टूट-फूट से रूप ने खुद को उबारना शुरू किया।

फैमिली डॉक्टर के बताने पर वह जैसे फिर से जीवितों की पंक्ति में आ खड़ी हुई थी। "कांग्रेचुलेशन मैम, यू आर...।"

जीवन में फूटी इस नई कोमल कोंपल ने उसमें जीने की एक नई आशा जगा दी। वह पूरी हिम्मत के साथ काम पर जाती और खाली समय में अपने इस आने वाले बच्चे से संवाद रचाती। बाहर, लोगों से मेल-मिलाप और बातचीत करने से उसे अंग्रेज़ी भाषा का अभ्यास भी होने लगा और फिर उसमें सुधार भी। कुछ ही दिनों में वह काम चलाने लायक अच्छी अंग्रेज़ी बोलने लग गई।

फिर वह घड़ी भी आ गई जिसकी उसे प्रतीक्षा थी। नन्ही-सी, कोमल-सी सुगंधी उसके सीने के साथ लगी हुई थी। माँ-बेटी में परस्पर किसी महा-आनंद का आदान-प्रदान हो रहा था। उसकी अपनी बेटी, उसका असली सहारा, उसके जीने का मकसद। कितनी ही देर तक वह सुगंधी को सीने से लगाये आँसू बहाती रही। सुगंधी के जन्म के बाद वह कुछ दिन घर पर रही। पंजाब में बी.ए. पास करने के बाद उसने नर्सिंग की ट्रेनिंग की हुई थी। रिया ने उसे सलाह दी कि वह वहीं पर नर्सिंग के लिए अप्लाई कर दे। उसे रिया की सलाह अच्छी लगी और उसने ह्यूमन रिसोर्स की सहायता से नर्सिंग की क्लासें शरू कर दीं। इससे गवर्नमैंट जहाँ उसे उस ट्रेनिंग की फीस देती थी, वहीं सुगंधी की बेबी सिटिंग और रूप की दूसरी ज़रूरतों के लिए आर्थिक मदद करती थी।

रूप ने अपनी लगन और मेहनत से अच्छे अंकों में नर्सिंग की ट्रेनिंग पूरी कर ली। बहुत जल्दी ही एक अस्पताल में उसे नर्स की नौकरी मिल गई। उसने फिर कभी पीछे मुड़ कर नहीं देखा। घर में वह अपनी बेटी के साथ खुश रहती। अस्पताल में मरीज़ों की तन-मन से जी भर कर सेवा करती और उनसे अनेक आशीर्वाद पाती।

सागर जानता था कि रूप टोरंटों में है पर उसने कभी भी उसे मिलने की कोशिश नहीं की और न ही कभी अपनी बेटी को देखने या मिलने की इच्छा ज़ाहिर की। शायद उसकी और सीमा की सारी ही सीमाएँ ख़त्म हो गईं थीं। "पता नहीं लोग क्यों इतने निर्मोही हो जाते हैं?" कभी-कभी रूप सोचती।

मौसम ने कई रंग बदले। वर्षों बीत गये। रूप ने अपनी बेटी सुगंधी को बड़े चाव से पढ़ाया-लिखाया। अपनी अधूरी इच्छाएँ सुगंधी द्वारा पूरी करने के बहाने बनाये। उसकी मेहनत रंग लाई। आजकल उसकी बेटी एक कोर्ट में वकालत कर रही थी।

"मॉम, आप कहाँ खो गये हो, मैं आपसे बात कर रही हूँ।" जब सुगंधी ने

पकड़ कर झिंझोड़ा तो उसकी चेतना लौटी। उसे लगा जैसे इन थोड़े से पलों में वह बरसों का सफर तय कर के लौटी हो।

पता नहीं कितनी देर तक सुगंधी उसे वकीलों की तरह बदले हुए ज़माने के बारे में बताती रही थी–"मॉम, अब वह ज़माना नहीं रहा कि एक बार किसी से आपका ब्याह हो गया तो आप सारी उम्र उसी के साथ बंधे रहो। अगर आपस में आपके विचार नहीं मिलते तो मॉम, एक-दूसरे पर अपने विचार लादने की जगह अलग हो जाना अच्छा होता है। जिस जीवन में आये दिन कोई-न-कोई गिला-शिकवा शामिल होता रहे, उस जीवन को जीना नहीं कहते। मॉम, वह तो रिश्ते ढोने वाली बात होती है, गले पड़ा ढोल बजाने वाली बात होती है। जहाँ कहीं आपकी सोच जैसा कोई मिल जाये, वहीं पर नये रिश्ते बना लेने चाहिए। इंसान को भरपूर जीवन जीने का हक मिलना चाहिए।"

"पर बेटा, रिश्ते कपड़े भी तो नहीं होते कि जब मन हुआ पुराने उतार कर नये पहन लो।" रूप जैसे गहरी उदासी में से बोली।

रूप की बात सुन सुगंधी कुछ पलों के लिए ख़ामोश हो गई। वह सोचने लगी, "हाँ, मॉम यह सच है कि रिश्ते कपड़े नहीं होते पर यह भी सच है कि जिस इंसान को आपने दिल की गइराइयों से चाहा हो, उससे तोड़ना, बिछड़ना आसान नहीं होता। पर जो रिश्ते नासूर बन जायें, जिनका ज़हर हर पल आपकी भावनाओं को डसता रहे, जिसका दर्द दिन-प्रतिदिन बढ़ता ही जाये और एक ख़ामोश-सी मौत आप आये दिन मरते रहो, ऐसे मरे हुए रिश्तों के साथ जीया भी तो नहीं जाता मॉम।"

सुगंधी की कुछ पलों की चुप रूप को भीतर तक हिला गई। पहली बार उसने अपनी बेटी की आँखों में किसी गहरे दर्द की झलक देखी थी। उसे एहसास हो गया, जैसे सुगंधी का ज़ख्मी मन अंदर-ही-अंदर कोई भयंकर लड़ाई लड़ रहा हो।

कुछ पल की चुप के बाद सुगंधी ने रूप के गले में बाँहें डाल कर उसकी आँखों की गहराई में देखते हुए कहा–"मॉम, मुझे कभी हैरानी होती है, आपने पूरी उम्र किसी साथी के बिना कैसे निकाल ली? क्या आप को कभी किसी के साथ की ज़रूरत महसूस नहीं हुई?" क्या कभी आपको अपना जीवन व्यर्थ-व्यर्थ-सा नहीं लगा?"

सुगंधी की बात सुन कर रूप के चेहरे पर अचानक दर्द के भाव उभर आये थे। वह सोचने लगी, कैसे बताऊँ, अपनी बेटी को कि अकेलेपन से भरी लम्बी काली रातें कैसे गुजारीं उसने? जीवन का लम्बा खाली रास्ता–जिस पर चलते-चलते वह थक कर टूट-सी गई थी। उसने दिल की गहराइयों से प्यार किया था सागर को। उससे बिछड़ने के बाद लाख कोशिश करने पर भी कोई उसके मन को न भाया। कोई और उसकी सोच के मुताबिक नहीं मिल पाया। सागर की बेवफाई उसे जब

भी याद आती, उस समय किसी दूसरे के लिए फूटती कोमल भावनाओं का कत्ल हो जाता। दूध की जली छाछ को भी फूकें मारती रहीं और रिश्ते पनपने से पहले ही दम तोड़ देते। कितनी बार वह खुद इन नित्य मरते हुए रिश्तों के साथ मरी थी।

वह बोली–"पहले समय में तो अगला जन्म सँवारने की आशा में, इस जन्म के सारे दुःख जैसे-तैसे हो कर झेल लिए जाते थे।"

"मॉम, अब आज का समय, भविष्य में अगले सपनीले अच्छे जन्म की आशा में, इस जन्म को रूलाने, मसलने का नहीं है, उल्टा इसी जन्म को सफल और आनन्दपूर्ण ढंग से भोगने का समय है। अब अपनी प्राप्तियों को किसी धार्मिक स्थान पर जा कर धूप की तरह धुखाने का समय नहीं अपितु उन्हें अपने अंग लगाने का समय है। लिये हुए गलत निर्णयों पर झींकने का समय नहीं है, अपितु जीवन में आये खाई-खड्डों को भरने का समय है...।"

उस समय रूप के पास सुगंधी की किसी भी बात का कोई उत्तर नहीं था। सुगंधी जा चुकी थी। रूप उस रात सो नहीं सकी। सारी रात वह इन बदलते रिश्तों के रूप को समझने की कोशिश करती रही। वह सोचती रही थी कि एक बार किसी एक के साथ जुड़ जाने के बाद इंसान कैसे किसी और के साथ जुड़ सकता है। रिश्तों की यह नई परिभाषा उसकी समझ में नहीं आ रही थी कि समय कैसे और कब लिखा गया।

सुर्ख़रू

मेजर मांगट

(1.11.1961)

"आई वांट टू गो मॉम...यू कैन नाट स्टाप मी...आई एम ऐटीन नाओ।"

"रेनु प्लीज़...लिसन मी...तेरा डैड पसन्द नहीं करता। फिर शराब पीयेगा... लड़कर क्लेश करेगा...। तू यही चाहती है?"

"इट इज़ नाट माई प्रोबल्म...आई डोंट केयर।"

"हाय रे मेरे भगवान, इसने मुझे रहने नहीं देना।"

"फिर क्यों रहते हो आप? आई मीन वाई यू लिविंग...?"

"रेनु स्टॉप, एण्ड कीप योर माउथ शट। तू चाहती है कि अब हम अलग हो जायें? पता है तुझे कैसे मर-मर के पाला है...दो-दो जॉब करती रही हूँ।" डैवी का रोना निकल गया।

थोड़ा चुप रह कर रेनु बोली–"दिस इज़ माई ओन लाइफ।"

"अरी बड़ी आई ओन लाइफ की, अगर तेरे यही लच्छन रहे तो एक दिन तेरा डैडी तुझे मार डालेगा।"

"से इट अगेन...यू आर थ्रैटिंग मी? मॉम यू नो द रिज़ल्ट...इफ आई कॉल टू पुलिस?"

डैवी सिर्फ़ रोये जा रही थी पर रेणु चीख रही थी।

"ऑल द इंडियन्स आर सेम...।"

"कमजात, चुप कर जा, तू हमें अंदर करायेगी। अभी तो तेरे डैडी का यह पता नहीं चला कि तू दारू भी डकारती है और स्मोक भी करती है। पिछले फ्राईडे को तू ड्रंक हो कर घर आई। तेरी कार से सिगरेटों की स्मेला आ रही थी। पहले अपने लच्छन ठीक कर ले, मैं तुझे बता रही हूँ...।"

"देन वट्स रौंग? डैड भी तो पीते हैं, ऐवरीडे। फिर मैं क्यों नहीं पी सकती? और मैं तो फ्रेंडस के साथ गई थी। सभी फन कर रहे थे, मैं क्यों नहीं कर सकती? आई एम नाट योर प्रिज़नर...दिस इस कैनेडा...नाट ए इंडिया...यू अंडरस्टैंड मॉम।"

''कुतिया चुप हो जा, अब मेरा मुँह मत खुलवा।''

माँ बेटी की यह लड़ाई अक्सर ही होती थी। ज़्यादातर फोन पर ही। डैवी अंत में यह कहती हुई बेटी के सामने हथियार डाल देती—''जा मर, जहाँ भी मरना है।''

आज किसी बात पर वे फिर लड़ रहीं थीं।

''डोंट से मी बिच...अगर मैं सच में बिच बन गई, फिर तुम्हें पता लगेगा।''

''ओ माई लॉर्ड...दिस गर्ल इज़ सच ए प्रॉब्लम।''

''फिर न पैदा करते मुझे। मैं नही डरती आपसे...। अब मैं अपनी लाइफ फिनिश कर लूँ? हड़दीप भी तो रोज़ बाहर जाता है, उसे तो आपने कभी नहीं रोका, बस मेरे ही पीछे पड़े रहते हो...बिकाज़ आई एम कुरी (लड़की)...?''

डैवी की अब जैसे गरारी ही फँस गई हो। वह कुछ न बोली। सलमा ने फिर उसका हाथ दबाया।

''हौसला रख। यह तेरी अकेली की बात नहीं, घर-घर की कहानी है। हमारी कम्युनिटी में तो इससे भी बुरा हाल है। 911 की तलवार तो अब घर-घर में लटकती है।''

डैवी सिर्फ़ सलमा की ओर देख रही थी। वह फिर बोली—

''बहन, इस मुल्क में तो कान लपेट कर जीना सीख और अपने पति को भी समझा। यहाँ का माहौल तो बच्चों को छूत की बीमारी-सा चिपकता है।'' हमदर्दी के दो शब्द सुन कर डैवी की आँखें भर आईं। लंच बैग खोला पर उसका कुछ भी खाने को मन न हुआ। रेनु का घर से फिर फोन आ गया। उधर दूर बैठी नैमी ने कुर्सी सरका कर पास कर ली। ये तीनों सहेलियाँ ही नहीं बल्कि सगी बहनों से भी बढ़ कर थीं। एक-दूसरे के दुःख-दर्द में शरीक होतीं, घरों के भेद साँझे करतीं और दिल का बोझ हल्का कर लेतीं।

लगभग पन्द्रह साल पहले उन्होंने स्काई-शैफ कंपनी में एक साथ ही काम शुरू किया था। तकरीबन हम उम्र ही थीं। इस वक्त के बीच सभी के बच्चे भी पढ़ते रहे और जवान होते रहे। वे अक्सर उनसे संबंधित समस्याएँ साझा करती रहतीं। पर अब बच्चे एक नये मोड़ पर आ पहुँचे थे और समस्याएँ भी नई ही पैदा हो रहीं थीं, जिनसे दविन्दर से डैवी बनी को भी दो-चार होना पड़ रहा था।

डैवी पचास पार कर चुकी थी। उसकी आधी उमर सलाद काटते और फूड पैक करते निकल गई थी। अट्ठारह साल की थी, जब उसका ब्याह हो गया था। क्या नहीं किया था उसने बच्चों के लिए? अब वे ही बच्चे आसमान में छेद करने लग गये थे।

उदास डैवी की ज़बान भी लड़खड़ाने लगी थी। नैमी ने भी उसके हाथों को दबाया। सलमा अभी भी उसका कंधा सहला रही थी। जैसे वे सभी एक ही किश्ती

पर सवार हों। नैनी ने भी ऐसे दिन बहुत देखे थे। उसकी बेटी विंकल भी उसके कहने से बाहर होकर पहले तो घर लेट आने लगी और फिर रातों को बाहर ही रहने लगी। वह भी इसी तरह लड़की की बातों पर पर्दा डालती रही और उसके पिता के सामने झूठ बोलती रही। पर आखिर में उसने क्लेश करके एक गुजराती लड़के से कोर्ट मैरिज करवा ही ली। तब वह भी ऐसे ही औलाद के दुःख से रोती रहती थी लेकिन बेबसी में उनकी एक न चलती। आज डैवी भी उसी नाव में सवार थी।

साथ वाले टेबल पर बैठा हरवीर उनकी बातें सुनता रहा। वह इसी कम्पनी में पिछले दस साल से काम कर रहा था। उसे यह भी पता था कि डैवी स्काई-शैफ के अलावा गार्ड स्क्योिरिटी में भी काम करती है। पहले पाँच बजे वह स्क्योिरिटी की वर्दी डाल कर एयरपोर्ट पर जाती, वहाँ से काम ख़त्म करके स्काई-शैफ चली जाती।

हरविन्दर को काम पर सभी हैरी कहा करते थे। डैवी अक्सर उससे यह बातें साझा, किया करती थी। हैरी ने उसे बहुत समझाया था कि अब वह डबल जॉब ना करे, बल्कि अपने बच्चों को समय दे। पर वह मानी नहीं थी।

उसके पास एक ही जवाब होता–"बच्चों के लिए ही तो मरते हैं।" हैरी कहता–"बच्चों को आपका पैसा नहीं प्यार चाहिए। आपका स्पर्श चाहिए-चुम्बन चाहिए। यह सब फोन पर नहीं हो सकता।"

डैवी सब कुछ अनसुना कर देती, पर अब रो रही थी।

स्काई शैफ कम्पनी एयर लाइन्स को फूड सप्लाई करती थी। यहाँ बहुत से कामगार फूड पैक करके बहुत से जहाज़ों में लोड करते थे। डैवी ये दोनों काम करती। ये लोग स्पेशल मील भी डिलीवर करते। वेन में चार लोगों का क्रू होता। एक ड्राइवर और तीन लोडर। डैवी जहाज़ों की सीढ़ियाँ चढ़ने से कतराती और सदा वेन चलाने को ही तरजीह देती।

पुराने कामगार होने से मैनेजर ने डैवी, सलमा, नैमी और हैरी का क्रू बदल दिया था। पर डैवी की एक ही समस्या थी कि उसके हाथ में फोन होता और दूसरे हाथ में स्टीयरिंग। उनटारियों के नये कानून के अनुसार वह ड्राइव करते हुए फोन नहीं कर सकती थी। वह पर कहाँ मानने वाली थी। उसकी सोशल लाइफ भी तो फोन ही थी। कभी वह किसी मामी को, कभी मासी को, कभी बहन और कभी भाई को फोन किये ही रहती। अगर कोई और न मिले, बच्चे तो कहीं गये नहीं थे। उसके पास बातें करने का यही समय होता। ऐसे ही भाग-दौड़ में समय कब बीत जाता, पता ही न चलता।

डैवी हर पाँच-सात मिनट बाद घर में फोन करती रहती। कभी वह बच्चों के स्कूल से लौट आने के बारे में पूछ रही होती और कभी क्या खाया है या कौन से कपड़े पहने हैं। उसे घर में घटती सारी बातों की जानकारी फोन पर ही चाहिए थी।

इस बात पर उसके बच्चे खींझते रहते कि वह कभी किसी को टिक कर बैठने भी नहीं देती। बिना किसी ज़रूरत वाले फोनों से तो उसका पति भी दुःखी था। कभी वह उसे दही जमाने को, कभी दाल बनाने को और कभी कपड़े धोने के लिए फोन करती ही रहती। उसके फोनों ने सभी के नाक में दम कर रखा था। उसका पति, पाल खीझ कर कहता—"किसी घड़ी शांति से भी बैठने दिया कर।"

हैरी ने एक दिन डैवी से पूछा—"आप भला कब कैनेडा आये थे?"

"भाई जी, ऐटी ऐट में...तब मैं अट्ठारह साल की थी।"

फिर वह थोड़ा रुक कर बोली, "बस तभी से ही, चल सो चल। मेरी बड़ी बहन ने बुलाया था हमें। स्काई शैफ में जॉब भी उसी ने दिलाई थी।" हैरी हँसता हुआ बोला—"तो फिर भाईसाहब को आपने ही कैनेडा बुलाया...। मैंने तो सोचा था कि उसने तुझे बुलाया होगा, जिसे तू चौबीस घंटे काम पर ही लगाये रखती है।"

"भाई जी, अकेला उसे ही नहीं, उसके पूरे परिवार को भी निकाल लाई। इतने बंदे ला कर कैनेडा में बसाये...वह मेरे सामने कैसे चूँ कर सकता है? यह डबल जॉब तो मैं अपनी मर्ज़ी से करती हूँ। मुझसे घर नहीं बैठा जाता।"

"फिर तो आप घर की थानेदारनी हुए। भाई साहब से भी तो डबल जॉब कराओ ना।" हैरी बोला।

"अरे कहाँ...वह तो सात से तीन बजे तक ही काम करके, घर में सोफे तोड़ता रहता है। अब भी आराम से बैठा टी.वी. देखता होगा। मिलेंगी कहीं ऐसी ऐशें?"

"डैवी, तू तो सारा दिन घर से बाहर रहती है, केवल दो-चार घंटे, घर सोने जाती है। फिर बर्तन धोने, दाल रोटी बनानी, कपड़े धोने यह सारा काम कौन करता है?"

"लो भाई जी, वह इतना भी नहीं करेगा? मैंने उसे कहा था कि जा, तू डबल जॉब कर ले, फिर ये सारे काम मैं कर लूँगी। पर वह कहता है कि मेरे से डबल जॉब नहीं होती। अब भाई जी, यह तो उसे करना ही पड़ेगा और फिर यह कौन-सा इंडिया है। यहाँ पर तो सभी आदमी घर का काम करते हैं। पर ये तो सारी साफ-सफाई भी कर लेता है। जाती हूँ तो बर्तन भी मंजे होते हैं, दाल-रोटी सब्ज़ी भी बनाई होती है। आटा गूँथना और रोटी बनानी भी मैंने सिखा दी थी। और फिर बच्चे तो इंडियन फूड को देखते भी नहीं। दो जनों का खाना बनाने में कौन से बरसों लगते हैं। सुबह चाय बना कर भी बेड में पकड़ा जाता है। चार बजे मुझे घर से निकलना होता है, मेरे पास टाइम कहाँ होता है?" डैवी ने मान से कहा।

हैरी कहना तो चाहता था कि "वह बंदा है या पाजामा? यह भी भला क्या लाइफ हुई?" पर वह चुप ही रहा।

हैरी को एक और बात याद आई, जब उसने डैवी को पूछा था—"डैवी तू घर तो कभी रहती ही नहीं, तेरी हसबैंड-वाइफ की रिलेशनशिप कैसे चलती है?"

तब डैवी ठहाका मार कर हँसी थी—"लो भाई जी, अब हम कोई बच्चे हैं। हमें तो जवानी के वक्त भी इक्ट्ठे रहने का टाइम नहीं मिला, जब हमारा समय था। भाई जी हमने तो बच्चों के लिए पूरी उम्र लगा दी। अगर सच पूछो तो मैं और मेरा पति अभी तक एक साथ नियाग्रा फॉल भी नहीं गये, इंडिया तो बहुत दूर की बात है।"

"आपके पति ने कभी ऐतराज़ नहीं किया?" हैरी ने फिर पूछा।

"लो भाई जी, इसमें ऐतराज़ की कौन-सी बात है, सारी दुनिया ही काम करती है। एक आता है, दूसरा जाता है। अगर ऐसा नहीं करेंगे तो घर कैसे चलेगा?"

तब नैमी ने कहा था—"ऐसे तो बहन, फिर बच्चे भी बिगड़ जाते हैं। हमने तो देखा हुआ है। हमारी वाली ने ऐसा ही किया था। अब अगर पल्ला उठाये तो अपना ही पेट नंगा होता है।"

डैवी जानती थी कि नैवी की लड़की, एक गुजराती लड़के से शादी करने पर कैसे अड़ गई थी। उस लड़के का पिता राष्ट्रीय सेवक संघ, हिन्दू जत्थेबंदी के कैनेडा चैप्टर का प्रधान था, जब कि नैमी का घरवाला कट्टर सिख था और आर.एस.एस. का घोर विरोधी था। वह कहता था कि लोग मुझे क्या कहेंगे कि बाहर तो उनके विरोध में इतना बोलता है और अब खुद ही उन्हें अपनी बेटी दे दी।

एक दिन अपसैट हुए जगसीर ने अपने बेटी विंकल को कहा था—"लड़की तुझे अपनी जान चाहिए कि नहीं?" तब उसने तुरंत 911 घुमा कर पूरी बात पुलिस को बता दी। पुलिस लड़की की जान को खतरा कह कर घर से ले गई और कोर्ट मैरिज करवा कर लड़के के पास छोड़ आई। जगसीर कुछ भी न कर सका। अब डैवी की लड़की भी तो उन्हीं राहों पर चल रही थी।

सलमा की नज़र लंच रूम में लगे टी.वी. पर अटक गई। दो बुर्के वाली औरतों को जज के सामने गवाही के लिए पेश किया जा रहा था। यह उसी केस का ट्रायल चल रहा था, जो पिछले साल घटा था। इस घटना के बाद लोग त्राहि-त्राहि कर उठे थे। जब शफीक मुहम्मद नामक व्यक्ति ने अपने बेटे आसिफ़ से मिलकर तीन लड़कियों को कार समेत दरिया में फेंक कर मार दिया था।

चल रहे ट्रायल से ही पता चला कि इस परिवार ने आतंकवादियों से जान बचाने के लिए अफगानिस्तान छोड़ कर कैनेडा में शरण ली थी। पर इन लड़कियों पर तीन-चार साल में ही कैनेडियन रंग चढ़ना शुरू हो गया। उनके हिज़ाब उतर गये और लिबास बदलने लगे। यह सब पिता सह नहीं पा रहा था। फिर आसिफ़ ने अपनी बीच वाली बहिन को स्कूल में किसी लड़के के साथ घूमते देख लिया था। उसके घर में आ कर बताने पर खूब क्लेश हुआ और लड़की को मारा-पीटा भी गया। एक दिन बड़ी लड़की को किसी का फोन आया तो उसका भी वही हाल किया गया। उससे फोन भी छीन लिया गया।

तब तो हद ही हो गई, जब छोटी लड़की एक रात घर ही ना आई। उसने फोन पर ही बताया कि वह किसी लड़के से शादी करना चाहती है। जब उसके पिता ने झट से हाँ कर दी तो सब हैरान हो गये। लड़कियाँ पिता के बदले हुए स्वभाव से बेहद खुश थी और उनकी हर बात मान रहीं थी। एक दिन पिता ने कहा कि हमें पिकनिक पर जाना है और शॉपिंग भी करनी है। लड़कियाँ तुरंत मान गईं। माँ भी साथ बैठ गई। वे दूर जंगल में निकल गये, जहाँ एक दरिया बहता था। शफ़ीक मुहम्मद उतर कर बैठने के लिए जगह देखने लग गया तो उसके बेटे आसिफ़ ने झट से गाड़ी को गियर में डाला और रेस दबा दी। खुद तो उसने बाहर छलाँग लगा दी, पर गाड़ी गहरे दरिया में जा गिरी।

यह उसी बात का बदला था जब लड़कियों ने एक दिन अपने पिता को डिक्टेटर कहा था और उसकी पत्नी शाहीन ने लड़कियों की साइड ली थी। चारों जनी पानी में बह गईं। उन्होंने यह रिपोर्ट लिखवाई कि तीनों लड़कियाँ और उनकी माँ गुम हो गई हैं।

आज एक बुर्के वाली औरत ने गवाही दी थी कि उस दिन उसने पूरे परिवार को कार में एक साथ जाते देखा था। एक औरत ने तो यह भी बताया वह उन बच्चों की मासी है। उसकी छोटी-बेटी सोफिया ने उन्हें बताया था कि उसकी जान को खतरा है। टोरंटो का मीडिया तो पहले से उसे ऑनर किलिंग का केस बता रहा था।

सलमा ने डैवी का हाथ दबा कर फिर कहा–"तू परेशान मत हो। पेरेंट्स के लिए यह बड़ा मुश्किल समय होता है। आई अंडरस्टैंड...।" पर उसकी आँखों से अभी भी आँसू बह रहे थे। उसे रोते देख कर रोज़ी और स्टैफनी भी उसके पास आ बैठीं। वे पूरी बात सुनकर डैवी को ही गलत कह रहीं थीं। वे कह रहीं थीं कि–"भला इसमें गलत क्या है? अगर वह पार्टी पर या ईवन अपने ब्वाय-फ्रेंड के साथ चली जाये। शी इज़ ऐडल्ट, यू कैन नॉट स्टाप हर फोर्सफुली। ट्राई टू अंडरस्टैंड। फॉलो द लॉ...।" फिर तो जैसे पूरी बहस का विषय ही बदल गया। हर कोई डैवी को ही समझा रहा था।

हैरी से फिर रहा न गया–"डैवी, तू उस दिन अपने पति से कितना लड़ी थी? जिस दिन इसी बात पर उसने लड़कियों को घूर दिया था। तब बच्चे इन बातों का नाजायज़ फायदा उठाते हैं। जब माँ-बाप में से एक रोके और दूसरा बच्चों की साइड ले।"

"हाँ भाई जी, उस दिन मैं सोचती थी कि मेरे पति गलत हैं। पर अब मुझे लगता है कि इन्हीं बातों के कारण बच्चे हमें मिस यूज़ कर रहे हैं।

हर लड़ाई के बाद डैवी का नज़ला इसी बात पर गिरता था कि–"तुम्हारे पूरे परिवार को कमा कर खिलाती हूँ, दिन-रात मरती हूँ। मैंने आप लोगों का क्या बुरा

किया?'' पर जब वह शब्दों की जंग हार जाती तो रोना शुरू कर देती।

रोज़ी और स्टैफ्नी तो अभी भी उसे ही गलत कह रही थीं। डैवी कह रही थी कि—''हमारा इंडियन कल्चर, ये बातें अलाउ नहीं करता।''

''दैन वाई यू चूज़ कैनेडा? बच्चे यहाँ पर पैदा हुए हैं, यहीं पर बड़े हुए हैं। यहाँ पर, लीगल ऐज होने पर उन्हें अपनी मन मर्ज़ी करने की आज़ादी है। यू कैन नॉट स्टॉप दैट...। डौंट यू लाइक दैट।'' स्टैफ्नी उसे टूट कर पड़ी।

हैरी को फिर एक और मौका मिल गया—''बहिन जी, मेन बात तो टाइम की है। बच्चों के लिए वो तो आप निकालते नहीं। बच्चों को कोई-न-कोई कम्पनी तो चाहिए ही। आप उन्हें घर में कैद कर के तो नहीं रख सकते?''

''नहीं भाई जी, यह बात नहीं। मैं हमेशा उनके साथ फोन पर टच रहती हूँ।''

''मुझे पता है। आप हमेशा बच्चों की इनक्वारी करते रहते हो या फिर उन्हें कोई हुक्म देते हो।''

''मैंने अपना फ़र्ज़ तो पूरा करना ही है। कोई और चायस भी तो नहीं।''

''बस यहीं पर आप गलत हो। बच्चों को आपकी धन, दौलत, घर कुछ नहीं चाहिए। उन्हें प्यार की ज़रूरत है—जीता-जागता प्यार। नहीं तो वे फिर भाग जायेंगे। वे कोई डिसेबल तो हैं नहीं कि कुछ बना नहीं सकते हैं...। यहाँ के बच्चे अनावश्यक दखल अंदाज़ी पसंद नहीं करते।''

''पॉल तो घर में रहते हैं, वे तो डबल जॉब नहीं करते।''

''आप तो उन्हें हर समय बिज़ी किये रखते हो, कभी घास काट दो, कभी कुछ और कभी कुछ। अगर बिचारे भाई साहब को थोड़ा-सा वक्त दोगे तभी तो वे बच्चों के साथ समय बितायेंगे।'' हैरी हँस कर बोला।

''लो, अब आप सभी मिल कर मुझे ही बुरा कहे जाओ। तेरे भाई साहब तो अभी भी पैग लगाये, सोफे पर बैठे टी.वी. देख रहे होंगे। आदमियों को तो वक्त होता ही है, वे तो नहीं निकालते। हाँ ड्रिंक एन्जॉए करने के लिए ज़रूर निकाल लेते हैं।

बातें गंभीरता से हँसी की ओर जाती लग रहीं थीं। पर सलमा अभी भी बैठी, पता नहीं क्या सोचे जा रही थी। फिर बातों से बातें निकलती शुरू हो गई। सलमा बोली—''ये पिछले हफ्ते जो लड़का हाई वे के ब्रिज से छलाँग मार कर मरा है, उसकी भी तो यही प्रॉबल्म थी। उसका पिता, उसकी माँ को छोड़ कर चला गया। माँ डिप्रेशन में चली गई। उसकी जो गर्ल फ्रेंड थी, वह किसी और के साथ चली गई। कहते हैं उसे किसी का प्यार नहीं मिला।''

डैवी अब थोड़ी सहज हो गई थी। बोली—''बहिन, इस मुल्क में बच्चे पालने बड़े मुश्किल हैं। पढ़ाओ, सैट करो और ऊपर से नखरे झेलो।''

''डार्लिंग, यह घर-घर की बात है, तू अकेली नहीं है। बच्चों का सुख तो

किस्मत वालों को मिलता है–अगर किसी के अच्छे निकल आयें।'' नैमी बोली।

रोज़ी से फिर रहा न गया–''आप तो सभी बच्चों को ही कहे जाते हो, क्या माता-पिता का कोई कसूर नहीं?'' सिर्फ़ बच्चे ही बुरे हैं। डैवी, तेरे बच्चों में भी तो अनेक अच्छी बातें होंगी''?

''वैसे तो रेनु भी बहुतेरी अच्छी है। दूसरों की मदद के लिए हमेशा तैयार रहती है। एक दिन किसी होमलैस को कोई कार हिट कर गई। उसने वहाँ पुलिस बुला कर, फिर ऐम्बुलेंस में अस्पताल तक उसके साथ गई। कहती, ''मॉम, ये बिचारा होमलैस है, इसका कहाँ कोई है।'' फिर रोज़ उसका हाल पूछने जाया करती। उसे कपड़े भी लेकर दे आई। कहने लगी–''मॉम आपसे कुछ नहीं माँगती, ये मेरी समर जाब की सेविंग है।'' इसके साथ ही वह कैंसर के मरीज़ों के लिए वालंटियर काम भी करती है। हर अच्छे काम में आगे बढ़कर हिस्सा लेती है। स्कूल वाले भी काफी बढ़ाई करते थे। बस यही कभी-कभी ज़िद पकड़ कर बैठ जाती है...।'' डैवी ज़रा-सी मुस्कराई।

''फिर तू उसकी अच्छाइयाँ क्यों नहीं पहचानती?'' ''वैसे तो वह अपनी दादी का भी इतना ध्यान रखती है कि बाई गॉड हम न कर सकते। हमारे पास तो टाइम ही नहीं। जब इसकी दादी की लेज़र सर्जरी हुई थी, तो वह पाठ नहीं कर पाती थी। वह हमें सुनाने के लिए कहती थी। पर हमारे पास इतना खाली वक्त कहाँ...? इसने देख लो भाई, पाँचों बानियों का पाठ, साथ में 'आसा जी दी वार' सब उसे कम्प्यूटर से आई पैड पर लगा दिए। कहा करती, बड़ी माँ, आपको पाठ सुनाया करूँगी। अरे, हमारी बेबे तो रोज़ कानों के साथ नलियाँ-सी लगा कर बैठी रहा करे और साथ में बोला करे, ऐसी बेटी तो कहीं नहीं मिलनी।''

लंच रूम में अब हँसी के फव्वारे फूट रहे थे। तब नैमी बोल रही थी–''बहन ये तूने अच्छी बात बताई है, मेरी सास भी रोज़ हमारी जान खाती रहती है कि पाठ लगाओ, पाठ लगाओ। अब बच्चे कहाँ टी.वी. का चैनल बदलने देते हैं, हमारा-सा सुर-सागर रेडियो भी ख़राब हुआ पड़ा है। मैं भी गुरनाम को कहूँगी कि बेबे को आई पैड पर भर कर दे दे। यहाँ पर बहन सुनाने का समय किस के पास है?''

''हाँ, इसकी बड़ी मौज (फायदा) है...। जब मेरी बहन की सास मरी थी, तब भी अस्पताल में उसके प्राण अटके हुए थे। हम भी काम-काज वाले थे। काम से रोज़ छुट्टी न मिले। रोज़ अरदासें करते कि हे प्रभु माई को उठा ले। पर प्रभु सुनता कहाँ हैं? फिर किसी ने कहा, बुढ़िया को सुखमनी साहब का पाठ सुनाओ, तब छुटकारा होगा। अब इतना समय कौन निकाले? तब भी रेणु अपने लैप-टॉप पर पाठ लगा कर, हेड-फोन बुढ़िया के कानों में लगाती रही। कहती, मासी अब आप चिंता मत करो। तब कहीं जा कर उस बुढ़िया की जान निकली...। वैसे रेनु अच्छी तो

बहुत है।''

हँसी का एक फव्वारा छूटा।

डैवी फिर बोल पड़ी–

''तू तो मेरा भी बहुत करती है।'' एक दिन कहने लगी–''मॉम यू आर जस्ट लाइक ए मशीन। यू हैव नो लाइफ। वाई यू आर किलिंग योरसैल्फ...ओनली फॉर मनी।'' मैंने कहा, ''मनी भी तो आपके लिए ही कमाती हूँ। तो कहती, हमें नहीं चाहिए ये मनी।'' इतनी देर में हैरी का लंच खत्म हो गया। मशीन से केक का कैन निकाल कर, फिर टेबल पर आ बैठा और बोला–''यही तो प्राबल्म है, हम बच्चों की कभी सुनते ही नहीं।''

''भाई जी, यह हमारी इंडियन सोच है...बस, रहा नहीं जाता। हम सोचते हैं कि अगर हमारे बच्चे ने कोई गलत कदम उठा लिया तो लोग क्या कहेंगे?''

''कहने दो, जो कहते हैं। पहले मैं भी ऐसे ही सोचता था। अपने बच्चे भी गवाँ दिए और घर भी। यहाँ कोई भी आपकी धौंस नहीं सहता।''

''आई जी, मुझे क्यों लगता है कि उसका कोई ब्वाय फ्रेंड भी है, जो किसी दूसरी कम्युनिटी का है और यह सिगरेट भी पीता है। मैं सोचती हूँ कि हो सकता है कि कोई और नशा भी करता हो। अगर उसने मेरी लड़की को भी नशे की लत लगा दी तो फिर...? या फिर प्रैगनैंट कर के छोड़ दी? हमारा कामों पर मरने का क्या फायदा हुआ...? मैं रोज़ लड़ती हूँ पर वह तो परों पर पानी नहीं पड़ने देती।''

''फिर उसे बैठ कर प्यार से समझाओ। रोज़ फोन पर लड़ने का क्या फायदा?''

''तो क्या आज मैं लड़की को जाने दूँ...?''

''बच्चे ऐसे ही किया करते हैं।'' सलमा ने कहा।

''मेरी शमीमा भी ऐसे ही करती थी। उसका डैड भी बहुत कलपता था। कहाँ सुनते हैं बच्चे किसी की...। जाने दे, कुछ भी नहीं होने लगा तेरी बेटी को।''

''सलमा ऐसे कैसे भेज दें? हमारी कम्युनिटी में लड़के-लड़की का फ़र्क ख़त्म नहीं हो सकता।'' नैमी कह रही थी।

''लड़कियाँ यही देख कर तो परेशान होती रहती हैं।'' हैरी कह रहा था।

अब स्टैफनी और रोज़ी, डैनी को घर फोन करके, बेटी को जाने देने के लिए कह रहीं थीं।

अब डैवी ने घर पर फोन मिलाया और वहाँ रेनु ने ही उठाया।

''बेटा, एक बार तू अपने डैडी से तो पूछ लेती?''

''मॉम, आप सब कुछ क्या डैडी से पूछ कर करते हो?''

''नाओ पुट योर वायस डाउन। बता किस के घर जाना है?''

''मेरी फ्रेंड नूर का बर्थ-डे है। उसने मुझे और सीनाज़ा को इन्वाइट किया है।''

"यू शोर? वह तेरा स्मोकर फ्रेंड तो नहीं घूमता रहेगा?"

"मॉम, उस दिन हरवीर के फ्रेंड ने मेरी कार में स्मोक किया था, तभी तुझे स्मेल आई थी। हरवीर मेरा फ्रेंड है, जस्ट ए फ्रेंड, ओ.के। उसका फ्रेंड जैग स्मोक करता है। पहले वह ड्रग भी लेता था, हम सभी फ्रेंड्स मिल कर उसे ड्रगस से बाहर निकालने की कोशिश कर रहे हैं। वह बहुत डिप्रेशन में था, तभी हमने कार में बिठाया था। उसी ने ही स्मोक किया था। आप यों ही मेरे पीछे पड़ गये।"

रेणु की बातें सुन कर डैवी पिघल गई—"डोंट टेक मी रौंग। आई नो, तुम लोग अच्छा काम कर रहे हो। पर मुझे कोई उलाहना न मिले। तू अपनी ज़िम्मेदारी पर जा सकती है। तेरे डैड को मैं समझा दूँगी।"

"प्रोमिस मॉम...। यू आर सो स्वीट। मैं भी अपने बर्थ-डे पर घर में पार्टी रखूँगी।"

"हाँ बेटे, ज़रूर।"

"मॉम उस दिन आप और डैड घर में रहोगे। ओ.के.। मैं भी फ्रेंड्स को बुलाऊँगी। अब मैं जाऊँ मॉम?"

"गो" डैवी ने कहा।

अब रेणु बहुत खुश थी। डैवी को भी कोई आत्मिक खुशी मिली थी।

हैरी डैवी को खुश देख कर मुस्करा पड़ा।

वह फिर बोली—

"चलो जी, करें अपनी मर्ज़ी। अब बड़े हो गये हैं। हम भी कब तक रखवाली करते रहेंगे।"

डैवी के सिर से जैसे मानो भार उतर गया हो।

उसने खिड़की से देखा।

बाहर एक खूबसूरत धूप से भरा दिन, उसका इंतज़ार कर रहा था।

शनूक (स्नो हीटर)

हरप्रीत सेखा

(18.11.1967)

"स्नो साफ करने जाऊँ ना?"

घुटने-घुटने तक पड़ी बर्फ़ देख कर कमल तो एक बारगी घबरा गई। "कैसे साफ करूँ इसे। अभी थोड़ी देर पहले ही तो ड्राइव वे साफ किया है। फिर उतनी ही गिर गई है।" वह कुछ पल उसी तरह खड़ी बाहर देखती रही। "करूँ फिर साफ जा कर?" उसने सोचा। "अभी तो पूरा दिन सिर पर पड़ा है। शाम को काम पर भी सारी शिफ्ट पैरों पर खड़े ही करनी है।" उसके दूसरे मन ने कहा।

"पर ये तो हटाने से ही हटेगी। यों देखते रहने से काम नहीं बनना।"

"गुरनूर के भी जागने का वक्त हो गया है। कहीं जाग गया तो ज़रा से बच्चे को ठंड में ले जाऊँ?" खिड़की से बाहर देखते हुए कमल दुविधा में पड़ गई।

जब से कमल की आँख खुली थी, बर्फ़ बड़ी तेज़ी से गिर रही थी। दोपहर तक धरती पर बर्फ़ का अम्बार लग गये थे। वह साथ-ही-साथ दो बार अपनी कार निकालने लायक ड्राइवे से बर्फ़ हटा चुकी थी। ऐसा करती हुई वह पसीना-पसीना हो गई थी, लेकिन उतनी ही बर्फ़ फिर से पड़ गई थी। खिड़की से बाहर देखते हुए उसने अपनी टाँगों में थकावट महसूस की। वह वहीं सोफे पर टाँगें फैला कर आराम से बैठी। फिर उसने अपने आप से ही कहा—"कैसे बैठ जाऊँ आराम से, अभी तो बीस काम पड़ें हैं करने वाले"।

वह सोचने लगी कि शाम के खाने के लिए क्या बना कर रखे?

बच्चों के लिए तो उसने सोच लिया था कि मैकरोनी बना देगी पर गुरचरन के लिए क्या बनाये? गुरचरन का ख़्याल आते ही उस के मन में डर का भाव आया। "अगर वह घर वापिस न आया?"

"अगर न आया तो और कहाँ जायेगा, खुद ही आ जायेगा। पहले की तरह एक-दो दिन मुँह फुला कर ठीक हो जायेगा।" यह सोच कर उसने खुद को दिलासा दिया पर अगले ही पल उसके मन में गुरचरन का कल शाम को आंटी के घर चले

जाने और वहीं से सुबह काम पर चले जाना, खतरे की घंटी बन कर बजा। उसके मन में आया कि आंटी को फोन करके गुरचरन के बारे में पता करे पर उसने खुद को यह सोच कर रोक लिया कि गुरचरन ने शायद इस बारे में आंटी से बात ही न की हो। फिर उसे गुरचरन के शब्द याद आये। उसने कहा था, "कितना और ज़लील करेगी मुझे?"

"अब हमारी वजह से ज़लील होने लग गया है, तब कहा करता था कि सहारे की ज़रूरत है। बंदा कितनी जल्दी बदल जाता है।"

गहरी साँस लेकर उठती हुई बोली, "बैठे रहने से क्या होगा, गुरनूर के सोते-सोते जितना काम निपट जाये, निपटा लूँ।" रसोई में जाकर उसने मैकरोनी को उबलने के लिए रख दिया और फ्रिज से हरी, पीली शिमला मिर्च, टमाटर और मशरूम निकाल कर उनके छोटे-छोटे टुकड़े करने लगी। "चलो, गुरचरन के लिए मशरूम की सब्ज़ी ही बना देती हूँ", उसे सूझा। 'पता नहीं मैकरोनी खाते उसे क्या तकलीफ होती है, कहता है रोटी के बिना कुछ अच्छा नहीं लगता। पूरे परिवार के लिए अलग-अलग चीज़ें बनाओ!' उसने खुद को ही कहा। उसके दिमाग में अपनी सहकर्मी पाली के शब्द गूँज गये। उसने कहा था—"ऐसे ही फिर से शादी के चक्कर में मत फँस जाना, मुश्किल से तो निकली है गुलामी से, यू नो वाट आई मीन।" उसे फिर पाली की पूँछ वाली बात भी याद आ गई।

"अभी तक साथ लगाये फिरती है उसकी पूँछ।" उस समय कमल के तलाक को अभी कुछ ही महीने हुए थे। कम्पनी के किसी फार्म पर दस्तख़त करते हुए जब कमल ने हरकमल 'बाज़' लिखा, तो पाली ने कहा था। कमल ने हैरानी से उसकी ओर देखा उसे पाली की बात समझ नहीं आई थी। "तेरे एक्स का लास्ट नाम—उतार के पर मार।"

कमल ने पहले इस बारे में कभी सोचा ही नहीं था। वह बोली, "और फिर अपने पेरेंट्स का लास्ट वाला नाम दोबारा लगा लूँ?"

"खुद कमाती है, खुद अपने बच्चे पालती है। अपना नाम खुद चुन। हैल विद पेरेंट्स।" कमल को लगा जैसे 'हैल विद पेरेंट्स' कहते हुए पाली की आवाज़ थोड़ी ऊँची हो गई थी। पाली फिर बोली—"लुक एट दिस। मैंने अपना लास्ट नाम खुद चुना है।"

कमल ने उसके फार्म की ओर देखा। जसपाल 'पाली' देख कर कमल ने 'गुड फार यू' कह कर उसका फार्म लौटा दिया। पर यह 'पूँछ' वाली बात कमल के दिमाग में अड़ गई। हरकमल के पीछे 'बाज़' लिखते हुए उसके दिमाग में 'पूँछ-पूँछ' होने लगती। वह सोचती कि वह भी 'बाज़' की जगह 'कमल' लगा ले। फिर उसे ख़्याल आता कि बच्चों के नामों के पीछे तो 'बाज़' है। इस तरह बच्चों से अलग-सा हो

जायेगा। क्यों सोचेंगे कि बाप तो उनके पास है ही नहीं और माँ ने भी उनसे अलग नाम रख लिया। फिर वह बच्चों का नाम भी अपने नाम वाला बदलने के लिए उनके पिता की इजाज़त लेनी पड़ेगी। अगर उसने आज्ञा न दी तो कोई दूसरा आधार बना कर केस किया जा सकता है। इजाज़त और केस का नाम सुन कर कमल चुप रह गई। 'मैं तो सारी कमाई वकीलों के चक्कर में ही ख़त्म कर दूँगी।' उसने सोचा। अब नाम बदलने वाला काम उसने किसी और मौके के लिए छोड़ दिया। यह 'पूंछ' शब्द उसे अक्सर तंग किया करता। जब कमल ने सुना कि बच्चों का पिता इंडिया जा कर नई शादी करवा आया है तो कमल के दिल में आया, ''उसने तो कभी बच्चों को मिलने की कोशिश ही नहीं की और तलाक के समय बिना किसी हील-हुज्जत के बच्चों की पूरी देख-रेख मेरे पास ही रहने दी थी। जब उसका बच्चों से कोई लगाव ही नहीं, फिर वह उनका लास्ट नाम बदलने की आज्ञा क्यों नहीं देगा।'' यह सोच कर कमल ने वकीलों के खर्च से बचने के लिए किसी कॉमन बंदे द्वारा नाम बदलने की बात जिंदर तक पहुँचाई थी। उसका सख़्त इनकार सुनकर कमल ने उतावली में केस लड़ने का इरादा बना लिया पर थोड़ी देर बाद वकीलों के खर्च के बारे में सोच कर इस काम को आर्थिक तौर पर किसी अच्छे मौके के लिए छोड़ दिया। वह सोचने लगी, ''उसे कितनी मौज है, पहले बच्चों की कोई चिंता नहीं और नई घरवाली ले आया। पर बच्चों के नाम के पीछे अभी भी उसी की पूँछ है। और मुझे लड़ना पड़ रहा है अपने नाम के लिए।'' कमल को खीझ-सी आने लगी। फिर उसे खुद पर ही क्रोध आने लगा कि क्यों उसने बच्चों की सारी ज़िम्मेदारी अपने सिर ले ली थी। लेकिन यह क्रोध थोड़ी देर तक ही रहा। कमल को उस घर में हर समय रहने वाला क्लेश का ख़्याल आ गया और जिंदर के साथ गुज़ारे आखिरी दिन का ध्यान आया। आम-तौर पर वे लड़ते तो रहते ही थे, पर उस दिन जिंदर ने हाथ उठा लिया था और उसका उठा हुआ हाथ कमल की स्मृति में नासूर बन गया था। उस दिन जिंदर ने कहा था—''आज फिर नहीं लेकर गई मनी एक्सचेंज पर?''

कमल ने देखा था कि बाहर से आ कर जिंदर पहले अपने माता-पिता के कमरे में गया था और वहाँ से निकल कर उसने इस तरह कहा था।

''मेरे पास अपनी कमाई लुटाने का टाइम नहीं है।'' कमल ने उत्तर दिया।

''तुझे राइड देने को कहा था, कमाई उन्होंने अपनी भेजनी है।''

''जितना कमाते हैं, इंडिया में वीर जी को भेजे जाते हैं और वहाँ वे नशों में उड़ाये जाते हैं और यहाँ हमें कभी एक सेंट भी नहीं दिया। घर का खर्चा पता नहीं कैसे चलाती हूँ।''

''उन्हें सेंट देने की क्या ज़रूरत है। उनके बेटे का घर है।''

''बेटा तो जैसे कमाई करके बैंक भरे जा रहा है। जितना कमाता है, उतने का

नशा कर लेता है।''

''जब देखो साली, बच्चों वाली कुतिया-सी खाने को आती है।''

''मुझ से ऐसे बोलने की ज़रूरत नहीं। मैं भी ऐसा बोल सकती हूँ।''

''बोल कर देख ले।''

''तू इस तरह सामने से बोलती है, तभी तो वह नशा करने लगा है। अगर सही होती तो प्यार से चाहे दारू भी छुड़ा देती।'' कमल ने देखा, उसकी सास कमरे से बाहर आती कह रही थी।

''आप तो मम्मी, मुझे ही ब्लेम किये जा रहे हो। इसे क्यों नहीं कहते कि काम करे। और फिर अगर ये मेरे कारण नशा करने लगा है, तो वीर जी को तो मैंने नशे की आदत नहीं डाली?''

''समझदार बेटी-बेटे बड़ों से आँख मिला कर नहीं देखते और तुझे तो छोटे-बड़े किसी का लिहाज़ ही नहीं।'' कमल की सास ने कहा।

''अगर ऐसा समझते हो तो उसके पास चले जाओ जो लिहाज़ करती है।'' कमल बोली।

''हम क्यों जायें। हमारे बेटे का घर है। तू जा, जहाँ जाना है।''

''बेटा क्या लगता है, किश्तें देती...।'' कमल ने अभी पूरी बात की ही नहीं थी कि जिंदर हाथ उठा कर बोला—''तुझे मैं आज करता हूँ सीधा।''

पर कमल ने उसका उठा हुआ हाथ रास्ते में ही दबोच लिया और वह घर बिखर गया।

सब्ज़ियाँ काटते हुए कमल ने सोचा ''आदमी शादी करवा के औरत को अपनी प्रोपर्टी क्यों समझने लगते हैं?'' जीते चाहे औरत की कमाई पर ही हों। यह तो फिर भी कमाई करता है, पर वह जो...।'' जिंदर का ध्यान आते ही कमल का हाथ तेज़ी से चलने लगा। चाकू उसकी उँगली पर चल गया, वह पीड़ा से कराह उठी। उँगली से खून आने लगा। उसने खून रोकने के लिए बैंडेड लपेट ली। बैंडेड लपेट कर कमल की नज़र फिर खिड़की से बाहर और वहाँ से रसोई की ओर जाते उसकी नज़र दीवार पर टँगी उनकी फैमली फोटो से टकरा गई। उँगली को दबाये वह एकटक फोटो को देखने लगी। गुरचरन के कंधों पर चढ़ कर बैठा अर्जुन, उसकी अपनी गोदी में बिठाया हुआ गुरचरन का खिला हुआ मुख देख कर उसने सोचा कि उसे गुरचरन की नाम बदलने वाली बात मान लेनी चाहिए और चुप करके बच्चे पालते रहना चाहिए।

चुप करके बच्चे पालने वाला यह ख्याल कमल को तब आया था, जब वह अपने मायके वाले घर में रहती थी। वह मकान, जिसमें वह जिंदर के साथ रहती थी बेच दिया था। अपना हिस्सा लेकर कमल अपने मायके घर में आ गई थी। उसकी

माँ ने बच्चों की ओर से उसे बेफ़िक्र कर दिया था। काम पर जितना भी ओवरटाइम मिलता, वह लगा लेती। घर पहुँचते ही माँ की पकी-पकाई मिल जाती। पर माँ की छाया उसे अधिक दिनों तक न मिल पाई। एक दिन नहाते हुए उसकी माँ गुसलखाने में ही गिर पड़ी। उसे ज़बरदस्त पक्षाघात हुआ था। पहले अस्पताल और फिर केयररूम में पहुँच गई थी। कमल को लगता कि घर का मुख्य स्तम्भ गिर गया है। वह माँ, जो पूरे घर की ज़िम्मेदारी अपने कंधों पर उठाए फिरती थी, अब उसे खुद सहारे की ज़रूरत हो गई थी। बच्चों को संभालने की समस्या आ खड़ी हुई। कमल की बेटी सिम्मी तो स्कूल जाती थी पर अर्जुन और कमल के भाई का लड़का अभी स्कूल जाने की उम्र से छोटे थे। कमल की भाभी कहती कि उसे तो मुश्किल से काम मिला है, पर उसे काम छोड़ना पड़ा था। कगल को लगता कि काम छोड़ने के बाद उसकी भाभी खीझी-खीझी रहती थी। कमल के घर घुसते ही वह अक्सर कहती–''दीदी, ये अर्जुन बड़ा तंग करता है। सारा दिन कूदता रहता है और साथ ही छोटे को भी गलत आदतें सिखाता है। मैं तो पूरा दिन इनके पीछे-पीछे भागती थकी हुई हूँ।'' कमल को लगता कि वह थकी होने से ज़्यादा ऊबी हुई है। अब कमल को लगने लगा कि वह कुछ ज़्यादा ही टोका-टोकी करने लगी थी। कभी वह फुल्के बना कर हटी कमल को कहती–''दीदी, फुल्के बनाते हुए पता नहीं इतना आटा क्यों बिखेर देती हो?'' या कभी कहती–''दीदी, मैंने मुश्किल से कप-प्लेट ऐडजस्ट किये थे, आप ने फिर से पहली वाली जगह पर रख दिए।'' जवाब में कमल कहती–''पहले कई सालों से कपबोर्ड में ही रखते थे। वहीं पर रखने की आदत पड़ी हुई है। धीरे-धीरे नये कपबोर्ड की आदत भी पड़ जायेगी।'' या कभी कह देती–''दीदी, बर्तन साफ करते हुए आप पानी सिंक से बाहर निकाल देते हो।'' कमल को क्रोध आता। उसका मन होता कह दे–'ज़्यादा मेरा-मेरा मत जता, मेरा भी उतना ही घर है, जितना तेरे पति का।' पर वह ज़ब्त कर जाती। सोचती कि अगर वह बोली तो घर में क्लेश हो जायेगा, जिससे उसके पापा को और दुःख पहुँचेगा। वे तो पहले से ही माँ के सदमें से हिले हुए हैं। वह गुस्सा पी कर घूमती रहती। काम से लौटने पर बच्चे उससे बुरी तरह चिपकते। कमल महसूस करती कि माँ के स्वस्थ होते समय वे देखते भी नहीं थे कि वह घर में है या नहीं। वह बच्चों को साथ लेकर माँ को देखने केयररूम भाग जाती। माँ का हाल पूछने आई औरतें अक्सर ही कह देतीं। ''घोड़े जैसी थी, अगर बेटी का दुःख न लगता तो अभी उसे कुछ नहीं होना था।'' उनकी बातें सुन कर कमल सोचती कि उसने कौन-सा जान-बूझ कर दुःख दिया है। अगर अच्छा घर-बार मिल जाता, तो किसका मन होता है घर उजाड़ने का। वह चाहती थी कि वह उनसे दूर भाग जाये। जब वह अपनी माँ को बिस्तर से चिपकी, स्वयं हिलने में असमर्थ देखती तो उसके मन में अपराध बोध-सा जागने लगता। उसे लगता कि

अगर उसका तलाक न हुआ होता तो शायद माँ की ऐसी हालत न होती। ऐसे में आँसू चुपचाप बहते रहते उसके। वह सोचती कि अपना दुःख किस से बाँटे? पूरी दुनिया ही उसे बेगानी-सी लगती। इन्हीं दिनों एक दिन वह लंच के समय, काम पर गई गिरती हुई बर्फ़ देख रही थी। ''क्या सोच रही है? कमल के कानों में पाली की आवाज आई। ''यों लगता है जैसे दुनिया भर बर्फ़ ने अपने यहाँ कैलगिरी में ही गिरना है। और अनेक जगह पड़ी हैं, वहाँ क्यों नहीं गिरती?''

कमल ने पाली के हँसने की आवाज़ सुनी और फिर उसकी बात–''हर जगह के अपने गुण-अवगुण होते हैं। इस तरह मायूस होने से कुछ नहीं होता। इससे तो टक्कर लेनी पड़ती है। यू नो वाट आई मीन?''

कमल को पाली की यह बात कई बार याद आती।

सब्ज़ी बना चुकने के बाद खिड़की से बाहर की ओर देखते ही यह बात याद आई थी। कमल की नज़र एक आदमी पर पड़ी, जो एक छोटे से बच्चे को अपने कंधों पर बिठा कर बर्फ़ में जमा-जमा कर पैर रखता हुआ जा रहा था। 'देखो, बेचारा कितनी मुश्किल से पैर रख रहा है', कमल ने सोचा। फिर उसके दिमाग में एकदम अर्जुन का ख्याल आया, जो उस बच्चे की उम्र में अपने नाने के कंधों पर चढ़ने के लिए अपने नाने के बेटे से लड़ाई करता था।

''मेरा ग्रैंपा है, मेरा ग्रैंपा है, ''कहते हुए दोनों झगड़ते। एक दिन अर्जुन रोता हुआ कमल के पास आ कर बोला था–''माँ, ऐवरीटाइम ग्रैंपा उसकी साइड लेता है। मुझे पिगीबैक राइड नहीं देता।'' कमल के मन में आया कि अपने पापा से कहे कि वे भेदभाव न किया करें। पर पापा पहले से ही माँ के लिए दुःखी है।'' सोच कर खुद को रोक लिया और अर्जुन को चुप कराने के लिए पास बैठे अपने भाई की ओर इशारा करके कह दिया–''जा तू अपने मामे के कंधे पर चढ़ जा।''

''मामे के कंधों पर चढ़ जा, जैसे मामे को और कोई काम ही नहीं होता।'' अपने भाई के रूखे बोल सुन कर कमल खुद को रोक न सकी। वह बोली–''मैं तो सोचती थी कि तू बच्चों को इतना प्यार करेगा कि उन्हें डैड की कमी महसूस नहीं होगी, पर तू तो इन्हें ज़रा भी लाइक नहीं करता।''

''लाइक क्या करूँ? इतनी तो गालियाँ निकालता है। सारा दिन तंग करता है और साथ में छोटे को भी सिखाता है।'' ''ना-ना लड़ो मत, ले आजा, अब तुझे उठा लेता हूँ।'' कमल अपने पिता की आवाज़ सुन कर चुप हो गई। जब उसका गुस्सा कम हुआ, वह सोचने लगी–''भाई, पहले तो ऐसा नहीं था। सिम्मी जब मिलने आती थी तो उसे एक पल को भी दूर नहीं रखता था और उसके लिए भी कितना किया करता था। वह उससे कई बार जिंदर की ज़्यादतियों की बात करती तो सुन कर वह उसे पीट देने की बातें करता पर माँ के समझाने पर समझ जाता।

यह तो माँ के बाद ही पता नहीं सबको क्या हो गया है।'' कमल ने ठंडी साँस भरी।

घर में घुटे और फैले हुए तनाव से तंग आकर कमल ने अपनी आंटी की सलाह मान ली थी। उसकी माँ के बीमार होने के बाद तो आंटी अक्सर ही कहने लगी थी—''जो चार पैसे पास हैं, उनसे कोई छोटा-मोटा मकान खरीद कर किराये पर चढ़ा दे। मकान अपने नाम हो तो रिश्ता जुड़ने में आसानी हो जाती है। और फिर खुदा न करे अगर तेरे पापा को कुछ हो गया तो भाई-भाभी कहाँ रखने वाले हैं।''

''भाई-भाभी कैसे निकाल देंगे, घर पापा के नाम है। पापा के बराबर काम करके मौरगेज की किश्तें दीं हैं मैंने इस घर की।'' कमल ने झट से जवाब दिया। लेकिन यह बात कुछ दिनों बाद ही सामने आ गई। कमल के मकान खरीद कर किराये पर चढ़ाते वक्त उसके पापा ने दस हज़ार डालर अपनी ओर से कमल को दिए थे। इस बात की भनक लगते ही उसका भाई भड़क उठा था। उसने लकीर खींचते हुए कह दिया, ''या तो इस घर में ये रहेगी, या मैं।''

''यह कौन होता है मुझे यहाँ से निकालने वाला, पापा अगर आप कहते हो तो मैं अभी चली जाती हूँ।'' कमल बोली।

''मैं तुझे ऐसे किस तरह घर से धक्का दे दूँ। तुम लोगों को तमाशा मत दिखाओ।'' उसके पापा ने कहा और फिर दोनों बहन-भाई की मिन्नतें करके क्लेश ख़त्म किया। लेकिन वह लकीर न मिटा सका। कमल घर की बेसमैंट में रहने लगी और उसका भाई ऊपरवाले हिस्से में। दिन में उसका पापा अर्जुन को साथ लेकर केयररूम चला जाता। इस तरह गाड़ी चल तो पड़ी थी पर तनाव और गहरा हो गया था। इस घुटन का जल्दी ही पटाखा बोल गया, जिस दिन वैनकुवर से आये कमल के मामे के बेटे ने आना था। उस दिन उसे अपने पापा पर बेहद गुस्सा आया। मामे के बेटे के आने की उसे बहुत खुशी हुई थी। उसके साथ वह बचपन में खेली थी, हँसी थी। उसके साथ बचपन की यादें जुड़ी हुई थीं। उसके पापा ने बताया था कि वह पहले घर आयेगा, फिर चाय-पानी पीकर कमल की माँ का हाल पूछने केयररूम जायेगा। लेकिन अपने पापा की अगली बात सुनकर बर्तन साफ करती हुई कमल के हाथ रुक गये। उसे पता ही न लगा कि क्या करे और क्या कहे। उसके पापा ने कहा था—''कमल बेटा, तू उसके आने से पहले ही बच्चों को कोई मूवी-शूवी दिखाने ले जा, या किसी सहेली के घर चली जा।'' कमल ने हैरानी से अपने पापा की ओर देखा। उसके पापा ने फिर कहा—''दूसरे लोगों को क्या बताना कि भाई-बहन आपस में बोलते-चालते नहीं।'' गुस्से से भरी कमल ने बच्चों को कार में बिठाया और चक-ए-चीज़ रैस्ट्रां में ले गई। जितनी देर तक बच्चे खाते-खेलते रहे, वह अपने में घुटी बैठी रही। हर बार उसके दिल में आता—''पापा ने ऊपरवालों को क्यों नहीं कहा, घर से जाने के लिए। मुझे ही क्यों?'' जब बच्चों का मन और पेट

भर गया तो कार में बैठ कर कमल का खुल कर रोने को मन हुआ लेकिन बच्चों का ख्याल कर के उसने खुद को रोके रखा। उसके भीतर का गुबार आँसुओं के रास्ते झर-झर बाहर आने लगा। वह कार को ऐसे ही सड़कों पर भगाती रही। सिम्मी ने पिछली सीट से दो बार पूछा कि वे कहाँ जा रहे हैं? पर कमल ने कोई उत्तर न दिया। जब सिम्मी ने तीसरी बार पूछा तो उसने काँपते हुए शब्दों में कहा, "कुएँ में।" बच्ची ने दोबारा कोई सवाल न किया। आँखों में आँसुओं के कारण कमल को सभी कुछ धुँधला-धुँधला नज़र आ रहा था। उसने लाल बत्ती में भी कार निकाल ली। किसी कार का लम्बा हार्न बजा। "मॉम घर चलो," कमल ने सिमी की आवाज़ सुनी। उसने शीशे से पिछली सीट को देखा। सिम्मी ने अर्जुन को सीने से लगा रखा था। "कौन से घर?" कमल के होंठों से निकला। "अपने घर" कह कर अर्जुन ने चीख मारी। उसकी चीख ने कमल के पहले से ही हिले हुए दिल में हलचल मचा दी। कार को सड़क के किनारे रोक कर वह दोनों बच्चों के बीच में बैठ गई। दोनों को सीने से लगा कर वह रो पड़ी। बच्चे अपनी माँ से चिपक गये। उन्हें सहलाते हुए कमल का रुदन थमा तो उसने अपनी आँखें पोंछ कर कहा—"आज की रात हम तुम्हारे मामा के घर चलेंगे। कल को हम अपने घर जायेंगे।"

"मामा के घर"? कमल को सिम्मी की हैरानी भरी आवाज़ सुनाई दी। "हाँ, वह मामा के ही घर है। क्या हो गया अगर पापा के नाम है?"

कमल ने कहा।

अगले दिन कमल ने अपना सामान किराये पर दिये मकान की बेसमैंट में रखना शुरू कर दिया।

"क्या पागलपन कर रही है? बच्चों की मुश्किल होगी। कैसे चलायेगी?" आराम से टिक कर रहा नहीं जाता यहाँ?" कमल ने अपने पापा की इन बातों पर ज़्यादा ध्यान न दिया और—"हो जायेगा अपने आप", कह कर बात ख़त्म कर दी।

अपने उन दिनों को याद करती कमल ने सोचा, "अगर फिर से घर टूट गया तो कैसे इस सब से निकल पाऊँगी?"

"अपने आप कोई हल निकल आयेगा, जैसे पहले निकला था।" उसके दूसरे मन ने कहा।

"पहले तो दो बच्चे थे। अब तीन हो गये। पाली कितना मना किया करती थी। मैं फिर से उसी चक्कर में फँस गई।

"मुझसे दोबारा नहीं निकला जायेगा—इस सारे नर्क से। इससे तो मैं पहले ही अच्छी थी। क्या पता, दूसरा कैनेडा आने के मारे शादी करवा ले और यहाँ पहुँच कर किनारा कर ले।" कमल ने कहा था, जब उसकी आंटी ने इंडिया से रिश्तों की पूछ के बारे में कमल की राय जाननी चाही थी।

कमल के तलाक को अभी शायद तीन महीने ही हुए थे, जब आंटी ने कहा था–"कमल, फिर शादी के बारे में क्या ख्याल है?" कमल के दिमाग में एकदम विचार आया कि आंटी को माँ ने पूछने को कहा होगा। उसने एक दिन पहले ही कमल से इंडिया से आये किसी रिश्ते की बात की थी। कमल को अपनी माँ पर गुस्सा आया कि इतनी निकटता भी क्या हुई कि हर बात दूसरे से कर दो।

"आंटी, मैंने माँ को बता तो दिया था कि मुझे ठीक नहीं लगता।" कमल ने कहा।

"मैं उसकी बात नहीं करती। और बहुतेरे रिश्ते आते हैं। तू अपनी मर्ज़ी बता।"

"हाँ, कइयों ने पूछा है।" आंटी ने बताया। कमल का इन्कार सुनकर वह बोली–"अभी तुम बच्चों में व्यस्त हो। जब ये उड़ने लायक हो गये, इन्होंने अपने-अपने में मस्त हो जाना है। फिर तू कहा करेगी कि तब अगर आंटी की बात मान कर कोई साथी ढूँढ़ लेती तो अच्छा होता। तेरे अंकल पूरे हुए तो मैं भी कहती रहती थी कि मैंने शादी नहीं करानी। अब जब अकेली को घर खाने को आता है तो लगता है वह मेरी गलती थी।"

"वैसे ही कोई साथी ढूँढ़ लो।"

"साथी तो वे होते हैं, जिसके कंधे से कंधा मिला कर घर बँधा हो, बच्चे पाले हों।"

"अगर सगे बाप ने भी...।" कहती हुई कमल चुप हो गई।

"सभी तो एक से नहीं होते। अभी तू कल की लड़की है। बच्चा पैदा कर सकती है। अपने बच्चों के साथ ही आदमी घर से बँधता है।"

"इंडिया से नहीं मँगाना कोई। अगर कोई ठीक मिल गया तो यहीं पर कराऊँगी।" कमल ने कहा।

"यहाँ तुझ दो बच्चों की माँ को कौन लेगा?" आंटी के इन शब्दों ने कमल के अंदर आग लगा दी। उसे एकदम समझ ही नहीं आई कि क्या जवाब दे। वह अंदर-ही-अंदर धुकने लगी।

खिड़की से देखते हुए कमल को सामने वाले मकान की चिमनी से धुआँ-सा निकलता कुछ अजीब लगा। "इतनी बर्फ़ के होते हुए यह धुआँ!" उसे हैरानी हुई। कुछ पल तक वह हैरानी से उस निकलते हुए धुएँ को देखती रही। फिर उसके दिमाग में अँग्रेज़ी का एक मुहावरा आया कि "अगर मकान की छत पर बर्फ़ है तो इसका मतलब यह नहीं कि मकान में गर्मी नहीं है। चिमनी से नज़र हटा कर कमल अपने घर के सामने खड़े सीडर के पेड़ को देखने लगी। बर्फ़ से ढकी इस पेड़ की नीचे की ओर झुकी टहनियों को देखकर कमल को अपने कंधों में खिचाव-सा महसूस

हुआ। उसे लगा जैसे उन टहनियों ने बर्फ़ के भार से खुद को टूटने से बचाने के लिए अपनी बाँहों को अकड़ लिया हो। फिर उसने देखा जो बर्फ़ टहनियों पर नहीं टिक पा रही थी, वह नीचे गिर रही थी। यह देख कर उसे बड़ा अच्छा-अच्छा सा लगा।

अच्छा उसे तब भी लगता था, जब एक आदमी हर रोज़ उसके पीछे आने लगा था। वह शाम को अर्जुन को स्ट्रोलर में बिठा कर सिम्मी के साथ पार्क में जाया करती थी। वह भी उसी समय पार्क में आने लगा था। उसे पीछा करते देख कमल को आंटी की कही बात याद आ जाती। उसने कहा था–''बिना आदमी वाली औरत को हर ऐरा-गैरा अपने बिस्तर पर ले जाना चाहता है।'' उसे याद करके कमल खीझ गई। एक दिन कमल ने सोचा कि वह उस बंदे को कहे–

''स्टाप फालोईंग अस''। इस बात को कहने के लिए जब वह पीछे मुड़ी तो उस आदमी के चेहरे पर आई मुस्कान देख कर वह कुछ न कह सकी और आगे चल पड़ी। अगले दिन उस आदमी के साथ पाँच एक साल का बच्चा था। पास आकर, हल्के से मुस्करा कर बोला–''हैलो।'' कमल को उसकी ये मुस्कान अच्छी लगी। वह बोला–''मेरा बेटा है। अपनी माँ के साथ रहता है। वीक-एण्ड पर मेरे पास आता है।'' फिर उसने अपने बेटे से कहा–''जाओ बेटा, दीदी-भैया से खेलो। ''कमल ने बच्चे की ओर देखा और फिर उसके पिता को। वह कह रहा था–

''आपके बच्चे कितने प्यारे हैं।''

''सो इज़ योरस।''

''आप माईंड तो नहीं करते?''

''वाट।''

''मेरा सेम टाइम पार्क में आना''

''इट्स ओ.के.।''

''आई लाइक यू वैरी मच।''

कमल ने उसकी ओर देखा, फिर बच्चों की ओर देख कर कहने लगी–''लुक एट किड्स। दे मिक्सड अप सो क्विक्ली।''

''अगर ये आप में इस तरह हिल-मिल जायें तो मैं इसे अपने पास ही रख लूँ।'' कह कर वह थोड़ा-सा हँसा। कमल को कोई उत्तर न सूझा। वह फिर बोला–''आपके बच्चे अपने डैड के पास नहीं जाते?'' ''नो गाट सोल कस्टडी।'' कमल ने कहा। कमल को महसूस हुआ कि उसके जवाब संक्षेप में थे। उसे भी कोई सवाल पूछना चाहिए पर उससे कुछ भी पूछा न गया। लेकिन पार्क से लौटती कमल को अपना-आप भरा-भरा सा महसूस होने लगा। उस आदमी का हल्का-हल्का मुस्कराना, धीरे-धीरे बोलना और बच्चों में दिलचस्पी लेना, कमल को सभी कुछ अच्छा लगा।

अगले दिन वह थोड़ा जल्दी ही पार्क पहुँच गई थी और बार-बार उस राह की ओर देखने लगती, जिस रास्ते वह आया करता था। जब वह आता दिखा तो कमल का दिल धड़का। उसके पास पहुँचते-पहुँचते उसका शरीर शिथिल-सा हो गया। उसके "हैलो" का जवाब कमल ने मुस्करा कर दिया। बातें करते हुए कमल ने यह सवाल पूछ लिया, जो वह पिछली रात सोचती रही थी कि उसे क्या पूछना चाहिए था। कमल ने पूछा—"आर यू डाईवोसर्ड ऑर सेपेरेटेड?"

"डाईवोर्सड।" वह फिर बोला—"कैन वी बी फ्रेंडस?"

"आर वी नॉट? आई थिंक दैट्स वाई वी आर टाकिंग।" कह कर कमल हँस पड़ी। हँसी अब उसके होंठों पर आठों पहर रहने लगी। वह उड़ती-फिरती। शाम को पार्क जाने के समय की प्रतीक्षा करती। लेकिन पतझड़ का मौसम शुरू हो गया था। गर्म, धुपीले दिनों के स्थान पर ठंड उतर आई थी। वह कमल से कहता कि बच्चों को घर छोड़ कर कभी वह किसी जगह अकेले में मिले। और एक दिन यह जुगाड़ भी अपने आप ही बन गया था। कमल की खुशी का भेद उसकी माँ और आंटी को पता चल गया था। कमल ने बता दिया कि वह आदमी उसे अच्छा लगता है। "लो मैं कल ही पता कर लेती हूँ। उसकी माँ को मैं कई बार मिल चुकी हूँ। हम गुरुद्वारे में साथ-साथ सेवा करती हैं।" आंटी की बात सुनकर कमल ने सोचा कि वह कहे, कि पहले वह खुद ही बात करेगी। फिर उसे लगा कि उसका इस तरह पहल करना ठीक नहीं। अगर उसने निकट होने की पहल की थी तो शादी के बारे में भी करेगा। दूसरे दिन आंटी का मुर्झाया चेहरा देखकर कमल का दिल धड़का। आंटी पंजाबी अखबार का रिश्तों वाला पन्ना सामने रखती बोली—"वे तो कुँवारी लड़की ढूँढ़ रहे हैं। अगर यहाँ न मिली तो इंडिया जायेंगे। कहते हैं, हमने अखबार में भी दिया हुआ है। आती हुई मैं अखबार भी उठा लाई।"

कमल इश्तेहार पढ़ने लगी। वह कुछ देर तक सोचती रही। फिर पतझर की उस शाम को कमल तैयार होकर उसे स्टारबक्स कॉफी होम में मिलने गई। वह कैनमोर या बैंक जाना चाहता था, जहाँ पर अपने लोग न हों। लेकिन कमल ने कहा कि जगह उसकी मर्ज़ी की होगी और खर्चा भी वही करेगी। स्टारबक्स जाकर कॉफी का घूँट भरती कमल ने पूछा—"तुझे कैसी लड़की अच्छी लगती है?" कमल अब धीरे-धीरे उससे पंजाबी में बात करने लगी थी। उसे अपने इस स्वभाव पर कई बार खुद ही हैरानी होती कि बेगानों से बात करते समय स्वतः ही उसके मुँह से अँग्रेजी निकलने लगती पर जैसे-जैसे निकटता बढ़ने लगती, वह पंजाबी में बातें करना शुरू कर देती।

"आपके जैसी," कमल को उसके इस जवाब पर खीझ आई पर उसने खुद पर नियंत्रण रखा। वह बोली—"शक्ल या स्वभाव?"

"दोनों।"

कमल ने अपने हाथ पर उसके हाथ का स्पर्श महसूस किया। उसने अपना हाथ यों ही पड़ा रहने दिया और बोली—"स्वभाव का तुझे क्या पता? हम कौन-सा कभी डेट पर गये हैं?"

"हम लोग पार्क में बातें तो किया करते थे। और फिर जिसके साथ दिल मिल जाये, स्वभाव भी अपने आप मिल जाये करते हैं। कमल ने अपने हाथ पर उसका दबाव महसूस किया। वह फिर बोला—"डेट के लिए मैं तो कब से कहता हूँ पर आप ही बिज़ी रहते हो। मेरा तो कब से इन आँखों में खो जाने को जी करता है।"

"सच में?"

"आप मौका तो दें।"

"थोड़े वक्त के लिए या उम्र भर के लिए?"

"सदा-सदा के लिए।"

"आपका मतलब शादी करने से है?"

"शादी में क्या पड़ा है। शादी का स्वाद पहले देख तो लिया है। आपने भी और मैंने भी।"

कमल ने धीरे से अपना हाथ उसके हाथ के नीचे से निकाला और अखबार की कटिंग उसके सामने रख दी। कमल उसके चेहरे के उतार-चढ़ाव पढ़ने लगी। वह थोड़ी देर के बाद बोला—"यह तो घर के पीछे पड़े हुए हैं।" यह बात कमल के दिमाग में भी आई थी—जब उसने इश्तेहार देखा था। पूरी बात जानने के लिए ही तो वह उससे मिली थी। कमल बोली—"और उसका क्या विचार है?"

"मैंने आपसे कभी शादी का नारा लगाया है, जो आप इतनी इन्वैस्टीगेशन कर रहे हो।"

"अभी-अभी तो उम्र भर के लिए, आँखों में खोने की बात कर रहे थे।"

"दोस्त बन कर।"

"शादी करके नहीं?"

"अपनी शादी कामयाब हो ही नहीं सकती।"

"क्यों?"

"नहीं हो सकती बस।"

"क्यों?"

"नहीं हो सकती, बस।"

"आई वांट टू नो वाई डू यू थिंक दैट वे?"

"अगर होना होता तो तेरा पहला ब्याह कामयाब न हो जाता?"

"सो यू थिंक, आई वाज़ द प्राबल्म, हुँ? वाट डू यू नो अबाउट मी ऐन्ड माई

एक्स?'' कमल को अपना स्वर ऊँचा होता लगा।

समझदार लड़कियों के तलाक नहीं होते।'' सुन कर कमल की मुठ्ठियाँ भिंच गईं। उसने लम्बी साँस ली। फिर कुर्सी से उठ कर सीधा उसकी आँखों में झाँकते हुए बोली–''यू नो वाट? हैल विद यू। ब्लडी हिपोक्रेट।'' कहती हुए वह उसे हक्का-बक्का हुए वहीं बैठा छोड़ कर चली आई।

रास्ते में उसे आंटी के–ऐरों-गैरों की ओर से अपने बिस्तर पर ले जानी वाली बात याद आई। ''औरत तो एक ऑब्जेक्ट है इन आदमियों के लिए'', उसके दिमाग में आया। पर पाली तो खुद ही 'ऑब्जेक्ट' बनने के लिए कहती है, उसने सोचा। उसे पाली के इस सुझाव पर कोफ्त हुई। तब भी हुई थी, जब पाली ने कहा था–''जवानी काहे को गलाती है। शरीर की ज़रूरतें होती हैं। किसी को दोस्त बना ले। यू नो वाट आई मीन?''

''जस्ट फार दैट?''

''और क्या, यहाँ अपने बहुतेरे घूमते-फिरते हैं, इसी काम के लिए। अपने आप को सरकारी साँड समझते हैं।''

''नो थैंक्स।'' कह कर कमल ने बात ख़त्म कर दी। उसे इस सोच से ही कोफ्त हुई थी। उसने सोचा कि वह कभी भी 'ऑब्जेक्ट नहीं बनेगी।' स्टारबक्स से लौटते हुए कमल को खुद पर गुस्सा आया कि उसने उस आदमी को मौका ही क्यों दिया अपने बारे में ऐसा सोचने का। उसका अन्तर दुःखने लगा।

चिमनी से अभी भी धुआँ निकल रहा था। सीडर के पेड़ पर से होती हुई कमल की नज़र फिर से चिमनी की ओर चली गई। कुछ पल वह उस की ओर देखती रही। उसने देखा कि चिमनी के आसपास अपेक्षाकृत कम बर्फ़ जमी हुई थी। 'सेक की वजह से साथ-ही-साथ गल जाती होगी।' उसने सोचा।

फिर वह अपने ड्राइव वे की ओर देखने लगी। ''यहाँ पर भी हीट वाली पाइप्स् बिछानी चाहिए ताकि बर्फ़ गिरते सारा ही गल जाये।'' पर दूसरे ही पल उसने अपने इस विचार को रद्द करते हुए सोचा–''फिर तो सारी कमाई हीट का बिल भुगताने में ही ख़त्म हो जायेगी।'' कमल ने अंदर खीझ-सी उठी।

खीझ तो कमल को उस दिन भी आई थी, जिस दिन उसकी माँ ने उसे फिर से पंजाबी अखबार में छपा एक इश्तेहार दिखाया था। उड़ती हुई नज़र से देख कर वह बोली थी–''इस में क्या नया है, सारे इश्तेहार ऐसे ही होते हैं। 'तलाकशुदा लड़कों के लिए सयानी और कुंवारी लड़की चाहिए।'

''तू तो ऐसे ही भड़क जाती है। पहले पूरा पढ़ तो ले।'' उसकी माँ बोली।

''क्या पढ़ूँ आगे? तलाकशुदा के बारे में भी सोचा जा सकता है, लिखा होगा। होता कौन है कोई विचार करने वाला। जैसे तरस कर रहे हों।''

कमल ने स्वयं को अपमानित अनुभव किया। लंबी-लंबी साँस लेती वह ऐसे ही सामने पड़े अखबार की ओर देखने लगी। उसे लगा कि इस तरह के लगभग सभी इश्तेहारों की एक-सी ही भाषा थी। फिर उसकी नज़र फिसल कर तलाकशुदा लड़कियों के माता-पिता द्वारा दिए गये इश्तेहारों पर चली गई। उनकी मिली-जुली वाक्य-रचना ने कमल को हैरान कर दिया—"बेकसूर तलाकशुदा लड़की के लिए योग्य वर की ज़रूरत है।" ये पंक्तियाँ पढ़ कर उसे ऐसा लगा, जैसे रिश्ता माँगने के लिए प्रार्थना कर रहे हों। वह लड़के और लड़की के इश्तेहारों की तुलना करती क्रोध से जलने लगी, कमल के दिमाग में पाली का ध्यान आ गया। उसने सोचा कि पाली ऊब कर ही ऐसा करने लगी होगी। नहीं तो कई बार पाली का व्यवहार देख कर वह सोचती कि पाली से थोड़ा गैप बना कर रखना चाहिए।

ख़ास कर उस दिन कमल ने देखा था कि जो के पाली को पीछे से पकड़ कर कहा था—"लैट मी टेस्ट सम ऑफ दैट ब्राउन शुगर?" कमल का मन हुआ था कि जो को घुमा कर थप्पड़ मारे। पर वह पाली का व्यवहार देख कर हक्की-बक्की रह गई। पाली ने जो की जीन पर सामने हाथ मार कर कहा था—"लैट मी सी इफ यू कैन हैंडल इट।" कमल से वहाँ और खड़ा नहीं रहा गया था। वह सोचने लगी कि पाली से दूर रहा करेगी। अगले दिन उसने पाली से पूछा—"तुझे ऐसा करते शर्म नहीं आई?" 'उसे आई थी ऐसा करते?' "अगर पुरुष शर्म नहीं करते तो हम क्यों करें। और यह भी तो मेरा पैट है। इतने से ही खुश हो जाता है। यू नो वाट आई मीन?"

और यह पैट वाली बात कमल को कुछ दिनों के बाद समझ आई। जब पाली ने बताया था कि वह वीक-एण्ड पर अपने बेटे को उसके पिता के पास लेने गई, तो वह जो को साथ लेकर जाती है।

"तू ऐसे क्यों करती है? मुफ्त में बदनामी होती है?" कमल ने हैरान होकर पूछा।

"मुझे गोरे के साथ देखकर वह भड़क जाता है। पहले बेटा मेरे साथ रहा करता था। उसका पिता वीक-एण्ड पर उसे लेने आता तो नई से नई साथ लेकर आया करे। जाता तो मुझे आँख मार कर जाता। जब हम साथ रहते थे, तब भी कहा करता, भाई मैं तो वही करता हूँ, जो करना है कर लो। हर बात की एक सीमा होती है। एक दिन मैंने डिसाइड कर लिया, इनफ इज़ इनफ! केस कर के मैंने बेटा, बाप के सुपुर्द कर दिया। अब वीक-एण्ड पर जो कि बाँह में बाँह डाल कर, वैसे ही आँख मार कर आती हूँ।"

"पर बच्चे पर क्या असर होगा?"

"अगर बाप बच्चे के बारे में नहीं सोचता तो माँ ही क्यों सोचे?"

कमल को पाली की यह बात अच्छी नहीं लगी थी।

शादी के इश्तेहारों की तुलना करते हुए कमल ने सोचा—"औरत ही क्यों बच्चों की सारी ज़िम्मेदारी उठाए? बच्चों की ज़िम्मेदारी औरतों पर डाल कर आदमी कुवारियाँ ढूँढ़ते फिरें और बच्चों वाली को सैकिंडहैंड समझें और उन पर तरस खा कर इश्तेहार दें। यह कहाँ का इंसाफ है?" फिर उसे जिंदर का ध्यान आया, जो तलाक के एक महीना बाद ही इंडिया जा कर शादी करा आया था। कमल के दिल में आया कि बच्चों को उसके हवाले कर आये। उसके भी तो उतने ही हैं, जितने मेरे। लेकिन जब गुस्सा ठंडा हुआ तो वह सोचने लगी—"मैं इतनी स्वार्थी क्यों हो गई हूँ। उसके पास छोड़ने की बात भी मन में क्यों आई, जिसने कभी बच्चों की शक्ल देने का कष्ट नहीं किया।

गुरचरण कभी भी गुरनूर को मेरे पास नहीं छोड़ने वाला, कमल ने सोचा, 'फिर कोर्टों के चक्कर में फँसना पड़ेगा।' सोचती हुई कमल की नज़र दीवार पर टंगी तस्वीर पर अचानक चली गई और वह अर्जुन को गुरचन के कंधों पर चढ़ा निहारने लगी। उसे अर्जुन की पिछले हफ्ते की हुई ज़िद याद आई, जब करांटे सीखने जाते समय कहने लगा था—"आई वांट टू गो विद डैड, मॉम।"

"वाई नाट विट मी?" कमल ने पूछा।

"बिकॉज़ इट इज़ मैनस, थिंग, एण्ड आई लाइक विद हिम बैटर।"

इसी तरह के कंधे तो वह ढूँढ़ता था, उसके दिल में बात आई। इस बात का शिद्दत के साथ एहसास कमल को उस दिन हुआ था, जिस दिन अर्जुन अंदर से अपनी चीज़ें ला कर सिम्मी को देता, उसके आस-पास घूम रहा था।

उस दिन कमल अपने पापा को डॉक्टर के पास लेकर गई थी। जाते समय वह अपने किरायेदारों को अपने बच्चों के साथ ही सिम्मी और अर्जुन को स्कूल से साथ ही लाने के लिए कह गई थी। वह डॉक्टर के क्लिनिक में ही बैठी थी, जब सिम्मी का फोन आया। वह कह रही थी—"अर्जुन इज़ किकिंग मी।" जब कमल घर पहुँची तो सिमी ने बताया, आज इन्हें रिपोर्ट कार्ड मिले थे। अर्जुन की रिपोर्ट अच्छी न होने से वह सिम्मी को भी अपनी रिपोर्ट कार्ड फाड़ने के लिए कहने लगा, तब कमल को पता चला कि रिपोर्ट कार्ड मिले हैं। सिम्मी के मना करने पर वह उसे मार रहा था।

"अभी तो रत्ती भर है, जब बड़ा हो गया तो फिर पता नहीं क्या-क्या करेगा?" कहती हुई कमल ने अर्जुन को पकड़ कर उसका मुँह थप्पड़ों से लाल कर दिया। "कहीं अपने बाप जैसा न निकल आये।" वह चिन्ताग्रस्त हो उठी। अर्जुन के चेहरे पर छपी उँगलियों के निशान और रोते हुए उसकी हिचकियाँ सुन कर उसकी अपनी आँखें भी भर आईं। वह सिम्मी के आस-पास चक्कर लगा रहा था यह देख कर कमल को लगा कि वह किसी की सांत्वना खोज रहा है, जिसको अपनी मार की व्यथा बता

सके। 'बिचारा किसके आँचल में छिपे?' सोच कर कमल का गला भर आया। उसने मन में फैसला किया कि वह भविष्य में बच्चों को पीटेगी नहीं, अपितु अपनी दूसरी ज़रूरतें कम कर के अर्जुन के लिए ट्यूटर रख देगी। पर अर्जुन जब भी कोई ऐसी हरकत करता तो कमल की चिंता बढ़ जाती, कहीं वह अपने बाप-सा न बन जाये। कभी यह चिंता क्रोध में भी बदल जाती पर वह खुद को रोक लेती।

कमल को याद आया कि मार से लाल हुआ, अर्जुन का यही चेहरा, तस्वीर में फूल-सा खिला हुआ है। वह उस तस्वीर को देखती रही, फिर वहाँ से नज़र हटा ली और बाहर गिरती हुई स्नो को देखने लगी लेकिन उसने तस्वीर पर नज़र डाल दी। उस ओर देखते हुए वह सोचने लगी, 'हो सकता है बात यहाँ तक न ही पहुँचे। मैं वैसे ही चिंता करे जा रही हूँ। चलूँ उसकी रोटी पकाऊँ।'

रोटी बनाते समय पापा का फोन आ गया। वह कह रहे थे–"बेटा कल की डॉक्टर से अपॉइन्ट्मेन्ट है मेरी, याद है ना?"

"हाँ पापा।"

"स्नो काफी पड़ी हुई है। मुझे इधर से ही पिक कर लेना।"

"ओ. के. पापा।" कह कर कमल ने फोन रख दिया। 'अब लेने भी वहीं जाओ। कितनी बार कहा है कि मेरे साथ रहो, पर नहीं वहीं पर रह कर बेइज़्ज़त होना अच्छा लगता है। या तो ले कर जाया करें उन्हें अपने साथ। अपॉइन्ट्मेन्ट के लिए मैं ही रह गई हूँ।' कमल के दिल में आया।

कमल ने अपने पापा को अनेक बार कहा था कि वे उसके साथ रहें। तब भी, जब उसकी शादी गुरचरन से हुई नहीं थी। तब पापा ने एक दिन भरे गले से कहा था–"उसे महाराजे को तो अब मुझसे बात करने में भी शर्म आती है। जब से तेरे वाला यह मकान लिया है, कोशिश करता है मैं सामने न पड़ूँ।" कमल एकदम से उठी और अंदर से चैक ला कर पापा को पकड़ाते हुए बोली–"यह लो पूरे पाँच हज़ार हैं। मौरगेज के लिए जोड़े थे मैंने, पर पहले आप उसी की मौरगेज वापिस कर दो। उसके मुँह पर मारो, बाकी के पाँच हजार जब सेव हो जायेंगे, दे दूँगी।"

"पगली हुई है क्या? वह क्या लगता था उन डालरों का? मैंने अपने से दिए थे। अपने से भी क्या, वे तो तेरे ही थे। जब से कैनेडा आई, एक दिन भी खाली नहीं बैठी।"

"फिर भी आप ज़रूर उसके साथ रहते हो। यहाँ मेरे पास रहो। आपको कभी कोई तकलीफ नहीं होने दूँगी। और मैं भी बच्चों की तरफ से चिंता मुक्त हो कर काम पर चली जाया करूँगी।"

"बेटे-पोते के होते हुए लड़की की द्वार पर बैठा अच्छा लगूँगा क्या? लोग क्या कहेंगे"

'अच्छा, फिर मरो वहीं', कमल के मन में आया पर उसने कहा नहीं। वह बोली, ''आपने मेरे द्वार पर नहीं रहना, मेरे पास रहना है। आपकी अपनी पैंशन आती है। यहाँ आपको भी सुख और मुझे भी। और आपके उस...।'' 'लाड़ले' कहती-कहती कमल रुक गई।

''मेरी तो अब बीत गई। मैं तो उस दिन सुखी होऊँगा, जिस दिन तेरा घर बस जायेगा।''

''पापा, मेरा घर तो बसा हुआ ही है। अपनी मर्ज़ी से रहती हूँ।''

''आदमी बिना कैसा घर? अभी तेरी उम्र ही क्या है? शादी करा ले, तेरी ओर से तो सुखी हो जाऊँ।''

अपने पापा की भीगी आँखों को देख कर कमल का मन तड़प उठा। उसका इस तरह मिन्नतें करना कमल को बनावटी-सा लगा। उसने सोचा कि शादी से पहले वे माँ के द्वारा कितने अधिकार से कहते थे कि ऐसी-वैसी बात नहीं सुननी चाहिए, हम ख़ुद लड़का ढूँढ़ेगे। और अब पापा इतने निरीह क्यों हो गये हैं? यही बात जब उसने आंटी से साझा की तो वह बोली–''बेटी का दुःख और जीवन-साथी का गम बंदे को ऐसा ही कर देते हैं।''

''बेटी का उन्हें काहे का दुःख। मैं यों हीं इधर-उधर तो नहीं भागी रहती। उल्टा दुःख-सुख में उन्हें ही लेकर जाती हूँ–जहाँ भी उन्होंने जाना हो।''

''यह बात नहीं। वे तो इसलिए चिंता करते हैं कि अकेली सारा कुछ कैसे करती है। और फिर तेरी माँ के बाद तो ज़्यादा ही फील करने लगे हैं। जीवन-साथी के बिना बंदा अपना सुख-दुःख किसके साथ बाँटे। मुझे भी कई बार कह चुके हैं कि तुझे कहा था न कि शादी करवा ले।''

यह बात तो कमल भी बहुत बार सोचती थी कि कोई हो, जिससे वह मन की बात कर सके। बाहर सैर करती जोड़ियों को देखकर उसके अंदर दर्द उठता। वह सोचती कि कोई उसके साथ हो जिसके हाथों में हाथ डाले वह भी चले। कोई हो, जो उसे अपनी बाँहों में लेकर उसके भीतर का अकेलापन समाप्त कर दे। और फिर वह सोचती कि अपने अंतस वाले को दबा कर वह बच्चों के पालन-पोषण की ओर ध्यान दे। आने वाला क्या पता, बच्चों से कैसा सलूक करे। जब आंटी ने ज़ोर डाल कर उसे गुरचरन से मिलवाया था तो उसे लगा था कि यही आदमी है, जो उसे भीतर तक ऊष्मा से भर देगा। वह रागी जत्थे के साथ कैनेडा आया था। पहली बार मिल कर उसने सीधा ही कहा था–''मैं कैनेडा सैट होने के लिए आया हूँ। मुझे ऐसे जीवन-साथी की ज़रूरत है जो इस समय मेरी बाँह कस कर पकड़े।''

अपना डर दूर करने के लिए कमल ने कहा था, ''आप आंटी के रिश्तेदार हो। आंटी की खातिर मैं आपको पक्का कराने के लिए कागज़ों पर शादी कर सकती हूँ।''

“मैंने इस राह नहीं जाना। मैं तो पक्का रिश्ता ही चाहता हूँ।”

“मेरे दो बच्चे भी हैं।”

“मुझे मालूम है। मैं प्रोग्रैसिव विचारों का आदमी हूँ। बच्चे तो सभी के साँझे होते हैं। तेरे-मेरे नहीं होते।”

“सोच लो।”

“सोचने के लिए और कोई बात है ही नहीं। जितना कोई मुझे प्यार-सत्कार देता है मैं उसे उससे ज़्यादा देने की कोशिश करता हूँ।”

‘कहाँ गये वे दुगना प्यार देने वाले प्रोमिस?’ अब हमारी वजह से ज़लील होने लग गया है। रोटी पकाती कमल को पता ही न लगा कि उसका ध्यान कब अपने पापा से हट कर गुरचरन की ओर मुड़ गया था। रोटी को गर्म रखने के लिए उन्हें फायल पेपर में लपेट कर डब्बे में बंद करती कमल को ध्यान आया कि गुरचरन ने कहा था ज़लील शब्द उसके मुँह से गुस्से में निकल गया था। रोटियाँ सँभाल कर बर्तन साफ करते मुड़ी कमल के दिमाग में तर्क उठा कि गुस्से में मुँह से वही बात निकलती है जो बंदे के मन में होती है।

यह तर्क दिमाग से तब नहीं उठा था, जब गुरचरन ने यह सफाई दी थी। तब यह सुन कर वह सहज होने की कोशिश करने लगी थी। तब उसे सभी कुछ सहज ही तो लग रहा था, जब उन्होंने इंडिया जाने के लिए वीज़ा लगवाने की सलाह की थी। वैनकुवर दो कैंसलेट जनरल अपने असले-फैले के साथ आया हुआ था। जब वे वीज़ा लगवाने गये तो कमल ने देखा कि अर्ज़ियों पर सरसरी नज़र मार कर उसे कर्मचारी ने पेपरों से नज़र उठा कर चश्में के ऊपर से गुरचरन की ओर देख कर कहा था–“आपके परिवार की ऐप्लीकेशन्स?”

“हाँ जी, मेरे पास तो अभी इंडियन पासपोर्ट भी है। मेरी वाइफ और बच्चों का वीज़ा लगवाना है।” कमल से पहले गुरचरन बोल पड़ा। कर्मचारी बारी-बारी से सब को देख कर कहने लगा–

“आप हो हरकमल बाज़, आप हो सिमरन कौर बाज़, आप हो अर्जुन सिंह बाज और छोटे मियाँ है गुरनूर सिंह सोर। ठीक है ना?” फिर उसने कमल को देखकर पूछा–“बच्चों के लास्ट नेम अलग-अलग हैं?” कमल के मन में हुआ कि कहे–‘इज़ इट ए प्राबल्म?’ स्टॉप आस्किंग अननसैसिरी क्वेश्चन्स, जस्ट डू द ब्लडी जॉब।’ पर उसने खुद को रोक लिया और सिम्मी व अर्जुन के सिर पर हाथ रख कर बोली–“दीज़ टू आर फ्राम माई प्रीवियस मैरिज।”

“ओह, आई सी।” कह कर पासपोर्टों को देखने लगा।

कमल को लगा गुरचरन कुछ अनकर्म्फटेबल महसूस कर रहा था। फिर कार में बैठते भी कमल को गुरचरन का मूड ठीक न लगा। कमल ने अपना हाथ गुरचरन

के गियर शिफ्ट लीवर पर टिके हाथ के ऊपर रखा पर उसने झट से हाथ उठा लिया और उसे कहा—"क्या मिलता है तुझे, ज़लील करवा के। अगर नाम बदल ले तो क्या फ़र्क पड़ता है?"

"क्या ज़लील किया?"

"देख नहीं रही थी, कैसे खोद-खोद कर सवाल पूछ रहा था।"

"स्ट्रेंज।" कह कर कमल चुप हो गई।

गुरचरन फिर बोला—"घरवाली तू मेरी है और लास्ट नाम पहले वाले का लगाये फिरती है।"

"मैं तो खुद ही इसे हटाना चाहती हूँ। मैंने तुझे भी कहा था, पूरे परिवार का नया नाम रखने के लिए, पर तू चुप हो गया था।"

"पहले कैसे अपने साथ जोड़ लिया था, अब मेरे नाम की बारी गये नाम की शर्तें रखती है। क्या इसीलिए मुझे यहाँ पक्का कराया है?"

"तुझे तो पक्का ही कराया है, उसे तो इंडिया से स्पौन्सर भी किया था। अगर यही बात होती तो उसका नाम भी न लगाती। पर तब इस बात का ख्याल नहीं होता था।"

"मेरी बारी अब ख्याल आ गया है?"

"हालात बहुत कुछ सीखा जाते हैं। यह ज़रूरी तो नहीं कि हम ये बातें बच्चों के सामने ही करें। घर चल कर भी कर सकते हैं।" कमल ने पिछली सीट पर बैठे बच्चों को देख कर कहा और चुप कर गई। लेकिन उसका दिमाग चुप न हुआ। वह सोचने लगी, 'इस बारे में क्या किया जाये। खुद को प्रोग्रैसिव विचारों वाला कहता है, नये फैमिली वाले आईडिया के बारे में सुनकर इसे खुश होना चाहिए—पर चलो, घर जा कर फिर से अच्छी तरह समझाने की ट्राई करूँगी।' पर गुरचरन ने इसका मौका ही ना दिया और वह उन्हें घर के सामने उतार कर कहीं चला गया। और जब वह वापिस आया, तब कमल बच्चों के साथ टी.वी. देख रही थी। गुरचरन को सीधा बेडरूम में गया देख वह कुछ ही मिनटों के बाद उसके कमरे में चली गई।

"आर यू ओ.के. गुरचरन? या अभी भी वैसा ही फील कर रहा है?"

कमल ने पूछा।

"लगता है बुरा मान गई। गर्मी में कह गया। गुस्सा मुझे उस कंजर पर आया था, ऐसे ही मुँह से निकल गया।"

"नहीं, शिकायत नहीं कर रही। बता, चाय पीनी तो बनाऊँ? फिर तुझ से बात करनी है।"

"पी लेता हूँ। मुझे भी बात करनी है। पहले तू चाय रख आ।"

कमल जब स्टोव पर चाय के लिए पानी रख कर मुड़ी तो गुरचरन बोला—"तुझे

याद है कमल, जब गुरनूर के पैदा होने के बाद मैंने तुझे लास्ट नेम बदलने के लिए कहा था तो तू कहती थी कि अर्जुन और सिम्मी दोनों अलग से महसूस करेंगे...।''

बीच में ही कमल बोल पड़ी—''हाँ याद आ गया। और मुझे यह भी याद आ गया कि मैंने कहा था हम सभी अपना कोई नया फैमिली नेम रख लें ताकि बड़े होने पर बच्चे अलग नहीं एक महसूस करें। पर तू सुनकर चुप रह गया था। और यही बात आज मुझे करनी थी।''

''मैं सब कुछ के बारे में पता कर के आया हूँ। 'बाज़' साहब ने बच्चों के, सिम्मी आदि को कभी चाइल्ड सपोर्ट तो दी ही नहीं। इनको तो वह शो ही नहीं करता। इस बेस पर हम केस करके दोनों बच्चों का लास्ट नेम बदल सकते हैं।''

''हाँ''।

''मैं इन्हें एडाप्ट कर लेता हूँ और तू अपना नाम चेंज कर ले। इस तरह हम सभी का एक फैमिली नाम हो जायेगा।''

एक पल को कमल चुप रही, फिर बोली—''मैं ज़रा चाय देख आऊँ।''

उबलते पानी में चायपत्ती की पुड़िया और चीनी डालती कमल इस विचार को अपने मन में मथती रही। जब वह वापिस आई तो गुरचरन बोला—'बदलने के लिए पेपरों में क्या करना है? बाप बन कर मैं अब भी पाल रहा हूँ।''

''हम दोनों पालते हैं। गुरचरन, जब भी इस बारे में हमारी बात होती है, तू हर बार मुझे ही क्यों नाम बदलने पर ज़ोर डालता है। मैं खुद कमाती हूँ और...।'' कहती हुई कमल चुप हो गई। उसने अपने आप को—'तुझ से ज़्यादा ही कमाती हूँ।' कहने से रोक लिया।

''तुझे अपने कमाने का ही मान है।''

''मान क्यों न हो। जानते हो, कितनी मुश्किल से पाला है। अगर तुझे केयर है तो अपना नाम क्यों नहीं चेंज कर लेता?''

''जिन गोरियों को देख कर तू इतनी एडवांस हो गई है, इतने एडवांस तो वे भी नहीं हुए कि पत्नियों वाला नाम रख लें।''

''रखते क्यों नही, रखते हैं, चाहे वे लोग कम ही हैं। और तुझे मैंने अपने वाला नाम रखने को कब बोला है? मेरा अपना तो अभी कोई नाम ही नहीं।''

''तो तू चाहती है कि मैं तेरे सामने झुक जाऊँ। सुना है कहीं कोई पंजाबी बंदा, जिसने खानदान का नाम छोड़ दिया हो?''

''गुरचरन क्या तू जानता है, ये लास्ट नाम कैसे शुरू हुए थे?—ये बारहवीं सदी में यूरोपियनों ने शुरू किये थे। जब कई लोगों ने नेम सेम होने लगे, तब पहचान की आसानी के लिए शुरू किये गये थे। पर पुरुषों ने इसे खानदान की बात बना कर इज्ज़त के साथ जोड़ लिया।''

"अब तू भी तो इसे इज्ज़त का इशु बनाये बैठी है।"

"नहीं इज्ज़त का नहीं, बराबरी का इशु बना रही हूँ। हम दोनों ने साँझे तौर पर परिवार शुरू किया और मैं चाहती हूँ कि परिवार का नाम भी कोई साँझा हो, कोई नया नाम रखें। ना तेरा ना मेरा, कोई नया।"

"चाहे कुछ हो जाये, मैं खानदान का नाम तो छोडूँगा नहीं। पता है, कितनी पीढ़ियों से चला आ रहा है।"

"तुझे खानदान प्यारा है या परिवार प्यारा है?"

"प्यारे दोनों ही हैं। जैसे चलता आ रहा है, परिवार का नाम तो मेरे नाम से ही चलेगा। ठंडे दिमाग से सोचना...। मैं आंटी के घर जा रहा हूँ।" कहकर गुरचरन चला गया।

बर्तन साफ करती कमल के मन में आया–'अगर सच में गुरचरन न लौटा तो मुश्किल से बना घर फिर टूट जायेगा। नाम के पीछे कहीं घर ही ना तोड़ लूँ।'

'तीनों बच्चों को लेकर कहाँ...।' कमल को एकदम गुरनूर का ध्यान आया। उसे लगा जैसे वह रो रहा हो। वह सच में ही रो रहा था। कमल ने उसे क्रिब में से उठाया और सीने से लगा लिया, जैसे बड़ी देर बाद मिला हो। "मेरी लाडो, मेरी लाडो" कहती वह उसे उठाए फिरी, उसके लिए दूध गर्म करने लगी। वह बच्चे से पूछने लगी, "ये लाडो किसकी है?" जब गुरनूर ने अपना नन्हा हाथ कमल के गाल पर रख कर कहा–"मम्मा", तो माँ ने और भी कस लिया और उसका मुँह चूम लिया। उस पल कमल को यह भी याद ना आया कि अगर इस वक्त गुरनूर उसकी जगह गुरचरन की गोदी में होता तो उसने गुरचरन के गाल पर हाथ रखकर कहना था–"डैडा।" और कमल ने कहना था–"रुक जा, आ तुझे बताती हूँ, आया बड़ा डैडा वाला।"

"ये तो डैड का बेटा है।" गुरचरन ने कहना था।

कमल का जवाब नहीं होना था, जो अक्सर इस तरह की बात-चीत के वक्त होता है। उसने कहना था–"हाँ-हाँ पता है, तेरे पैदा होने से पहले ही डैड ने अपना अधिकार जमा लिया था।"

गुरनूर के जन्म से पहले, लेबर-पेन्स के दौरान नर्स ने कागज़ी कार्रवाई करते हुए पूछा था कि बेबी का फैमिली नेम 'बाज' रखना चाहते हो या 'मोर'। गुरचरन ने झट से कहा था, 'मोर'। तब कमल का ध्यान उधर गया ही नहीं था। उसने इस बारे में पहले सोचा ही नहीं था कि अस्पताल वाले ऐसा प्रश्न पूछेंगे। पर जब वह गुरनूर का 'बर्थ'–'रजिस्ट्रेशन फार्म' भरने लगी थी तो गुरचरन ने कहा था, "अब तू भी अपना नाम चेंज कर ले।" तब कमल के दिमाग में ही न आया कि गुरचरन को नर्स को जवाब देने से पहले मुझे पूछा ही नहीं था। पूछना तो क्या, मेरी ओर

देखा तक नहीं, जैसे बेबी के नाम के पीछे अपना नाम लगवाना उसका जन्म-सिद्ध अधिकार हो। फार्म भरते हुए कमल का हाथ वहीं रुक गया था। "अगर पूछ लेता तो फिर—मैं उसे 'बाज़' रखने के लिए कहती?" कमल ने खुद ही सवाल किया। फिर उसने सोचा, यह 'बाज़' कौन-सा मेरा है। मुझे तो इसे बहुत पहले ही उतार कर फेंक देना चाहिए था।

अगर 'बाज' की जगह कोई अपना नाम रखा होता तो शायद गुरचरन उसे बदलने की इतनी ज़िद ना करता। वह सोचती रही। 'अगर यही होती तो नया फैमली नेम रखने के लिए ही माना जाता। यह तो अपने नाम की पूँछ मेरे पीछे लगाना चाहता है, उसके दूसरे मन ने कहा। यही सोचती हुई वह गुरनूर के मुँह पर दूध वाली बोतल लगा कर फिर खिड़की पर आ खड़ी हुई। जिस जगह से कंधों पर बच्चा उठाये, दबा-दबा कर पैर रखता आदमी गुज़रा था, कमल उस जगह को देखती रही। फिर वह उन पद-चिह्नों को देखने लगी, जो उस आदमी के वहाँ से गुज़रने पर बन गये थे। उन पर भी बर्फ़ गिर रही थी, पर वे अभी तक भरे नहीं थे। कमल की नज़र एक और आदमी पर पड़ी, जो उन्हीं पद-चिह्नों पर पैर रखता निकल रहा था और फिर एक और उसके पीछे ही जा रहा था। कमल को लगा कि जैसे यों लगता है, वह आदमी तो प्रतीक्षा ही कर रहा था कि कोई रास्ता बनाये। उसके होंठों पर हल्की-सी मुस्कान आ गई। उसे वह दिन याद आ गया, जिस दिन उसके बर्फ़ साफ करने के स्थान पर शनूक चलाने की इच्छा ज़ाहिर की थी।

उस दिन गिर चुकी बर्फ़ के अम्बार देख कर कमल ने पाली को कहा था—"आज तो अगर बर्फ़ों में हवा गुज़र कर सारी बर्फ़ ही करा दे।"

"यू मीन शनूक? द स्नो हीटर। अच्छा-अच्छा—और जिन जगहों पर शनूक-सी गर्म हवायें नहीं चलती, वे लोग भी तो गुज़ारा करते ही हैं। तू शुक्र कर, हमारे कैलगिरी को प्रकृति की ओर से यह वरदान मिला हुआ है, जो कभी-कभार बह कर हमें ठंड से बचा लेती है। मैडम जी, वरदानों पर उम्मीद नहीं रखते।" पाली ने जवाब दिया।

"तू कई बार यों ही लैक्चर झाड़ने लग जाती है। मैं तो थकावट होने से ऐसे ही कह रही थी। जब शनूक नहीं चला करती, तब कौन-सा तू साफ कर जाती है स्नो।"

"तो आज भी फिर शनूक पर डिपैंड मत हो। यहाँ तो खुद ही शनूक बनना पड़ता है। यू नो वाट आई मीन?"

कमल को लगा जैसे पाली ने यह बात पास से ही बोली हो। उसने सोचा कि अगर ऐसे ही स्नो गिरती रही तो हटानी भी मुश्किल हो जायेगी। कुछ करना चाहिए। लेकिन फोन की घंटी ने बर्फ़ से हटा कर कमल का ध्यान अपनी ओर कर लिया।

उसकी आंटी कह रही थी—"गुरचरन कहता था कि क्लेश डाल कर बैठी है। छोटी-छोटी बात पर झगड़ा नहीं करते। बदल ले नाम, आगे-पीछे, बाद में भी तो बदलना ही है।"

"मैंने बदलने से इन्कार ही कब किया है। पर वह तो अपना फैमिली नेम लगाने की ज़िद पकड़े बैठा है।"

"उसकी पत्नी है तो उसी का नाम ही तो लगायेगी, और किसका लगायेगी?"

"यह कोई ज़रूरी तो नहीं। आंटी आप मुझे एक बात बताओ। क्या गुरचरन मुझे मेरे पापा को भरे-पूरे घर से खाना पकाने या बच्चे पैदा करने के लिए ब्याह कर लाया है? जैसा पहले होता था।" आंटी की ओर से हाँ, ना, ना सुनकर कमल फिर बोली—"नहीं ना? मैंने अपनी कमाई से यह मकान खरीदा है। गुरचरन भी अब इसमें रहता है। मैं यह भी नहीं कहती कि यह मेरे घर आया है, मेरे पीछे-पीछे चले। हम दोनों ने फैमिली शुरू की और इस फैमिली का कोई नया नाम भी मिल कर रखें।"

"तू तो कुछ अलग ही बातें करती है। आदमी नहीं बदला करते।"

"अगर आदमी नहीं बदलते, तो एक बात और बताओ, अगर कल को गुरचरण भी मुझ से एक तरफ हो गया तो इसका नाम उतार कर, किसी आगे वाले का रखूँगी? इसे तो मैं चेंज नहीं करूँगी।"

"बच्चों जैसी बातें करती है। यह कैसे छोड़ जायेगा। इतना शरीफ लड़का मिला है तुझे। तुझे तो उसे पैर धो-धो कर पीने चाहिए। तेरे बच्चों से भी बुरा सलूक नहीं करता।"

"आंटी बताओ, मैंने कब उसका या उसके परिवार का ख्याल नहीं रखा। अब तक सारी कमाई इंडिया भेजता रहा है।"

"मैं सब जानती हूँ, तू भी बहुत करती है, पर अब यह पागलपन मत कर। और फालतू बात भी मत कर। बना-बनाया घर मत उजाड़ देना। ऐसे बंदे तो ढूँढ़ने से भी नहीं मिलते।"

कमल की आंटी और भी समझाती रही पर कमल सोच रही थी कि औरतें यह बात क्यों नहीं समझती।

"औरतें पता नहीं, क्यों नहीं समझती...।" कुछ हफ्ते पहले काम पर खाना खाते हुए पाली ने कहा था।

"औरतें कहाँ से आ गईं बीच में, बातें तो रात को बराक ओबामा की जीत की होती है।" कमल ने कहा था।

"अगर बराक की माँ ने उसका लास्ट नाम अपने वाला रखा होता तो अब ओबामा-ओबामा न हो रही होती। माँ और नानी तो पालती ही रह गईं पर चारों ओर चर्चा हो रही है, पिता के नाम की, जो उसे दो साल का छोड़ कर चला गया था।"

''उसकी माँ को कौन-सा सपना आना था कि उसका बेटा अमेरिका का प्रेज़ीडेंट चुना जायेगा।'' एक और लड़की की बात सुन, कमल झट से बोली–''जो प्रेज़ीडेंट नहीं बनते, उनके नाम की कोई इम्पार्टेंस नहीं होती?''

''हर एक के अपने-अपने हालात होते हैं।'' उसी लड़की की बात सुन कर कमल ने सोचा कि वह हालात को दोष नहीं देगी और इस बारे में गुरचरन से खुल कर बात करके जल्दी ही परिवार का कोई नया नाम रख लेगी पर आज सुबह से ही और कामों में व्यस्त होने से वह गुरचरन से इस बारे में बात ही न कर सकी।

अब जब अपने आप ही यह मौका बन गया था तो कमल ने सोचा–'क्या पता था कि प्रोग्रेसिव विचारों वाला गुरचरन इस मामले में जिंदर जैसा ही निकलेगा।'

सड़क पर बर्फ़ खुरचने की आवाज़ सुन कर कमल ने खिड़की से बाहर देखा। सड़क पर ट्रक बर्फ़ साफ कर रहा था। उसने अपने ड्राइव-वे की ओर देखा। वहाँ उसे बर्फ़ का पहाड़ नज़र आया। कमल ने तब दीवार पर लगी घड़ी की ओर देखा। ''सिम्मी वगैरा का स्कूल से लौटने का समय होने वाला है। उनके निकलने के लिए रास्ता बनाऊँ और फिर कार भी तो निकालनी है, वह सोच रही थी। घड़ी से फिसल कर उसकी नज़र तस्वीर पर चली गई। एक पल वह तस्वीर को देखती रही, फिर बाहर देखने लगी। 'अगर ट्रक वाला हमारा ड्राइव-वे भी साफ कर दे तो क्या फर्क पड़ जायेगा' उसके ध्यान में यह बात आई, पर ट्रक तो उसके ड्राइव-वे के सामने और भी बर्फ़ बिखेर गया था। 'ऐसे किसी पर उम्मीद रखने से भला कुछ होता है, यह तो खुद ही'–कमल ने सोचा। उसने खेल में मस्त गुरनूर की ओर देखा। इस बिचारे खेलते हुए को क्यों ठंड में ले कर जाऊँ। एक पल को वह हिचकिचाई पर अगले ही पल वह गुरनूर को गर्म कपड़े पहनाने लगी।

बंदा

गुरमेल बीरोक

(11.1.1969)

तब मैं दसवीं में पढ़ता था, जब पहली बार वह हमारे गाँव आया था, मेरे कामरेड चाचा को मिलने...। यह तब की बात है जब हरमंदिर साहब पर हमला हो चुका था। सिखों के हृदय लहू-लुहान हुए पड़े थे...।

उसने कमर में बड़ी कृपाण लटकाई हुई थी। बड़ी और खुली दाढ़ी थी। पूरे सिख पहनावे में सजा हुआ, वह छः फुट लंबा जवान फौज का जनरल लगता था।

उसके बारे में मुझे चाचा से पता लगा कि वह कामरेड चाचा नक्सेलाईट लहर के दिनों में एक-दूसरे को जानते थे। उसका नाम कामरेड करतारा मास्टर था। उसे पंजाब यूनिवर्सिटी चंडीगढ़ से भौतिक विज्ञान में मास्टरस् की डिग्री हासिल भी हुई थी।

वह पंजाब के किसी सरकारी कॉलेज में भौतिक विज्ञान का लेक्चरार लग गया था। फिर जैसे पूरा ही देश इन्कलाब की लहर में कूद पड़ा था। वह भी नौकरी छोड़-छोड़ कर लहर का हिस्सा बन गया। पता नहीं कैसे, उसके नाम के साथ मास्टर जुड़ गया। वैसे जुड़ना तो 'प्रोफेसर' चाहिए था।

कामरेड करतारा मास्टर और मेरा चाचा इकट्ठे इमरजेंसी के दिनों में बठिंडा की जेल में कैदी थे। जेल में बहुत से कम्यूनिस्ट और दूसरी पार्टियों के लीडर भी बंद थे। जेल में मज़हबी-रमदासियों की बिरादरी से भी काफी कैदी आये थे।

जेल में बड़ा अजीब-सा चलन चल रहा था। इसे कामरेड करतारे ने देखा। 'ऊँची जात' वाले 'कामरेड' नीची जाति वाले मज़हबी-रमदासियों की बिरादरी से आये कैदियों को दूर बिठा कर खाने-पीने की चीज़ें बाँटते थे। 'ऊँची-जाति' वाले कामरेड भ्रष्ट हो जाने से डरते थे।

कामरेड करतारे मास्टर ने बहुत विरोध किया पर 'ऊँची-जाति' वाले कम्यूनिस्टों ने एक न सुनी। तंग आकर उसने मेरे चाचा से कहा—"अरे, यह क्या इन्कलाब लायेंगे, जातियों के नाम पर तो ये खुद बँटे हुए हैं और कम्यूनिस्ट बने जेल में बैठे हैं।"

"कामरेड, इन्कलाब का सूरज वैसे तो इनके चढ़ाये चढ़ेगा नहीं, और अगर कहीं चढ़ भी गया तो इन जागीरों की सोच वाले कामरेडों ने जाति-पाति के समुद्र में डूबो देना है।" चाचा जी की राय थी।

"यार, मेरे गले से तो इन 'इन्क़लाबियों' का इन्क़लाब उतरता ही नहीं।" आँखें भरे हुए मास्टर बोला।

जब वह जेल से रिहा हुआ तो बाहर आते ही उसने अमृत छक लिया और सिंह सज गया। गुरु के मार्ग पर चल कर उसने 'इन्क़लाब' का मार्ग पूरी तरह छोड़ दिया। कामरेड करतारे मास्टर से वह 'सरदार करतार सिंह खालसा' बन गया।

झूठ, बुराई, गुलामी, काले-बँटवारे और जाति-पाति के विरुद्ध लड़ने वाला करतार सिंह टिक कर बैठने वाला नहीं था। वह साहसी जत्थेबंदी में सरगरम हो गया।

बसंत ऋतु के दिन थे। खेतीबाड़ी वाली यूनिवर्सिटी में सुंदर-सुंदर फूल खिले हुए थे। एक बात मुझे अभी भी याद है, तब मैं बी.एस.सी. खेताबारी का विद्यार्थी था। यूनिवर्सिटी के विद्यार्थी-भवन में लड़के-लड़कियों की बड़ी चहल-पहल थी। मैं अपने दोस्त के साथ बैठा चाय पी रहा था। मुझे लगा कि साथ वाले बैंच पर बैठा करतारा सिंह भी चाय पी रहा है। मैंने उठ कर करतार को फतह बुलाई (नमस्कार) और अपने चाचा के बारे में बताया।

करतार सिंह मेरे कंधे पर हाथ रखकर बोला–"अरे भतीजे, आज तो बुला लिया, पर भविष्य में कभी भूल कर भी न बुलाना।"

"क्यों जी" मेरे हाथ में पकड़ा चाय का कप छलक रहा था।

"मैं अंडर्ग्राउन्ड रह रहा हूँ। मेरे सिर की कीमत है...। तू पढ़ कर बड़ा अफसर बन।" कहते हुए वह चला गया। एम.एस.सी. खेताबारी करने के बाद, मैं खेताबारी यूनिवर्सिटी में ही सहायक प्रोफेसर लग गया। उन दिनों साहसी (आतंकवादी) लहर के अंतिम दिन चल रहे थे। जैसे पूरे देश में भाई-भतीजावाद चल रहा था, यूनिवर्सिटी में भी यूनिवर्सिटी के प्रमुख अधिकारी अपनो को वहाँ सैट करने में लगे हुए थे। देश के ग्रामीण किसानों की यूनिवर्सिटी का शहरीकरण हो रहा था। यूनिवर्सिटी में ऐसे कई 'साईंसदान' और विद्यार्थी थे जिन्हें सॉफ्ट, उच्च कोटि के पौधे और कपास का अंतर पता नहीं था...। ऐसे भी थे जो भैंस के कटुवे और गाय के बछड़े की पहचान नहीं कर पाते थे...।

मुझे जैसे गाँव में जन्मे-पले कई साईंसदान और प्रोफेसर अमेरिका, कैनेडा और ऑस्ट्रेलिया जाने लग गये थे। उनके साथ मैं भी बच्चों को लेकर कैनेडा आ गया।

मेरे आने के दो दिन बाद, अमेरिका के शहर न्यूयॉर्क के जुड़वाँ-टावरों पर हवाई जहाज़ों का हमला हो गया। नौकरियाँ घटने लगीं, बड़ी कम्पनियों ने लोगों को काम

से जवाब देना शुरू कर दिया।

नये और उज्ज्वल भविष्य की खोज में सात समुद्र पार आये लोग सोच रहे थे—"हमारे साथ तो वही बात हुई—कि ना जा बर्मा को, तेरे लेख जायेंगे साथ तेरे...।

कैनेडा का राज-प्रबंध ऐसा है कि बाहर के देशों से आये पढ़े-लिखे कामगारों को और तकनीकी विशेषज्ञों को सीधा काम नहीं देता। सौ तरह के पापड़ बिलवाता है। मैंने देखा है दूसरे देशों से आये इंजीनियर और डॉक्टर ट्रक या टैक्सियाँ चला रहे हैं...। यह सब राजनीतिक लोगों के खेल हैं...पढ़े-लिखों को ड्राइवर बनाओ या झाड़ू लगवाओ। "तकनीकी कुशल लोगों की 'इमीग्रेशन' के नाम पर कैनेडियन राजनीतिज्ञ लोगों से खिलवाड़ कर रहे हैं...। राजनीति पूरी दुनिया में एक-सी है ...कहीं कोई अंतर नहीं।"

सो मैंने, चार-पाँच महीनों के बाद ही ट्रक ड्राइवर का लाईसैंस ले लिया और कैनेडा तथा अमेरिका में ट्रक चलाने लगा। मेरी पत्नी मुझे कहा करती—"कमबख्त कैनेडा ने डॉक्टर को ड्राइवर बना कर रख दिया...।"

एक दिन मैं अमेरिका के कैलीफोर्निया सूबे के शहर बेकर्सफील्ड के ट्रक-स्टाप पर खड़ा था। ट्रक-स्टाप पानी से बहते हाइवे के एक ओर, शहर से दूर खेतों में है। सावन की सफल खेतों में लहलहा रही थी। कैलीफोर्निया का मौसम पंजाब से मिलता-जुलता होने के कारण, यहाँ पर फ़सलें भी पंजाब वाली ही होती हैं।

मेरे पास आ कर, कोई पचास वर्ष से निकले, दाढ़ी कटे और सिर के बाल कटा कर बने हिंदू, एक पंजाबी ड्राइवर ने फतह बुलाई। उसकी आँखें बड़ी गहरी और कोमल थीं—मासूम-सी। उसकी बातें और चेहरा-मोहरा मुझे कुछ जाने-पहचाने लगे। अपने दिमाग पर ज़ोर डाल कर याद करने की कोशिश की, पर कुछ समझ न आया।

"आपका नाम क्या है जी?" मैंने पूछा।

"करतारा मेरा नाम है और मैं पीछे बठिंडे जिले का जसपाल हूँ।" उसने पूरी जानकारी दे दी।

सुन कर मुझे झटका-सा लगा। मेरा दिल माने ही न। "यह वही करतारा है, मेरे चाचे का यार।"

"आप कामरेड करतार सिंह हो या करतार सिंह खालसा हो...?" मैंने हँसते-हँसते भ्रम दूर करना चाहा।

"हैं...हाँ...था...अब करतारा ट्रक ड्राइवर हूँ।" उसने अपने शब्दों पर बल दिया। "तू मुझे कैसे जानता है?" उसने उल्टा प्रश्न किया। जब मैंने अपने चाचा का नाम लिया तो करतारे ने मुझे कस के गले लगा लिया और 'भतीजे-भतीजे' कहता ही चला गया।

हम कॉफी शॉप पर जा बैठे। बातें चल निकलीं।

''आप तो अपना हुलिया ही बदले घूम रहे हो...।'' कॉफी का ऑर्डर देने के बाद मैंने उससे पूछा।

''अरे भतीजे, पूछ मत। अब मैं बंदा बन रहा हूँ।''

''वह कैसे?'' बातें करते-करते हम पंजाब पहुँच गये।

''मैंने पहले कामरेडों के साथ मिल कर इन्कलाब लाने के लिए घर छोड़ा। पर बहुत से कामरेड...।'' उसने भद्दी-सी गाली निकाली और कॉफी देने आई परी-सी सुंदर लड़की को साथ-ही-साथ थैंक्यू कह दिया।

''फिर मैं जात-पात को न मानने वाले गुरु के साथ हो गया।''

मैं कॉफी में चीनी घोलने लग गया और उसने बात जारी रखी।

''भतीजे, क्या बताऊँ...? हर जात का अलग गुरु-घर है। लोग भूख से मर रहे हैं। सिख अपने दरबार साहिब के संगमरमरी फर्शों को रोज़ दूध से धोते जा रहे हैं...। और तो और खालसाई झंडा–निशान साहब के झंडे को पाइपों को धोते समय उन पर दूध डाल रहे हैं...और पता नहीं क्या-क्या कुरीतियाँ कर रहे हैं...?''

इतने में उसकी कम्पनी के ऑफिस से फोन आ गया, वह अपना फोन सुनने लगा।

करतारा इतनी गर्म कॉफी पता नहीं कैसे सुड़क-सुड़क कर पी रहा था और साथ में फोन पर बात भी करता जाता था। लेकिन गर्म कॉफी से मेरा तो मुँह जल गया था। मैं फूँक-फूँक कर कॉफी पी रहा था, वह फोन पर ही बात ख़त्म कर के बोला–''फिर मैं सब कुछ छोड़-छाड़ कर अमेरिका आ गया और अब यहाँ ट्रक चलाता हूँ और बंदा बनने की कोशिश कर रहा हूँ–हाँ सिर्फ़ बंदा...।'' अंतिम शब्द 'बंदा' पर ज़ोर डाल कर वह बोला।

'बंदे को बंदा समझ ओये बंदया, खुदा को पूजने की ज़रूरत नहीं।' वह हँसता हुआ गा रहा था। वह मुझे किसी टीले का जोगी लग रहा था और उसकी हँसी मंदिरों में बजती घंटियों-सी लग रही थी।

बहुत-सी आपबीती और जगबीती सुनाने के बाद, मेरे कंधे पर बड़ी मुहब्बत से हाथ रख कर, मेरा फोन नम्बर ले कर वह चला गया। कॉफी शॉप पर लोग आ-जा रहे थे। कतार टूट नहीं रही थी।

''भतीजे मैं तुझे फोन करूँगा...।'' चलते हुए मुस्कराते चेहरे से वह कह रहा था।

कॉफी शॉप से बाहर जाते समय उसने चार-पाँच कप कॉफी और कुछ खाने की चीज़ें खरीद लीं और बाहर बैठे गोरे मंगतों को दे गया।

कॉफी शॉप से बाहर निकल कर जब मैंने सॉफ्ट कपास के खेतों की ओर नज़र डाली तो एक गोरा किसान ट्रैक्टर वाले पम्प से स्प्रे कर रहा था। लगता था, यहाँ

पर भी पौधों में सुंडी (कीड़ा) लगी हुई है। पौधों के पास जाकर मैंने गौर से देखा, तो कइयों की एक-एक, दो-दो डोडियाँ खाई हुईं थीं। लेकिन फिर भी दूर तक देखने से मुझे लगा, जैसे कपास के पीले और मैरून रंग के फूल करतारे ट्रक ड्राइवर की तरह हँस रहे हों, चाहे सुंडी ने फ़सल पर हमला किया हुआ है...।

सेम

दविन्दर सिंह मलहांस

(26.2.1979)

मुझे कैनेडा आये तीन हफ्ते हो गये थे। कई जगह जॉब एप्लाई की। मंदी का समय होने से और कोई जानने वाला न होने से कहीं पर भी हाथ न पड़ा। जिस आशा से मैं कैलगिरी आया था, दूर-नज़दीक का रिश्तेदार भी था, पर वह खुद एक महीना पहले, हमें बताये बिना ही बी.सी. मूव हो गया था। ये मूव होने का रिवाज़ गोरों में तो है, पर इनकी देखा-देखी पंजाबियों में भी चल पड़ा। वे पंजाबी जो अपनी विरासत से, जो अपने घरों से इस तरह जुड़े हुए थे कि अपने बुज़ुर्गों की कच्ची कोठरियों को गिराने में संकोच करते थे। उस जगह से, उन दीवारों से, उन छतों से उनकी यादें जुड़ी हुई थीं। उनके मन में बसी हुई थीं। लेकिन समय के साथ-साथ सब कुछ बदलता जा रहा था। मुझे भी बदलना पड़ेगा क्योंकि घर में घरवाली से रोज़ ही झगड़ा होता है। वह कहती है कि उसने कहा था टोरंटों चलो, वहाँ पर उसकी फ्रेंड थी। वह कहीं-कहीं मुझे काम पर ज़रूर फँसा देती। आपको एक ही धुन सवार थी कि भाई, हम हरजीत अंकल के पास ही जायेंगे। लो, ले लिया मज़ा हरजीत अंकल का। मैं सुबह घर से बाहर निकलता, शाम को निराश हो कर लौटता। अच्छी भली लेक्चरार की नौकरी थी। उसे छोड़ कर यहाँ भागा, अब कोई लेबर पर नहीं रख रहा था। यह मेरे लिए अपमान वाली बात थी। किसी पंजाबी से काम पूछने में शर्म आती। महसूस होता, जैसे कि मैं भीख माँग रहा होऊँ। साथ में लाया कैश भी दिन-प्रतिदिन कम होता जा रहा था। एक दिन इत्तेफ़ाक से, मैं स्टोर में ग्रासरी लेने घुसा हुआ था। कोई एक छः फुट लंबा, उम्र होगी कोई 56-60 के बीच, मरियल-सा, एकदम पीली पड़ी हुई देह, बीमारियों का खाया हुआ, घमंड से भरा हुआ चेहरा, एक पंजाबी औरत से ऊँचे स्वर में बात कर रहा था—"तू काम पर आ जाना, समझ लेना तेरा काम बन गया।" बुज़ुर्ग औरत कह रही थी, "मैं गई थी, सुपर्वाइज़र ने जवाब दे दिया।"

"तुझे सुपर्वाइज़र के पास जाने की क्या ज़रूरत थी। सीधे मेरे पास आती। फिर मैं जानता या मेरा काम। चल ऐसा करना, कल तू आ जाना अपनी तो वहाँ पूरी

चलती है।" बुजुर्ग औरत उसका शुक्रिया कर के बाहर निकल गई। वह ब्रेडों के सेक्शन में ब्रेडों को उलट-पलट रहा था। शायद सस्ती ब्रेड ढूँढ़ रहा था। मुझे ब्रेड नहीं चाहिए थी। लेकिन मैं उसे बात करने का साहस बटोर कर वहीं पर ब्रेडों को उलटता-पलटता रहा और बीच-बीच में उसे टेढ़ी आँख से देख भी लेता।

एक-दो बार उससे आँख मिली भी। गहरे गड्ढों में धंसी उसकी सिकुड़ी हुई छोटी-छोटी आँखें मुझसे झेली न गईं, मैंने शीघ्र से चेहरा दूसरी ओर घुमा लिया। उसने ब्रेड का एक पैकेट उठाया और बड़े-बड़े कदमों से पे करने के लिए काउन्टर पर पहुँच गया। मैं उसके पीछे-पीछे हो लिया, फिर मैंने पूरी ताकत जुटा कर शब्दों के घमासान से बात निकाली—"सत-श्री अकाल जी"। मेरे कदम रुक गये। जब वह भुगतान कर के बाहर निकला तो पग दबाता-दबाता मैं भी उसके पीछे चल पड़ा। "जी, मैंने एक बात करनी थी, आपके पास टाइम।" बहुत सोच-समझकर ये शब्द मैंने अंदर से खींचे। "बोल ना क्या बात है? बोलता क्यों नहीं?" वह दाँत पीसता-सा मुझे पड़ा, पर औरत के साथ तो बड़े प्यार से बोल रहा था। "बात यह है जी, काम के बारे में बात करनी थी, कहीं काम मिल जायेगा?"

"काम पर लगवा देंगे। ऐसा करना, इस ऐड्रेस पर कल मिलना।" उसने मुझे काम की जगह का ऐड्रेस दिया। मैं खुशी-खुशी ग्रासरी खरीदे बिना ही घर आ गया। इतना आनंद शायद प्रोफेसर की नौकरी मिलने पर भी मुझे नहीं मिला था, जितना उसकी हाँ करने पर हुआ।

पूरी रात इसी उधेड़बुन में निकल गई कि कल मैं उसे कैसे फेस करूँगा? बताये हुए ऐड्रेस के मुताबिक मैं शाम को उसके पास गया, क्योंकि वह ईवनिंग शिफ्ट करता था। बड़ी-सी लांड्री में कपड़ों की बड़ी-बड़ी ढेरियों में मुझे एक पंजाबी दिखा, मेरे चेहरे पर खुशी की लहर दौड़ गई। झिझकते-झिझकते मैंने उससे सैम के बारे में पूछा। उसने हाथ के संकेत से मेरा मार्गदर्शन किया और मैं पिछवाड़े में मिस्टर सैम के पास पहुँच गया। सत् श्री अकाल कहने के स्थान पर मैंने हाथ जोड़ दिए। "दस मिनट खड़ा रहा, मैं बहुत बिज़ी हूँ।" कहते हुए वह कपड़ों से भरी एक कार्ट धकेलता और दूसरी को खींचता। वह बड़ी चुस्ती-फुर्ती से यह सारा काम कर रहा था। मुझे वह पूरी फैक्ट्री की धुरी लग रहा था, जिसके चारों ओर सारी फैक्ट्री घूम रही हो। थोड़ी देर बाद वह मेरे पास आता, फिर से बोला, "इधर हो कर खड़ा हो जा, बीच में खड़े नहीं होते।" जीवन में मैं पहली बार किसी फैक्ट्री में घुसा था। पूरी फैक्ट्री को बिट-बिट यों देख रहा था जैसे कोई नई भेड़ गायों के झुंड में मिल गई हो। एक ओर दो बड़ी उम्र की पंजाबी औरतें कपड़ों की छँटाई कर रहीं थीं।

रात को सात बंदे काम करते हैं। एक सेम, दो बुजुर्ग औरतें, दो लड़के और दो वियतनामी-सी औरतें। एक गोरी सुपर्वाइज़र। कॉफी ब्रेक का बज़र बजा, वह मेरे

पास हाथ में कॉफी का कप पकड़े आया—"आजा तेरी बात कराऊँ।" वह मुझे इलियम सुपर्वाइज़र के पास ले गया। वहाँ जा कर मैंने ऐप्लीकेशन भरी, इलियम ने मुझे रात का काम दे दिया। कल रात को शुरू करने के लिए कहा।

"देखा, यह तो मेरा चुटकी का खेल है, मैं तो आदिधर्मी, पता नहीं कितने बंदे, कितने जाटनियाँ काम पर लगाई हैं। ये जाट जो मुझे खेत की मेड़ पर चढ़ने नहीं देते थे, यहाँ उनकी औरतें मेरा पानी भरती हैं। कभी कोई कुछ बना कर लाती है, तो कभी कोई भाई जी के बिना नहीं बोलती, वहाँ पर ये सभी मुझे 'ओए' कह कर बुलातीं थीं। मैं हूँ भी थोड़ा-सा मरीज़ आदमी। नहीं तो क्या-से-क्या हो जाता। चल, तू कल आ जाना काम पर।" पहले मैं ऐसे सोचता था कि अगर मैं यहाँ सैट हो गया तो मैं अपनी घरवाली को यहीं काम पर लगा लूँगा। लेकिन उसकी क्या-से-क्या हो जाता वाली बात से डरते मैंने सोचा कि मेरे ही दिन कट जायें तो अच्छा है। मैंने उस से डरावनी अलविदा ली। सारी रात मेरे दिमाग में उसका चेहरा घूमता रहा। मैं सिर्फ़ उसे अपने निकट लाने के बारे में सोचता रहा। उसे क्या कहा जाये और क्या ना कहा जाये। अगर वह मुझे अपना बंदा समझे, मैं उसे अपने निकट ले आऊँ।

दूसरी शाम जब मैं काम पर पहुँचा, मैंने उन्हें ऊँची आवाज़ में कहा—"बोले सो निर्भय।" वह आगे से चुप था। मेरी बात का उत्तर देने के स्थान पर वह मुझे काम गिनवाने बैठ गया—"ये-ये तेरे काम हैं, तेरी निर्भय बहुत हो गई। तुझे यहाँ होटलों और मोटलों के कपड़े अलग करने हैं, ये दो जाटिने लगी हुई हैं, इन्हीं के साथ लग जा। बस बिछाने वाले अलग, सिरहाने अलग, गिलाफ़ अलग करता रह।" मेरी पूरी रात की प्लैनिंग पर उसने पल-भल में पानी फेर दिया। कॉफी ब्रेक हुआ तो वही पुराना सड़ा हुआ कप लेकर मेरे पास से गुज़रता हुआ बोला—"कॉफी ब्रेक है। कुछ पीना है तो चाय वगैरा पी ले, केवल पंद्रह मिनट का ब्रेक है।" मैंने "अच्छा जी" कहा। वह अपनी पीली आँखें मुझे दिखाता हुआ, बाहर जा कर सिगरेट सुलगाने लग पड़ा। मुझे काम की टैंशन कम, पर उसकी टैंशन, उसका डर मेरे चेहरे पर सूरज की तरह चमक रहा था। मैं घर से थरमस में लाई हुई चाय कम पी रहा था, उसके बारे में ज़्यादा सोच रहा था। वह मेरे देखते-देखते, पंद्रह मिनटों में तीन-चार सिगरेटें फूँक चुका था। वह मुझे एकदम डाँटता हुआ बोला, "घंटी बज गई, काम शुरू कर। फॉलो दि बज़र। ओ. के.।" मैंने चुपचाप काम शुरू कर दिया। भागती-फिरती सुपर्वाइज़र भी मुझे उसी की बहन लगी। वह भी जो बात समझाती, डाँट कर ही समझाती। मुझे लगा ये हमारे सभी लोगों की कमज़ोरियाँ इसी ने उसे बताई होंगी। वह सुपर्वाइज़र गोरी, जो आठ बंदों को कमांड दे रही थी, उसकी भी गुरु लगी।

पहली रात निकल गई। मैं शुक्र करता हुआ घर में घुसा। वाह कैनेडा—तेरा यह रूप है? मैं सोचता रहा। जागते, सोते मुझे उनका चेहरा डराता रहा। उठते-उठाते,

काम पर जाने का समय हो गया। मुझे काम पर जाने में डर लग रहा था। जैसे प्राइमरी स्कूल के बच्चे बचपन में मास्टर से डरते हैं। वहीं डर आज फिर ताज़ा हो गया। मुझे वह बंदा धमोटिया मास्टर लग रहा था, जो दारू पी कर स्कूल आया करता था। बिना किसी मतलब के, डंडों से शरीर पर नील डाल कर घर चला जाता था। ''तू सूअर की औलाद'' कहकर डंडा मारता।

दूसरे दिन काम शुरू होने से आधा घंटा पहले ही मैं चला गया। वह लंच रूम में बैठा सिगरेट का मज़ा ले रहा था। मैंने झिझकते-झिझकते कहा–''बोले सो निर्भय।'' उसने मुझे आँखें निकाल कर झाँका और सिगरेट का लम्बा कश लेता हुआ थोड़ा खाँसा। मुझे कोई और बात ना सूझी। फिर मैंने कहा–''सर जी, आपका लास्ट नेम क्या है?''

''क्यों, तूने मेरा रिश्ता करवाना है? और हाँ, मुझे सर जी, साहिब जी नहीं कहना। मुझे यह शब्द गाली जैसा लगता है। मैं तो भाई जी कहलवाने का भूखा हूँ। यहाँ सभी मुझे भाई जी कह कर बुलाते हैं। मैं आदिधर्मी हूँ, और कुछ पूछना है? यह मेरी लास्ट नेम है।'' मैंने बेशर्मी से कहा, ''अच्छा जी, अच्छा जी, जी हम भी हरिजन होते हैं और आप भी?''

''ओए बात सुन, मुझे हरिजन मत कहना। तू बनता रह।'' काम का बज़र हो गया। उसने जल्दी से सिगरेट सुलगाई और दो कशों में सिगरेट पी कर, घोड़े जैसी चाल से कपड़ों से भरी रेहड़ियाँ खींचनी-धकेलनी शुरू कर दीं। मैंने भी दोनों आंटियों के साथ कपड़ों की छँटाई शुरू कर दी। होटल-मोटल से बड़े-बड़े ट्रक, सफेद कपड़ों के आते। अधिकतर ट्रक ड्राइवर पंजाबी लड़के ही थे। सैम को हैलो-हाय करते, कभी सैम किसी से कहता–''ओए ग्रेवाल, भाग कर टिम होरटन से टिमियाँ ला कर दे, ग्यारह बज गये हैं, अब सस्ती मिल जायेंगी। नहीं तो वे सभी गार्बेज कर देंगे।'' इस तरह वह पूरी रात गुलगुलों जैसी टिमियाँ, कॉफी के कप और सिगरेटों को पी-पीकर साँस लेता, कई ड्राइवर तो उससे पैसे भी ना लेते। कहते दो-तीन डालर का क्या लेना। उसका खर्चा सिगरेटों का ही था, वह तो सस्ते वाली खरीद कर लाता।

हरदीप और एक वियतनामी लड़का, पीछे कपड़ों की लोड मशीन में डालता। कहीं भ्रमवश बुढ़ियों के लिबड़े हुए डाईपर, होटलों की चादरों के साथ इकट्ठे डल गये। जब वे धुल कर सैम के पास पहुँचे तो वह भड़क गया। ऊँचे स्वर में हरदीप से बहस करने लगा। ''तुझे कितनी बार कहा है कि अगर काम करना है तो सीधी तरह से कर, नहीं तो भाग जा यहाँ से।'' उँगली कर-कर के जब वह एक-एक शब्द दोहराने लग गया तो हट्टे-कट्टे हरदीप ने उसकी उंगली पकड़ ली, ''बात सुन ओए, बुढ्ढे होने के कारण मैं तेरी रिस्पेक्ट करता हूँ। ये जो तेरी उंगली बार-बार उठती है तोड़ कर तेरे...दे देनी है।''

"कोई बात नहीं, कल बात करता हूँ डैनी से, करवाता हूँ तेरा पत्ता साफ, जो तू घमंड में घूमता-फिरता है?" अंदर से डरा हुआ सैम बुड़-बुड़ करता, ज़ोर-ज़ोर से कपड़े उलट-पलट कर फेंकने लगा। उनका शोर सुन कर सभी लोग वहाँ जमा हो गये। सुपर्वाइज़र भी आ गई, उसे दिखाता-दिखाता और भड़क गया।

"टुमारो आई विल टॉक विद डैनी, ये मुझे मार रहा था।"

"ओए बात सुन, चौरिया डैनी मेरा क्या कर लेगा, काम से ही तो निकाल देगा, और क्या उखाड़ देगा। काम कहाँ नहीं है, यहाँ पर मैं कौन-सा कुर्सी पर बैठा रहता हूँ। लेबर ही करनी है, यहाँ नहीं, कहीं और सही, बड़ा बना हुआ है साला–डैनी का।" सेम का कमज़ोर शरीर गुस्से से काँप रहा था।

सेम हर किसी को यही कहता, डैनी के साथ मेरी सीधी बातचीत है। बारह साल पहले जब उसने काम शुरू किया था, उस समय लांड्री में दो मशीनें थीं। वे चार लोग थे। इस समय डैनी के अंडर 80-90 आदमी काम करते थे। तब वह खुद भी फ्लोर पर काम करता था। डैनी सेम को इसलिए लकी समझता कि जब से सेम उसके बिजनेस में आया, बिजनेस बढ़ने लगा था उसका। डैनी शायद इस बात में कम विश्वास करता होगा पर सेम उसे यह एहसास करवाता रहता था।

सुपर्वाइज़र ने बात ठंडी करवा दी, पर सेम के अंदर तो खलबली मची हुई थी। वह बिना किसी मतलब के इधर-उधर भाग रहा था और मशीन के पीछे ही वह बार-बार पेशाब कर रहा था। उसे गुर्दों में प्रॉब्लम थी, पेशाब कन्ट्रोल नहीं होता था। अगर एक मिनट वेट कर लेता तो पैंट गीली हो जाती, लेकिन इस वक्त टैंशन की वज़ह से ज़्यादा पेशाब आ रहा था। हर वक्त कॉफी पीएगा तो पेशाब ही आयेगा ना। लेकिन वह इन सभी आदतों से मजबूर था। वह हरदीप को वार्निंग तो दे रहा था पर डर मैं रहा था। पता नहीं अब क्या होगा? बड़ी मुश्किल से जॉब मिली है। इसकी तो डैनी से सीधी बातचीत है। मेरे मन में आया कि इसके पेट में घुस जाऊँ, पर वह तो मुझे पास भी नहीं आने दे रहा था। अगर मैं एक भी बात उसके निकट होने की करता तो वह दस उदाहरण देकर मुझे दूर कर देता। उसकी जाति-आदिधर्मी और मेरी हरिजन उसे भाती नहीं थी। उसके बाद उसका मेरा इलाका 'खन्ना' उसे अच्छा नहीं लगा। कहता–"खन्ने के बहुतेरे लोग यहाँ घूमते-फिरते हैं।" मेरा और उसका लास्ट नेम एक था। कहता–"इंद्र ने इस लास्ट नेम की छूट दी थी। हमने भी विर्दी लगा लिया, तेरे बुढ़ऊ ने विर्दी लगा लिया होगा।" मुझे वह हिंदी फिल्मों के वकील जैसा लगा।

दूसरे दिन मैं आधा घंटा पहले चला गया। पूरी रात यही बेचैनी रही कि हरदीप का क्या होगा। वहाँ जा कर पता चला कि उसे लिखित वार्निंग दे कर छोड़ दिया है। आज सेम खुद को विजयी महसूस कर रहा था–"मैं तो इस कंजर जट के निकाल

दूँगा बल। इन लोगों ने हमारा बड़ा खून पिया है।" मैं हाँ जी, हाँ जी कर रहा था। पता नहीं कब और कैसे मेरे मुँह से निकल गया कि—"सभी एक जैसे तो नहीं होते।" "लगता है कि तू भी किसी जट की चोट का नतीजा है, तभी इन पर तुझे बड़ा प्यार आता है। जितने भी मुझे मिले सभी एक से थे।" उसके पीले चेहरे पर न जाने कहाँ से लाली आ गई। मैं गुस्से से फट रहा था। मुझे खुद समझ नहीं आ रहा था कि ऐसे शब्द मैंने कैसे सुन लिये, कैसे सह लिये। इंडिया में सोचा करता था कि कैनेडा जा कर लोगों के विचारों में उदारता आ जाती होगी। पर अब लगता है, वे ये आदतें मर कर भी नहीं छूटतीं।

मैं उठ कर बाथरूम चला गया। ठंडे पानी के छींटे चेहरे पर मारे। 'लगता है तू भी' शब्द ठंडे दिमाग में उभर आये। इस का अर्थ यह है कि सेम के दिमाग में कोई और है जो कहीं पड़ा हुआ है, पड़ा नहीं हुआ, हर समय खड़ा रहता है। यह इसी बात को क्यों घिसता रहता है? यह जाटों के पीछे इतना क्यों पड़ा हुआ है? एक ही बात को ये क्यों पीसे जाते हैं? मुझे उसकी सड़ी हुई बात भूल कर क्यों? क्यों? वाले शब्द में दिमाग में भर गये। मेरे मन में उससे अगली बात उगलवाने की सूझी।

ब्रेक में मैं उसके पास लंच रूम में गया। मैंने कहा—"भाई जी, आप तो ग्रेट हो।" ये शब्द मैंने बड़ी मुश्किल से कहे। मुझे लगा कि कहीं मेरे हाव-भाव चुगली ना कर दें। "आपके विचार ऊँचे और पाक हैं। आपके नेक ख्यालों ने मुझे दुःखी कर दिया है। वीक एण्ड पर आप क्या किया करते हो। कभी हमारी ओर भी चक्कर लगा लो।" यह बातें मैंने चबा-चबा कर बोल दीं, पर अंदर से डर रहा था कि कहीं वह मुझे टूट कर नापड़ जाये। वह पहली बार थोड़ा-सा मोम हुआ लगा। "हम तो सातों दिन ठोक कर काम करते हैं।" गहरी मुस्कराहट बिखेरता हुआ वह बोला। मैंने पूछा—"घूँट-वूँट तो लगा लेते हो?" "हाँ, रोज एक गोरियों वाला पैग लगाते हैं, फिर इन कपड़ों के रेशे दब से जाते हैं और नींद भी बढ़िया आ जाती है, पर पेशाब बहुत तंग करता है।"

"फिर, निकालो कभी टाइम, बैठेंगे दोनों, और हम साथ में बार-बि-क्यू का प्रोग्राम करेंगे।" मैंने झिझकते हुए कह दिया, पर वह तो चौड़ा ही हो गया—"कोई बात नहीं, इसी वीक एण्ड पर ही सही।" वह तो बहुत ज़्यादा सॉफ्ट हो गया था। मेरे यहाँ बार-बी-क्यू तो दूर अभी बच्चों के सोने के लिए पूरे गद्दे भी नहीं बने थे। बच्चे रोज़ ही टी.वी. लेने की फरमायश करते थे। वे कहते, हम कैनेडा में धरती के नीचे रहते हैं, सुना तो था, पर अब हैरान था कि मैं खुद ही रहने लग गया था। इंडिया में कोई बाबा शौकिया तौर पर दो साल धरती के नीचे रह जाये, उसे 'भोरा साहब' कह कर पूजने लगते हैं पर यहाँ लोग बेसमैंटों में रहते-रहते बूढ़े हो गये, उन्हें कोई नहीं पूछता। लेकिन बेसमैंट में रहते हुए साथ वाले किरायेदार का दरवाज़ा लेनदार

जैसा होता है।

न चाहते हुए भी मैंने उसे घर आने का खुला निमंत्रण दिया। दूसरे दिन उसके व्यवहार में खुश्की कुछ कम लगी और फिर प्रत्येक दिन कम से कमतर होती गई। अब वह मेरी बात का बतंगड़ न बनाता।

इतवार शाम को जब वह मेरे घर पहुँचा तो, "ऊपर जाट रहते हैं?" आते ही पूछा। "अपने ही हैं।" मैंने हैरान होने पर भी मुस्कराते हुए कहा। "अभी-भी सालों को अपना कहता है?" उसने वही पीली आँखें फाड़ते हुए कहा। मैंने कहा–"आपने मतलब जी, पंजाबी ही हैं।"

"ये अपने कैसे हो गये? जिन्होंने हमें अपना नहीं समझा। और हमारी औरतों को...।" मेरी घरवाली को सामने आता देख वह चुप हो गया। मेरी घरवाली ने उसे 'सत श्री अकाल' बुलाई। उसने 'सत श्री अकाल' का जवाब सत श्री अकाल में दिया। मैं सुन कर हैरान रह गया। "ये है जी मेरी वाइफ जसमीन, ये गुड़िया और छोटा बेटा राजू।" फिर उसे मैं बेडरूम में ही ले गया।

"आ जाओ, हम यही बातचीत करते हैं। बेडरूम भी पास ही है।" उसे वहाँ बिठा कर मैं शराब की बोतल और दो गिलास, एक कोक रखते हुए सहज रूप से वही बात छेड़ी–"आप ने कैसे अनुमान लगाया कि ऊपर जाट रहते हैं?"

"ये ठंडी बेसमैंट देख कर ही पता चल गया। हीट नहीं छोड़ी। भाई ये ऊपर रहने के आदि हैं और अब भी ऊपर ही रहते हैं।"

मैंने कहा–"नहीं ऐसी कोई बात नहीं। जिस दिन मैंने ये बेसमैंट रेंट पर ली थी, उसी दिन उन्हें मिला। मैंने जात-पात की कोई बात ही नहीं की। वैसे घर का मालिक नेक इंसान है–पढ़ा-लिखा।"

"यही तो बात है, ये चाहे पढ़ भी लें पर इनके दिमाग से जाट वाली बात नहीं जाती। अगर ये डी.सी. भी हों तो डी.सी. से ज़्यादा ये जाट कहला कर ज़्यादा खुश होते हैं।" सेम ने कहा।

मैंने मुस्करा कर दो पैग बनाये, साथ में नमकीन की प्लेट उसके आगे की, "लो जी उठाओ।" उसने एक ही साँस में पैग खाली करके टेबल पर खाली गिलास रख दिया। उसे देखते हुए मुझे भी खींचना पड़ा।

मैं उससे कुछ पूछने के लिए अभी सोच रहा था कि वह खुद ही उधड़ने लगा–"हम ठोक कर सात दिन काम करते हैं। आज तेरे यहाँ आने के लिए एक घंटा पहले काम छोड़ना पड़ा। सोमवार से शुक्रवार तक पाँच रातें और शनि, इतवार को दिन में करते हैं।

पूरे तीन हज़ार डॉलर पीट लेते हैं। इंडिया का सीधा लाख रुपया। अब डॉलर और महँगा हो गया है। सवा लाख का चूना लगाते हैं और हर महीने वहाँ लड़के को

कह रखा है जैले नंबरदार की ज़मीन नहीं छोड़नी, सारी खरीद ले। साले के पास पंद्रह किल्ले थी, आठ किल्ले हमने ले लिए, दो किसी और को बेच दिए। अब उसके पास पाँच बचते हैं, ले तो वे भी लेने थे। पर ज़मीनों के भाव आसमान छू रहे हैं। ये लगता है कि इसी साल एक किल्ले की और रजिस्ट्री करवा लेनी है।'' कहता हुआ वह गंभीर हो गया।

मैं एक-एक पैग बना कर चिकन देखने के लिए किचन में चला गया। जब मैं चिकन ले कर आया तो वह पैग ख़त्म कर के बाहर निकल गया। मैंने देखा, बाहर वह सिगरेट सुलगाये लंबे-लंबे कश ले रहा था। ''करो एन्जॉय।'' कह कर मैं फिर अंदर आ गया और उसके गिलास में एक और पैग डाल दिया। थोड़ी देर बाद आ कर उसने पैग उठाया और कुर्सी पर बैठते-बैठते उसे पी गया। मैंने तो दो घूँट-भर के टेबल पर रख दिया।

मैंने पूछा—''जी, ये जैला नम्बरदार कौन है?''

''जैला नम्बरदार वही है, जिसकी बदौलत मैं यहाँ बैठा हूँ।''

''चलो, फिर तो बढ़िया बात है जी।''

''बढ़िया काहे की...टोटा ही बढ़िया।'' टोटा की जगह, मुझे ऐसा लगा कि वह कोई और गंदा शब्द बोलना चाहता था, पर मेरे घर बैठे होने के कारण उसने खुद को सँभाल लिया। उसकी आँखें क्रोध से लाल हो गईं। ''इसी कमीने ने मुझे बेघर किया है।''

मैंने उसे चिकन-करी डाल कर दी। उसने मुर्गे की टाँग पर दाँत गड़ाते हुए कहा—''मेरे बस में नहीं है। जी करता है मैं उसे इसी मुर्गे की तरह चबा जाऊँ।''

मैंने दो पैग बनाये, डालते ही उसने पहले की तरह एक ही लंबे साँस में खींच लिया। ''ले सुन, अब मैं तुझे शुरू से सुनाता हूँ। जैले के साथ चढ़ती उम्र में उस से हिल-मिल गया। पहले मेरा पिता उनके यहाँ हड्डियाँ गलाता मर गया था। पूरे पच्चीस साल उनका गोबर ढोया, जब उस के हाथ-पैर जवाब दे गये, पर कर्ज़ा वैसे का वैसा ही खड़ा। बापू ने मुझे वहाँ पर लगा दिया। वहीं पर काम करते मेरी शादी मुखतारो से हो गई। मुखतारो बहुत सुंदर थी, सरदारनी को भी मात देती थी। जैले की औरत मैं सरदारनी ही कहता और एक ऐसी माँ की बेटी थी, जिसका दिल बहुत बड़ा था। उनके कभी माथे पर बल नहीं डाला। उसे इज़्ज़त करनी और करवानी आती थी—गरीब के काम आने वाली औरत थी वह। जैले ने मुखतारो पर पहले दिन ही आँख गड़ा ली थी, पर मैं बेखबर था। जाटों के ऐहसानों तले दबा हुआ। मुझे उसने कई बार कहा, ''सेम तू अपनी औरत को हमारे घर लाया कर। वह घरवाली की मदद कर दिया करेगी और तेरी भैंस के लिए हरे पट्ठे भी ले जाया करेगी।'' हाँ जी, हाँ जी, करता मैं चुप रहता। ऐसे तीन-चार साल निकल गये। मेरे यहाँ तीन बेटियाँ

पैदा हुईं। मुखतारो लड़के के लिए उतावली थी, चाहता तो मैं भी था, पर मैं यह कह टाल जाता 'उसके घर देर है अँधेर नहीं।'

यह बात सरदारनी को भी पता चली। सरदारनी ने कहा–"सेम सिंह हम पास वाले संतों से फल डलवा आते हैं।" जैला और सरदारनी स्कूटर पर मेरी औरत को संतों के पास ले कर गये। वहाँ उन्होंने पाँच अमावस्या भरने के लिए कहा। बाकी अमावस्याओं पर सरदारनी साथ होती थी। एक बार उसे मासिक धर्म हो गया और उधर मानी हुई अमावस्या भी मिस नहीं कर सकते थे। जैला मुखतारो को ऐसा लेकर गया कि उसके बाद मुखतारो मेरे पास ही न फटकी। कंजरी औरत ने ऐसा गंदा घोला–प्रोफेसर बन और पैग।" मैं उसकी बातों में पता नहीं कहाँ खोया हुआ था। "हाँ जी-हाँ जी, उठाओ।" पैग पी कर वह फिर शुरू हो गया–दो-तीन साल मैंने बहुत करवटें लीं, पर मेरा कोई बस न चला। मैं उसका काम छोड़ भी नहीं सकता था क्योंकि उसका कर्ज़ा चुकाना था। छोड़ने भी नहीं देता था साला। गुस्से में मेरे से एक-दो बार तू-तू, मैं-मैं भी हुई। साला मुझसे और ज़्यादा जलने लगा। एक दिन जब सवेरे-सवेरे काम शुरू करने से पहले मैंने चाय वाला कप रखा, उसका बड़ा बेटा कप में चाय डालने लगा तो चाय वाला जग मेरे कप को छू गया। जैले ने लड़के को थप्पड़ मारा 'तुझे पता नहीं, जग ऊपर कर के चाय डालते हैं, साले जग को भ्रष्ट कर के रख दिया।' मुझे तो फिर आग ही लग गई। मैंने चाय वाला कप फेंक कर मारा। मैं अंदर से कब से गुस्से से भरा हुआ था, सो, जो जी में आया वही बोल गया। साले तू मेरी जनानी को छूते हुए भ्रष्ट नहीं होता, मेरे कप से तुझे भ्रष्ट होना दिखता है। लात मारता हूँ तेरे कप को, मैं काम छोड़ कर आ गया। उसी साल मेरे यहाँ बेटा भी पैदा हो गया। मैं मिस्तरी के साथ जाने लग गया और धीरे-धीरे मिस्तरी बन गया। फिर मैं कोठियों के ठेके लेने लग गया। अट्ठारह-बीस साल तक मैंने यही काम किया। अब मैं पूरा कारीगर बन गया। खन्ने में किसी ऐजेन्ट ने कोठी बनाई। उसने मुझे पैसे के बदले यहाँ भेज दिया। बारह साल हो गये हैं, अभी तक इंडिया नहीं गया। जाने के लिए कत्ल हो चुकी रूह भी नहीं करती, जाऊँ किसके पास? मेरे लिए मुखतारो तो शादी के तीन साल बाद मर गई, बेटा वह मेरे नाम का ही कहलाता है। हाँ एक बात याद आई। वह बात मैंने कह तो दी पर आज भी पछताता हूँ। सरदारनी का दिल दुःखाया था। जब मैं खन्ने में कोठियों का काम करता था, तब सरदारनी मेरे पीछे इतनी पड़ी कि क्या बताऊँ। उसने कहा था कि अपने बेटे को दो भैंसों के लिए हरा चारा काटने के लिए भेज दिया कर। उसके अपने दोनों बेटे जैले सिंह की तरह निकम्में, पक्के आलसी और मोटी चमड़ी वाले थे। मैंने कहा–"सरदारनी दिल तो नहीं मानता, पर तू कहती है तो अच्छा।" लड़का पहले दिन ही गया और लड़कर आ गया। सरदारनी ने उलाहना दिया–"सेम सिंह, तेरा लड़का बड़ा टेढ़ा है, उसे

समझा ले।'' मैंने कहा–''सरदारनी, अगर बेटा मेरा होता तो समझा देता, यह लड़का जैले का है। उसे कह, समझा दे।'' सरदारनी को ठंडे पसीने आ गये। आँखों से दो आँसू टपके, वह नज़र झुका कर चुपचाप चली गई। तब मैंने सोचा, आज भी सोचता हूँ, रे मन, 'तेरे जैसी ही सरदारनी पर बीती। मैंने इतनी बड़ी बात उसे कैसे कह दी। वह औरत थी, क्या इसलिए? प्रोफेसर, अब तो बस एक ही सपना है, जैले के पास जमीन न छोड़ूँ। मैंने जैले की ज़मीन पर हल चलाया और उसने मेरी औरत...। उसने मेरी औरत मेरे लायक न छोड़ी। मैं उसकी ज़मीन नहीं छोड़ूंगा। यह पूरा हो जाये।' वह जल्दी-जल्दी पेशाब करने भागा। 'ले डाल पैग।' उसकी टाँगे इधर-उधर पड़ रही थीं, पर वह पैग पर पैग माँगे जा रहा था। मैंने छोटा-सा पैग डाल कर कहा–''चलो खाना खायें।'' मैं उठ खड़ा हुआ। ''ओए, तू बैठ जा, ठोक कर पैग बना, मुखतारो के नाम का। तुझे पता है, वह पहले जैले के साथ कार में घूमती थी अब मेरे बेटे के साथ कार में घूमती है। मैंने उसे नई मारुति निकलवा कर दी है।'' कहता हुआ वह वहीं लमलेट हो गया। मैंने उठा कर बेड पर सीधा किया। सुबह वह किसी से मिले बिना ही चला गया।

मैंने वहाँ पर उसके साथ एक साल तक काम किया। उसका व्यवहार मेरे प्रति ठीक ही रहा। मुझे कहीं और जॉब मिल गई। लगभग छः महीने बाद, एक स्टोर में लांड्री में काम करने वाली आंटी मिल गई। उसने बताया कि सेम बहुत बीमार है, उसे याद करता है। वीक एण्ड पर मैं उसे मिलने गया। ''आ प्रोफेसर, एक की रजिस्ट्री मैंने पिछले साल करवा ली, साले के पास चार और बचे हैं। वह नंगा तो सारे बेचने को तैयार है, टूटा हुआ साला। अब तो डैनी वेतन भी अच्छा देने लग गया है, लगता है, हम दो साल तक मोर्चा मार लेंगे। लेकिन मैंने सारे पैसे भेज दिए, दुअन्नी भी नहीं रखी। डॉक्टर कहते हैं कि गुर्दे तो पहले ही ख़त्म जैसे थे, लंग्स भी चले गये। मैंने डॉक्टर को साफ कह दिया कि भाई, मुझ जैसे लोगों को लंग्स, गुर्दों की ज़रूरत नहीं होती। दिल पहले ही टूट गया था, फिर किडनी और अब लंग्स। मुझे तो मेरे हाथ-पैर साबुत चाहिए। कहते हैं सिर बड़े सरदारों के पैर बड़े चमा...के। ये जिन अंगों की डॉक्टर तू बात करता है, हमने तो कभी बरते ही नहीं।'' कह कर उसने लंबी-सी साँस ली थी।

गोरा डॉक्टर पता है क्या कहता–''आई डू नॉट अंडरस्टैंड वट जाट...।'' मैंने पंजाबी में कहा–''तभी तो आप कामयाब हो, नहीं तो हमारे जैसी चकरघन्नी में खोये रहना था।'' उसकी आँखों में रोशनी सूरज की तरह चमक रही थी।

अमेरिका

आवाज़, आवाज़ है

एन. कौर
(3.7.1936)

हमारा घर बिक गया है, अगले हफ्ते मैं युगराज और बिंदु के साथ अपने देश जा रही हूँ। पूरे आठ साल तक मैं इस बेगानी धरती पर बैठी रही हूँ। यों लगता था जैसे बैठी-बैठी मैं खुद एक कहानी बन गई होऊँ। ऐसी, उस औरत की कहानी, जिसका कोई देश नहीं था, कोई नाम मिल गया है तो मेरे हृदय में सोई आवाज़ हड़बड़ा कर जाग पड़ी है।

मेरी दादी कहा करती थी कि औरत के दो जन्म होते हैं, एक मायके का घर, जहाँ वह जन्म लेती है और दूसरा ससुराल का घर, जहाँ जा कर वह खिलती, विकसित होती है। पर मेरी कहानी तो उसके तीसरे जन्म की कहानी है, जो मेरी पीढ़ी से शुरू हुई है।

हमारी शादी के वक्त युगराज ने अपने गाँव के स्कूल में कच्ची नौकरी शुरू कर दी थी। पक्की नौकरी मिलने की कोई आशा नहीं थी। एक साल के बाद युगराज ने अपने पिता के गले में अँगूठा दे तीन एकड़ ज़मीन गहने डाल दी। किसी ऐजेंट की झोली भर के, वह कबड्डी की टीम के साथ अमेरिका के लिए हवाई जहाज़ पर चढ़ गया। मेरी हालत न तो कुँआरियों में और न ही ब्याहताओं में। अंदर घुस-घुस कर रोती। यों लगने लगा जैसे भरे जहाज़ में मैं अकेली होऊँ। कुछ समय बाद युगराज के ख़त आने शुरू हो गये। धीरे-धीरे मेरा मन बहल गया। वह मेरे मन में परदेस के नये-नये बीज बोने लग गया, मैं बार-बार पढ़ती और बिना पँखों के उड़ती फिरती। प्राइमरी स्कूल की नौकरी बहुत ही छोटी लगने लग गई।

जब नीले लिफाफे में मेरी टिकट आई, तो चाव में मैं कई रात सो ना सकी। जी करता, आँखें मीचूं और अपने राज के पास पहुँच जाऊँ। मेरा बड़ा भाई फौज से छुट्टी पर आया, मैंने खुशी-खुशी उसे टिकट दिखाया। वह कहने लगा—"दर्शना, यह तो मैक्सिको का टिकट है।" मेरा चेहरा उतर गया। सुबह जल्दी उठ कर मैंने राज को फोन किया।

वह फीकी हँसी हँसने लगा, कहता कि तेरे से काहे का दुराव है, मैं अभी

अमेरिका का शहरी नहीं बना। इसी कारण तुझे ज़िम्मेवारी के कागज़ नहीं भेज सका। मेरे शहर से मैक्सिको की सरहद मुश्किल से अस्सी मील है। मेरे मैक्सिकन दोस्त के माता-पिता तुझे सरहद पर छोड़ जायेंगे। उन्हें खर्चे के लिए मैंने पैसे भेज दिये हैं, मुझे पक्का कार्ड जल्दी ही मिलने वाला है। मेरे सारे भय काफूर हो गये और राज के रहस्यों की भागीदारी बनना और भी अच्छा लगा।

अमेरिका जाने की तैयारी में मेरे पाँव ज़मीन पर ही न लगते। दो-तीन बार दिल्ली गई, मैक्सिको का सैलानी वीज़ा लेने में बड़े चक्कर लगे। मेरे छोटे-भाई ने किसी को मिल-मिला कर, पैसे खर्च कर के मुश्किल से बात सिरे चढ़ाई। उधर युगराज भी बड़ी उतावली दिखाये, नित चिट्ठी, रोज़ फोन, माँ-बाप का घर। कई बार जब माँ कहती मुझे शर्म आ जाती—"बेटा दर्शना, ऐसा लगता है जैसे युगराज सिंह ज़्यादा ही उदास हो गया है।"

चाव से ऊपर तक भरी हुई, पंजों के बल चलती और हँसती, गुटकती मैं परदेस चल पड़ी। पहले तो रुई के बड़े-बड़े ढेरों के साथ धीरे-धीरे उड़ता हवाई जहाज़ बड़ा अच्छा लगा, फिर कुछ पता ही न चले। दो छोटे दिन आये और रातें भी छू गईं। धीरे-धीरे ऐसा लगने लगा जैसे वक्त ऊँघ रहा हो और हवाई जहाज़ शून्य में एक जगह जम गया हो। आखिर मैं मैक्सिको के हवाई अड्डे पर पहुँच गई। अजनबी लोगों की भीड़ में एक जोड़ा लाल झंडी को हवा में लहरा रहा था, जिस पर मोटे-मोटे शब्दों में मेरा नाम अँग्रेज़ी में लिखा हुआ था। मैंने जा कर झंडी वाली औरत का हाथ पकड़ लिया और उसके साथ चल पड़ी।

मैं पूरा दिन उनके टूटे से मकान में बैठी रहती थी। न वे मेरी बोली जाने, न मैं उनकी समझूँ। गूँगे लोगों की तरह उनके चेहरों को देखती रहूँ। जितनी बार में खाना बनाते, प्लास्टिक की प्लेट में डाल कर मेरे सामने रख देते। मुझे हर चीज़ से अज़ीब-सी गंध आये। दो-तीन कौर मुश्किल से खा कर मैं प्लेट उनके कुत्ते के आगे रख देती। मैंने सोचा एक-दो दिन की बात है, मैंने कौन-सा यहीं रहना है। रोज़ सुबह उठ कर तैयार हो जाती। मुझे लगता आज तो वे मुझे ज़रूर ही सरहद पर छोड़ आयेंगे। परवे हर रोज़ अपने-अपने काम में लग जाते।

घर का मालिक सुबह फावड़ा, तसला उठा कर काम करने चला जाता। उनकी बीस साल की बेटी लूपे किसी फैक्ट्री में काम करती थी। घर की औरत मार्था के सिर पर सारी ज़िम्मेदारी थी। वह खाने-पीने और घर की चीज़ें खरीदने इधर-उधर जाती रहती। जब वह बाहर जाने लगती तो दरवाज़े को हाथ लगा कर मुझे संकेत करती, मैं उठ कर अंदर से साँकल लगा लेती। थोड़ी देर बाद उसका गँवार-सा बेटा हुलिऊ, जो लूपे से बड़ा था, आकर दरवाज़ा खोल लेता। मेरा दिल थर-थर काँपने लगता, मुझे उसकी छोटी-छोटी आँखों में कोई शरारत दिखती। वह सिगरेट जला कर

सामने वाली दीवार के साथ बैठ जाता और पागलों की तरह मुझे देखे जाता। कभी ऊँचा-ऊँचा हँसने लगता तो कभी गाने लग जाता। मैं दूसरी ओर मुँह कर लेती, वह उधर आ कर बैठ जाता। मैं डर से पसीने में डूब जाती। बार-बार मैं दरवाज़े की ओर देखती, जब मार्था अंदर घुसती तो मेरी जान में जान आती। मार्था का चेहरा गुस्से से लाल हो जाता। वह हुलिऊ को ऊँचे स्वर में कुछ कहती। हुलिऊ उठ कर बाहर चला जाता।

मार्था मेरे सहमे हुए चेहरे की ओर देखती और उसका चेहरा बड़ा कोमल हो उठता। 'मामा, ओ मामा' कह कर मेरा मुँह सिर सहलाती।

एक दिन मार्था तड़के उठी, उसने नये कपड़े पहने और रेशमी फूलों वाला बैग उठा कर चली गई। मेरा मार्था उनका, शायद वह कहीं दूर चली गई हो? दस-ग्यारह बजे हुलिऊ अपने साथ दो दोस्त ले कर अंदर आ गया। मेरे सिर में खतरे की घंटियाँ ज़ोर-ज़ोर से बजने लगीं। पुराने से सोफे पर बैठ कर उन्होंने झोले से बोतल निकाली और मेरे सामने बैठ कर पीने लगे। मेरी साँस सूखती जाये और हाथ-पैर सुन्न होते गये। एक जना उठा और उसने नको-नक भरा गिलास मेरे आगे कर दिया। मैंने ज़ोर से 'न' में सिर हिलाया। वे सभी ऊँचा-ऊँचा हँसने लगे। मैंने उसकी ओर पीठ कर ली, उसने आ कर मेरा हाथ पकड़ लिया और अपनी ओर खींचने लगा। रसोई में फोन बजा, मैं झटके से हाथ छुड़ा कर भागी और फोन उठा लिया। युगराज की आवाज़ सुन मेरी ज़ोर-ज़ोर से चीखें निकल गईं। हुलिऊ और उसके साथी खिसक गये। युगराज तसल्लियाँ देता रहा कि अब सिर्फ़ एक-दो दिन की बात थी, वह पूरी भाग-दौड़ कर रहा है। मुझे उसकी बात पर विश्वास ही न हो। आज सातवाँ दिन तो हो चुका था। मेरा एक-एक पल बरस के समान बीतता था।

नींद तो मुझे पहले भी नहीं आती थी, पर अब मैं पूरी रात आँखें मीचे, पुराने से गद्दे पर बैठी रहती। मन में बहुत से डरावने ख्याल आते। मैं सोचती रहती पूर्व हो या पश्चिम, मर्द और औरत का मूल रूप नहीं बदलता। औरत को अकेली पा कर मर्द के अंदर का भूखा शिकारी जबरन जाग जाता है और औरत अपने आप शिकार बन जाती है। मुझे ऐसा लगता जैसे किसी घने जंगल में मैं अपना रास्ता भूल गई थी, मेरे चारों ओर शिकारियों का झुंड छिपा बैठा था जो किसी भी समय मुझ पर झपटने को तैयार था। इस घटना के तीन दिन बाद, एक रात मुझे अपने पास से किसी के साँस की आवाज़ सुनाई दी। मैं आँखें खोल कर देखूँ तो कुछ भी नज़र न आये, मैं फिर आँखें मीच लूँ। एक दम, अँधेरे में दो बाँहें उभरी और मेरे कंधों को कस गईं। मैंने दोनों पैर जोड़ कर उस बाँहों वाली चीज़ को मारे और साथ ही मेरी चीख निकल गई। अंदर बहुत शोर हो गया। उसके बाद मैंने चार रातें छोटी-सी कोठरी में लूपे के गद्दे पर बैठ कर बिताईं।

सोलहवें दिन बड़ी सुबह मार्था ने आकर मेरा कंधा झकझोरा, मैं चौंक कर उठ गई। उसने छोटा-सा लैंप जला कर एक ओर रख दिया। लूपे का एक पुराना-सा, पहना हुआ लहँगा-चोली मेरे सामने रख दिया। मैंने चोटी खोली और उसने कंधों के बराबर रख कर, बाकी के बाल काट कर ज़मीन पर फेंक दिए। एक पल को मेरे लंबे-लंबे बालों में कंघी करती मेरी माँ मेरे सामने आ गई। मुझे बड़ी घबराहट हुई पर पैरों में पड़े बालों को देखने का साहस मैं न कर पाई। मैक्सिकन वेश मुझे बड़ा बेगाना-सा लगा, पर क्या करती? पिछले पंद्रह दिनों से मैं खुद से बिल्कुल बेगानी हो चुकी थी। मेरे साथ जो कुछ घट रहा था, एक ओर खड़ी मैं किसी दर्शक की तरह देख रही थी। मार्था मेरा हाथ पकड़ कर बाहर की ओर चल पड़ी। चंद्रमा की मैली चाँदनी में चलते, ऊँची-नीची गलियों में ठोकरें खातीं, किसी एक छोटे रो तालाब के पास जा कर खड़ी हो गईं। मेरा दिल ज़ोर-ज़ोर से धड़कने लगा।

एक पुरानी-सी कार हमारे पास आ कर रुकी। ड्राइवर उतरा और उसने मेरे पर्स की ओर हाथ बढ़ाया। मैं कई कदम पीछे हट गई और पर्स अपनी बगल के नीचे सटा लिया। मर्द ने मार्था की ओर देखा। मार्था ने मुझसे पर्स ले लिया, मेरा पासपोर्ट और शिनाख़्त के कागज़ बाहर निकाल लिए। ड्राइवर ने मार्था के हाथ से सब कुछ छीन लिया और तालाब में फेंकने के लिए बाँह ऊपर की ओर की। मैंने भाग कर उसकी बाँह दोनों हाथों में जकड़-ली और दो-तीन बार कहा—"नो! नो! माई पासपोर्ट, माई नेम।" मार्था ने मेरे हाथों से ड्राइवर की बाँह छुड़वा दी। एकदम काले पानी से हल्की-सी आवाज़ आई, जैसे किसी ने आह भरी हो। बाद में युगराज ने मुझे बताया कि ड्राइवर ने मेरी शिनाख्त की चीज़ें क्यों फेंक दी थी। अगर मैं उन निशानियों समेत पकड़ी जाती, तो ड्राइवर पर जबरदस्त सख्त जुर्म लग जाता, क्योंकि वह किसी व्यक्ति को पैसे लेकर अमेरिका में ला रहा था।

मार्था ने धीरे से मुझे कार की ओर धकेला। पिछली सीट पर एक मर्द और एक औरत बैठे हुए थे। मैं सिकुड़ कर औरत के साथ बैठ गई और गुस्से से अपना पर्स बाहर फेंक दिया, मैंने सोचा, पर्स में अब रखा ही क्या था? कार चलती रही और मेरी आँखों से झर-झार आँसू बहते रहे। रास्ते में कई बार कार रुकी और अँधेरे में कई और परछाइयाँ अंदर आईं। धीरे-धीरे इतनी भीड़ हो गई कि मेरा साँस घुटने लगा। मैं मन-ही-मन मूल-मंत्र का जाप करती रही।

कुछ देर बाद कार एक टेढ़े-मेढ़े दरिया के पास पहुँच गई। सवारियाँ बाहर निकल कर अपने कपड़े ठीक-ठाक करने लगीं और उनके पैर पानी की ओर भाग पड़े। मैं ज़रा-सा झिझकी और फिर एक मर्द मेरा हाथ पकड़ कर पानी में उतर गया। मुझे लगा जैसे मैं किसी डरावने सपने में चली जा रही होऊँ। अचानक दरिया के दूसरी ओर से गोली चलने की आवाज़ आई। एक-दूसरे के पीछे भागते पैर वहीं के

वहीं जम गये। एक गोली और चली, पूरे का पूरा काफला, ठंडे पानी में ऊँघते हुए ऊँचे-नीचे पत्थरों पर एक साथ ही टेढ़ा हो गया। फिर एक और गोली चलने की आवाज़ आई और दरिया में से उठती धुँध की तरह चारों ओर भयानक-सी खामोशी छा गई। अब काफिला उल्टे पाँव लौट रहा था। पता नहीं क्यों, मैं मुड़ना नहीं चाहती थी, पर एक मज़बूत पंजा मुझे खींचे जा रहा था।

पूरे सात दिन मैं एक कच्ची मिट्टी के बने सरकंडों के छप्पर में रही, जहाँ बहुत से छोटे-छोटे बच्चे और दो-तीन जोड़े रहते थे। वे घोर गरीबी और अभावों से जूझ रहे थे। मेरी उपस्थिति उनके लिए डालरों का संकेत थी। छोटे-छोटे बच्चे भी मेरे लिए पानी का गिलास या खाने की प्लेट ले कर भागे आते थे। काश! मैं उनकी भाषा समझ पाती। मैं उनके बिनधोए चेहरों पर बिखरी हुई उदासी और उनकी मासूम आँखों से झाँकती पीड़ा की कहानियाँ सुन सकती।

कभी-कभी कोई बाहर वाला मर्द उनके बीच में आ बैठता और मेरी ओर गौर से देखता। मुझे उसकी कौम पर कभी क्रोध आता और कभी तरस। भूखे-नंगे, कुचले हुए मनुष्य के भीतर शिकारी अभी भी कहीं घात लगाये बैठा था। सातवीं रात उस घर में कुछ यात्री इकट्ठे हो गये, घुसर-पुसर हुई और मैं उनके साथ चल पड़ी। डेढ़-दो घंटों के बाद कार रुकी और सभी सवार उतर कर कँटीली झाड़ियों और खड्डों के किनारों से हिरनों की तरह भागने लगे। मैं हर साये और हर साँस पर चौंक उठती थी। कभी धीमे, कभी तेज़, हम लोग देर तक भागते रहे थे। डर और थकावट से मेरा शरीर टूटता जा रहा था। छोटे-छोटे काँटों से मेरे लहँगे और चोली में से कई जगह लीरें निकल आईं थीं, पर मैं पूरी ताकत से भाग रही थी। काफी देर बाद मुँह अंधेरे के घुसमुसे से दूर एक छोटा-सा ट्रक और दो-तीन मानव आकार नज़र आये। जीवन और मृत्यु में जैसे बड़ा कम फासला रह गया था। एक मर्द ने मुझे और तेज़ चलने का इशारा किया। मैंने दोनों हाथ जोड़ कर सिर झुकाया और अपने जिस्म को एक और धक्का दिया। पता नहीं मेरे लिए आगे क्या था? कुछ पलों के बाद मैं युगराज की बाँहों में थी।

युगराज बहुत खुश लगता था। अपनी बढ़िया कार में ऊँची-ऊँची बातें कर रहा था और मेरा हाथ पकड़ कर बार-बार चूम रहा था। मैं बहुत थकी हुई थी, जैसे मौत के दूसरे किनारे से चल कर आयी होऊँ। वह अपने परिवार और गाँव के बारे में बहुत से सवाल पूछ रहा था, मुझे हर बात व्यर्थ लग रही थी। मैं चुप रहना चाहती थी। मेरी आँखों से मोटे-मोटे आँसू गिर रहे थे जैसे मेरा पूरा वजूद तरल हो कर बहता जा रहा हो।

कुछ दिनों में युगराज भी बहुत बदल गया था। वह चुपचाप मेरे चेहरे की ओर देखता रहता। उसकी असहज चुप में, उसकी आँखों में गहराये बहुत से किंतु-परंतु

थे—कुछ साधारण, कुछ असाधारण, कुछ वाजिब कुछ नावाजिब। उसके सवाल एक मर्द के सवाल थे जिनका मेरे पास कोई उत्तर नहीं था, जिनका मेरे साथ कोई संबंध न था। मैं एक औरत हूँ, किसी की बेटी, किसी की बहू, मेरी आबरू मेरी ज़िंदगी है। युगराज के लिए यह बात समझनी असंभव लगती थी। मेरा यहाँ सही सलामत पहुँच जाना उसकी नज़रों में उसकी जीत थी। अजनबी धरतियों पर, एकदम अकेली, विवश और मजबूर औरत के रूप में, बेगाने मर्दों की मैली और भूखी आँखों से निकलना मेरी मौत थी।

पूरे तेईस दिन, तेईस रातों की त्रासदी ने मुझे ज़िंदगी से बेदखल कर दिया था। मुझे हँसना भूल गया, मेरे गीत खो गये, बात करते-करते मैं चुप हो जाती और हँसती-हँसती रोने लगती। मुझे उल्टे-सीधे सपने आते, हुलिऊ की गंदी नज़रें दिखने लग जाती, उसके दोस्तों की शराब से निचुड़ती हँसी सुनाई देती और मैं सोते-सोते चीखने लगती। युगराज मुझे अपनी बाँहों में कस लेता, सिसकती हुई मैं, उसके सीने से लग कर फिर से सो जाती।

एक मुकाम पर आ कर मेरी कहानी नक्शे से बेनक्श हो गई। मेरा नाम मैक्सिको के काले पानी वाले तालाब ने हड़प लिया था। नाम के बिना मेरी 'मैं' खो गई थी। किसी परदेसी के पास अपने नाम के सिवाय कुछ भी अपना नहीं होता। इस देश की धरती ने मुझे जानने से इन्कार कर दिया था। उसे कुछ पता नहीं था कि मैं कौन थी, कहाँ से आई थी? मैं एकदम से गुमनाम रूहपोश वजूद थी। रूहपोश और गुमनाम लोग अक्सर सरकारों के दुश्मन होते हैं। अनजाने में मैं उस तबके में शामिल हो गई थी। मैं रात-दिन घर के दरवाज़े-खिड़कियाँ बंद करती रहती। दीवारों से कान लगा कर बाहर की खबर लेती। पुलिस की कार देख कर सुन्न हो जाती। दरवाज़े पर हल्के से खड़ाक से, मुझे यों लगता जैसे खुफ़िया पुलिस मुझे पकड़ने आ गई है। शीशे में अपना चेहरा देख कर भी मैं डर जाती। मुझे अपनी शक्ल चोरों जैसी लगने लगती। ये बातें मैं युगराज को भी बता नहीं सकती थी, वह पहले ही मुझसे बड़ा दुःखी हो चुका था।

पाँच साल और तीन महीनों में मेरे तीन बच्चे हुए। हर बार जब बच्चे की आस होती, मेरा सिर मुझसे खेल खेलने लग जाता। मैं सोचने लगती कि अगर मैं डॉक्टर के पास गई और अस्पताल जाकर बच्चे पैदा किया तो वे मुझे जेल भेज देंगे और मेरा बच्चा किसी बाँझ औरत को मिल जायेगा। मैं न तो कुछ खाती, न पीती और मेरा वज़न बढ़ने के स्थान पर घटने लग जाता। मैं घर में ही बच्चे के कुदरती जन्म के बारे में तरीके सोचने लग जाती। युगराज सहज ही मुझसे सहमत हो जाता क्योंकि उसके लिए यह बड़ा सस्ता सौदा था—डॉक्टर और अस्पताल के खर्च से छुटकारा।

डिलिवरी के दिन पास आते तो हम कोई दाई खोज लेते। तब तक मेरी सेहत

काफी कमज़ोर हो जाती। पहली दो लड़कियों की बारी मुझे बड़ी गंभीर हालत में अस्पताल जाना पड़ा था। डॉक्टरों की हर कोशिश के बावजूद, लड़कियों की मौत हो गई थी। बिंदु के जन्म के समय मेरी माँ सैर करने के बहाने हमारे पास छः महीने तक रही थी। उसी की मेहनत के फलस्वरूप मेरी और बिंदु की सेहत ठीक रही थी।

युगराज बेटी के आने से खुश नहीं था, पर उसने मेरी माँ के सामने ज़ाहिर नहीं होने दिया। माँ के जाने के बाद वह कुछ ही दिनों में और का और हो गया। अब वह बहुत उदास रहने लगा था। कई-कई दिन तक मुझसे ज़रा भी बात न करता। एक बार पूरा हफ्ता चुप रहा। शुक्रवार की शाम काम से लौटते हुए शराब की बड़ी बोतल खरीद लाया। घर आ कर अपने कमरे का दरवाज़ा बंद कर लिया। मैंने खाना बना कर मेज़ पर रख दिया, कई बार उसके कमरे के दरवाज़े के सामने खड़ी होकर लौट आयी। दो-तीन घंटे गुज़र गये। अंदर से ज़ोर-ज़ोर से रोने की आवाज़ आने लगी। मैंने दरवाज़ा खटखटाया। भर्राई हुई आवाज़ में गालियों की बौछार हुई।

"चली जा कमजात!...मुझे मुँह मत दिखाना...तू मेरे बेटों की कातिल है। ...तूने जानबूझ कर मेरा बीज नष्ट कर दिया...अब तू मेरे सामने बैठ कर बेटी को लोरियाँ देती...मेरे दो बेटे...हाय ओ भगवान!...मैं लुट गया।" उसकी घिघ्घी बंध गई। धीरे-धीरे वह चुप हो गया। मैं दो बजे तक दरवाज़े पर बैठी रही। उसने दरवाज़ा न खोला।

बिंदु के आने से घर का खर्चा भी बढ़ गया था। इस कारण युगराज को और भी गुस्सा आता। मैं बहुत संयम रखती, पर कुछ-न-कुछ ख़त्म हुआ ही रहता। एक दिन बिंदु को बुखार आ गया। घर में कोई दवाई नहीं थी। युगराज काम से आ कर खाना-खा रहा था। मैं एक-दो बार खाने वाले कमरे गई, लेकिन मुँह खोलने की हिम्मत न हुई। मैं आने वाली रात से डर रही थी। बिंदु का बुखार तेज़ भी हो सकता था। हार कर मुझे कहना पड़ा—

"जी, बिंदु को बुखार है।"

"फिर मैं क्या करूँ?"

"उसकी दवाई नहीं है।"

मेरी बात अभी पूरी नहीं हुई थी कि उसने खाने वाली प्लेट मेरे मुँह पर दे मारी।

"साली दवाई की, देखती नहीं मैं सुबह से काम की सूली पर टँगा हुआ लौटा हूँ। टूट-टूट कर मर जाता हूँ, पैसा एक नहीं बचता। तू किसी लाट की बेटी है? जा, बाहर जा कर कोई काम देख। मैं दोनों को घर बिठा कर नहीं खिला सकता।"

मैंने चुपचाप फर्श साफ किया। नहा कर कपड़े बदले। माथे पर दो अंगुल जितना कट लगा था, जिसमें से लहू सिम रहा था। युगराज ने पीछे मुड़ कर भी नहीं देखा और दूसरे कमरे में टी.वी. लगा कर बैठ गया। मैं पूरी रात बिंदु के माथे पर

ठंडी पट्टियाँ रखती रही, सोचों में डूबी रही, कोई रास्ता नज़र नहीं आता था। गिनतियाँ गिनते दिन चढ़ आया। सिर में भयंकर दर्द था, जो कम नहीं हो रहा था। ग्यारह बज गये, बिंदु दूध पी कर सो गई।

मैं गैराज में आटा लेने गई, सामने कील पर लटकते रस्से पर नज़र पड़ी। दो-ढाई साल से यह रस्सा इसी कील पर टँगा हुआ था। जब मेरी माँ ने आना था, तब हमने नया सोफा और दो पलंग खरीदे थे। फर्नीचर वालों के ट्रक ड्राइवर से यह रस्सा यहीं गैराज में छूट गया था। युगराज ने कई बार कहा था—"दर्शना, ये रस्सा कूड़े में क्यों नहीं फेंकती। ऐसे ही गंद इकट्ठा करती रहती है।"

"जी कभी टाइम-बेटाइम काम आ जायेगा, नया रस्सा है।" मैं रस्से को कील से उतार लेती और सँवार कर लच्छा-सा बना के फिर टाँग देती।

"तूने इसके साथ सुहाग जोड़ना है?" वह बुड़-बुड़ करता अंदर चला जाता। पीपे से आटा निकाल कर मैंने परात में डाला। पता नहीं क्यों परात एक ओर रख कर रस्सा उतार लिया, खींच कर देखा, मज़बूत भी लगा और सॉफ्ट भी। अपने गाँव की एक पुरानी घटना याद आ गई। दलेरों की बहू ने शहतीर से रस्सी बाँध कर फाँसी लगा ली थी। रस्सी बहुत सख्त थी, गला एकदम से पूरा दबा हुआ न होने से उसके घरवाले ने झट से रस्सी काट दी। वह सारा दिन चारपाई पर पड़ी तड़पती रही। पूरा गाँव उनके आँगन में इकट्ठा हो गया। आधी रात को कहीं उसके प्राण निकले। मैंने रसोई में आ कर कुर्सी उठाई, मुझे दलेरों की बहू चारपाई से दो-दो बलिश्त ऊपर उछलती नज़र आ रही थी। कुर्सी मैं गैराज में ले गई। किसी ने ज़ोर से दरवाज़ा खटखटाया। मैं चुपचाप खड़ी रही, दरवाज़ा खड़के जा रहा था। कोई खिड़की के शीशे पर भी हाथ मार रहा था। यों लगा जैसे कोई घबराई हुई औरत मेरा नाम ले कर आवाज़ें लगा रही थी। हार कर मैंने दरवाज़ा खोल दिया।

"दर्शना! भूचाल!...भूचाल आया था।"

"कब?" मैंने हैरान हो कर पूछा।

"पाँच मिनट हुए हैं, जल्दी कर...बच्ची को लेकर बाहर निकल जा।" भाग कर मैंने पालने से बिंदु को उठाया और पिछले आँगन में चली गई। मैं बिल्कुल भूल ही गई कि गैराज में क्या करने गई थी। पड़ोसियों के रेडियो पर भूचाल के और झटके लगने की खबरें आ रही थीं। मेरे सिर का तूफान थम गया था। दलेरों की बहू मर चुकी थी।

युगराज की माँ के खत रोज़ ही आते, जो वह मुझसे छिपा कर रखता। एक दिन कपड़े धोते हुए उसकी जेब से मुझे एक खत मिला। मैंने खत उसकी डैस्क पर रख दिया। जब युगराज काम से लौटा और अंदर कपड़े बदलने गया तो उन्हीं पैरों बाहर आ गया, "कुतिया की जात, तूने मेरी चिट्ठी पढ़ी है?"

''जी, जी मैं तो...ऊपर लिखा नाम ही देखा है।''

उसने धाड़-धाड़ मेरा मुँह, सिर तोड़ दिया।

''कंजरी, मेरे साथ चालाकियाँ करती है! तुझे किसी यार के खत का इंतज़ार था, जो तो ऊपर नाम पढ़ रही थी?''

मैं चुपचाप रसोई में चली गई। माथे में दर्द की लहरें उठ रहीं थीं, आँखें आँसू टपकाए जा रहीं थीं। चुपचाप खाना बनाती रही। रात को सारा काम ख़त्म कर के गुसलखाने में गई तो शीशे पर नज़र पड़ गई। मुझसे अपना ही चेहरा पहचाना न गया। सूजी हुई आँखें, दागो-दाग चेहरा। मैंने रसोई में जा कर फोन उठा लिया तेज़ी से नौ नंबर घुमाया फिर एक, पर अगला एक दबाने से उँगली ने इन्कार कर दिया। हथकड़ियों में बँधे चार हाथ, सलाखों के पीछे कैद चेहरे और पुलिस की कार में बिलखती एक यतीम बच्ची के चित्र मेरी आँखों के सामने घूमने लग गये। मैंने अपने सिर को ज़ोर का झटका दिया और फोन अपनी जगह पर रख दिया।

इस साल युगराज को फिर से कम्पनी, ट्रेनिंग के लिए बाहर भेजना चाहती थी, जिसके बाद उसे ऊँचा ओहदा मिल जाना था। उसने फिर कोई बहाना बना कर अपने से छोटे कर्मचारी को ट्रेनिंग का मौका दे दिया। उस दिन उसने ऐसा तीसरा मौका खोया था। बाहर बहुत ही तेज़ बारिश हो रही थी। घर घुसते ही वह ज़ख्मी शेर की तरह गुर्राने लगा। वह मुझे बड़ी ऊँची आवाज़ में गालियाँ बक रहा था, नंगी और अश्लील गालियाँ। घर में वह पागलों की तरह दौड़ रहा था, गिलास, प्लेटें उठा कर दीवारों पर मार रहा था, कुर्सियाँ-मेज़ ताड़-ताड़ टूट रहे थे और दीवारों से तस्वीरें नीचे गिर रहीं थीं। मैं पत्ते-सी काँप रही थी। बिंदु चीखने लगी। मैंने दौड़ कर उसे गोदी में उठाया और घर के पिछले कमरे में छिप गई। बिंदु बहुत डर गई थी। उसके पतले से चेहरे पर मोटी आँखें और भी मोटी हो गईं थीं।

अचानक मेरे सिर में काड़-काड़ हुई। बिंदु को लेकर मैं पैर पटकते युगराज के सामने जा खड़ी हुई। वह कुछ पलों के लिए हैरान-सा हो गया पर फिर पागल हुए हाथी-सा मेरी ओर बढ़ा और मेरी बाँहों से बिंदु को घसीट कर खींच लिया। लतरों की गुड़िया-सी वह अपने पिता की बाँयीं बाँह पर लटक रही थी। युगराज मुझे चुटिया से पकड़ कर बाहर वाले दरवाज़े की ओर घसीट रहा था। दरवाज़ा खुला और खटाक से बंद हो गया। मैं पानी से लॉन पर मुँह के बल गिर गई थी। गली में मुड़ती कार की लाइट देखकर मैं झटपट उठ कर खड़ी हो गई। ड्राइवर ने कार बहुत धीमी कर ली, मैं पैरों से सिर तक काँप गई। कुछ ही पलों में हमारा पुलिस में काम करने वाला पड़ोसी मेरे सामने खड़ा था।

पुलिसवाला एक हमदर्द पड़ोसी की तरह प्रश्न पूछ रहा था। मैं कुछ भी सुन नहीं पा रही थी। उसका गंभीर चेहरा कभी मुझे जज के चेहरे-सा लगता था और कभी

धर्मराज के। मेरे सिर में युगराज की आवाज़ अभी भी गरज रही थी। मेरे सीने में आग की लपट उठी। मेरी ज़ुबान पर कुछ बोल उतरने लग गये। मैंने पुलिसवाले को देखा। मेरे होंठ हिले लेकिन फिर से जुड़ गये।

अब मैं पागलों की तरह हँस रही थी। एक ही साँस में मैंने कितने सारे झूठ बोल दिए थे–

"राज बच्ची के लिए दूध लेने जा रहा था...।"

"बाद में बच्ची डबलरोटी माँगने लग गई...।"

"मैं जल्दी-जल्दी राज को बताने आई और मेरा पैर फिसल गया।"

पड़ोसी ने अविश्वास से मेरे चेहरे की ओर देखा और चुपचाप अपने घर चला गया।

उस रात मैं बिंदु के कमरे में फर्श पर कंबल बिछा कर लेट गई। अँधेरे में आँखें फाड़-फाड़ कर देख रही थी। कभी मैक्सिको के गंदे तालाब में डूबी मेरे नाम की आहें सुनाई देतीं, कभी गैराज में लटकता हुआ रस्सा मुझे मुँह चिढ़ाता और कभी मेरी माँ हाथ में हाथी दाँत की कंघी पकड़े मुझे आवाज़ें लगाती। घर की हर दीवार मुझे गालियाँ निकाल रही थी। शोर से फटते हुए सिर पर चुन्नी बाँध कर मैं गुसलखाने में सिरदर्द की दवाई ढूँढ़ने गई। शीशे में बहुत बड़े से कट वाली लड़की खड़ी थी। उसकी जलती हुई आँखों में कहर का शिकवा था। मैं दूसरी ओर मुँह कर के अलमारी में से दवाई ढूँढ़ने लगी। वह मेरे सामने तन कर खड़ी हो गई।

मुझे, लगा, जैसे मुझे दवाई की ज़रूरत नहीं। मैंने सिर पर लपेटी चुन्नी खोली और उसे एक तरफ फेंक दिया और बिंदु के कमरे में लौट आई। बिंदु की फ्रॉकों वाला ड्रार खोला। सारे कपड़ों के नीचे से सिल्क की गहरे लाल रंग की फ्रॉक खींची, उसकी एक जेब से भूरे रंग का कागज़ निकाल कर अपने स्वेटर की जेब में डाल लिया और कंबल पर लेट कर सो गई।

सुबह उठ कर उसने युगराज और बिंदु के लिए नाश्ता बनाया। बिंदु के कपड़े बदले। उसके बालों को गूँथ कर रिबन बाँधा। मैंने कई बार स्वेटर की जेब में रखे कागज को टटोला। एक बजे बिंदु सो गई। मैंने पर्स से फोन का कार्ड निकाला। मेरी माँ एक इंडियन स्टोर से फोन के कई कार्ड खरीद कर दे गई थी। जब भी मेरा दिल उदास होता, मैं उस कार्ड से अपनी माँ को कॉल कर लेती थी। उस कार्ड से की हुई कॉल हमारे घर के फोन पर दर्ज नहीं होती थी। मैंने जेब से भूरे रंग का कागज निकाला और अपने माथे को छुवाया। फोन के नंबर दबाते हुए मुझे मेरी उँगलियाँ नाचती हुई-सी प्रतीत हुईं। मीठी-सी आवाज़ वाली औरत ने फोन उठाया। मेरी आवाज़ हल्की-सी काँपी पर जल्दी ही सँभल गई। पूरे छत्तीस मिनट के बाद मैंने फोन रख दिया और भूरे कागज़ के टुकड़े-टुकड़े कर के उसे फायरप्लेस में जलते हुए कोयलों

के हवाले कर दिया। मेरा दिल फूल-सा हल्का हो गया था। मैंने अपने आस-पास देखा, घर की हर चीज़ का रंग बदल गया था और दीवारें मुस्करा रहीं थीं। मैं बिंदु के कमरे में गई, सोई हुई बिंदु को उठा कर कितनी बार चूमा। उसने हैरान हो कर आँखें खोलीं और मुस्करा कर फिर से बंद कर लीं।

तीन दिन बाद, युगराज कंपनी के लंच-रूम में जा रहा था। तेज़ कदमों से दो ऊँचे लंबे पुलिसवाले उस की ओर बढ़े और उसके दोनों ओर खड़े हो गये।

"हे, आर यू युगराज?"

"यैस।"

दोनों ने युगराज को अपने आई कार्ड दिखाये और नाम बताये।

"तू अभी हमारे साथ अपने घर चल रहा है।"

"आपने जो बात करनी है, यहीं पर कर सकते हो।"

"पर हमने तेरी बीवी से भी कुछ प्रश्न पूछने हैं।"

"मैं अपने डैस्क से अपना बैग ले आऊँ?"

"नहीं, नहीं, तू कुछ नहीं ले सकता। तू हमारी कार में अपने घर जा रहा है।" युगराज उनके साथ चल पड़ा था।

घर के दरवाज़े की घंटी बजी। मैंने दरवाज़ा खोला। दोनों पुलिस वालों के बीच खड़ा युगराज बड़ा छोटा-सा लग रहा था। वे तीनों आकर सोफे पर बैठ गये।

मिस्टर जॉनसन ने नम्रता से पूछा, "यू आर मिस दा...दारछनां?"

"यैस सर!" अमेरिकन उच्चारण में अपना नाम सुनना मुझे अच्छा लगा। मिस्टर टामस ने कहा कि उन्होंने मुझ से कुछ सवाल पूछने हैं। मैंने सिर झुका लिया। युगराज ने मुझे पंजाबी में कहा—"इन्हें तेरी और मेरी कहानी के एक-एक बिंदु का पता है। सच-सच बता देना।"

उन्होंने फाइल खोली और कुछ कागज़ मेज़ पर रखे। फिर मिस्टर टामस बोलने लगा। उसने मेरा नाम, जन्म स्थान, उम्र और यहाँ आने की तिथि फाइल में दर्ज की। उसने यह भी बताया कि वे सुबह युगराज की कंपनी के मैनेजर को मिले थे। उसके काम की फाइलें भी देखीं थीं। दस साल पहले, नौकरी की अर्ज़ी में उसने झूठ लिखा था कि वह अमेरिका का शहरी था। वैसे उस के काम रिकार्ड सराहनीय है। तकरीबन दस सालों से वह बड़ा मेहनती, समय का पाबंद और वफ़ादार कर्मचारी होने से कंपनी उसकी बड़ी इज़्ज़त करती है। इसी कारण मैनेजर ने युगराज के ख़िलाफ रिपोर्ट दर्ज़ कराने से साफ मना कर दिया।

मिस्टर टॉमस ने कहा—"सवाल युगराज के अच्छे कर्मचारी होने का नहीं, सवाल तो यह है कि आप इस देश में गैर-कानूनी ढंग से दाखिल हुए हो और अभी भी गैर-कानूनी हो।" फिर उसने हमें हमारे हक बताये, कई जगहों पर हम दोनों के

दस्तख़त करवाये। वे जाने के लिए तैयार हुए तो युगराज से रहा न गया...

"माफ करना, मेरा एक प्रश्न है?" वह बोला।

"ज़रूर" टामस ने कहा।

"आपको फोन करने वाला मर्द था या औरत थी?"

"एक आवाज़ थी। हम तो आवाज़ परखते हैं कि वह क्या कह रही है, सच या झूठ। आवाज़ चाहे किसी की भी हो, आवाज़, आवाज़ है।"

अगली कार्रवाई समझा कर, वे जैसे आये थे, वैसे ही चले गये। युगराज ने कहा कि शाम से पहले हमें किसी अच्छे वकील से बात करने की ज़रूरत थी, पर वह एक रियल एस्टेट ऐजेंट को फोन करने लगा था।

नादिरशाह

जगजीत बराड़

(10.2.1941)

अभी इस शहर में हम बहुत नये हैं। दो हफ्तों के लिए मेरी पत्नी नीरू को यहाँ से पाँच सौ मील दूर अपने भाई के शहर जाना पड़ गया था। उसे गये अभी पाँच दिन ही हुए थे, मंगलवार का दिन था, बर्फ़ गिरनी शुरू हो गई, दो दिन तक गिरती ही रही और वीरवार रात तक नौ इंच पड़ गई। फिर दो दिन धूप निकली रही, पर ठंड बहुत थी, धरती, छतों और पेड़ों पर बर्फ़ वैसे की वैसे ही पड़ी रही। मैं हैरान था, सूरज इतना कमज़ोर भी हो सकता है।

शनिवार शाम को खाने की कुछ चीज़ें खरीद कर घर लौट रहा था। अपने दरवाज़े से निकलती हमारी मैनेजर (अपार्टमैंट की) सोफिया मिल गई। वह अपने पति और तीन साल के बच्चे के साथ कोने के एक अपार्टमैंट में रहती थी। उसका काम खास तौर पर किरायेदारों से किराया लेना, बिल्डिंग की सँभाल रखनी और छोटी-छोटी ज़रूरतों के वक्त किरायेदारों की सहायता करना था। सोफिया के हाथ में एक गश्ती पत्र था, जिसे वह सभी घरों में बाँटने जा रही थी। मुझे रोक कर उसने कहा—"अगर मैं घर जा रहा हूँ तो एक पत्र लेता जाऊँ।" कार की खिड़की से सिर बाहर निकाल कर जब मैंने पत्र पकड़ा तो उसकी गर्म साँस मेरे होंठों के पास से निकल कर बाहर की ठंड में गुम हो गई। उसने पूछा, "मौसम कैसा लगता है?"

"तुम जानती हो, अभी एक हफ्ता और मैं अकेला हूँ। अकेले आदमी को भला यह मौसम कैसा लग सकता है?"

"तुम बहादुर हो, अकेले रह जाते हो।"

"एक मजबूर आदमी को बहादुर कह रही हो, तुम्हारी मर्ज़ी।"

"पता नहीं भूल से तुझे यह पत्र देने के लिए मैं तेरा दरवाज़ा आकर फिर खटखटा दूँ।" चलते हुए, सामने घर को देखते हुए उसने कहा।

"जी सदके, तेरा अपना घर है।"

"अच्छा।" पलट कर देखते हुए उसने कहा। मैंने देखा उसकी आँखों में एक चंचल-शरारत थी। फिर वह दूसरे घरों में पत्र बाँटने चली गई। मैं घर चला आया।

पत्र पढ़ा, उसमें लिखा था कि जो किरायेदार अपनी सीढ़ियाँ और फुट-पाथ पर गिरी बर्फ़ हटा कर एक ओर नहीं करेंगे, डाकिया उनके घर डाक देने नहीं आयेगा। बर्फ़ पर एक तो धीरे चला जाता था और दूसरा फिसल कर गिरने का डर भी रहता था। पत्र में यह भी लिखा था कि बर्फ़ हटाने के लिए बेलचा मैनेजर से लिया जा सकता है। मैंने खाना खाया और कोई आधे घंटे के बाद सोफिया के घर बेलचा लेने चला गया। उसने बताया कि मैं पहला किरायेदार हूँ जो बेलचा लेने आया है।

"मुझे मेरी नीरू के पत्र का इंतज़ार है और मैं नहीं चाहता कि डाकिया मेरी सीढ़ियों पर बर्फ़ देख कर लौट जाये।" मैंने सच बोलते हुए कहा।

"कितनी भाग्यशाली है नीरू। कभी किसी मर्द ने मेरी चिट्ठी का ऐसे इंतज़ार नहीं किया।"

मुझे लगा जैसे उसके स्वर में कोई पछतावा-सा उतर आया था। उसे मैंने सिर से पाँव तक देखते हुए कहा—"दुनिया बड़ी विशाल है और अभी तुम इतनी खूबसूरत और जवान हो सोफिया।"

"नहीं, नहीं, मुझे इसका कोई पछतावा नहीं, यह तो एक कड़वा सत्य है।" उसने तुरंत कहा।

...और फिर मैं बेलचा ले कर चला आया। बर्फ़ हटाते हुए मैं कोई चुस्त बात सोचने की कोशिश करता रहा। ऐसी बात, जो बेलचा लौटाते हुए मैं उससे कर सकूँ। लेकिन मेरे एक पड़ोसी ने भी अपनी सीढ़ियों से बर्फ़ हटानी थी, सो बेलचा उसने माँग लिया।

अगले हफ्ते नीरू वापिस आ गई। मौसम कुछ अच्छा हो गया। बारिश शुरू हो जाने से बर्फ़ गल गई। मैं पहले की तरह फिर से घर और दफ्तर की ज़िंदगी में व्यस्त हो गया। लगभग ग्यारह महीने बीत गये। सर्दी का मौसम लौट कर फिर आ गया। इस बीच सोफिया वैसे तो कई बार नज़र आई, मिली भी, पर कोई ऐसी बात नहीं हुई जो वर्णन योग्य हो।

एक शाम बारिश नहीं हो रही थी। मैं ऑफिस से लौटते हुए छाता वहीं पर भूल आया। अगली सुबह ऑफिस जाने लगा तो ज़ोर की बारिश हो रही थी। वैसे तो मैंने रेनकोट पहना हुआ था, सिर पर बरसाती टोपी भी लगाई थी, पर इतनी तेज़ बारिश में पैरों के पास से पैंट भीग जाती है जो मुझे बिल्कुल भी अच्छी नहीं लगती। सोफिया के घर के पास से निकल रहा था तो उसने आवाज़ दी। अगर मैं चाहता तो उसके घर से छाता ले सकता था। इससे अच्छा और क्या हो सकता था? मैं उसके दरवाज़े तक गया, उसने छाता पकड़ाते हुए कहा—"पिछले साल जब तुमने मौसम और अकेलेपन का ज़िक्र किया था, वह कितना सच्चा था। कितना मुश्किल है ऐसे मौसम में अकेले रहना।"

"क्या डॉन (उसका पति) यहाँ नहीं है?" मैंने वैसे ही पूछा।

"नहीं, उसे तो घर से गये आज तीन हफ्ते हो गये हैं। उसने मुझसे अलग रहना शुरू कर दिया है। यहाँ से नौकरी छोड़ कर किसी दूसरे शहर में चला गया है।"

"तुम्हारे मुँह से यह बात सुन कर मुझे सच में दुःख हुआ है। मेरा विश्वास है कि वह अपनी गलती का एहसास करके जल्दी ही लौट आयेगा।"

"मैं भी इसी आशा में बैठी हूँ।" उसने उदास से स्वर में उत्तर दिया। घड़ी देखते हुए मैंने सोफिया को अलविदा कहा और समय पर दफ्तर पहुँचने के लिए मैं जल्दी-जल्दी कदम भरने लगा। मेरे घर से दफ्तर का रास्ता केवल सात मिनटों का ही था और मैं सदा चल कर दफ्तर जाया करता था। दिन भर सोफिया के बोल मेरे मन में लटकते रहे। शाम को घर लौटने के समय मैं अपनी छतरी भी ले आया। सोफिया के घर के पास आया तो देखा, वह अपनी दहलीज पर खड़ी, दूसरी औरतों से बातें कर रही थी। धन्यवाद देता हुआ मैं उसकी छतरी लौटा आया।

दो हफ्ते और बीते गये। बुधवार की रात थी। सोफिया मुझे स्थानीय लाईब्रेरी में अचानक मिल गई। वैसे तो नीरू भी मेरे साथ लाईब्रेरी आई थी पर उस समय वह ऊपर की मंजिल पर थी। सोफिया ने झिझकते हुए स्वर में पूछा–"क्या इस शुक्रवार मैं तुम्हारे साथ फिल्म देखने की खुशी हासिल कर सकती हूँ?" उसके मुँह से यह बात सुन मैं थोड़ा हैरान-सा हो गया। पश्चिमी सभ्यता का रिवाज़ है कि अक्सर मर्द ही औरत को बाहर जाने के लिए पूछता है। वह 'हाँ' जैसे किसी उत्तर की प्रतीक्षा में मेरे होठों को लगातार देखे जा रही थी। उस रात मैंने और नीरू ने पहले से ही फिल्म देखने का प्रोग्राम वैसे ही बनाया हुआ था। इसलिए उससे क्षमा-याचना करते हुए मैंने अपनी असमर्थता प्रकट की। लेकिन उसने कहा–"तो क्या हुआ! मैं आपको बाहर टिकट-खिड़की पर मिल जाऊँगी। मुझे अकेले फिल्म देखना बड़ा अजीब-सा लगता है...और ऐसे मैं आपके पास बैठ तो सकूँगी ना।" इस बार मैं मना न कर सका। करता भी कैसे? वैसे मैंने नीरू को इस बारे में कुछ न बताया। हाँ, बातों-बातों में एक दिन इतना ज़रूर बता दिया था कि सोफिया का पति उससे अलग रहने लगा है...। और शुक्रवार की रात जब सोफिया हमें सिनेमा घर में मिली तो उसके ऐसे अचानक (?) मिल जाने से मैंने हैरानी प्रकट की। नीरू के पूछने पर उसने बताया कि जब कभी उसे ऐसे बाहर जाना हो तो वह अपना बेटा पड़ोसी के घर छोड़ आती है।

सिनेमा हॉल में नीरू मेरे दाहिने और सोफिया बाँयीं ओर बैठ गई। जब कभी भी मेरी बाँह नीरू के गले को लिपट जाती तो बाँयीं बाँह जैसे एक दर्द से जल उठती। बार-बार मन-ही-मन, मैंने बाँयीं बाँह को यह दर्द भूल जाने की चेतावनी दी। पता

नहीं क्यों मुझे डर लग रहा था कि ये बाँह का दर्द ही न बन जाये...फिर अचानक ऐसा लगा जैसे मेरा जिस्म लोहे के दो कमज़ोर टुकड़े जोड़ कर बना हुआ है और दो चुंबक लगातार इन टुकड़ों को अपनी ओर खींच रहे हैं...। इसे खींचने में टुकड़े किसी भी समय...। पर इतना तो अच्छा हुआ कि इस एहसास के पाँच-सात मिनट बाद ही फिल्म ख़त्म हो गई। हम सिनेमाघर से बाहर आये, सोफिया को शुभरात्रि कहा और घर आ गये। उस रात सोते समय जब मैंने नीरू को चूमा तो यों लगा जैसे मेरे होंठों का दाहिना आधा भाग ही उसके होंठों तक पहुँच सका था।

नीरू स्थानीय कला-केंद्र की मेम्बर थी। दो हफ्तों के बाद, रात को इस केंद्र की मीटिंग हुआ करती थी। एक रात जब नीरू मीटिंग पर गई हुई थी तो हमारे फोन की घंटी बजी। मैंने फोन उठाया, सोफिया थी। उसकी आवाज़ सुनते ही मुझे सिनेमा हॉल में बैठे बाँयीं बाजू में हुआ दर्द याद आ गया। सोफिया मेरे साथ अकेले फिल्म देखने की इच्छा प्रकट कर रही थी। उसने मुझे हाँ करने में झिझकता महसूस कर के, दो बार दोहराया कि वह सिर्फ़ मेरे साथ अकेले फिल्म ही तो देखना चाहती है। दो बार उसके मुँह से यह सुन कर मेरे होंठों के बाँयें आधे हिस्से से 'हाँ' अपने आप फोन पर चली गई...। उसे शुक्रवार को मैंने सिनेमाघर में मिलना था।

नीरू को मैंने पहले ही कह रखा था कि शुक्रवार रात, मैंने अपने ''हैड-ऑफिस'' को एक नुमायदें को ''एंटरटेन'' करना है। उस रात मैं समय पर सिनेमाघर पहुँच गया। मेरे पहुँचने के कुछ ही पलों बाद सोफिया भी आ गई। भीड़ ज़्यादा नहीं थी। हॉल में वह मेरी दाहिनी ओर बैठने लगी तो मैंने उसे बाँयीं ओर बैठने के लिए कहा। दाहिनी ओर की सीट खाली थी। फिल्म देखते हुए उसने कई बार मेरा हाथ पकड़ा, दबाया भी। कई बार मैंने भी अपना हाथ उसके हाथ की तरफ जाते देखा। पर जब भी मेरी बाँयीं बाँह उसकी गर्दन के बारे में सोचती तो अचानक ऐसा लगता जैसे दाँयीं वाली सीट पर नीरू आ बैठी हो। मैं आँख बचा कर सीट की ओर देखता, सीट वैसी की वैसी खाली होती। फिल्म ख़त्म होने से कुछ ही पल पहले उसने मेरा हाथ कस कर अपने हृदय पर लगा लिया पर्दे पर ''दी एण्ड'' पढ़ कर जब हम कुर्सियों से उठे तो मुझे लगा जैसे मेरे जिस्म के दोनों टुकड़ों में एक दरार आ गई थी।

सिनेमा हॉल से बाहर आये तो सोफिया ने मुझे अपने साथ, अपने घर पर वाइन का एक गिलास पीने की इच्छा ज़ाहिर की। एक-दो मिनट मैं चुप रहा तो उसने कहा कि वह केवल वाइन का एक गिलास ही तो मेरे साथ शेयर करना चाहती है। मैंने सोचा ठीक है, उसने केवल वाइन का जाम ही साझा करना होगा, अपनी रजामंदी दे दी। अगले ही पल हमने एक-दूसरे से विदा ली और अपनी-अपनी कारों की ओर चले गये। मैं जानबूझ कर कार धीरे चला रहा था ताकि सोफिया मुझसे पहले घर पहुँच सके।

अपनी कार मैंने कुछ मकान पीछे खड़ी की और सोफिया के घर चला गया। उसने मुझे कोट उतार कर आराम से सोफे पर बैठने के लिए कहा। खुद भी वह कोट उतार कर जाम बनाने लगी। जाम भर कर मेरे बराबर ही, वह मेरे बहुत पास हो कर बैठ गई। हमने गिलास टकराये और 'गुड-लक' कहते हुए एक-एक घूँट भरा। घूँट भरते हुए मैंने उसके पतले और हल्के नीले रंग के ब्लाउज़ की ओर देखा, फिर देखता ही रहा। ऐसा लगा जैसे उसकी साँस तेज़ चल रही हो। जिस्म में कुछ ऐसी हरकतें थीं कि ब्लाउज़ जगह-जगह से काँप रहा लगता था, बिल्कुल ऐसे, जैसे आँधी आते समय सागर में लहरें हिल रही हों। मैं वाइन की तारीफ करता, एक घूँट और भर कर गिलास मेज़ पर रख दिया। उसने भी अपना गिलास रख दिया और दाहिनी बाँह से कस कर मुझे और पास कर लिया। इससे मेरा सिर अपने आप उसके चेहरे के निकट होने लगा...। और मैं यह सोच कर मन-ही-मन मुस्कराया कि कैसे हमारे माथे भिड़ने से पहले होंठ अपने आप सट गये। पता नहीं क्यों सोफिया के होंठ मुझे नीरू के होंठों से ज़्यादा गर्म लगे। नीरू? नीरू का नाम सोचते ही मैंने अपना सिर पीछे हटा लिया। फिर गिलास उठा कर तीन हिस्से बची वाइन को एक बार में ही खाली कर दिया। उठने के बहाने मैंने सामने वाली दीवार की ओर देखते हुए कहा—"कितनी खूबसूरत है ये पेंटिंग।"

"अगर तुम्हें पेंटिंग का शौक है तो आओ, मैं तुम्हें बहुत ही बढ़िया पेंटिंग दिखाती हूँ, मेरे बेड-रूम में है।" मेरे साथ ही उठती हुई सोफिया ने कहा। यह कहते हुए वह मुझे अपने बेड-रूम में ले गई। एक पल को फिर मैंने उसके नीले ब्लाउज़ को देखा, सागर में लहरों का कहर और तेज़ हो गया था। कमरे में जा कर उसने पेंटिंग की कोई बात ही न की। बिस्तर की ओर इशारा करते हुए उसने कहा कि डॉन के जाने के बाद उसने बेड को पश्चिम दिशा की ओर से हटा कर पूर्व की ओर वाली दीवार के साथ कर दिया है। बेड का 'कवर' समेटते हुए उसने बताया कि बिस्तर की ऊपर वाली चादर इटली में बनी है उसकी गर्लफ्रेंड ने उसे तोहफे में दी थी। चादर सचमुच बड़ी सुंदर थी। जब बहुत देर तक मैं चादर की ही प्रशंसा किये गया तो हैरान-सी होकर उसने मेरे चेहरे की ओर देखा और फिर पलट कर पिछली दीवार पर लटकती पेंटिंग के बारे में बताने लगी। पेंटिंग की ओर देखता हर पल सोचता रहा कि अभी वह एक बार मेरे साथ बिस्तर पर लेटने की इच्छा जतायेगी। अभी मैं दुविधा में ही था कि वह अपने विशेष अंदाज में फिर दोहरायेगी, सिर्फ़ एक बार बिस्तर पर लेटना ही तो है। लेकिन मेरे कानों ने ऐसा कुछ न सुना, हालांकि मैं ज़रूरत से ज़्यादा देर तक पेंटिंग देखे जा रहा था।

फिर पता नहीं कब हम ड्राईंग रूम में वापिस आ गये। खड़े-खड़े ही हमने अपनी-अपनी बची हुई वाइन पी ली। उसने मुझसे खाली गिलास पकड़ा तो एक बार

फिर मैंने उसके नीले ब्लाउज़ की ओर गौर से देखा। हैरान था कि सागर की लहरों का कहर अब कहाँ अलोप हो गया?

समय बहुत हो चुका था। मैंने सोफिया को शुभ-रात्रि कहा और कार ले कर घर आ गया। नीरू अभी बिस्तर में लेटी, कुछ पढ़ रही थी। एक पल को जी हुआ कि उसे आँखों पर चूमूँ। लेकिन ऐसा कर न सका, इस डर से उसकी आँखें मेरे होंठों पर चिपकी सोफिया के होंठों की तस्वीर न देख लें।

कई दिन मैं बार-बार सोचता रहा कि जब मैं सोफिया के बिस्तर की चादर की तारीफ कर रहा था तो वह इस तरह हैरान हो कर मुझे क्यों देख रही थी? फिर अगले ही पल उसकी बातों में इस कदर ठंड क्यों उतर आई थी? ये सोचते ही मेरे अँगों में एक बेनाम-सी बेचैनी काँप उठती...। एक दिन सोफिया को मैंने दफ्तर से फोन किया, उसके यहाँ मेहमान आये हुए थे इसलिए कोई खास बात न हो सकी। एक रात जब नीरू कला-केंद्र की मीटिंग में गई हुई थी तो मेरे कदम जबरदस्ती मुझे सोफिया के घर की ओर ले गये। मुझे सोफे पर बैठने का इशारा कर के वह खुद पास वाली कुर्सी पर बैठ गई। उसके हाथ में भारत के इतिहास की पुस्तक देख कर मैंने थोड़ी प्रसन्नता भरी हैरानी दिखाई। उसने बताया कि उसे अलग-अलग देशों के इतिहास में विशेष दिलचस्पी है। बातों-बातों में उसने बताया कि वह उस समय नादिरशाह के बारे में पढ़ रही थी। पुस्तक में नादिरशाह की तस्वीर भी थी। वह बोली, ''मैं नादिरशाह की तस्वीर देख कर सोच रही थी कि अगर तुम्हारी मूंछें ज़रा-सी और बढ़ जायें तो बिल्कुल नादिरशाह की मूंछों जैसी लगेंगी।'' मुझे कोई जवाब न सूझा तो मैंने खीझा हुआ-सा हँस दिया। उसने बात जारी रखते हुए कहा, कितना वहशी था नादिरशाह। कैसे अपने घर में रसती-बसती, सुखी खूबसूरत औरतों को ज़ोर-जबरदस्ती से अपने हरम में ले जाता था। उसकी बातें सुनते मैं लगातार सोचे जा रहा था कि वह अभी मुझे वाईन का जाम पेश करेगी, पर उसने वाइन का नाम तक न लिया। बीच-बीच में मैं सामने वाली पेंटिंग पास से देखने लगा था। सोचता था ऐसे करने से वह मुझे अपने सोने वाली कमरे की पेंटिंग, जो इससे ज़्यादा सुंदर है, देखने के लिए कहेगी। लेकिन वह तो लगातार चुप ही रही। इससे निराश होकर मैं वापिस सोफे पर आ बैठा। लेकिन मेरे बैठते ही, मेरे अंदर से एक मर्द ने आवाज़ दी कि मैं एक बार इटली की बनी हुई चादर वाले बिस्तरे पर लेटना चाहता हूँ। यह सुनते ही मन में आया कि सारी बात फिर से अथ से आरंभ की जाये। सो मैंने सोफिया के साथ, आते शुक्रवार की रात फिल्म देखने की इच्छा प्रकट की। सुन कर वह बड़े अजीब ढंग से मुस्कराई। मेरे भीतर बैठा, इटली की चादर वाले बिस्तरे पर लेटने की इच्छा रखने वाला मर्द सहम गया। वह कहने लगी, ''इस संबंध में तेरे साथ एक बड़ी ज़रूरी बात करने वाली थी। देखो भविष्य में मैं तेरे साथ कहीं नहीं जा सकूँगी, एकदम

नहीं। मेरी इच्छा होगी कि इस तरह तू मेरे घर भी न आये। असली बात यह है कि डॉन जल्दी ही घर आ रहा है। पिछले कुछ दिनों में उसकी दो-तीन चिट्ठियाँ आईं हैं। कल रात को उसका फोन भी आया था। वह कहता था कि इस शनिवार तक वह ज़रूर आ जायेगा। मुझे तो उसकी बातों से ऐसा लग रहा था कि वह कल ही आ जायेगा।'' डॉन के वापिस आ जाने की खबर सुन कर मैंने रस्मी तौर पर प्रसन्नता दिखाई और अपना-सा मुँह ले कर वापिस आ गया।

अगले दिन ऑफिस में मुझे बार-बार प्यास लग रही थी। मन में लगातार कुछ टूटता जा रहा था, शाम को घर आया तो भी वही हाल। नीरू ने रात के खाने के लिए मछली तली हुई थी। वह जानती है कि मछली के साथ मैं हमेशा वाइन लेता हूँ। खाने की मेज़ पर बैठने लगे तो उसने वाइन की बोतल मेज़ पर रख दी। यह वाइन तो इटली की बनी हुई थी। लेबल पर इटली का नाम पढ़ते ही मेरे भीतर से कोई चिल्लाया, इटली की चादर...र!...और मैं जैसे ही वाइन का घूँट भरता वह चादर मेरी आँखों के सामने बिछती चली जाती।

खाना खा कर मैं और नीरू टेलीविज़न देखने लगे। नौ बज गये। नीरू को याद आया कि उसने तो आज बिस्कुट बनाने हैं। वह उठी और ज़रूरत की चीज़ें इकट्ठी करने लगी। पर जैसे ही उसने बिजली का 'ओवन' ऑन किया, बाहर मेन स्विच का 'फ्यूज़' जल गया। अँधेरे में ही उसने माचिस ढूँढ़ी, मोमबत्ती जलाई। घर में फालतू फ्यूज़ नहीं था। मैं नीरू को कह कर 'किंग्ज़ स्ट्रीट' वाली 'सुपर मार्केट' से फ्यूज़ ले आने के लिए कार में बैठा। वैसे तो मैनेजर के घर, किरायेदारों के लिए ऐसी चीज़ें होनी चाहिए थीं। लेकिन सोफिया की कल वाली बातें मेरे कानों में अँगारों के समान दहक रहीं थीं। जैसे ही मेरी कार उसके अपार्टमेंट के सामने से निकली तो मेरे भीतर से एक मर्द बोला! मूर्ख, कल डॉन लौट आयेगा और तू पूरी उम्र इटली की बनी चादर वाले बिस्तरे पर लेट कर देख नहीं पायेगा। मेरे ही भीतर का मर्द मुझे ही मूर्ख कहे, कितनी अपमानजनक बात है। कार घुमा कर, पिछली सड़क पर खड़ी कर के, मैं सोफिया के दरवाज़े पर आ गया। पहले तो सोचा घंटी दबाऊँ पर फिर दरवाज़े के ऊपरवाले शीशे में से देख कर रुक गया। वह दरवाज़े की ओर पीठ किये, आरामकुर्सी पर बैठी कुछ पढ़ रही थी। उसकी दाँयीं टाँग एक खास लय में हिल रही थी। मेरा जी हुआ कि अगर दरवाज़े को अंदर से चटकनी न लगी हो तो जा कर पीछे से उसकी आँखों पर हाथ रख दूँ। देखा, तो सच में दरवाज़ा अंदर से बंद नहीं किया हुआ था। हल्के से दरवाज़ा खोल कर मैं भीतर चला गया। दबा-दबा कर कदम रखता जब मैं उसके नज़दीक गया तो चौंक कर उठ खड़ी हुई। मुझे देखते ही चिल्ला उठी, ''नादिरशाह! नादिरशाह!!''

''क्या बात है हनी? एक मिनट...मैं अभी आया'' उसके बाथरूम से मर्द की

एक भारी-सी आवाज़ आई। मैं ठिठक गया। लेकिन फिर आवाज़ सँभालते हुए मैंने कहा, "क्या बात है सोफिया? तुझे कोई भयानक सपना आ रहा था क्या? हमारा मेन फ्यूज़ उड़ गया है। क्या मुझे एक नया फ्यूज़ मिल सकता है?" यह सुन कर भी वह फटी-फटी नज़रों से मेरी ओर देखे जा रही थी। एक ही पल में मैंने अपने अंतस में झाँका। मुझे अपने सिवा और कोई भी नज़र नहीं आया था। हैरान था कि इटली की बनी चादर वाले बिस्तर पर लेटने की इच्छा रखने वाला मर्द कितनी जल्दी कहीं अदृश्य हो गया?

अर्थ

बलदेव सिंह ग्रेवाल

(2.2.1942)

सोचती हूँ, आज पार्क में जाऊँ या नहीं...।

मैं जीवन के उस पड़ाव पर पहुँच चुकी थी, जहाँ पहुँच कर सभी अपने भी पराये लगने लगते हैं। बेटे हैं, बहुएँ हैं, घर भरा-भराया है, लेकिन मुझे यही लगता है कि इनमें से मेरा कोई नहीं। ये सभी अपने लिए जी रहे हैं। अब इनके जीवन में मेरी कोई कीमत नहीं रह गई। जब कि ये मुझे आदर-सम्मान से बुलाते भी हैं, तो भी सब कुछ ऊपरी-ऊपरी सा लगता है। फर्ज़ ही पूरा करते हैं। अपनों वाली वामर्थ अब महसूस नहीं होती।

जब तक जगसीर ज़िंदा थे, जीवन के कुछ अर्थ महसूस होते थे। उनके साथ मैं हर चीज़ से, घर के प्रत्येक सदस्य से जुड़ी हुई थी। घर का हर जीव और हर चीज़ पर उनका कंट्रोल था। मुझे भी लगता था, मैं इस घर की मालकिन हूँ। जब से ये साथ छोड़ कर चले गये हैं, धीरे-धीरे हर ओर से मेरी मल्कियत समाप्त होती गई है। जिन बेटों को ममता, संवेदना और तकलीफ के साथ एक-एक दिन करके पाला था, अब तो मैं उनकी माँ की जगह, उनकी एक ज़िम्मेदारी-सी बन कर रह गई थी। जो बेटे हमारे साथ देर रात तक बैठे रहते थे, जो हमारे साथ घर की हर सलाह किया करते थे, वे अब अपने-अपने कमरों में अपनी पत्नियों के पास ही रहते हैं। मुझ से कभी कोई सलाह नहीं लेते। कई बार मैं एक बात बड़ी शिद्दत से महसूस करती हूँ, इनके जीवन में अब मेरी कोई अहमियत नहीं रही। अब अपने ही घर में मैं एक फालतू-सी चीज़ बन कर रह गई हूँ।

सारा दिन अपने कमरे में अकेली बैठी रहती हूँ। जब भी कोई आ कर हाल पूछता है, ऐसा ही लगता है, बस फर्ज़ की पूर्ति करने आया है। एक-दो सरसरी-सी बातें कर के चला जाता है। कोई गरमाहट नहीं, कोई अपनापन नहीं...।

कभी समय था, मैं कहा करती थी, जाओ अपने कमरे में जा कर सो जाओ। और यही बेटे जाने का नाम नहीं लेते थे। पूरा परिवार घंटों लिविंग रूम में बैठा, बातें करता रहता था। ऐसी शामें होतीं थीं, खूब गप्पें लगाते थे, हँसते थे, सलाहें करते

थे। एक-दूसरे से जुड़े हुए थे।

समय बदल गया है। तब मैं माँ थी। ये मेरे बच्चे थे। आज मैं एक बूढ़ी औरत हूँ। अब अगर शाम को उस लिविंग रूम में मैं चली भी जाती हूँ, तो ये सभी बातें करते-करते चुप हो जाते हैं, एकदम चुप। जैसे मुझ से कुछ छिपा रहे हों। मैं शर्मिंदा-सी होकर फिर अपने कमरे में आ जाती हूँ।

कमरे में बैठी-बैठी मैं बोर हो जाती हूँ। इसीलिए पार्क चली जाती हूँ। वहाँ पर मैं घंटों-घंटे बैठी रहती हूँ। मेरी उम्र के और भी कई लोग वहाँ आये होते हैं। बातचीत होती रहती है। कई बार तो वही अपना परिवार लगने लगता है। पर कल जो हुआ था, उसने मुझे सोचने पर मजबूर कर दिया है...।

आज पार्क जाऊँ कि न जाऊँ...।

कॉलेज के दिन याद आ जाते हैं। उन दिनों कॉलेज में मेरा मैरून कोट बड़ा मशहूर था। मैं जिस दिन भी उसे पहन कर जाती थी, कॉलेज में थोड़ी बहुत हलचल ज़रूर हो जाती थी। किसी-न-किसी लड़के की आह सुनाई दे ही जाती थी। मेरी सहेलियाँ भी कटाक्ष करती हुई कहतीं—"री, आज हीर बन कर आई है, किस राँझे की शामत आई है?"

एक दिन तो हद हो गई...।

प्रोफेसर कमल क्लास में पोएट्री पढ़ा रहे थे। हम लड़कियाँ एक ओर बैठी थीं और रोज़ की तरह लड़के दूसरी ओर। अचानक प्रोफेसर कमल की नज़र एक लड़के पर पड़ी। वे पढ़ाना छोड़कर उसकी ओर चले गये। वह लड़का पढ़ नहीं रहा था। कॉपी पर कुछ कर रहा था। प्रोफेसर कमल ने कॉपी उठा कर पूरी क्लास के सामने लहरा दी और कहा—"ये साहब ये पोइट्री पढ़ रहे हैं।"

कॉपी पर एक लड़की का स्कैच बना हुआ था। स्कैच देख कर मैं थोड़ा घबरा गई थी। आँखें नीची किये बैठी रही थी। क्लास के बाद दो-तीन लड़कियाँ हीं-हीं करती हुए मुझे कह रही थीं—"री पैम, वह तो तेरा स्कैच था...।"

मैंने ना-नुकर की। वह मेरा स्कैच तो हो ही नहीं सकता।

एक बेशर्म-सी लड़की ने अपने सीने पर हाथ रखकर कहा—"पैम, क्यों मुकरती है। किस्मत वाली है, जो कोई तेरे स्कैच बनाता है। काश, मेरे लिए एक लकीर ही खींच दे...।"

हँसी-हँसी के खेल में वह बात उस दिन दब गई थी। लेकिन कुछ दिन बाद भड़कती हुए आग-सी बन कर उभर आई थी। किसी ने उस लड़के की डायरी पढ़ ली थी। वह डायरी में मेरे बारे में बहुत कुछ मनगढ़ंत लिखता रहा था और कॉलेज में वह सब कुछ सच होने का शोर मच गया था।

मैं उस लड़के के लिए गुस्से में भर गई थी। मैं तो उसे कभी मिली ही नहीं

थी। हमारी कभी बातचीत भी नहीं हुई थी। फिर वह मेरे बारे में क्या लिखता रहा था? क्यों लिखता रहा था? लिखता वह रहा था और बदनामी मेरी हो रही थी। तब पंजाब के कॉलेजों में ऐसा ही संकुचित दृष्टिकोण वाला माहौल हुआ करता था। लड़के-लड़कियों का कॉमन कॉलेज था, पर लड़के-लड़कियों को आपस में बोलने का हुक्म नहीं होता था।

रेंगती-रेंगती बात, मेरे घर तक भी पहुँच गई थी। पहले बेजी को पता चला। उन्होंने डाँट कर पूछा। मैंने सच-सच बता दिया। उन्होंने कॉलेज में हुई मेरी बदनामी के बारे में पिता जी को भी बता दिया। पिता जी चिंता में डूब गये। उन्होंने मेरा रिश्ता करने का फैसला कर लिया। तब बड़े भैया पटियाला में डी.पी.ई. कर रहे थे। छुट्टियों में आये तो पिता जी ने मेरे रिश्ते के बारे में उनसे बात की। जगसीर भी भाई साहब के साथ पटियाला में पढ़ते थे। भाई साहब ने उनके बारे में पिता जी को बता दिया। पिता जी ने जगसीर को देखा और मेरे लिए चुन लिया था।

जगसीर अपने परिवार के साथ मुझे देखने आये। वे मुझे भी पहली नज़र में ही भा गये थे। दिल के भीतर से एक रीझ-सी जगी थी, अगर ये मेरा स्कैच बनायें तो मैं इनके हाथों को चूम लूँ।

जगसीर ने मेरा स्कैच तो क्या, मेरी ज़िंदगी को ही खूबसूरत रंगों से भर दिया था। दो बेटों की माँ बन कर मैं फूली नहीं समाती थी।

दस साल के लगभग जगसीर डी.ए.वी. कॉलेज होशियारपुर में डी.पी.ई. लगे रहे थे। लेकिन जब इनके कॉलेज के स्टाफ ने प्रबंधक कमेटी के खिलाफ वेतन बढ़ाने के लिए हड़ताल की थी तो पूरा इल्ज़ाम इनके सिर पर आ गया था। कॉलेज के प्रधान चौधरी ने इन्हें निशाना बना लिया था। हड़ताल की पूरी ज़िम्मेदारी इन्हीं के सिर पर थोप दी गई थी। इनकी नौकरी जाती रही।

कुछ साल ये बेरोज़गार रहे थे। तब इन्होंने अमेरिका आने का फैसला कर लिया। कुछ सालों बाद हमें भी वहीं बुला लिया। अमेरिका आकर हमारी किस्मत ही चमक उठी थी। यहाँ पर इन्होंने रियल एस्टेट का काम शुरू किया था और हम कहाँ-से-कहाँ पहुँच गये थे।

किसी चीज़ की कोई कमी ही न रही। बस हँसते-हँसते बेटे जवान हो गये। पढ़-लिख गये। ब्याहे भी गये। ऐसा लगता था जैसे परमात्मा ने ही सब कुछ कर दिया है। हमें कुछ करना ही नहीं पड़ा था।

और एक दिन सरपट दौड़ती हमारी ज़िंदगी की डाक गाड़ी अचानक झटका-खा कर रुक गई थी। जगसीर सुबह बाथरूम गये थे। बाथरूम में ही दिल का दौरा पड़ा। हमें किसी को कुछ पता ही न चला। ये हमारा साथ छोड़ कर चले भी गये...।

मेरे लिए यह सदमा बर्दाश्त करना मुश्किल हो गया। न कुछ पूछा, न बताया।

न ही कुछ कहा। बेगानों की तरह उठ कर चले गये थे। ज़िंदगी भर का साथ छोड़ कर जाता है? मिनटों में ही पराई कर के चले गये थे।

इन्हें चिपक-चिपक कर बहुत पूछा—बताओ तो सही, मुझसे ऐसी क्या गलती हो गई थी, जो ऐसे रूठ कर जा रहे हो...पर ये पत्थर बने पड़े रहे, कुछ न बोले।

सैमेटरी में जब इन्हें अंतिम विदाई देने लगे तो मेरी चीखें निकल गईं, मेरे सब्र का प्याला छलक उठा—रे बेटों, तुम्हारे बाप ने तुम्हें बहुत ही प्यार से पाला है, अरे तुम इन्हें मत जलाओ। इन पर कुछ रहम करो।

मेरे बेटों ने वही तो करना था, जो सारा जग करता आया था। जब इन्हें भट्ठी में रखने लगे, मैं तो पत्थर ही बन गई। इनके पैर पकड़ लिए—सरदार जी, अगर मुझ से कोई गलती हुई हो तो जाने से पहले मुझे माफ कर जाना।

बड़े बेटे ने जब भट्ठी का बटन दबाया, मैं लड़खड़ा कर गिरने लगी थी, पर छोटे बेटे ने सँभाल लिया। भड़-भड़ की आवाज़ आ रही—आग भड़कने की...जिन्होंने पूरे जीवन में कभी मुझे गर्म हवा तक नहीं लगने दी थी, मैं उन्हें भट्ठी में आग के हवाले कर आई थी।

और इनके संग ही मेरी ज़िंदगी के सारे रंग, एक-एक करके राख होने शुरू हो गये। एक बेबस, बेरंग-सी होती चली गई ज़िंदगी। सभी अपने, अब मुझे पराये लगने लगे। बेटे हैं, बहुएँ हैं, पोते-पोतियाँ हैं, घर भरा-भराया है, पर मुझे ऐसा लगता है, इनमें से कोई मेरा नहीं है।

धीरे-धीरे ऐसा लगने लग गया, ये सभी अपने लिए जी रहे हैं। अब इनके जीवन में मेरी कोई कीमत नहीं रही। जबकि ये सभी मुझे आदर-मान भी देते हैं, सब ऊपरी-ऊपरी लगता है। अपनों जैसी वामर्थ महसूस नहीं होती।

कुछ ही महीनों में ज़िंदगी निरर्थक-सी हो कर रह गई है। जिस घर की मैं मालकिन समझी जाती थी, उसी घर में धीरे-धीरे मेरी कुछ भी पूछ नहीं रही। जो बहुएँ मेरे ज़रा से घूरने पर काँप जाती थीं, धीरे-धीरे वे मेरी ओर से बेपरवाह होतीं गईं। जिस घर में मेरी हर बात को हुक्म समझा जाता था, उसी घर में अब मेरी बात की कोई कीमत नहीं रही थी। जिस घर में मैं सब की ज़रूरतें पूरी करती रहती थी, उसी घर में मैं अपनी ज़रूरत ज़ाहिर करने में घबराने लगी थी। जिस घर की हर चीज़ मेरी हुआ करती थी, उसी घर में मैं खुद एक फालतू चीज़ बन कर रह गई थी...।

इस घर की रसोई कभी मेरी पैट जगह हुआ करती थी। मुझे अपने परिवार के लिए तरह-तरह के खाने बनाने में अजीब-सी खुशी महसूस होती थी। डाइनिंग टेबल पर जब खाना परोसती थी और जगसीर व बेटे खाते थे तो मैं देख-देख कर खुश हुआ करती थी। अब उसी रसोई में जा कर जब मैं कुछ पकाने लगती हूँ तो दोनों में से कोई-न-कोई बहू आ कर कह देती है—"बेजी, आप अपने लिए ही बनाओ, अभी

और किसी ने कुछ नहीं खाना। मैं शर्मिंदा-सी हो कर अपने कमरे में लौट आती हूँ।

जब हमने यह घर लिया था, जगसीर ने इसे मेरे शौक के मुताबिक सजाया था। वे जब भी बाहर से आते, घर के भीतर आ कर खिल जाते थे। कभी-कभी तो मेरे कानों में कह ही देते—"इस पूरे घर से पैम, तेरी महक आ रही है।"

जगसीर के चले जाने के बाद भी मुझे इस घर से उनकी महक आती रही थी। लिविंग रूम में बैठती तो इनकी उपस्थिति महसूस करती। वे पहले की तरह कई बार अपने साथ बैठे महसूस होते थे।

कुछ महीनों बाद, बड़ी बहू की पसंद का नया फर्नीचर, बड़ा बेटा खरीद लाया और इनके हाथों का खरीदा फर्नीचर गार्बेज की तरह बाहर साईड वाक पर रख दिया गया। अपने कमरे में बैठी, उस दिन मैं बहुत रोई थी। खिड़की से बाहर पड़े सोफे को देखती रही थी। मुझे ये उस सोफे पर बैठे नज़र आते थे। सुबह जब गार्बेज उठाने वालों ने फर्नीचर ट्रक में फेंका, तो कड़-कड़ करती उसके टूटने की आवाज़ सुनाई दी, तब मैं बिलख पड़ी। मुझे ऐसा लगा जैसे एक बार फिर इन्हें भट्ठी में तड़-तड़ करती आग के हवाले कर दिया हो...।

यों इस घर की हर चीज़ मुझसे अलग होती चली गई। जिस घर में दिन चढ़ते और दिन ख़त्म होने का पता ही नहीं चलता था, अब उस घर में दिन बीतता ही नहीं था और रात ख़त्म नहीं होती थी।

जगसीर के ही खरीदे हुए घर में अब मेरा दम घुटने लगा था...। मैं इस घर से निकल कर पार्क में चली जाया करती थी। वहाँ पर घंटों बैठी रहती थी।

घर में कमरे में अकेली बैठी रहने से मुझे पार्क की चहल-पहल अच्छी लगती है। अपने उम्र के लोगों से बात करती रहती हूँ। उनके साथ एक सानिध्य-सा महसूस होता है। उम्र साझ की। बुढ़ापे की साझ जीवन के बेआसरा और व्यर्थ होने की साझ।

मैत्री का यह एहसास मनुष्य का मन लगाये रखता है। मुझे भी उसकी बातें अच्छी लगती थीं। वह बोले चला जाता है, मैं सुनी चले जाती हूँ। वह दूसरों से अलग-अलग लगता है।

एक दिन कह रहा था—जैसे हर ऋतु का अपना मज़ा है, वैसे ही जीवन की हर ऋतु का भी अपना ही आनंद है।

—पर बुढ़ापे का क्या मज़ा है? मैंने पूछा था।

उसने हँस कर मेरी ओर देखा। कहने लगा, "मजा क्यों नहीं? कोई ज़िम्मेदारी नहीं। जीवन में कुछ बनने की चिंता नहीं। फर्ज़ों के बोझ से आज़ाद ज़िंदगी...।"

मुझे उसके सोचने का ढंग बड़ा अच्छा लगता है। मुझे पार्क जाना अच्छा लगता है।

पर आज सोचती हूँ, पार्क जाऊँ या नहीं...।

कल हम पार्क में बैठे थे। मैं और वह। बाकी सब लोग एक-एक कर के अपने घरों को जा चुके थे। न वह गया और न मैं...।

अचानक बातें करता हुआ वह चुप हो गया।

मैंने पूछा—"क्या हुआ?

वह कहने लगा—"सोचता हूँ, पता नहीं तुम्हें कैसा लगे। तुम इंडियन लोग अजीब तरह से सोचते हो।"

"क्या मतलब?"

"कुछ दिनों से मैं आर्ट की ओर उन्मुख हो गया हूँ।"

"फिर?"

"कल बैठा-बैठा स्कैच बना रहा था। अचानक मेरे स्कैच में से आपका चेहरा उभरना शुरू हो गया...।"

मैं उठ कर खड़ी हो गई। कुछ बोल न सकी। कॉलेज...लड़का...मेरा स्कैच। सभी मेरे ज़हन में घूम गये। मैं जल्दी-जल्दी घर आ गई।

रात में बहुत देर तक नींद नहीं आई। आँखें बंद करती तो क्लास में प्रोफेसर कमल के हाथ में उस लड़के का बनाया स्कैच सामने आ जाता। देर रात तक सोचती रही, क्या लिखा होगा, उस लड़के ने, मेरे लिए, अपनी डायरी में...।

जब देर रात तक नींद न आई तो नींद की गोलियाँ खा लीं।

सुबह देर से उठी। हाथ-मुँह धोया। बहू कमरे में ही नाश्ता दे गई। नाश्ता करने के बाद मैं पार्क में चली जाया करती थी।

पर आज सोच रही हूँ– मैं पार्क जाऊँ या न जाऊँ और सोचते-सोचते कितना कुछ आँखों के आगे से निकलता गया। पता ही न चला, कब दोपहर होने को आ गई।

बहू ने दरवाज़ा खोला, हैरान-सी होकर कहने लगी,—"आज पार्क में नहीं जाना?"

वह दरवाज़ा बंद कर के बाहर चली जाती है। उसकी आवाज़ सुनाई देती है। वह किसी से कह रही है—आज बुढ़िया पार्क नहीं गई, पता नहीं क्या बात है?

अजीब-सी कोफ़्त होती है। अब इन्हें मेरा इस घर में रहना भी अच्छा नहीं लगता।

मैं उठती हूँ। अलमारी खोलती हूँ। मैरून कोट निकालती हूँ। इन्होंने मेसी से खरीद कर दिया था। कहते थे—"पैम, यह रंग तुझ पर बड़ा फबता है।"

मैं कोट पहनती हूँ। बाहर आती हूँ। बहू, हैरान-सी होकर मुझे देखती है। मैं पार्क की ओर चल पड़ती हूँ...।

...मेरे कदमों में कुछ जल्दबाज़ी-सी है...।

सूली टंगे पल

चरनजीत सिंह पन्नु

(07.04.1943)

ऐम्बलैम सक्युवेयर का दरवाज़ा कदमों की आहट से संगीतमय अलार्म बजाता एक ओर खिसक गया। अंदर काउन्टर पर बैठी जैसिका ने कान खड़े करके ऊपर देखा और अदब से भरी मुस्कान बिखेरती हुई उसने अभिनंदन किया। हल्की-सी रोशनी, कोने में किसी पहाड़ी दृश्य का बनावटी नज़ारा, मसनूई चश्में से गिरती कल-कल करती रोमांचक लहरें और मधुर-सा संगीत हर देखने-सुनने वाले इंसान को मंत्र-मुग्ध करने के लिए भ्रमित करता था। ब्रह्म आश्रम की शांति-कुटिया यहीं पर प्रकाशमान हुई लगती थी।

कसरत और तंदुरुस्ती, चुस्ती, फुर्तीलापन स्वस्थ जीवन के लिए आवश्यक नियामतें हैं। हम आपकी सहायता करते हैं। शरीर की मालिश एक वैज्ञानिक विधि है जिसे फिंगर सर्जरी या मांसपेशियों की कसरत भी कहा जाता है। जब मांसपेशियों में अकड़ाव आ जाये, चमड़ी के अंदर खुश्की या रूखापन पैदा हो जाये, नाड़ी-तंत्र में रक्त का प्रवाह रुक-रुक कर होने लगे, शरीर कमज़ोरी और सुस्ती महसूस करे, बीमारियों से लड़ने की शक्ति घट जाये, दवाइयाँ असर करने से कन्नी काटने लगे, तो मालिश रामबाण का काम करती है। मालिश रोम-छिद्रों को खोल देती है और इसके फलस्वरूप चमड़ी के अंदर छिपे अनचाहे हानिकारक तत्त्व बाहर निकल जाते हैं। स्वागत वाली खिड़की पर पड़ी एक बड़ी-सी पुस्तकनुमा चीज़ पढ़ कर व्यक्ति को अपनी तकलीफों से यकीनन छुटकारा मिलने लगता है। कई बड़े-बड़े महलों, चौबारों में रंगारंग प्रोग्राम, मुजरे और संगीत के नाम पर चल रहे चकले और अन्य गंदे गोरखधंधों का ख्याल उसके ज़हन में आने से वह उत्सुक व्यक्ति शशोपंज में जकड़ गया। ''यह भी उसी भ्रमजाल की भरमाने वाली झलक होगी?'' वह झेंप गया।

उसका कूपन लेकर वह अपने रजिस्टर में एंटर करती, ''मैन आर वोमैन?'' जेसिका ने प्रश्नवाचक नज़रें उठाईं। मर्द और औरत की पहचान के लिए भी पूछना पड़ता है? यह भी अलग नहीं कर सकती? वह कुछ अविश्वास से हँसने लगा।

''फुल, कम्प्लीट मालिश सिर्फ़'', बीबी का सवाल अनसुना बाइपास करते

उसने हाथ के इशारे से अपने उद्देश्य की सीमा समझाने की ठानी। बीबी की धीमी-सी पुकार पर हाँ भरती, कमर मटकाती एक और लड़की, जिसका नाम शायद किम था, उसने यही सुना था—आकर उसने शुभकामना की।

मेहमान को गर्मजोशी से, सलीके के साथ हाथ मिला कर वह 'मेरे पीछे आओ' कह कर अंदर की ओर चली गई। पर्दों से बनाई गई टेम्परेरी गैलरी के दोनों ओर बने कामचलाऊ कैबिनों में मेहमानों की प्रतीक्षा में बिछे पलंग और भिन्न-भिन्न प्रकार की खुशबूयें मानसिक शांति के भक्तों या घुम्मकड़ ऐय्याशों के लिए वह एक अद्‌भुत जगह लग रही थी। एक कैबिन के पर्दे के पीछे से दिखा, एक काला आदमी किसी एक पतली-सी गोरी चमड़ी पर कुछ उबटन-सा मल रहा था। उसके बदन से खेलता, झुका हुआ, कुछ अश्लील, भद्दी-सी हरकतें करते देख उसके मन में तेज़-तेज़ लहरें उठने लगीं। वह मालिश कर रहा है औरत की? सयाने लोगों द्वारा पूछे गये प्रश्नों के उत्तर उसके सामने साक्षात प्रकट हो गये।

"ओ भाई, ख्याल रखना। जाने से पहले हमें बताते जाना। कहीं तेरी ज़मानत का प्रबंध ही न करना पड़े। ये लोग कोई नस दबा कर कामेच्छा को उत्तेजित करती हैं और नामर्दों को भी मर्द बना देती हैं। तेरे जैसे ब्रह्मचारी ही इस जाल में ज़्यादा फँसते हैं और फिर भयानक बीमारियाँ लगा कर आ जाते हैं। यहाँ आ कर वे लोग नीम के पत्तों से हवा करते रहते हैं। पार्क साथ वाले त्रिलोकी बाबा के व्यंग्य से उसका माथा ठनका।

"और सुन लो, बिल्ली को चूहों के सपने। इसकी अक्ल सारी उम्र कच्छे से बाहर ही नहीं निकली।" चीमे सौदागर ने नहले पर दहला ठोक कर उसकी बोतली बंद कर दी।

"चिंता मत करो, आप लोग ऐसे ही मत लड़ने लग जाओ। मैं इतना कोमल कच्चा नहीं। साबुत-सबूता वापिस लौट आऊँगा।" उनकी बातचीत में अगले ही पल दख़ल दे कर सागर ने अपने निश्चय की दृढ़ता प्रकट की।

मोंटगुमरी पार्क में बैठे ताश खेलते बुज़ुर्गों के ग्रुप की ओर एक भूरे से बालों वाली गोरी बढ़ी और आकर फिलिपीनी मुस्कान बिखेरती खड़ी हो गई। "नमस्कार सर! सासरी काल" उसने रटा हुआ वाक्य बोलने की कोशिश की।

"मेरे पास बॉडी मालिश का कूपन है। ये पचास डॉलर वाला मैं आपको चालीस डॉलर में दे सकती हूँ। आप जाओगे, मालिश कराओगे, लुफ़्त उठाओगे, शरीर फूल-सा हल्का हो जायेगा और सारी उम्र याद करोगे। मालिश से फेफड़े, आँतें, गुर्दे, पाचन-प्रणाली तथा दर्द और सूजे हुए शारीरिक पुर्ज़ों को आराम मिलता है। लकवा, पोलियो जैसी नामुराद बीमारियों के लिए भी मालिश बहुत उपयोगी साबित होती है। बुढ़ापे को टालने और उसकी मुसीबतों को दूर भगाने के लिए मालिश जादू का काम करती

है।'' उसने जल्दी-जल्दी अपना मंतव्य स्पष्ट कर दिया।

पचास से चालीस डॉलर का नाम सुन कर गर्दन उठाये जिज्ञासुओं ने अंदर ही अंदर घुसर-पुसर कर के, बहुतों ने मुँह नीचे करते हुए ताश के पत्तों में घुसेड़ लिए। सागर को चाव-सा चढ़ गया। पिछले महीने से घुटने और कंधों की लगातार होती दर्दों ने उसका चैन और नींद हराम कर रखे थे। डॉक्टरों ने भी उसके टेस्टों में कुछ भी असामान्य न पा कर कह दिया—''यह तो बुढ़ापे की निशानी है, मालिश करो, सैर करो, कसरत करो, खुद ही ठीक हो जाओगे।'' पचास डॉलर के हव्वे से वह निरुत्साहित हो गया। घुटने घिसा कर सख्त मेहनत से कमाये डॉलर यूँ ही बेकार गँवाने उसे भी ज़हर की तरह दिखाई दिए।

''ये तो दलाल हैं दलाल। बाहर घूम कर ग्राहक फँसाओ और फिर अंदर ले जा कर जेब काटो। मुर्गे फँसा कर, फिर पुलिस की धमकी दे कर ब्लैक-मेल करते हैं।'' खेले खाये बलाटिये मूर्ति पहलवान ने भांजी मार कर सिर उठाते हौसलों को पस्त कर दिया।

''बीबी, देना है तो दे, पर मैंने तो पहले पंद्रह डॉलर में मालिश करवाई है। तुझे भी पंद्रह ही दे सकता हूँ। तू महँगी लगती है।'' घुटनों की दर्दें डॉलरों पर हावी हो गईं।

''नहीं सर, यह सुपर डीलक्स है। इस में मालिश के लिए दो घंटे तक एक कुशल लड़की आपकी मनपसंद, हर तरह आपकी तसल्ली करायेगी। वह दो घंटे तक आपके हर इशारे की गुलाम बन कर खिदमत करेगी। अगर कोई कसर रह गई तो मैं पूरे डालर वापिस करने की ज़िम्मेदार हूँ।''

उसने बीस-बीस के दो नोट निकाले। चलो जी, जहाँ पर डॉक्टरों को एक सलाह देने के लिए एक सौ पचास देता रहा, वहीं ये थोड़े से और सही। ''ले ऐश कर, एक टिकट दे दे।'' वह झट से मान गई और कूपन देती, धन्यवाद, शुक्रिया कहती यह गई वह गई।

आज उस कूपन की वास्तविक उपयोगिता की आज़माईश थी। सचमुच किसी औरत से और वह भी बेगानी हसीना से मालिश करवाना कितना खतरनाक, जान जोखिम में डालने वाला धंधा है। अनजानी औरत के स्पर्श को पार करना किसी पर्वत की चोटी फतह करने से कम नहीं। वह शुरू से ही औरतों से बड़ा शर्माता और दूर-दूर रहा करता था।

लगभग तीस साल की एक छरछरी मुटियार, घुटनों तक आधी पजामी, कंधों पर स्लीवलैस ब्लाउज़, मोटा-सा नाक और चपटी आँखें, पहलवानों-सी दिखती, अकेली उसके पास खड़ी उसी को समर्पित थी। 'यह मेरी मालिश करेगी?' उसके हाथों के स्पर्श की कल्पना कर के सागर के अंदर बिजली का करंट दौड़ गया। झुरझुरी

आने से शरीर के रोंगटें खड़े हो गये। 'हाय, अब कैसे बीतेगी? यों ही बैठे बिठाये पंगा ले लिया। स्वागत कर्त्ता के मर्द या औरत वाले सवाल पर, जवाब में मैं 'मर्द' माँग लेता तो इस खुद बुलाई मुसीबत में तो न फँसता। नया तर्जुबा करने में कोई डर नहीं...मैं कोई पतासा थोड़े न हूँ जो यह मुँह में डाल कर घोल लेगी।' इस उधेड़बुन में भावी, सूली लटकते कामुक पलों के मज़बूत अनुभव की कल्पना, उसके जब-तब के लिए बड़ी चुनौती बन कर उसकी अंतर्आत्मा में गतिशील हो गई। वह दृढ़ निश्चय कर के इस भव-सागर को सुख-शांति से पार उतरने के उपाय सोचने लगा। 'हे प्रभु इस भवजाल से पार उतरने के लिए आज मेरी पीठ पर हाथ रख कर मेरी इज़्ज़त, पत रख लेना।'

सन् उन्नीस सौ रात्तर के करीब, हिमाचल के सरकारी दौर पर हुई उसकी अपनी दास्तान उसकी आँखों में उतर आई। जोगिन्दर नगर के देहाती क्षेत्रों का सर्वेक्षण करना था। तहसीलदार ने उसके साथ एक पटवारी की ड्यूटी लगा दी और बताया– "इस भीतरी इलाके में सामाजिक रीति-रिवाजों के अनुसार मेज़बान की जवान लड़की सरकारी मेहमानों की सेवा करती है। वह आपके हाथ-पैर धोती है, टाँगें दबाती है और बदन भी दबाती है। वही खाना भी खिलाती है। ये लोग अपनी बहू को किसी अनजान आदमी के पास नहीं आने देते। कई मेहमान उनकी इस फ़राक-दिली का नाजायज़ उठा कर उनकी लड़कियों से अशोभनीय व्यवहार करके, सरकार को बदनाम करते हैं और कई मुसीबतें गले लगा लेते हैं। इससे बचने का एक ही तरीका है। जो लड़की आपकी सेवा करे उसके चेहरे में अपनी माँ-बहिन के नयन-नक्श उतार लो। उसकी ओर आँख उठाने में परहेज़ करो। बस फिर आपका कोई बाल भी बाँका नहीं कर सकता।" पूरा समय तहसीलदार की हिदायत उसके आगे ही रहती और इस ज़िल्लत से बचाती रही। उसने उसकी नेक सलाह को बहुत सम्मान दिया।

भीगी बिल्ली की तरह वह आगे होने वाले घटनाक्रम की बेसब्री से इंतज़ार कर रहा था। किम ने पर्दा सरकाया और उसे कपड़े उतारने का गूँगा इशारा किया। हुक्म के मुताबिक उसने बारी-बारी से पैंट, कमीज़, टाई, पगड़ी उतार कर सोफे पर फेंक दिए। वह प्लास्टिक की तिपाई में पानी ले कर आई। आँखों से ही कड़ा, घड़ी, रिंग, बनियान का संकेत किया, इन्हें भी उतारो। 'हद हो गई भाई, ये भी हवाई अड्डों चिढ़ने लगती हैं।' इसका मतलब यह था कि मालिश की रगड़ में इन चीज़ों के कारण रुकावट न बने और ये चमड़ी पर ज़ख्म न कर दें। वह इस बात को अच्छी तरह समझ गया। बिना किसी हील-हुज्जत के उतार कर ट्रे में रख दिया और सोफे में धँस गया। हाय! अब क्या होगा? फिर क्या होगा, अगर उसने कह दिया, तन पर बस अब यही एक पर्दा रह गया है– मेरी नग्नता को ढँकने का। जल्दी ही उसकी चिंता का निवारण हो गया। उल्टे-पलटे कपड़ों को उठा कर, सँवार कर, वह उन्हें हैंगर

में टाँग कर अलमारी में रखने लग गई।

ढका हुआ एक कप, शायद दूध या चाय? टेबल पर ला कर रख दिया। ''मेहरबानी कर के इसे पी लो।'' बल्ब से जलते हुए बिल्लौरी नयनों का निमंत्रण था।

'साली दूध पिला कर क्या चोंचले करने लगी है। मेरी कौन-सी मुकालवे वाली रात है। मेहमान नवाज़ी के बहाने पता नहीं कोई बेहोशी की दवा ही पिला दे। बेहोश कर के मेरी जेब साफ कर दे।' उसका ध्यान अपने बटुए की ओर गया, जिसे किम ने पहले ही अपने कब्ज़े में रख लिया था। उसमें रखी पूँजी को उसने गिनने की कोशिश की। क्रैडिट कार्डों के अलावा उसमें तीन सौ पचपन डॉलर नकद थे।

'यह अच्छा नहीं हुआ। अगर मैं कोई ऐतराज़ करता हूँ तो यह वैसे ही इल्ज़ाम लगा देगी। फिर मेरी इस भलेमानुस की शक्ल के चिट्ठे अखबारों में छपेंगे।' पार्क में बैठने वाले बुजुर्गों की नसीहतें और प्रवचन उसके मन में सींग गड़ाने लगे।

'मैं नहीं पीता तेरी यह काम उकसाऊ टॉनिक, मुझे इसकी ज़रूरत नहीं। मुझे तो तू धनिया घोट कर पिला देती तो ठीक था। तू मेरी जाति-मति भ्रष्ट नहीं कर सकती।' भीतर की आवाज़ उसे इख़लाकी मंजिल की ओर ले गई।

वह उसके मोजे खींच कर, उतारती हुई पाँवों की तलियों को सहलाती हुई गुदगुदी करने लगी। हल्के से एक पैर पानी में छुआती हुई ऊपर झाँकी।

उसका मतलब था कि पानी ज़्यादा गर्म तो नहीं, वह समझ गया।

''या...ओके...गुड'', उसने सिर हिलाया।

किम ने होंठों में कुछ गुनगुनाया, उसे शब्द तो समझ नहीं आये पर हावभाव से ऐसा लगा, ''नाच मेरी बुलबुल तुझे डॉलर मिलेगा'', ऐसे ही कुछ शब्दों को मैं सब्र के घूँट की तरह एक साँस में पी गया।

पानी में डाला पदार्थ भाप बन कर, मनमोहक सुगंध बिखेरता उसके नथुनों में दूर अंदर तक तथा कैबिन में आसपास बिखर गया। उसका रिस्पांस भाँप कर बड़ी कोमलता से उसने दूर पैर पानी में डुबो दिया। बारी-बारी से दोनों पैर, नाखून, उंगलियों के बीच का गैप मलती-मसलती उँगलियों को खींच कर पटाके निकाले। किम का असली काम शुरू हो गया था। नर्म-नर्म स्पंज से हाथ बार-बार पैरों के आसपास, ऊपर-नीचे चलने लगे। नाखुनों से पैरों की तलियों को खरोंचती वह कंघी-सी कर रही थी, जैसे किसी को हँसाने के लिए गुदगुदी किया करते हैं। सागर झूठा हँसने के स्थान पर इसमें से कहानी भरे अर्थ ढूँढ़ रहा था। किम ने उसके पैर बाहर निकाल कर तौलिये से पोंछे, सूखे कर के अँगूठों में चप्पलें फँसा दीं।

कंधे से सहारा दे कर उठाती, कमर में बाँह लपेटती किम ने बेड की ओर इशारा किया। उसकी मुस्कराती हुई नज़रें उससे टकराईं, जैसे कह रही हो—''हम तुम इक

कमरे में बंद हों और चाबी खो जाये", पर सागर की लज्जालु आँखें फिर नीची हो गईं। रंगदार पर्दों से अंदर धुँधला-सा अंधेरा रंगीन रोमांचकारी मौसम की चेतावनी दे रहा था। पैड पर पैर रख कर बेड पर सीधा लेट गया। किसी ने उल्टा लेटने का संकेत किया। सिरहाने की जगह, नीचे को खुलते एक मुँह वाले पर मुलायम छोटी-सी सिरहानी में चेहरा दबा दिया। अब उसका मुँह और आँखें सारी दुनिया से दूर, निर्भय हो गये। समाधि लगा कर आँखें बंद कर लीं। जो होगा देखा जायेगा। एक से बढ़िया एक इत्र और लोशन की महक से चहुँओर विस्मयकारक-सा माहौल हो गया। दसवाँ द्वार पास-पास ही दिखने लगा। भूत-मसान निकालने वाले और सिर घुमा-घुमा कर साधु कैसे नाक में गूगल की धूप का धुआँ देकर मसान निकालते हैं और अपनी मनमर्ज़ी के बयान बकवातें हैं, वे सभी उसकी स्मृति में आकर अड़ गये।

बालों में उँगलियाँ फेरती, कंघी करती किम उसकी मानसिक हलचल को समझने की कोशिश कर रही थी। खुशबूदार मल्हम नाक-मुँह को छुआती वह सिर के मध्य भाग में मालिश करने लगी। कनपटियों को मरोड़ती, कानों में उँगलियाँ फेरती कानों के पपोट पकड़ कर सहलाती है। कानों के कोनों वाले छेदों को बार-बार स्पर्श करती हुई ने सागर के मुँह से सी ऽ ऽ ऽ...हाय...निकलवा दी है।

"कान मुंद्री कहाँ हैं?" उसकी गूँगी भाषा थी।

"नो...ना...नहीं।" ग्राहक ने खुश्की से झटक दिया।

किम अपनी सरगर्मी चलाये जा रही थी। उसे कान के छेदों से कोई सरोकार नहीं था, न ही कोई अद्‌भुत व्यवहार था। यहाँ तो भाँति-भाँति की लड़की, कई मर्द भी कानों में बालियाँ और दूसरे कई प्रकार के गहने पहने घूमते-फिरते हैं। उसने टटोल कर सागर के मन के भीतर बचपन से संबंधित कोई गहरी सोई हुई मीठी प्यारी-सी कहानी ताज़ा कर दी। उसके जन्म से पहले ननिहाल वालों ने बच्चे की छूछक में पैदा होने वाले बच्चे के कानों की बालियाँ बनवाईं थीं। उनके खानदानी पंडित ने बताया था–"कन्या के घर बड़ी किस्मत वाली कन्या पैदा होगी...वह ननिहाल वालों से बालियाँ माँगती है। ननिहाल और दादा के परिवार के लिए वह खुशियाँ और धन के खज़ाने ले कर आयेगी।" शुभ समय आया, कन्या की जगह बेटा पैदा हो गया। लड़की की आशा में मुँह लटकाये बैठे परिवार के आँगन में अब फुलझड़ियाँ चलने लगीं। ननिहाल द्वारा बच्चे के जन्म के उपलक्ष्य में दी गई वस्तुएँ लौटाई नहीं जाती। पोते की दादी ने ऊँचे स्वर में रोब जमाया। बच्चे के कान छेदे गये और बालियाँ सज गईं। उसके बाद सारी उम्र ये छेद खाली ही रहे और उसने कभी भी बाले नहीं डाले, न ही कभी प्लास्टिक सर्जरी का ख्याल आया।

बालियों की रखवाली, बालों में कंघी करना और सिर में घी की मालिश करने वाली उसकी दादी हाथ में लाठी पकड़े उसकी बलाएँ लेती सिर पर आ कर खड़ी हो

गई। उस अगम्या से आनंद में बेफिक्र, आँखें मूँदे, अपने उड़ने वाले घोड़े की लगाम पकड़े माथे की तीसरी आँख खोल कर लेटा रहा।

किम कानों का पीछा छोड़ अब गर्दन पर आ गई। उसकी नर्म कोमल उँगलियाँ गर्दन को लपेटे मीठी-मीठी खाज करने लगीं। वह गर्दन की मांसपेशियाँ पकड़ती, मरोड़ती वार्म-अप रिहर्सल कर रही थी। उसके हाथ तेज़ रफ़्तार से लगातार शरीर पर घसरते खेल-खेलने लगे। अपनी नज़रें नीची होने पर भी वह उसकी हर हरकत को ताड़ रहा था। शोल्डर-ब्लेड से फिसलती उसकी उंगलियाँ कमर के कट से होती हुई नीचे तक जा रहीं थीं। जाँघिये के प्लास्टिक बैंड को बेपरवाही और बेदिली से खींच कर सारे को पीछे धकेल कर मेरा पृष्ठ भाग नंगा कर दिया। "हे तेरी माँ को...।" बड़ी मुश्किल से उसने जज़्बातों को लगाम दी थी। ध्यान दूसरी ओर मोड़ा। 'कितना मुश्किल कार्य कर रही है बेचारी। इसे कभी बद्हज़मी या गैस के मरीज़ों के साथ निभाते हुए कितनी बदबुओं का सामना करना पड़ता होगा। इंसान से पापी पेट क्या-क्या करवाता है।' सागर को उससे हमदर्दी-सी हो गई। तेल की शीशी पकड़ कर उलटती हुई दिखाई दी। पोंछा, रगड़ा और तेज़ मालिश होने लगी। ऊपर उसका रगड़ा कहर ढाने लगा और अंदर बाम की तीखी महक झनझनाहट पैदा कर रही थी। उसे मालिश करती वह खुद भी पसीना-पसीना हो रही, नैपकिन से अपनी लाल सुर्ख गालें पोंछती हुई उसे दिख रही थी। ऊपर-नीचे सुहागा फेराती रगड़े जा रही थी। उसके तेज़ चलते हल्के गर्म साँसों का सेक सोने पर सुहागे का काम कर रहा था। कमर पर लटकी संगली से एक नस पर उँगली धर कर उसने हाय...निकलवा दी। यहाँ पर कभी-कभी पहले भी वह दर्द महसूस किया करता था। नस पर चढ़ी नस को मरोड़ कर उसने सीधा कर मुझे चैन दे दिया।

कुछ देर बाद जँघाओं के पीछे वह दोनों घुटने टिका कर बैठ गई। उसकी क्रियाओं में नटखट तेवर उभर आये लगते थे। सागर का सिकुड़ता हुआ शरीर और भी निचुड़ गया। उसके होश चकराने लगे। 'ये इल्लती लड़की उल्टे-सीधे आसन आज़मा कर क्या गड़बड़ करेगी? क्या गुल खिलाएगी अब? साली, पूरी बेशर्मी दिखा रही है।' ज़ोर-ज़ोर से हाँफती, धरकती उसके बदन की गर्मायश की साँसे उसके निकट होने से सुनाई देती रही। उसके अंदर के ज्वार-भाटे से बेखबर वह रगड़े दिए जा रही थी। अपने शरीर, सीने का सारा भार डाल कर कोहनियों की नोक से शरीर पर फ्यूरो बनाने लगी। कंधे को सहारा देती वह नीचे तक, चूतड़ों के ऊपर चित्रकार की तरह जैसे फूल बूटे बना रही थी। केसर कस्तूरी-सी एक नई गंध शायद उसके तन की थी जो बहती हुई मेहमान के साँसों में गडमड होने लगी। वह दृढ़ निश्चय किये बैठा था कि "आग के पास घी पिघल जाता है" का पुराना मुहावरा आज उसे झुठला देना है। आज, चाहे उसके बाहरवाले साथी यह सत्य कभी नहीं मानने वाले।

वे लोग मुझे कहेंगे कि घी है ही नहीं तो पिघलेगा क्या?

तेल से भीगे बदन का सारा तेल जिस्म से जज़्ब हो गया। टब से गीला तौलिया निचोड़ कर उसने रगड़-रगड़ कर शरीर सूखा कर दिया। बदन पर छोटा-सा खेस बिछता हुआ महसूस हुआ। अभी उसका रूटीन काम ख़त्म नहीं हुआ था। वह उत्सुक-सा, जानबूझ कर अनजान बना, इस सब कुछ का आनंद ले रहा था। वह उस खेस के ऊपर धप्पे और मुक्के इतने ज़ोर से थपथपा रही थी कि उसकी आवाज़ पड़ोसी कैबिनों में भी सुनी जा सकती थी। टाँगें, पेट, घुटने, टखने, पैरों तक नंबर लगा कर उसने वह तरल घोल बिखेर दिया। टाँगें, बाँहें देखने वाले इन्सट्रूमेंट की तरह वह घुटने पकड़ कर, उन्हें जोड़ कर, ऊपर-नीचे, इधर-उधर करती पटाके निकालने लगी। पहलवान की तरह तगड़ा झटका मार कर छोड़ती रही।

वह लड़की गंभीर मुद्रा में दोनों टखनों के नीचे एड़ी के बीच में उँगलियों से ज़ोर का प्रेशर डालती, नसें दबा कर पूरी ताकत के साथ दबाती हुई एक करंट-सा जगा देती है। "ओ नो...।" कामशास्त्री इस स्थान को काम का केंद्र बिंदु मानते हैं। कहते हैं यहीं से इश्क जागता है। उसकी रज़ामंदी न पा कर, हीनता का सा अनुभव करती, खीसें निपोरती हुई, अब उसने हल्की मसाज शुरू कर दी है। तौलिया रगड़ती, मलती हुई, चमड़ी सुखा कर, दोनों हाथों की उंगलियों में अपनी उंगलियाँ फँसा कर चटकाती हुई वह पकड़ उसे सीधे होने के लिए आँखों से संकेत करती है।

"हैं? क्या कहा...?" वह बहाना मारे उस कामी युवती के मुख से कुछ अनकहा सुनने की उम्मीद लगाये बैठा था।

"..." गूँगों-सी उनकी गुन-गुन, अभिनय के गुप्त अक्षर हवा में उलझते, अनसुलझाए गायब हो गये।

बिस्तर की सलवटों को निकालती किम ने गर्दन के नीचे वाली छोटी-सी सिरहानी की जगह अब छोटा सिरहाना टिका दिया था। कंधा पकड़ कर सीधा लेटने के लिए हाथ से इशारा किया। अँधेरे में आँखें झपकाते जुगनू की तरह दीवार से चिपका टिमटिमाता सेंसर कैमरा अपनी उपस्थिति की चेतावनी दे रहा था। प्रबंधक डेस्क की ओर से शायद यह सब कमरों की निगरानी करता, बीत चुके या बाकी बचे समय को भी दर्शाता था।

कागज़ की चश्मे-नुमा पट्टी मेहमान के माथे और आँखें पर फँसा दी। थोड़ी देर में ऐनक उतार कर एक हल्की गर्म पट्टी और फाहा टिका दिया। 'धन्यवाद! यह तूने अच्छा किया किम। ज़्यादा खतरनाक करिश्में आँखों के ही होते हैं। यही मुसीबत डालती हैं। न ये कुछ देखेंगी और न ही मन में बुरे विचार पैदा होंगे।'

'इसका असर उल्टा भी हो सकता है। ढके हुए, ना दिख पाने वाली चीज़ का आकर्षण और जिज्ञासा प्रबल हो कर भारी पड़ जाती है और सीमाओं को तोड़ने तक

पहुँच जाती है।' उल्टी सोच ने करवट-ली पर उसने अपने मन के चंचल घोड़े की टापों को जकड़े रखा।

बकरी के दूध और खट्टी लस्सी में भीगे ठंडे फाहे उसकी दुःखती आँखों पर रखती माँ सिरहाने आ बैठी। आँखों पर पड़े हल्के गर्म फाहों के सेक से उसकी आत्मा सकून से भर, निखर कर एकदम ताज़ा हो गई।

नथुनों और आँखों के कोयो में उँगलियाँ फिराती वह अब सफाई की रिहर्सल करने लगी। उसके चेहरे पर किसी प्रकार का हल्कापन दिखाई न दिया। किम अपना कर्त्तव्य निःसंग हो कर निपटा रही थी। 'ये भी किसी की बहन-बेटी है। पता नहीं कौन-सी मजबूरी के कारण ऐसे काम करती है बेचारी। इसका परिश्रमिक तो बस दस डॉलर का सवाल ही है।' वह उसके तरस की पात्र बनती जा रही थी।

अब गालें थपथपाने लगी। चंचल प्रेमिका की तरह गालों पर मीठी-मीठी चुटकियाँ भर रही थी। ज़ोर से ऐक्यूप्रेशर भी देती और कनपटियाँ दबाने लगती। होंठों के ऊपर, नीचे जबड़ा इधर-उधर करती मरोड़ती और तेल झसती।

पेट की हल्की-हल्की मसाज शुरू कर दी। बाम जैसी जैल छाती पर मल दी। बाम की कटती हुई-सी चुभन पसलियों में अंदर तक तरंग छोड़ती झनझनाहट पैदा करने लगी। दाँयीं की तरह नाभि में केंद्र बिंदु को खोजने लगी। मुट्ठी बंद कर के नाभि में हाथ रख कर नब्ज़ की टिक-टिक महसूसती मरोड़ कर उसका ताप निकाल देती है। हाथों से खोज कर स्वास्थ्य विशेषज्ञ की तरह अंदर के सारे अंग फेफड़े, दिल, जिगर, मसाने, गुर्दे बाकायदा जाँचती और उंगलियों का दबाव डाल कर धप्पा मारती थप-थप करती है। धनूवंतरी वैद्य की तरह कंधों के साथ-साथ अंदर की ओर जमी गाँठें, मांस, नाड़ियों की गाँठें निकाल कर उन्हें उँगलियों के पोरों से दबाती उसके चेहरे पर इसका प्रभाव जानना चाहती है। वह पीड़ा सहता उसके अनुमान को सही कहता है। एक और शीशी से मरहम लगाकर रगड़ा लगाती, सुहागा मारती इन गाँठों को गलाने का यत्न करती है। करती ही जाती है। उसके स्पर्श से नसें अपनी असली जगह की ओर सरकने लगती हैं। कंधा पकड़ कर ऊपर-नीचे करती हुई हिलाती है और झटका दे कर गाँठों के कड़ाके निकालते हुए साफ हल्की कर गई। सागर के दृढ़ खम्भे हिलने लगे। उसने लक्ष्मण रेखा खींच कर रोक दिये। वह जीती-जागती, हाड़-माँस की, यौवन से भरपूर युवती उसे किसी निर्जीव बुत की तरह सहला रही थी और वह सच में पत्थर बना अकड़ा पड़ा था। वह पहलवानों की तरह बगलों में उँगलियाँ चुभोती, बाँहों की मांसपेशियों को पकड़ कर मरोड़ती, नापती, दबाती गई। वह कोहनी, हथेली की हड्डियाँ, हथेली को मलती, उँगलियों के पटाके निकालती, तेल मलते हुए उसने शरीर के पोर-पोर की हर हरकत को देख लिया था। जाँघें, घुटने, नी-कैप, पिंड़लियाँ तक का नंबर आने तक वह कुछ थकी और खीझी-खीझी-सी लगने

लगी। सूने घर में घुसे चोर की तरह उसने सारी हड्डियों-पसलियों की पैमायश कर डाली। शरीर का हर छोटा-बड़ा पुर्ज़ा, चूलों की तरह हिला दिया। उसके हाथों की हरकतें धीमी हो गईं। मुझे लगा उसका अंतिम स्टेप अब समाप्ति की ओर था। वह गीला अँगोछा निचोड़ कर शरीर का तेल पोंछती सम्पूर्णता की ओर बढ़ गई।

"आई एम डन।" हाथ पकड़ कर उठाते हुए उसने खुशखबरी दी।

"एनी थिंग मोर? एनी कुयेशचन? ऐनी मोर सर्विस?" दोनों हाथों के फैलाये पंजे और किम की तेज़ कटार-सी तीखी नज़रों की जटिलता ने एक बार फिर सागर को अंदर तक उखाड़ दिया।

'औरत को तूने खुद न्यौता दिया था और 'मादा' माँगने का मतलब सिर्फ़ मालिश नहीं होता।' उसकी नज़रें अभी नीची नहीं हुईं थीं।

"नो...नथिंग...थैंक्स। आई गिव यू टेन डॉलर्स, नो प्रॉब्लम...डोंट वरी।" पीछा छूटता देख कर वह अपने आप को विजयी-सा महसूस कर के, छलाँग लगा कर उठ गया।

"अगर उचित समझो तो यह पी सकते हो। बड़ी ज़ायकेदार मसाले वाली टॉनिक है। मालिश कराने से पहले और बाद में आपके शरीर की ताज़गी, स्फूर्ति और ऊर्ज़ा के लिए ज़रूरी है।" वह इशारें कर रही थी। मेज़ पर पड़ा शक्तिवर्द्धक कप, जिसे वह क्या से क्या समझे बैठा था, सागर को श्राप दे रहा था। किम के माथे का तेज़ दिप-दिप कर रहा था।

वह अपने कपड़े पहनता, दस का नोट उसकी ओर बढ़ाता धन्यवाद करता बाहर जाने को हुआ। वह शांत भाव से उसके साथ चलती स्वागत-डेस्क तक आ गई।

"पत्थर है जो तेल और पानी का असर नहीं लेता। इस मजनूं को तो खुशबूओं का ही शौक है।" का उन्टर खिड़की पर अपनी गुप्त रिपोर्ट पेश करते हुए जैसे उसने सागर को धिक्कार दिया।

"हैं! कमबख्त मुझे गाली दे गई?" उसका उत्तर दिये बिना होंठ सँवारती—"हैव ए गुड हैप्पी डे" अलविदा कहती किम किसी दूसरे उम्मीदवार का हाथ पकड़ अंदर की ओर मुड़ गई।

घिसी हुई चादर

राठेश्वर सिंह सूरापुरी

(*26.10.1945*)

"उठो जी, सात बज गये हैं, आज काम पर नहीं जाना?" मेरी पत्नी ने मुझे झिंझोंड़ते हुए कहा और उसने मेरे ऊपर से चादर उतार कर उसे तह करना शुरू कर दिया। पहले वह मुझे जगाने के लिए थोड़ा झूठ ही बोल लेती थी, पर इस समय तो घड़ी में सचमुच ही सात बज गये हैं।...और मैं आँखें मलता हुआ उठ गया हूँ।

वैसे, कभी-कभी काम पर जाने को जी नहीं होता। पर करूँ क्या? कबीलदारी की मजबूरियाँ हैं कि पीछा ही नहीं छोड़ती। हमारे लिए तो सुख की कामना करना बस, मृग-तृष्णा जैसा ही लगता है। अभी तक तो यह नसीब नहीं हो सका। हर किसी के भाग्य में भला यह कहाँ?

मेरी पत्नी अब बिस्तर को सँवारती हुई एक ही साँस में बोले जा रही है–"नहीं तो भला, इस उम्र में आपको क्या ज़रूरत है अब टूट-टूट कर मरने की। दो कौर भी क्या आराम से बैठ कर खाये नहीं जाते? अपनी सेहत का ज़रा-सा ख्याल किया करो। सारी उम्र बहुत काम कर लिया। भगवान की दया से अब तो गुज़ारे लायक जायदाद भी हो गई है और हमने क्या लेना है? कमबख्त, ये काले दिन न आते तो हमने यहाँ लड़के को क्यों भेजना था। वहाँ पर सभी अमेरिका-अमेरिका बोले जाते हैं। वहाँ लोगों को पता नहीं, यहाँ क्या रखा है?" उसकी बात को बीच से ही टोकता हुआ मैं कहता हूँ–"भली औरत, खुद का शुक्र कर। हमारा यह थोड़ा-सा आमदनी का ज़रिया बना हुआ है। तुझे पता है...यहाँ कितने लोग बेकार घूम रहे हैं? कारोबार बंद होते जा रहे हैं, घर बैंकों के पास गिरवी रखते जा रहे हैं। बहुत से लोगों को तो दाना-पानी का जुगाड़ करना भी मुश्किल हो रहा है? थोड़ा बहुत काम करके हम अपना गुज़ारा चलाये जा रहे हैं, किसी के सामने हाथ तो नहीं फैलाना पड़ता। कल का क्या भरोसा, किसे काम से जवाब मिल जाये? नहीं तो मुझे कौन-सा पागल कुत्ते ने काटा है कि मैं काम किये जाऊँ?" लेकिन वह मेरी बात पर ध्यान दिये बिना ही सीढ़ियाँ उतर कर नीचे चली जाती है।

काम पर जाने के लिए तैयार हो कर जब मैं उसके पास जाता हूँ तो वह लंच

वाला टिपिन मुझे पकड़ाते हुए कहती है—"दवाई वाली शीशी मैंने बैग में रख दी है। याद कर के समय पर खा लेना।" वह जानती है कि अक्सर मैं दवाई खाना भूल जाता हूँ और वह मुझे इसी तरह हिदायतें दे कर भेजती है।

भिन्न-भिन्न परिस्थितियों से जूझते हुए विश्वास ही नहीं होता कि हमारी शादी को चालीस साल हो चुके हैं। इन चालीस सालों में हमने जैसा जीवन जिया है वह तो केवल रेंगने से पैरों पर खड़े हो सकने तक का सफर है। रोज़ी-रोटी के लिए दर-दर की भटकन तथा तंगियों-तुर्शियों को जीने की एक लंबी दास्तान! टूटते-फूटते सपनों की पिटारी हैं, हमारे ये दिल।

घर में न तो गरीबी थी और न ही खुला पैसा। बस, दिन काटे जा रहे थे। वैसे हमारे दिमाग में कुछ सुनहरे सपने ज़रूर अँगड़ाइयाँ ले रहे थे, जो हमें सदा अधिक-से-अधिक कठोर परिश्रम करने को उकसाते रहते थे। उस समय रोज़ी-रोटी के जुगाड़ के लिए बहुत मेहनत करनी पड़ती थी। मर्दों के साथ घर की औरतों को भी कंधा-से-कंधा मिला कर खेती-बाड़ी के कामों में मदद करनी पड़ती। इसके अतिरिक्त उन्हें चूल्हे-चौके का काम ख़त्म कर के कपड़े धोना, चर्खा चलाना, कसीदा काढ़ना, कुँओं से पानी भरना, दही बिलोना, खेतों में खाना ले कर जाना बच्चों को सँभालने जैसे अनेक काम करने पड़ते थे। सुबह से शाम तक हम दोनों जने बस, ऐसे ही छोटे-मोटे कामों में व्यस्त रहते थे।

अब जैसी सुख-सुविधाएँ तब कहाँ थी भला? गाँवों में तो अभी बिजली भी नहीं आई थी। गर्मी से बिलखते बच्चों को पंखे से हवा कर-कर सुलाना पड़ता था। सड़कें कच्ची ही होती थीं और आवागमन के साधन भी नाम मात्र को ही थे। दूर-दूर तक जाने के लिए पैदल चल कर या सर्कस वालों की तरह परिवार को लाद कर दस-बारह मील सफर तय करना मामूली बात थी। फसलें भी भरपूर नहीं होती थीं। पैसे के लिए हाथ तंग ही रहता था। बच्चों की पढ़ाई-लिखाई को प्रमुखता देने से, अपनी दूसरी ज़रूरी आवश्यकताओं को हम पूरा नहीं कर पाते थे। मेरी पत्नी ने उस कठिन समय में भी मेरा साथ दिया था। पास कुछ न होते हुए भी हम इतने उदास नहीं होते थे। परमात्मा पर पूरा भरोसा रखे, हम अच्छे दिनों की आशा किया करते थे।

बचत करते और कड़ी मेहनत से धीरे-धीरे हमने अपना घर बना लिया था और बच्चे भी पढ़-लिख गये थे। खुशहाली के दिन अभी लौटे ही थे कि अचानक कहीं से दुःखों की एक और अकल्पनीय काली आँधी चढ़ आयी थी। जीवन की दुश्वारियाँ बढ़ कर और भी दूनी-सवाई हो गईं। जब पंजाब में 'ब्लू स्टार ऑपरेशन' के बाद बुरे दौर की शुरुआत हुई और नौजवानों की धर पकड़ होने लगी तो हर समय प्राण त्राहि-त्राहि करते रहते थे।

उन्हीं शापित दिनों में, एक दिन मेरा बेटा अपने गाँव से स्कूटर पर शहर की

ओर जा रहा था। रास्ते में उसे सी.आर.पी.एफ. वालों ने घेर लिया और ज़बरदस्ती उसे अपने शहर के हेड्क्वॉर्टर ले गये। कसूर केवल इतना-सा था कि उसके स्कूटर के आगे कब का पुराना खालसाई निशान खण्डे वाला स्टिकर लगा हुआ था। लाख स्पष्टीकरण देने पर भी उन्होंने मेरे बेटे को बिजली के खंभे से बाँध दिया। वे कई प्रकार के जुल्म करते हुए उससे इलाके के नामी आतंकवादियों के बारे में पूछताछ कर रहे थे, जिनके बारे में वह कुछ भी नहीं जानता था। यह तो भला हो मेरे उस जानकार सज्जन का, जिसने उसे उनकी गाड़ी में बैठते देख लिया था और हमारे घर आकर यह सूचना दे दी थी। हम बहुत भयभीत हो गये थे। मेरी पत्नी के तो आँसू ही थमते नहीं थे। दूसरे दिन तक चाहे उन्हें मेरे बेटे के निर्दोष होने का विश्वास हो गया था पर फिर भी वे उसे छोड़ने को तैयार नहीं थे। हम फिर इलाके के कुछ ज़िम्मेदार लोगों को साथ लेकर, उनके हाथ-पाँव जोड़ कर मुश्किल से अपने बेटे को मुक्त करवाया था।

तभी हमने डर के मारे जैसे-तैसे पेट काट कर अपने बेटे को यहाँ अमेरिका भेज दिया। उसके सिटिज़न बन जाने के बाद हम दोनों भी पक्के तौर पर यहाँ आ गये थे। सोचा था, जीवन अब आराम से बीतेगा पर यह तो भ्रम ही सिद्ध हुआ—केवल खुश-फहमी। आराम भला कहाँ? अपने मन में जो लालसायें ले कर हम हवाई जहाज में चढ़े थे, इस धरती पर पैर रखते ही, यहाँ की असलियत को जान कर, वे सभी बिखर गईं। साधारण प्रवासियों के लिए यहाँ का जीवन एक मीठी-जेल-सा ही है। इस खुशहाल मुल्क में यहाँ रहने वाले सभी लोग सुखी नहीं हैं।

मेरी पत्नी का स्वभाव अब कुछ चिड़चिड़ा-सा होता जा रहा है। जब अपना स्वामित्व छिन कर उसे पराधीनता का एहसास होने लगा, बड़ी उम्र में कई प्रकार की अकल्पनीय ज़िम्मेदारियों को ढोना पड़े तो किसी की ऐसी हालत हो ही सकती है। पंजाब में रहते चाहे घर में इतनी खुशहाली तो नहीं थी, पर उसने घर पर आज़ादी का खूब सुख भोगा था। उसकी सेहत भी वहाँ ठीक-ठाक ही रहती थी। अब यहाँ का माहौल, पवन-पानी उसे रास नहीं आ रहा था। उसकी सेहत दिन-पर-दिन बिगड़नी शुरू हो गई है।

अचानक ही उसकी रुआँसी आवाज़ सुन कर मेरा ध्यान उसकी ओर खिंच जाता है। असहनीय पीड़ा का एहसास करते हुए उसने कहा—"ओए भगवान!...इन घुटनों में पता नहीं कैसा कील अड़ा-पड़ा है।" पीठ पर हाथ रख कर, धीरे-धीरे चाकू के सामने खुल कर सीधी होती को देख कर मैं कहता हूँ—"ना री, कील तो पता ही है, आराम तो तूने सारी ज़िंदगी करना न हुआ...।" ऐसे ही लगी रहती है, यह भी कर लूँ, वह भी कर लूँ।" कहने को तो चाहे हमदर्दी में मैं चाहे कह देता हूँ, पर जो काम उसके ज़िम्मे लगे हुए हैं, उसे करने ही होते हैं और वह बिना कोई जवाब

दिए हल्का-सा लँगड़ाती, वहाँ से परे चली जाती है।

घर में चाहे अमीरी हो या गरीबी, ज़िंदगी को भोगने के लिए आज़ादी का एहसास होना बड़ा ज़रूरी है। कई बार बड़ी उम्र में इसका छिन जाना ही किसी के लिए श्राप बन जाता है। बड़े-बूढ़े कहते हैं कि आज़ादी से जीने का एक ही सही मार्ग है—जो आपने अपनी मर्ज़ी से चुना हो। दूसरों की नसीहतों के मुताबिक जीवन व्यतीत करना भी कभी-कभी गुलामी का एहसास करवाने लग जाता है। व्यक्तिगत आज़ादी के साथ-साथ समाज में खुलेआम घूमने-फिरने का हर प्राणी को पूरा हक होना चाहिए।

पहले तो इस देश में काफी सुख-सुविधायें हुआ करतीं थीं। इसी कारण प्रवासियों ने धड़ा-धड़ यहाँ आना शुरू कर दिया। धीरे-धीरे इस देश की आर्थिक हालत खराब होनी शुरू हो गई। बेरोज़गारी और महँगाई बहुत बढ़ गई है। यहाँ पर भी अब अराजकता वाला माहौल पैदा होता जा रहा है। खाली और नशेड़ी किस्म के युवकों द्वारा अनजाने लोगों से लूट-खसोट करनी बड़ी आम और साधारण-सी बात बनती जा रही है। खाली दिमाग, शैतान का घर वाली बात हो गई है।

इसी तरह की एक घटना कुछ समय पहले, हमारे पास वाले पार्क में ही घट गई थी। उसे मेरी पत्नी आज तक भुला नहीं पाई। हुआ यूँ कि रोज़ाना शाम को वह पार्क जाया करती थी। वहीं पर एक दिन वह अपनी पोती को झूला झुलाने में मस्त थी। कुछ अन्य पंजाबी औरतें थोड़ी दूर बैंच पर बैठी आपस में बातों में व्यस्त थीं। एकदम कहीं से बीस-बाईस साल के दो छोकरे आये और उन पर पिस्तौल तान कर, उनके पहने हुए गहनों की माँग करने लगे। चारों और चीख-पुकार मच गई। कोई भी उनकी सहायता को न आया। पुलिस के आने से पहले ही वे बड़े आराम से सभी के गहने झपट कर चलते बने। औरतों के भयभीत चेहरे, शरीर पर पड़ी खरोंचों के निशान और कानों से बहते खून को देख कर वह बहुत घबरा गई थी। उस दिन के बाद से उसने पार्क जाना ही छोड़ दिया है।

इस घटना के बाद उसके व्यवहार में आये परिवर्तन के साथ-साथ, जब कभी मैं उसे अपनी चुन्नी से आँखें पोंछते देखता हूँ और जब कभी वह कहती है—"चलो जी चलें अपने गाँव क्या रखा है यहाँ?" सुन कर मैं सोचने लग जाता हूँ कि क्या सच में वह मुझे अमेरिका से वापिस जाने के लिए कह रही है? जहाँ पहुँचने के लिए आजकल पूरा पंजाब एड़ियाँ घिस रहा है।

यहाँ पर पंजाबी लोग तो बहुत हैं पर उनमें 'पंजाबियत' की भावना कम हो गई है। किसी से भी प्यार, प्यार की गर्माहट नहीं मिलती। बस हाय-बाय ही सुनने को मिलती है। ऐसे वातावरण में विचारते हुए मनुष्य मायूस हो कर भीतर से टूटना शुरू हो जाता है। कई बार यह देख कर मन और भी उदास हो जाता है, जब बच्चों

की ओर से उनके माता-पिता को तिरस्कृत होते देखता हूँ, वे बच्चों द्वारा बनाई हुई सीमा से बाहर ही नहीं जा सकते। बस, वे केवल कोल्हू का बैल बन कर ही रह जाते हैं। इसका एक कारण निरक्षरता भी हो सकता है। आम तौर पर बच्चों द्वारा उनकी सुख-सुविधाओं के लिए जुटाये गये साधनों का सीमित होना भी होता है। घर के कामों में उलझी औरतें, अपनी व्यस्तताओं के कारण यह सब सहने में असमर्थ हो जाती हैं, तब वे अक्सर किसे सगे-संबंधी या अन्य जान-पहचान वाले परिवारों से फोन पर बातचीत कर के अपने मन का भार हल्का कर लेती हैं।

आज सुबह से ही मेरी पत्नी का चेहरा लटका हुआ है। मेरे पूछने पर उसने बड़ी उदास-सी आवाज़ में कहा—"एक तो यह गोली लगना, फोन कल से खराब हुआ पड़ा है। इंडिया में फोन करना था। मैंने सोचा, वहाँ की कुछ खोज-खबर ही ले लूँ।" वह भी बेचारी क्या करे? पीछे छूट चुके निकट सम्बंधियों से मोह के तार टूटते भी तो नहीं? सैकड़ों मील की दूरियाँ, दिलों के गैप को उल्टा और कम कर देती हैं। न तो मैंने हाँ हूँ की और न ही उसकी ओर नज़र घुमा कर देखा। मेरे लिए तो मुश्किल से शांति हुई है। हर समय टर...र...र...टर...र...र घंटी बजती रहती है, लेकिन वह तो उसके बिना रह ही नहीं सकती। सुबह उठ कर कई और फोन घुमा कर ही उसे खाने का स्वाद आता है।

सुख-दुःख तो जीवन के अभिन्न अंग हैं। इस उम्र में शरीर का ढीला-ढाला हो जाना बड़ा स्वाभाविक है। लेकिन यहाँ पर पंजाब जैसे सहूलियत नहीं है। वहाँ तो हर गाँव में डॉक्टर दुकानें खोले बैठें हैं। जब मर्ज़ी, जा कर दवाई ले आओ। थोड़े बहुत खाँसी-बुखार की दवाई तो कैमिस्ट ही दे देते हैं, यहाँ पर तो दो-दो महीने डॉक्टरों का अपॉइन्टमेंट ही नहीं मिलता। ऊपर से इंशोरैंस का झंझट। कम आमदनी वाला तो कोई व्यक्ति इंशोरैंस करवा ही नहीं सकता।

मेरी पत्नी की दिन-ब-दिन सेहत बिगड़ने के कारण, जो काम वह यहाँ आकर पहले खुशी-खुशी सँभाले हुए थी, वे अब उसके गले की हड्डी बनते जा रहे हैं। सुबह उठ कर सब के लिए नाश्ता तैयार करना, बच्चों को स्कूल भेजना, कपड़े धो कर प्रेस करना, घर की सफाई करनी, लंच और डिनर की तैयारी करनी आदि काम देखने-सुनने में चाहे साधारण से ही लगते हैं पर हर व्यक्ति के लिए यह सब करना आसान नहीं होता—वह भी बिना किसी प्रशंसा के।

उसकी ऐसी हालत को भाँपते हुए, अब मैं बैठे-बैठे फालतू की सलाहें नहीं देता। इसके विपरीत अब मैंने उसकी थोड़ी बहुत मदद करनी शुरू कर दी है। उसने कपड़े प्रेस कर के मुझे तह लगाने के लिए देते हुए कहा—"ये ज़रा मेरी बाँह को हाथ लगा कर देखो तो, गर्म-सी तपती लग रही है और जान भी टूटती-सी जाती है।" मैंने उसकी बाँह पकड़ कर सहारा दिया और कहता हूँ—"चलो इसी बहाने थोड़ा

आराम तो कर लेगी?" मेरे पास सोफे पर बैठती हुई वह ढीली आवाज़ में बोली– "आराम कहाँ? दोपहर का अभी ख़त्म नहीं हुआ और रात की चिंता हो रही है कि क्या बनाऊँ?" थोड़ी-सी देर बैठ कर उसने 'ऐडविल' की दो गोलियाँ खाईं और काम में लग गई।

यहाँ पर अपने शरीर को गर्म रखने के लिए, छोटी-मोटी बीमारियों से बचने के लिए घर से बाहर निकल कर हिल-जुल करना बड़ा ज़रूरी है। इसलिए, पहले मैं पार्क में चक्कर लगा आया करता था। सैर-सपाटा कर के, वहाँ हमारे अपने वतन के लोगों के साथ बातचीत करके समय बीत जाता था। फिर मुझे एक कंपनी में नौकरी मिल गई और थोड़ी आमदनी का जुगाड़ भी बन गया। चाहे, मुश्किलें तो कई थीं, इस उम्र में आठ घंटे खड़े रह कर काम करना पड़ता है, लेकिन यहाँ पर सम्मान जनक जीने के लिए कोई-न-कोई काम करना बहुत ज़रूरी है। अब तो सिटिज़न भी बन गया हूँ। कहने को तो यह देश अब अपना है लेकिन अपना होने का एहसास कभी नहीं हुआ। गुज़ारे लायक अँग्रेज़ी भी आ गई है, पर मन की भड़ास नहीं निकलती।

हमारा अब तक का जीवन एक 'घिसी हुई चादर' की तरह बीता है। फुरसत के पलों में एक-दूजे के साथ दुःख-सुख साझा करके मन का भार हल्का कर लेते हैं। जब कभी हम अपनी बीती हुई ज़िंदगी का विश्लेषण करते हैं तो वर्तमान हमें पहले वाले समय से कुछ सुखद ही प्रतीत होता है पर उदासी नहीं जाती। बच्चों को भी लगातार बारह-बारह घंटे काम करते, हमारे साथ बैठ कर आराम से बात करने का वक्त ही नहीं मिलता। दो-चार मोह-प्यार की बातें करने सुनने का भी समय नहीं होता। इतनी-सी बात को भी ममता तरस कर रह जाती है। उनके परेशान और थके-थके चेहरे देख कर हमारी भी उनसे कुछ पूछने-बताने की हिम्मत नहीं होती।

मेरी हार्दिक इच्छा है कि मेरी पत्नी अब आने वाले समय को सुखपूर्वक व्यतीत करे, पर वह है कि उसे फुर्सत ही नहीं। वह तो उल्टा अब मुझे भी उलझाये रहती है। आज इतवार का दिन है। बहू-बेटा खाना खा कर अपने बच्चों के साथ बेड-रूम में चले गये हैं। उन्हें सुबह जल्दी उठ कर काम पर जाना होता है। मैं अभी कार्पेट पर वैक्यूम कर रहा हूँ और मेरी पत्नी पोंछा लगा कर टाइलें और फर्श की सफाई करते उबासियाँ ले रही है। रात के दस बज गये हैं। काम ख़त्म होते अभी उसे एक घंटा और लगेगा।

रात को वह 'कीर्तन सोहले' का पाठ करके सोने की कोशिश करती है। उसे नींद भी ठीक से नहीं आती। शरीर ठंडा हो कर और भी ज़्यादा दुःखने लगता है। पूरी रात करवटें लेती वह आवाज़ नहीं होने देती, कहीं मेरी नींद न उचट जाये। अब अचानक मेरी आँख खुल गई है। कमरे में ठंडी हवा के आने से सर्दी का एहसास

होने लगा है। रात को शायद खिड़की खुली रह गई थी। वह गहरी नींद में सो रही है। इतनी गहरी नींद तो उसे शायद कभी-कभी ही नसीब होती होगी। मैं उस की ओर करवट ले कर काफी देर से उसके शांत चेहरे को देख रहा हूँ। अब मैं अपने ऊपर भी चादर ओढ़ना चाहता हूँ, पर मेरे हिस्से की चादर का आधा हिस्सा अपनी टाँगों में दबा रखी है। अगर मैं उसके नीचे से चादर खींच कर निकालता हूँ तो वह जाग जायेगी, जो कि मैं ऐसा करना मुनासिब नहीं समझता। इन्हीं सोचों में डूबा मैं अपनी टाँगें सिकोड़ कर, आँखें बंद करके, वैसे ही सिकुड़ कर लेट जाता हूँ। मुझे पता ही न चला, कब मेरी आँख लग गई।

सुबह, वह जब भी जगी होगी, मुझे गुच्छा-मुच्छा हो कर पड़ा देख कर उसने चादर को दोहरा किया और मुझे ढक गई और खुद नीचे जा कर रसोई के कामों में व्यस्त हो जाती है। दोहरी चादर की गर्माहट में मैं गहरी नींद में सो जाता हूँ। काफी देर तक प्रतीक्षा करने के बाद, अब ऊपर आ कर मुझे झिंझोड़ते हुए वह कह रही है—"उठो जी...सात बज गये, आज काम पर नहीं जाना?"

मृत व्यक्ति की कहानी

सुरिन्दर सीरत

(19.09.1947)

वह एक गहरे द्वंद्व में फँस गया था। पीटर-स्कॉट का चौथा पैग ख़त्म करते ही जब ए. सेखों ने ऊपर की ओर देखा तो उसकी पत्नी मोहिनी, हाथों में मुर्गे की गर्म-गर्म टाँगों की प्लेट लेकर खड़ी थी...चाहे वह मुस्करा रही थी, पर यों लगा कि जैसे वह कुछ कहना चाहती हो। उसे देखते ही ए. सेखों के चेहरे के हाव-भाव एकदम बदल गये। एक हल्की-सी मुस्कान उसके मुख पर खिल गई...उसका ध्यान मोहिनी पर केंद्रित हो गया। चाहे वे दोनों पिछले पाँच साल से एक-दूसरे के साथ-साथ, हर तरह के गम और खुशियाँ साझा करते आ रहे थे, पर अवतार ने इतने ध्यान से मोहिनी को पहले कभी नहीं देखा था। आज का दिन तो कुछ खास था, जिस कारण मोहिनी खिल उठी थी। वह पहाड़ियों में खिले गुलाब के समान लग रही थी...और ए. सेखों जैसे कहीं खो-सा गया...।

वह कितनी मरियल-सी होती थी...और न ही वह कभी उससे बात कर सकी। उसकी 'काँगड़े' की भाषा भी सेखों को ठीक से समझ नहीं आती थी। काँगड़े के कच्चे घरों में बसते, उसके गाँव के घर आना सेखों की मज़बूरी थी। वह तो केवल कुछ दिनों के लिए ही, उसके मित्र राम स्वरूप के सुझाव पर उसके घर, काँगड़ा, पनाह लेने को आया था। प्रोफेसर राय स्वरूप और करता भी क्या...। पुलिस ने जब उसे चाबुक चढ़ाई तो वह केवल इतना भर ही कह पाया कि अवतार सिंह तो उसके पैसे लेकर कहीं लापता हो गया है। वह तो खुद ही उसे ढूँढ़ रहा है। राम स्वरूप ने स्पष्टीकरण देते हुए यह भी कहा कि वह अवतार के किसी कामरेड साथी को नहीं जानता। उसका अवतार के साथ एक ही कॉलेज में, एक ही सब्जेक्ट पढ़ाने वाले कुलीग जितना संबंध है!...इससे ज़्यादा और कुछ नहीं...!!

पुलिस को कहीं से भनक लग गई कि अवतार कुल्लू-काँगड़े में है और यह भी कि वह शायद राम स्वरूप के घर पर ही हो...! जब पुलिस ने राम स्वरूप के गाँव, उसके काँगड़े वाले घर में आधी रात को छापा मारा तो राम स्वरूप के पिता 'सरन स्वरूप' ने तलाशी देने से पहले पुलिस को बता दिया कि पिछले कमरे में उसकी

बेटी और जमाई राजा सोये हुए हैं। घर में उन दोनों और उसकी धर्म पत्नी के सिवा और कोई नहीं है। उन्हें इस समय जगाना ठीक नहीं। जिसे आप ढूँढ़ने आये हो, यहाँ पर उसका क्या काम? पर जब सरन स्वरूप को पुलिस ने धमकी दी कि वे दरवाज़ा तोड़ देंगे, नहीं तो वह अपने दामाद को कमरे से बाहर लेकर आये।

सरन स्वरूप को ऐसा ही करना पड़ा। जब वह अवतार को बाहर लेकर आया तो वह किसी भी तरह से अवतार सेखों नहीं लग रहा था। वह तो कांगड़ा का एक पहाड़ी जवान तारा चंद था। उसकी भाषा, बोलचाल और देखने में वह साधारण-सा ग्रामीण लग रहा था। पुलिस ने उससे कई तरह की उल्टी-सीधी पूछताछ की पर वे इस निष्कर्ष पर पहुँचने में असफल रहे कि वह सीधा-सादा तारा चंद ही बहुचर्चित कामरेड है, जिसकी गिरफ्तारी के लिए पुलिस पर बहुत बड़ा सियासी दबाव है। पुलिस को चारों खाने चित्त होता देख कर, सरन-स्वरूप ने उन्हें चाय-पानी के लिए पूछा, जिसके लिए पुलिस ने केवल हाँ ही नहीं की, साथ में बाकी की रात भी वहीं बिताने के लिए कह दिया। इस स्थिति को देखते हुए अवतार सेखों को बाकी की रात भी, राम स्वरूप की जवान बेटी, मोहिनी के साथ गुज़ारनी पड़ी।

सुबह को जब अवतार, सरन स्वरूप के सामने आया तो उससे मोहिनी का हाथ माँग लिया। सरन स्वरूप यह सुन कर कुछ हैरान-सा हो गया...वह बहुत चिंतातुर भी था...मोहिनी को उसके पीछे सिर झुकाये खड़ी देख कर, उसकी रज़ामंदी जानने के बाद हाँ कर दी और कोर्ट में जा कर अपनी बेटी का हाथ अवतार को सदा के लिए पकड़ा दिया। चाहे सरन स्वरूप यह जानता था कि अवतार एक क्रांतिकारी विद्वान था, उसके नाम के साथ बहुत कुछ जुड़ा हुआ था। उस समय वह तत्कालीन सरकार की दृष्टि में एक भगोड़ा था...पर आने वाले कल ने उसे रोशनी में लाकर खड़ा कर देना था। वह चाहे सहमा हुआ था, पर खुश भी था कि उसकी सीधी-सादी, दसवीं पास बेटी, एक पढ़े-लिखे, सुलझे विद्वान की धर्म-पत्नी बन गई थी। उसे केवल एक बात की घबराहट थी कि कोई क्रांतिकारी, विवाहित जीवन कैसे निभा पायेगा। सरन स्वरूप को कुछ ढाँढस तब मिला, जब अवतार ने अपनी पत्नी के साथ वहाँ से जाने का निर्णय सुना दिया। अवतार अपनी पत्नी को लेकर कहाँ चला गया, इस बारे में सरन स्वरूप या राम स्वरूप, कोई भी कुछ न जान सका।

अचानक एक दिन जब राम स्वरूप काँगड़े में अपने पिता सरन स्वरूप को बीमारी की हालत में मिलने आया तो उसका उदास और मुर्झाया चेहरा देखकर सरन स्वरूप झुंझला गया। वह राम से उसकी हालत के बारे में जानने को उतावला हो उठा ...लेकिन राम को आँसुओं से भींगा देखते ही सीने से लगा लिया। ''मेरे बेटे के साथ ऐसा क्या हुआ है, जो ऐसे बच्चों की तरह रो रहा है।'' राम ने गहरा साँस लिया और खुद को सँभालते हुए बताना शुरू किया, 'पिताजी'...कुछ ठहर करके 'अवतार

नहीं रहा!!! वह पुलिस से मुकाबला करता हुआ शहीद हो गया है...!!!'

सरन स्वरूप अवाक सुन रहा था!...''यह ख़बर लगभग सभी अखबारों में छपी है!!'' राम स्वरूप भावुकता की चरम सीमा लाँघें रहा था। ''...हाँ बापू जी...हाँ...वह नेपाल में इस हादसे का शिकार हुआ है...!!''

''तेरी बहन...?''

सरन स्वरूप ने बेबस-सी आवाज़ में सवाल किया। राम स्वरूप केवल इतना ही बता सका कि इस पूरे साल में मोहिनी का एक भी पत्र नहीं आया, अतः उसके बारे में कोई सूचना नहीं मिल सकी।

ए. सेखों ने अपनी भोली-भाली पत्नी के चेहरे पर पहाड़ी औरत के रूप को शायद आज से पहले कभी-भी इतनी गंभीरता से नहीं देखा था। वह अपने नौ साल के बेटे जिमी और पाँच साल की बेटी शीना के साथ कितनी सकून भरी अवस्था में थी। घर में दो-दो कारें, कम्प्यूटर, डिश नेटवर्क और पाँचों भारतीय चैनल, सुंदर-सा अपना घर और कितना कुछ...यह सब सोचते हुए ए. सेखों को बड़ा अनोखा-सा आनंद मिला...।

...पर आज वह दुविधा में था...!!!

...और यह दुविधा उसकी बीती ज़िंदगी से सम्बंधित थी। हाँ, उस ज़िंदगी से, जिसकी मौत पंद्रह साल पहले हो चुकी थी। नक्सलबाड़ी विचारधारा की असफलता ने उसे कितना निराश कर दिया था। उसके क्रांतिकारी साथियों की शहीदी उसके लिए बहुत मायने रखती थी। उन सभी ने सरमायेदारी और तानाशाही के ख़िलाफ़ लड़ाई लड़ी...पर...पर वे तो अब खुद ही उस सरमायेदारी की शरण में था।...केवल अपने परिवार के सुख और बेहतरी के लिए, अच्छे जीवन के लिए अपनी हत्या का मज़ाक उड़ा रहा था।

''नहीं, नहीं, ऐसे नहीं हो सकता!''

अपनी आँखें गुस्से से लाल करता अवतार बुड़बुड़ाया...।

''मुझे यह राज़ अपने सभी दोस्तों से साँझा करना ही पड़ेगा। क्रांति के उस युद्ध में मेरी शहादत नहीं हुई...। मैं तो इससे फ़रार हो गया था...। हाँ वीर राम! यही सच है।''

...और कितने समय तक वह राम स्वरूप से आँखें न मिला सका...!!!

पीटर स्कॉट की आधी बोतल ख़त्म होने को थी। राम स्वरूप मौन धारण कर के अवतार को लगातार सुने जा रहा था।

''यार राम...सच जानना...जब मैंने अपनी तथा अपने क्रांतिकारी भाइयों की पुलिस के हाथों शूट आउट द्वारा, पुलिस के साथ हुए मुकाबले में मारे जाने की खबर, नेपाल के लिए ट्रिब्यून में पढ़ी तो मैं कुछ देर सकते में आ गया...काँगड़े से तो हम

सीधे नेपाल आ गये थे। यहाँ पर मैं पंजाबियों की एक कंपनी में क्लर्क का काम करने लगा और अपनी पहचान ए. सेखों के नाम से प्रसिद्ध कर दी...जब मुझे होश आया तो...!!!"

उसने राम के चेहरे पर नज़र गड़ाई...वह सिर नीचे किये सुने जा रहा था... सेखों ने एक और पैग, पूरे का पूरा अंदर उडेल दिया। चेहरे की झुर्रियों को कुछ और गहरा कर के, बात फिर से शुरू कर दी–"तब मैंने सोचा कि बात ऐसे तो ख़त्म नहीं हो सकती। अगर मैं एक चरित्र में मर चुका हूँ तो मैं फिर से जीवित होऊँगा ...एक नये किरदार में...मेरा संघर्ष भी गदर वाले बाबों की तरह विदेश जा कर नये सिरे से आरंभ होगा।...बस राय, फिर क्या था। मैंने इधर-उधर हाथ पैर मारने शुरू कर दिये और एक ऐजेंट की मदद से मुझे अमेरिका जाने के लिए फैमिली विज़िटिंग विज़ा मिल ही गया।"

ए. सेखों के चेहरे पर एक मुस्कराहट फैल गई...। राम उसके चेहरे पर उभरी किसी प्राप्ति की झलक को पढ़ रहा था। उसकी हैरानगी उसे अवाक कर रही थी। वह अवतार को और भी सुनना चाहता था। मुर्गे की टाँग को दाँत से काटने के बाद एक और सिप लिया और बोला, "हाँ तो फिर इधर कैसे आये और यहाँ क्या-क्या झेला...!!!"

अवतार की पीने में अभी बस नहीं हुई थी...अभी वह अपने होश में था, "ट्रांसपोर्ट के मालिक, सरदार रंगील सिंह ने मुझे टिकट ले दी और फ्रीमैंट गुरुद्वारे के ग्रंथी के नाम एक पत्र दिया ताकि वह मेरी सहायता कर सके...। बस यार यूँ ही हुआ और मैंने व मोहिनी ने कैलीफोर्निया के सैन फ्रांसिसको के एयरपोर्ट पर कदम रखे। एक खालसा टैक्सी ड्राइवर के साथ सीधा फ्रीमैंट गुरुद्वारा साहिब जा पहुँचे। अवतार अब ए. सेखों हो गया था। एक नये नाम के साथ एक नई ज़िंदगी में विचर रहा था। वह था भी बड़ा भाग्यशाली। गुरुद्वारा साहिब में पहले हफ्ते ही उसकी मुलाकात उसी के गाँव के एक हमउम्र करतार सिंह सेखों से हो गई। करतार सिंह सेखों अवतार को जोड़े (जूते) झाड़ते देख कर आश्चर्यचकित हो गया। 'ऐसा लगता है, ये प्रोफेसर अवतार ही है, पर सुना था कि वह पुलिस के हाथों मारा गया है...फिर यह कैसे हो सकता है!...पर लगता तो प्रोफेसर ही है।'

उसने उसके पास जा कर, अपनी आँखें उस पर जमाते हुए उसके कंधे पर हाथ रख दिया। पर वह चुप था...देखना चाहता था कि अगर वह प्रोफेसर है तो उसे पहचान जायेगा। लेकिन करतार जल्दी ही समझ गया कि चाहे वह अवतार ही क्यों न हो, वह उसे कैसे पहचान सकता है? वह तो अपने गाँव में एक पक्का सिख होने के साथ-साथ गाँव के गुरुद्वारा साहिब का ग्रंथी भी था। एक लंबे बालों बाली खुली दाढ़ी, पगड़ी, भरा हुआ शरीर। उसकी प्रोफेसर अवतार से कभी बनी ही नहीं थी।

करतार सिंह एक पक्का सिख और प्रोफेसर एक कामरेड, गुरु घर को न मानने वाला काफ़िर! अब तो करतार सिंह एक सफाचट, सहजधारी सिख था और अवतार गुरु घर में जोड़े (जूते) झाड़ने वाला एक श्रद्धालु सिख। "जी बताओ...मैं ए. सेखों...आप कौन?" करतार ने बड़े दृढ़ विश्वास से सवाल पूछ ही लिया, "मैं करतार हूँ यार ...प्रोफेसर साहब पहचाना नहीं...?" सेखों प्रोफेसर का नाम सुनते ही हक्का-बक्का रह गया था...। मैं तो मर चुका हूँ, फिर यह कौन है जो मुझे पहचान रहा है, "जी, मैं पहचान नहीं सका, करतार सिंह जी।"

करतार सिंह ने जल्दी से अपने बारे में बता दिया और ए. सेखों अपने बारे में जान कर चिंतातुर हो उठा कि वह अब मरा हुआ नहीं है। अगर उसके ग्रामीण भाई ने उसे पहचान लिया है तो और सब भी जान जायेंगे कि वह मरा नहीं है!!!

उसे हैरानी भी हुई कि भाई करतार सिंह ने कैसे रूप बदल लिया। "देख, हैरान मत हो प्रोफेसर, यहाँ पहुँचते-पहुँचते अगर बहुत कुछ प्राप्त होता है तो कुछ गँवाना भी पड़ता है...तू खुद ही समझ जायेगा।"

और इसी समझा-समझी में बहुत कुछ आदान-प्रदान हो गया। अवतार ने करतारे के सहारे का लाभ उठाते हुए उसके घर पर रिहायश कर ली। करतार ने उसे रिफ्यूजी पनाह लेने की सलाह दी और अपनी ही बिरादरी के एक कामयाब वकील के द्वारा पंजाब में खालिस्तान मूवमेंट में भाग लेने के आरोप में उसकी तथा उसके परिवार की जान की हिफाज़त के लिए यू.एस. में पनाह लेने का केस दर्ज़ कर दिया। ऐसे और भी बहुत कुछ मर गया पर अवतार ने करतार को गुरुद्वारा साहिब में कसम दिलवा दी कि उसके जीवित होने का राज़ किसी और के आगे न खोल सके। करतार को उसने यह भी बता दिया कि जब उसकी सच्चाई सामने आयेगी—जमाने के सामने, तो वह कभी भी परिवार समेत डी-पार्ट हो सकता है। अमेरिका में कामरेड होना भी एक जुर्म है। वह भारत में नक्सलबाड़ी मूवमेंट का एक अहम हिस्सा रहा है। करतार सिंह की मदद से उसे दो महीने में ही पनाह मिल गई। उसने अपने इंटरव्यू में यह स्वीकार किया था कि उसका कसूर पक्के सिख होने के साथ अपनी कम्युनिटी का चर्चित प्रोफेसर होना था। यह स्वीकारनामा सियासी कारिंदों को अखर रहा था। वह तो एक अमन-पसंद शहरी था, जिसके लिए संपूर्ण मानव-जाति एक ही भगवान का रूप है, पर भारत सरकार ने एक तो उसे नौकरी से सस्पेंड कर दिया था और जब पहली बार पुलिस के हाथ चढ़ा तो बहुत बड़ी जमानत पर रिहा हुआ था।

...अब जब खालिस्तानी मुहिम का ज़ोर बढ़ गया तो पुलिस उसके पीछे पड़ गई...कभी भी, कहीं भी पुलिस-मुकाबला बना कर मार दिया जा सकता था...!!! और जब इमीग्रेशन अफसर ने उसकी आँखों में आँसू देखे तो उसने ए. सिंह की सियासी

पनाह परिवार समेत कबूल कर ली...। अवतार और मोहिनी दोनों नौकरी करने लगे। तीन साल बाद उनके यहाँ जिमी ने जन्म लिया और अगले चार साल बाद शीना बेटी ने। दोनों पति-पत्नी ने अपनी-अपनी यूज़्ड कार भी खरीद ली और बाद में दो साल पहले उन्होंने सैनहोज़े शहर में एक कोनडोमीनियम भी खरीद लिया। करतार सिंह ने भी अपने गाँव का होने का फर्ज़ खूब निभाया था। उसके लिए वह पास वाले गाँव का ए. सेखों ही बना रहा था।...करतार सिंह इसलिए भी खुश था कि अवतार अब कामरेड नहीं रहा था। वह अपनी पहचान एक सिख की तरह करवा रहा था...। चौरासी के दंगों में निहत्थे और निर्दोष सिखों को दिल्ली के बहुसंख्यकों और उस समय के हाकिमों की शह पर, सरेआम भयावह तरीके से जलाने, फूँकने के अपराध को वह मन से लगाये बैठा है। वह तो अब भारत को अपना देश मानने से भी इन्कार करता है।...हर रविवार को वह सैनहौज़े गुरु-घर में माथा टेकना नहीं भूलता। अवतार को याद है, जब शुरू-शुरू में वह यहाँ बसने के लिए दौड़-धूप कर रहा था, तो सैनफ्रांसस्किो के गदर मैमोरियल हॉल में हो रहे, पंजाबी कवि–'पाश' के शहीदी दिवस पर वह भी गया था। वह वहाँ इस हैरानी में ही उलझा रहा कि इस सभा में पाश के बारे में सच्ची-झूठी जुझारू कहानियाँ ही कहीं गईं या फिर कुछ कवियों ने उसे श्रद्धांजलि देते हुए, मामूली कविताओं से ही उसके व्यक्तित्व के पुल बाँध दिए...। पर पाश की तहरीक...उसकी जुझारू अभिव्यक्ति वाली कविताएँ और उनमें व्यक्त संकेतों की ओर किसी का ध्यान नहीं गया और उन विशेष कविताओं को छोड़ा तक नहीं गया।...वहाँ से वह काफी मायूस होकर खिसक आया था...और भविष्य में कभी भी ऐसे जुझारू और गदर मेले में नहीं गया।...वैसे भी इस दुनिया में इस सबके लिए वक्त ही कहाँ है। यहाँ की तेज़ रफ़्तार ज़िंदगी, किसी को अपने 'स्व' के बिना और कुछ देखने, सोचने या सुनने का समय ही नहीं देती। फिर मिल बैठ कर किसी साझे मकसद की पूर्ति तो एक असंभव-सी चीज़ हो जाती है। अवतार भी एक साधारण व्यक्ति की तरह इस सिस्टम की एक इकाई बन कर रह गया। चाहे उसकी इकाई को इस दुनिया की भीड़ में अवतार सिंह सेखों की विशेष शख़्सियत में पहचानना एक असंभव-सी बात थी, पर वह प्रोफेसर राम स्वरूप को पहचानने में कैसे धोखा-खा सकता था...हाँ, आज का दिन उसके लिए बड़ा महत्वपूर्ण था। उसके लिए ही नहीं, मोहिनी के लिए भी आज का दिन अमूल्य था. ..जब वह अपने भाई के सामने खड़ी थी। सैनहौज़े के गुरुद्वारे में, भरी भीड़ में वे एक-दूसरे के आमने-सामने थे। मोहिनी ने पीछे की ओर देखा और अवतार भी वैसे ही लगातार राम स्वरूप को देखे जा रहा था...जब यह तिलिस्म टूटा तो राम...अवतार ...राम अवतार कहते-कहते सभी एक-दूसरे के गले लग गये।

बिना सींग का साँड

प्रो. हरभजन सिंह

(06.02.1948)

दिमाग में भूचाल की सी हालत सुबह सवेरे-से ही बनी हुई थी। तड़के नींद खुलते ही भूचाल जैसे झटके लगने शुरू हो गये हैं। और नींद में भी अर्द्ध-चेतना मन उफनता ही रहा था।

दिन भर यही स्थिति बनी रही। मन न जाने कितनी रिथतियों रो गुज़रता रहा। कभी धरती की तरह ऊँचा-नीचा, ऊबड़-खाबड़। कभी आसमान-सा, दूर बहुत दूर। कभी समुद्र की तरह, लहरें ही लहरें। कभी रेगिस्तान-सा सूखा, रेतीला, बियाबान। कभी मेरे अतीत-सा ज़ख्मी, पर ज़िंदाबाद-ज़िंदाबाद। कभी मेरे वर्तमान-सा अपनी ही धुरी के इर्द-गिर्द घूमता, हाँडी की तरह अपने ही किनारे जलाता तरल पदार्थ।

एक ओर मन इस विस्फोटक स्थिति से गुज़र रहा था और दूसरी ओर दिमाग सभी दंद-फंद, बंदिशें-रोके, दीवारें तोड़ कर किसी आज़ाद पंछी की तरह आसमान में उड़ने को व्याकुल। मैं अपने अस्तित्व के अस्तित्वहीन होने जैसे संताप-बोध से बाहर निकलने की भरसक कोशिश कर रहा था।

शाम, अपने एक बहुत करीबी मित्र के साथ गुज़ारने का प्रोग्राम भी इसी पहलू का एक हिस्सा था। ग़म को ग़लत करने के लिए रंगीन शाम का प्रोग्राम। मनचाही दारू, घर की बनी मछली और धरती के सभी हेड़ेपन को सँवारने के लिए मन में चलते संग्राम में चली हमारी सभी तलवारों के साथ-साथ, रोचक बातों के बावजूद मेरे दिलो-दिमाग की स्थिति में कोई बदलाव नहीं आया था।

"तू आज कुछ ज़्यादा ही उदास है!" मेरे दोस्त जिंदर ने मेरी हालत का अंदाज़ा लगाते हुए बड़ी ही आत्मीयता-पूर्ण भाषा का प्रयोग किया था।

"मेरे अंदर तो ज्वालामुखी जल रहा है।"

यह शब्द मैंने सिर्फ़ खुद को कहे थे, जिंदर को तो मैंने हँस कर टाल दिया था।

"धीरे-धीरे सब ठीक हो जायेगा।"

जिंदर मुझे दिलासा दे रहा था। वह अक्सर ऐसे ही करता है—अपनी उदासियों

ढकता, मेरी उदासियों को अपने साथ बाँटने की कोशिश करता है। वह मेरी उदासियाँ बाँट रहा था और मेरे भीतर से लपटें निकल-निकल कर बाहर आने का रास्ता खोज रहीं थीं। जब भीतर की लपटें पतर-दर-परत बाहर होंठों और आँखों तक पहुँचने लगीं तो मैं जिंदर के घर से भाग निकला।

उसने बहुत कहा—"यहीं पर सो जा...मैं छोड़ आता हूँ...।"

पर मैंने उसकी एक न मानी।

"ये पाँच मिनट का वो रास्ता है...तेरे अपार्टमेंट से मेरे अपार्टमेंट तक।"

इस अंतिम तुक पर हम दोनों खिलखिला कर हँस पड़े थे। यह केवल जिंदर ही जानता है कि तुक मैं कब मिलाता हूँ। वैसे मैं कई बार 'मशीन के पुर्ज़े' जैसे शब्दों का प्रयोग भी करता हूँ। तब जिंदर नहीं हँसता, केवल मैं हँसता हूँ। वह तो ऐसे मौकों पर चुप हो जाता है, गुम-सुम। पर आज जिंदर खुश था। उसके होंठों की मुस्कान और आँखों की चमक से तो ऐसा ही लग रहा था।

वह मुझे अलविदा कहने के लिए बाहर सड़क तक आया पर उसका कहा—'गुडनाइट' शब्द बाहर के शोर में कहीं खो गया।

रात के ग्यारह बज चुके थे। बड़ी भयंकर ठंड थी। बर्फ़ीली हवायें मेरे वजूद को चीर-चीर कर निकल रहीं थीं। सर्दी की लंबी झड़ी, हर दिन और ठंडा होता गया था। सामने वाली पहाड़ियों पर सुबह दिखने वाली बर्फ़ की तहें अब गायब हो गईं थीं। न कहीं पहाड़ियाँ दिख रहीं थीं न ही बर्फ़। मुझे ऐसा लग रहा था जैसे वह बर्फ़ मेरे शरीर से चिपकी हो। शरीर सुन्न होता जा रहा था। नशे की लोर बढ़ती जा रही थी। अपने ही कदमों की आहट, लड़खड़ाहट से चौंक-चौंक कर मेरी रफ़्तार तेज़ होती जा रही थी और पैर बार-बार फिसल रहे थे।

लारेंस एक्सप्रेस-वे की लाल बत्तियाँ और उन पर पैडसट्रियन वाला स्विच दबाये खड़ा मैं सिर के ऊपर लटके हुए बोर्ड को घूर रहा था—नो वाई टू—शब्द के संक्षिप्त रूप रोशनी की चाल चलते मेरे सिर तक पहुँचते थे और फिर उसी गति से वापिस लौट जाते थे। इन शब्दों को पकड़ने-बोलने की कोशिश कर रहा था पर वे सरक-सरक कर पहले खंभे के ऊपर चढ़ जाते थे फिर सामने दिख रहे 'ग्रीन लैंड्स अपार्टमेंट कॉम्पलैक्स' की दीवार के ऊपर। दीवार पर चढ़ कर ये शब्द 'हैपी मिलेनियम' में बदल जाते थे। इस तरह मेरी आँखों के सामने अठखेलियाँ कर-कर, मुझे चिढ़ा-चिढ़ा, मेरे सिर के ऊपर चढ़-चढ़, मेरे से दूर भाग-भाग कर ये शब्द मुझे परेशान कर रहे थे।

तेज़ भागती कारों की तेज़ रोशनियाँ मुझे आँखें बंद करने के लिए मजबूर कर रही थीं। कुर्लाहटें, थरथर्राहटें मेरे कान फाड़ रहीं थीं। बारिश की हल्की-हल्की बूँदें गिरनी शुरू हो गई थी। तेज़ भागती कारों के पीछे लाल-लाल चमक मुझे सड़क के

लहूलुहान होने का आभास दे रही थीं।

"लोग शायद जुए-घरों या नाइट-क्लबों से वापिस लौट रहे हैं?" खुद को पूछे इस सवाल का जवाब देने वाला उस समय मेरे अंदर कोई नहीं था। मेरे लिए बत्ती हरी हो कर फिर लाल हो गई थी। बारिश भी तेज़ हो गई थी और मुझे किसी 'होनी' की तरह टकरा रही थी। मुझे अपने पैरों के नीचे की ज़मीन खिसकती लग रही थी और मैं खुद शून्य में 'तोरी' (सब्ज़ी का नाम) सा लटका। "यहाँ पर कोई पैदल भी चलता है?"

मैं खुद को कोस रहा था कि मुझे सामने पैडसट्रियन का सिगनल दिखाई दिया। दौड़ कर मैंने सड़क पार की और अपने अपार्टमेंट को जाते हुए फुटपाथ पर चला गया। बारिश कभी तेज़ कभी धीरे होती जा रही थी। मैं भी कभी तेज़ कभी धीरे चलता जा रहा था, पर पाँच मिनट का रास्ता ख़त्म होने को ही नहीं आ रहा था।

"कहीं गलत रास्ते तो नहीं पड़ गया?"

खुद को पूछा और खड़ा हो गया। लेकिन खड़ा भी कहाँ हुआ जा रहा था? दीवारी का सहारा लिया। दीवार बर्फ़ की बनी हुई लगी। सुन्न होते जाते वजूद को झिंझोड़ा, एक अँगड़ाई ली और फिर से चल पड़ा।

ऐ प्यारे फुटपाथ
तू तो हमारा यार पुराना
तेरा अपना साथ पुराना...

ऊँचे-ऊँचे स्वर में गाता, गिरता-पड़ता-भीगता, उल-जलूल बकता आखिर मैं अपने अपार्टमेंट में आ ही गया। अंदर घुसते ही जिंदर का नंबर घुमा दिया।

"हैलो! मैं पहुँच गया हूँ।"

"अच्छा, फिर सो जा।"

दोस्त की साँसों से उसकी पत्नी के साँसों की खुशबू आई।

"सॉरी, डिस्टर्ब किया।"

पर फोन तो पहले ही कर चुका था। एक बड़ा-सा पैग बनाया औरा चढ़ा लिया। नशे की धुन में मैंने खुद से ही संवाद करना शुरू कर दिया।

"बेचारा, सात दिन के बाद देखता है, घरवाली का मुँह।"

"मैं कब देखूँगा, अपनी वाली का मुँह?"

हर संवाद एक सवाल बनता जा रहा था। अपनी पत्नी सिमरन की याद आते ही मन में एक और तूफान उठना शुरू हो गया। सिमरन मेरी आँखों के सामने खड़ी नज़र आ रही थी। अब मुझे ठंड नहीं गर्मी लग रही थी। बड़ी मुश्किल से उठ कर हीट बंद की। कोट उतार कर ज़ोर से फेंका और बैड रूम में चला गया। सिमरन मुझे फूलों की सेज बिछाती नज़र आई। तन-मन सरूर से झूम उठा। बिस्तर की ओर

बढ़ा तो सुबह सवेरे का तह किया हुआ कम्बल खाने को पड़ा। ठंडा-बर्फ कम्बल दूर फेंक मारा। सिमरन वहाँ नहीं थी।

"आज हर चीज़ कोरी कल्पना क्यों बनती जा रही है—केवल एक भ्रम-जाल?"

हाथ सीधा फोन पर गया। घंटी बजे जा रही थी पर उठा कोई नहीं रहा था। दिल का यह हाल हो चुका था जैसे सीने से बाहर निकल कर धड़क रहा हो। तीसरी बार नंबर घुमाया तो कहीं सिमरन की आवाज़ कान में पड़ी। दिल मचल उठा।

"हेलो!"

"क्या कर रही थी? मैंने बड़ी घंटियाँ बजाईं!"

"नहा रही थी।"

सिमरन के बोल, बोलों में प्यार, रस, मिठास और आकर्षण—सभी मेरी जान ले रहे थे। मुझे सिमरन नहाती हुई नज़र आ रही थी और उसके साथ मैं भी बाथरूम में जा घुसा। मुझे अपने जीवन के वे पल याद आ रहे थे जब कभी हम इकट्ठे नहाया करते थे। मैंने फोन को कस कर यूँ अपने जिस्म से लगाया हुआ था जैसे वह सिमरन ही हो।

सिमरन बोल रही थी—"यहाँ पर बहुत ठंड हो गई है जी। बारिश है कि रुक ही नहीं रही, कई दिन से हो रही है। शीत लहर चल रही है। परसों भूचाल भी आया था। बताते हैं उत्तरकाशी में बड़ा नुकसान हुआ है। भूचाल के बाद ठंड और भी बढ़ गई है।

"मेरे अंदर तो आग की लपटें भड़क रही हैं...।"

"ज़्यादा पी गये लगते हो।"

"सिमरन...सिमरन...सिमरन...।" मैं सिमरन जाप कर रहा था। मेरे रोम-रोम से एक ही आवाज़ निकल रही थी। मेरा शरीर अकड़ता जा रहा था। मैं सिमरन को अपनी बाँहों में भरने के लिए बाँहें फैला रहा था। असीम व्याकुलता मुझे पागल किये जा रही थी। मेरे मुँह से अजीब-सी आवाज़ें निकल रहीं थीं।

सिमरन को मेरी आवाज़ों और मेरी बातों से मेरे हाल का पता चल गया था। वह डर गई थी। उसके बोलों की सुई अब दूसरी ओर घूम रही थी।

"आप वापिस आ जाओ। मुझे नहीं चाहिए डॉलर-डूलर। बच्चे भी रोज़ पूछते रहते हैं—डैडी कब आयेंगे?"

"पगली, अब तो मेरा ग्रीन कार्ड आने ही वाला है।"

"मैंने फूँकना है ग्रीन कार्ड को...मेरे लिए तो आप ही सब कुछ हो...हमें किसके सहारे छोड़ कर चले गये थे?...चार साल हो चुके हैं। मेरे लिए तो एक-एक दिन पहाड़-सा बन कर गुज़रता है...।"

सिमरन सिसक रही थी। उसके आँसुओं का तीव्र वेग, शोर और पीड़ा के पीछे

मुझे इस गीत की तड़प सुनाई दे रही थी—

“वे तेरी दो टकयाँ दी नौकरी
मेरा लाखों का सावन जाये...।”

इस गीत की धुन मेरे द्वारा भेजे गये स्टीरियो से आ रही थी या शायद सिमरन के दिमाग के इंटरनेट से। मैं होश-हवास खोये, रिसिवर कानों को लगाये बैठा था, पर सिमरन ने तो कब का फोन रख दिया हुआ था।

फ़िज़ा और बोझिल हो उठी। मेरे भीतर विस्फोट का विस्फोट हो रहे थे। मेरा शरीर शिथिल पड़ता जा रहा था। दिल की धड़कन लड़खड़ा रही थी। फोन पटका और एक बड़ा-सा पैग बना कर अंदर डाल लिया।

बेचैनी इतनी थी कि चैन ही नहीं आ रहा था। मैं पूरी तरह नर्वस हुआ, पागलों की तरह इधर-उधर हाथ-पैर मार रहा था। पता नहीं चला, कब मेरे हाथ में टी.वी. का रिमोट आ गया और बटन दब गया। मन के किसी कोने में कोई रोमैंटिक गीत देखने-सुनने की चाहत हो रही थी पर टी.वी. पर गीत नहीं समाचार आ रहे थे। जंग के समाचार। बमबारी के दृश्य। परखच्चे उड़ाती मिसाइलें। आवाम की चीखें, कुर्लाहट, सिसकियाँ, लाशें...। रिफ्यूजियों के असीम काफिले। मैं मल-मल कर आँखें खोलने की कोशिश कर रहा था पर आँखों में जैसे एक-एक बलिश्त भर कुकरे फँस गये थे। मैं आँखें मीचे बेहोशी के से आलम में मैं अपने आप से बातें कर रहा था।

“ये बम कहाँ गिर रहे हैं?”

‘ये मिसाइलें कौन दाग रहा है?”

“ये कास्वो है, चेचनिया, कारगिल, अफगानिस्तान या कोई और जगह?”

“कहते हैं, शीत युद्ध तो समाप्त हो गया है, यह फिर कौन-सा युद्ध है?”

मेरा दिल ऐसे खराब हो रहा था जैसे अभी उल्टी आई कि आई। मन कर रहा था टी.वी. तोड़ दूँ। टाँग मारी, टी.वी. स्टूल से नीचे जा गिरा। लेकिन चैन कहाँ दम घुटे जा रहा था।

ताज़ी हवा के लिए दरवाज़ा खोल कर बाहर भागा। बारिश रुक चुकी थी। हवा भी काफी धीमी हो गई थी। आसमान साफ था पर चाँद-तारे अभी भी अदृश्य थे। बाहर आ कर कुछ अच्छा लगा—भीतर से भला। चहल-कदमी करने लगा। अब ठंड और भी बढ़ी लगती थी। समझ नहीं आ रहा था कि क्या करूँ? किधर जाऊँ? ऐसे ही चलता-चलता फिर से चौराहे पर पहुँच गया। चौराहे पर पल भर खड़ा हुआ तो फिर से वही सोच-विचार शुरू हो गया। कभी सिमरन, कभी बच्चे, कभी दोस्त, कभी जन्म-भूमि, खेत, लोग, रिश्ते-नाते और कभी मेरा अपना अतीत मेरे रू-ब-रू खड़ा हो कर मुझे पूछ रहा था—कब मिलेगा हमें महिन्दर? हमें छोड़ कर परदेस क्यों चला गया?

अचानक एक सवाल तीर-सा मेरे सीने में लगा और दिल के आर-पार हो गया, "कहाँ गया इन्क़लाब का सपना?"

इस सवाल के दिल के आर-पार होते ही अंदर वाला तूफान बाहर आ गया और सड़क के ठीक बीचों-बीच खड़ा हो कर मैं चीखने लग गया। दहाड़ें मारने लगा। मेरी चीखों और दहाड़ों ने आसमान गुंजा दिए थे। पैर पटक-पटक कर मैं किसी मस्त हाथी के समान उधम मचा रहा था। बाँहें उठा-उठा कर किसी अदृश्य दुश्मन को गालियाँ निकाल रहा था।

"मिंदर भाई साहब, किसे गालियाँ दे रहे हो?" मेरे रूम-मेट बिंदे ने पता नहीं कब मेरा कंधा आ दबाया।

"ओए बिंदया, सच में, मैं तेरी ही इंतज़ार कर रहा था...।"

"क्यों क्या हुआ? किसी से फिर लड़ाई हो गई?"

"ओए, लड़ाई ख़त्म ही कब हुई थी...अरे मैं तो तुझे यह बताने के लिए इंतज़ार कर रहा था कि तेरी गर्लफ्रेंड का फोन आया था...।"

"भाई साहब, आप घर चलो।"

"ओए बिंदया, घर कहाँ है रे?"

"मेरा मतलब अपार्टमेंट घर कैसे हो गया?"

"भाई साहब घर चलो, आप ने ज़्यादा पी रखी है।"

बिंदा बड़े ही प्यार से घर चलने के लिए मना रहा था। उसके अपनत्व और कंधों पर रखे हाथों के स्पर्श से मेरे अंदर का गुस्सैल जानवर और भी सशक्त हो कर बाहर आ गया। बिंदे ने मेरे मुँह पर हाथ रख दिया।

"भाई साहब, यहाँ पर तो अपनी बिरादरी का कोई दुश्मन है ही नहीं, फिर आप ये गालियाँ किसे निकाल रहे हो?"

"अरे पागल बिंदया, बिरादरी का दुश्मन भी तो अपना ही होता है...मैं तो एक जंग का ऐलान कर रहा हूँ...अपने ही अंदर मरते जा रहे मनुष्य के विरुद्ध...बिंदु बन कर अपने ही इर्द-गिर्द घूम रहे इंसान की सोच के विरुद्ध...डॉलरों की उस खनक के विरुद्ध जिसने हमें मशीन के पुर्ज़े जैसा बना दिया है...और बहुतों के विरुद्ध जो तू अभी नहीं समझता...।"

मैं ज़ोर-ज़ोर से भाषण दे रहा था और बिंदा मेरे मुँह पर हाथ रखता, मुझे अपार्टमेंट की ओर खींच रहा था।

"कल काम पर नहीं जाना क्या?"

"ओए बिंदया, उन बहन के...ने मुझे फायर कर दिया है, अरे कारण भी नहीं बताया। ओए, मैं पाँचवीं बार फायर हुआ हूँ।" अब मेरी ललकार न्यूयार्क तक पहुँचती महसूस हो रही थी। अचानक तेज़ दौड़ती बिजली की सी चमक, ऊँचे-ऊँचे

बजते भोंपू और कान फाड़ने वाली आवाज़ें हमें सुनाई दीं। वे आसमानी बिजली की तरह हमारी ओर बढ़ रहे थे।

"ले भाई बिंदु! दूसरी ओर से भी जंग का ऐलान हो गया लगता है।"

अभी ये शब्द मेरे मुँह में ही थे कि वे हमें घेरे खड़े थे। हम चारों ओर से घिर गये थे। बिंदा मुझसे थोड़ा पीछे हट कर खड़ा हुआ काँपे जा रहा था। ठंड से या शायद डर से। मैं साँड की तरह सीना तान कर खड़ा था।

"हू आर यू?"

"शो योर आई.डी।"

बिंदे ने अपना ड्राइवर वाला लाईसैंस बाहर निकाला और उनकी ओर कर दिया। मैंने अपना ताम्र-पत्र उन्हें पकड़ा दिया। यह ताम्र-पत्र मुझे उस बौने राजे ने दिया था जिसे रागिनी सुनने का बड़ा शौक था। मेरी रागिनी पर खुश होकर वह काफी देर तक झूम-झूम कर नाचता रहा था। उसने नाच-नाच कर अपने पैर लहूलुहान कर लिए थे और धरती उखाड़ डाली थी। मैं अपने ताम्र-पत्र के इतिहास के बारे में सोच रहा था और वे ताम्र-पत्र को उल्टा-सीधा देख-देख कर एक व्यंग्यपूर्ण हँसी हँस रहे थे।

उन्होंने आखिरी बार उस ताम्र-पत्र को बड़े तिरस्कार से देखा और सड़क के किनारे पड़े उस गार्बेज में फेंक दिया, जिस पर लगे पोस्टर में लिखा हुआ था—"नंगापन कोई अपराध नहीं है।"

अपनी सारी उम्र की कमाई गार्बेज हो जाने पर, वह भी उस गार्बेज में जिस पर "नंगापन कोई अपराध नहीं है", का पोस्टर लगा हुआ था, मैं अपने से बाहर हो गया और सड़क के बीच में चौड़ा हो कर लेट गया।

उन्होंने एकदम से मुझे आ दबोचा। मेरे टखनों की नाड़ियाँ यों दबाईं कि मेरी हाय निकल गई। चीखता हुआ मैं उठ कर बैठ गया। ये चीखें, वे चीखें नहीं थीं जो उनके आने से पहले मैं मार रहा था।

वे मुझे सवाल पर सवाल किये जा रहे थे।

"इस समय तू यहाँ क्या कर रहा है?"

"मैं धरती से बातें कर रहा हूँ, मैं आसमान को पूछ रहा हूँ कि...।"

"वाट नॉनसेंस, तेरा मकसद क्या है, इस समय यह न्यूसैंस क्रिएट करने का?"

"मैं धरती के टेढ़ेपन को निकल कर उसे समतल कर देना चाहता हूँ।"

"आर यू क्रेज़ी? वाट यू मीन वाई इट? इस समय यहाँ पर तू क्यों है?"

"जीवन में पिरोने के लिए मैं चाँद-तारे खोज रहा हूँ।"

उन्हें मेरी कोई बात समझ नहीं आ रही थी। वे कभी मेरी ओर देख रहे थे तो

कभी बिंदे की ओर। बिंदा भोला कबूतर बना, पीछे खड़ा काँपता जा रहा था। ठंड के मारे मेरी भी अँतड़ियाँ बजनी शुरू हो गईं थीं।

अंत में उन्होंने हमें उठाया और ला कर हमारे अपार्टमेंट में फेंक दिया। जाते समय ये बिंदे के हाथ में कागज़ का एक टुकड़ा थमा गये और मेरे पैरों में घोड़ी के जैसे घुँघरू डाल गये। हमारा दरवाज़ा बाहर से बंद कर के, बाहर पहरा बिठा गये। वैसा संगीनों का पहरा—जिसे लाँघ कर मैं यहाँ आ गया था।

"लो रख लो, आज की कमाई सम्हाल के!"

कागज़ का टुकड़ा मेरी ओर बढ़ाते, बिंदे ने बड़े व्यंग्यपूर्ण लहज़े में कहा। मुझे ऐसा लगा जैसे बिंदे ने मेरे ज़ख्मों पर मुट्‌ठी भर नमक डाल दिया हो।

"ओए, मुझे नमक नहीं, मरहम चाहिए।"

"मरहम?"

वह इतनी ज़ोर से ऊँचा-ऊँचा हँसा जैसे उसके दिमाग के सभी पेंच ढीले हो गये हों। उसने बड़ी मुश्किल से अपनी हँसी रोकी। उसकी आँखों में पानी आ गया था। आँखें पोंछता, भरे गले से बोला—"अगर मरहम चाहिए तो वापिस चले जाओ जी, अपनी सिमरो के पास। वहाँ पर अभी मरहम जैसा कुछ-न-कुछ ज़रूर है।"

बिंदे ने एकदम से दो शाही पटियाला पैग चढ़ा लिए थे और अब वह किसी शायर की तरह बातें कर रहा था।

"ज़िंदगी! किस ज़िंदगी की बात करते हो, भाई साहब। पूरे सोलह घंटे काम करके आया हूँ और अब भूख कलेजे को काट-काट कर खा रही है। जिस जीवन की बात, आप करते हो, वह अभी कहीं नहीं...न यहाँ न वहाँ...। शायद किसी और प्लैनेट पर होगी...इस धरती पर तो कहीं नहीं...।"

"अरे, अपनी गर्लफ्रेंड को फोन कर ले...फोन में उसका मैसेज भी है।"

मैं चाहता था कि बिंदा अब कोई बात न करे। मेरा पोर-पोर दुःख रहा था। आँखें फटती जा रही थीं। मैं किसी तरह सो जाना चाहता था, पर बिंदा पूरे जोश में था। वह अब ऐसे बोल रहा था जैसा कुछ समय पहले मैं बोल रहा था। बाँहें ऊँची-ऊँची कर वह फुँकार रहा था। उसका ध्यान दूसरी ओर ले जाने के लिए बार-बार मैं एक ही वाक्य बोल रहा था—

"बिंदया, अपनी गर्लफ्रेंड को फोन कर ले।"

अचानक वह भड़क उठा। बड़ी रूखी-सी आवाज़ में बोला—"मेरी कोई गर्लफ्रेंड नहीं है। यह तो मेरी डॉलर-फ्रेंड है। पक्का होने का मेरा ग्रीन-कार्ड। जब उसे डॉलर चाहिए होते हैं, फोन कर लेती है। वैसे उसके बहुतेरे यार हैं। सच कहूँ मिंदर सिंह, वह एक वेश्या है...सिर्फ़ वेश्या...और सच पूछे तो, मुझे तो यह पूरा सिस्टम ही वेश्या जैसा लगता है...।"

मिंदर की हाँ सुने बिना बिंदा बोले जा रहा था—

"मेरी गर्लफ्रेंड तो वही है, जिसके लाल चूड़े (सुहाग की चूड़ियाँ) का रंग अभी फीका भी नहीं हुआ था कि मैं यहाँ आ गया। बड़े भाई, सच बताऊँ...उसके बिना ...मुझे हर पल हाथों से खिसकता जाता-सा लगता है।"

"ओए, चला जा वापिस।"

कंबल में घुसते हुए मैंने कहा।

"मैं वापिस नहीं जा सकता। पूरे दस लाख खर्च कर के आया हूँ। अपने हिस्से की सारी ज़मीन गिरवी रख कर। मैं तो अपनी बहन की शादी में भी नहीं जा सका...।"

बोलता-बोलता बिंदा रोने लगा। रोता-रोता चिंघाड़ने लगा। वह चिंघाड़ रहा था। मैं भीगी बिल्ली बना हुआ था, अपना कंबल पकड़े, उसे दबाए जा रहा था। उसने मेरा कंबल खींच कर दूर दे मारा।

"उठो, भाई साहब...।"

"ओए, चुप कर के लेट जा, हम पहले से ही नज़रबंद हैं।" मैंने बिंदे को डाँट दिया। डाँट खा कर बिंदा और भी खूँखार हो गया। उसके अंदर उठते हुए विद्रोह के शोले और भी भड़क उठे।

"उठना पड़ेगा...भाई साहब। हम इस मीठी जेल को ज़िंदगी समझ बैठे हैं...।"

वह ऐसे बोल रहा था जैसे कभी मैं आदिवासियों-हरिजनों की झोपड़ियों में बैलगाड़ी की बनी स्टेज पर खड़ा हो कर भाषण दिया करता था—"अगर आप रोशनी चाहते हो, अगर आप अपने बच्चों का उज्ज्वल भविष्य चाहते हो...आपको उठना होगा...लड़ना होगा।"

मैं अपने अतीत में जा घुसा था और बिंदा मुझे ललकार रहा था। वह चिंघाड़ रहा था और प्रश्नवाचक भाषा का प्रयोग कर रहा था।

"हमारे हिस्से ये संताप क्यों?"

"हम नज़रबंद क्यों?"

"हमारी ज़मीर पर बोझ क्यों?"

बिंदा चैलेंज कर रहा था। बिंदा चिंघाड़ रहा था।

बिंदा चैलेंज कर रहा है। बिंदा चिंघाड़ रहा है। बिंदा बंद दरवाज़े की ओर बढ़ रहा है। मैं उसका कंधा थपथपा रहा हूँ। दरवाज़े के बाहर खड़े लिश्कारे वाले, भौंपूओं और कुर्लाहटों का हमें पूरा एहसास है। हमारे और उनके बीच अब सिर्फ़ बाहर से बंद किया हुआ एक दरवाज़ा है।

वह दरवाज़ा, जिसकी चाबी उनके पास है।

हमारे और उनके बीच यह स्थिति मुद्दत से बनी हुई है। वे दरवाज़े की सलामती के लिए जूझ रहे हैं, हम इसे तोड़ने के लिए। वे बाहर खड़े सीटियाँ बजा रहे हैं। हम दरवाज़ा तोड़ डालने के लिए पूरी ताकत लगा रहे हैं। हमारी ठोकरों और धक्कों की मार से अब दरवाज़ा थरथरा रहा है। बोदे से पुराने ढाँचे जैसा। गिरा कि गिरा।

बाहर, पौ फटने पर भी अभी अँधेरा है। बादलों ने सूरज को ढक रखा है। ताज़ी हवा झींतो से भीतर आ रही है।

वसीयत

तारा सिंह सागर

(26.01.1954)

मनिंदर सिंह उर्फ़ मनी का बाप हरपाल सिंह के लिए तीन महत्त्वपूर्ण चीज़ें छोड़ कर इस दुनिया को अलविदा कह गया। ये तीन तीज़ें थीं—पंजाब में नवांशहर के निकट कुछ ज़मीन, डायरी नुमा लेख और कविताएँ एवं ढेर सारी नसीहतें, जिन्हें उनके जीते-जी उन पर उसने कभी अमल नहीं किया था। पर उसके चले जाने के बाद उसे ये नसीहतें बहुत याद आती हैं और अब वह पछताता भी है कि काश! वह कुछ एक नसीहतें भी अगर मान जाता तो आज वह कुछ और ही होता : खुश, खुशहाल और चैन की बाँसुरी बजाने वाला इंसान।

इन सब चीज़ों में से वह एक चीज़ जिसने उसके दिल और दिमाग में खलबली मचा रखी है, वह है डायरी नुमा लेख, जो उसे अपने बाप की मौत के एक साल बाद तब मिली, जब वह अपने घर की सफाई कर रहा था। वह एक टूटे-फूटे पुराने बैग को बाहर फेंकने के लिए उठा रहा था तो ये लेख बोल पड़े—

"महिन्दर सिंह, हमें संभाल कर रख, हम तेरे डैडी की तेरे नाक वसीयत हैं।"

मनी ने वह बैग खोला, लेख-देख कर वह झूम उठा जैसे उसे एक अनोखा और दुर्लभ खज़ाना मिल गया हो। वह एक-एक कर के लेख पढ़ता गया और इनका एक-एक शब्द उसे प्रेरित करता गया। मसलन हरपाल सिंह के ये शब्द—"इंसान, इंसान से नफरत करता है, पर कुत्ते-बिल्लियों को प्यार करता है, यह क्यों?" मनी के हृदय को यों चीर कर रख गये। उसे इस एहसास की चुभन होती रही कि उसका बाप बहुत कुछ ठंडा-गर्म, जोखिम भरा अनुमान से भरे बहुत कुछ अपने तन पर झेल के इस दुनिया से गया है। जिस दिन से मनी ने यह लेख ढूँढ़े हैं, वह हर रोज़ रात को सोने से पहले इन्हें पढ़ने बैठ जाता है। आज की शाम भी वह अपने बाप की डायरी का एक और पन्ना पढ़ रहा था—

"जिन व्यक्तियों ने भी लोगों के अधिकारों के लिए आवाज़ उठाई, उन्हें उस समय की सरकारों की क्रूरता और जुल्म का सामना करना पड़ा। चाहे वे गदरी बाबे थे, बब्बर थे, देशभक्त इन्क़लाबी भगत सिंह, राजगुरु, सुखदेव सराभा या बाबा बूझा

सिंह, उन्हें गुलामी की ज़ंजीरें तोड़ने के लिए घरों से बेघर होना पड़ा और जीवन की सुख-सुविधाओं से वंचित रहना पड़ा। लेकिन उन्होंने देश, कौम और इन्क़लाब के लिए संघर्ष के मैदान में कूदकर महान कुर्बानियाँ दीं और शहादतें प्राप्त कर के अमर हो गये।''

''मैं भी लोगों के अधिकारों की लड़ाई लड़ रहा हूँ और आखिरी दम तक लड़ता रहूँगा।''

एक दिन दूसरा पन्ना पढ़ने लगा तो उसे बड़ा आश्चर्य हुआ कि कहाँ तो वह पहला पन्ना और कहाँ यह पन्ना–

''घर से बेघर हुओं की कोई इज़्ज़त नहीं करता, कोई सत्कार नहीं होता। कुर्बानी कोई देता है और उसका फल कोई दूसरा खाता है। लेकिन गुलामी का जीवन भी इस तरह का होता है जैसे–विलाप की रुत में आशाओं के फूल नहीं खिलते, जैसे जड़ों से टूटे पेड़ हरे नहीं रहते।''

इसके आगे पढ़ने को उसका मन न हुआ और वह पृष्ठ मोड़ कर लेट गया, लेकिन इन लेखों के शब्द फिर भी उसके दिमाग में घूमते रहे और इन्हीं विचारों में खोया, उसे पता ही न चला कि कब वह गहरी नींद की गोद में चला गया।

दो बजे के लगभग फोन की घंटी बजी और वह चौंक कर उठा पर ''हेलो'' कहते ही फोन बंद हो गया। उसने आँखें फाड़ कर फोन की स्क्रीन पर नज़र डाली। वहाँ फोन नंबर की जगह ''प्राइवेट'' देख कर खीझते हुए उसने फोन का रिंगर ऑफ कर दिया और फिर बेड पर आ गया।

अब नींद के बजाय उसे डायरी के पन्नों पर उभरे शब्द उसके ज़हन में फिर से घूमने लग गये–'उन पौधों की तरह होना भी क्या होना, जो गमलों में उगाये गये हों। बनावटी और नकली ज़िंदगी भी कोई ज़िंदगी होती है?'

'उन पालतू मछलियों जैसे जीवन का भी क्या जीना, जो सीमाओं में घिरा हो, जो अपनी इच्छा के अनुसार हदें पार न कर सकती हो, जिसकी मंजिल सिर्फ़ मौत हो।'

नींद आ जाने के बाद भी इस तरह के विचार उसके अवचेतन में गूँजते रहे। इसी कारण सुबह, जब वह अलार्म सुन कर उठा तो उसे ऐसा लगा जैसे वह उनींदा ही हो। वह अभी और सोना चाहता था पर 'काम पर तो जाना ही पड़ेगा।' सोच कर वह उठा। चाय-पानी पिया, तैयार हो कर नाश्ता किया और रात का बचा हुआ खाना लेकर, मन-सा मार कर पूरे आठ बजे काम पर जा पहुँचा। काम पर जाते हुए रास्ते में ही वह यही सोचता गया कि अगर बापू की वह एक-दो नसीहतें ही मान लेता तो आज उसका यह हाल न होता।

'उस लड़की से ब्याह ही न करवाता जो ऊँची जात की धौंस दिखा कर मुझे

छोड़ कर चली गई।' कैसे अकड़ कर कहती थी–"तूने अपनी जाति क्यों छिपाई? तेरे बाप से गंध आती है। जूठे बर्तन तू खुद साफ किया कर या तेरा बाप किया करे। पता नहीं मेरी जाति का पता चलते ही उसके इश्क का भूत कहाँ भाग गया?"

उसे अपनी पत्नी की याद आई तो उसने नफ़रत से भरी एक मोटी गाली दी और कार से उतर कर दफ्तर की ओर जाते वह फिर अपने बाप की दूसरी नसीहत के बारे में सोचने लगा। 'अगर डैडी के कहने के मुताबिक सॉफ्टवेयर इंजीनियरिंग कर लेता या कोई डॉक्टरी-डुक्टरी ही कर लेता तो यह चौकीदार का काम तो न करना पड़ता।'

ऐसे निराशामूलक विचारों की लड़ी को तोड़ने के लिए उसने खुद को झिंझोड़ा और सहज होने की कोशिश करता ऑफिस में चला गया। उसके सुपर्वाइज़र माईक ने सरसरी तौर पर पूछा–"क्या हाल चाल है मनी?"

"मैं ठीक नहीं हूँ माईक। रात को सो न सका, सिर में दर्द हो रहा है और शरीर भी गर्म महसूस हो रहा है।"

"ओह! आई सी। चल, तू बाहर वाले गेट की पोस्ट पर बैठ जा। मैं किसी और गार्ड को फोन करता हूँ, अगर कोई मिल गया तो उसके आते ही तुझे छुट्टी दे दूँगा।"

"ओ.के. थैंक्स माईक!"

"श्योर! कोई पेन किलर ले लेना था।"

"अब घर जा कर ही कोई इलाज करूँगा।"

उसने एक बार फिर शुकराने वाली नज़रों से माईक को देखा और अपनी पोस्ट पर पहुँच कर, कुर्सी पर बैठ, रिलैक्स होने की कोशिश करने लगा। शनिवार होने से कंपनी बंद थी, इसलिए उसे कुछ भी करने की ज़रूरत नहीं थी। बस, बंद गेट पर नज़र ही रखनी थी।

बैठते सार ही उसने काफी राहत महसूस की पर उसके दिल और दिमाग में फिर अपने बाप के लेखों से उसकी सम्पूर्ण जीवन-गाथा फिल्म की रील की तरह चलने लगी। वह आँखें मूँदे बैठा था पर फिर भी वह फिल्म दृश्य-दर-दृश्य दिखाई दे रही थी।

हरपाल का जन्म जिला शहीद भगत सिंह नगर (तब जिला जालंधर) के गाँव दौलतपुर के एक भूमिहीन परिवार में, दूसरे विश्व-युद्ध के दौरान हुआ था। इसलिए उसका मासूम बचपन एक ओर तो तंगियों-तुर्शियों, अभावों और जात-पात की हीन-भावना में गुज़रा और दूसरी ओर हिन्दुस्तान के स्वाधीनता-संग्राम की महान ऊँचाईयों और स्वाधीनता प्राप्ति के बाद दंगों-फसादों में ही निकला। जब उसने पूरी तरह होश सँभाली तो उसे पता चला कि उसका गाँव 'बब्बरों' का गाँव क्यों कहलाता

है। उसी गाँव में जन्मा-पला होने के कारण वह अपने गाँव पर नाज़ करता रहा और देशभक्त इनक्लाबियों के प्रति स्नेह और सत्कार की भावना उसके रक्त के कण-कण में रची-बसी रही।

दिहाड़ी-मज़दूरी वाले माता-पिता की संतान होने के बावजूद उसे स्कूल जाने का मौका भी मिला और दसवीं पास करने के बाद उसकी कॉलेज में पढ़ने की इच्छा भी पूरी हो गई। लेकिन डिग्री कॉलेज, नवांशहर में पढ़ते हुए उसका सम्पर्क ऐसी स्टूडेंट यूनियन से हो गया, जो 1947 की आज़ादी को एक समझौता समझती थी और देश में इन्क़लाब की जीत तक मेहनतकश वर्गों के संघर्ष का समर्थन करती थी। वह इस जत्थेबंदी का मैम्बर बन के सरगर्म हुआ तो पुलिस की नज़रों में आ गया। बी.ए. पास करके भी बेरोज़गारी की चक्की में पिसता रहा और पूरा समय इन्क़लाबी बन कर मज़दूरों, किसानों को एकत्रित करने के संघर्ष के मैदान में आने के लिए गाँव-गाँव मीटिंगें, बैठकें, जलसे-जलूसों की राह पर चल पड़ा।

फिर 1967 में बंगाल के गाँव नक्सलबाड़ी में हथियारबंद संघर्ष का बिगुल बज उठा तो वह भी इसका समर्थक बन गया। लेकिन पुलिस के कहर से बचने के लिए उसे अंडर-ग्राउंड होना पड़ा। पुलिस के छापों ने पूरा परिवार ही बिखेर कर रख दिया। उनके घर को गिरा कर तबेला बना दिया। उसी दौरान उसने कविताएँ लिखनी शुरू कीं, जिन्हें पढ़-पढ़ कर मनी कई दिनों से सोच-विचार की गहरी लहरों में पड़ा रहता है और वे डायरी-नुमा लेख उसने तब लिखने शुरू किये जब इन्क़लाबी लहर में फुट-दर-फुट से निराश होकर वह अपने किसी कामरेड दोस्त की सहायता से कोई जुगाड़ कर के अमेरिका पहुँच गया।

यहाँ आ कर भी उसे इन्क़लाब के सपने आया करते थे। लोक-संघर्ष याद आया करता और अतीत-मोह (नास्टेलिजिया) सताया करते। दिन के समय वह काम करता और रात को अपनी उन खतरनाक राहों पर चल पड़ता, जहाँ से निकल कर वह सुख-शांति की तलाश में यहाँ आया था। अपनी पत्नी की मृत्यु के बाद तो वह इतना अकेला और बेचैन रहने लगा कि हर सभय बीते हुए वक्त को लेकर मायूस रहता और मनी को यूँ ही घूरता रहता।

"तू ठीक से पढ़ता नहीं। आवारा लड़कियों के पीछे घूमता है। टिक कर कोई काम क्यों नहीं करता?"

मनी ने फिर जब उससे बिना कोई सलाह किये ब्याह करवा लिया तो बाप-बेटे में दूरी बढ़ने लगी। लेकिन वह ब्याह भी निभ न सका और मनी की पत्नी उसके बसते-बसाते घर को उजाड़ कर चली गई। तब वह बीमार हो गया था और उसी हाल में 'भगवान को प्यारा' हो गया। वह अपने पीछे छोड़ गया—अपनी अप्रकाशित लेखन-कृतियाँ, अधूरे-सपने, ज़मीन का एक टुकड़ा और वे नसीहतें जिन्हें न मान

कर मनी आज पछता रहा था।

मनी की आँखों के सामने चलती अपने बाप के जीवन की कहानी की फिल्म तीन घंटे से अधिक चलने के बाद भी ख़त्म नहीं हो रही थी। उसे अपना बाप सामने खड़ा दिखाई दे रहा था और उसकी भृकुटियाँ और झुर्रियाँ देख कर उसे यों महसूस हो रहा था जैसे उनमें भिन्न-भेद, ऊँच-नीच, छूत-छात, गुरबत-तंगहाली और गरीबों पर ढाये जा रहें ज़ुल्मों-सितम के ज़ख्मों के मोटे-मोटे दाग चमक रहे हैं। हरपाल सिंह का यह चेहरा देखकर वह पीड़ा से दोहरा, तिहरा, चौहरा हो गया। बारह बजे उसकी जगह दूसरा स्क्योरिटी गार्ड आ गया और वह इसी मनःस्थिति में अपना लंच-बॉक्स उठा कर घर आ गया।

घर आ कर मनी ने खाना गर्म कर के खाया और लंबी तान कर सो गया। गहरी नींद सोया और शाम को छः बजे उठ कर नहाने के बाद कुछ ताज़गी महसूस करने लगा। चाय पीकर अपने सहपाठी राजीव कुमार को फोन घुमा कर बैठ गया। उधर से राजीव ऐसे चहक कर बोला जैसे उसके फोन का इंतज़ार में ही बैठा हो–

"सुना भाई मनिंदर सिंह, क्या हाल-चाल है दोस्त?"

"हाल-चाल तो ठीक हैं, पर राजीव मैं तेरे साथ कुछ ज़रूरी बातें करना चाहता हूँ।"

"आ जा फिर, मैं घर पर ही हूँ। तेरी भाभी भी जॉब से आने वाली है। आ जा, बैठ कर लंगर-पानी भी छकेंगे और बात भी करेंगे।"

"नहीं, घर नहीं, झील पर ही मिलते हैं, अपने पुराने ठिकाने।"

"ओ यार, अब तो शाम रंगीन करने का टाइम है। झील ने तो और दो घंटे के बाद सो जाना है और हम अँधेरे में वहाँ मच्छरों से कटवाने जायें क्या?"

"चल फिर कल ठीक रहेगा। कल छुट्टी भी है और इतवार को तू भी खाली रहता है।"

"अच्छा, यह ठीक है। लेकिन अगर ज़्यादा ज़रूरी बात है तो फोन पर ही कर लेते हैं।"

"बात तो ज़रूरी ही है, पर बैठ कर तसल्ली से करेंगे। तू सुबह ग्यारह बजे के आस-पास झील पर पहुँच जाना। पार्क में इधर-उधर कहीं बैठ जायेंगे।"

"ओ.के. श्योर।"

दोनों मित्रों ने एक-दूजे को 'शुभ-शाम' कहा। अब तक मनी काफी रिलैक्स हो चुका था।

राजीव उसका बड़े भाई समान प्यारा मित्र है। वह उसके साथ अपनी ज़िंदगी का हर राज़ साझा कर लेता है। उससे सलाह ले लेता है और उसे मान भी जाता है। राजीव ने फोन पर चहक-चहक कर बातें कर के उसे उदासी की दुनिया से बाहर

कर काफी मुक्त कर दिया था। इसी कारण वह 'ग्रेट फील' करने और 'शाम-शुभ' करने के साधन जुटाने में जुट गया।

'वैंडी बार बी.क्यू' रैस्टोरैंट से वह 'फुल-मील' खरीद कर लाया। स्कॉच की बोतल खोली और जगजीत सिंह और चित्रा सिंह की गज़लों की कैसेट लगा कर बैठ गया। वह छोटे-छोटे घूँट भरता और चिकन बार वी.क्यू. का लुफ़्त लेता, राजीव से कल करने वाली बात के बारे में सोचता रहा। सोच को अंतिम सिरा पकड़ा कर, अपना मनपसंद खाना-खा कर वह उठा और फिर अपने बापू के लेख लेकर बैठ गया। लेकिन अब इन लेखों में उसका बाप चढ़ती कला में मंद-मंद मुस्कराता नज़र आया।

हरपाल सिंह जब कभी मुस्कराता था तो वह मनी को बहुत अच्छा लगता था। इसी कारण आज फिर मनी को अपना बाप बड़ा अच्छा लग रहा था और वह उसकी स्मृतियों को सीने से लगा कर सो गया।

इतवार की सुबह तेज़ गर्मी होने के कारण झील पर मेले जैसा माहौल था। हर उम्र, हर रंग और हर नस्ल के लोगों की भारी भीड़ थी। कई माता-पिता अपने बच्चों के साथ नावों में बैठ कर सैर कर रहे थे। नौजवान खिलाड़ी फुटबाल और बॉलीबाल खेल रहे थे। बच्चों के झुंड आईसक्रीम की दुकानों पर जमा थे। कोई-कोई परिवार बार-बी-किऊ कर रहा था। बड़ी उम्र के कई लोग पार्क में पेड़ की छाया तले बैठे ताश खेल रहे थे। कई औरतें अपने छोटे-छोटे बच्चों के साथ झील की परिक्रमा कर रहीं थीं। यह सब देखकर मनी का मन हुलास से भर गया और वह पार्क के आस-पास चहलकदमी करने लग गया। उसकी नज़रें भीड़ में अपने बाप को ढूँढ़ रहीं थीं और उसकी हर साँस राजीव का इंतज़ार कर रही थी।

राजीव पंद्रह मिनट देर से पहुँचा। वे दोनों इतने प्यार और उत्साह से मिले जैसे एक मुद्दत के बाद मिले हों। राजीव के साथ उसकी पत्नी और बच्चे भी थे। मनी ने भाभी को सत श्री अकाल कहा और बच्चों को गले से लगा कर प्यार किया। राजीव के संकेत से उसकी पत्नी और बच्चे झील की परिक्रमा के लिए चले गये और वे दोनों पार्क के परले सिरे पर जा कर, एक घने पेड़ की छाया में घास के ऊपर बैठ गये।

मनी बात शुरू करने के लिए शब्द तलाश रहा था और राजीव दूर किसी पहाड़ पर एकमात्र हरे पेड़ को देख रहा था। उसे मनी भी उसी पेड़ जैसा लग रहा था। मनी ने मुँह खोला, पर बिना कुछ कहे बंद कर लिया। राजीव ने चुप्पी तोड़ते हुए कहा—

"भाभी को ज़्यादा मिस करता है?"

"नहीं राजीव, बात यह नहीं है, कुछ और है।" उसने उसकी ओर एक ख़ाकी लिफ़ाफा बढ़ाते हुए कहा, "ये मेरे डैडी की वसीयत है, इसमें उस ज़मीन का ब्यौरा

है जो उसने यहाँ आने के बाद, धीरे-धीरे थोड़े-थोड़े पैसे जोड़ कर नवेंशहर के पास किसी गाँव में खरीदी थी।"

राजीव ने उस ज़मीन के कागज़ देखे और बोला—"गुड! यह ज़मीन तो अब अपने शहर में ही आ गई होगी, नवांशहर ज़िला बनने के बाद चारों ओर फैल रहा है।"

"पर समस्या यह है कि जब डैडी बीमार थे, इस ज़मीन पर किसी ने कब्ज़ा कर लिया था और वे मुझे कह कर गये थे कि यह ज़मीन छुड़ा कर कोई लाइब्रेरी या यादगार बना देना।"

"ओ.के.।"

"लेकिन यह ज़मीन मैंने कभी देखी ही नहीं। मम्मी के साथ जब मैं दो बार इंडिया गया था, तब तक यह ज़मीन खरीदी नहीं गई थी। इसलिए मैं नहीं जानता कि वह किसके कब्ज़े में है।"

"फिर?"

"फिर यारा, बात यह है कि तू तो अपने गाँव जाता रहता है और वहाँ पर तेरे संपर्क भी हैं। क्या वहाँ तू मेरे साथ चल सकता है। क्या उस ज़मीन को छुड़वाने में मेरी मदद कर सकता है?"

"मैं तेरे साथ क्यों नहीं जा सकता। मैं तेरे लिए क्या नहीं कर सकता पर तू पिचके हुए आम-सा मुँह बना कर क्यों बैठा है? ये तो अच्छी बात है कि वहाँ पर तेरी ज़मीन है।"

"यार, इसका भी एक कारण है।"

"अच्छा!"

"हाँ, मुझे डैडी के एक पुराने बैग से एक हफ्ता पहले कुछ लेख मिले हैं, जो उन्होंने लिखे हुए हैं। पढ़ते हुए मेरा तो दिल ही घायल हो गया। उन लेखों को पढ़ कर ही तो मुझे यह पता चला कि वे भीतर से कितने दुःखी थे। यही बात मुझे बेचैन कर रही है।"

राजीव सोचने लग गया पर मनी बोलता गया—"मुझे उनके इन्क़लाबी होने का तो पता था, पर उन्होंने क्या-क्या मुसीबतें झेलीं, यह नहीं जानता था। उनकी सरगर्मियों की वजह से पुलिस ने हमारा सारा परिवार बिखेर कर रख दिया था। इसी कारण मेरी मम्मी भी कई बार उन्हें तीखी चुभन देती हुई कहा करती थी—'तूने हमारे को सारी उम्र दिया ही क्या है?" मनी का गला भर आया।' 'इसीलिए मैं हर हालत में अपने बाप की और उसके शहीद साथियों की यादगार बनाने की इच्छा पूरी करूँगा। राजीव, तू मेरे साथ चल।'

"हम चलेंगे, पर गर्मी के ये दो-तीन महीने निकल जाने दे वहाँ इस मौसम

में हम बहुत दुःखी होंगे। बच्चे भी जाना चाहते हैं। हम अक्टूबर में चलेंगे।''

''मैं तो अभी ही जाना चाहता हूँ।'' मनी बोला। राजीव ने फिर कहा, ''देख भाई दोस्त! ज़मीन छुड़वाने का यह काम इतना आसान नहीं है, जितना तू समझ रहा है। इसमें टाइम लग सकता है।''

''फिर?''

''फिर क्या? चलेंगे और ज़मीन भी छुड़वायेंगे। यादगार भी बनवायेंगे और तेरे लिए कोई रेशमी पटोला (लड़की) भी ढूँढ़ लायेंगे, पर मुझे थोड़ा समय चाहिए।''

''समय मतलब? मैं समझा नहीं।''

''हमें वहाँ पर किसी रसूख़ वाले आदमी से बात करनी होगी। वैसे अपने इलाके में तेरे डैडी वाली पार्टी दोबारा से एक्टिव हो गई है। उस पार्टी के एक-दो नौजवान लीडर मेरी अच्छी पहचान के हैं। हमारे वड़ैचों (जाति) का लड़का किंदर और नवेंशहर का बूटा, मैं इन दोनों को संपर्क करूँगा और वे जैसा कहेंगे, हम कर लेंगे। ऐसे काम आसान हो जायेगा।''

यह बात सुन कर मनी झटके से उठ खड़ा हुआ और बोला—''मेरे बापू वाली पार्टी अभी भी अपने इलाके में है?''

''हाँ मनी, इन्क़लाबी लहर कभी भी मरा नहीं करती, तू मुझ पर विश्वास कर सकता है।''

''अगर मेरे बापू को यह पता होता तो उसने इतनी जल्दी मरना नहीं था...। उसे तो बस इसी गम ने खा लिया कि घर-बाहर भी बर्बाद करवाया और सब कुछ तहस-नहस भी हो गया।''

''अच्छा, चल तू इतना उदास मत हो। हम जायेंगे और तेरे डैडी के लेख भी प्रकाशित करवायेंगे, शहीदी यादगार का नींव-पत्थर भी रखवा कर आयेंगे और फिर जब यादगार बन जायेगी, किताब भी छप जायेगी और तेरा ब्याह भी हो जायेगा तो तेरे डैडी फिर से जीवित हो जायेंगे।''

राजीव ने उसका कंधा हिलाया—''चल, बच्चों को ज़रा दो चक्कर नाव पर लगवा दें। फिर ''चाट-भण्डार'' जाकर लंच करते हैं और चाट मसाले छकते हैं।''

वे झील की ओर चले तो मनी के पैर मचल रहे थे और मन मुस्करा रहा था। उसे ऐसा महसूस हो रहा था जैसे यादगार बनने और लेख छप जाने से उसका इन्क़लाबी बाप और उनके साथी सचमुच अमर हो जायेंगे। उसकी सोच का निराशावादी, पहलू राजीव की उत्साहित बातों से रफूचक्कर हो चुका था। उसे अपने बापू की उस ज़मीन पर शहीद साथियों की यादगार उभरती हुई दिखाई दे रही थी—जिस ज़मीन की वसीयत उसके हाथ में नाच रही थी।

पालना

राणी नरिन्दर कौर

(25.12.1955)

लंबे टापू की ओर जाते ग्रैंड सेंट्रल पार्कवे से इकत्तीसवाँ प्रस्थान। देवदारू के जंगलों में छिपी हुई तलहटी। जिसके दोनों ओर ऊँची चट्टानें, तीसरी ओर खड्डे और चौथी ओर देवदारू के पेड़ों की लम्बी कतार बटानी एस्टेट्स तक चली गई है। शानदार ड्राइव-वे के फाटक के दोनों ओर लोहे के अंदर को घूमते हुए बड़े भारी-भरकम दरवाज़े हैं। जहाँ ड्राइव-वे ख़त्म होता है वहाँ थोड़ी-सी ऊँचाई पर बनी झाड़ियाँ और पौधे और यूक्लिपटिस की ओट में सोनल कॉटेज छोटे से परिलोक के वातावरण-सा दिख रहा है।

कॉटेज के पिछवाड़े में मैंडो चश्मे का पानी छप-छप की आवाज़ करता चल रहा है। इस कॉटेज में रहने वाला छोटा-सा परिवार अक्सर शांति से भरपूर 'मौन' का आनंद लेने पैटिऊ में चला आता है। पैटिऊ में हर ओर सैंकड़ों लाल, पीले, गुलाबी और नारंगी रंग के गुलाब और गुलदाउदियाँ खिली हुई हैं। इन्हीं फूलों से घिरी सफेद रंग के बैंत की एक आराम कुर्सी पर फूलों की सुगंध और मोतियों-सी आभा वाली, सब्ज-फूलदार चाईना ब्रोकेड की सलवार कमीज़ पहने, घने काले केशों को कंधे पर बिखराए, 26 साल की सोलन, जो घर की मालकिन है—अखबार पढ़ रही है। सोनल की आँखों में जहाँ शर्म और भोलापन है, वहीं पर उमंगों की किश्ती भी डोल रही है।

सोनल के पास दूसरी आराम कुर्सी पर एक बयालीस साल की गोरी रंगत वाली जिसकी देह पिघले सीसे के समान कोमल, लोचदार है, कोई मैगज़ीन देख रही है। यह है सोनल की माँ, मिसेज संगीत बेदी। यह दिल्ली में एक नारी निकेतन में सुपरिन्टेंडेंट है।

मिसेज़ संगीत बेदी ने इस समय गहरे जामुनी रंग की रेशमी साड़ी पहनी हुई हैं। उनके गले में सफेद मोतियों की माला, कानों में सफेद डोगरी मोतियों के झुमके, नाम में हीरे का लौंग और भरी-भरी सुंदर सुडौल कलाइयों में मछलीनुमा कंगन पहने हुए हैं। बालों का जूड़ा खुल गया है। उसके चेहरे पर उत्सुकता और नज़रों में सवाल हैं।

बेटी सोनल जी भर कर सुंदर है लेकिन माँ मिसेज संगीत बेदी ख़तरनाक हद तक खूबसूरत है। वह जिस किसी को गहरी भेदक नज़रों से देखे तो उसका दिल पिघल सकता है। माँ-बेटी को एक साथ, एक ही समय देखने वालों को सोचना पड़ता है कि किसे एकटक देखें? माँ को या बेटी को?

शाम घनी हो गई है—धीरे-धीरे बातें करने वाली। माँ-बेटी अखबार और मैगज़ीन पर नज़र दौड़ती, कभी-कभी बातें करने लग जाती हैं और कभी फिर से पढ़ने लगती हैं।

ड्राइव-वे के सलेटी रंग के पत्थरों पर इस समय हल्की-हल्की बूँदे गिर रही हैं। बाहर कोई गाड़ी रुकी है। माँ-बेटी बातें करते-करते खामोश हो गई हैं। शायद जतिन्दर आया है। उनका अनुमान सही है। मेन ड्राइव से कॉरीडोर, कॉरीडोर से बैंक किचन में ताक-झाँक करता जतिन्दर पैटिऊ में आ गया है। माँ-बेटी एक साथ उसके चेहरे पर सवालिया नज़रों से देखती हैं। जतिन्दर का चेहरा भाव-शून्य है। वह अपनी छोटी भूरी दाढ़ी पर हाथ फेरता है और एक ठंडी साँस लेकर पास पड़ी तीसरी आराम कुर्सी पर बैठ जाता है।

अजीब-सी चुप्पी छाई है। मेज़ पर टिकोज़ी के नीचे गर्म टी-पॉट टिका कर नौकरानी वापस चली गई है। मिसेज़ बेदी तीन प्यालों में चाय उंडेलती हैं। तीनों चुपचाप चाय पीते हैं। जैसे समय बिताने के लिए ही चाय पी रहे हों। उनके अंतर में विचारों का प्रवाह निरंतर बहे जा रहा है। मिसेज़ बेदी के हाथों में कंगनों की खनखनाहट से मौन कंपकंपा जाता है। अंत में सोनल जतिन्दर से पूछती है—"कुछ बना?"

"नहीं, उसने मना कर दिया है।"

"पर क्यों?"

"मैं क्या बताऊँ?"

"वही होगा जो मंज़ूरे-ख़ुदा होगा।"

"सो तो ठीक है, पर हम उसे इतनी बड़ी रकम जो दे रहे हैं।"

"जिसका शिकार वह बाद में होगी, उसकी कीमत हम नहीं चुका सकेंगे—यह वह जान गई है। बा-हैसियत बॉयोलोजीकल माँ, कैथी का हमारे बच्चे से मोह, हमारे और हमारे बच्चे के विकास के लिए कभी सही नहीं होगा।"

जतिन्दर, जो अभी-अभी डीयर बोर्न-मिशीगन से आया है। अपनी पत्नी सोनल और सास मिसेज़ संगीत बेदी को नेशनल ऐसोसियेशन ऑफ सोरोगेट मदर्स के ऑफिस में बिताये पूरे दिन के बारे में कुछ बताने से हिचकिचा रहा है।

तीन महीने पहले सोनल और जतिन्दर दोनों डीयर बोर्न-मिशीगन गये थे। वहाँ बच्चों की चाहत रखने वाले अनेक जोड़े बच्चा पैदा करने वाली औरतें भी आई हुईं

थीं। इंटरव्यू के लिए आई उम्मीदवारों में से उन्होंने एक गोरी, जवान, तलाकशुदा अमेरिकन औरत को चुना था जो लोक-कल्याण संस्था से भत्ता पा कर अपना और अपने बच्चों का पेट पालती थी। डॉक्टरों द्वारा निकाले गये इस नये वैज्ञानिक तरीके को जान कर जतिन्दर के मन में बच्चे की इच्छा जाग गई थी। जब कैथी इस ढंग से गर्भवती हुई तो जतिन्दर ने वकील के द्वारा उसकी मैडिकल देख-रेख, बीमा और गर्भावस्था के दौरान होने वाले खतरे का पैसा उसके नाम जमा करा दिया था। सोनल बेहद खुश थी। प्रभु ने उसे सारे सुख दे रखे थे। इनके ब्याह को दस साल हो चुके थे, बच्चा अभी तक नहीं हुआ था। डॉक्टरों ने सोनल की जैनेटिक स्टडी कर के बता दिया था कि वह बच्चा पैदा नहीं कर सकती।

जतिन्दर के मन की थाह लेते हुए उसने कई बार कहा था—"जतिन्दर, तू दूसरी शादी क्यों नहीं करवा लेता?" और वह सदा की तरह हँस देता। "पागल है क्या तू। अभी तो हम खुद ही बच्चे हैं। हम बच्चा गोद ले सकते हैं। सोरोगेट मदर की मदद ले सकते हैं।" अब बच्चा गोद लेने के लिए उन्होंने गम्भीरता से सोचा। अमरीकन एडोप्शन ब्यूरो से पूछताछ की तो पता चला कि पैदा होने वाले बच्चे को गोद लेने के लिए कम-से-कम आठ-दस साल इंतज़ार करना पड़ेगा।

सोनल के धैर्य का बाँध तो पहले ही टूट गया। जब सोरोगेशन यानी सहायक माताओं की बात चली, तो उन दोनों ने वकीलों से सलाह-मशवरा किया, सहायक माताओं की संस्था के बारे में जो साहित्य अब तक छप चुका था, मँगवाया। बात बन गई। दोनों बेहद खुश थे। सोनल को खुश देखकर जतिन्दर भी बड़ा खुश था। अब कैथी उनके होने वाले बच्चे की माँ थी। सब कुछ ठीक चल रहा था। अचानक पिछले हफ्ते कैथी का फोन आया कि वह दस्तख़त किये कान्ट्रैक्ट के विरुद्ध अपना होने वाला बच्चा उन्हें नहीं देगी। जिस बच्चे को वह तीन महीने से अपनी कोख में पाल रही है, उसके प्रति उसका मोह बढ़ता जा रहा है। सोनल और जतिन्दर उसके फैसले पर हैरान-परेशान हो गये। वे सोचते उसका मन एकदम क्यों बदल गया? दोनों जानते थे कि बेबी. अैम. के ऊटपटांग से मुकदमें के बाद नई बनने वाली सहायक माताओं के दिल हिल गये थे।

सोनल उदास हो गई थी। जतिन्दर उसे धैर्य बँधाता रहता। परायी औरत की कोख किराये पर लेना, काम निकल जाने के बाद उसे त्याग देना, अमीरों के घरों के खाली पालनों को भरना, घटिया लोगों का महज़ घटिया प्रोपेगंडा है। तकनीकी विज्ञान, नीति और कानून से आगे है कि नहीं...।

वह सोनल से सलाह करता, उसकी राय पूछता और कहता—"पर हम हार गये हैं।"

"शायद तू ठीक कह रही है। बच्चा गोद लेना या सहायक माताओं की मदद

से स्वेच्छा, भाईचारगी, समझ से जीवन को बेहतर बनाने का सुझाव होना चाहिए।''

''होने को बहुत कुछ होना चाहिए।''

अपने बच्चे की चाहत को मन-ही-मन मार कर वह कहता है–''तू फ़िक्र न कर सोनल, कोई-न-कोई रास्ता निकल आयेगा।'' ऐसे ही वह उदास होती सोनल को हिम्मत बँधाता।

''अच्छा, मैं ज़रा ऑफिस जा रहा हूँ। दो दिनों से गया नहीं। एकाउन्टैंट मेरा इंतज़ार कर रहा है।'' जतिन्दर के जाने के बाद, बुझी-बुझी सोनल सिसकनें लगी। माँ ने बेटी को गले लगाया और प्यार से पुचकारते हुए कहा–''बेटा, दिल छोटा नहीं करते। मेरे तीन बच्चे हुए, कभी कोई दिक्कत नहीं आई। सब उस प्रभु की रज़ा है। लेकिन एक और बात हो सकती है। क्यों न मैं तेरे बच्चे की सहायक माता बन जाऊँ?''

''क्या?'' एकदम से सोनल चौंक पड़ी।

''यही ना, कि जो काम कैथी ने करना था और अब उसने इन्कार कर दिया है। मैं करके देखती हूँ।''

बादल अचानक बड़ी ज़ोर से गरजा। बिजली की कौंध चारों ओर लहरा गई।

''मम्मी आप क्या कह रहे हो? विश्वास नहीं हो रहा।''

सोनल का चेहरा, कानों के रोमों तक लाल हो गया था।

''मेरी बच्ची, मुझे अपने आप पर विश्वास हुआ है, तभी तो मैंने तेरे साथ बात की है। ऐसे किसी का किसी पर कोई एहसान नहीं होगा और जतिन्दर को अपना बच्चा, अपना खून मिल जायेगा।''

बहुत समय तक मौन पसरा रहा। इस दौरान माँ गुलाबी रंग की नेलपॉलिश अपने नाखुनों से खुरचती रही और बेटी के चेहरे पर लाली की एक परत आती रही, एक जाती रही।

रात को सोते समय सोनल ने जतिन्दर के सामने माँ की बात दोहराई।

''आप क्या कहते हो, जतिन्दर?''

''मैं क्या कहूँ, तुम माँ-बेटी ने मुझे हैरान-परेशान कर दिया है।''

''पर अगर अपनी मम्मी ऐसा सोचती है तो ठीक ही होगा।''

जतिन्दर की एक हाँ से सोनल के मस्तक पर पानी की हज़ारों लहरों में हलचल पैदा हो गई। लाखों बुलबुलें संगीत के सुरों पर तैरने लगे। आँखों में खुशी के आँसू आ गये।

''अब ये आँसू क्यों?'' जतिन्दर ने पूछा।

''सोच रही हूँ, मम्मी कितनी अज़ीम है।''

''हर माँ अज़ीम होती है। अपने बच्चों से बढ़ कर माँ के लिए संसार की कोई

भी चीज़ ज़्यादा महत्त्वपूर्ण नहीं होती।

"पर जतिन्दर, आज से पहले कभी मुझे इस बात का एहसास ही नहीं हुआ कि माँ इतनी बड़ी कुर्बानी भी दे सकती है।" इस बार जतिन्दर कुछ न बोला। उसके होंठ सोनल की लंबी पलकों पर काँपने लगे।

सामने की फ्रेंच खिड़कियों से, बाहर उतरे जज़ीरे से आकाश पर फैली हुई रोशनी बहुत ही दिलकश लग रही थी। दूधिया रात, साफ शफ्फ़ाक चाँदनी फैली थी। दूर जंगल से चीड़ों की मीठी मादक महक आ रही थी।

जतिन्दर सोनल की आँखों की चंचल चमक और होंठों के पार महकते, सुंदर मोहक निमंत्रण में खो गया। कॉटेज के पीछे का पहाड़ धुँध में डूब गया था।

संगीत, सोनल की मम्मी, अकेली अपने कमरे में सोच रही है—जवानी में की उस एक भूल के पछतावे में वह कैसी सारी उम्र गलती रही पर आज आकाश में चमकते तारों के आँचल के साथ लहराती वह खुश है कि बरसों बाद बेटी के घर में सूने कोने में पड़ा पालना अब बच्चे की किलकारियों से महक उठेगा।

खोज

हरमहिन्दर चहल

(27.05.1957)

कैटरीना ने आज आधे दिन की छुट्टी ले रखी थी। लंच-ब्रेक होते ही वह घर को चल पड़ी। दरवाज़ा खोलते ही उसकी नज़र सोफे पर गई। उसकी बेटी, सैफी टेढ़ी-सी हुई, सोफे पर गर्दन टिकाये सो रही थी। कैटरीना का कलेजा मुँह को आ गया। वह जल्दी से उसके पास आई, लेकिन देखा कि सैफी की आँखें बंद थीं। लगता था शायद वह सो रही है। पिछले कुछ दिनों से सैफी कुछ ज़्यादा ही बीमार थी। कैटरीना के पारिवारिक डॉक्टर ने उसे किसी साईकैटरिस्ट डॉक्टर को दिखाने की सलाह दी थी। इसीलिए आज कैटरीना ने डॉक्टर से सैफी के लिए एपान्यटमैंट लिया हुआ था। वह काम से भी जल्दी लौट आई थी। सैफी आज स्कूल ही नहीं गई थी। खैर, कैटरीना ने थोड़ा बहुत खाने-पीने का काम किया और घड़ी पर नज़र डाली। वक्त हुआ पड़ा था। सैफी के पास बैठते हुए उसे उसने बड़े प्यार से पुचकार कर उठाया। सैफी एकदम उठ कर बावलों की तरह इधर-उधर देखने लगी। कैटरीना उसके बालों में हाथ फेरती रही, धीरे-धीरे सैफी संभल गई। वह फिर उसे लेकर कार में बैठ गई। आधे घंटे के बाद वे साईकैटरिस्ट के क्लिनिक में पहुँच गईं। उनकी बारी आने पर डॉक्टर ने दोनों माँ-बेटी को दफ्तर में बुला लिया। कैटरीना को उसने वहीं पर बैठने का इशारा किया और सैफी को आगे अपने क्लिनिक में ले गया। पूरे दो घंटे उसने सैफी पर लगाये। फिर उसने सैफी को बाहर भेज कर कैटरीना को अंदर बुला लिया। उससे भी उसने लंबी बात की। अंत में अपना काम ख़त्म करके कैटरीना को दफ्तर में जा कर बैठने को कहा और कुछ कागज़ी काम निपटाने लगा। कैटरीना दफ्तर में सैफी के पास आ बैठी। दस-एक मिनट के बाद डॉक्टर भी उनके पा आ गया। सैफी की फाइल मेज़ पर रखते हुए उसने कैटरीना की ओर देखा और बोला–

"मिस कैटरीना, वैसे तो यह केस ज़्यादा पेचीदा नहीं है। पर मुश्किल भी हो सकता है?"

"वह कैसे डॉक्टर?"

"देखिए, सैफी की सोच और इसका शरीर अपने पिता पर है। इसके शरीर

की बहुत-सी क्रियाएँ, प्रतिक्रियाएँ, इसके हाव-भाव और सोचने का ढंग आदि जैनेटिक हैं। पर इस समय यह अपनी जैनेटिक जड़ों से दूर है। यही इसकी बीमारी का कारण है। इसका अर्द्ध चेतन मन अपने जैनेटिक स्रोत के पास होने के लिए ललकता है। मैंने तुम्हें भी इंटरव्यू किया है। इसके जैनेटिक गुण तुमसे या तुम्हारे परिवार से नहीं मिलते। मैं इस निष्कर्ष पर पहुँचा हूँ कि इसके ये गुण अपने पिता से मिलते हैं। अगर इसे इसके पिता से मिलवा दिया जाये तो यह ठीक हो सकती है।''

उसकी बात सुन कर कैटरीना कुछ न बोली।

''मिस कैटरीना, क्या तुम घरवाले से अलग रहती हो?'' डॉक्टर ने पूछा।

''जी मेरे घर में सिर्फ़ मैं और सैफी रहते हैं।''

''क्या तुम तलाकशुदा हो?''

''जी नहीं।''

''क्या यह तुम्हारे किसी ब्वॉयफ्रेंड की संतान है?''

''जी नहीं।''

''क्या तुम मुझे बता सकती हो कि सैफी का पिता कौन है?''

''जी, मैं यह बात नहीं बता सकती।''

''क्यों? मेरा मतलब है कि ऐसा क्या कारण है?''

''क्योंकि मैं खुद नहीं जानती कि इसका पिता कौन है?''

''ओह! आई एम सॉरी। मैं माफी चाहता हूँ, अगर मैंने आपका दिल दुःखाया हो।''

डॉक्टर ने अपना चश्मा उतार कर एक ओर रख दिया और उसने ध्यान से सैफी की ओर देखा। उसके तीखे नयन-नक्श, गेहुँआ रंग और सुतवें शरीर को देखते ही वह समझ गया कि सैफी को साथ ले घर को चल पड़ी। रात में सैफी अपने कमरे में करवटें लेती रही पर उसे नींद नहीं आ रही थी। उठ कर वह लिविंग रूम में आई तो उसने देखा कि उसकी माँ, अपने आप में खोई, सोफे पर बैठी सिगरेट पर सिगरेट फूँके जा रही थी। सैफी उसके पास जा कर बैठी तो कैटरीना ने चौंकते हुए उसे देखा। उसने सिगरेट बुझा दी और सैफी के सिर पर हाथ फेरा।

''मॉम! आपसे एक बात पूछनी है?''

''हाँ, पूछ मेरी बच्ची।''

''क्या आपको बिल्कुल भी नहीं पता कि मेरा बाप कौन है? या फिर जानबूझ कर आप मुझे बताना नहीं चाहती।''

''देख बेटी, तूने पहले भी कई बार यह सवाल पूछा है पर मैं सच कह रही हूँ कि मैं तेरे पिता को नहीं जानती। तू मेरा विश्वास कर।''

''फिर मैं इस दुनिया में कैसी आई? मेरा मतलब...।''

''मेरी बिटिया, तू मेरे बारे में गलत मत सोच। जैसा तू सोच रही है, वैसा कुछ नहीं है। पर यह भी सच है कि मुझे बिल्कुल ही नहीं पता, तेरा पिता कौन है।''

सैफी कुछ न बोली और वापिस अपने बेड-रूम में चली गई। कैटरीना पूरी रात सो न सकी। सोफे पर करवटें बदलते उसने सारी रात सोचों में ही गुज़ार दी कि वह इस मसले का क्या हल ढूँढ़े। सुबह ज़रा-सी उसकी आँख लगी थी कि तभी सैफी स्कूल जाने के लिए तैयार होने लगी। उसके इधर-उधर आने-जाने से कैटरीना की नींद खुल गई। उसने सैफी के चेहरे की ओर देखा। इस समय वह ठीक लग रही थी। तभी उसके मन में ख्याल आया कि वह इसके पिता को ढूँढ़ सकती है। जब उसने इस नये आये विचार के बारे में गहराई से सोचा तो उसे हौसला हो गया कि वह इस काम में कामयाब हो सकती है। वह निराशा के गर्त से बाहर निकल आयी और मन में हिम्मत-सी आ गई। उसी समय सैफी भी उसके पास आई और उसने अपनी माँ के चेहरे पर रौनक देखी। कैटरीना उसे बाँहों में भर कर बोली—''मेरी बच्ची, मैं तेरे पिता को ढूँढ सकती हूँ। मुझे अभी ही एक बात सूझी है।''

''ओह सच मॉम!!''

''हाँ बिल्कुल, पर इसमें तुझे भी मेरी मदद करनी पड़ेगी।''

''ठीक है मॉम, मदद तो मैं करूँगी। पर मॉम, यह सब होगा कैसे, जबकि तुम तो कहती हो कि तुमने उसे देखा तक नहीं।''

''हम दोनों इस बात पर शाम को विचार करेंगीं। वैसे मैं तुझे कुछ और भी बताऊँगी। पर इस वक्त तेरे स्कूल जाने का समय हो गया है, अब तू जा।''

सैफी बैग उठाये बाहर निकल गई। तभी बाहर किन्सडोल हाई स्कूल की बस आ गई और सैफी बस में चढ़ गई।

स्कूल की बस को देखते कैटरीना को ख्याल आया कि इस स्कूल में जाने के बाद ही सैफी की मानसिक बीमारी बढ़ गई थी। पहले तो वह घर के पास वाले स्कूल में चल कर ही जाया करती थी। पर अब स्कूल दूर होने से वह बस से जाती है। सैफी जब किन्सडोल हाई स्कूल में दाखिल हुई तो कुछ दिन के बाद ही कैटरीना को स्कूल से नर्स का फोन आया था। नर्स ने उसे जल्दी से स्कूल बुलाया था क्यों कि सैफी अचानक बीमार हो गई थी। वह भागी-भागी स्कूल पहुँची। वहाँ जा कर उसने देखा कि सैफी नर्स के क्लिनिक में कुर्सी के हत्थे पर सिर टिकाये निढाल पड़ी थी। कैटरीना सैफी के पास बैठ कर उसके सिर पर हाथ फेरने लगी। सैफी ने धीरे-धीरे आँखें खोलीं। अपनी माँ की ओर देख कर उसकी आँखें भर आईं। कैटरीना ने सैफी को सीने से लगा कर उसे हौसला दिया तो सैफी ऊँचा-ऊँचा रोने लगी। माँ ने उसे धीरे-धीरे चुप कराया। सैफी चुप हो गई और बाथरूम में मुँह धोने चली

गई। पीछे से कैटरीना ने नर्स से पूछा कि आज यह बीमार कैसे हो गई, तो नर्स बोली–"इसकी कम्प्यूटर की क्लास थी। साथ वाले कम्प्यूटर पर कोई पंजाबी लड़की बैठी हुई थी। यह उसकी ओर देखने लगी। लगातार उसे देखती रही, खोई हुई सी। फिर बेहोश हो कर धरती पर गिर पड़ी। मुझे पता लगा तो मैं इसे सँभाल कर अंदर ले आई और आपको फोन कर दिया।"

नर्स की बात सुन कर कैटरीना को आश्चर्य न हुआ क्योंकि ऐसा पहली बार नहीं हुआ था। इस तरह पहले कई बार हो चुका था। वास्तव में जैसे ही सैफी ने होश सँभाला था, उसकी यह बीमारी ऐसे ही चलती आ रही थी। जैसे-जैसे वह बड़ी होती गई थी, बीमारी भी बढ़ती जा रही थी। हाई स्कूल में दाखिल होने से वह इस स्कूल में नई थी। यहाँ आ कर उसकी यह बीमारी एकदम से ज़्यादा हो गई थी।

सैफी की मानसिक बीमारी तो बाद में शुरू हुई। पहले पैदा होते ही उसे एक दूसरी बीमारी थी। कई बार वह छींकने लगती तो उसे लगातार बीस-पच्चीस छींके आतीं। इराके बाद उसका नाक बहने लगता। पर ऐसा तभी होता, जब मौसम में ह्यूमिडिटी होती। और यह भी ज़रूर होता कि उस दिन सैफी की छींके आतीं और उसका नाक बहता तो उस दिन बारिश ज़रूर होती। जब उसे पहली बार स्कूल भेजा गया तो पहले ही दिन जब उसे तेरह छींकें आईं तो टीचर बुरी तरह घबरा गई। उसने फटाफट कैटरीना को बुलाया, लेकिन कैटरीना नहीं गई और टीचर को सैफी की इस जन्मजात बीमारी के बारे में बता कर शांत कर दिया और साथ ही यह भी बता दिया कि आज वर्षा ज़रूर होगी। यह बात सच ही निकली। उसके बाद अगली बार इसी कारण से टीचर ने कैटरीना को स्कूल बुलाया और उसके स्कूल पहुँचते ही वह गंभीर हो कर बोली–"मिस कैटरीना, आपकी लड़की तो चमत्कारी है। इसे पहले से ही पता चल जाता है कि आज बारिश होगी और इस बारे में वह छींकती हुई बता भी देती है।"

"टीचर, शुरू-शुरू में मुझे भी यह ख्याल आया करता था। पर बाद में डॉक्टर ने बताया कि लाखों में कोई एक आध इंसान प्रकृति के किसी आचरण से सीधा जुड़ जाता है, जैसे कि सैफी। मौसम खराब हो कर जब बारिश की तैयारी करता है, तो प्रकृति सैफी के शरीर को भी सिगनल दे देती है। फिर यह भी मौसम के अनुसार काम करना शुरू कर देती है।"

टीचर तो संतुष्ट हो गई पर आस-पड़ोस के कई लोग सैफी को करामाती समझते रहे। खैर, कैटरीना ने इस बात को कभी भी गंभीरता के साथ नहीं लिया। वह तो उल्टा, जब भी सैफी को छींके आनी शुरू होती तो हँस कर कह देती, लो भाई अब कुछ ही देर में बारिश हुई समझो। बाद में तो सैफी अपनी इस बात के लिए दोस्तों में भी मशहूर हो गई। जब भी वे बाहर कहीं खेल रही होती और सैफी छींकने

लगती तो सभी यह कहते हुए घरों को भाग लेते कि बारिश आने वाली है, बचना है तो बच जाओ।

एक बार कैटरीना अपने किसी डॉक्टर मित्र के यहाँ पार्टी में गई थी। वहाँ अचानक सैफी को इस तरह छींके आईं और साथ ही उसकी नाक भी बहने लगा। कैटरीना ने उस डॉक्टर से बात की। उसने भी प्रकृति के व्यवहार की बात कही पर साथ ही वह कुछ सोचता हुआ बोला–"मिस कैटरीना, सैफी की बॉडी में यह बात जैनेटिक है। आपके घर में ऐसा कोई ज़रूर होगा जो ऐसे व्यवहार करता होगा। मेरा मतलब आपका पति या आपके माता-पिता में से कोई।" डॉक्टर की बात सुन कर कैटरीना ने अपने परिवार की ओर ध्यान दे कर सोचा तो उसे ऐसा कोई भी न दिखा जो सैफी की तरह छींकता हो। फिर उसका ध्यान अपने परिवार से आगे गया तो वह उदास हो गई। डॉक्टर ने उसके कंधे पर हाथ रखा तो वह संभल गई। खैर, सैफी की इस बीमारी की उसे कोई चिंता नहीं थी। उसे तो उसके मानसिक रोग का फ़िक्र था जो दिन-प्रति-दिन बढ़ता ही जा रहा था। कई बार ऐसा भी होता कि सैफी कई-कई हफ्ते बिल्कुल ठीक रहती थी, पर फिर अचानक ही वह बीमार हो जाती।

कैटरीना वैसे देखती रहती थी कि चाहे सैफी की और भी बहुत-सी सहेलियाँ थीं पर पड़ोस के पंजाबी परिवार की लड़कियों के साथ बड़ा घुल-मिल कर खेलती थी। कई बार देर रात तक सैफी उनके घर ही रहती थी। ऐसा भी कई बार हुआ कि सैफी उदास होती और कैटरीना पड़ोस के पंजाबी परिवार का दरवाज़ा जा खटखटाती और सैफी जब कैटरीना के साथ बाहर जाती तो वह नोट करती कि सैफी के पास से गुज़रती, उस जैसे नयन-नक्शे वाली पंजाबी लड़कियों को वह बड़े प्रेम से देखती है।

कैटरीना अपने में लौटी। सैफी की स्कूल बस जा चुकी थी। वह भी तैयार हो कर काम पर चली गई। काम पर वह पूरा दिन सैफी के बारे में ही सोचती रही और इस मामले में आगे किये जाने वाली स्कीम बनाती रही। काम से छुट्टी मिलते ही वह फैयरफैक्स अस्पताल जा पहुँची। अस्पताल के पीछे की ओर बने नये दफ्तर में जा कर उसने अपने आने का मकसद लिखा, अर्ज़ी का फार्म भरा और क्लर्क को पकड़ा कर वह अपनी बारी की प्रतीक्षा में बाहर बैंच पर बैठ गई। उसकी नज़र सामने लिखे हुए दफ्तर के नाम पर पड़ी। लिखा हुआ था 'स्पर्म-बैंक'। यह पढ़ते ही उसकी सोच अतीत की ओर मुड़ गई और वह ख्यालों में खो गई। उसे वह वक्त याद आया जब वह इंग्लैंड रहा करती थी। यह कोई बीस साल पहले की बात होगी। वह लैसबियन थी। बचपन से ही वह इस ओर आकर्षित हो गई थी। कॉलेज की पढ़ाई के बाद उसने अपनी सहेली के साथ रहना शुरू कर दिया। कई साल गुज़र गये। अचानक उसमें तबदीली आने लगी। उसके अंतस में एक नया शौक अँगड़ाइयाँ लेने

लगा। इस बारे में उसने अपनी सहेली को बताया और बोली—"मैं बच्चा चाहती हूँ।"

"तू पागल तो नहीं हो गई है। यह मुमकिन नहीं है। क्योंकि मैंने अपनी ज़िंदगी ऐसे ही बिताने का फैसला किया है।" सहेली ने हैरानी से आँखें फैलाते हुए कहा।

"पर तुझे क्या एतराज़ है। यह काम तो मेरा होगा। बच्चा भी मैं ही पैदा करूँगी।"

उसकी सहेली को यह बात ज़रा भी पसंद न आई और अगले ही दिन उनकी जोड़ी टूट गई। कैटरीना अकेली रह गई पर वह खुश थी क्योंकि अब वह अपनी मन-मर्ज़ी कर सकती थी। अपनी चाहत के बारे में अपने और ज़्यादा गहराई से सोचा तो उसके दिल से आवाज़ आई कि वह एक बेटी की माँ बने। उसने अगले ही दिन से इस बारे में पूछ-पड़ताल शुरू कर दी। आखिर वह एक स्पर्म-बैंक में पहुँची। वहाँ के कई चक्कर काटने के बाद उसे उसकी चाहत पूरी होने का भरोसा दिला दिया गया। इसके लिए डॉक्टरी कार्रवाई भी शुरू हो गई। पर जब उसने बताया कि वह सिर्फ़ बेटी ही पैदा करना चाहती है तो बैंक मैनेजमैंट ने उसे जवाब दे दिया। उन्होंने बताया कि उसकी बच्चा पैदा करने की ख़्वाहिश तो पूरी हो सकती है, पर लड़की या लड़के की गारंटी वे नहीं करते। उनके पास ऐसी कोई सुविधा नहीं है और न ही यू. के. का कानून इसकी इजाज़त देता है। उसके मिन्नत आरजू करने पर वहाँ के एक करिंदे ने उसे बताया कि उसकी यह इच्छा सिर्फ़ अमरीका में पूरी हो सकती है क्योंकि वहाँ का कानून इसकी इजाज़त देता है। वहाँ के स्पर्म-बैंक, आपको लड़के या लड़की के लिए अलग-अलग स्पर्म मुहैया कराने में समर्थ हैं।

कैटरीना ने बिना और कुछ सोचे अमेरिका जाने की तैयारी शुरू कर दी। अपना काम-धंधा समेट कर वह अमेरिका के वर्जीनियाँ स्टेट के शहर सैंटरविल जा पहुँची कुछ समय उसे वहाँ सेट होने में लगा। इसी बीच वह इंटरनेट और अन्य दूसरे तरीकों से स्पर्म-बैंक के बारे में पूछ-ताछ करती रही। जब वह आर्थिक रूप से पूरी तरह समर्थ हो गई तो एक दिन उसने वहाँ जाकर वहाँ की फीस जमा करा दी और स्पर्म-बैंक वालों के डॉक्टर ने कार्रवाई शुरू कर दी। अंतिम दिन उसे इंटरव्यू के लिए बुलाया गया। सामने बैठाते हुए मैनेजर बोला—"मिस कैटरीना, सब तैयारियाँ हो चुकी हैं। तुम चाहती हो कि तुम्हें लड़की ही पैदा हो और हमने इसका प्रबंध भी कर लिया है। हम चाहे शत-प्रतिशत गारंटी नहीं देते पर लाखों में से कोई एक ही केस हमारी तकनीकी के विपरीत होता है। खैर, तुम भरोसा कर सकती हो, तुम्हें बेटी ही होगी।"

"जी धन्यवाद।" कैटरीना से खुशी संभाली नहीं जा रही थी। उसका सपना पूरा होने की घड़ी आ गई थी।

"लेकिन मैं कुछ प्रश्न पूछना चाहूँगा। क्योंकि इन बातों का भी हमारे पास प्रबंध है। क्या तुम किसी स्थान विशेष से संबंधित बेटी पैदा करना चाहोगी? मेरा मतलब है जापानी, चीनी, अरबी या इंडिया वगैरा?"

"जी नहीं। मुझे कोई परवाह नहीं। मुझे तो बस बेटी चाहिए। वैसे यह बात मेरे लिए बड़ी रोमांचक होगी कि जब बेटी पैदा हो, तभी मुझे पता चले कि यह किस देश की है।" कैटरीना ने बिना सोचे-समझे तत्काल उत्तर दे दिया।

"स्पर्म डोनर का शारीरिक बॉयोडेटा भी हमारे पास होता है। जैसे लंबा, मंझोला या बीच का कद। गोरा, काला या गेहुँआ रंग। भरा हुआ या इकहरा शरीर। मेरा कहने का अर्थ यह है कि तुम इन सब के बारे में सोच लो। क्योंकि कई बार आप लोगों की ये इच्छाएँ भी पूरी हो जाती हैं।"

"नहीं जी, आप यह सब कुदरत पर छोड़ दो।"

"वैसे बच्चे के पिता के बारे में थोड़ी बहुत जानकारी हम बाद में भी दे सकते हैं। मैं एक और बात तुम्हें बता दूँ कि उसका तेरी बेटी पर कोई अधिकार नहीं होगा, न ही तेरी बेटी के प्रति उसकी कोई ज़िम्मेवारी होगी। हाँ, इतना ज़रूर है कि उसका बॉयोलोजिकल फादर वही होगा। लेकिन कानूनन हम तुझे उसका फोन नंबर या पता वगैरा नहीं दे सकेंगे।"

"जी, मुझे सब मंजूर है।"

डॉक्टर ने जो भी कहा, कैटरीना सिर हिला कर हामी भरती गई। अंत में हल्का-सा ऑपरेशन हुआ और कैटरीना प्रेगनेंट हो गई। दो-चार हफ्तों के बाद वह चेक-अप के लिए आती रहती थी। आखिर नौ महीने पूरे हुए और उसने एक गेहुँए रंग और तीखे नयन-नक्श वाली लड़की को जन्म दिया, जिसका नाम उसने सैफी रखा। उसकी खुशी का पारावार न था। दो दिन की सैफी को लेकर वह घर आ गई। फिर दिन बीतने लगे और सैफी बड़ी होने लगी। पहली बात तो छींके मारने के बाद नाक बहने वाली और दूसरी—कुछ देर बाद बारिश होने वाली हुई। कैटरीना को इस बात से कोई परेशानी नहीं थी। वह तो उल्टा और भी खुश थी कि उसकी बेटी भाग्यवान है जो कुदरत से सीधी जुड़ी हुई है। लेकिन दूसरी बात ने उसे परेशान कर दिया। क्योंकि ज्यों-ज्यों सैफी बड़ी होती गई त्यों-त्यों वह अपनी जड़ों के बारे में सोचती, मानसिक रोग का शिकार हो गई। इसी कारण कैटरीना उसे साईकैटरिस्ट के पास ले कर गई थी और उसने बता भी दिया था कि वह तभी ठीक होगी, जब अपने असली पिता को मिलेगी।

"मैम, आपकी बारी आ गई है।" क्लर्क ने आकर बैंच पर बैठी कैटरीना को उसकी विचार-तंद्रा से बाहर निकाला। वह उठ कर स्पर्म-बैंक के दफ्तर में चली गई। वहाँ मैनेजर उसी की अर्ज़ी लिए बैठा था। पास ही उसने एक पुरानी फाइल रखी हुई

थी। सामने वाली कुर्सी पर कैटरीना को बैठने के लिए बोलता मैनेजर बोला—"मिस कैटरीना, मैंने तुम्हारी अर्ज़ी पढ़ ली है। स्पर्म डोनेट करने वाले इंसान का पता जानना चाहती हो?"

"जी हाँ।"

"यह संभव नहीं है। यह मेरे पास तुम्हारे उस समय किये हुए ऐग्रीमैंट की कॉपी रखी है, जब तुम स्पर्म लेने इस बैंक में आई थी। इसमें सभी शर्तें लिखी हुई हैं। तुम्हें डोनर के बारे में कोई जानकारी नहीं दी जा सकती। मैं केवल इतना बता सकता हूँ कि डोनर कोई पंजाबी था।"

उसकी बात सुन कर कैटरीना उदास हो गई। फाइल खँगालता हुआ मैनेजर फिर बोला—"डोनर का नाम और कुछ जानकारी, सिर्फ़ तुम्हारी बेटी ले सकेगी। पर वह भी तब, जब वह बालिग हो जायेगी।"

बालिग होने वाली बात सुन कर कैटरीना को कुछ ढांढस बँधा और वह उठ कर घर आ गई। वहाँ सैफी उसकी बाट बड़े उत्साह से कर रही थी। उसके अंदर आते ही सैफी ने उसके गले में बाँहें डाल कर बड़े प्यार भरे लहज़े में बोला—"सुबह आपने कहा था कि आप मेरे पिता को ढूँढ़ सकती हैं और साथ में तुम कोई और भी बात मुझसे करने को कह रही थी। बताओ न कि वह क्या बात है?"

"हाँ ज़रूर बताती हूँ बेटी। पहली बात तो यह है कि तेरा पिता पंजाबी है।"

"अच्छा! पंजाबी मतलब, हमारे पड़ोसियों जैसा?"

"हाँ, पगली बच्ची, पड़ोसियों जैसा ही पर बिल्कुल तेरे जैसा।"

"हैं! बिल्कुल मेरे जैसा। मॉम, यह तो बड़ी कमाल की बात है। पर वह हैं कहाँ? हमें कब मिलेंगे?"

"देख बेटी, कानूनन तुझे उसके बारे में तब जानकारी मिलेगी जब तू बालिग हो जायेगी। पर...।"

"अच्छा, फिर तो कोई अड़चन ही न हुई। मैं अगले साल बालिग हो जाऊँगी।"

सैफी को यह सुन कर बड़ा अच्छा लगा कि अगले साल वह अपने पिता को मिलने के काबिल हो जायेगी। उसका चेहरा चमक उठा और उसने अगला प्रश्न किया—"मॉम, डैड के बारे में और भी कुछ बताओ ना। मुझे उनके बारे में जानने का बड़ा चाव है।"

कैटरीना उसके चेहरे की ओर देखती रही। फिर बाँह से पकड़ कर उसे अपने पास बिठा लिया। धीरे-धीरे उसने अपनी बीती ज़िंदगी की बातें करते हुए उसे बता दिया कि उसका जन्म स्पर्म-बैंक के द्वारा हुआ था। सैफी का चेहरा और भी खिल गया। वह बोली—"मॉम, आज पहली बार तुम्हारी बातें सुन कर मुझे बहुत खुशी

मिली है। क्योंकि अब तक मैं यही सोचती थी कि मैं किसी की अनचाही औलाद हूँ।'' गिरते हुए आँसुओं को उसने पोंछा।

''नहीं नहीं मेरी बच्ची, तू तो मेरी प्यारी बेटी है। अब तू जान गई है कि मैंने कितने शौक से तुझे पाया है। पर अब एक बात भी याद रखना, हमें तेरे बालिग होने तक इंतज़ार करना होगा।''

''कोई बात नहीं मॉम, मैं इंतज़ार करूँगी।'' वक्त बीतने लगा और आखिर कैटरीना ने सैफी का अट्ठारहवाँ जन्मदिन बड़ी धूमधाम से मनाया। अगले ही दिन सैफी अपनी माँ के साथ स्पर्म-बैंक पहुँची। ज़रूरी फार्म आदि भरने के बाद उसे एक प्रिन्टिड कागज़ मिल गया, जिसमें उसके बॉयोलोजिकल पिता की जानकारी थी। कागज़ को हाथ में पकड़ते, सैफी की आँखें भर आईं। उसने बंद कागज़ जेब में रख लिया। फिर दोनों माँ-बेटी घर आ गईं। सैफी ने अपने कमरे का दरवाज़ा बंद करते हुए कागज़ खोलना शुरू किया। उसका दिल धड़क-धड़क बज रहा था। अपनी भावनाओं पर काबू पाते हुए उसने कागज़ पढ़ना शुरू किया। लिखा हुआ था—स्पर्म डोनेट करने वाले का नाम मलकीत सिंह मल्लन, कद पाँच फुट, ग्यारह इंच, शरीर दरमियाना, चमड़ी का रंग गेहुँआ, नयन-नक्श तीखे, आँखों और बालों का रंग काला, ब्लड ग्रुप 'ए' पाज़िटिव और जन्मभूमि पंजाब, इंडिया। यह सब पढ़ कर सैफी ने कागज़ को सीने से लगा लिया और उसे लगा जैसे वह अपने पिता के आँचल में चली गई हो। उसकी आँखों में आँसू तैरने लगे और थोड़ी देर बाद वह ज़ोर-ज़ोर से रोने लगी। उसका रोना सुनकर कैटरीना भागती हुई आई, दरवाज़ा खोला और सैफी को सीने से लगा लिया। उसका रोना और तेज़ हो गया। कैटरीना ने उसके सिर पर हाथ फेरते हुए उसे चुप कराया। धीरे-धीरे वह शांत हो गई। अब उसने कागज़ माँ को पकड़ा दिया। कागज़ पर लिखी जानकारी पढ़ते हुए, कैटरीना खो-सी गई। कागज सैफी को लौटाते हुए बोली—''देख मेरी बिटिया, हमने पहला बड़ा काम ख़त्म कर लिया है। हमारे पास तेरे पिता की पूरी जानकारी आ गई है। अब उसे खोजना मुश्किल नहीं होगा।''

''पर मॉम, हमारे पास सिर्फ़ उसका नाम है और उसके देश का पता है। इस भरी दुनिया में सिर्फ़ नाम के आधार पर किसी को कैसे खोजा जा सकता है?''

''बेटी, तू भगवान पर भरोसा रख। वही हमारा मार्ग-दर्शन करेगा। लेकिन मेरा दिल कहता है कि तेरे पिता को हम जल्दी ही खोज लेंगे।''

''ओ.के. मॉम। जैसा आप कहते हो, ठीक है। अब आगे की योजना आप भी बनाओ। मैं भी अपने ढंग से यह काम शुरू करती हूँ।''

कैटरीना ने आगे का काम शुरू कर दिया। हफ्ते के बाद ही माँ-बेटी दोनों इतवार की शाम कॉपी-पेन लेकर बैठी हुईं थीं। कैटरीना ने अपनी कॉपी दिखाई,

जिसमें अमेरिका के अलग-अलग सूबों की फोन बुक्स से मलकीत सिंह मल्लन नाम के व्यक्तियों की जानकारी इकट्ठी की हुई थी। वे समझ गईं थीं कि मलकीत व्यक्ति का पहला नाम है और 'मल्लन' लास्ट उसके गोत्र का नाम है। अपनी कॉपी एक ओर रख कर उसने सैफी की कॉपी देखी। वह यह देख कर हैरान हो गई कि सैफी की तो पूरी कॉपी भरी हुई थी। उसमें नाम का वर्णन एक आध बार ही था। ज़्यादा तो उसमें पंजाबी भाषा, पंजाबी संस्कृति, विरासत और पंजाबी लोगों की जीवन शैली के बारे में लिखा हुआ था। यह सारी जानकारी सैफी ने इंटरनेट जैसे माध्यमों से एकत्रित की थी। कैटरीना सैफी के चेहरे की ओर देखती, हँसती हुई बोली—''सैफी, मुझे तो लगता है कि तूने पंजाबी लोगों के बारे में रिसर्च शुरू कर दी है।''

''हाँ मॉम, आप चाहे इसे रिसर्च कहें या जो मर्ज़ी, पर मुझे यह सब जानकर बहुत खुशी मिली है।''

''चल ठीक है। हम अगले हफ्ते ही खोज शुरू कर देंगे।''

अगले शनिवार दोनों जनी शिकागो शहर जाने के लिए तैयार थी। वहाँ उन्हें मलकीत सिंह मल्लन नाम के किसी व्यक्ति का पता मिला था। फ्लाइट लेकर वे शिकागो पहुँची। शाम के समय टैक्सी ले कर वे एक किसी पंजाबी के घर के सामने जा खड़ी हुईं। घर के मालिक ने दरवाज़ा खोला। यह कोई बीच की उम्र का आदमी था। हेलो कह कर कैटरीना ने बात शुरू करते हुए कहा—''यह मेरी बेटी सैफी है। वास्तव में यह पंजाबी लोगों के बारे में रिसर्च कर रही है।''

''ओह! आओ, आओ, अंदर चली आओ।'' घर का मालिक उन्हें भीतर ले गया। थोड़ी-सी बातों के बाद कैटरीना ने कहा कि उसने इस घर के फोन नंबर के द्वारा पता लगाया था कि यहाँ पर कोई मलकीत सिंह मल्लन रहता है। घर के मालिक ने हाँ में सिर हिलाते, एक कमरे की ओर देखते 'मलकीत' कह कर आवाज़ लगाई। सैफी, साँस रोके, कमरे के दरवाज़े की ओर देखने लगी। पर अंदर से लगभग बीस साल का एक लड़का पास आ कर बोला, ''हाँ बताओ क्या बात है?'' सैफी की आँखों की चमक बुझ गई और कैटरीना भी उदास हो गई। बहाना-सा बनातीं, वे दोनों उठ खड़ी हुईं। वापिस आ कर वे किसी होटल में ठहरीं और अगले दिन वर्जीनियाँ लौट आईं।

इससे अगले हफ्ते वे फ्लोरिडा के शहर 'टैंपा' की ओर जा रहीं थीं। शाम होने तक वे एक पंजाबी के घर पहुँची। वहाँ उन्हें तीस साल की उम्र की औरत मिली। उसे जब पता चला कि यह लड़की पंजाबी कल्चर पर रिसर्च कर रही है तो उसे चाव ही चढ़ गया। उसने उनकी अच्छी ख़ातिदारी की। बातों-बातों में कैटरीना ने मलकीत सिंह के बारे में पूछा तो घर की मालकिन ने कहा कि वह आने ही वाला है। आप उन्हें मिल कर ही जाना।

"क्या वह तेरा पिता है?" कैटरीना ने उसे बीच में टोकते हुए पूछा।

"जी नहीं, वह मेरा पति है।"

"क्या उम्र होगी उसकी?"

"उम्र तो जी, बस मेरे जितनी ही है। यही तीस साल।"

उसकी बात सुन कर कैटरीना ने सैफी को देखते हुए 'ना' में सिर हिलाया और वे वहाँ से उठ गईं। बस के द्वारा वे रातों-रात वर्जीनिया लौट आईं। पूरे रास्ते, दोनों में कोई बात न हुई। घर आकर भी वे उदास ही रही। अगले दिन सैफी ने बात छेड़ी—"मॉम, इस नाम के तो पता नहीं कितने आदमी होंगे। ऐसे वह किसी तरह मिलेगा?"

"अभी तो हम एक कदम भी नहीं चली और तू अभी से घबरा भी गई। कोई बात नहीं, तू हिम्मत रख। हमें तेरा पिता ज़रूर मिलेगा।" कैटरीना ने चाहे सैफी को धैर्य बँधा दिया था, पर वह खुद भी समझ रही थी कि वह कोई आसान काम नहीं है।

इसके दो हफ्ते बाद वे अप स्टेट न्यूयॉर्क के किसी घर में गईं। यह घर भी किसी मलकीत सिंह मल्लन नाम के व्यक्ति का ही था। घर में एक अधेड़ औरत थी। लेकिन उस घर में खामोशी-सी छाई हुई थी। घर की मालकिन ने कुछ दुःखी अंदाज में उन्हें घर के अंदर बुलाया, पर जब उसने सैफी के चेहरे को गौर से देखा तो उसके दिल में उनके लिए हमदर्दी पैदा हो गई। सैफी ने बताया कि वह पंजाबी कल्चर पर रिसर्च कर रही है तो उस औरत ने कहा कि वह प्रश्न पूछती जाये, वह उत्तर देती जायेगी। सैफी ने कई प्रश्न पूछे, जिनके उत्तर भी उसे मिल गये। अचानक सैफी की नज़र दीवार पर लगी फोटो पर पड़ी। उसके मन में एक आशा-सी जगी। उसके चेहरे पर रौनक आ गई। उसने घर की औरत का ध्यान फोटो की ओर दिलवाते हुए पूछा—"मैम, यह फोटो किसकी है जिस पर हार टँगा हुआ है?"

"मेरा घरवाला था।" उसने उदास स्वर में जवाब दिया।

"था मतलब?"

"वह छः महीने पहले एक एक्सीडेंट में मारा गया।" इतना कह कर वह आँखें पोंछने लगी। सैफी का दिल अचानक उछला और उसका रोना निकल गया। कैटरीना ने उसे संभाला और बाहर ले आई। बाहर आ कर सैफी ऊँची-ऊँची रोने लगी। कैटरीना ने उसे धीरज बँधाया। उसे चुप कराती, वह कुछ सोचती हुई बोली—"ज़रा, तू मेरे साथ तो आ।" सैफी का हाथ पकड़े वह वापिस वहाँ दरवाज़े में खड़ी घर की मालकिन के पास गई और उसे धीरे से पूछा—"अगर आप बुरा न मानो तो क्या बता सकते हो कि आप पति-पत्नी कितना समय पहले पंजाब से आकर यहाँ बसे हो?"

"जी, हम दस साल पहले यहाँ आये थे।"

“जी धन्यवाद।” इतना कहते ही उसने सैफी को अपने साथ लिया और बाहर सड़क पर आ कर बोली–“यह वो नहीं है, आओ चलें।”

सैफी भी उसकी बात समझ गई थी। उसने खुद को संभाला पर तभी उसे ज़ोर से छींक आ गई। उसने अपनी माँ का कंधा पकड़ लिया और अगले ही पल उसे लगातार छींके आने लगीं। अट्ठारह-बीस छींकों के बाद उसने चेहरा ऊपर किया और नैपकिन से नाक-मुँह साफ करने लगी। उसके नाक से पानी बहने लगा था। नाक साफ करती सैफी ने अपना बैग उठाया और चलने को तैयार हो गई। तभी ऊपर आसमान की ओर देखती कैटरीना बोली–“आकाश में बादल भी इकट्ठे हो रहे हैं और तूने भी बता दिया है कि बारिश होने वाली है। आजा, जल्दी से दोनों होटल पहुँच जायें।”

आधे घंटे बाद टैक्सी आई और उन्हें बिठाकर वापिस लौटने लगी। लेकिन बरसात तो रास्ते में ही शुरू हो गई थी। उस रात वे होटल में रुकी क्योंकि अगले दिन उन्होंने बॉस्टन से तीस मील दूर, एक छोटे से शहर रायओविल जाना था। कल इतवार था और वे दोनों दोपहर को ही रायओविल शहर में बसते किसी मलकीत सिंह मल्लन के घर पहुँच गईं। सैफी ने आने की वजह बताई तो घर का मालिक कुछ बुरा-सा मानता, उन्हें घर के भीतर ले गया। कैटरीना ने उसे गौर से देखा। इतने में घर की मालकिन जो मलकीत सिंह की माँ थी, आ गई। थोड़ी-सी बातचीत हुई तो कैटरीना ने उसकी माँ से पूछा कि क्या वह उसकी बहू को मिल सकती है। माँ ने 'ना' में सिर हिलाते हुए कहा कि अभी उसके बेटे की शादी नहीं हुई है। इससे पहले कि कैटरीना इसका कारण पूछती, उसने मलकीत सिंह को ध्यान से देखा। वह कुछ ही तरह मटकता, चलता हुआ, कमर हिलाता उनके लिए जूस ले कर आया। उसके नखरे वाले तौर-तरीके देखती कैटरीना ने सैफी को इशारा किया। वे बिना जूस पिये ही उठ खड़ी हुईं और घर से बाहर हो गईं।

रात को वे वापिस वर्जीनिया लौट आईं। दो हफ्ते बीत गये। उन्होंने इस बारे में कोई बात न की। सैफी बहुत उदास थी। हाल तो कैटरीना का भी यही था, पर उसने अपनी भावनाओं को सैफी के सामने प्रकट नहीं होने दिया था। इसी तरह पूरा महीना बीत गया। आगे छुट्टियाँ आ गईं और वे फिर से अपनी मुहिम पर चल पड़ीं। इस बार टूर करते हुए वे तीन घरों में गईं। लेकिन उनकी खोज का कोई परिणाम न निकला। वे लौट आईं। लगता था दोनों ही इस काम से थक चुकी हैं। कैटरीना को लगने लगा था कि सैफी फिर से मानसिक रोग से ग्रस्त हो जायेगी। वह लाचार-सी थी, पर उसने अभी उम्मीद छोड़ी नहीं थी।

एक दिन कैटरीना ने सैफी को बताया कि अगले हफ्ते वे कैलिफोर्निया के किसी छोटे से कस्बे कर्टरज़ में जायेंगी। उसे पता चला कि वहाँ पर भी इस नाम

का कोई व्यक्ति है। सैफी ने बिना किसी उत्साह के हाँ कह दी। इतवार के दिन उन्होंने डल्स एयरपोर्ट से फ्लाइट ली और लगभग छः घंटे का हवाई सफर करके वे सनहोज़े पहुँची। वहाँ उन्होंने किराये पर कार कर ली और कर्टरज़ का रुख़ किया। घंटे भर के सफर के बाद वे कर्टरज़ कस्बे के बाहरी इलाके में किसी अंगूरों के फॉर्म में बैठी हुईं थीं। घरवालों ने उनकी बढ़िया आवभगत की। सैफी ने अपने आने का कारण बताया तो सामने बैठा कोई पचहत्तर साल के वृद्ध व्यक्ति ने हैरान होते हुए उन्हें देखा। वह सोच रहा था कि पंजाबियत के बारे में रिसर्च करने इतनी दूर आने की क्या ज़रूरत थी। बातों-बातों में कैटरीना ने वृद्ध व्यक्ति को मलकीत सिंह मल्लन के बारे में पूछा तो वह बोला कि यह उसी का नाम है। कैटरीना वृद्ध की उम्र देखकर ना उम्मीद हो गई और नीचे देखने लगी। इस रोज़-रोज़ की भाग-दौड़ से थक कर, ऊबने से सैफी के आँसू बहने लगे। वृद्ध सहानुभूति पूर्वक रोती हुई सैफी को देखता हुआ बोला—"मेरी बच्ची, तुझे क्या हुआ है? क्या मैंने तेरी भावनाओं को कोई ठेस पहुँचाई है?"

"नहीं सर, बात यह नहीं है। मैं तो इस बात से दुःखी हूँ कि...।"

आगे वह कुछ बोल ही न पाई। वृद्ध व्यक्ति समझ गया कि बात कुछ और है। प्यार से सैफी का कंधा सहलाते हुए उसे अपनी समस्या बताने को कहा।

"सर, मैं इस नाम के आदमी को खोज-खोज कर थक गई हूँ।" उसके आँसू बहने लगे।

"वह क्यों?"

"क्योंकि वह मेरा डैड है, पर मैंने उसे कभी नहीं देखा। बस केवल इतना ही पता है कि उसका नाम मलकीत सिंह मल्लन है और वह पंजाब में पैदा और पला है।" रोती हुई सैफी बोली।

"पर मिस कैटरीना, तू तो इस के बारे में जानती होगी। उसका कोई अता-पता, कोई ठिकाना, कोई दोस्त-मित्र या रिश्तेदार आदि। तेरे लिए तो यह काम मुश्किल नहीं होना चाहिए।" कैटरीना की ओर देखता हुआ बूढ़ा आदमी बोला।

"सर, मेरी भी यही मुश्किल है, कि मैंने उसे कभी नहीं देखा। क्या बताऊँ...।" कैटरीना की आँखें भर आईं। वृद्ध ने उसे किसी और ही नज़र से देखा, पर अगले ही पल वह यह सोच कर संभल गया कि यह उसकी व्यक्तिगत ज़िंदगी है। मुझे इस बात से क्या लेना और इस वक्त ये मेरी मेहमान हैं। उसने फिर सैफी को गौर से देखा, उसके तीखे नयन-नक्श और गेहुँए चेहरे को निहारता हुआ वह सहज हो गया। कुछ देर सोचने के बाद उसने बात आगे बढ़ाई—"देखो, वैसे तो इस नाम वाले अनेक होंगे। पर जैसे तुम खोज रही हो, इसे देख कर लगता है कि आपकी खोज जल्दी ही पूरी हो जायेगी। बस आप अपना काम जारी रखो। वैसे भी हमारे

धर्म में कहा जाता है कि–''ढूँढ़ने से तो ख़ुदा भी मिल जाता है, यह तो फिर इंसान है, वैसे मैं आप दोनों को एक और सुझाव देता हूँ, आप लोग कैनेडा में भी पता करो। हमारे कई लोग उधर कैनेडा जा कर भी सेट हो जाते हैं।''

वृद्ध की बातें सुनकर उन्हें कुछ हिम्मत मिली। वे दोनों चलने को खड़ी हुईं तो वृद्ध ने उन्हें खाना खा कर जाने को मना लिया। खाना लग गया और वे खाने के टेबल पर जाने के लिए उठे। तभी सैफी को ज़ोर की छींक आई। वृद्ध ने ''गॉड ब्लैस यू'' कहा कि सैफी ने उसकी बाँह का सहारा लेकर छीकें की झड़ी लगा दी। लगभग पंद्रह छींके मारने के बाद वह रुकी, पर अगले ही पल उसे दस-बारह छींकें और आ गईं। तब तक कैटरीना भी पास आ गई। सैफी खुद को सँभालने लगी तो वृद्ध उसे नैपकिन पकड़ाता हुआ बोला–''बेटी, क्या तू बीमार है?''

इसके उत्तर में कैटरीना ने सैफी की छींकों की पूरी कहानी विस्तार में बता दी। वृद्ध हैरान होता हुआ, उत्सुक दृष्टि से सैफी की ओर देखता रहा। फिर उसके सिर पर हाथ रख कर बोला–''तू तो कुदरत की बेटी है। तेरी खोज ज़रूर पूरी होगी। मेरी बात याद रखना, कुदरत ही तेरी मदद करेगी। बस हिम्मत मत हारना।''

खाना खा कर लौटने के लिए वे कार में बैठीं, तब तक बारिश शुरू हो चुकी थी। एयरपोर्ट पहुँच कर, फ्लाइट ले कर, वे वापिस वर्जीनिया लौट आईं। कैटरीना को अब लगता था कि उस वृद्ध की बात मान कर एक बार चला ही जाये। उसने अपनी खोज में कैनेडा भी शामिल कर लिया। यहाँ तक कि आगे की खोज कैनेडा से ही शुरू करने के बारे में सोचा। गर्मी की छुट्टियों में वे कैनेडा के शहर टोरंटो चली गईं। फोन बुक लेकर अपनी खोज शुरू की लेकिन उनके वही सब हुआ जो अमेरिका में हुआ था। कहीं इस नाम वाला बंदा छोटी उम्र का होता और कहीं पर बुजुर्ग। असली बंदे का उन्हें कोई ठौर–ठिकाना ना मिला। अंत में छुट्टियाँ ख़त्म हो गईं और थकी-हारी वे अपने होटल लौट आईं। सैफी तो हद से ज़्यादा उदास थी। कैटरीना के बुलाने पर उसने नज़रें उठा कर उसकी ओर देखा।

''देख मेरी बिटिया, मैं तेरी उदासी समझती हूँ। तू मन छोटा मत कर...।''

''नहीं मॉम...बस अब और नहीं...।'' सैफी ने माँ की बातचीत बीच से ही काट दी। उसमें एकदम गुस्सा आ गया। कुछ पल वह क्रोध में उबलती खड़ी रही, फिर माँ की ओर देखकर बोली–''यह बहुत मुश्किल है। इस भरी दुनिया में क्या पता, मेरा बाप कहाँ बैठा है। मुझे अब और खोज नहीं करनी। मुझसे अब और ज़्यादा तकलीफ़ नहीं झेली जाती। मैं ऐसे ही ठीक हूँ।''

उसने अपनी कॉपी निकाली और उसे फाड़ने लगी। कैटरीना ने उसे रोकना चाहा तो उसने उससे भी उसकी कॉपी पकड़ ली, जिसमें कैटरीना ने अब तक मिल चुके व्यक्तियों के बारे में लिखा था या उसमें कई और लोगों के पते नोट किये हुए

थे। सैफी ने सब कुछ फाड़ कर कूड़े में फेंक दिया। अब वह खिड़की के पास खड़े होकर बाहर की ओर देखने लगी। कुछ देर बाद, शांत होने पर उसने माँ से कहा–"देखो मॉम, आपको मेरी एक बात माननी पड़ेगी। आज के बाद हम कभी भी इस विषय पर बात नहीं करेंगे। बस, यह किस्सा यहीं ख़त्म हुआ।"

कैटरीना कुछ न बोली। वह देख रही थी कि सैफी दोबारा से मानसिक बीमारी का शिकार होना शुरू हो गई है। उसके कंधे पर हाथ रखा और लौटने के लिए तैयार होने को कहा। दोपहर ढले वे बैग उठाये नीचे आईं और होटल की वेन में बैठ कर, पीर्यसन इंटरनेशनल एयरपोर्ट टोरंटों को चल पड़ी। वेन ने उन्हें एयरपोर्ट पर उतार दिया। वे अपने बैग घसीटती अंदर को जाने लगीं। सामने ही टैक्सियों की लाइन लगी हुई थी, जो आने वाली सवारियों की प्रतीक्षा में थीं। ड्राइवर लोग चार-चार, पाँच-पाँच के झुण्डों में खड़े बातें कर रहे थे। उनके पास से निकलते ही सैफी को छींके आई। वह समझ गई कि अब छींकों की झड़ी लगेगी। वह बैग एक ओर रखती खम्भे को पकड़ कर खड़ी हो गई। उसे दस-बाहर लगातार छींके आईं। ज़रा-सा संभल कर उसने नाक साफ किया ही था कि फिर से छींके शुरू हो गईं। उसका सिर चकरा गया। इधर-उधर खड़े लोग उसे देखने लगे। कैटरीना उसके पास आई और संभालने में उसे मदद करने लगी। नाक साफ करके सैफी ने मुँह ऊपर उठाया तो उसके कानों में उसी की तरह ज़ोर-ज़ोर से किसी के छींकने की आवाज़ पड़ी। छींकता हुआ एक टैक्सी ड्राइवर अपनी टैक्सी से बाहर निकल आया और कार की खिड़की को पकड़ कर खड़ा हो गया। सैफी ने उस पर नज़रें गड़ा कर देखा। वह अभी पूरी तरह संभला भी नहीं था कि उसकी छींके फिर से शुरू हो गईं। उसने लगातार बीस छींके मारी। फिर वह नैपकिन से मुँह साफ करने लगा। सैफी टकटकी लगाये उसे देखे जा रही थी। इतने में सैफी के कान में पीछे से बोलते हुए किसी टैक्सी ड्राइवर के शब्द पड़े। वह हँसता हुआ ज़ोर से बोल रहा था–"अब बारिश आयी समझो। मलकीत ने सिगनल दे दिया है।"

"हैं! यह क्या?" ज्यों ही सैफी ने किसी के द्वारा बोला गया मलकीत नाम सुना और बाकी की सारी बात सुनी तो वह छींकने वाले को गौर से देखने लगी। उसके अंतस में बिजली कौंधी और वह तीन-चार कदम चल कर बिल्कुल उसके पास पहुँच गई। छींकने वाला भी ठिठक गया। उसने मन में सोचा–'हैं, यह मेरी ही अपनी बेटी की शक्ल-सूरत वाली लड़की कौन है?' वह भी ध्यान से देखता सैफी के और निकट हो गया। सैफी मन-ही-मन उसके नयन-नक्शों को अपने चेहरे से मिला रही थी। फिर अचानक सैफी के अंदर से आवाज़ आई–'यही है, जिसे तू मुद्दतों से खोज रही है। यही है तेरा पिता।' बैग को एक ओर फेंकतीं वह उससे लिपट गई और रोते हुए बोली–"डैड, ओह माई डैड। मैं आपको ढूँढ़ती थक चुकी हूँ।" उस आदमी

ने झिझकते हुए सैफी के सिर पर हाथ फेरा और उसे अपने साथ लगा लिया। उसे सैफी से अपनापन महसूस हुआ। इतने में कैटरीना पास आती धीरे से उससे मुखातिब हुई—"क्या तुम मिस्टर मलकीत सिंह मल्लन हो?"

"हाँ, यह मेरा ही नाम है। पर मल्लन नहीं, यह मल्ला है। मल्ला मेरे गाँव का नाम है। पहले मैं अपने नाम के पीछे गाँव का नाम लगाता हुआ मलकीत सिंह मल्ला लिखा करता था। लेकिन कैनेडा का सिटिज़न बनने के बाद मैंने अपने नाम के पीछे से गाँव का नाम हटा कर अपना गोत्र लगा लिया था। अब मैं मलकीत सिंह सिरक हूँ। आप लेकिन कौन...?"

"मेरा नाम कैटरीना है। यह मेरी बेटी सैफी है। इसका जन्म वर्जीनियाँ के फेयरफैक्स सिटी अस्पताल के स्पर्म-बैंक द्वारा हुआ है। बड़ी देर से यह अपने वास्तविक, असली को खोजती फिर रही है।"

उसकी बात सुनते ही मलकीत सिंह विरक के कान भड़क-भड़क खुल गये। उसे वह दिन याद आया, जब वह लगभग बीस साल पहले वर्जीनियाँ में रहा करता था और एक दिन स्पर्म-बैंक जा कर स्पर्म-डोनर बन गया था। अचानक वह वर्तमान में लौटा और गले लगी सैफी को देखा। उसके आँसू निकल पड़े। भर्राई आवाज़ में वह बोला—"आज इसकी खोज ख़त्म हो गई है। मैं ही हूँ इसका असली पिता।" इतना कहते हुए उसने सैफी को सीने के साथ कस कर लगा लिया। सैफी का रोना और तेज़ हो गया। वह बड़े मोह से उसके बालों में हाथ फेरता हुआ बोला—"बस कर, मेरी पागल बिटिया, बहुत रो लिया, चुप कर जा। अब तू अपने पिता के संरक्षण में है। आ घर चलें, तुझे तेरे दूसरे बहन-भाइयों से मिलवाऊँ।" उसने कैटरीना को इशारा किया और उनका सामान कार की डिक्की में रखा। उन्हें कार में बैठाते हुए कार घर की ओर मोड़ ली। एयरपोर्ट से बाहर निकलते करते उन्हें थोड़ा वक्त लग गया था और अब बारिश शुरू हो चुकी थी जो कि घर पहुँचने तक मूसलाधार बन कर बसरने लगी।

मेरी लोमड़ी

परवेज़ संधु

(1960)

"मैं अब बच्चा नहीं रहा...मैं बहुत बड़ा लड़का हूँ अब, बहुत बड़ा बंदा...सच मम्मी आप मुझे लोमड़ी मत कहा करो।" मेरा सवी मुझे कहता है।

"अगर बड़ा हो गया है तो बोल घोड़ा।" मैं कहती हूँ।

"घोरा", वह ज़ोर लगा कर कहता है।

"घोरा नहीं घो...ड़ा।"

"घो...रा।"

मैं जानती हूँ कि उसकी अँग्रेज़ी जीभ घोड़ा नहीं कह सकती, पर फिर भी उसे यही कहती हूँ कि वह उस दिन बड़ा हो जायेगा जब 'घोरे' की जगह 'घोड़ा' कहने लग जायेगा। शायद वह मुझे कभी भी बड़ा, जवान हुआ सवि नहीं लगेगा। मेरी नज़रों में उसने सिर्फ़ ऐसे ही रहना है। छोटा-सा और मुझे उसका बचपन याद आता है। स्याह काले घुँघराले बाल, लंबी आँखें, चपटा नाक, गुलाबी आभा बिखेरता चेहरे का रंग, मोटा गोबलू-सा, जब चलता तो चाईनीज़ सूमो रैसलर-सा लगता। सफेद, पीले और लाल रंग के पकड़े पहने, जो भी उसे देखता तो ज़रूर बुला कर ही जाता। चौबीस घंटे शरारतों में मसरूफ रहता...पेचकस, कील और हथौड़ी लेकर इधर-उधर तोड़-फोड़ करता-फिरता। जहाँ कहीं भी कोई पेच देख लेता तो पेचकस ले कर रिपेयर करने वाले की तरह सीरियस हो जाता। इस तरह काम करता वह बहुत ही प्यारा लगता।

"मेरा जूनियर", उसका बापू अकड़ कर बोलता।

सवि थोड़ा-सा बड़ा हुआ तो उसकी सेहत देख कर उसका बाप बड़े चाव से कहता—

"मेरा लोमड़।"

"मेरी लोमड़ी गूंगड़ी।"

मैं भी प्यार से कहती।

जूनियर लोमड़ सवि से सावि बन गया, पर मेरे लिए वही रहा, 'मेरी लोमड़ी।' वैसे भी आम लोगों की तरह मुझसे किसी बच्चे को 'बेटा' या 'पुत्र' नहीं कहा जाता।

बस, किसी और के बच्चे को बुलाना हो तो 'राजा' कह कर बुला लेती हूँ। पर अपने बच्चों को 'पुत', 'बेटा', 'बेटी' या 'पुत्र' नहीं कहा जाता। लाख कोशिश करने पर भी जीभ साथ नहीं देती। 'पुत' कह कर लाड़ लड़ाने वाली माँ शायद मेरे दिल में बसती ही नहीं। माँओं की तरह डाँट ज़रूर लेती हूँ, बड़ी बहनों की तरह हक भी जता लेती हूँ। छोटे बहन-भाइयों की तरह ज़िद भी कर लेती हूँ...इन बच्चों के साथ मेरा अजीब-सा रिश्ता है। सभी कहते हैं मेरी सावीना अपने पिता जैसी रूखी है और "मेरी लोमड़ी" को सभी मेरे जैसा कहते हैं। मस्त-सा पगला, सभी को झट से अपना बना लेता है। शायद इसी कारण इसके साथ मेरी साझ सबसे अलग है। जब यह मेरे पास होता है तो कई बार मुझे बेकार ही इस पर गुस्सा आता रहता है और कई बार इसकी छोटी छोटी बातों पर हँसी भी आ जाती है। पंजाबी भाषा में जब यह मुझसे बात करता है, तोतली-सी पंजाबी इसके मुँह पर बड़ी फबती है। अगर मैं इस पर खीझ रही होऊँ, तो मुझे कहता है–

"मम्मी आप गुस्सा क्यों हो?"

"मम्मी जब आप गुस्सा होते हो तो पता है कितने सुंदर लगते हो...सच मम्मी यू लुक ब्यूटीफुल वेन यू आर सैड।"

और मैं हँस पड़ती हूँ।

ऐसी मक्खन लगाने वाली बातें वह तब करता है, जब उसे मुझसे कुछ चाहिए होता है। ऐसी शैतानियाँ तो वह बहुत छोटे होते हुए भी कर लेता था। बहुत छोटा था, तब वह। एक रात इसके बिस्तर में इसकी साथ लेटी मैं और यह, छोटी-छोटी बातें कर रहे थे और ऊँची आवाज़ में हँस भी रहे थे। साथ वाले कमरे में लेटे इसके डैडी का डर दिखाने के लिए मैंने इससे कहा कि सवी मैं जाती हूँ नहीं तो तेरे डैडी मुझ पर गुस्सा होंगे कि न तो खुद सोती है और न ही रात को बच्चों को सोने देती है। अचानक अपने छोटे-छोटे हाथों से मेरा चेहरा पकड़ कर कहने लगा–

"मम्मी, इतने सुंदर मुख को देख कर कौन गुस्सा हो सकता है।"

इंगलिश का यह डायलॉग सुन कर मुझे बड़ी हँसी आई थी। एक दिन ऐसे मुझे हवा देते हुए कहा था–

"मॉम, जी करता है तुम्हें अपने हाथों से उठा कर अपने दिल में बिठा लूँ।" और इशारा करते हुए अपनी छाती पर दोनों हाथ रख लिए थे। मैं हँस-हँस कर लोट-पोट हो गई और कहा–

"रे थोड़ी-सी बातें अपने बाप को भी सिखा दे।"

कई बार हँसी वाली बातें करता-करता यह समझदार बंदों वाली बातें भी किया करता है। बहुत छोटा था, मुश्किल से सात-आठ साल का। मुझे इंगलिश स्टाइल के कपड़े पहने देख कर बोला था–

''मॉम, ऐसे कपड़े पहन कर बाहर मत जाया करो। यू डोंट नो मॉम, देयर आर सिक माइंडेड पीपुल आऊट देयर।''

''सो, आई डोंट केयर।''

''बट मॉम, आई डू...डू यू नो वाई? तुझे ऐसे कपड़े पहने देख कर कोई पकड़ लेगा और मम्मी कई बार ऐसा होता है कि जो काम आप नहीं करना चाहते, वे लोग तुम्हें मज़बूर कर सकते हैं...समझ आई बात मम्मी?''

''नहीं, मुझे समझ नहीं आई, कौन-सा काम...कौन लोग?'' मैंने जानबूझ कर पूछा।

''मम्मी, जैसे आप मटन नहीं खाते, वैसे वे लोग आपको जबरन मटन खिला सकते हैं।''

इंगलिश के बड़े-छोटे अक्षर बोलता वह मुझे समझा रहा था। टी.वी. पर शायद रेप की घटना उसे बतानी नहीं आ रही थी, पर वह मुझे बता रहा था। मुझे उस दिन बहुत अच्छा लगा था, यह मस्त पगला-सा...मेरी लोमड़ी सी...। ''मम्मी, मैं तुम्हें सारी उम्र बहुत प्यार करूँगा—पर तुम दो काम कभी मत करना।'' एक बार वह तुझे कहने लगा।

''कौन से दो काम लोमड़ी?''

''एक तो आप डैडी को डायवोर्स कभी मत देना और दूसरा कभी किसी और से अफेयर न करना।''

''अच्छा लोमड़ी, मैं वादा करती हूँ कि मैं डायवोर्स तो नहीं दूँगी, पर अगर अफेयर हो गया तो...?''

''उस बंदे को मार दूँगा मम्मी।''

बाँहों की छोटी-छोटी माँसपेशियों पर हाथ फेरता मुझे वह बड़ा जवान महसूस हुआ था—उस वक्त।

''लोमड़ी, अब वह तेरा दोस्त 'आस्कर' अब क्यों नहीं आता?'' कुछ साल पहले इसके मैक्सिकन दोस्त के बारे में इससे पूछा था।

''मम्मी, उसे तुम सुंदर लगती हो। उसे अपने से बड़ी उम्र की औरतें अच्छी लगती हैं। मैं नहीं चाहता उसे मेरी मम्मी पसंद आ जाये।''

लोमड़ी गोमड़ी के इस उत्तर से मुझे आश्चर्य हुआ था। यहाँ पर पैदा होकर, पलकर भी सवि में स्वाभिमानी खून दौड़ रहा था। मुझे उस पर नाज़ हुआ था। लेकिन माँ-बेटे का ऐसा संबंध मैंने अपनी माँ और भाई में कभी नहीं देखा था। लेकिन मुझसे बहुत कुछ साझा कर लेता है। कभी-कभी तो वह मुझे बिल्कुल पागल ही समझने लगता है। इंडिया में पैदा हुई, होने से मैं इसे कई बार बेवकूफ भी लगती हूँ।

''मम्मी, मेरे स्कूल में सैक्स ऐजूकेशन की मूवी दिखानी है और आपके साइन

चाहिए।'

आठवीं कक्षा में पढ़ते समय, एक दिन मेरे सामने कुछ कागज़ रखते हुए इसने कहा था और अचानक इसके मुँह से यह सुन कर मेरा चेहरा लाल-सा हो उठा था।

"मम्मी, मैं जानता हूँ कि इस बारे में तुम भी नहीं जानती होगी–तुम इंडिया से आई हो ना? मैं आज एक क्लास लेकर तुम्हें सब कुछ बताऊँगा।" और सचमुच, स्कूल से लौटते ही सवी ने मुझे सब कुछ बता दिया था।

"मम्मी, तुझे पता है, एड्स कैसे फैलती है?"

मुझे थोड़ी-सी हैरानी भी हुई कि यह छोटा-सा वह सब जान गया है जो मुझे अभी भी अजीब लगता है। पता नहीं माँ-बेटे ऐसी बातें करते हैं या नहीं, पर यहाँ हमें यह सारी बातें बच्चों से करनी पड़ती हैं। इस स्वर्गीय धरती पर बहुत कुछ है, जिससे बचना पड़ता है। हमें अपने बच्चों को समझाना पड़ता है। पर कई बार इन्हें समझाने की ज़रूरत ही नहीं पड़ती। अभी दो ही दिन पहले कुछ चिंतित-सा हुआ मुझे बता रहा था–

"मम्मी तुझे पता है यहाँ पर पैदा हुआ इंडियन इन गंदी औरतों के पास कम जाता है। पर इंडिया में पैदा हुआ व्यक्ति जब इधर आता है तो इन पर ज़्यादा गिरता है...मैंने पेपर में एक जगह पढ़ा था 'हाकर्स' के साथ पच्चीस लोग पकड़े गये उनमें अधिक संख्या इंडिया से आये लोगों की थी...पता है मम्मी क्यों?...क्योंकि उन्होंने ऐसी औरतें वहाँ नहीं देखी होतीं। लेकिन वे यह नहीं जानते एक ऐसी हाकर्स पता नहीं कहाँ-कहाँ से होकर आई होती हैं।"

मैं हैरान थी कि मेरी लोमड़ी सयानी बातें कर सकती है।

तो क्या सच में मेरा मस्त-मौला सयाना हो गया है? मैं अगर बीमार पड़ जाऊँ तो घड़ी-घड़ी दवाई-पानी पूछ-पूछ कर पागल कर देता है। घर में कोई बुज़ुर्ग आ जायें तो प्यार से पूछता है आपको आराम करने के लिए सिरहाना तो नहीं चाहिये? बाथरूम में जाकर उन्हें लॉक करना समझायेगा। अगर मैं किसी व्यर्थ बात पर हँस पड़ूँ तो कहेगा–

"मम्मी आप बहुत पागल लड़की हो।"

अगर मैं उदास होऊँ तो कहता है–

"मम्मी, आप मेरी बेटी...क्या हुआ मेरी बेटी को...मेरी दीदी को?"

अगर मुझे बहुत गुस्सा आ रहा हो तो कहता है–

"मम्मी, आप महीने के उन दिनों में तो नहीं हो? मुझे पता है इन दिनों में औरत मूडी हो जाती है।"

"हैं उल्लू", मैं कहती हूँ।

"मम्मी आप उल्ली", मेरी नकल उतारता है।

"लोमड़ी, तू बार कुत्तों की तरह भौंकता है।"

मैं खीझ कर कहती हूँ तो वह आगे से कहता है–

"वेन डिड आइ बार्क लास्ट टाइम?"

मुझे हँसी आ जाती है। कई बार मैं तैयार हो कर निकलती हूँ तो कहता है– "मम्मी यू लुक ब्यूटीफुल।"

कभी-कभी मैं उससे पूछती हूँ, "लोमड़ी मैं कैसी लगती हूँ?" तो वह हँसते हुए कहता है–

"मेरे पिता से पूछो...हैं...मेरे पिता को मेरी माँ कैसी लगती है। मेरी पिता की वोहटी (पत्नी)? उसकी पंजाबी सुन कर सभी हँसने लगते हैं।

कभी-कभी पंजाबी गीत गाता फिरता है–

"हाय-हाय प्रीतो मार गई।"

पूरा जोकर है मेरा सवी...मेरी लोमड़ी।

"डैडी लोमड़ी का क्या मतलब होता है?" एक दिन उसने अपने पिता से पूछ लिया।

"फीमेल फॉक्स", डैडी का जवाब था।

"हाय-हाय पगली मम्मी, मैं फीमेल फॉक्स नहीं हूँ...सच मम्मी मुझे लोमड़ी मत कहा करो।"

पर मेरे मुँह से निकल जाता है। क्योंकि वह मुझे बड़ा नहीं लगता–अभी भी बच्चा ही लगता है, जैसे मेरी मम्मी अभी भी मुझे बच्ची ही समझती हैं।

"मॉम, आपके डैडी मुझे कहते थे कि हमारी बेटी को तो अभी तक अक्ल नहीं आई, पर तुम्हें कहाँ से आ गई...मॉम, योर डैड थिंक्स, यू डोंट हैव ऐनी अक्ल।"

पिछली गर्मियों में कैनेडा में छुट्टियाँ बिता कर आया और खुश हो कर मुझे बताने लगा–

"मम्मी, मुझे फिर कैनेडा जाना है।"

"क्यों, तुझे मेरे माता-पिता से, मेरी फैमिली से मोह हो गया है?" मैंने पूछा।

"पगली मम्मी, मैं तो अपनी फ्यूचर फैमिली के बारे में सोच रहा हूँ।"

"क्या मतलब है तेरा?"

"मम्मी, कैनेडा की लड़कियाँ सुंदर बहुत हैं।"

"हैं पगले, अभी से लड़कियों के बारे में सोच रहा है–अभी तो तेरी माँ ही लड़की चिड़िया है।" मैंने उसका कान खींचा।

"लरकी चिरिया तू शुक्र कर, मैं लड़कों के बारे में नहीं सोच रहा।"

लेसबियन और गे लोगों की ओर संकेत करता वह कहता है। और मैं सोचती हूँ, शायद यह सच में जवान हो गया है...अब बच्चा नहीं रहा। पर मेरी आँखों के

सामने तो वही छोटा-सा सवी घूमता-फिरता है—मुसीबतों की गठरी। हर जगह पंगा डालने वाला। किसी भी चाचा-ताऊ के बच्चे से कोई लड़ पड़े तो यह सब से आगे।

"हम संधु होते हैं।" सीना चौड़ा करके कहता है। एक बार छोटी सवीना को क्लास के किसी लड़के ने कुछ कह दिया। अगले दिन सभी कज़न मिल के उस आठ साल के लड़के को पड़ गये। सवी सब से आगे। "वी आर संधु फैमिली, एंड शी इज़ मई सिस्टर।"

एक दिन स्कूल से खीझा हुआ लौटा।

"मम्मी, वो जो नया इंडियन लड़का आया है...उसने तुम्हें गाली दी तो मैंने उसे मारा— मेरी टीचर ने मुझे प्रिंसिपल के ऑफिस में भेज दिया।"

"क्यों पंगे लेता रहता है, टीचर को सॉरी बोल देना।"

"मम्मी मेरे भी कुछ उसूल हैं। उसने तुम्हें गाली क्यों दी...वैसे मुझे समझ नहीं आई, पंजाबी में दी थी, पर उस की गाली में 'माँ' आया था।" और मुझे उसके भोलेपन पर हँसी आ गई।

"मम्मी, तुम मेरी शैतानियाँ कैसे पकड़ लेती हो?"

"क्योंकि अभी थोड़ा समय पहले, मैं ऐसी ही शैतानियाँ अपनी माँ के साथ किया करती थी। पर मेरी माँ बड़ी भोली थी, मुझे पकड़ ही नहीं पाती थी।"

कई बार दोनों के लड़ाई-झगड़े से तंग आकर मैं कहती हूँ कि तुम्हारे साथ तुम्हारे बच्चे भी ऐसा ही करेंगे, तब तुम्हें पता चलेगा। तब सवी कहता है—

"मम्मी, आपने अपनी मम्मी के साथ ऐसा क्या कर दिया जो हम आपको तंग करने के लिए पैदा हो गये?"

"चुप कर बदमाश।" मैं झिड़कती हूँ।

"बदमाशी गुस्सा क्यों होती है?"

हर बात को स्त्रीलिंग बना कर जवाब देता है तो मुझे हँसी आ जाती है। इसकी वजह से घर में रौनक है। टूटी-फूटी चीज़ों की मरम्मत करता बड़ा सयाना लगता है। कम्प्यूटर के सामने घंटों-घंटे बैठा रहता है। बचपन में पढ़ाई की ओर ध्यान कम ही देता था। एक बार बाप ने डाँट दिया तो मुझे आकर कहने लगा—

"मेरा दिमाग तो है, पर इसे ताला लगा हुआ है और इसकी चाबी मेरे कमरे में कहीं खो गई है।" पढ़ने वाले दिमाग की चाबी तो अभी तक खोई ही रहती है। पर कम्प्यूटर वाला खाना सदा ही खुला रहता है। दिमाग की सारी ताकत इधर ही लगा देता है। शारीरिक रूप से भी मुझसे ज़्यादा ताकतवर है। पर अब वह सचमुच बड़ा हो गया है। एक दिन मुझसे बहस करने लगा तो मैंने स्कूल में लंच के लिए कम पैसे दिये। दो-तीन दिन तो थोड़ा खाता रहा। चौथे दिन आ कर बोला—

"मॉम सॉरी...अब आप मुझे पीट तो नहीं सकती पर भूखा ज़रूर मार दोगी।"

ऐसी बातों पर मुझे हँसी आ जाती है।

"लोमड़ी, तुझे बातें बनानी बहुत आती हैं।"

"मॉ...म मुझे लोमड़ी मत कहा कर" वह मुझे फिर टोकता है। मैं भी कितनी बार कह चुकी हूँ कि आगे से नहीं कहूँगी, पर कह देती हूँ क्यों यह मुझे बड़ा, सयाना लड़का लगता ही नहीं। बातें चाहे लाख सयानी कर ले। हमारे पड़ोसी मैक्सिकन के तीन बेटियाँ हैं। शुरू-शुरू में हमारे सवी को देखकर वह कुछ फ़िक्रमंद-सा हो गया था। उसकी घरवाली ने बातों-बातों में मुझे बताया कि उनका पिता बेटियों के मामले में बड़ा सख़्त है। मैंने उन्हें दिलासा दिया कि फ़िक्र न करो, मेरा सवी दीवार पर चढ़ कर आपके घर झाँकने वाला नहीं। जब सवी को पता चला तो उसने कहा–"मम्मी, चिंता मत करो, उनकी बड़ी लड़की मेरे टाइप की नहीं है, वह बड़ी मोटी है और छोटियों की ओर मैं देखता नहीं...मैं सिक माइन्डिड नहीं कि अपने से बहुत छोटी लड़कियों की ओर देखूँ।" मैं हैरान। सचमुच मेरी लोमड़ी के अंदर एक सयाना आदमी जन्म ले चुका है। पर आदमी तो खुद को तभी कहलाने लगा था, जब यह सिर्फ़ सात साल का था। अपने कमरे से सवीना का बेड बाहर निकालने के लिए मुझे रोज़ कहा करता था–

"मुझे अकेला कमरा चाहिए।"

"क्यों?"

"मम्मी, कैन ए मैन हैव हिज़ प्राईवेसी? प्लीज़?"

"मामा प्राईवेसी का।" इसका पिता हँसने लगा था। पर तब से तो वह अब तक काफी बदल चुका है। जो शायद मुझे ही दिखाई नहीं देता। कुछ दिन हुए, घर में एक इंडियन लड़की आई। सुंदर, सुमुखी, चौदह-पंद्रह साल की थी। उसके जाने के बाद मेरे पास आया। कहने लगा–"मम्मी, तुम मुझे गलत मत समझना, कुछ और मत सोचने लग जाना, पर यह लड़की कौन थी? कितने साल की थी। पर मम्मी गलत मत सोचना।"

"क्यों लोमड़ी, तुझे सुंदर लगी?"

मैंने मज़ाक में पूछा।

"शी वाज़ ब्यूटीफुल...पर मम्मी तुझसे ज़्यादा नहीं।"

"बेशर्म, मुझे फूक दे रहा है, खुश कर रहा है?"

"सच मम्मी, तुम धरती पर सबसे सुंदर औरत हो–जब तक मेरी वाइफ नहीं आती।"

और वह ज़ोर-ज़ोर से हँसने लगा।

"मम्मी, फिर मुझे अपनी वाइफ को भी तो खुश करना होगा।"

मुझे महसूस हुआ कि इसके अंदर तरह-तरह के ख्याल आते होंगे। तब यह

आठवीं में था। एक दिन घर आते ही मुझे बताने लगा–

"मम्मी आज एक अजीब-सी बात हुई...कईं दिनों से मैं एक लोमड़ी को देख रहा था...मॉम...उसका फेस एकदम से परफैक्ट ब्यूटीफुल...और आज पता है क्या हुआ? उसने पंजाबी सूट डाला हुआ था, मैं हैरान हुआ कि यह तो इंडियन लड़की है।...तुम कहा करती हो न मम्मी कि मैं इंडियन लड़की से शादी करवाऊँ। जब मैं बड़ा हो जाऊँ तो मुझे ऐसी ही लड़की खोज देना।"

यह इसकी पहली पसंद थी। लड़की ने कुछ दिनों बाद स्कूल आना बंद कर दिया। सवी मुझे कितने ही कितने दिन उसके बारे में पूछता रहा।

"मॉम, मैं कई बार सोचता हूँ कि वह कहाँ गई...वह क्या करती होगी?"

"मम्मी, तुम ये बातें डैडी को मत बताना।"

लेकिन जब मैंने बताया तो उसका डैडी होंठों में मुस्कराया था।

"अगर इसी की तरह कल को सवीना ने आ कर अपनी पसंद बताई तो तब भी क्या आपको ऐसा ही महसूस होगा?"

औरत होने के नाते मैंने आने वाले कल के बारे में अपनी बेटी के लिए पूछा था।

"पता नहीं, वक्त बतायेगा।"

सवी के पिता ने कंधे मटकाये थे। कुछ दिन बाद सवी की यह बात आई गई हो गई थी। पिछले कुछ सालों में सवी काफी बदल गया है। बहुत भावुक है। किसी फिल्म में किसी को माँ-बाप मर जायें तो उदास हो जाता है, जैसे छोटे होते हुआ करता था। बचपन में इसका एक कुत्ता मर गया था, यह कई दिन तक रोता रहा था। "मम्मी अब मैं सारी उम्र, कभी भी हँस नहीं सकूँगा।" कुत्ते के दुःख में डूबा, मुझे कई बार कहता रहता था। अगर मैं कभी उदास हो जाती तो मुझे खुश करने के लिए बाहर से फूल तोड़ कर दिया करता था। गले में बाँह डाल कर मीठी-मीठी बातें करता था। कई बार मुझे खिझाता भी बहुत है। बिल्कुल बचपन वाली शरारतें करता है। इसी कारण मुझे यह कभी भी बड़ा हुआ महसूस ही नहीं होता। पर अब यह कई बार बड़ों वाली बातें करता है। अपने आने वाले काम की स्कीमें गढ़ता है। कम्प्यूटर साईंस के क्षेत्र में जाना चाहता है। छोटा था, तो डॉक्टर बनना चाहता था। मैं कहा करती थी–

"ना रे डॉक्टर मत बनना...तेरे मरीज़ मर जाया करेंगे...तरस कर दुनिया पर।"

फिर इसने ट्रक ड्राइवर बनने का फैसला लिया था। पर अब पिछले कुछ सालों से कम्प्यूटर साईंस पर टिका हुआ है।...है तो मेरा सवि पगला-सा पर मेरे अंतस में कुछ है जो कहता है कि यह ज़रूर कुछ बन जायेगा। पिछले हफ्ते मेरे

कंधों पर हाथ रखता बोला–

"मॉम, एक तो मुझे कार चाहिए...डैडी को कह कर मुझे बढ़िया-सी कार ले दे और दूसरा मैंने एक्सरसाईज़ शुरू करनी है...मुझे बॉडी बिल्ड करनी है।" अपनी मसल्ज़ दिखाता हुआ बोला–

"फिर देखना मॉम कुरियाँ (लड़कियाँ) कैसे इम्प्रेस होंगी।"

लोमड़ी सच बताना, तुझे लड़कियों के ख्याल आते हैं?" मैंने इसके भोले चेहरे को देखते हुए पूछा।

"मम्मी, तुम बड़ी पगली हो...मैं नॉर्मल लड़का हूँ, लड़कियों के ख्याल तो आने ही चाहिए न।"

कुछ पलों के लिए मैं रुकी। अपने अँग्रेज़ी के अक्षरों को नापा और तोला।

"लोमड़ी, कैन आई आस्क यू ए क्वैस्चन...वैरी पर्सनल क्वैस्चन?"

"श्योर मॉम।"

"डू यू फील ऐनी चेंज इन योर बॉडी...आई मीन डू यू फील डिफरेंट? तेरे दिमाग में कैसे ख्याल आते हैं?"

"हाय हाय मम्मी, मैं टीन एज़ से निकल रहा हूँ।...आप खुद ही समझ लो...जितना कुछ सोलह साल का दिमाग सोच सकता मैं सोचता हूँ...और मम्मी वेक अप, आइ एम नॉट योर लोमड़ी ऐनीमोर...आइ एम सिक्सटीन ईयर्स ओल्ड यंग एडल्ट... ।"

मुझे अचानक जैसे झटका लगा और एक ही झटके में जैसे "मेरी लोमड़ी" ने सोलह साल का फासला टच कर लिया था। सचमुच मेरे सामने सोलह साल का छः फुट दो इंच लंबा पूर्ण पुरुष...यंग एडल्ट खड़ा था।

"मम्मी, प्लीज़, मुझे लोमड़ी मत कहा करो...देखो अब मैं कितना बड़ा हो गया हूँ।"

"अच्छा लोमड़ी नहीं कहती।"

और अब मुझे ऐसा लग रहा है जैसे मन के भीतर से कुछ खो गया हो।

जूठन

गुरप्रीत पालीवाल
(16.2.1966)

''आर यू इंडियन?'' बार स्टूल पर बैठते हुए उस दिन उसका मुझसे पूछा गया पहला प्रश्न था।

''येस मिस...'' मुश्किल से अपने होंठों पर मुस्कान ला कर मैंने उसे उत्तर दिया था।

अपनी लड़कियों को यों शराबियों में देख कर मुझे खीझ-सी आती है लेकिन उसका पूरा हुलिया मानो गोरियों जैसा बन चुका था। तन को मुश्किल से ढक पाने लायक कपड़े, हाथ में शराब का गिलास, होंठों से निकलता सिगरेट का धुआँ...और बाँहों में नित नया साथी...उसका यह रूप देख कर शुरू-शुरू में मुझे मितली-सी आया करती थी। जब मैं नया-नया इस क्लब में ''बार-टैंडर'' की हैसियत से आया था तो उसे इसी हालत में देखा था। शराब के नशे में किसी अफ्रीकन लड़के के साथ डाँस-फ्लोर पर झूमती हुई और बाद में जब भी मैं उसे देखता, उसके साथ कोई न कोई गोरा या काला लड़का होता। कभी-कभार बड़ी लापरवाही से अपने बिखरे बालों को झटकाती, मुझे देख कर किसी अंधेरे कोने वाली टेबल पर बैठ जाती। लेकिन उस दिन मेरे सामने बार स्टूल पर बैठते हुए उसने प्रश्न किया तो पल भर के लिए मैं घबरा-सा गया था।

''इंडियन...फ्रॉम इंडिया...राइट...?''

सिगरेट लाइटर पर्स से निकालते हुए उसने अपना सवाल जारी रखा।

''यैस, फ्रॉम पंजाब।''

उसके हाथ में पकड़ी सिगरेट की डिबिया को देखते हुए मैंने जवाब दिया।

''यकीन नहीं होता, आप पंजाबी धर्म का शोर मचाने वाले यहाँ शराबखानों में कैसे...?'' एक तीखे व्यंग्य से उसने मुझे पूछा। उसके मुँह से पंजाबी के शब्द सुन कर मैं हैरानी में डूब गया।

''यह मेरी जॉब है...परिवार का पेट भी तो भरना होता है,...वर्क इज़ वर्क।''

कहने को तो मैं कह गया था पर उस समय मुझे अपनी माँ के बोल याद आ

गये थे जिन्हें खीझते हुए न जाने कितनी बार वह कह चुकी थी–

"मिट्टी पड़े अमरीका ने दीन-धर्म भ्रष्ट कर दिया...और कोई काम नहीं मिला जो यह शराब बेचने लग गया...रे तू ज़ैलदारों का दोहता और ये काम!...भगवान माफ करना...।" माँ अक्सर ही कहा करती।

"इसका मतलब आप ऑपरचुनिटी देख कर कुछ भी कर सकते हो...?" उसका सवाल सुन कर मेरा ध्यान फिर अपनी माँ की बातों की ओर चला गया।

सैमी के इस तीखे व्यंग्य के आगे मुझे कुछ भी नहीं सूझा था। उसकी बात में सच्चाई ही इतनी थी कि चाहता हुआ भी मैं कुछ न कह सका। वैसे गोरी लड़कियों से हँसी-मज़ाक वाली बातें करना मुझे कभी बुरा नहीं लगा था पर सैमी के मुँह से ऐसी बातें सुन कर मुझे यों ही कुछ शर्म-सी आने लगी। वैसे सैमी को जानने के बाद मुझे सब कुछ अच्छा लगने लगा था। जहाँ ये क्लब मुझे नर्क-सा लगता था, पर यह स्थान मुझे अपना-अपना सा लगने लगा था। उठते-बैठते सैमी का ख्याल मेरे साथ-साथ रहता। उसके जाने के बाद भी उस की मुस्कान मुझे याद आती रहती ...और आँखों को उसके आने का इंतज़ार रहता...वैसे भी वह पहले से काफी बदल गई थी। उसके भीतर की एक अच्छी लड़की धीरे-धीरे बाहर आ रही थी। अक्सर ही उसे अकेले देख कर मैं हँस कर पूछता–"क्यों सैमी, कहाँ भाग गये डेविड शेविड सारे...।"

"नहीं-नहीं, वे तो नहीं भागे...लेकिन मैं केवल तुम्हें ही मिलने आती हूँ...इफ यू डोंट माईंड...पर मुझे ही मिलने क्यों?" मैं पूछता तो वह हँस कर फिर से कहती, "हे, यू आर माइ कन्ट्री फैलो...राइट, पर देखना, कहीं तेरी शैरी तुझसे नाराज़ न हो जाये...।" वह मेरी गोरी दोस्त की ओर संकेत कर कहती है।

"डोंट वरी...शैरी के साथ अब मेरा कोई सम्बंध नहीं रहा।" यह बात कहते हुए मैं सैमी को यह एहसास कराना चाहता हूँ जैसे शैरी को मैंने सैमी के लिए ही छोड़ा हो। मेरे मुँह से यह बात सुनते ही उसके गोल चेहरे चढ़ते सूरज जैसा लाल रंग फैल जाता है...समुद्र की शांत लहरों से मुस्कान होठों पर आ कर रुक जाती है ...अँधकार और प्रकाश के परस्पर मिलन का रंग उसकी आँखों में उतर आता है...और मेरा जी होता है कि मैं पूरे का पूरा उसकी आँखों में उतर जाऊँ...डूब जाऊँ उम्र भर के लिए...पर साथ ही अपनी माँ का ख़्याल आ जाता–माँ की रीझों-चावों की पोटली मेरे सामने ख़ुल जाती।

"एक ही बेटा ब्याहना है, कौन से पाँच-सात है...किसी राजा के घर की बेटी लाऊँगी, रेशम के लच्छे-सी।" और सैमी मेरी माँ की सोच वाली लड़की नहीं थी...इसी विचार से मैं सैमी की ओर से अपना ध्यान हटाने की कोशिश करने लगता ...लेकिन मेरे अंदर का आदमी उसके साथ के, सान्निध्य के लिए बेचैन हो उठता।

ख़ास कर जब वह क्लब आती तो मुझे बाकी सब भूल जाता। माँ के सपने, उसके चाव सभी बिसर जाते। उस समय सैमी का चेहरा ही सामने होता...उस दिन भी कुछ ऐसा ही हुआ था। सैमी के आते ही सम्पूर्ण वातावरण महक उठा था...सलीके से पहने हुए स्याह काले कपड़े...चेहरे पर हल्का मेक-अप...बालों को बाँध कर किया गया जूड़ा...क्लब में घुसते ही कई आँखें उसकी ओर उठीं थीं। लेकिन वह बेध्यानी-सी मेरे सामने बार-स्टूल पर बैठ गई थी...पल भर को मेरा मन हुआ कि मैं उसे कस कर बाँहों में भर लूँ...उसका इतना सुंदर रूप मैंने पहले कभी नहीं देखा था। स्टूल पर बैठी को कइयों ने शराब के लिए पूछा था और कइयों ने डाँस के लिए उसकी सहमति चाही थी, पर वह हर बार थैंक्स कह कर मेरे साथ बातें करने लग जाती। उसके ऐसा करने से मुझे अपना आप शायद क्यों अमीर-सा लगता...शायद इसलिए कि वह वहाँ सिर्फ़ मेरे लिए बैठी हो...इतनी खूबसूरत लड़की सिर्फ़ मेरे लिए ही...और मैं धरती से एक बलिश्त ऊँचा हुआ महसूस करता।

"सैमी, आज क्या बात है, बड़ी चुप-चुप सी है तू...इज़ ऐव्री थिंग ओ. के.?" ड्यूटी ख़त्म होने पर मैं सैमी के पास बैठा और पूछा। वह मेरी आँखों में गंभीरता से देखने लगी। "आइ एम वैरी मच टायर्ड विद माइ लाइफ...मैं ज़िंदगी से थक गई हूँ...जी होता है कहीं अँधेरों में खो जाऊँ...या फिर नये सिरे से जीवन शुरू करूँ...।" वह जैसे कहीं दूर से बोल रही थी।

"हाँ सैमी, तुम्हें चाहिए सब कुछ भूल कर ज़िंदगी...वैसे भी मैं तुझे कितनी बार कह चुका हूँ कि तुम ऐसी जगह पर मत आया कर...यह जगह तेरे जैसी अच्छी लड़कियों के लिए ठीक नहीं...।" बहुत दिन पहले कही बात मैंने दोबारा दोहराई। "दिल तो मेरा भी करता है कि ब्याह करूँ...मुझसे शादी करे...तुम खुद बताओ, कौन करेगा मुझसे शादी...मैं किसी की छोड़ी हुई...किसी की जूठन...।" बात करते हुए सैमी ने दिल को चीर डालने वाली ठंडी साँस भरी और उदास हो गई।

"खुद को ऐसा मत कह...तू एक अच्छी लड़की है...डोंट पुट योरसैल्फ डाउन।" कहने को तो मैं कह गया था पर उस समय बहुत-सी बातें मेरे दिमाग में घूम रही थी।

"तुझे मैं अच्छी लगती हूँ...सच बताना कितनी?" उसने थोड़ा-सा मुस्करा कर पूछा।

"बहुत अच्छी...बहुत अच्छी।" मैंने जानबूझ कर अक्षरों को लटकाते हुए कहा।

"ब्याह करेगा मेरे साथ...?" उसके एकदम सीधे सपाट सवाल पर मैं दूर भीतर तक काँप गया। मुझे उससे इस सवाल की उम्मीद नहीं थी। कुछ पलों के लिए माँ का चेहरा मेरी आँखों के सामने घूम गया और दोबारा मैं सैमी से नज़र भी न मिला

सका।

"हे, मैन आइ एम सॉरी...आइ डोंट नो वाइ आइ थौट, यू आर डिफरेंट...पर मैं जानती हूँ, जूठन तो तू भी नहीं खा सकेगा किसी की...।" यह कहते हुए उसने मेरा हाथ ज़ोर से दबाया और अँधेरे कोनों से होती हुई मेरी नज़रों से दूर चली गई और दोबारा कभी इस क्लब में नहीं आई। पर पता नहीं क्यों, जितनी बार भी उसका ख्याल मुझे आता तो मुझे ऐसा क्यों महसूस होने लगता कि जूठन वह नहीं, उल्टा में ही होऊँ...।

उस दिन के बाद वह जब भी क्लब में आती, कुछ पल मेरे सामने स्टूल पर बैठ कर कुछ बातें करती। अगर किसी दिन वह उदास होती तो मेरी ड्यूटी ख़त्म होने तक किसी अँधेरे कोने में बैठी रहती...मुझसे ढेर-सी बातें करती और फिर किसी अँधेरे में खो जाती और मैं रात-रात भर उसके ख्यालों में डूबा रहता। थोड़े ही समय में वह मेरे साथ जीवन का बहुत बड़ा हिस्सा साझा कर चुकी थी।

"हैरी, आइ एम ए ओपन बुक।" कई बार वह हँस कर कहती।

"क्या तू जानती है सैमी कि औरत को इतना ओपन और ओनेस्ट नहीं होना चाहिए...खास कर भारतीय औरत को तो बहुत कुछ छिपा कर रखना चाहिए...।" मैं उसे कई बार कह देता।

"तुम इंडियन आदमी पैदा होते समय अगर थोड़ा बड़ा दिल ले कर पैदा हो जाते तो तुम लोगों का क्या बिगड़ता...।"

वह हँसते हुए तीखी चोट करती और फिर उदास हो जाती।

"तुम ठीक कहते हो...मेरी ओनेस्टी ही मुझे यहाँ तक ले आई...इंडिया में शादी करने गई तो अपने घरवाले को सब कुछ बता बैठी कि वह मेरे जीवन में आने वाला पहला पुरुष नहीं है।...लेकिन अंतिम ज़रूर होगा...एण्ड आइ टोल्ड हिम दैट आइ लैण्ड समबडी...।" बात करते-करते वह एकदम से चुप हो गई। शराब के छोटे-छोटे घूँट भरती वह कहीं गहरे उतर गई जैसे किसी खोई हुई चीज़ को ढूँढ़ रही हो...पता नहीं क्यों उस समय वह मुझे एक बच्ची-सी लगने लगी, कुछ सालों की छोटी-सी बालिका...।

"माइ हज़बैंड केम हियर...बस फिर क्या था, ग्रीन कार्ड लेकर, मुझे छोड़ कर चला गया...मुझे उसके जाने का दुःख न हुआ...जीवन में लोग आते-जाते रहते हैं ...बुरे सपनों की तरह यादें छोड़ जाते हैं...पर कई बार कुछ ऐसे बोल होते हैं जो उम्र भर आपका पीछा नहीं छोड़ते।...मुझे दुःख तो इसी बात का है कि तलाक लेते समय कहता है कि मेरे से सहा नहीं जाता। बाहर लोग मुझे बुरा कहते हैं...मुसलमान लड़के की 'जूठन' कहते हैं...।" इतनी बात कहते हुए वह मेरे सामने से उठ कर अँधेरे कोने की ओर चली गई...शायद उसके आँसू बह रहे थे। उस दिन मैंने जाना

कि वह किसी मुसलमान लड़के से प्यार करती थी। और अपने पिता के कहने पर वह उससे विवाह नहीं कर पाई थी। उस दिन के बाद वह कभी क्लब नहीं आई थी और मैं अपना काम भुगतता हुआ वैसे ही हर रोज़ खुलते हुए दरवाज़े को देखता रहा। पता नहीं क्यों सैमी का इंतज़ार करना मुझे अच्छा नहीं लगता। उसे मैं पहले यूँ ही बता चुका था कि वह यहाँ न आया करे पर अगर वह नहीं आती तो उसका इंतज़ार रहता। कई बार एक ख्याल भी मेरे मन में जलता-बुझता रहता। अगर यह लड़की मुझे पहले मिली होती तो झट से मैं इसे घर ले जाता...उसका बोलना, हँसना, रंग-रूप सब मुझे अच्छा लगता। विशेष रूप से उसके मुँह से निकले ठेठ पंजाबी शब्द सुन कर उस पर कुर्बान होने का दिल करता।

"सैम, तू मेरे साथ पंजाबी में बात किया कर।" एक दिन मैंने उसे कहा था। उसने ठंडी साँस भरी और उदास-सी हो गई।

"मुझे पंजाबी इसलिए अच्छी नहीं लगती कि जब मैं बोलती हूँ तो मुझे मेरा बाप याद आ जाता है...वह कहा करता था कि मैं पंजाबी सीखूँ, बोलूँ और पंजाबी बंदे से शादी करूँ।...मैं अट्ठारह साल की थी तब, जब मैं अनवर को मिली थी, मुझे क्या पता था जातियों और धर्मों का... ।" सिगरेट का धुआँ छोड़ती वह मुझे कहीं दूर उड़ती दिखाई दे रही थी... ।

"अगर वक्त मेरे हाथ आ जाये तो अपने बाप को मैं गोली मार दूँ...धर्म का पक्का...गुरुद्वारे का प्रधान...नीली पगड़ी और लंबी दाढ़ी वाला मेरा बाप...जिसने दुनिया का कोई बुरा नहीं छोड़ा, पर मेरे प्यार को उसने धर्म की सूली पर चढ़ा दिया... ।" और उस दिन सैमी बार में बैठी कितनी देर तक धीरे-धीरे रोती रही थी।

"तलाक के बाद तू अनवर को क्यों नहीं मिली?" उसी दिन मैंने उसे पूछा था।

"हाँ...मिली थी...शायद वह मेरी ज़िंदगी की दूसरी भूल थी...अनवर का भी यही जवाब था कि वह किसी दूसरे की जूठन नहीं खा पायेगा... ।"

सैमी की बात सुन कर मेरे अंदर से मर्द-जात के लिए गाली निकली थी। सैमी के सामने मुझे अपना वजूद बड़ा ही नीचा और बदसूरत-सा लगा था और सैमी मुझे जल-सी पवित्र लगी थी। उसके बाद सैमी से उसके अतीत के विषय में मैंने कभी कोई बात नहीं की। वह जब भी मुझे मिलती दोस्तों की तरह मिलती। हम दोनों घंटों तक बतियाते रहते। मैं उसके अंदर की बढ़िया लड़की को खोजने की कोशिश करता। उसके और मेरे बीच एक आकर्षण-सा पैदा हो गया था। न जाने क्यों मेरा मन उसके सहचर्य के लिए ललकता रहता था। वैसे भी अब मुझे वह बदली-बदली सी लगी थी...पहले वाली सैमी कहीं खो गई थी—धीरे-धीरे अब वह सलीके से कपड़े पहनती...उसके होंठों पर सिगरेट की जगह मुस्कान खेलती। जब भी वह आती,

अकेली ही होती।

''क्यों सैमी, तेरे दोस्त नहीं आते तेरे साथ?'' एक दिन हँसते हुए मैंने उससे पूछा...वैसे मेरे अंदर वाला मर्द उससे कहना चाहता था कि जाट बेटे के होते हुए तू क्या ये गोरे-काले लिये हुए घूमती-फिरती है।

''हे मैन, फॉरगेट अबाउट मी...तुम बताओ, अभी शादी की या नहीं?'' मुझे जवाब देने के बजाय उसने उल्टा मुझसे ही सवाल पूछ लिया।

''नहीं, अभी नहीं, मेरे लिए लड़की मेरी माँ ही पसंद करेगी...मेरी माँ की अनेक रीझें हैं, चाव हैं।''

''तो इस गोरी लड़की का क्या बनेगा?'' ऊँचा-ऊँचा हँसते हुए उसने मेरे साथ काम करने वाली लड़की शैरी की ओर संकेत किया। जो पिछले एक साल से मेरे बहुत ही निकट थी। ''या फिर टाइम-पास करने के लिए रखी है...।'' मेरे जवाब देने से पहले ही वह बोल पड़ी।

''मैं इसके साथ घर नहीं बसा सकूँगा...।'' झूठी हँसी हँसते हुए मैं उसे कह रहा था।

''हाँ, मैं समझ गई...मेरा कंट्रीमैन सिर्फ़ वर्जिन लड़की ही ब्याहेगा। खुद चाहे छत्तीसों के साथ सो आयें...फिर भी अच्छे के अच्छे।''

''तू भी तो हम लोगों जैसी ही है...या नहीं...।'' उसके लिए बनाई शराब में बर्फ़ का टुकड़ा डालते हुए मैं भी पूछ बैठा था। वैसे में जानता था कि अपनी ड्यूटी के समय मैं ग्राहकों को ऐसा कुछ नहीं पूछ सकता था जिससे उन्हें तकलीफ़ हो।

''नो...नो...मैं तो अब ना आप लोगों में ना ही इन लोगों में...।'' कहती हुई वह गटागट शराब का गिलास चढ़ा गई।

''ऐनी वे...माइ नेम इज़ हैरी...आइ मीन हरविन्दर...एण्ड यू?''

''...सैमी...आइ मीन सिमरन।''

मेरी नकल लगाती वह खिलखिला कर हँस दी। फीका-सा पड़ा हुआ पता नहीं किस वक्त अपना हाथ उसकी ओर बढ़ा बैठा था।

''क्यों 'सत् श्री अकाल' भूल गये हो?''

अचानक सैमी के मुँह से ठेठ पंजाबी सुन कर मैं हैरान हो गया था।

''सैमी, तू तो बढ़िया पंजाबी बोल लेती है...कब सीखी...इंडिया बॉर्न तो तू लगती ही नहीं।''

उसका रहन-सहन और रंग-ढंग इधर जन्में बच्चों जैसा होने से मैंने दोबारा उससे यह सवाल पूछा।

''हाँ, मैं यहीं पर पैदा हुई और पली हूँ। पर लगभग छः साल पहले इंडिया शादी करने गई थी...कई महीने वहाँ रही। मेरा घर वाला चाहता था कि मैं पंजाबी सीखूँ,

उसके माँ-बाप से बात करने लायक होऊँ...।''

बात करते हुए सैमी की आँखों से मासूमियत झलक रही थी और मेरे अंदर कई सवाल उठ रहे थे। समझ में नहीं आ रहा था कि पूछूँ या न पूछूँ...।

''सैमी तेरे घर के...माता-पिता, भाई-बहन, तेरा घरवाला...और तू यहाँ? इस क्लब में?''

''आइ हैव नो बडी...हैंगे...पर मेरे लिए वे सभी मर गये...मैं उनके लिए...।''

यह बात उसने यों कही जैसे बड़ी साधारण-सी बात हो। बार में बैठे लोगों के लिए शराब के गिलास भरते मेरी सारी सोच सैमी पर टिकी हुई थी। मेरे मन में हज़ारों सवाल घूम रहे थे। लेकिन इतने निजी प्रश्न पूछते हुए मन में कुछ घबराहट-सी भी हो रही थी, पर जाने क्यों, उन्हें जानने को जी भी कर रहा था।

''सैमी, तेरा घरवाला...।'' झिझकते हुए मैं पूछ ही बैठा था।

''घरवाले ने और घरवाली कर ली...नई-नकोर लड़की...कच्ची कुँवारी...।'' कहते हुए खिलखिला कर हँसती वह डांस-फ्लोर की ओर चली गई और मैं कितनी देर तक उस हँसी के पीछे दर्द को महसूस करता रहा। सैमी कई दिन तक मेरे दिल-दिमाग पर छाई रही। मेरे अंदर से बार-बार एक ही सवाल उठता कि ऐसी जगह पर भला अपनी लड़की का क्या काम? और उस दिन मुझे अपनी माँ की कही हुई बातें याद आईं थीं। वह तो शराब पीने वालों को नर्क के कीड़े कहा करती थी...और क्लब तो मुझे सचमुच कई बार नर्क ही लगता है।

मैली-सी रोशनी...भरपेट शराब पिये हुए लोग...सिगरेट और शराब की मिलीजुली गंध...।

...डांस-फ्लोर पर थिरकते अध नंगे शरीर...सिगरेटो का धुआँ...अँधेरे कोनों में एक-दूसरे को चूमते-चाटते जोड़े...और ऐसी जगह पर हमारी पंजाबन लड़की? कई दिन तक यह सवाल मेरे सीने में चुभता रहा था। वह अक्सर ही क्लब आती। हर बार कोई नया दोस्त उसके साथ होता। शराब पीती, सिगरेटें फूंकती, नाचती, हँसती हुई चली जाती और मेरे छाती में कुछ चुभता हुआ छोड़ जाती।

''सिमरन, तू कोई इंडियन लड़का, दोस्त क्यों नहीं ढूँढ़ लेती?'' एक दिन पता नहीं यों ही उससे मैं पूछ बैठा था। झिझकते हुए मैंने सवाल किया था।

''हैरी, गुस्सा मत करना...इंडियन मैन आर ऑल डाग्ज़...एटलीस्ट जितने मुझे मिले वे सब के सब...।'' एक कड़वी-सी मुस्कान के साथ उसने कहा।

''तेरा क्या ख्याल है, ये अच्छे हैं...।'' मैंने अपने लोगों की वकालत करते हुए कहा।

''अच्छे तो ये भी नहीं...पर अपने वालों से अच्छे हैं...इन्हें मेरी पिछली ज़िंदगी से कोई वास्ता नहीं...और मेरे कल की फ़िक्र नहीं...पर अपने वालों को मेरी पिछली

ज़िंदगी खुरच कर स्वाद आता है और ऐसे लोग मुझे अच्छे नहीं लगते।''

अपनी बात जारी रखते हुए वह धीरे से मेरे कान के पास हो कर बोली...''और एक सीक्रेट बताऊँ...आइ लिव फार टुडे ओनली...इन लोगों के साथ मैं सिर्फ़ एक दिन जीती हूँ...प्लस, दे आर ग्रेट लवर्स।''

अंतिम बात कहते-कहते वह खिलखिला कर हँस पड़ी। भोलेपन से कही बात पर मुझे हँसी भी आई और मुझे थोड़ी शर्म भी महसूस हुई। गोरी लड़कियों के साथ ऐसी बातें करते हुए मुझे कभी ऐसा महसूस नहीं हुआ था पर यह तो 'अपनी लड़की...।' और मेरी सोच सेमी पर अटक जाती।

''सैमी तू ऐसे भटक क्यों गई...?''

एक दिन हिम्मत करके मैं उसे पूछ ही बैठा था। मेरी बात सुन कर उसने बड़ी गंभीरता से मेरी ओर देखा।

''मैं ऐसी नहीं थी...पर जीवन में केवल एक गलती की थी मैंने...आइ लव समवन...।'' कहते हुए उसने दोनों हाथों से अपनी कनपटियाँ दबाईं, आँखों की कोरों में चमकते आँसुओं को बाहर निकलने से पहले ही चुस्ती से पोंछ लिया। उस दिन पहली बार मैंने उसके चेहरे को गौर से देखा। गोल चेहरा, हल्की भूरी आँखें, नाक थोड़ा-सा दबा हुआ, होंठों के नीचे, ठीक बीचों-बीच एक छोटा-सा लाल रंग का जन्मजात निशान। आँखों में बचपन-सी मासूमियत...पल भर को मुझे उस पर तरस आ गया।

''हैरी, तुझे किसी दिन बताऊँगी...पता नहीं क्यों मेरा जी करता है, तुझसे बातें करूँ...शायद इसलिए कि मैं चौबीस घंटे इन लोगों के साथ रहती हूँ। किसी 'अपने से' मेरा वास्ता नहीं...।'' सैमी की बातें सुन कर मुझे कुछ चैन-सा आया कि कम से कम उसने मेरी बातों का बुरा नहीं माना था।

सिटिज़नशिप

नीलम सैनी
(25.08.1966)

आज मैं भी अमरीकन सिटिज़न बनने जा रही हूँ। एक उत्तेजना से भरपूर खुशी और कुछ विशेष बन जाने के चाव में मेरे पाँव धरती पर नहीं पड़ रहे। मेरा मन उत्सुकता में ऐसे उछल रहा है जैसे भावुकता की नदी में डुबकियाँ मार रहा हो। मेरा पति जशन भी खुश है पर वह उतना उत्तेजित नहीं लग रहा। 'अमेरिकन सिटिज़नशिप और वह भी इतनी जल्दी।' अभी पाँच साल पहले ही मेरा और जशन का विवाह हुआ था। शादी के तीन सालों के अंदर-ही-अंदर मैं अमेरिका आ गई थी। वह भी ग्रीन कार्ड होल्डर बन कर, क्योंकि जशन वहाँ का सिटिज़न बन चुका था, जिस कारण मेरी पैटीशन का स्टेटस बदल गया और थोड़े ही समय के बाद मैं जशन के पास आ गई। चाहे, इस अरसे के दौरान मैं जशन से ज़्यादा अलग नहीं रही क्योंकि छः महीने अमेरिका में रहने के बाद, वह एक-दो महीने के लिए मुझे मिलने आ जाता था। अमेरिका के इस चाव में तीन साल तो तीन महीनों की तरह ही बीत गये।

अमरीका आ कर मैं बड़ी खुश हुई। ऐसा लगा जैसे किसी नई धरती पर उतर होऊँ। जशन ने मेरे आने की खुशी में एक महीने की छुट्टी ले रखी थी। जशन का साथ और समुद्र के 'बीचों' के नज़ारे। हर शाम किसी-न-किसी पार्क की सैर। प्यारा-सा मौसम और साफ़-सुथरा वातावरण। अमेरिका मेरे सपनों का संसार सिद्ध हुआ। मेरा मन खुशी से झूम उठा था और मेरी कलम खुद-ब-खुद यह लिख गई—

अच्छा लगा तेरा देश रे,
तेरा वेश रे,
तुझे दिल की बताऊँ
तेरा दीद मेरे लिए रांझना
हाज़ी का मक्का

यह खुशी और चाव तब मंदे पड़ने शुरू हो गये, जब छुट्टियों के बाद जशन ने काम पर फिर से जाना शुरू कर दिया और मेरे हिस्से आया घर का अकेलापन और प्रवासी होने का एहसास। ज्यों-ज्यों यह तनहाई बढ़ती गई, मेरे सपने भी बिखरते

गये और फिर शुरू हो गया नये सिरे से पढ़ाई और काम का दौर...। मैं एक कॉलेज में पढ़ाती थी और एक लेखक सभा की सैक्रड मेम्बर थी। समाज में मेरी अपनी पहचान थी। मेरे विद्यार्थी मुझे असीम प्यार करते थे। प्रिंसिपल और स्टाफ मेम्बर भी मुझे सम्मानित करते न थकते। सांस्कृतिक विभाग की इंचार्ज होने के नाते, कॉलेज में होने वाली हर एक्टीविटी की मैं प्रबंधक होती। गिद्धा-भाँगड़ा, भाषण प्रतियोगिताएँ तैयार करवाती, मंच संचालन करती तो मुझे स्टेज की मलिका कहा जाता...।

मेरा मन अतीत को खोजता कहीं-का-कहीं पहुँच जाता। माता-पिता से बेहद लगाव होने के कारण, मैं दिन में कई बार मम्मी-डैडी को याद कर के रो लेती। हफ्ते में दो-तीन बार फोन करती, पत्र लिखती, बनेरे पर कोई काम न दिखता तो हवाओं के हाथ संदेश भेजती। इसका एक कारण शायद यह था कि अमेरिका में मेरा और जशन का कोई रिश्तेदार न था। जब भी हम कहीं जाते तो हमारी कार में हरभजन मान का यह गीत ज़रूर बजता—

"बाबुल मेरी गुड़ियाँ, रह गईं घर तेरे।"

और मेरे आँसू अपने आप बहने लगते। जशन मुझे धीरज बँधाते कहते, "रीत, तू तो बड़ी खुशमिज़ाज है, जो सिटिज़नशिप मैंने पापड़ बेल-बेल कर ली है, तेरे लिए वह बड़ी मामूली बात है। देख, आते ही तेरा ग्रीन कार्ड आ गया। तू सिटिज़शिप ले कर मम्मी-डैडी की पैटीशन कर देना। फिर साल-डेढ़ साल के अंदर-अंदर वे हमारे पास आ जायेंगे।" मुझे पता भी न चला कि कब जशन ने हरभजन की टेप कहीं छिपा कर रख दी।

खैर! जीवन अपनी गति से चलता रहा। इन चार सालों में मैं दो बार इंडिया भी जा आई, पर सिर्फ़ चार हफ्ते का समय ही मेरे हिस्से आता रहा। मैंने मम्मी-डैडी को जी-भर कर अभी देखा भी न होता कि लौटने का समय आ जाता। अमेरिका लौट कर मैं और ज़्यादा उदास हो जाती। इस बार तो जशन ने दिलासे की डोरी सीधी मेरे हाथ पकड़ा दी—"रीत! देख अब तो तेरा इंटरव्यू भी हो चुका है, केवल शपथ लेनी बाकी है...अब मम्मी-डैडी तो आ ही जायेंगे।"

वैसे एक बात तो अच्छी थी कि अमेरिका में भी मैं अपनी संस्कृति से पूरी तरह जुड़ी हुई थी। काम पर मुझे अपना पहनावा और अपनी कल्चर पेश करने की पूरी छूट थी। प्री-स्कूल अध्यापिका होने से मैं साप्ताहिक पाठ्य-क्रम बनाती और अपने पाठ्य-क्रम में हर शुक्रवार को सांस्कृतिक गतिविधियाँ कराती। स्कूल में पंजाबी सूट पहन कर जाती, बच्चों के लिए बिंदियाँ और चूड़ियाँ ले कर जाती। मेरी क्लास का हर बच्चा और स्कूल का हर अध्यापक बिंदी और सिंदूर के नाम से परिचित था। कुछ माता-पिता ने तो अपने बच्चों को इंडियन स्टोरों से पंजाबी सूट और बिंदियाँ भी खरीद कर देने लग गये थे। अगर किसी शुक्रवार को मैं सूट पहनकर न जाती

तो सभी को उस दिन शुक्रवार न होने का भ्रम होने लगता सो, इसी कारण मुझे अमेरिका बहुत बढ़िया लगता।

अपनी सह-अध्यापिकाओं को मैं अपनी सभ्यता और संस्कृति के बारे में बताती फूली न समाती। बच्चों को अंग्रेज़ी के साथ-साथ पंजाबी भी सिखाती तो मुझे खुद पर फ़ख्र महसूस होता। आज भी बच्चों के साथ मैं भंगड़ा कर रही थी, जब फोन की घंटी बजी। जशन ने मुबारक कहते हुए जब बताया–"शपथ ग्रहण के समागम का पत्र आ गया है", तो खुशी में मैंने झूमर नृत्य किया।

आज 20 अप्रैल की सुबह है। मैं बहुत खुश हूँ। क्यों न होऊँ, आज तो मुझे अमेरिकन सिटिज़न बनना है। शपथ-ग्रहण समागम में जाने के लिए मैंने स्कूल से छुट्टी ले ली है। इसी कारण मैं दुगनी खुश हूँ। दो गुनी ही क्यों तीन गुनी खुश हूँ। आज का पूरा दिन अपने पति जशन और बेटे वंशु के साथ मैं बिताऊँगी। जशन का आत्मीय साथ और वंशु के मोह में मैं जैसे आकाश में उड़ी जा रही हूँ।

सुबह मैं जल्दी ही उठ जाती हूँ, सोचती हूँ पहले नहा लूँ। फिर बचपन की बात याद आ जाती है, कैसे हम सभी बहन-भाई एक-दूसरे को कोई काम पूरा न हो सकने पर कहा करते थे–

'नहाई-धोई रह गई, मुँह पर मक्खी बैठ गई।'

मैं थोड़ा-सा घबरा रही हूँ–'रास्ते में कहीं कुछ ऐसा-वैसा न हो जाये और मैं शपथ लेने से वंचित हो जाऊँ। वैसे मैं रात को नहा कर ही तो सोई थी।' मैं मन को समझाती हूँ और जशन को कहती हूँ–"जल्दी से चाय बनाती हूँ, आप तब तक नहा लो। मैं आ कर नहाऊँगी, अब देर हो जायेगी।" मन के डर को छिपाते हुए, जशन का उत्तर सुने बिना ही उसे अपना फैसला सुना दिया है।

जशन अभी तक नहा कर बाहर नहीं आया। मैं वंशु को तैयार कर रही हूँ। जशन ने अभी बाथ-रूम का दरवाज़ा ही खोला है कि बड़ी बेसब्री से मैं कहती हूँ–"आप जल्दी-जल्दी चाय पी लो। हमें समय पर पहुँचना है।"

"आप हुक्म करो। हम चाय पिए बिना ही चलते हैं।" जशन हँसने लगता है।

"नहीं-नहीं, आप ज़्यादा मज़ाक मत करो, प्लीज़! मम्मी ने हमें कभी भी किसी खास काम पर जाते समय बिना खाये नहीं भेजा था।" मैंने जवाब दिया तो जशन ने सच में ही चाय का कप खाली कर के रख दिया है।

कुछ ही पलों में हम 'बार्ट स्टेशन' पर पहुँच गये हैं। बार्ट (ट्रेन) में जशन और वंशु के साथ बैठी मैं कॉलेज की यादों में गोते लगा रही हूँ। मुझे याद आता है–'यूथ लीडरशिप ट्रेनिंग कैंप' के दौरान बस में बैठे हम गाया करते थे–"हम होंगे कामयाब" और "सारे जहाँ से अच्छा हिंदोस्ताँ हमारा।"

"वाह! सैनफ्रांसिसको इज़ वैरी कोल्ड।" बार्ट स्टेशन से बाहर निकलते ही वंशु बोलता है।

हम उस हॉल की ओर पैदल ही जा रहे हैं, जहाँ पर शपथ-समारोह समागम होना है। रास्ते में चलते हुए साथी भी मिल जाते हैं और हम एक काफ़िले में शामिल हुए महसूस कर रहे हैं।

हॉल में शामिल होने वालों के साथ मैं भी अपना ग्रीन कार्ड जमा करवाती हूँ। उसके बाद मुझे मेरे बैठने का स्थान बताया जाता है। जशन और वंशु को बाहर छोड़ कर, मैं अपनी सीट पर बैठ गई हूँ। ऊपर गैलरी की ओर देखती हूँ तो सिटिज़नशिप लेने आये लोगों के रिश्तेदार मूवी बनाने के लिए हाथों में कैमरे लिए खड़े हैं। हम अपना कैमरा क्यों नहीं लाये, मैं अपने मन से ही बात करती हूँ। अचानक मेरे साथ वाली सीट पर बैठी एक औरत "हाय" कह कर बताती है कि वह फ्रैंच है और पंद्रह साल बाद सिटिज़नशिप लेने आई है। मैं उसे इंडिया, पंजाब, होशियारपुर, सूनक कलां और तूरां के बारे में बताना शुरू करती हूँ। स्टेज पर हुई एनाउंसमेंट से अनाचक पूरे हॉल में सन्नाटा छा गया है।

स्कूल के बच्चे हाथों में अमेरिकन झंडे पकड़े स्टेज पर आये हैं और हम सभी को राष्ट्रीय गीत गाने को कहा गया है।

मुझे तो 'स्टार स्पैंगल्ड बैनर' इन्टरव्यू के समय से ही पूरा याद है। मैं सभी के साथ मिल कर ऊँचे स्वर में गा रही हूँ पर मेरा मन पता नहीं क्यों उदासी के आलम की ओर चल पड़ा है। मैं धीरे-धीरे पचास तारों वाले झंडे से परे खिसकती जा रही हूँ। मेरा मन ऊपर-नीचे होता है और पता भी नहीं लगता कब, एक लम्बी उड़ान भर कर मेरे गाँव की सीमा में प्रवेश कर जाता है।

गाँव पहुँचते ही मैं गाँव की मिट्टी माथे पर लगाती हूँ। गाँव की ऊँची-नीची तंग गलियाँ मुझे गले से लगाती हैं। मुझे जी—आया कह कर स्वागत करती है। (जशन इन तंग गलियों को पसंद नहीं करता और मम्मी हर बार इनकी तुलना वृंदावन से करती है), पर मुझे तो ये गलियाँ फ्रीवे 880 (अमेरिका की जगह) से कहीं ज़्यादा बड़ी लग रही हैं। मैं अपने डैडी के दो मंज़िले चौबारे की ओर देखती हूँ। इसके सामने, मुझे अमरीका की बिल्डिंगों का कद भी बौना लगता है। मैं सीधे घर की ओर चली पड़ी हूँ। बरामदे से मम्मी की नज़र बाहर की ओर चली जाती है, "ये देखा, कौन आया है?" कहते हुए मम्मी तेल की बोतल ले कर दरवाज़े पर आ गई है।

दहलीजों, पर तेल डाल कर, मम्मी ने मुझे गले से लगा लिया है। डैडी ने आगे बढ़ कर, सिर पर हाथ रख कर, ढेर सारा प्यार दिया है और मैं छोटे भाई को बाँह में लेकर बरामदे में बैठ गई हूँ। देखते-ही-देखते पूरा गाँव मुझे मिलने को उमड़ पड़ा है। घर में लड्डुओं के डिब्बे आ गये हैं। हर कोई मुझे गले मिलकर, प्यार दे कर

आशीर्वाद दे रहा है। घर में शादी जैसी रौनक हो गई है। मैं अपने गाँव के लोगों में घिरी, बैठी एकदम चौंक गई हूँ क्यों इधर अब स्टेज पर हाथ उठा कर, शपथ लेने की रस्मी घोषणा हो रही है।

मैंने अपना दाहिना हाथ ऊपर उठा लिया है, पर मेरा मन साथ नहीं दे रहा। मेरी आँखों में दो आँसू तैरते देख कर, पास में खड़ी फ्रैंच औरत पूछती है–"डू यू थिंक यू लॉस्ट यौर मदर इंडिया?"

बिना कोई उत्तर दिये मैं गाँव की रौनक में दोबारा लौटने की कोशिश करती हूँ। न जाने क्यों इस शपथ ग्रहण रस्म से भी मुझे बेगानेपन की बदबू आती है? बड़ी मुश्किल से खुद पर काबू रखती, शपथ की रस्म पूरी करते हुए शपथ ले ली है और कुछ पलों के बाद ही सर्टिफ़िकेट के रूप में, सिटिज़नशिप मेरे हाथ में पकड़ा दी गई है। मरे हुए, भारी मन से हॉल से बाहर आई हूँ तो जशन, वंशु को गोदी में लिये इंतज़ार में खड़ा मुस्करा रहा है। वंशु मेरी ओर उछल कर आना चाहता है और मैं भाग कर दोनों के गले लग, ज़ोर-ज़ोर से रोने लगती हूँ।

मेरा रोना सुन कर वंशु डर गया है–'वट हैपन मॉम?' हू हर्ट यू?' वह भी मेरे साथ रोने लगा है।

मैं जशन से वंशु को पकड़ कर, ममता और मोह से उसे चूमती हूँ, चुप कराती हूँ। मेरे पास खड़ा जशन कभी मेरी ओर, कभी वंशु की ओर और कभी मेरे हाथ में पकड़े सिटिज़नशिप के सर्टिफ़िकेट की ओर आश्चर्यचकित दृष्टि से देख रहा है।

नाखूनों के निशान

सुरिन्दर सोहल
(24.09.1968)

सपनों के महल जैसा जॉन का घर देख कर मेरे मन से स्वतः ही हूक निकली थी, 'घर हो तो इस जैसा।'

घर के सामने दूधिया स्ट्रैच लिमोज़ीन खड़ी थी। कोई बड़ा आदमी ही जॉन साहब को मिलने आया होगा।

मैंने बेल बजाई।

थोड़ी देर में दरवाज़ा खुला।

छः फुट लंबा, गुलाबी रंग जॉन साहब, ढीले-ढाले घर के कपड़े पहने मेरे सामने खड़ा था, 'वेलकम!'

वाइन का गिलास उसने उँगलियों में फँसाया हुआ था।

उसके पीछे-पीछे मैं लिविंग रूप में चला गया। लिविंग-रूम की शान शब्दातीत थी। उसने बैकयार्ड को जाता हुआ दरवाज़ा स्लाइड किया। हम बाहर निकल गये तो दरवाज़ा अपने आप बंद हो गया। बैकयार्ड था या कि जंगल में मंगल बना हुआ था। ऊँचे-ऊँचे पेड़ गहरे रंग की आभा बिखेर रहे थे। जंगली-जानवरों से सुरक्षा के लिए लोहे की ऊँची-ऊँची जालीदार, पारदर्शी दीवार बनी हुई थी।

बहुत बड़ा-सा स्विमिंग पूल। नीला पानी था कि बैकयार्ड में आसमान ही उतर आया था। ऊँचा-सा नकली झरना पूल में गिर रहा था। इस सम्पूर्ण शांत वातावरण में झरने का पानी किसी रुहानी संगीत से कम नहीं था। पूल के किनारे आराम कुर्सियाँ पड़ी हुईं थीं। एक शानदार टेबल। धूप से बचने के लिए रंग-बिरंगी छतरियाँ कुर्सियों के साथ ही जुड़ी हुई थी। ज़रूरत के अनुसार छतरी को घुमा कर सूर्य की ओर किया जा सकता था।

धूप बड़ी तीखी थी।

जॉन ने मुझे आराम कुर्सी पर बैठने का संकेत किया।

मैं अपार्टमेंट बिल्डिंग के 'टू बेडरूम' में रहने वाला आदमी जॉन के घर को इस तरह देख रहा था, जैसे कोई बच्चा अचानक खिलौनों के ढेर पर गिर पड़े।

जॉन एक एम्पलायमेंट ऐजेंसी चलाता था। बाहर के देशों से आये कम्प्यूटर के क्षेत्र में दक्ष, माहिर लोगों को जॉब दिलाने में वह बड़ा कुशल था। मैं जब आया था तो अच्छी जॉब में हाथ नहीं डाल पा रहा था। इस कारण एक फैक्ट्री में काम करने लग गया। वहाँ एक गोरा काम करता था। एक दिन उसे बातों-बातों में मेरे 'सोफ्टवेयर इंजीनियर' होने का पता चला था। उसी ने मुझे जॉन का पता बताया था। जॉन ने मुझे अच्छे वेतन की नौकरी थोड़े ही दिनों में लगवा दी थी। धीरे-धीरे मैं एक घंटे के पचास डॉलर कमाने लग गया था।

तब तक हमारी काफ़ी जान-पहचान हो चुकी थी। मेरे कई दोस्त, कई क्लासफैलो और जानने वाले अमेरिका आये। मैं बारी-बारी से सभी को जॉन की ऐजेंसी में लेकर गया था। जॉन ने सभी को अच्छी जगहों पर फिट करवा दिया था। जॉन से मेरी इतनी-सी साझ हो गई थी कि अमेरिका के दिन-त्यौहार पर मैं उसे ई-मेल करके मुबारक दिया करता था। वह मुझे 'ई-कार्ड' भेजता। जब भी किसी दोस्त को लेकर मैं जॉन के छोटे से दफ़्तर में जाता, वह मेरे साथ काफ़ी देर तक बातें करता रहता। मेरी प्रोमोशन की बातें करता। मेरे परिवार के बारे में पूछता।

मैं कई बार उससे कहता–''मिस्टर स्मिथ, हम तो सोचते थे कि बाहर वाले मुल्कों के लोग अपने मतलब के बिना किसी से एक मिनट भी बात नहीं करते, पर आप तो काफी 'बातूनी' हो।''

''तेरी बात ठीक है। मैं भी बिज़नेस के बाहर जा कर कोई बात नहीं करता। तुम भी तो मुझे बिज़नेस देते हो। तुम्हें याद है, अब तक तुम मुझे बीस कैंडीडेट दे चुके हो। पर इसके बावजूद तुम्हारे में कुछ है। तुमसे बातें करना मुझे अच्छा लगता है। कभी-कभी तुमसे बातें करके मुझे ऐसा लगता है, जैसे मैं अपने आप से बात कर रहा होऊँ।'' जॉन कहता–''ऐनी वे, तेरा काम हो जायेगा।''

मेरा दोस्त कम्प्यूटर प्रोग्रामर बन कर इंडिया से आया था। उसे एक कम्पनी ने बुलाया था। कम्पनी के साथ उसका दो साल का कान्ट्रैक्ट था। कम्पनी उसे बहुत ही कम वेतन दे रही थी। कानूनन, मेरा दोस्त वह कान्ट्रैक्ट तोड़ नहीं सकता था। थोड़े और कम वेतन से उसका गुज़ारा नहीं चलता था। इसी दौरान कानून में थोड़ी ढील मिल गई। अगर कोई दूसरी कम्पनी आप को सम्पर्क कर ले तो आपका 'एच. वन. वीज़ा' उस कम्पनी के खाते में ट्रांसफर हो सकता था। वह कम्पनी आपको ग्रीन कार्ड भी दिलवा सकती थी। मेरे दोस्त ने अपना रैज़्यूम मुझे भेज दिया।

मैंने जॉन से बात की, 'मिस्टर स्मिथ, मैं अपने दोस्त का रिज़्यूम आपको ई-मेल कर रहा हूँ, इसे किसी अच्छी जगह लगवाना है, मेरे जैसी जॉब पर।' जॉन ने कहा था, ''आज शनिवार है। दोपहर बाद मैं पूरा दिन घर रहूँगा। तुम रिज़्यूम घर पर ही ले आना। किसी अच्छे दोस्त के साथ ड्रिंक किये बहुत दिन हो गये हैं। आज की

शाम मेरे घर एन्जॉय करेंगे।"

बड़ी कम्पनियों के साथ जॉन के सीधे सम्बंध थे। मैं अब एक घंटे के पचास डॉलर लेता था। पता नहीं मेरे बदले उसने कम्पनी से कैसा कान्ट्रैक्ट किया होगा। मेरी आठ घंटों की दिहाड़ी के बदले उसे घर बैठे अस्सी डॉलर मिलते होंगे या इस से भी अधिक। चैक सीधा उसके खाते में चला जाता होगा। मेरे जैसे सैकड़ों की नौकरी उसने लगवाई थी। दफ्तर तो उसका छोटा-सा था, पर घर...।

"क्या पीओगे, वाइन या व्हिस्की?" जॉन की बात सुनी तो मैं खिलौनों के ढेर से निकल कर आराम कुर्सी पर आ गया। झरने का पानी इस शांत वातावरण में संगीत से कम न था।

"पहले जूस।"

जॉन अंदर जूस लेने चला गया।

ड्रैसिंग-रूम से जॉन की पत्नी, मैगी बाहर आई। इतनी सजी-धजी मानो जादूगर के पिटारे से निकली हो। दूर से ही हाथ हिला कर उसने मुझे 'बाय-बाय' की।

इसके बाद ऊँचे स्वर में जॉन को सुनाती हुई बोली, "ओ.के. हनी, मैं जा रही हूँ।"

"ओ. के. स्वीट हार्ट" अंदर से जूस की बोतल हाथ में पकड़े इधर आता हुआ जॉन बोला। दोनों ने 'किस' की और मैगी बाहर निकल गई। जब तक जॉन जूस की बोतल ले कर मुझ तक पहुँचा, लिमोज़ीन स्टार्ट हो कर, हवा से बातें करती, घने पेड़ों में अदृश्य हो गई।

"बच्चे घर पर नहीं हैं क्या?" मैंने आस-पास देखते हुए कहा।

"नहीं, मैगी ने पार्टी पर जाना था। मेरे लिए दोनों बच्चियों को सँभालना मुश्किल है। वे दोनों बेबी सिटर के घर पर ही हैं। कल सुबह इतवार है। बेबी सिटर छोड़ जायेगी। उन्हें फिर मैं और मैगी कहीं घुमाने के लिए ले जायेंगे।"

जूस की बोतल पकड़ाते हुए जॉन मेरे दाहिने हाथ पर लगी गहरी-गहरी लकीरों को ध्यान से देखने लगा। फिर बोला—"मैंने पहले भी कई बार तेरे हाथ पर छपी हुई ये खरोंचें देखी हैं। क्या कभी शेर से पंजा लड़ाता रहा है?"

हँसते हुए जॉन, मेरे सामने पड़ी खाली कुर्सी पर बैठ गया।

धूप का सेक कम नहीं हुआ था। मेरे चेहरे पर हल्की-हल्की पसीने की बूँदे आ गईं। नैपकिन से मैंने पसीना पोंछा। जॉन ने उठकर छतरी को सूरज की ओर करके मेरे चेहरे पर छाया कर दी।

मैंने ठंडे-ठंडे जूस की घूँट भरा। कई तरह की फ्रूट मिक्स होने से मेरी जीभ अंदाजा लगा रही थी, यह किस-किस फल का जूस होगा।

"कैसे निशान हैं, किस चीज़ के?" जॉन ने फिर पूछा।

जंगल से उड़ कर एक बतख आई और पूल के पानी पर तैरने लगी।

मैंने एक बार अपने हाथ की ओर देखा। इन निशानों को मैंने पहले कभी इतने ध्यान से नहीं देखा था। मुझे वह फिल्म 'जोरैसिक-पार्क-थ्री' का पोस्टर याद आया। तीन लिखने की जगह पर डिज़ाइनर ने पोस्टर पर इस तरह खरोंचे मारी हुईं थीं, जैसे डायनासोर ने पंजा मार कर लकीरें खींच दीं हों।

"जॉन" मैं बोतल को शीशे के खूबसूरत टेबल पर रखते हुए बोला—"ये लकीरें मेरी ज़िंदगी का हिस्सा हैं। बहुत महत्वपूर्ण पर भयानक याद की निशानी।"

"ओ रियली? जॉन उत्सुकता से बोला, "आज अपने पास बहुत टाइम है। बड़ी मुश्किल से मिलता है ऐसा टाइम। आराम से विस्तार में बता, इनके बारे में।"

मैंने जेब से एक सफेद लिफाफा निकाला और उसे जॉन की ओर बढ़ाते हुए बोला—"इसमें मेरे दोस्त का रिज़्यूम है।"

"दफ्तर की बातें दफ्तर में। आज हम ऐजेंट क्लायंट नहीं, दोस्तों की तरह बातें करेंगे। एन्जॉय करेंगे।" सीटी जैसी, सफेद सींग की बनी गिलास में वाइन डालते हुए जॉन ने कहा।

"जॉन, इन गहरी-गहरी लकीरों में बहुत भयानक घटना छिपी हुई है। एक इतिहास। मेरा एक दोस्त हुआ करता था—जरनैल। तुम जैरी कह सकते हो।"

जॉन हिन्दुस्तानी नाम का अमेरिकीकरण सुन कर हल्का-सा हो गया।

'मेरे गाँव की बात है। वह मुझसे चार-एक साल बड़ा था। बड़ा मेहनती' बहुत सख़्त जान, मज़बूत हाथों वाला आदमी। हम पड़ोसी भी थे और अच्छे दोस्त भी। जैरी की शादी हो गई। उसकी पत्नी निहायत खूबसूरत थी—बिल्कुल मैगी जैसी। खैर! एक दिन हमारे गाँव के एक मुसटंडे ने जैरी की पत्नी से कोई भद्दा मज़ाक कर दिया। उसकी बाँह पकड़ने लगा। पत्नी वहाँ से दौड़ गई। उसने जैरी को बता दिया। जैरी अपने खेतों में काम कर रहा था। उसने वहीं पर कुल्हाड़ी उठाई और मुसटंडे लड़के के फार्म पर चला गया। उसने उस लड़के की बाँह पर कुल्हाड़ी मारी। आधी बाँह कट गई, लेकिन वहाँ पर उस मुसटंडे के और मित्र भी थे। उन्होंने लाठियों से जैरी को बहुत मारा। अधमरा कर के रास्ते में फेंक गये। किसी ने जैरी को देखा और गाँव में शोर मच गया। हम जैरी को उठा कर अस्पताल ले गये। मैं उसकी चारपाई के पास ही बैठा रहा। पूरे चार दिन। चौथी रात जैरी को ज़रा-सी होश आई—उसने आँखें खोलीं। मैंने अपने हाथ में उसका हाथ ले लिया। कितना मज़बूत हाथ था उसका। मेहनत कर-कर के उन में गट्टे पड़े हुए थे। गर्मी-सर्दी मज़बूत नाखून। गाँव में नाखून कौन काटता है। मैंने उससे पूछा—"ठीक है अब?"

कुछ देर तक जैरी मुझे देखता रहा। फिर अचानक पता नहीं क्या हुआ। उसका मज़बूत हाथ मेरे हाथ में था। उसका हाथ बड़ी ज़ोर से मेरे हाथ को दबाता गया।

इतने जोर से कि जैरी के नाखून, मेरे हाथ की सख़्त चमड़ी में गड़ गये। मेरी चीख निकल गई। चीख सुनकर नर्स भागी आई। उसने बड़ी मुश्किल से जैरी के हाथ से मेरा हाथ निकाला। खींचने-खांचने में मेरे हाथ की सख़्त चमड़ी छिल गई और हाथ लहू-लुहान हो गया। जैरी की ओर देखा, वह निश्चल पड़ा हुआ था। डॉक्टर आया, उसने बड़ी कोशिश की, जैरी की बंद साँस न चल सकी। लेकिन जाते हुए जैरी मुझे यह पक्की निशानी दे गया।

''वैरी सैड।'' जॉन बोला, ''ये तो बड़ी भयानक याद के निशान हैं।'' वह उठा। उसे जैसे गर्मी लग रही थी। उसने अपनी शर्ट उतार दी। उसका गोरा बदन धूप में और भी चमकने लगा था। उसने वाइन का गिलास खाली किया और दूसरे गिलास में व्हिस्की डालने लग गया।

व्हिस्की का घूँट भर कर वह बोला, ''पर अब तो लेटेस्ट सर्जरी की टैक्नोलॉजी आ गई है। मार्डन, अल्ट्रा-मार्डन टैकनीक। सर्जरी करवा के तुम ये निशान हटवा क्यों नहीं देते?''

''जॉन यादें चाहे भयानक हैं, पर मैं इसे ऐसा नहीं समझता। मुझे यह स्वाभिमान के निशान लगते हैं। स्वाभिमानी इंसान के निशान। आधुनिक टैकनीक से, विरासत में मिले स्वाभिमान के प्रेरणादायक खज़ाने का नामों-निशान क्यूँ मिटा दूँ। जैरी ने पत्नी की इज़्ज़त को हाथ लगाने वाले की बाँह काट डाली, बाद में चाहे उसे अपनी जान की कुर्बानी देनी पड़ी।''

''हूँ।'' जॉन ने बड़े महँगे ऐश-ट्रे के कोने में पड़ा, एक मंहगा सिगार उठाया और सुलगा लिया। एक कश लेकर बोला–''स्वाभिमान, स्वाभिमानी आदमी।'' फिर उसने कुछ लंबे कश लिये। सिगार को ऐश-ट्रे के कोने में टिका कर बोला–''व्हिस्की लोगे या वाइन?''

''पहला पैग वाइन का ठीक रहेगा।'' मैंने कहा। मेरी नज़र अभी भी किसी एक जगह पर टिक नहीं रही थी। जॉन का घर मुझे परी-महल-सा लग रहा था।

वाइन डाल कर जॉन ने गिलास मेरे आगे रख दिया। किसी महँगे ब्रैंड वाला पजामा उतार कर कुर्सी पर रख दिया। ''आज बहुत गर्मी है। जी भर कर स्विम करना चाहता हूँ।''

''हाँ।'' धूप की तेज़ चमक देखते हुए मैंने भी उसकी हाँ में हाँ मिलाई।

शराब का असर तो सिर घुमाने तक ही होता है, पर मैं जिस जगह बैठा था, वैसे ही मुझे सरूर आ रहा था। पेड़ झूम रहे थे। नकली झरना असली झरने-सा गीत गा रहा था। जंगल से उड़ कर आये पक्षी बैकयार्ड में अठखेलियाँ कर रहे थे। मुझे किसी पहाड़ पर सैर करने का अनुभव घर बैठे ही हो रहा था।

बातें–अमेरिकन सोसाइटी, अमेरिकन ज़िंदगी और जॉब वगैरा की होने लगी।

चलती हुई बातों में से मैंने एक बात की लड़ी खोज ली। ''जॉन, मैं जॉब करते-करते थक गया हूँ। अब आराम करना चाहता हूँ। इस तरह का ही एक बड़ा-सा घर हो। शांति हो। बंदा पूल के किनारे बैठा व्हिस्की ''सिप'' कर रहा हो। क्या मैं आपकी तरह 'ऐजेंट' नहीं बन सकता?''

जॉन ने मुझे घूर कर देखते हुए कहा—''नहीं।''

मुझे लगा, जैसे वह मुझे अपने बराबर नहीं आने देना चाहता। आखिर वह अमेरिकन था और मैं इमीग्रेंट। कहीं न कहीं फ़र्क तो ज़रूर था ही। पर मैंने फिर से लड़ी जोड़ी—''आप क्या ऐसा सोचते हो कि मुझ में काबलियत नहीं?''

जॉन उठा। उसने अंडरवियर उतार दिया। वह मेरे सामने एकदम नंगा खड़ा हुआ था।

''मैं एक डुबकी ले आऊँ।''

वह पूल के पास गया तो पूल के किनारे बैठी बतखें थोड़ा-सा उड़ कर परे हो गईं। वह खड़ा-खड़ा 'छड़ाप' करता पूल में गिर गया। कुछ देर तैरता रहा। थोड़ी देर तक मैं उसे तैरते देखता रहा, फिर घर की चीज़ों को, इधर-उधर देखता रहा।

कुछ देर बाद वह पूल से निकला। नंगा ही मुझ तक पहुँचा। कुछ देर नंगा खड़ा रहा। बचा हुआ व्हिस्की का पैग ख़त्म किया। इसके बाद तौलिये से बदन पौंछ कर तौलिया हैंगर पर टाँग दिया। दूसरे तौलिये को कमर पर बाँध कर, मेरे सामने कुर्सी पर बैठ गया।

''अब व्हिस्की डालूँ?'' मेरी हाँ सुनने से पहले ही उसने एक गिलास उठाया, जर्मनी का बना हुआ है, इसकी कीमत तुम सोच भी नहीं सकते।''

व्हिस्की में उसने क्लब सोडा डाल दिया।

मुझे चुप-चाप देख कर जॉन बोला, ''तुम ऐजेन्ट बनना चाहते हो। अमीर होना चाहते हो। चलो, सारे कपड़े उतार दो। नंगे हो जाओ, यहाँ से पूल में तैर कर नंगे ही रह कर मेरे सामने बैठो और व्हिस्की पीओ। फिर मैं खुश होऊँगा। मैं खुश होऊँगा और तुम तरक्की करोगे।''

मुझे पसीना आ गया। पता नहीं गर्मी से या जॉन की बातें सुनने के कारण।

''यह तुम क्या मज़ाक कर रहे हो?''

''नहीं, मैं सीरियस हूँ।'' जॉन ने व्हिस्की का छोटा-सा पैग बनाया और 'सिप' किया। ''मैं जानता हूँ, तुम नंगे होकर किसी के सामने नहीं नहा सकते। तुम 'वरकिंग क्लास' से सम्बंधित हो। हाई क्लास के सिस्टम और कल्चर से तुम नावाकिफ़ हो।'' मुझे सोच में डूबा देखकर जॉन ने फिर कहा—

''आगे बढ़ने के लिए सदाचार, नैतिकता, धर्म, ईमानदारी, इज़्ज़त, ऊँचे-नीचे नैतिक मूल्य, पारिवारिक सोच और मूल्य, आत्मा—सभी की कुर्बानी देनी पड़ती है।

अपने बॉस को खुश रखना पड़ता है। सिर्फ़ खुश। जैसी मर्ज़ी। बॉस की हाँ में हाँ मिलानी पड़ती है। उसके सामने झुकना पड़ता है। बॉस बड़ी कुत्ती चीज़ होता है। छोटी-सी बात पर गुस्सा हो सकता है। वह आपकी बहन के साथ सो कर भी खुश नहीं हो सकता। तुम तरक्की नहीं कर सकते। तुम अमीर नहीं बन सकते। तुम में तो मेरे सामने नंगा होने की भी हिम्मत नहीं। तुम धर्म, नैतिकता, ईमानदारी की चादर ओढ़े बैठे हो। आगे बढ़ने के लिए, पैसा पाने के लिए इन सब को साधना पड़ता है।''

जॉन पागलों की तरह बोले जा रहा था। पता नहीं उसे चढ़ गई थी या उसके अंतर का सच फूट-फूट कर झरने-सा गिर रहा था।

उसने एक और पैग बनाया। मेरा पैग मेरी ओर खिसका कर बोला–''तुमने तो अभी आधा भी ख़त्म नहीं किया।'' फिर उड़ कर आती बतख़ को देख कर बोला– ''देखो, पंछी कैसे उड़ रहे हैं। पता है क्यों उड़ रहे हैं? इन्होंने धर्म, नैतिकता, इज़्ज़त मान का नाम नहीं सुना हुआ। इन बतख़ों को देख कर क्या तुम बता सकते हो, कौन इसकी औलाद है? किसकी पत्नी। किसका पति। इसी कारण ये उड़ रहे हैं। तुझे पता है हाई-क्लास के कुछ लोग कई-कई रातों तक अपनी पत्नियाँ बदल कर बरतते हैं। तुम इस व्यवहार को क्या कहोगे?''

बोलने के लिए मेरे होंठ हिले ही थे कि जॉन बोला–''मुझे पता है, अच्छा नहीं कहेगा।'' वह खिखिलाकर हँसा फिर बोला–''क्यों कि तुम अभी तक 'वरकिंग क्लास' से सम्बंधित हो। जब तुम इस क्लास से ऊपर उठ गये, वहाँ पर तुम्हें धर्म, नैतिकता, ईमानदारी, मान-मर्यादा, पारिवारिक मूल्य–सभी बीते हुए समय की बातें लगेंगी। यह सब तुम्हारे दिमाग में आयेंगी नहीं। जैसे ये कभी थीं ही नहीं। वहाँ पर सभी बराबर है। सभी उड़ते फिर रहे हैं–बतख़ों की तरह। कोई मांइड नहीं करता। जब तक लेकिन तुम 'वरकिंग क्लास' से संबंधित रहते हो, तथाकथित इन ज़ंजीरों से जकड़े, गुलामों जैसी, कीड़ों-सी ज़िंदगी बिताते रहते हो। कीड़े नहीं समझ सकते, पंछी कैसे उड़ते हैं। हवाओं में उड़ने का नशा क्या होता है।''

मैं व्हिस्की 'सिप' कर रहा था। जॉन की बातें सुन रहा था। मैं बतख़ों के बारे में, पंछियों के बारे में सोच रहा था। मैंने किसी रिसर्च की गंभीर पुस्तक में पढ़ा था, पक्षियों, जानवरों के अपने पारिवारिक नियम होते हैं। पक्षियों के भी परिवार होते हैं। पर यह जॉन, अपने कपड़े तो उतार रहा था, खुद तो नंगा हो गया था लेकिन पक्षियों के महत्वपूर्ण सत्य पर परदा डाल रहा था। या उसके लिए सच्चाई सिर्फ़ वही थी जो केवल उसे माफ़िक होती थी। क्या वह पक्षियों परिवार सम्बंधी सत्य की मूर्ति तोड़ कर अपने भीतर की टूट-फूट को जोड़ना चाहता था? वह पढ़ा-लिखा था, पक्षियों के बारे में इतना अनजान तो नहीं होगा। क्या उसने ऐसा चश्मा पहन रखा था, जिससे

सिर्फ़ वही दिखता था, जो वह देखना चाहता था?

व्हिस्की के घूँट भरता-भरता वह फिर बोला–

"तुम अमीर बनना चाहते हो मेरे लेवल की एम्प्लॉयमेंट ऐजेंसी खोलना चाहते हो? मेरे जैसा घर-बार बनाना चाहते हो? एक बात सुनो। बड़ी-बड़ी कंपनियों के सी.ई.ओ. के साथ या वहाँ के बॉसेस के साथ मैं डिनर पर नहीं जाता। मेरी पत्नी जाती है। तुम अपनी पत्नी भेज सकते हो?"

मैं जॉन से शायद यह प्रश्न कभी भी न करता। लेकिन वह मेरे साथ काफ़ी खुल रहा था। हिम्मत कर के मैंने पूछा–"जॉन, फिर तुम क्या महसूस करते हो?"

"आज भी मैगी तेरी कम्पनी के सी.ओ. के साथ डिनर पर गई है। स्ट्रैच लिमोज़ीन उसी ने भेजी थी। वह डिनर पर गई है और देखो मैं एन्जॉय कर रहा हूँ। मेरी पत्नी की बदौलत, मेरी द्वारा लगवाई गई जॉब्स् का कमीशन मेरे बैंक अकाउन्ट में चला जाता है। चैक मेरे घर में बारिश की तरह बरसते हैं। ज़िंदगी गें और है ही क्या–एन्जॉयमेंट के बिना?"

मैं उसकी हरकतों से, उसके बोलों से, उसके चेहरे के हाव-भाव से, बिल्ली जैसी आँखों की चमक से यह अनुमान लगाने की कोशिश कर रहा था कि जॉन सच में एन्जॉय कर रहा था या अपने दुःख का 'कैथारसिस' कर रहा था।

एक पैग पी कर जॉन ने कपड़े पहन लिए। सूर्य पेड़ों की ओट में होने को था। हम अंदर डाइनिंग-रूम में बैठ गये। आलीशान बर्तनों में उसने अमेरिकन खाना टेबल पर लगा दिया। वह बोला–"जो-जो खाना है, माइक्रोवेव में गर्म कर लेना।" उसने एक बड़ा-सा पैग बनाया, मुझे भी बना दिया।

मैंने रोका–"नहीं जॉन, और नहीं, मुझे ड्राइव भी करना है।"

"कोई बात नहीं, टैक्सी में चले जाना।"

वह फिर बोला–"तुझे पता है, मेरी दो बच्चियाँ हैं।"

"हाँ।"

"जब वे बड़ी हो जायेंगी, अपनी माँ की तरह मेरे बिज़नेस को बढ़ाने में मेरी मदद करेंगी।" जॉन खिड़की से पूल में गिरते नकली झरने के पानी को टकटकी लगाये बोला फिर उसने मेरे पर नज़रें जमा दीं और–"मैं जानता हूँ तुम्हें मेरी बात अटपटी और अजीब लगी होगी। सच बताना मेरी बातें सुन कर तुझे कैसा लगा? तेरे अंदर कुछ हुआ?"

जॉन मेरे सामने तन से ही नंगा नहीं हुआ था, वह तो सारे का सारा ही नंगा हो रहा था।

उल्टा, मैंने जॉन से सवाल कर दिया–"जॉन मैंने जो महसूस किया, वह तो किया ही, पर जब तुम मुझे यह बात कह रहे थे, तुम क्या महसूस कर रहे थे? तुम्हारे

अंतस में क्या चल रहा था? जॉन ने आधा पैग खाली कर दिया। मेरा दाहिना हाथ पकड़ कर सहलाने लगा। बारी-बारी से निशानों को गिनता। मेरी ओर देख कर एक अजीब-सी मुस्कराहट उसके चेहरे पर फैल गई। आँखों में गहरी चमक। डाइनिंग टेबल के कॉर्नर से ऐश-ट्रे में से उसने सिगार उठाया। सुलगाया। लंबे-लंबे कश लिये और खिड़की से खुले आसमान को देखता हुआ बोला–

"अगर आसमान में उड़ना चाहता है, तो इन निशानों को सर्जरी करा कर मिटा दे।"

उसने मेरा हाथ एकदम उसी अंदाज़ में पकड़ा, जैसे अनजाने में जरनैल ने हाथ में पकड़ा हुआ था। जॉन ने अपने नाखून मेरे हाथ पर लगे गहरे-गहरे निशानों पर रख कर अपना हाथ ज़ोर से दबा दिया लेकिन उसके नर्म-नर्म और छोटे-छोटे नाखून मेरे हाथ की सख्त चमड़ी को ज़ख्मी करने से पहले ही मुड़ गये...।

प्यासी किश्ती

डॉ. संदीप सिंह

(25.01.1974)

हर रोज़ की तरह आज सुबह साढ़े तीन बजे के अलार्म की कान-फोड़ती टैं-टैं, सेवा सिंह को बड़ी रूखी लगी। उसने बिस्तर से उठने की कोशिश तो की पर शरीर कुछ साथ नहीं दे रहा था। चाहे उसे अब इस टैं-टैं के साथ ही उठने की आदत पड़ चुकी थी, पर क्या करे, इन बड़े शहरों में कौन कोई कुदरत के मुताबिक ही अपने दिन की शुरुआत कर सकता है, खास कर न्यूयॉर्क जैसे शहर में, जहाँ आज आदमी ने मशीनी रफ़्तार में अपने जीवन को आत्मसात कर लिया है। इसी मशीनी रफ़्तार में सेवा सिंह खुद से बुड़बुड़ाते हुए कहा—"पता नहीं आज गाड़ी सैल्फ में स्टार्ट नहीं हो रही, लगता है, धक्का माँगती है।" वह मन मार कर बिस्तर से उठा और टैक्सी से जाने के लिए तैयार हो गया। आज उसके कदमों में वह फुर्ती नहीं थी जो पहले हुआ करती थी। उसकी ऐसी अल्सायी-सी चाल को भाँपते हुए बंचित कौर ने रोटी वाला बैग पकड़ाते हुए कहा—"मैं कहती हूँ जी, अगर शरीर ढीला है तो आज काम पर जाना रहने दो, कोई ज़रूरी तो नहीं।" पर सेवा सिंह सातों दिन काम करने वाला कहाँ किसी की मानने वाला था। बेशक वह भी थोड़े-थोड़े पैर मल रहा था पर साथ ही अपनी घरवाली को धैर्य से समझाते हुए उसने कहा—"देख बंचित कौर, काम पर जाये बिना तो चलता नहीं, साथ ही अपने गाँव में हमने थोड़ी-सी और ज़मीन का भी तो सौदा किया हुआ है।"

"पर जी, मैं कहती हूँ जी...।"

बंचित कौर के पर कहने की देर थी कि सेवा सिंह को बहुत पसीना-सा आया और आँखें एकदम से घूम गईं। प्रकाश पर अँधेरे का अधिकार होने लगा और वह पसलियों को पकड़ता हुआ-सा पास पड़े सोफे पर धड़ाय से बैठ गया। घबराई हुई बंचित कौर ने पूछा, "क्या हुआ जी?"

"कुछ नहीं, पानी का गिलास ले आ।"

बंचित कौर पानी का गिलास लेकर आई तो सेवा सिंह नीम बेहोशी की हालत में लेटा था। यह देखते ही उसके हाथ से पानी का गिलास गिर गया। उसकी तो

जैसे सुध ही खो गई। ऊँची-ऊँची आवाज़ में कुलदीप को आवाज़ें लगाने लगी–"रे बेटा कुलदीप, रे तेरा बाप...।"

घर में एकदम हफड़ा-दफड़ी पड़ गई। इस शोर में सेवा सिंह सूखे होंठों से पानी-पानी कहता रहा, पर किसी ने न सुना। कुलदीप ने कहा–"मम्मी, मैं ऐम्बुलेंस को कॉल करता हूँ...।" कुलदीप ने 911 हेल्प-लाइन कॉल की और पाँच मिनट में ऐम्बुलेंस घर के बाहर आ खड़ी हुई। ऐम्बुलेंस धूँ-धूँ करती पाँच मिनट में अस्पताल पहुँच गई। सेवा सिंह को इमरजेंसी में दाखिल किया गया। सब के चेहरों पर एक ही सवाल था–"उसे क्या हुआ?" सबकी नज़रें घूम-घुमा कर कुलदीप के चेहरे पर टिक जातीं और सैकड़ों सवालों में घिरा हुआ वह भी एक सवाल ही बना पड़ा था। काफी देर के इंतज़ार के बाद इमरजेंसी रूम का द्वार खुला और डॉक्टर बाहर आया। डॉक्टर की आँखें सेवा सिंह के किसी नज़दीकी रिश्तेदार को खोज रहीं थीं कि इतने में कुलदीप भाग कर डॉक्टर के पास गया और पूछा–

"डॉक्टर, मेरे पापा कैसे हैं, उन्हें क्या हुआ?"

"हम कुछ टेस्ट करेंगे, उसके बाद ही आप को बता सकता हूँ कि उसको क्या हुआ है।"

कुलदीप को कुछ बेचैनी-सी हो रही थी। उसने साथ ही डॉक्टर को पूछ लिया– "डॉक्टर, ये टेस्ट कब करने होंगे?"

"जितनी जल्दी हो सकें, हम कोशिश करेंगे।"

"मेहरबानी डॉक्टर।"

डॉक्टर जाते हुए कह गया कि प्लीज़, एक समय सिर्फ़ एक ही आदमी अंदर जा सकता है।"

डॉक्टर से बात करने के बाद कुलदीप अपनी माँ के पास चला गया। जो चुन्नी का गोला-सा बनाये, मुँह बंद किये, दीवार से सहारा ले कर खड़ी थी। कुलदीप के कंधे को हल्का-सा दबाते हुए उसने पूछा–"क्या कहा डॉक्टरों ने?"

"मम्मी, अभी तो पहले वे टेस्ट करेंगे, फिर पता चलेगा कि क्या बात है।"

माँ से इतनी बात करके जब कुलदीप ने पापा के कमरे में जाने के लिए कदम उठाया तो उसे लगा कि दहलीज पर उसके कदम मन-मन भारी हो उठे थे। उसके लिए भीतर पग रखना भी मुश्किल हो रहा था। जैसे-तैसे वह अंदर गया तो बेड पर पापा को निढाल पड़े देखा तो उसकी जान मुट्ठी में आ गई। पापा को इस तरह निढाल उसने आज तक नहीं देखा था। बेड के पास पड़ी कुर्सी को परे सरकाता हुआ वह पूछने लगा–"पापा अब कैसे हो?"

"हाँ बेटा ठीक हूँ। चिंता मत करो। तेरी माँ कहाँ है?"

"मम्मी बाहर खड़ी है। डॉक्टर ने कहा है कि एक जना ही अंदर जा सकता

है।''

''बेटा, डॉक्टर कहता था कि आप बड़े टाइम से यहाँ अस्पताल आ गये हो। मुझे हुआ क्या है?''

''मेरे साथ भी ज़्यादा बात नहीं हुई। बस यही कहता था कि कुछ टेस्ट करने होंगे। इसलिए शायद एडमिट करेंगे।''

''मेरा मेडीकल कार्ड तो बेटा बैग में ही रह गया। उसके बिना ये लोग यूँ ही बिल भेजते रहेंगे। घर से ले आना।''

''आप चिंता मत करो पापा।''

''और सच, एक बात यह कि ड्राइवर को भी कह देना कि टैक्सी अगर पहले ले जानी है तो ले जाय। बेचारा कबीलदार बंदा चार पैसे ही बना लेगा। खड़ी रहेगी तो कौन-सा दूध देगी।''

''पापा, आप भी हर वक्त पता नहीं कौन-सी बातों में पड़े रहते हो? यह भी हो जायेगा।''

''हो तो जायेगा, मैं जानता हूँ, पर बेटा तुझे भी तो कबीलदारी की समझ आनी चाहिए कि नहीं।''

''क्या पापा, फिर वही बातें। बाहर बैठी मम्मी सोचती होगी कि अब तक नहीं आया। मैं उन्हें भेजता हूँ। और हाँ, आप मम्मी के साथ अब जैसी कबीलदारी की बातें मत छेड़ देना।''

बंचित कौर बाहर दरवाज़े की चौखट के साथ सहारा लेकर खड़ी थी। जब उसने कुलदीप की पदचाप सुनी तो आगे बढ़ कर उसे पूछा–''कैसे हैं अब तेरे पापा?''

''ठीक है मम्मी, आपको पूछ रहे हैं।''

''मैं अब अंदर जा सकती हूँ बेटा?''

''हाँ क्यों नहीं?''

बंचित कौर मुँह में चुन्नी दबाये अंदर दाखिल हुई। अंदर घुसते ही सेवा सिंह ने कहा–''बंचित कौर, आ गई। चिंता मत कर मैं ठीक हूँ।''

''यह पल भर में क्या हो गया जी? मेरी तो जान ही निकल गई। वाहेगुरु करे, आपकी जगह मुझे कुछ हो जाय।''

''चल छोड़, पागलों वाली बातें कर रही है।''

''अब आपको कितने दिन रखेंगे यहाँ पर ये?''

''पता नहीं कुलदीप कहता था कि इन्होंने कुछ टेस्ट वगैरा करने हैं।''

''किस चीज़ के टेस्ट? कुछ पता है?''

''अभी तो कुछ पता नहीं।''

इतने में नर्स के आने से माहौल में चुप्पी-सी छा गई। नर्स पंजाबी थी, उसने

बड़ी नम्रता से कहा—"माता जी, मुझे चेक-अप करना है, प्लीज़...।"

बंचित कौर समझ गई और उसने कहा—"ठीक है बेटा।" थोड़ा सँभलते हुए उसने सेवा सिंह को कहा—"जी घर से आती बार मैं खाना ले आऊँगी। अगर कुछ और चाहिये तो बता दो।"

"बंचित कौरे, ऐसा करना, लस्सी पीने को बड़ा दिल कर रहा है। लस्सी ज़रूर ले आना।"

बंचित कौर के जाते ही नर्स ने चेक-अप किया और सेवा सिंह को जाते हुए कई दवाइयाँ लेने को कह गई। ये सभी दवाइयाँ टेस्ट करने से पहले लेनी थी।

नर्स के जाने के बाद सेवा सिंह अकेला-सा पड़ गया। उसने आँखें मूँद लीं। वह मन-ही-मन एक बात को दोहराए जा रहा था—'बंचित कौर, लस्सी ले आना।' लस्सी के साथ जुड़ी यादें उसे गाँव की ओर लौटा लें गईं। जब सेवा सिंह के बापू ने उसे हल की मूठ पकड़ाते हुए कहा था—"ले जवान, अब संभाल कबीलदारी, अपने बापू को भी अब मुक्त कर, बहुत हो गया। यह सैर की प्यार कभी नहीं बुझती। और हाँ, अब हम भी आराम से बैठ कर उस परमात्मा का नाम लें।" दूसरा पहर हो गया था—सेवा सिंह को सीधा-उल्टा हल चलाते। किनारे बैठा बापू ड्राईंग मास्टर की तरह ताड़ता हुआ कह देता, "देख कर हल चला, तू तो परमात्मा की बही खोल कर बैठ गया है, इसमें उसने हमारे भाग्य की कोई सीधी रेखा नहीं खींची हुई।" आषाढ़ का महीना, ऊपर से तपती लू में, गाँव के पास वाले करतारे के खेत से उठती लू सेवा सिंह को बाढ़ के पानी जैसी लग रही थी। इतने में उसे उधर से बंचित कौर के आने का भ्रम-सा हुआ।

उसकी तो जैसे बाँछें खिल गईं। फुर्ती से खाना लिये आती बंचित कौर के कुर्ते के रंग उसे उस लू में सर्पिणी के अंडों से फूट-फूट कर निकलते सपोलों की तरह बिखरते हुए नज़र आ रहे थे। जैसे ही वह निकट आई, उसकी साँस में साँस आई। आज उसे लगता था जैसे गला सूख कर तालू को ही लगने वाला है।

बापू ने कहा—"भाई, लड़की आ गई। लड़के की आँखें तो गाँव के रास्ते पर ही लगी हुईं थीं।" बंचित कौर ने पहले बापू को खाना डाला, दूसरी ओर फिर घूँघट वाला पल्ला कान पर टाँग कर खाना सेवा सिंह की ओर किया और संकेत से खाना खाने के लिए कहा। सेवा सिंह ने कहा—"पहले लस्सी वाला डोलू इधर कर, प्यास के मारे जान सूखी जा रही है।" पहले दिन खेत में दो बार जोतने के बाद, एक ही साँस में उसे लस्सी पीते देख, होंठ दबा कर मुस्कराने के बाद हँसने लगी। सेवे को लगा कि वह कहीं उसे कोमल-सा ही ना समझ रही हो। उसने तल्ख़ ज़ुबान में कहा—"ला, खाना इधर कर।" सेवे के बोलते हुए देख कर बापू ने कहा—"बेटा, थोड़ी शांति रख, भूख और प्यास झेलनी सीख।" सेवा सिंह ने बापू की कही बात

ऐसी पल्ले बाँधी कि आज भूख-प्यास झेलता वह बाहरवाली धरती पर भी अपने कदम जमाये बैठा है। इतने में नर्स ने कमरे में दाखिल होते हुए कहा–"मिस्टर सिंह।" सेवा सिंह एकदम से चौंक कर ऐसे उठा जैसे किसी ने उसे गहरी नींद में किसी ने हिला दिया हो। नर्स ने एक-एक कर के सभी कुछ चेक-अप किया और उसने अब फिर से जो और दवाइयाँ दी थी, उनके बारे में समझा कर चली गई। इस तरह दिन-बर-दिन टेस्टों का दौर चलने लगा। कभी कोई टेस्ट, कभी कोई टेस्ट। जैसे-जैसे रिपोर्ट आने लगीं डॉक्टरों ने कुलदीप को सलाह-मशवरे के लिए बुलाया। रिपोर्टों के आधार पर डॉक्टरों ने कुलदीप को बताया कि सेवा सिंह की दोनों किडनियाँ काफी हद तक खराब हो चुकी हैं और इराका एक ही रारता है कि किडनियों को ट्रांसप्लांट किया जाये। इतनी बात सुनते ही कुलदीप एकदम पत्थर-सा हो गया। डॉक्टर के चेहरे पर आँखें गड़ाये वह यों देख रहा था जैसे डॉक्टर के होंठों से गिरते शब्द रूपी पत्थरों के नीचे वह दबता जा रहा हो। थोड़ी देर बाद हिम्मत कर के उसने कहा–"डॉक्टर जी, जो सही है, वह करो, पर मेरे पापा ठीक हो जायें।"

घुटनों पर हाथ रख कुलदीप वहाँ से उठा और पैर घसीटता सेवा सिंह के कमरे की ओर बढ़ने लगा। वह अपनी सोचों की उलझी हुई डोरी का सिर खोजने की कोशिश कर रहा था कि उसे पता ही नहीं चला कि वह पापा को क्या कहे, क्या ना कहे। कहाँ?"

कमरे के अंदर घुसते ही दूर से झुक कर होंठों में चरण-स्पर्श कह कर कुर्सी, जो पास ही पड़ी थी, उस पर बैठ गया। अभी तक कुलदीप दिमाग के ताने-बाने में ही उलझा हुआ था कि सेवा सिंह के एक ही सवाल ने–"क्या कहा बेटा डॉक्टरों ने", कुलदीप के दिमाग में उलझी करोड़ों तारों में से वही तार का सिरा खींच दिया, जिसके आसपास बाकी सोचों का गोला बना हुआ था। कुलदीप ने सिर झटकते हुए कहा–"हैं, क्या कह रहे हो पापा?"

"भाई डॉक्टर क्या कहते हैं?"

"वो डॉक्टर, पापा डॉक्टर बस यूँ ही कहते थे कि किडनियों की प्रॉब्लम है। बाकी चिंता की कोई बात नहीं, सब ठीक हो जायेगा।"

"वो तो ठीक है, पर ये साली प्रॉब्लम मुझे क्यों हो गई?"

"डॉक्टर कहते हैं कि आपके केस में उन्हें लगा कि पेशाब ज़्यादा देर तक रोके रखने या पानी कम पीने के कारण इस तरह की प्रॉब्लम्स आ जाती हैं। पर आप ज़रा भी मत घबराओ। सब ठीक हो जायेगा।"

"हाँ भला! बात तो डॉक्टर ठीक ही कहता है पर यदि कोई उससे पूछे, शायद उसने कल से खाना नहीं खाया होगा क्योंकि चलती हुई देह से हर कोई काम लेता है। अच्छा अपने-अपने करम हैं। हमारी किस्मत में ऐसा ही लिखा होगा।"

इतनी बात कह कर सेवा सिंह ने लंबी-सी ठंडी साँस भरी और सोचों की तहों में उतरता चला गया। उसे कुलदीप के जाने का भी पता न चला। वह उस वक्त को याद करने लगा जब बापू के चले जाने के बाद, जो दो-चार बीघे ज़मीन थी, उसे गाँव के साहूकार के पास गिरवी रख कर, लुधियाना के एक ऐजेंट के पीछे पड़ गया और बाहर निकल आया था। ऐजेंट अपनी स्कूटरी पर जब भी गाँव आता तो सेवा सिंह को कहा करता—''सेवया, कब तक जानवरों की हड्डियाँ कूटे जायेगा और इन साली ज़मीनों से क्या फूटेगा? बाहर जा कर देख, पेड़ों से टोकरियाँ भरभर झड़ती हैं। वहाँ खुद भी मौज करना और अपने बच्चों को भी अच्छी सुंदर पोशाकें पहनाना।'' कई बार सेवा सिंह को लगता कि वह ठीक कहता है, पर कभी लगता 'साला यूँ ही झख मारता है। अगर ये सब सही हैं तो खुद क्यों नहीं चला जाता, यहाँ अंडों पर क्यों बैठा हुआ है।' फिर एक दिन ऐजेंट का फेंका हुआ जाल काम कर गया और सेवा सिंह बाहर निकल आया। इतना शुक्र है कि ऐजेंट ने काम पक्का किया था तो किसी तरह के धक्के न खाने पड़े। तब से सेवा यह भी नहीं जानता था कि वह अमेरिका की धरती पर है या किसी और धरती पर आ गया है, बस एक ही बात जानता था वह कि किसी बाहर के देश में आ गया है।

धीरे-धीरे अमेरिका की धरती में सेवे की जड़ें मिट्टी पकड़ने लग गईं। सेवा सिंह बड़ा खुश होता कि जिन चीज़ों के लिए वहाँ तरसते मर जाते थे, वे चीज़े मेहनत कर के मिल तो जाती हैं। दिन बीतते गये और सेवा सिंह ने अपने परिवार को भी वहाँ बुला लिया। अब परिवार का खर्चा चलाने के लिए दिहाड़ी-मज़दूरी से पूरा नहीं पड़ता था। उसने घूम-फिर कर दोस्तों-मित्रों से बात कर के टेक्सी का लायसेंस बनवा लिया। अब मज़दूर बन कर हड्डियाँ रगड़ने के बजाय टैक्सी मैं बैठ कर डॉलर छापना, गाँव वाले साहूकार से कम नहीं लगता था।

वह बंचित कौर को मज़ाक में कहता—''चिंतिये, यह टैक्सी थोड़े ही है, हमने तो तेल वाले कुएँ में नल लगा लिया है। साला को जितना चलाते जाओ उतना ही निकलता आता है। मैं भी कहाँ पहिया रुकने देता हूँ। जितना पहिया चलेगा, ससुरा उतने ही डॉलरों की बरसात होती जायेगी। यहाँ कौन से बैल जोत रखे हैं जो थक जायेंगे।''

वह बंचित कौर को मज़ाक में कह उठता—''बैल तो न सही, पर खुद बैल बन कर कुएँ से रहट का क्या फायदा हुआ, अगर रोटी-पानी भी समय से न खाया। पहले समय में बैल को आराम का वक्त देने लगते तो खुद भी थोड़ा आराम कर लिया करते थे। पर अब तो...।''

''नहीं चिंतिये, बापू कहा करता था कि भूख और प्यास झेलनी भी सीखनी चाहिए।''

''जी, कितनी भूख-प्यास झेलोगे। अगर कमाने वाला ही भूखा रहे तो कमाई हुई रोटी का क्या फायदा?''

सोचों के इन ताने-बाने में उलझे सेवा सिंह के हाथ में कब गुरमेल वाले लच्छे का सिरा लग गया, पता ही ना चला। उसे गुरमेल द्वारा कही हुई बातें बंचित कौर की बातों की गवाही देती लगीं। गुरमेल सेवा सिंह को व्यंग्य करता कहता था–''सेवया, खाने-पीने के लिए नहीं तो हगने-मूतने के लिए ही टैक्सी से उतर जाया कर, नहीं तो खस्सी हो जायेगा।''

सेवा सिंह की गाड़ी में एक सवारी उतरती दूसरी चढ़ती। वह मन-ही-मन कह छेड़ता–'साले, तभी तो अभी तक तू अपनी गाड़ी भी नहीं डाल सका। जलता है मुझसे।'

सोचों में डूबे सेवा सिंह के पेट में अचानक ऐसा दर्द उठा कि वह पीड़ा से तड़पने लगा। नर्स भागती हुई आई और उसने सेवा सिंह की हालत को देखते हुए दर्द की दवाई दी, तब जा कर उसे कहीं चैन पड़ा। उसे अस्पताल में पड़े इक्कीस दिन हो चुके थे, न तो किडनी का प्रबंध हो रहा था और न ही उसकी सेहत सुधरने का नाम ले रही थी। घर वालों में से किसी ब्लड-ग्रुप सेवा सिंह से न मिलने के कारण वे भी असमर्थ थे। हर रोज़ की दवाइयाँ, घर की याद, काम की चिंता, गाँव वाली ज़मीन का फ़िक्र–सभी मिल कर उसे घुन की तरह खा रहे थे। वह ऊब कर तंग हो कर कई बार कुलदीप को कह देता–''जवान, तू डॉक्टर को कह कि अगर कुछ नहीं होता, तो कुछ ही दे दें, यहाँ से छुट्टी करें। यहाँ पर घुट-घुट से मरने से घर पर बैठ कर मरना अच्छा। इन के अस्पताल भी जेल की कैद की तरह हैं। जैसे मुज़रिम कैद की अपनी पूरी सज़ा नहीं काट लेता, तब तक उसे छोड़ते नहीं और यहाँ अस्पताल में मरीज़ जब तक ठीक नहीं हो जाता या मर नहीं जाता, साले छोड़ते ही नहीं।''

मुट्ठी से निकलती रेत की तरह अब उसे पल-पल ख़त्म होती ज़िंदगी में बापू की कही हुई बात समझ में आ रही थी। एक बार उसने सेवा सिंह को कबीलदारी का पाठ पढ़ाते हुए कहा था–''बंदे की प्यास भी कभी बुझी है जवान, यह कबीलदारियाँ तो यों ही चलती रहेंगी।''

आज न्यूयॉर्क में उसका अपना घर-बार, सभी कुछ बन गया था पर प्यास अभी बाकी थी। वह कहा करता था–''गाँव वाली ज़मीन के चार से सोलह न बनाये तो गाँव से पैर उखाड़ने का क्या फायदा?'' उसे इस बात का भी एहसास था कि जब एयरपोर्ट पर वह अपनी टैक्सी लिए खड़ा होता, तो दूसरी टैक्सी वाले तो बाहर खड़े गप्पें लगा रहे होते या अपने हाथ-पैर खोल रहे होते पर सेवा सिंह टैक्सी में बैठा घर से लाया हुआ खाना-खा रहा होता। कई बार उसके यार-दोस्त और जान-पहचान वाले

उसकी टैक्सी के पास ही मंडली जोड़ कर खड़े हो जाते और चटखारे लेकर सेवा सिंह को जानबूझ कर छेड़ते। 'सेवा भाई टी.एल.सी. को चिट्ठी लिख कर बाथरूम गाड़ी में ही बनवा ले।' सेवा आगे से हँस कर कहता–"तुम सबको मसकरियाँ सूझती हैं। कौन है यहाँ तुम लोगों में जो शहर में दस डॉलर की सवारी छोड़ कर, लात मार कर मूतने जाता है। सभी सालों के घुटने जुड़े होते हैं। यहाँ आकर गाड़ी बाद में खड़ी करते हैं, पहले सबको मूतने की जल्दी पड़ी होती है। जवानों, मुझे सीख देते हो, सब पैसे का खेल है।" गुरमेल जानबूझ कर सेवा सिंह का समर्थन करता हुआ हामी भरता–"हाँ भाई किसी का क्या दोष, पैसा साली चीज़ ही ऐसी है। यह जो है, सभी को नचा देता है।" जवाब में सेवा कहा करता–"क्या पूछता है गुरमेल सिंह, मैं कल की बात सुनाता हूँ। कल मैंने डाऊन-टाऊन सवारी उतारी। ऊपर भी काम ढीला ही था। मैंने सोचा कि अगर नीचे से ही ऊपर की सवारी मिल जाये तो ठंडा टाइम भी कवर हो जायेगा। लेकिन दो घंटे बीत गये। एक तो सवारी न मिले और दूसरा साला मूत का ज़ोर पड़े। बस ज़िद आ गई कि सवारी उठानी है तो यहीं से लेकर जानी है। आखिर सवारी मिली भी तो धुर अपटाऊन की। सवारी के मुँह से अपटाऊन सुन कर बाछें खिल गईं। जैसे ही गाड़ी एफ.डी.आर वाली सड़क पर पड़ी तो जैसे-जैसे गाड़ी भागे वैसे-वैसे मूत टिप-टिप नीचे उतरे। जी करे कि अभी गाड़ी रोक लूँ, पर कहाँ? पसलियाँ पकड़ूँ तो भी आराम न मिले। सिर फटने को हो गया। मुँह सूखने लगा। पास पड़ी पानी की बोतल तो थी, पर उसे देखे जाऊँ पर लगे कि अगर एक बूँद भी पानी की अंदर चली तो अंदर फट जायेगा। ध्यान बंटाने के लिए सड़क के साथ-साथ बहती नदी में तैरती हुई नाव पर नज़र टिका ली, लगता था कि वह भी मेरे साथ ही आफर रही थी, कभी आगे और कभी पीछे। ऐसा लगता था जैसे ये भी मेरी तरह पानियों पर सवार हो कर भी प्यासी है, जो मुँह से प्यासी और नीचे से पानी में डूबी हुई है। पल भर में ही वह आँखों से कहाँ ओझल हो गई, पता ही न चला, या मैं ही दूर निकल आया था। ध्यान हटा तो आँखें मीटर गड़ा लीं। चाहे अभी मैं थोड़ी दूर ही गया था पर मीटर दबादब डॉलरों में गुणा होते सैंट मुझे सहारा देने लगे। उन्हीं को देखते-देखते मैंने सवारी उतार दी, नहीं तो मैं मरने ही वाला था। गुरमेल ने पलट कर कहा–"ले भाई सेवा सिंह, हुई ना वही बात कि बंदा पैसे को नहीं चलाता, बल्कि पैसा बंदे के नीचे पहिये लगाये रखता है।"

इन्हीं विचारों में उलझे सेवा सिंह ने बेड पर करवट लेते अपने आप से कहा–"सेवा सिंह, कहीं तब इन बातों की अक्ल आ गई होती तो आज यह दिन न देखना पड़ता।" पर अब वह क्या करे? बहुत देर हो चुकी थी। आज लाख घड़े पानी के पी कर भी वह अतीत की प्यास नहीं बुझा सकता था और वैसे भी समय की, वक्त की मारी धरती पर जो झाड़ियाँ उग आईं थीं उनमें हर पल ज़िंदगी का

आँचल फँस-फँस कर लीर-लीर हो रहा था। अब तो सेवा सिंह भी आशा छोड़ता जा रहा था। और कहते हैं कि बंदे को जब अंत दिखाई देता है तो वह अतीत की यादों को लेकर आता है–उनमें जीना चाहता है। उसे बचपन के वे दिन याद आये जब वह अपनी माता के साथ भोर के समय बापू को खेत पर खाना देने जाता था। तब घास पर और गेहूँ की बालियों पर पड़ी ओस की बूंदे उसे तारों-सी चमकती लगतीं थीं। वह उन बूंदों को होल-होले जीभ पर टिकाता था। माँ उसे लाख बार बरजती, "बेटा कोई साँप, सुंडी बैठी होगी, घास-फूस पर मुँह मत लगाया कर।"

पर वह न मानता और माँ को कहता, "माँ यह बहुत स्वाद है। देख मेरी जीभ मीठी हो गई।"

आज उसे लग रहा था कि कहीं से एक ऐसी सुस्वादु बूँद बन कर उसकी जीभ पर टिक जाये तो उसकी आत्मा तृप्त हो जायेगी। इस प्यास को होंठों पर रखे वह कब गहरी नींद में चला गया, पता ही न चला।

इतने में कुलदीप दरवाज़े पर आ कर खड़ा हुआ। उसने दरवाज़े से ही आवाज़ लगाई, "पापा...पापा।" अब उसके चेहरे पर उदासी नहीं बल्कि खुशी की किरण नज़र आ रही थी। उसने आते ही कहा–"पापा, हौसला रखो, शायद एक किडनी का इंतज़ाम हो गया है। मेरी अभी डॉक्टरों की टीम से बात हुई है और वे कहते थे कि अगर सभी टेस्ट ठीक हुए तो जल्दी ही सर्जरी कर देंगे। सब ठीक हो जायेगा।"

निढाल से पड़े सेवा सिंह ने कुलदीप को दबी हुई आवाज़ में पूछा–"बेटा, ये किडनी दे कौन रहा है?"

कुलदीप इस समय बड़ा खुश था, उसने हँसते हुए कहा, "पापा घबराओ मत, यह किसी टैक्सी वाले की किडनी नहीं है।" लेकिन सेवा सिंह गंभीर था। उसने दोहराते हुए फिर से पूछा कि वह भलामानुस कौन है? कुलदीप अब जल्दी में था। उसने कहा, पापा उसका थैंक्स हम बाद में करेंगे, पहले आप ठीक हो जाओ।" कुलदीप बिना बताये चला गया। बेड पर अकेला पड़ा सेवा सिंह वही बात दोहराये जा रहा था–"भाई पता तो चले कि वह बेचारा मेरे जैसा कौन है जो अपनी किडनी मुझे देकर कौन-सी खुशियाँ प्राप्त करने चला है। मैं तो दोनों दाँव लगा कर भी खुशियों का कुआँ ना भर सका, वह आज भी अधूरा है। भला पता तो चले...? भला पता तो चले...।" कहता हुआ निढाल हो कर लेट गया।

कुलदीप फिर भागा-भागा खुशी की खबर लेकर पापा को पुकारता कमरे में दाख़िल हुआ। लेकिन सेवा सिंह था कि ख़ामोश पानी की तरह कब सदा के लिए शांत हो गया था, उसे पता ही न चला।

जे. जे. ऑफसेट प्रिंटर्स, नोएडा द्वारा मुद्रित